FELGINES M.J. 93

HISTOIRE

DE

L'ÉCOLE POLYTECHNIQUE.

PARIS, IMPRIMERIE DE A. BELIN,
rue des Mathurins S.-J., n. 14.

HISTOIRE

DE

L'ÉCOLE POLYTECHNIQUE,

PAR A. FOURCY,

Ancien Officier supérieur d'Artillerie, Bibliothécaire et Membre du Conseil d'Instruction de cette École, Chevalier de l'Ordre royal et militaire de Saint-Louis, Officier de la Légion d'Honneur.

A PARIS,

CHEZ L'AUTEUR, A L'ÉCOLE POLYTECHNIQUE.

1828.

A

MONSIEUR LE DAUPHIN.

Monseigneur,

En permettant que l'Histoire de l'Ecole Polytechnique fût présentée au public sous vos auspices, vous n'avez considéré ni l'auteur ni son faible travail ; mais vous avez voulu manifester une fois de plus ces sentimens de bienveillance et d'estime dont vous honorez l'Institution célèbre qu'un sage Monarque a placée sous votre auguste tutelle.

C'est donc au nom de l'Ecole Polytechnique, au nom de tant d'hommes honorables qui se glorifient d'être ses élèves ; c'est même, s'il m'est permis de le dire, au nom de toute la France éclairée, que j'ose offrir à Votre Altesse Royale l'expression d'une respectueuse gratitude.

Oui, Monseigneur, la France est heureuse de reconnaître combien Votre Altesse Royale est pénétrée de cette vérité, qu'après la Religion et la Justice, fondemens sacrés de l'édifice social, rien n'est plus digne des regards d'un Souverain que les sciences, qui mettent l'homme en possession des lois de la nature, et les arts, qui les appliquent à tous nos besoins.

Je suis,

MONSEIGNEUR,

De Votre Altesse Royale,

Le très-respectueux
et très-dévoué serviteur,
FOURCY.

PRÉFACE.

Rien n'est plus simple que la pensée qui sert de base à l'Etablissement dont nous esquissons l'histoire. Plusieurs services publics requièrent que ceux qui en dirigent les travaux possèdent une instruction assez étendue dans les sciences mathématiques et physiques et dans les arts graphiques. Réunir, dans une même école, les jeunes gens qui se destinent à ces divers services, pour leur donner en commun cette instruction fondamentale; leur faire ainsi parcourir ensemble la première partie de leur laborieuse carrière jusqu'au point où la spécialité des connaissances relatives à leurs destinations différentes nécessite la ramification de l'école générale en plusieurs écoles particulières; établir l'école commune dans la capitale, au foyer le plus actif des lumières, afin d'y pouvoir confier l'enseignement aux hommes les plus éminens dans chaque partie, et de le maintenir ainsi à la hauteur toujours croissante des sciences : voilà l'idée mère de l'Ecole Polytechnique.

Mais, dans sa première réalisation, cette idée

ne conserva pas toute sa simplicité. Les établissemens consacrés à l'enseignement des sciences étaient fermés, les écoles spéciales languissaient; on voulut que l'école naissante suppléât aux uns et aux autres : on la peupla de leurs élèves, on la dota de leurs dépouilles; l'instruction générale y fut réunie à l'instruction spéciale; et tandis que, d'une part, on initiait les élèves aux plus hauts mystères de la science, de l'autre, on leur enseignait les théories et les procédés des divers arts de l'ingénieur.

Cependant les chaires de l'instruction publique se relevèrent; les écoles des différens services furent réorganisées; et dès lors les branches d'enseignemens étrangères au but spécial de l'institution allèrent se réduisant, chaque année, à de moindres proportions, à mesure que les parties essentielles recevaient plus de développement. Ces changemens, par lesquels l'Ecole était ramenée au principal objet de sa création, ont été signalés par quelques personnes comme une déviation du plan primitif. C'est une disposition naturelle à l'esprit humain de regarder comme inséparables les choses qu'il a toujours vues réunies. Ainsi, ce qui n'avait été introduit dans l'Ecole que pour satisfaire à un besoin du moment, fut considéré plus tard comme inhérent à sa constitution. Cette remarque ne s'applique pas seulement à l'instruction; on pourrait montrer que plusieurs autres dispositions capitales de l'organisation, qui ont été présentées depuis comme des vues profondes du génie des fondateurs, ne furent en effet que des nécessités imposées par les circonstances au milieu desquelles l'Ecole prit naissance. Les modifications plus ou moins graves que subirent quelques unes de ces dispositions ont donné lieu toutefois à de vives réclamations, à des débats animés, qui n'ont pas encore pris fin.

Il nous a semblé que le moment était venu de recueillir et d'exposer, selon l'ordre des temps, toutes ces modifications, tant de l'enseignement que des autres parties du régime de l'Ecole. Ainsi rapprochées, et accompagnées des opinions contraires qu'elles ont soulevées, elles donneront une connaissance assez exacte de ce grand établissement, à l'égard duquel on peut les envisager comme une suite d'expériences. Ceux que leur devoir ou leur goût porterait à s'occuper de l'Ecole Polytchnique, trouveront dans cet ouvrage un point de départ bien déterminé pour les combinaisons auxquelles ils voudraient se livrer; et peut-être épargnera-t-il à quelques uns beaucoup d'efforts inutiles, en leur indiquant les sentiers déjà parcourus et abandonnés. C'est là l'humble mérite de notre travail; c'est par là, nous osons le penser, qu'il pourra contribuer, quoique d'une manière indirecte, au perfectionnement d'une institution dont le public éclairé apprécie trop bien l'importance, pour qu'il ne soit pas superflu de nous arrêter à la faire ressortir. La construction des vaisseaux et des forteresses, les travaux des ports et des arsenaux de terre et de mer, la fabrication des armes et machines de guerre et de tous les approvisionnemens qui s'y rapportent, la confection des cartes topographiques et hydrographiques, la recherche et l'accroissement des richesses minérales de la France, la création et l'entretien des communications de toute espèce, ponts, routes et canaux, voilà ce que l'Etat confie exclusivement aux élèves de l'Ecole Polytechnique; mais là ne se bornent pas les services qu'il en reçoit. En effet, parmi ses élèves, il en est un certain nombre qui n'embrassent pas les professions pour lesquelles ils s'étaient préparés, ou qui les quittent après les avoir exercées, et vont féconder de leur instruction d'autres branches de l'arbre social. Les uns, entrainés par une vocation que les études variées de l'Ecole ont déterminée, se dévouent avec ardeur, et souvent avec gloire, aux progrès des sciences mathématiques (1); les autres se livrent à l'enseignement de ces mêmes sciences, et propagent dans les différentes écoles du royaume les méthodes sans cesse perfectionnées par des professeurs choisis entre les savans les plus distingués; d'autres, enfin, vont diriger des opérations industrielles, et porter le flambeau d'une savante théorie dans la routine aveugle des fabriques. Ce n'est pas tout. Dans cette foule de candidats qui se pressent aux concours de l'École Polytechnique, il en est aussi quelques uns qui ne persévèrent pas dans cette destination, ou qui, moins heureux que leurs concurrens, atteignent, avant d'être admis, l'âge au-delà duquel l'admission est interdite; mais cette étude des mathématiques, à laquelle ils ont employé deux ou trois années de leur jeunesse, n'est perdue ni pour eux ni pour le pays : elle peut être utilisée pour l'instruction publique ou particulière; elle leur ouvre ou leur facilite l'accès de plusieurs carrières honorables; enfin cette

---

(1) Dans l'Académie des Sciences, plus de la moitié des membres qui composent aujourd'hui les sections de Géométrie, de Mécanique, d'Astronomie et de Physique générale, sont d'anciens élèves de l'École Polytechnique.

culture intellectuelle les rend aptes à saisir et à communiquer des considérations d'un genre abstrait, auxquelles demeure toujours plus ou moins étranger l'homme dont l'esprit n'est pas initié à cet ordre de spéculations ni au langage qui en exprime les rapports. Il est juste aussi de faire remarquer l'action que l'Ecole Polytechnique exerce sur l'enseignement scientifique de l'Université : on peut dire que, dans de certaines limites, cet enseignement s'élève ou s'abaisse suivant la force des concours ouverts pour l'Ecole, et qu'il suffirait à celle-ci, pour ranimer une branche négligée de ces études ou pour les accroître d'une branche nouvelle, d'ajouter un article à son programme d'examen. On sait d'ailleurs combien ses concours entretiennent d'émulation dans les colléges royaux et les institutions qui en dépendent, et quel prix chacun de ces établissemens attache à y voir triompher ses élèves.

Nous n'étendrons pas davantage ce rapide aperçu des principaux résultats de l'Ecole Polytechnique. Nous en avons dit assez pour justifier le dessein de cet ouvrage, dont l'exécution eût demandé une main plus habile, si, au lieu d'un simple récit, nous avions prétendu écrire une dissertation. Tel n'est point notre but. Renfermé dans les fonctions d'historien, notre soin principal a été d'exposer tous les faits de quelque importance relatifs au régime et à l'enseignement de l'Ecole, sans omettre pourtant ceux d'un autre ordre dont l'influence favorable ou contraire méritait d'être indiquée. Il en est, parmi ces derniers, que nous n'aurions pu supprimer sans priver les fondateurs de l'Ecole Polytechnique, et leurs premiers coopérateurs, du tribut d'estime qui leur est si légitimement dû, pour le zèle, la persévérance et le désintéressement dont ils ont fait preuve dans les temps les plus difficiles.

Il nous eut été agréable d'imiter l'historien du collége de Navarre, qui, après avoir inséré dans la première moitié de son ouvrage les noms de tous les élèves de cette maison célèbre, remplit toute la seconde moitié de notices, au nombre d'environ trois cents, sur ceux d'entre eux qui ont écrit ou qui sont seulement recommandables par leur *bonne vie*. Combien un travail du même genre pourrait offrir d'intérêt, s'il avait pour but de faire connaître, non-seulement les écrits, mais les travaux et les services de toute espèce des élèves de l'Ecole Polytechnique! Ce serait un glorieux inventaire des richesses dont cette école a été la source; ce serait l'éloge le plus vrai, le plus simple, et tout ensemble le plus magnifique, de cette précieuse institution. Si nous n'avons pu accomplir ce projet dans toute son étendue, nous nous sommes efforcé d'en réaliser du moins quelques parties. Nous joignons à notre ouvrage une liste générale des élèves, avec l'indication des carrières où ils sont entrés, des récompenses honorifiques qu'ils ont obtenues, et de leur position actuelle. Ces notices sont le complément nécessaire de l'intéressant *Tableau* publié par M. Jarry de Mancy, et peuvent même se placer à la suite de cette *Correspondance* (1), qui, dirigée par l'un des plus anciens professeurs, le disciple et l'ami de Monge, recueillait, dans le sein même de l'École, tous les actes honorables ou intéressans pour les anciens élèves, et leur fournissait ainsi un motif d'émulation analogue à celui dont un héros de l'ancienne Grèce se montrait animé, lorsqu'au milieu de ses plus beaux succès, il songeait à la joie qu'en éprouverait sa mère.

---

(1) Voyez page 292.

HISTOIRE

DE

L'ÉCOLE POLYTECHNIQUE.

LIVRE PREMIER.

1794. — CRÉATION DE L'ÉCOLE.

Vers la fin de cette année 1793, si fertile en calamités pour la France, tout enseignement public des sciences et des lettres avait cessé dans le royaume de Charlemagne et de François Ier; tous les colléges étaient fermés ou déserts; et tandis que la plupart des professeurs, membres de l'ordre ecclésiastique, partageaient la proscription qui pesait sur le sacerdoce, un décret de la Convention, en appelant aux armées les hommes de dix-huit à vingt-cinq ans, avait enlevé à nos villes presque toute cette partie de la jeunesse qui se destinait au professorat. Ainsi, les études classiques se trouvaient interrompues pour les différens âges de l'enfance et de l'adolescence, sans que l'on pût prévoir le moment, peut-être trop tardif pour un grand nombre, où les chefs de la révolution, si empressés à détruire, auraient enfin le loisir de réédifier.

Quelques écoles spéciales subsistaient encore au milieu de cette vaste destruction; mais, en même temps qu'une suspension prolongée de l'enseignement classique les menaçait de manquer bientôt de candidats, ces écoles elles-mêmes étaient dans un état de langueur et de dépérissement qui réclamait de prompts et puissans secours. Un coup d'œil rapide sur leur situation ne sera pas inutile pour apprécier les motifs qui déterminèrent la création de l'École Polytechnique.

L'Ecole des élèves du corps de l'Artillerie, établie à La Fère en 1756, transférée dix ans après à Bapaume, supprimée en 1772, et remplacée depuis 1779 par la création de six places d'élèves dans chacune des sept écoles régimentaires, avait été rétablie par un décret de l'Assemblée Nationale, du 15 décembre 1790. Plusieurs villes, et entre autres Toul et Châlons-sur-Marne, s'étaient disputé l'avantage de la posséder. Châlons avait obtenu la préférence. Les motifs allégués devant l'assemblée, pour justifier un tel choix, sont : « que cette ville est à peu près au centre des « départemens réputés militaires, et qu'elle est ordi- « nairement sans garnison; circonstance précieuse! » ajoute le rapporteur.

Ainsi, les élèves de l'Artillerie devaient recevoir leur première éducation militaire dans une place où il n'existait, non-seulement aucun établissement d'artillerie, mais pas même un établissement militaire quelconque, pas même un bataillon ou un escadron, pas même un reste de fortification.

Pour être admis à l'École de Châlons, il fallait être âgé de seize ans au moins, et subir, devant un membre de l'Académie des Sciences, désigné par le ministre de la guerre, un examen de concours sur les matières comprises dans les deux premiers volumes du cours complet de mathématiques que Bezout avait rédigé à l'usage des officiers d'Artillerie. Cet examen se faisait publiquement dans une des salles de l'Ecole. Deux professeurs enseignaient aux élèves les matières des deux derniers volumes du même ouvrage, et devaient leur donner aussi quelques notions de physique. Il y avait en outre un professeur de fortification et un professeur de dessin. L'examen de sortie avait lieu devant le même examinateur, en présence de tous les élèves.

Quelques pièces de canon de siége et de campagne composaient tout le matériel de l'instruction. Point de cabinet de physique (1), de laboratoire de chimie, de bibliothèque, de collections d'aucune espèce. Ce dénuement était le résultat des déplorables circonstances au milieu desquelles le nouvel établissement venait de se former.

L'Ecole du Génie Militaire, fondée à Mézières en 1748, jouissait d'une brillante réputation et la méritait; nous verrons qu'elle a servi, en plusieurs points, de modèle à l'École Polytechnique. On en louait surtout la méthode d'instruction, qui consistait à faire exécuter par les élèves les objets de toutes les leçons, en sorte que l'exercice manuel y était toujours joint aux opérations de l'esprit. Ce fut là d'abord, et, pendant plusieurs années, là seulement, que Monge en-

---

(1) L'Ecole des élèves de l'Artillerie, lorsqu'elle était à Bapaume, avait un beau cabinet de physique, qui fut transporté à l'École régimentaire de Douai, quand celle de Bapaume fut supprimée.

seigna la géométrie descriptive, d'après ces méthodes élégantes dont il est l'inventeur.

L'examen d'admission se faisait à Paris en particulier chez l'examinateur, qui était, comme pour l'Artillerie, un membre de l'Académie des Sciences, nommé par le ministre de la guerre. Le candidat devait répondre sur les parties des mathématiques élémentaires exigées pour l'admission à l'École de l'Artillerie, et de plus sur la mécanique et le traité d'hydrodynamique de Bossut.

Le cours d'études durait deux années, et les choses étaient disposées de telle sorte que les élèves, au nombre de vingt, se renouvelaient tous les ans par moitié. La première année, ils construisaient deux épures de géométrie descriptive, et passaient aussitôt après à celles de la coupe des pierres, de la charpente, de la perspective et des ombres. Il n'était point fait de leçons sur ces constructions, mais les élèves avaient des cahiers, et le professeur était constamment dans les salles pour leur donner des explications. La deuxième année, les travaux avaient pour objet la fortification et les levers de terrain, de bâtimens et de machines. Comme ceux de la première année, ces travaux n'étaient point précédés de leçons. Lorsqu'un élève avait terminé un dessin, il allait l'expliquer au Commandant en second.

Il y avait un professeur de mathématiques, dont les fonctions consistaient, comme nous l'avons dit, à faciliter aux élèves l'intelligence des épures de géométrie descriptive pure et appliquée, et qui faisait aussi un petit cours de physique, en une douzaine de leçons ; un professeur de chimie, qui donnait une vingtaine de leçons sur les principes de cette science; enfin, un maître de dessin, qui, malgré son titre, n'avait aucune relation d'enseignement avec les élèves, et se bornait à faire des modèles.

A la fin de chaque année, les élèves subissaient un examen sur toutes les matières de l'instruction, en présence des chefs de l'Ecole, de l'examinateur et du professeur de mathématiques. Ils y apportaient tous les cahiers et dessins.

L'Ecole possédait une bibliothèque de cinq à six mille volumes, des modèles en relief de fortification et de coupe des pierres; un laboratoire de chimie où se donnaient les leçons, et dans lequel les élèves pouvaient s'exercer aux manipulations chimiques, sans qu'on leur en fît une obligation.

Telle étoit, en 1789, cette Ecole de Mézières, où se formaient les élèves du premier corps d'ingénieurs militaires de l'Europe. Mais, peu d'années après, la Convention laissa tomber sur elle sa main de fer, et en joignit les débris à tant d'autres ruines. Un décret, du mois de février 1794, en ordonna la translation à Metz. Rien de plus vague et de plus frivole que les motifs allégués par le Comité de salut public à l'appui de cette mesure. « Cette Ecole, dit le rap-
« porteur, se trouve entièrement désorganisée par
« suite d'un conflit d'autorité, d'abus de pouvoir, de
« jalousies, d'intrigues, d'ambitions et de violations
« de toute espèce, qui ont rendu l'instruction des
« élèves absolument nulle. Le Comité pense qu'il
« sera impossible de la régénérer, tant qu'elle restera
« dans ce séjour de haines, d'intrigues, d'habitudes
« et de préjugés enracinés par le temps et l'ancien

« régime. » A la suite de cette vaine accumulation de paroles qui n'apprennent rien, le rapporteur ajoute des raisons plus spécieuses : « La ville de Mé-
« zières est en première ligne ; il est dangereux, en
« temps de guerre, d'y faire des simulacres de siége ;
« elle est petite et ne saurait réunir les grands moyens
« nécessaires à l'instruction des élèves. » Et c'est après avoir présenté cette dernière considération, que le Comité propose de priver ces élèves d'une partie de leurs moyens d'instruction, en faisant « rappor-
« ter à l'Ecole des Ponts et Chaussées, à Paris, tout
« ce qui ne concerne que la théorie et les construc-
« tions. Par ce moyen, dit le rapporteur, les jeunes
« citoyens qui voudraient passer dans le Génie mili-
« taire, mais qui ne seraient pas jugés suffisamment
« instruits pour passer à l'école de siége, pourraient
« acquérir en moins de temps tout ce qui leur man-
« querait pour y être admis. »

Pour comprendre ceci, il faut savoir qu'afin d'augmenter le nombre des ingénieurs militaires, qui n'était plus en proportion avec les besoins de la vaste guerre que la France soutenait alors sur toutes ses frontières à la fois, la Convention, par deux lois des 9 mars et 16 septembre 1793, avait mis les élèves des Ponts et Chaussées à la disposition du ministre de la guerre, et que plusieurs d'entre eux avaient déjà passé dans le corps du Génie militaire.

Cela explique sans doute, mais cela ne justifierait pas entièrement une mesure qui privait une école des moyens de son instruction spéciale, pour en doter une autre à qui cette instruction était étrangère. Le Comité de salut public avait donc été guidé par d'autres vues; et la dernière phrase du rapport nous les révèle. « Cette mesure procurerait facilité dans le choix, « célérité dans l'instruction, et tous les avantages « attachés *à un centre de réunion de toutes les* « *branches de l'instruction relative aux travaux* « *publics.* » On ne peut douter que dès lors le plan de l'Ecole Polytechnique ne fût jeté, et que sa destination principale, pour ne pas dire exclusive, ne dût être de former des ingénieurs civils et militaires; d'où résultait la nécessité de joindre, aux élémens de l'instruction propre aux élèves des Ponts et Chaussées, tout ce qui concernait la géométrie descriptive et la fortification, et qui ne pouvait être tiré que de l'Ecole du Génie.

Cependant, l'Ecole de Metz, héritière dépouillée de celle de Mézières, satisfaisait à peine aux besoins les plus pressans. On y donnait rapidement aux élèves les premières notions de la fortification, de l'attaque et de la défense des places ; on les envoyait ensuite dans les différentes armées, où ils aidaient les ingénieurs sous lesquels ils étaient employés, et se formaient ainsi à la pratique de leur art. Enfin, malgré le peu de rigueur que l'on mettait alors dans l'examen d'admission, il se présentait un si petit nombre de candidats, que l'on fut réduit à laisser l'examen ouvert pendant les mois de juin, juillet, août et septembre 1794, en invitant les candidats à faire connaître l'*époque à laquelle ils pourraient se présenter* à l'examinateur.

L'Ecole des Ponts et Chaussées, fondée en 1747 par le célèbre Perronet, sous le ministère de Trudaine, avait un mode d'admission et un système d'enseignement tout différens de ceux qui étaient en usage dans les écoles dont nous venons de parler. La faveur décidait seule du choix des candidats. Ceux-ci ne subissaient pas d'examen préalable. Aucune condition d'instruction ne leur était imposée.

Les élèves recevaient deux sortes d'enseignement, l'un dans l'Ecole, lequel comprenait les mathématiques, la coupe des pierrres, dont les épures étaient très-compliquées, le dessin, le lavis, etc.; l'autre, qui se donnait hors de l'Ecole, consistait dans des cours d'histoire naturelle, de physique et de chimie. Ces cours extérieurs étaient faits par des savans de la capitale, chez lesquels on envoyait les élèves à des jours et heures déterminés.

L'Ecole n'entretenait aucun professeur. Tous les cours intérieurs étaient faits par les élèves les plus anciens et les plus forts, qui instruisaient leurs camarades, suivant l'état des connaissances acquises de chacun de ceux-ci.

A la fin de l'année, il y avait des concours, d'après lesquels les élèves prenaient des *degrés*. C'est le nom que l'on donnait à l'expression numérique du mérite relatif des objets présentés à ces concours. Parmi les élèves qui avaient parcouru toute la série de l'enseignement, les neuf dont les *degrés* étaient les plus élevés, étaient nommés les *gradués*. C'était parmi les *gradués*, et toujours par la tête, d'après l'ordre de mérite, que l'on prenait les ingénieurs, à mesure des vacances.

Mais, d'après les lois citées plus haut, qui mettaient les élèves des Ponts et Chaussées à la disposition du ministre de la guerre, les plus instruits de ces élèves avaient été requis pour le service du Génie militaire ; et, dès ce moment, l'enseignement de l'Ecole s'était trouvé interrompu, faute de maîtres.

L'instruction donnée aux Elèves-ingénieurs de la Marine était divisée en deux parties. La première consistait dans les principes de mathématiques et de physique qu'ils recevaient, soit chez les maîtres de l'Ecole, soit chez des maîtres particuliers de Paris. Il y avait, à côté de l'Académie des Sciences, au Louvre, une salle dite de Marine, où les élèves étaient exercés à la construction des plans et des projections des vaisseaux, sous les yeux d'un habile constructeur. La seconde partie de l'instruction avait lieu dans les ports et les chantiers de construction, où les élèves allaient apprendre à faire l'application, à la pratique de leur art, des principes théoriques qui leur avaient été enseignés dans Paris. Les élèves étaient admis à cette Ecole, d'après un concours; et ils n'en sortaient, pour être envoyés dans les ports, qu'après avoir satisfait à des examens. Leur nombre étoit de dix à douze.

Lors de la suppression de l'Académie des Sciences, les scellés avaient été mis sur la salle de Marine en même temps que sur celle de l'Académie ; et, par suite, la partie de l'enseignement que les Elèves-constructeurs recevaient dans cette salle, n'avait plus lieu depuis le mois d'août 1793.

Il avait été créé, quelques années avant la révolution, une Ecole des Mines, composée de quelques professeurs et de douze élèves. On y enseignait la chimie et l'exploitation des minéraux, mais les connaissances qu'on y donnait étaient de pure spéculation ; pour la pratique, il fallait aller la chercher chez les nations étrangères. Le peu d'hommes instruits que la France possédait en ce genre avaient puisé leurs connaissances en Allemagne.

Le service des mines se trouvait entièrement désorganisé ; les ingénieurs étaient tenus dans une inaction complète : plusieurs avaient même pris d'autres emplois, et les mines étaient entièrement abandonnées, lorsque le Comité de salut public, après avoir, par un arrêté du 1ᵉʳ juillet 1794, créé une Agence des Mines, institua, le 5 du même mois, le personnel du corps, dans lequel il comprit quarante élèves. Ceux-ci étaient admis au concours, après un examen public sur les connaissances relatives à la métallurgie, à la docimasie et à l'exploitation des mines. Ils devaient voyager huit mois de l'année avec les inspecteurs et ingénieurs, de manière que chacun de ces fonctionnaires eût deux élèves qui lui fussent attachés pendant toute la durée de la campagne. Pendant les quatre mois d'hiver, les élèves devaient être envoyés par l'Agence à l'une des mines les mieux exploitées de la France, pour y prendre des leçons de pratique.

Un autre arrêté, du 2 septembre suivant, fixa les conditions d'admission et le mode d'examen. Il n'est plus question de métallurgie, ni de docimasie, ni d'exploitation des mines. Les connaissances exigées des candidats sont : 1° les élémens de géométrie, jusques et compris les sections coniques; 2° les élémens de statique ; 3° l'art des projections, le lever et le dessin des plans ; 4° des notions de physique générale et de chimie. L'examen devait être fait par les inspecteurs et ingénieurs qui se trouvaient à Paris ; à chaque examen, ils nommaient l'un d'entre eux pour faire les questions aux candidats.

Les inspecteurs étaient chargés de faire, à Paris, pendant les mois de novembre, décembre et janvier, des cours publics et gratuits; mais on voit, par ce qui a été dit plus haut, que les élèves n'assistaient pas à ces cours, puisqu'ils étaient envoyés, pendant ces mêmes mois, à une exploitation de mines.

Il y avait, avant la révolution, un corps d'ingénieurs-géographes distinct et séparé du corps des ingénieurs-militaires. Par une bizarrerie qu'on aura peine à comprendre, les ingénieurs-géographes n'avaient aucune école pour apprendre leur art, tandis que toutes les connaissances, qui y étaient relatives, étaient données, avec beaucoup de soin et de succès, aux élèves du corps du Génie à Mézières; et cependant ceux-ci ne devaient pas faire usage de ces connaissances, car une ordonnance leur en interdisait l'application dans leur service.

Un décret, du 17 août 1791, avait supprimé le corps des ingénieurs-géographes, et réuni leurs fonctions à celles des officiers du Génie ; mais les états-majors les ayant redemandés dès le commencement de la guerre de la révolution, et les anciens membres de ce corps n'ayant pu y être rappelés, on choisit quelques jeunes gens instruits, desquels on forma, en quelques mois, trois brigades d'ingénieurs-géographes, chacune de douze sujets. On établit, à la même époque, au Dépôt de la guerre, un cours d'instruction théorique et pratique pour douze élèves. Cet état provisoire, qui date des premiers mois de 1793, dura assez long-temps, même après la création de l'École Polytechnique.

De toutes les écoles dont nous venons d'exposer la situation, c'était sans contredit celle des Ponts et Chaussées qui devait exciter le plus de sollicitude. Ses élèves les plus instruits, qui étaient en même temps ses professeurs, lui ayant été enlevés par le ministre de la guerre, elle se trouvait ainsi privée des moyens d'en former de nouveaux. Que faire cependant des jeunes gens qu'on allait y admettre, et dont quelques uns possédaient à peine les premières notions de l'arithmétique? Que faire de ceux même qui en suivaient l'enseignement depuis plus ou moins de temps, mais qui n'avaient pas encore acquis les connaissances nécessaires aux études spéciales de l'ingénieur? On eût évité un si grave embarras, en exigeant que les candidats, avant leur admission, fussent pourvus de ces connaissances préliminaires. Mais le moment était-il favorable pour leur imposer cette condition nouvelle, quand les établissemens où ils auraient pu se mettre en état d'y satisfaire n'existaient plus? La création d'une école préparatoire s'offrit à l'esprit de Lamblardie, directeur de l'École des Ponts et Chaussées, comme le moyen le plus simple et le plus prompt de lever cette difficulté; et bientôt, agrandissant ses premières vues, il pensa que cette école pourrait devenir commune à tous les corps d'ingénieurs, en y enseignant les sciences et les arts qui leur sont d'une égale utilité.

Ce savant ingénieur, que Perronet avait désigné lui-même pour son successeur dans l'important emploi qu'il exerçait alors, alla communiquer à Monge le projet qu'il venait d'entrevoir. On ne pouvait désirer, pour son accomplissement, des circonstances plus favorables. Tous les établissemens d'instruction publique étant fermés, il en était d'autant plus facile, et de faire reconnaître la nécessité de créer la nouvelle école, et de lui donner pour professeurs les hommes les plus distingués, qui se trouvaient alors sans emploi. Il était convenable, en effet, qu'une école, destinée à être la pépinière des services publics qui exigent des connaissances physiques et mathématiques, puisât elle-même ces connaissances aux sources les plus élevées. Il fallait aussi que le mode d'enseignement qui y serait introduit, fût calqué sur celui dont une longue expérience aurait fait connaître la supériorité. Quelle école pouvait sur ce point soutenir le parallèle avec celle de Mézières? et qui était plus capable de reproduire l'esprit et les détails de ce mode d'enseignement, que Monge, qui avait professé, pendant vingt ans, à cette école, les mathématiques et la physique?

Monge s'empara de cette idée avec chaleur, et tous ses soins eurent dès lors pour objet d'en procurer la plus prompte réalisation. Sa situation lui offrait à cet égard beaucoup de facilités.

Il y avoit alors, auprès du Comité de salut public, une espèce de congrès de savans, où la plupart des sciences exactes et naturelles se trouvaient dignement représentées. C'est de là que partaient, à la voix du comité souverain, ces instructions lumineuses, ces inventions soudaines, ces expédiens ingénieux et rapides, qui, dégageant les procédés des arts des vieilles ornières de la routine, élevaient tout à coup leurs produits au niveau des immenses besoins de la révolution. Dans cette réunion, que son éminente utilité recommandait si puissamment à la bienveillance du gouvernement, Monge se distinguait par cette infatigable activité qu'il portait d'ordinaire sur tout objet qui avait saisi fortement son imagination; et il s'était ainsi concilié la prédilection particulière des chefs de la république.

Ses premières ouvertures sur la création d'une grande école préparatoire pour toutes les classes d'ingénieurs furent donc favorablement accueillies. Elles trouvèrent même de zélés approbateurs dans deux membres du Comité, anciens élèves de Monge à l'Ecole de Mézières; l'un était Carnot, et l'autre, Prieur-Duvernois, plus connu sous la désignation de Prieur de la Côte-d'Or. Celui-ci ne cessa point, dès le premier aperçu du projet, de se livrer, avec une ardeur persévérante, à tous les travaux qui devaient en préparer l'exécution. Une circonstance heureuse (nous ne pouvons dire si elle fut un effet du hasard ou le résultat d'une combinaison) vint seconder les vœux de ses auteurs.

Avant que la Convention supprimât le Conseil Exécutif et les six ministères, pour leur substituer douze commissions entre lesquelles elle répartit leurs attributions principales, une loi du 11 mars (21 ventose an II), créa une *Commission des Travaux publics*, expression un peu vague sous laquelle étaient compris « les ponts et chaussées, voies et canaux publics;
« les fortifications, ports et établissemens formés
« pour la défense des côtes; les monumens et édi-
« fices nationaux; les ouvrages hydrauliques et de
« desséchement; la levée des plans, formation des
« cartes; et enfin toutes les espèces de travaux dont
« les fonds sont faits par le trésor public, » à l'ex-

ception de « ceux qui concernent la fabrication des « armes et l'exploitation des mines, et *provisoire-* « *ment* la construction des vaisseaux. »

On introduisit dans la loi une disposition portant que la Commission s'occuperait « de l'établissement « d'une Ecole centrale des Travaux publics, et du « mode d'examen et de concours auxquels seront « assujétis ceux qui voudront être employés à la di- « rection de ces travaux. » Voilà, dans les documens publics, la première trace de l'Ecole Polytechnique.

D'après le texte que nous venons de transcrire, il est évident que l'Ecole devait former des élèves pour les travaux dont la Commission prenait la direction, c'est-à-dire, pour le Génie militaire, les Ponts et Chaussées, et, plus tard, les Constructions navales. Or, ces trois services dépendaient de trois départe- mens ministériels, la guerre, l'intérieur et la marine, dont les vues différentes, et peut-être même oppo- sées, n'auraient pas manqué d'entraver l'institution nouvelle. C'était donc, comme nous l'avons fait re- marquer, une circonstance heureuse que la création d'une autorité qui, réunissant la direction de tous ces travaux, présidait seule à la naissance et à l'organi- sation de l'établissement projeté.

Il pourra sembler curieux de connaître les motifs présentés par le Comité de salut public à l'appui d'une mesure qui enlevait l'administration des fortifications et des ports aux départemens de la guerre et de la marine. Les voici, dans les termes mêmes du rap- port : « Les différens travaux de l'architecture mili- « taire, civile et hydraulique, sont tous fondés sur « les mêmes principes; ils dépendent tous d'une

« même théorie, exigent tous les mêmes études pré-
« liminaires. Cependant, les artistes et les agens char-
« gés de ces travaux forment trois corps différens et
« totalement étrangers l'un à l'autre ; et l'administra-
« tion qui doit les surveiller est divisée, morcelée en
« autant de portions qu'il y a de ministères: leurs opé-
« rations se croisent et se rivalisent. Il résulte de là
« plusieurs inconvéniens majeurs : défaut d'écono-
« mie, défaut d'ensemble, mauvaise exécution ; nul
« progrès dans l'art, qui, réduit, faute de principes
« certains, en principes vagues et particuliers à cha-
« que administration partielle, tend graduellement à
« un anéantissement absolu. »

Ces considérations, sur l'utilité d'une administration commune pour les divers services, s'appliquent avec autant de force aux avantages d'une commune école ; et cette école, seule création durable de la loi où elle occupe si peu de place, est à peine indiquée dans le rapport.

La Commission des Travaux publics s'établit au palais Bourbon, et désigna pour l'Ecole quelques dépendances de ce palais, telles que les écuries, les remises, la salle de spectacle et l'orangerie. La direction des travaux ordonnés pour approprier ces localités à leur nouvelle destination, fut confiée à Lamblardie, auquel on adjoignit Gasser, autre ingénieur des Ponts et Chaussées, et l'on se mit à l'œuvre avec toute l'activité possible.

En même temps, on partagea entre plusieurs commissaires, tous destinés à remplir des fonctions dans l'Ecole, le soin de la pourvoir des diverses collections, scientifiques et autres, nécessaires à l'instruction. La

Commission temporaire des arts, établie près le Comité d'instruction publique, reçut ordre de leur indiquer les objets de ce genre qui se trouveraient parmi les « effets nationaux » (provenant de la couronne, du clergé, des académies, et des confiscations révolutionnaires), de requérir la levée des scellés apposés sur ces objets, et d'en présenter les états au Comité de salut public.

La formation du cabinet de physique coûta peu de temps et de recherches. Un grand nombre d'instrumens rassemblés par le savant Charles étaient en dépôt dans l'hôtel d'Aiguillon : Barruel y fit choix, pour l'École, de deux cent soixante articles, évalués à près de trente mille francs. Une partie de ces instrumens de physique appartenaient au garde-meuble de la couronne, quelques uns à l'Académie des Sciences ; tous les autres étaient des propriétés particulières. Le cabinet des modèles, la collection de minéralogie, le laboratoire de chimie et la bibliothèque, furent d'abord composés d'objets d'une semblable origine. Le sentiment pénible excité par de tels souvenirs est à peine adouci par la pensée qu'en cette occasion, ce fut la science, la patrie, et non la cupidité, qui profita de ces tristes dépouilles.

Neveu fit une riche et abondante récolte de modèles pour le dessin d'imitation, dans les dépôts de l'hôtel de Nesle, des Petits-Augustins, de l'Académie de Peinture, à la salle des Antiques du Louvre, et au Cabinet des Estampes. Plus de trois cents gravures et dessins de l'hôtel de Nesle, trois épreuves de chacune des planches qui se trouvaient à l'Académie de Peinture et au Cabinet des Estampes ; vingt tableaux copiés d'après les grands maîtres d'Italie, et six copies de la Galerie du Luxembourg de Rubens; huit bustes en marbre d'après l'antique, autant de copies à choisir parmi les statues de Marly; les figures en marbre de Pascal par Pajou, et de La Fontaine par Julien, et cinq copies de statues antiques; tel fut le premier fruit des recherches de Neveu. Il obtint de plus les fonds nécessaires pour acquérir une cinquantaine de figures, autant de têtes, et d'autres objets moulés en plâtre. Enfin, il reçut l'autorisation de faire exécuter, sur les fonds de l'instruction publique, quarante creux, d'après les plus belles statues antiques.

La mission de rassembler les dessins et modèles d'architecture avait été donnée à Lesage, inspecteur de l'École des Ponts et Chaussées, assisté de Baltard et de Lomet. La Commission des arts leur fit donner communication de ceux de l'Académie d'Architecture, et des portefeuilles dans lesquels étaient conservés les projets des concours qui avaient lieu tous les mois et du concours général annuel, ainsi que les projets composés par les pensionnaires de France à Rome, et ceux de restauration qu'ils y faisaient la troisième année. Les Commissaires choisirent dans ces divers dépôts, et tout ce qu'ils demandèrent pour l'École fut accordé. Les trois Comités avaient approuvé antérieurement l'acquisition, au prix de deux mille cinq cents francs, de dix modèles en plâtre, représentant différens monumens d'architecture antique et moderne.

L'enseignement de la géométrie descriptive et de ses applications, d'après les méthodes nouvelles inventées par Monge, exigeait aussi un grand nombre de dessins, dont la plus grande partie devaient être gravés. La Commission des Travaux publics fut autorisée à employer vingt-cinq dessinateurs, e un plus grand nombre, s'il était nécessaire.

Pendant que les travaux des bâtimens et la formation du matériel s'avançaient avec rapidité, le gouvernement préparait les dispositions législatives qui devaient imprimer à l'Ecole le mouvement et la vie. Un projet de loi fut rédigé, dans lequel on régla les conditions d'admission, l'époque de l'ouverture, le traitement des élèves, et leur destination au sortir de l'Ecole. Mais, avant de soumettre ce projet à la Convention, il fallait lui rappeler, ou peut-être lui apprendre, que, dans un paragraphe obscur d'une loi rendue sans discussion six mois auparavant, elle avait décrété l'établissement d'une Ecole centrale des Travaux publics. Il fallait surtout faire connaître à la France le plan et le but de cette nouvelle institution, pour laquelle on allait faire un appel à tous les jeunes Français qui avaient quelques connaissances des mathématiques. Fourcroy fut choisi par le Comité de salut public, dont il était membre, pour présenter à l'assemblée, en même temps que le projet de loi, un rapport étendu sur la constitution de l'Ecole, et sur les mesures que le Comité avait prises pour son établissement. Ce document, où sont exposées les premières vues des fondateurs de l'Ecole, est aussi un monument curieux de l'époque, et mérite, à ce double titre, d'occuper une assez grande place dans cette histoire.

C'était peu de semaines après la chute de Robespierre. La Convention, ou plutôt le parti qui la dominait alors, était encore dans l'ivresse de la victoire, non sans quelque reste d'inquiétude sur la solidité d'un triomphe si rapide et si récent; et cette inquiétude prolongeait la fureur du combat : aussi, n'était-on écouté avec faveur, que lorsqu'on prodiguait les imprécations au parti qui venait de succomber. Fourcroy dut se conformer à cette situation des choses et des esprits; mais il se tint le plus près possible de son sujet, en n'attaquant, dans les vaincus du Neuf-Thermidor, que des ennemis de l'instruction qui « vou-« laient faire disparaître de la France les lumières « dont ils redoutoient l'influence. Les comités, dit-il, « ont recueilli trop de preuves, pour qu'il soit permis « de douter de l'existence d'une conjuration contre « les progrès de la raison humaine. Il leur est dé-« montré qu'un des plans des conspirateurs était d'a-« néantir les sciences et les arts, pour marcher à la « domination à travers les débris des connaissances « humaines, et précédés par l'ignorance et la supers-« tition. »

Ici le rapporteur présenta une véritable apologie des lumières, dont ce n'est pas la moindre singularité, que d'avoir été prononcée dans le siècle qui se décorait de leur nom, et devant les chefs d'une révolution dont on attribuait la naissance à leurs progrès; puis, revenant sur « les derniers conspirateurs, » il développa rapidement le système qu'il leur imputa d'avoir suivi dans l'exécution de leur plan, et dont un des élémens consistait à « anéantir toutes les choses « et tous les hommes utiles à l'instruction. »

Ranger ainsi les sciences, les arts et ceux qui les cultivent, au nombre des proscrits que le Neuf-Thermidor

venait de dérober aux fureurs de Robespierre, c'était un sûr moyen d'attirer sur eux l'intérêt de l'assemblée ; mais cela n'eut peut-être pas suffi pour en obtenir la création d'un établissement d'instruction scientifique, conçu sur un plan vaste et nouveau, et qui devait entraîner des dépenses considérables. Continuellement obsédée du soin de se maintenir contre ses nombreux ennemis, pressée au dedans par les armées royalistes, au dehors par celles de l'Europe, la Convention, dans le cours de son orageuse carrière, avait à peine jeté quelques regards distraits sur l'instruction publique ; mais son attention se portait fortement sur tout ce qui intéressait sa puissance militaire. Ce fut donc au nom de la guerre, ce fut en les présentant comme d'utiles auxiliaires des soldats républicains, que Fourcroy lui recommanda les arts et les sciences. « La guerre, dit-il, est
« devenue pour la république française une occasion
« heureuse de développer toute la puissance des arts.
« C'est en faisant fabriquer des armes, du salpêtre
« et de la poudre, c'est en tirant le cuivre du métal
« des cloches, en élevant dans les airs des aérostats
« d'observation auprès de nos armées, en établis-
« sant les courriers télégraphiques, en apprêtant,
« pour l'usage de nos frères d'armes, du cuir en huit
« jours, c'est en multipliant et en inventant des arts
« de défense inconnus jusqu'ici, à l'aide de moyens
« nouveaux puisés dans les sciences géométriques et
« physiques, que le Comité de salut public a reconnu
« l'importance de ces sciences, et la nécessité d'en
« recueillir soigneusement l'industrieuse activité. Les
« conspirateurs, qui voulaient les bannir du sol de la

« république, avaient la coupable espérance de pri-
« ver la France d'ingénieurs et d'artilleurs instruits,
« de généraux éclairés, de marins habiles; de la
« faire manquer d'armes, de poudre, de vaisseaux,
« de laisser les places et les ports sans moyens de
« défense, et de donner ainsi à nos ennemis des
« avantages certains et des victoires faciles. »

Après ce long préambule, que les circonstances rendaient nécessaire, le rapporteur annonça que le Comité n'avait cessé de préparer tous les moyens d'exécution nécessaires pour l'établissement de l'Ecole des Travaux publics, et que, s'étant assuré de leur succès prochain, il demandait à la Convention de décréter la dernière mesure à prendre pour la mettre en activité. Alors, entrant tout-à-fait en matière, il commença par exposer la situation où se touvaient les Ecoles « des cinq genres d'ingénieurs
« qu'exige impérieusement le service des armées, et
« dont le besoin de plus en plus pressant se fait sen-
« tir à chaque instant. » Ce sont les ingénieurs militaires, les ingénieurs des ponts et chaussées, les ingénieurs géographes, les ingénieurs des mines, les ingénieurs constructeurs pour la marine.

Ce que nous avons dit de la nécessité où se trouvait Fourcroy de se servir des besoins de la guerre comme du moyen le plus propre à émouvoir la Convention (1), explique suffisamment pourquoi l'on

---

(1) S'il en fallait une autre preuve, nous la trouverions à la fin de ce même rapport, où, après avoir annoncé que le Comité prépare un projet sur un mode d'instruction destiné *à répandre révolutionnairement les connaissances nécessaires au perfectionnement du premier des arts, de l'Agriculture,* Fourcroy se hâte d'ajouter que cette instruction de-

trouve ici, au nombre des ingénieurs « qu'exige im-
« périeusement le service des armées, » ceux des
Ponts et Chaussées et des Mines. Mais il est d'autant
plus difficile de comprendre comment on avait pu,
dans la destination primitive de l'Ecole, oublier les Artilleurs, qui construisent et manœuvrent toutes leurs
machines, et qui font, dans ces deux branches essentielles de leur service, une application continuelle
des théories mathématiques, comme ils emploient
journellement les notions de la physique et de la
chimie, dans leurs fonderies, dans leurs forges, dans
leurs poudreries? Serait-ce que les fondateurs de l'E-
cole centrale des Travaux publics étant préoccupés
de l'idée d'y former des ingénieurs de tous les genres,
les Artilleurs, auxquels ce titre d'ingénieurs manquait, avaient par là échappé à leur attention? Cette
explication ne semblera pas futile à ceux qui ont eu
occasion de reconnaître l'influence d'un mot.

Nous ne suivrons pas le rapporteur dans les détails
où il entre sur le plan de l'enseignement; nous allons
l'exposer tout à l'heure avec les développemens les
plus complets. Il ne serait pas moins superflu de reproduire les raisonnemens et les faits sur lesquels il
s'appuie pour démontrer que les mathématiques et la
physique « doivent servir de bases solides aux études
« nécessaires pour tous les genres de construction. »
Mais nous devons insister avec lui sur la méthode
adoptée pour l'enseignement de ces deux ordres de
connaissances. Cette méthode, en usage à l'Ecole de
Mézières pour la géométrie descriptive, « consistoit

*vient, en ce moment, indispensable pour assurer l'approvisionnement
des armées de terre et de mer.*

« à faire exécuter ou pratiquer aux élèves les leçons
« qu'on leur donnait, de sorte qu'il ne suffisait pas
« qu'ils comprissent, il fallait encore qu'ils exécutas-
« sent avec précision. La physique et la chimie, dit
« à ce sujet Fourcroy, n'ont encore été montrées en
« France qu'en théorie ; l'Ecole des Mines de Schem-
« nitz, en Hongrie, nous fournit un exemple frappant
« de l'utilité de faire exercer ou pratiquer par les
« élèves les opérations qui font la base de ces sciences.
« Des laboratoires y sont ouverts et munis des usten-
« siles et des matériaux nécessaires pour que tous les
« élèves y répètent les expériences, et voient par
« leurs yeux tous les phénomènes que les corps pré-
« sentent dans leur union. Le Comité de salut public
« a pensé qu'il fallait introduire dans l'Ecole des Tra-
« vaux publics cette méthode, qui a le double avan-
« tage de faire concourir tous les sens à la fois aux
« progrès de l'instruction, et de fixer l'attention des
« élèves sur une foule de circonstances qui échap-
« pent presque toujours, dans les leçons, ou aux
« professeurs ou aux auditeurs. Les élèves seront dis-
« tribués dans des salles particulières, où ils exécu-
« teront les opérations de géométrie descriptive que
« leurs instituteurs leur auront enseignées dans les
« salles communes ; ils répéteront de même, dans des
« laboratoires particuliers, les principales opérations
« de chimie, et ils s'accoutumeront à trouver la plus
« grande simplicité dans les procédés, et la plus
« grande perfection dans les produits. »

Après avoir dit que le cours complet d'instruction devant durer trois années, « les élèves seront divisés
« en trois classes, de sorte que chaque année ceux

« qui auront terminé le cours de leurs études quit-
« teront l'Ecole, » Fourcroy ajoute : « soit pour être
« employés par le gouvernement aux travaux de la
« république, s'ils en sont jugés capables, soit pour
« reporter dans leurs foyers l'instruction qu'ils au-
« ront puisée à Paris, et y prodiguer, en quelque
« sorte, les connaissances vraiment utiles. »

Ainsi, l'institution de l'Ecole n'avait pas seulement pour but de former des « ingénieurs de tous genres, » mais, en même temps, comme il est dit dans un autre endroit du rapport : « de rétablir l'enseignement des
« sciences exactes, qui avait été suspendu par les
« crises de la révolution. »

En conséquence de cette division des élèves en trois classes, il eût fallu n'admettre la première année dans l'Ecole, que le premier tiers des élèves qu'elle pouvait recevoir, y appeler le second tiers l'année suivante, en sorte qu'elle n'eût été complète que la troisième année. « Mais les besoins de la république
« ne permettant pas de suivre une marche aussi lente,
« il a fallu, dit le rapporteur, trouver le moyen de
« fonder à la fois toutes les parties de l'instruction, et
« l'enseignement révolutionnaire a présenté au Co-
« mité le moyen d'atteindre ce but (1). Des cours
« concentrés, en quelque sorte, de la durée de trois
« mois, et donnés en même temps, renfermeront
« l'enseignement total de l'Ecole, formeront une ins-

---

(1) La distance où nous sommes du temps de la Convention rend peut-être déjà nécessaire d'expliquer le mot *révolutionnaire* dans le sens que lui donne ici Fourcroy. Ce mot était devenu le synonyme énergique d'*accéléré*, lorsque l'accélération était obtenue aux dépens des formes et de la régularité des procédés. Une opération révolutionnaire n'était pas une bonne opération, mais elle satisfaisait aux besoins du moment.

« truction complète quoique accélérée, et permet-
« tront, à la fin de ces premiers cours, de partager
« les élèves en trois classes, dont chacune suivra sur-
« le-champ l'étude affectée à chacune des trois an-
« nées, en sorte que l'Ecole sera en activité dans
« toutes ses parties, dès sa première institution. »

Le gouvernement avait conçu, sinon le projet, du moins l'espoir de substituer l'École des Travaux publics à toutes les Ecoles d'ingénieurs. Le passage suivant du rapport ne laisse aucun doute sur ce point :
« Quoique l'enseignement qui doit être donné dans
« l'Ecole des Travaux publics doive en rendre l'ins-
« truction plus complète, que celle qui a été donnée
« dans les établissemens destinés jusqu'ici pour les
« différentes classes d'ingénieurs, le Comité a pensé
« que, pour n'exposer aucune des ressources de la
« république, il convenait de ne supprimer aucune
« des écoles existantes, *au moins jusqu'à ce que la
« nouvelle Ecole ait pris une marche assurée.* Ces
« Ecoles continueront donc leurs exercices accoutu-
« més; seulement les élèves qui les fréquentent, et
« qui auront les dispositions requises, pourront se
« présenter à l'examen pour être admis à l'Ecole cen-
« trale des Travaux publics. » L'intention de réunir dans cette Ecole, à la théorie des sciences, l'enseignement des connaissances spéciales nécessaires aux ingénieurs des divers services, n'est pas moins clairement exprimée dans un des articles de la loi que Fourcroy était chargé de présenter, et dont nous rapterons plus bas les dispositions.

Telle n'avait pas été la proposition de Lamblardie. Mais il arriva probablement qu'en dressant le plan de l'Ecole, on s'enthousiasma pour une création qui surpassait tout ce qui avait jusqu'alors existé en ce genre; on pensa qu'une telle richesse de moyens d'enseignement suffirait à tout, que des élèves si bien préparés devaient acquérir, en peu de temps, dans l'exercice des professions qu'ils embrasseraient, le complément d'instruction spéciale qui pourrait leur manquer, et que les Ecoles particulières ne seraient dès lors qu'un intermédiaire superflu entre la grande Ecole et les services publics. Peut-être aussi cette combinaison se présenta-t-elle à l'esprit des fondateurs de l'Ecole, comme propre à lui épargner le reproche de former des doubles emplois, et d'occasioner un accroissement inutile de dépenses.

Le Comité de salut public crut devoir se justifier de n'avoir pas proposé, pour l'appel des élèves, « une répar-
« tition uniforme sur tout le territoire de la république,
« comme il fallut le faire pour lever des bataillons. »
Son rapporteur en donna la raison : « On a besoin ici
« de jeunes gens qui aient fait des études prélimi-
« naires, qui se consacrent à une profession particu-
« lière, dont l'état d'élèves à l'Ecole des Travaux
« publics sera en quelque sorte le premier grade.
« On veut appeler ceux qui sont déjà les mieux pré-
« parés, pour que la république puisse jouir plus tôt
« de l'exercice de leurs talens. La seule manière de
« les reconnaître est de les faire passer à un examen
« qui donne la mesure précise de l'intelligence et
« des dispositions de chacun d'eux. » Cette apologie d'un privilége accordé aux talens et à l'instruction, cette explication des motifs qui avaient déterminé le Comité à ne pas lever des ingénieurs comme on lève

des soldats, ne paraîtra pas superflue à ceux qui savent combien la jalousie de l'égalité était prompte à s'alarmer chez les hommes qui influaient alors sur les affaires publiques. Nous verrons, quelques années plus tard, l'Ecole Polytechnique elle-même accusée à la tribune législative, de constituer un privilége contraire au principe d'égalité, par l'admission exclusive de ses élèves dans les services publics; nous verrons une loi d'organisation rejetée, parce que ce privilége y était implicitement maintenu.

La disposition du projet de loi qui alloue aux élèves un traitement annuel, est ainsi motivée dans le rapport: « Il est nécessaire de donner une indemnité aux
« élèves, parce que la plupart des citoyens n'auraient
« pas les facultés nécessaires pour entretenir leurs
« enfans à Paris pendant trois ans, parce qu'ils ont
« déjà fait des dépenses pour leur donner les pre-
« mières instructions, et parce que les élèves auront
« obtenu, d'après leur examen, un premier grade
« dans les Travaux publics. »

Fourcroy entretint aussi l'assemblée du régime auquel les élèves devaient être soumis pendant les heures non employées aux exercices de l'Ecole. « Un
« des objets, dit-il, qui ont le plus exercé la sollici-
« tude du Comité de salut public, ce sont les précau-
« tions nécessaires pour la conservation des mœurs
« des élèves à Paris; il a pensé que, pour cet objet,
« ils ne devaient être ni casernés ni réunis dans un
« pensionnat commun, mais qu'ils devaient être mis
« en pension séparément ou en très-petit nombre,
« chez de bons citoyens qui, par leur exemple do-
« mestique, les formeraient aux vertus républicaines,

« qui leur inspireraient l'amour du travail, et qui se
« chargeraient des soins paternels qu'exigent la vie,
« la santé et l'entretien (1). Il a pris aussi des mesures
« pour assurer le choix des citoyens qui recevront
« les élèves en pension. » Ce choix fut fait, et il
tomba sur des personnes, à la vérité bien famées,
mais qui n'acceptèrent cette espèce de paternité que
dans des vues purement mercantiles. On doit néanmoins
reconnaître que ce régime mixte avait été imaginé
pour procurer aux élèves, et même avec profit,
les avantages du casernement, ou plutôt, pour leur
faire retrouver ceux de la maison paternelle. Il ne
manquait à un tel projet, comme à beaucoup d'autres
du même temps, que d'être approprié à nos mœurs,
et par conséquent exécutable.

Fourcroy termina ainsi son rapport : « Le Comité
« doit vous dire que la grandeur de cette École est
« digne du peuple auquel elle est consacrée; qu'elle
« sera sans modèle en Europe; qu'elle satisfera doublement
« et aux besoins de la république et à l'instruction
« générale que le peuple réclame depuis
« cinq ans; qu'elle répandra, de proche en proche, et
« dans toute la république, le goût si avantageux de
« l'étude des sciences exactes, et que c'est enfin un
« des plus puissans moyens de faire marcher, d'un pas
« égal, le perfectionnement des arts utiles et celui de
« la raison humaine. »

La loi proposée à la suite du rapport fut rendue le

---

(1) Ils furent aussi chargés de surveiller la conduite des élèves et d'en rendre compte à l'administration de l'Ecole.

L'administration réglait les prix et conditions des pensions et logement, et devait en assurer le paiement.

(*Organisation du 6 frimaire an 3*)

28 septembre (7 vendémiaire an 3), sans aucune opposition. Un seul député prit la parole. C'était Calon, ancien ingénieur-géographe-militaire, et alors directeur du Dépôt de la guerre. Etonné sans doute du projet de substituer la nouvelle Ecole à toutes les écoles spéciales, il dit quelques mots sur l'impossibilité d'y former des ingénieurs-géographes, et, réclamant pour ceux-ci « un institut pratique, » il demanda que le Dépôt de la guerre fût l'école spéciale où les élèves de ce service viendraient achever leur instruction.

La loi établit, pour l'admission, les conditions suivantes :

Une bonne conduite; l'attachement aux principes républicains; la connaissance de l'arithmétique et des élémens de l'algèbre et de la géométrie; l'âge de seize à vingt ans; et, pour ceux qui feraient partie de la *première réquisition*, ou qui seraient attachés à d'autres services publics, l'autorisation expresse du Comité de salut public.

L'examen doit avoir lieu en même temps dans vingt-deux villes (1) que la loi désigne; s'ouvrir le 22 octobre, et se fermer le 31 du même mois (du 1er au 10 brumaire an 3). Il est public. Les vingt-deux examinateurs sont nommés par la Commission des Travaux publics. Ils sont chargés de juger « des qualités « intellectuelles » et de l'instruction des candidats sur les mathématiques.

Faisons remarquer, en passant, que les qualités in-

---

(1) Dunkerque, Amiens, Mézières, Caen, Rouen, Reims, Paris, Metz, Strasbourg, Brest, Rennes, Nantes, Tours, Auxerre, Dijon, Rochefort, Bordeaux, Bayonne, Toulouse, Montpellier, Marseille et Grenoble.

tellectuelles sont indiquées à l'examinateur avant l'instruction.

Le jugement sur la moralité et la bonne conduite est confié à « un citoyen recommandable par la pra- « tique des vertus républicaines, » nommé, dans chaque ville d'examen, par l'agent national du district. Chaque candidat doit être porteur d'une attestation de la municipalité du lieu de son domicile, « qui prouve qu'il a toujours eu une bonne conduite, « et qu'il a constamment manifesté l'amour de la li- « berté et de l'égalité, et la haine des tyrans. »

Dans les trois jours qui suivront la fin de l'examen, les deux examinateurs doivent rendre compte, en commun, de son résultat à la Commission des Travaux publics, qui déterminera ensuite le nombre des élèves de chaque examen à admettre, pour porter le nombre total à quatre cents, de manière que ceux qui, par leur moralité et « leur intelligence, » donneront plus d'espérance y soient compris. La Commission ne pouvait, pour cette admission, intervertir l'ordre de mérite dans lequel les candidats avaient été présentés par les examinateurs respectifs.

Remarquons encore qu'il est parlé ici de l'intelligence, et nullement de l'instruction.

Les élèves appelés doivent être rendus à Paris avant le 30 novembre (10 frimaire an 3), époque fixée pour l'ouverture de l'Ecole. Il leur est accordé, pour ce voyage, le traitement de route alloué aux canonniers de première classe (quinze sols par jour, en assignats, équivalant alors à quatre sols en numéraire). A compter du jour de leur arrivée, ils doivent jouir du traitement de douze cents livres par an (1), pour tout le temps qu'ils resteront à l'Ecole. Mais ce temps ne peut, dans aucun cas, se prolonger de plus d'un an au-delà des trois années nécessaires aux cours ordinaires des études.

« Les élèves, après ce temps d'étude, seront em-
« ployés aux fonctions d'ingénieurs pour les différens
« genres de travaux publics, d'après la capacité et
« l'aptitude qu'ils auront montrées. Ceux qui n'auront
« pas acquis les connaissances suffisantes retourne-
« ront chez eux, et cesseront de recevoir le traite-
« ment. » Cet article est celui que nous avons indiqué
« plus haut, comme exprimant l'intention des auteurs de la loi (nous ne disons pas des fondateurs de l'Ecole), de supprimer les Ecoles d'application; et, en effet, celle des Ponts et Chaussées demeura fermée pendant l'année 1795.

Par l'article suivant, le Comité de salut public est autorisé « à tirer de l'Ecole les élèves qui pourraient
« être employés utilement pour la république, lorsque
« les circonstances l'exigeront. »

Enfin, la Commission des Travaux publics, sous l'autorité de laquelle l'Ecole était placée, fut chargée, par l'article dernier, de préparer toutes les mesures de détail nécessaires pour en achever l'établissement et la parfaite organisation; elle devait soumettre ces mesures à l'approbation des trois Comités (2).

---

(1) D'après le cours des assignats, ces douze cents livres représentaient, à l'époque où la loi fut rendue, trois cent trente-six livres en numéraire; dans le mois qui suivit l'ouverture de l'Ecole, elles ne valaient déjà plus que deux cent quarante livres.

(2) C'étaient les Comités de *salut public*, d'*instruction publique*, et des *travaux publics*. Ils exerçaient en commun la haute direction de l'Ecole, par des arrêtés collectifs. Nous dirons, pour abréger, *les trois Comités*.

L'examen des candidats fut le premier objet des soins de la Commission. Après avoir pourvu à ce que la loi que nous venons de rapporter reçût toute la publicité nécessaire, elle prescrivit aux municipalités des villes désignées par cette loi, les dispositions de détail propres à assurer la régularité des examens, et ordonna, entre autres choses, qu'un ou plusieurs officiers municipaux y fussent constamment présens, « afin de « donner à ces examens la dignité et la solennité « qu'exige tout ce qui tient à l'instruction publique. »

Une lettre circulaire, écrite sur le même sujet aux Agens nationaux des districts dans lesquels étaient situées les villes d'examen, renfermait des directions pour le Commissaire chargé de prononcer sur la moralité et le civisme des candidats. Il est recommandé aux Agens nationaux d'apporter beaucoup de discernement dans le choix de ce Commissaire, qui « doit « concourir avec l'Examinateur à fixer le jugement « que l'on doit porter sur le degré d'intelligence des « candidats, et particulièrement sur leurs disposi- « tions à apprendre de nouvelles choses, soit en « ayant égard à leur âge et au temps qu'ils auront « donné à leurs études, soit au plus ou moins de vi- « vacité et à la plus ou moins grande précision qu'ils « mettront dans leurs réponses aux questions qui « leur seront proposées. »

Nous retrouvons ici, comme nous l'avons déjà remarqué dans deux articles de la loi, les qualités intellectuelles préférées aux connaissances acquises. Les instructions adressées à chacun des Examinateurs donnent encore plus de développemens à cette idée. On en jugera par l'extrait suivant.

« Une description pure et simple des connaissances
« acquises par les candidats ne peut suffire. Il est
« encore essentiel de s'assurer de leurs dispositions
« naturelles pour en accroître l'étendue. Le but de
« l'institution de l'Ecole centrale des Travaux publics
« étant de donner une grande instruction, le choix
« doit se fixer plutôt sur les candidats dont les heu-
« reuses dispositions les rendent propres à mieux
« profiter de cette instruction, que sur ceux qui, avec
« plus de connaissances, auraient cependant moins
« de moyens intellectuels de les augmenter; et c'est
« dans ce sens que celui qui sait le mieux doit être
« naturellement préféré à celui qui sait le plus. C'est
« donc à reconnaître le degré d'intelligence et la
« disposition des candidats que tu dois (1) principa-
« lement t'attacher, et c'est sur cet objet que tu dois
« bien t'entendre avec le Commissaire que l'Agent
« national du district aura nommé, puisqu'il pourra
« reconnaître aussi, sous d'autres rapports, et les dis-
« positions et le degré d'intelligence. »

Ce n'était pas seulement sur « le degré d'intelli-
« gence » que le Commissaire était appelé à prononcer en commun avec l'Examinateur; il devait exprimer aussi son opinion sur « les connaissances acquises
« et supplémentaires (ou non exigées), » et l'Examinateur concourait avec lui au jugement des «qualités
« morales et civiques. » Sur ce dernier point, l'un
des Commissaires, pour l'examen qui eut lieu à Paris,
personnage fameux, à cette époque, par l'exaltation et
l'austérité de ses sentimens républicains, déploya une

---

(1) L'étiquette révolutionnaire prescrivait encore le tutoiement dans les communications officielles.

excessive rigidité. Il obtint d'abord, à force d'instances, que *l'examen au moral* serait fait préalablement à tout autre, afin, disait-il, que, si le candidat satisfaisait mal au premier, « il ne fût pas même ad-
« mis à l'examen pour les sciences, de peur que l'on
« ne fût tenté de violer les principes, en faisant la
« compensation sacrilége des vertus par les talens. »
Puis, n'ayant découvert, entre les candidats, aucune différence qui pût fournir matière à des notes individuelles, il les comprit tous dans un rapport commun, dont voici quelques passages :

« La manifestation du patriotisme a été en général
« nulle. A l'exception du très-petit nombre, ils sont
« ignorans et indifférens. Indifférens! tandis que les
« enfans même balbutient déjà les principes et les
« hymnes de la liberté! C'est en vain que j'ai tâché,
« par des questions brusques, imprévues, et même
« captieuses, de suppléer à l'insignifiance des actes
« (certificats de civisme et de moralité) qu'ils ont
« produits; presque tous m'ont prouvé, par leur
« ignorance, qu'ils avaient toujours été indifférens
« au bonheur de leurs semblables, au leur propre,
« et même aux événemens. — Je n'ai vu, en les con-
« sidérant en masse, qu'une fraction de génération
« sans caractère, sans élan patriotique. » La conclusion est, que ces quarante et un jeunes gens, « par
« leur insouciance pour tout ce qui est bon, ver-
« tueux et utile, méritent d'être rejetés. » L'anathème fulminé par ce patriote atrabilaire ne fut pas ratifié par la Commission des Travaux publics; mais nous avons cru devoir le rapporter, parce qu'il est le commencement de cette série de plaintes dont les

3.

sentimens politiques des élèves furent l'objet, pendant les quatre ou cinq premières années de l'Ecole.

Les examens devant s'ouvrir le même jour dans toute la France, la Commission en chargea des professeurs de mathématiques et d'hydrographie, et des ingénieurs des Ponts et Chaussées, qui résidaient, les uns et les autres, dans les villes d'examen, à un petit nombre près que l'on fit venir de quelques lieux voisins. Il fut établi deux examinateurs à Strasbourg, et six à Paris.

Ces dispositions faites, la Commission pressa, avec un redoublement d'activité, les préparatifs de tout genre qui devaient mettre l'Ecole en état de recevoir les élèves à l'époque fixée par la loi. Lamblardie, nommé directeur, fut chargé de proposer et d'exécuter toutes les mesures relatives au premier établissement. On lui donna, pour le seconder, deux sous-directeurs. L'un de ces emplois, auquel était spécialement attachée l'administration du matériel, fut confié à l'ingénieur Gasser; l'autre, qui avait pour attribution le personnel et la surveillance immédiate des élèves, fut donné à Charles Gardeur-Lebrun, qui, de l'éducation des enfans du duc d'Orléans, venait d'être appelé à la Trésorerie nationale.

C'est sans doute à ce dernier que l'on doit faire honneur des précautions sagement minutieuses qui furent prises, quelques jours après sa nomination, pour que les pensions des élèves répondissent aux sollicitudes manifestées dans le rapport de Fourcroy. L'instruction, rédigée dans cette vue, est dictée par une prévoyance vraiment paternelle. Après les recommandations les plus détaillées sur tout ce qui intéresse les besoins du corps, il est dit que les hôtes des élèves « veilleront leur conduite, tiendront la « main à ce qu'ils soient rentrés aux heures indiquées, « et observeront les sociétés qu'ils fréquenteront. » Ils doivent aussi « leur donner des avis et des ins- « tructions comme à leurs propres enfans, et rendre « un compte fréquent à la direction de l'Ecole de ce « qu'ils auront remarqué sur la conduite et le carac- « tère moral des élèves. » On désire « que le loge- « ment de ceux-ci soit disposé de manière qu'ils ne « puissent y entrer ou en sortir qu'en traversant l'ha- « bitation ordinaire de leur hôte. » Enfin, pour rendre la surveillance plus facile, on ne veut pas que le même particulier puisse loger plus de quatre élèves. Les Comités civils des sections de la capitale, les plus voisines de l'Ecole, furent invités à nommer quatre commissaires pour visiter tous les citoyens qui s'engageraient à recevoir des élèves en pension, prendre sur eux des renseignemens, et diriger le choix des Comités « sur ceux qui jouiraient d'une réputation « bien établie de probité, de bonnes mœurs, et qui « auraient constamment donné l'exemple du travail « et du civisme. »

Cependant, le jour de l'ouverture des cours s'approchait, et l'on manquait encore d'une grande partie du matériel nécessaire à quelques branches principales de l'instruction. Il fallut recourir à l'énergique assistance du Comité de salut public. Ce n'était plus, il est vrai, la formidable oligarchie, qui, avant le Neuf-Thermidor, disposait souverainement des biens et de la vie des Français. Mais le nouveau comité jouissait encore de pouvoirs assez étendus, et n'avait pas entièrement épuisé les ressources extraordinaires amassées par son terrible devancier. Quelques arrêtés, aussitôt exécutés que rendus, pourvurent largement aux premiers besoins. Voici des exemples de la manière dont ces affaires se conduisaient.

Carny, chargé de l'établissement des laboratoires, ne pouvant, ni trouver d'ustensiles en cuivre, ni en faire fabriquer, faute de matière première, le Comité ordonna à la Commission de commerce et approvisionnemens de fournir sans délai six mille livres de cuivre et deux mille livres d'étain. Trois jours après, nouvel ordre à la même Commission de livrer, pour le même service, quatre-vingts voies de charbon de terre et de bois; et, pour l'éclairage de l'Ecole, vingt mille livres d'huile de spermaceti, à prendre dans les magasins nationaux du Havre. La semaine suivante, il est enjoint à l'Agence des Poudres et Salpêtres de donner deux barils de potasse et cinq cents livres de salpêtre, pour être employés aux expériences de chimie. Enfin, la Commission des Armes est chargée de mettre à la disposition de l'Ecole près de deux cents vaisseaux et ustensiles en cuivre qui étaient en dépôt dans l'église de Saint-Severin, sans parler de plusieurs autres objets assez considérables pris en différens lieux. Ce qui manquait encore aux approvisionnemens chimiques fut fourni par les victoires des armées républicaines. On obtint d'abord cent livres de l'alun tiré de la Belgique; et, plus tard, le Palatinat du Rhin, nouvellement reconquis, s'étant trouvé assez bien pourvu de mercure, dont la France avait un pressant besoin, il en fut expédié à Paris plus de douze mille livres, dont la sixième partie environ fut donnée aux laboratoires de l'Ecole.

L'interruption de tout commerce, au dehors par la guerre, au dedans par le papier-monnaie, mettait souvent la Commission des Travaux publics dans la nécessité de faire donner aux ouvriers qu'elle employait, non-seulement les matières, mais même les outils dont ils étaient dépourvus. Ainsi, pour fabriquer la quantité assez considérable de compas qui devait être distribuée aux élèves, il fallut demander au Comité de salut public le cuivre, l'acier, le zinc, les limes, et enfin l'huile, la chandelle et le bois nécessaires pour éclairer et chauffer les ouvriers.

Des moyens semblables furent mis en usage pour pouvoir continuer les travaux de construction qui allaient être interrompus. Un architecte avait été chargé, sous le titre d'inspecteur général, de diriger ces travaux, pour lesquels des marchés avaient été passés avec des entrepreneurs. Mais ceux-ci manquaient tout à la fois de matériaux, d'ouvriers et de moyens de transport. Le Comité en fut instruit, et aussitôt ouvriers et voituriers sont mis en réquisition, et reçoivent l'autorisation, alors très-rare, de se faire remplacer pour le service de la garde nationale. En même temps, la Commission de commerce et des approvisionnemens reçoit l'ordre de fournir, pour divers genres d'ouvrages, une centaine de voies de bois, du charbon, dix-huit mille livres de plomb, deux cents limes à scies, et une énorme quantité de fer. Une horloge était indispensable : la Commission des revenus nationaux est chargée de livrer celle de la maison des religieuses carmélites du faubourg Saint-Germain.

Pour les objets d'un certain poids, l'arrêté est quelquefois terminé par une injonction « à la Commission « des transports, postes et messageries » de les faire transporter à l'Ecole.

Nous avons cru ces détails utiles pour faire comprendre comment, dans ces temps de pénurie, on est parvenu, en quatre ou cinq mois, à porter les constructions et les approvisionnemens au point de pouvoir commencer tous les cours.

Le nombre des élèves admis, d'après les premiers examens, fut de trois cent quarante-neuf. Pour atteindre ce nombre, il avait fallu accorder des dispenses d'âge à beaucoup de candidats. Soixante-dix d'entre eux avaient plus de vingt ans; il s'en trouvait vingt-sept qui en avaient moins de seize; un de ces derniers n'avait que douze ans et demi. Plusieurs étaient au service militaire; l'un de ceux-ci, âgé de plus de vingt-cinq ans, avait perdu un bras dans l'Inde sur l'escadre de Suffren. On dérogea, en faveur de ceux qui appartenaient à des familles nobles, à une loi du 16 avril de cette même année (27 germinal an II), qui interdisait l'entrée de Paris aux membres de la noblesse. Enfin, le Comité de salut public ayant autorisé les élèves des Ecoles de services publics à se présenter au concours, il en vint un du Génie militaire, deux du Génie maritime, et vingt-deux des Ponts et Chaussées, dont quelques uns sortaient de l'Ecole provisoire établie à Toulouse pour ce dernier service.

Relativement à l'instruction des candidats, la commission ne se montra pas très-sévère; et, suivant ce qui avait été recommandé aux examinateurs, on prit l'intelligence en plus grande considération que les connaissances acquises.

Le 26 novembre (6 frimaire an III), un arrêté des trois Comités réunis régla tout ce qui concernait l'organisation de l'Ecole. Les deux premiers titres renferment, avec la concision propre au style des lois, les bases de l'enseignement. Mais nous éprouverions quelques regrets de présenter, d'une manière aussi succincte, un plan d'études médité par des savans du premier ordre, et tracé pour une école à laquelle ils promettaient de si brillantes destinées. Heureusement le Comité de salut public avait fait imprimer, deux mois auparavant, pour servir de suite au rapport de Fourcroy, des « Développemens sur l'enseignement « adopté pour l'Ecole centrale des Travaux publics.» Ce précieux document, où la main de Monge est fortement empreinte, nous sera d'un grand usage pour suppléer les détails qui n'ont pu trouver place dans l'arrêté d'organisation.

Les fondateurs de l'Ecole destinée à former des ingénieurs pour les divers services publics, considérèrent que les connaissances nécessaires pour ordonner, diriger et administrer les travaux dont ces ingénieurs peuvent être chargés, sont de deux genres. Les unes sont relatives aux formes et au mouvement des corps; elles sont de nature à être acquises par le raisonnement; elles exigent ou l'emploi du calcul, ou l'usage de la règle et du compas : elles dépendent des mathématiques. Les autres ont rapport à la composition même des corps, aux propriétés des molécules qui les composent; elles s'acquièrent par l'expérience dans les laboratoires, dans les ateliers: elles font partie de la physique. Les mathématiques et la physique formèrent donc les deux branches principales de l'enseignement de l'École (1).

Mathématiques.

Les élèves n'ayant obtenu leur admission qu'après avoir satisfait à un examen sur l'arithmétique, les élémens de la géométrie et ceux de l'algèbre, cet état de leur instruction dut être pris pour point de départ, et il fut établi que les connaissances mathématiques enseignées à l'École comprendraient l'*analyse* et la *description graphique des objets*.

Le cours d'*analyse* a pour but de mettre entre les mains des élèves un instrument à l'aide duquel ils puissent résoudre les questions de la géométrie descriptive, de la mécanique et de l'hydraulique. Les *artistes des travaux publics* n'ont pas seulement à s'occuper des formes et des positions respectives des objets ; ils sont aussi destinés à considérer les corps dans l'état d'équilibre et dans celui de mouvement, à employer de la manière la plus avantageuse la force des hommes et celle des animaux, à modifier et tourner au profit de la société les mouvemens de tous les genres que la nature produit sans cesse, et à ne lais-

---

(1) « La réunion de la physique et des mathématiques dans les études d'une école, a l'avantage bien précieux de doubler, pour ainsi dire, le temps. Les jours consacrés aux travaux de la chimie, dont les appareils forment un spectacle, et dont les résultats ont de l'attrait, sont des jours de relâche par rapport aux opérations géométriques qui exigent des spéculations plus abstraites et des méditations plus longues ; et les élèves, après avoir pris dans les laboratoires un exercice de corps qui convient à leur âge, en seront plus propres à reprendre le lendemain l'étude des objets mathématiques. » (*Extrait des Développemens*, etc.)

ser, pour ainsi dire, à l'homme d'autre travail que celui qui dépend de ses facultés intellectuelles, que rien ne peut suppléer. Or, les premiers principes qui régissent les compositions et les décompositions des forces, soit dans l'équilibre, soit dans le mouvement, sont simples et peu nombreuses; mais leurs développemens généraux et leurs applications particulières exigent des raisonnemens profonds qui ne peuvent se passer du secours de l'analyse et de la géométrie la plus savante.

Le motif qui avait fait admettre l'enseignement de l'analyse ne fut pas perdu de vue dans la distribution de ce cours. Après avoir exposé les règles générales de l'analyse, on se hâte de l'appliquer successivement, 1° à la géométrie des trois dimensions; 2° à la mécanique des solides et des fluides; 3° au calcul de l'effet des machines.

L'application de l'analyse à la géométrie descriptive a pour objet de mettre les élèves en état de résoudre, par le calcul, toutes les questions dont la géométrie descriptive donne la solution graphique, et de se représenter, dans l'espace, le spectacle des objets dont les opérations de l'analyse sont l'expression. Cet exercice a deux avantages précieux, celui de porter dans l'analyse l'évidence qui est particulière à la géométrie, et celui de donner aux opérations géométriques la généralité qui est propre à l'analyse.

La description graphique des objets comprend *la géométrie descriptive,* qui fournit les procédés, soumis à des règles précises, pour décrire les objets dont les formes sont susceptibles d'une définition rigoureuse; et *l'art du dessin*, au moyen duquel on décrit, par la simple imitation, les objets qui n'ont pas de formes assez simples pour pouvoir être définies.

La géométrie descriptive avait trois parties, la *stéréotomie*, l'*architecture*, la *fortification*.

Dans le cours de *stéréotomie*, après avoir donné les règles générales et les méthodes des projections, on doit passer rapidement à l'application successive de ces règles :

1°. *Aux traits de la coupe des pierres.*

Les élèves devaient exécuter en plâtre le modèle (différent pour chaque élève) d'un de ces traits. On devait en outre leur faire pratiquer en grand l'art de l'appareilleur, leur faire connaître les ouvrages de traits qui existent en grand nombre dans Paris, leur en montrer l'usage, et les prévenir contre les abus qu'on en a souvent faits en architecture.

2°. *Aux traits de la charpenterie et à l'art de piquer les bois.*

Chaque élève devait exécuter le modèle en bois d'un de ces traits. On fait observer, dans les *Développemens*, que ces deux dernières applications réunissent deux avantages bien précieux, celui d'offrir des exemples très-variés de l'art des projections, et celui de le faire connaître aux élèves jusque dans les plus petits détails, dont ils feront dans la suite un usage presque continuel.

3° *Aux ombres des corps.*

La détermination des ombres que les objets supposés éclairés par le soleil doivent, en vertu de leurs positions respectives, porter les uns sur les autres, est une des applications des méthodes de la géométrie descriptive. La forme, l'étendue et la teinte de ces ombres faisant juger sur une même projection de la grandeur des dimensions qui ne peuvent y être exprimées, on en obtient cet avantage qu'une seule projection donne l'idée complète des objets qu'on y a représentés, et qu'on ne pourrait décrire autrement qu'en composant deux projections, ce qui exige du temps et de l'attention. Les élèves devaient faire des applications variées et multipliées des règles qui servent à la détermination géométrique des ombres.

4°. *A la perspective linéaire et aérienne.*

La perspective linéaire, qui consiste dans le tracé du contour des corps et dans la forme des ombres qu'ils portent les uns sur les autres, est entièrement du ressort de la géométrie descriptive. *La perspective aérienne*, qui a pour objet de déterminer l'intensité et les modifications des teintes des surfaces des corps suivant leurs positions, par rapport à la direction de la lumière, et par rapport à l'œil qui les voit, a des règles générales dont l'étude rend plus facile la représentation des objets, et qui d'ailleurs sont très-propres à exercer le coup d'œil et à le perfectionner.

Les élèves, pendant le temps qu'ils sont occupés de la détermination des ombres et de la pratique de la perspective, ont l'occasion de s'exercer aussi dans l'art raisonné du lavis et de se familiariser avec l'usage du pinceau.

5°. *Aux cartes et plans, et au nivellement.*

Pour les plans de bâtimens, on devait exercer les élèves à faire les coupes nécessaires à l'expression de tous les détails, exiger que partout les ombres soient déterminées géométriquement, et choisir de préférence des bâtimens dont la destination fût une nouvelle occasion d'instruction. Pour s'exercer sur le *lever des cartes* et sur *le nivellement*, les élèves devaient être envoyés dans la campagne, en choisissant pour cela des pays où les inégalités du terrain fussent bien prononcées.

6°. *Aux machines simples et aux principales machines composées.*

Les élèves devaient d'abord dessiner, d'après des modèles, les élémens des machines. Cet exercice les mettait à portée d'en étudier les détails et d'en connaître mieux l'usage. Ils devaient dessiner ensuite les plans et profils des principales machines employées dans les travaux publics, en observant que, dans la même salle, deux élèves n'eussent pas les mêmes machines à dessiner. On devait leur donner les plans gravés des machines qu'ils n'auraient pas eu occasion d'étudier.

L'enseignement de l'*architecture* comprend tout ce qui concerne :

1°. *Le tracé, la construction et l'entretien des chaussées, des ponts, des canaux et des ports.*

Dans l'étude de *la construction des ponts*, il n'était plus question du trait, que les élèves avaient appris précédemment, mais de tous les travaux relatifs à la construction, tels que ceux qui ont rapport aux épuisemens, aux fondations, au cintrement et décintrement, etc.

Relativement *aux canaux,* tant de navigation que d'arrosement et de desséchement, dont les élèves s'occupaient ensuite, ils devaient entrer dans les détails du rassemblement et de la distribution des eaux, de la construction des écluses, et de tous les bâtimens nécessaires au service des canaux. Pour ce qui regarde les *ports de mer* (1), les élèves devaient étudier la manière de construire les bassins, la distribution des édifices, et la nature des machines nécessaires au service des ces établissemens; ils apprenaient aussi à profiter des ressources que présentent les marées dans les ports de l'Océan, et à y suppléer dans ceux de la Méditerranée.

2°. *La conduite des travaux des mines.*

Il n'est pas question ici de la nature des métaux ni des procédés d'affinage, objets qui font partie d'un autre genre de connaissances; mais de la conduite des galeries d'exploitation, de la construction des galeries d'écoulement, des moyens d'épuiser les eaux, d'extraire le minerai, des plans des bâtimens et fourneaux nécessaires à l'exploitation, en un mot, de ce qu'il y a de relatif à l'architecture et à la géométrie descriptive dans l'exploitation des mines.

3°. *La construction, la distribution, et la décoration des édifices particuliers ou nationaux.* C'est l'architecture proprement dite.

4°. *L'ordonnance des fêtes publiques.*

Il ne s'agit ici que de l'art de la décoration, que les élèves devaient étudier pour l'appliquer aux monumens et pour diriger les fêtes nationales.

La fortification devait être considérée sous les rapports les plus étendus. L'enseignement de cet art avait pour objet le tracé, le défilement et la cons-

(1) Le plan d'études exposé dans les *Développemens* renvoyait les ports de mer à la troisième année, avec la fortification.

truction des fortifications des postes, des places et des frontières; l'art de miner et contreminer les places de guerre; l'attaque et la défense des places; la connaissance de l'ensemble et de la correspondance des différens postes fortifiés sur toute l'étendue des frontières; enfin, les élèves qui avaient suivi le cours complet des études, devaient se transporter devant une place qui leur serait indiquée; là, se diviser en deux brigades, dont l'une serait chargée des opérations de l'attaque, et l'autre de celles de la défense. Les deux brigades devaient ensuite alterner pour un second simulacre de siége, afin que chacune d'elles eût occasion d'étudier les deux parties, et de pratiquer les leçons reçues à l'Ecole. Deux mois devaient être employés à cet exercice; mais ils n'étaient pas compris dans les douze mois de la troisième année (1), laquelle était ainsi de quatorze mois.

L'art du dessin s'apprend principalement en copiant la bosse et la nature.

La plupart des objets n'ayant rien de précis dans leurs dimensions, les procédés de la géométrie descriptive ne leur sont pas applicables; ce n'est qu'en les copiant qu'on peut étudier leurs formes. Cet exercice procure aux élèves deux avantages : celui d'acquérir la facilité d'exprimer tout ce qu'ils conçoivent, et celui d'être attentifs aux formes, d'en étudier les beautés, d'en saisir les convenances et les rapports, et d'être en état d'en faire l'emploi le plus avantageux dans les travaux publics.

(1) Dans la première distribution du temps, il n'en avait été réservé aucune partie, soit pour des vacances, soit pour la préparation aux examens. Les cours devaient embrasser l'année entière.

Les élèves devaient être exercés à dessiner la figure, l'ornement, et le paysage, et se familiariser avec les règles du goût dans les ouvrages de composition.

Physique.

La physique se divisait en deux branches, que l'*arrêté* ainsi que les *Développemens* désignent par les noms de *physique générale*, c'est la physique proprement dite; et de *physique particulière* ou *chimie*.

La physique générale devait être traitée séparément dans tous les développemens que comporte son objet.

Elle comprenait :

1°. Les propriétés générales des corps.

2°. Les propriétés dont ils jouissent en vertu de l'état solide ou liquide, ou de fluide élastique.

3°. Les propriétés des substances qui agissent sur tous ou la plupart des corps de la nature, telles que *la calorique, la lumière, l'électricité;* on y joignait *l'aimant*.

4°. Les propriétés de l'atmosphère; ce qui donnait lieu d'exposer les principaux phénomènes de la météorologie et de l'hygrométrie, les causes des vents, etc.

5°. Tout ce qui est susceptible de généralité dans la chimie, tel que les lois des attractions chimiques, et des compositions générales qui en résultent.

La *physique particulière,* ou *chimie,* formait trois branches, dans chacune desquelles on devait donner des applications aux arts qui emploient des matières de différens genres, et spécialement à ceux qui ont plus de rapport aux travaux publics.

La première branche comprenait les substances salines.

La deuxième, les matières organiques, végétales ou animales.

La troisième, les minéraux.

Les élèves devaient exécuter toutes les opérations nécessaires pour avoir la connaissance parfaite des arts qu'ils seraient chargés un jour d'exercer ou de diriger.

Après avoir ainsi déterminé et motivé les objets de l'enseignement, les documens que nous analysons font connaître les moyens adoptés pour rendre cet enseignement efficace.

L'un de ces moyens, celui que les fondateurs de l'Ecole regardaient comme le plus fécond en succès, et que Fourcroy avait indiqué, dans son rapport, comme formant le caractère distinctif de la nouvelle Ecole, consistait dans une alternative habilement combinée de leçons orales et de travaux manuels correspondant à ces leçons. Ce mode avait été en usage à l'École de Mézières, où l'on en avait éprouvé d'heureux effets. Son introduction à l'Ecole des Travaux publics est l'objet d'un article formel de l'arrêté d'organisation.

« Les instituteurs, y est-il dit, professeront aux
« élèves réunis des cours sur les différentes parties de
« l'instruction, et feront, en leur présence, les opéra-
« tions et expériences nécessaires pour l'intelligence
« des cours. — Les élèves exécuteront eux-mêmes,
« dans des salles et des laboratoires particuliers, toute

« la série du travail propre à rendre leur instruction
« complète. Enfin ils iront au dehors faire les opéra-
« tions que ne comporte pas le local de l'Ecole. »

Le cours entier des études est de trois années, entre lesquelles les objets de l'enseignement sont répartis de la manière suivante :

Première année.

Les principes généraux de l'analyse et son application à la géométrie des trois dimensions.

La stéréotomie.

Le cours de physique générale, qui sera répété de même chaque année, en sorte que chaque élève aura l'occasion de le suivre trois fois.

La première branche de la physique particulière ou chimie, appliquée aux substances salines.

L'étude du dessin, selon la force particulière de chaque élève.

Deuxième année.

Application de l'analyse à la mécanique des solides et des fluides.

L'architecture.

Cours de physique générale, comme la première année.

La deuxième branche de la chimie, concernant les matières organiques, végétales et animales.

L'étude du dessin, comme il est dit pour la première année.

Troisième année.

Application de l'analyse au calcul de l'effet des machines (1).

La fortification.

Cours de physique, comme les deux autres années.

La troisième branche de la chimie, comprenant les minéraux.

Le dessin, comme les années précédentes.

Tous les jours de travail, les élèves devaient être à l'Ecole, depuis huit heures du matin jusqu'à deux heures de l'après-midi, et depuis cinq heures jusqu'à huit heures du soir.

Dans chaque décade (selon la division des mois établie par la Convention), six jours sont consacrés aux objets qui dépendent des mathématiques, et deux jours sont donnés à la chimie, avec faculté de continuer le lendemain, qui était jour de repos, les opérations non terminées. La leçon de physique générale, pour les trois divisions, a lieu dans la matinée du cinquième jour. Repos le reste de ce jour et tout le dixième.

Le tableau ci-après fait connaître la part proportionnelle attribuée à chaque branche de l'instruction dans le temps total des études partagé en centièmes. Nous n'y comprenons pas la physique, parce que les leçons relatives à cette science se répétaient dans les trois années, n'étaient suivies d'aucune étude, et n'avaient pas une durée déterminée.

---

(1) Dans les *Développemens* il n'était pas question du *calcul de l'effet des machines;* la deuxième année était consacrée *à la mécanique des solides,* et la troisième année *à la mécanique des fluides.*

Analyse pure et appliquée,	{ 1re. année, à la géométrie des trois dimensions. 2e. année, à la mécanique. 3e. année, au calcul de l'effet des machines. }	0.08.
Géométrie descriptive pure et appliquée,	{ 1re. année, à la stéréotomie. 2e. année, à l'architecture. 3e. année, à la fortification. }	0.50.
Chimie		0.25.
Dessin		0.17.
		1.00.

Le nombre des instituteurs et des autres agens de l'instruction est réglé d'une manière conforme à la variété et à l'étendue de l'enseignement.

On lit dans les *Développemens*, « qu'il y aura, « pour l'analyse, un seul instituteur, qui, à des jours « différens, donnera les leçons aux élèves des trois « années, » et qu'il convient que cet instituteur soit seul; 1°. parce qu'il peut remplir toutes les fonctions qu'on exige de lui; 2°. parce qu'il est important que la manière d'employer l'analyse pour les recherches dans la géométrie descriptive, dans la mécanique, et dans l'hydraulique, soit la même. Toutefois, l'arrêté d'organisation ne décida pas cette question d'une manière aussi absolue; il porte seulement « qu'il y aura « au moins un instituteur pour l'analyse. »

Il y a un instituteur et un adjoint pour chacune des parties suivantes : la stéréotomie, l'architecture, la fortification, la physique générale, et pour chacune des trois branches de la chimie.

Le dessin doit être enseigné par un instituteur et trois maîtres.

En tout, neuf instituteurs, sept adjoints, et trois maîtres.

Chacun des trois instituteurs de géométrie descriptive a un *dessinateur* pour l'aider dans les ouvrages qu'il doit préparer pour l'instruction de l'Ecole. Ces instituteurs doivent visiter, tous les jours, toutes les salles de leur dépendance.

Au cours de géométrie descriptive sont aussi attachés un *appareilleur* et un *charpentier* exercés dans l'art du trait; un *menuisier* et un *serrurier,* pour la confection et l'entretien des modèles de tout genre; et un *modeleur en plâtre.* Ces artistes, outre qu'ils sont chargés d'exécuter les objets commandés par le directeur, doivent encore concourir directement à l'instruction des élèves, en leur expliquant les différens procédés de leurs arts respectifs. Enfin, il y a un cabinet des modèles et dessins, composé de trois pièces, dont chacune doit renfermer les modèles et dessins relatifs à l'enseignement d'une année, et en nombre suffisant pour l'instruction de tous les élèves. Le Conservateur est chargé du soin de faire compléter et d'entretenir cette collection. Il doit aussi faire remarquer aux élèves ce que les modèles présentent d'intéressant, et leur communiquer les mémoires qui en contiennent les explications.

L'instituteur de physique générale et les trois instituteurs de chimie ont chacun, près d'eux, « un ar-« tiste, » pour faire les préparations des cours dans les laboratoires, et aider l'instituteur « dans les re-« cherches auxquelles il pourrait se livrer. »

Il y a, en outre, un artiste pour les instrumens de mathématiques et de physique, et un autre pour les instrumens de verre. Tous deux doivent, comme ceux qui sont attachés au cours de géométrie descriptive, expliquer aux élèves les procédés de leur art.

Il y a un conservateur du magasin de chimie, qui est chargé de pourvoir à ce que les instrumens, ustensiles et matières nécessaires chaque jour aux opérations des élèves ou des instituteurs, se trouvent en bon état sous leurs mains.

L'*arrêté* ne fait aucune mention d'un cabinet de physique. Cette omission est d'autant plus singulière que l'on trouve dans les *Développemens* « qu'il y aura un
« cabinet de physique renfermant les machines et les
« instrumens nécessaires aux expériences du cours; un
« laboratoire particulier destiné aux préparations du
« même cours; un atelier pour l'entretien et la cons-
« truction des machines; un conservateur du cabinet
« de physique, qui devra aussi aider l'instituteur
« dans ses travaux; et enfin, un aide de laboratoire
« attaché à ce cabinet, lequel sera un artiste capable
« de concourir aux travaux du cours (1). » Rien de tout cela n'est dans l'*arrêté*, à l'exception d'un artiste pour les instrumens de physique et de mathématiques, ainsi que nous l'avons dit plus haut.

Enfin, il y a une bibliothèque, dont le Conservateur doit fournir aux instituteurs et aux élèves, sur

(1) On lit aussi dans les *Développemens*, « qu'il faudra perpétuel-
« lement enrichir le cabinet de tous les appareils propres à démontrer
« les propriétés nouvelles, et à faire connaître les phénomènes nou-
« veaux, afin que, dans l'École des Travaux publics, *l'instruction suive
« constamment le progrès des lumières dans toutes les parties relatives
« à son objet.* »

leurs récépissés, les livres qu'ils voudraient consulter.

A des moyens d'instruction si abondans, on en joignit deux autres dont nous ne croyons pas qu'il existât de modèles; nous voulons parler des *chefs de brigade* et des *aides de laboratoire*.

Les premiers doivent être choisis parmi les élèves qui auront fini leurs trois années d'études. Leurs fonctions principales sont de tenir chaque jour le rôle des élèves présens aux cours; de se trouver avec eux dans les salles et laboratoires particuliers; de leur applanir les difficultés qu'ils éprouveraient dans leurs opérations, en leur donnant les explications nécessaires. Ils exercent ces fonctions pendant trois ans, en suivant constamment les mêmes élèves; ils sont ensuite remplacés par d'autres, et quittent l'École. Il en est attaché un à chaque brigade; et il y en a cinq en sus du nombre des brigades, pour suppléer à ceux qui ne pourraient, par quelques circonstances, remplir leurs fonctions.

Les *aides de laboratoire*, dont le nombre devait égaler celui des brigades d'élèves, étaient des jeunes gens qui trouvaient dans ce service des moyens d'instruction. Leurs principales occupations étaient de faciliter, dans les laboratoires de brigades, les opérations des élèves, de manière à rendre l'emploi de leur temps plus utile, d'entretenir l'ordre et la propreté dans le laboratoire, de soigner les instrumens, ustensiles et matières; enfin, d'exécuter ce qui leur serait prescrit par le Conservateur du magasin de chimie, sous la surveillance duquel ils étaient spécialement placés. L'emploi de leur temps devait être réglé de manière qu'il pût leur rester quelques heures pour l'étude des mathématiques.

Tels furent les objets et les moyens de l'enseignement adopté pour l'Ecole centrale des Travaux publics, à sa création. Mais la distribution du temps des élèves entre les différens genres d'études, telle que nous venons de l'exposer, ne devait avoir lieu que lorsque les travaux de l'Ecole prendraient leur cours ordinaire, c'est-à-dire, après que les élèves auraient suivi les cours révolutionnaires dont Fourcroy, dans son rapport, avait annoncé le plan et le but.

L'objet de ces cours préliminaires était, comme on l'a vu, de se procurer le moyen de répartir les élèves dans les trois divisions correspondantes aux trois années d'études, quoiqu'ils fussent tous entrés à la fois à l'Ecole, et de parvenir ainsi en très-peu de temps à l'ordre régulier de l'enseignement. Ils devaient durer trois mois, et présenter, d'une manière rapide, l'ensemble de tout ce qui devait être enseigné pendant les trois années de l'instruction ordinaire. Voici quelle était la distribution des leçons pour chaque décade :

Tous les jours, excepté le cinquième et le dixième, à huit heures du matin, leçon d'analyse; à dix heures, leçon de chimie : pendant le premier mois, sur les substances salines; pendant le second mois, sur les matières végétales et animales; et pendant le troisième mois, sur les minéraux.

A midi, leçon de géométrie descriptive; le premier mois, sur la stéréotomie; le second mois, sur l'architecture ; le troisième mois, sur la fortification.

A cinq heures après midi, leçon pratique de dessin.

Les cinquième et dixième jours, à dix heures du matin, leçon de physique générale.

Le cinquième jour, à midi, leçon orale sur le dessin.

Vers la fin des cours révolutionnaires, le classement des élèves, dans les trois divisions, devait avoir lieu à la suite d'un examen, dont le Conseil de l'Ecole était chargé de déterminer le mode et de juger les résultats. Les études habituelles devaient commencer immédiatement après.

C'est une idée qui peut paraître singulière que celle de concentrer, suivant l'expression de Fourcroy, dans un espace de trois mois, un enseignement reconnu assez considérable pour exiger trois années de travaux et d'études. Cette idée serait même extravagante, si ceux qui l'avaient conçue ne s'étaient proposé d'autre but que de pouvoir commencer à la fois les cours des trois divisions, et c'est pourtant l'unique motif allégué, soit dans les *Développemens,* soit dans l'*arrêté d'organisation.* Le *rapport* en avait indiqué un autre qui serait plus plausible, c'est « le besoin « pressant que, dans les circonstances où se trouvait « la France, on avait d'ingénieurs éclairés. » Il est permis de conjecturer que d'autres motifs encore s'étaient joints à celui-là. Au moyen de l'établissement des cours révolutionnaires, on pouvait porter d'abord le nombre des élèves au complet de quatre cents; on attirait ainsi, dans les divers corps d'ingénieurs, beaucoup de jeunes gens qui avaient un commencement d'instruction dans les sciences, et qui, plus tard, auraient pu se trouver engagés dans d'autres professions. L'ouverture simultanée des trois degrés de l'enseignement présentait en outre l'avantage, alors considérable, de procurer sur-le-champ de l'emploi, et, par suite, un traitement, à des savans qui n'auraient pu autrement commencer leur service à l'Ecole que la seconde et la troisième année. Il n'était pas d'ailleurs sans vraisemblance, qu'à une époque si voisine de la clôture des établissemens d'instruction publique, il arriverait à la nouvelle Ecole des jeunes gens d'une instruction très-inégale, et dont un certain nombre auraient des connaissances assez avancées dans les sciences physiques ou dans les mathématiques. C'était exposer les plus forts d'entre eux à consumer en pure perte un temps qui pouvait être plus utilement employé pour l'Etat et pour eux-mêmes, que de les ramener aux premiers élémens des sciences. Les cours révolutionnaires, et les examens qui devaient les terminer, donnaient le moyen de placer chaque élève dans la classe d'instruction à laquelle il appartenait. Ainsi, sous les divers rapports où elle peut être envisagée, la mesure dont nous nous occupons offrait des avantages importans pour l'Etat, pour les sciences, pour l'Ecole, et pour les élèves.

Le désir d'obtenir immédiatement les bons résultats que l'on se promettait de l'institution des chefs de brigade, suggéra l'idée d'une disposition analogue à celle qui avait été adoptée à l'égard de l'enseignement général. De même que l'on avançait, en quelque sorte, de deux années dans le passé, l'ouverture de l'Ecole, au moyen des cours révolutionnaires, où l'on devait former par anticipation des élèves de seconde et de troisième année, ainsi l'on voulut avoir, dès le commencement des cours ordinaires, les vingt-cinq chefs de brigade, qui, dans l'ordre régulier des choses, devaient être choisis parmi les élèves qui auraient accompli les trois années d'études. L'analogie qui existait entre les deux projets se reproduisit dans les mesures d'exécution. Ainsi, peu de jours après la clôture des examens, et environ six semaines avant l'ouverture des cours, la Commission des Travaux publics fit agréer par les trois Comités la proposition de donner à vingt-cinq élèves, sous le titre d'*aspirans-instructeurs* (1), « les connaissances préliminaires in-« dispensables aux fonctions de chefs de brigade, » et de les établir à cet effet dans une maison séparée que la Commission indiquait.

Ces jeunes gens travaillaient à a géométrie descriptive depuis huit heures du matin jusqu'à deux heures de l'après-midi, et aux sciences physiques, depuis cinq heures du soir jusqu'à neuf.

L'enseignement était donné par trois instituteurs : Barruel, pour la physique générale; Jacotot, pour la physique particulière (chimie), et Hachette, pour la géométrie descriptive.

Chaque décade, les instituteurs donnaient des renseignemens sur le travail et les progrès de ces élèves, à la conférence qui avait lieu relativement à l'établissement de l'Ecole.

Soit que les vingt-cinq élèves désignés pour *aspirans-instructeurs-particuliers* n'eussent pas tous

---

(1) Onze de ces jeunes gens avaient été tirés des Ecoles des Ponts et Chaussées et des Mines. Les autres furent choisis d'après leurs notes d'examen.

les qualités convenables pour l'emploi de chefs de brigade, soit que l'on eût jugé utile d'aiguillonner leur zèle par l'émulation, la Commission des Travaux publics proposa, deux jours avant l'ouverture des cours révolutionnaires, d'en porter le nombre jusqu'à environ cinquante, en faisant un nouveau choix parmi les candidats examinés qui avaient reçu les notes les plus favorables. Les vingt-cinq chefs de brigade devaient être choisis, à la fin des cours révolutionnaires, d'après un concours entre les cinquante aspirans.

La Commission obtint aussi que des cours d'architecture et de fortification fussent ajoutés à ceux que suivaient déjà les aspirans-instructeurs; et, sur sa demande, le Comité de salut public fit appeler à Paris huit jeunes officiers du génie formés à l'école de Metz, pour concourir avec les élèves aspirans-instructeurs aux fonctions de chefs de brigade. Le but de cette mesure était d'augmenter l'instruction sur la fortification (1).

L'augmentation du nombre des aspirans-instructeurs rendit nécessaire de transférer la petite École préparatoire dans une maison plus spacieuse et moins éloignée. On fit choix de l'hôtel Pommeuse, qui renfermait déjà un laboratoire de chimie, dirigé par Guyton de Morveau, et un atelier pour la fabrication des lames de sabre. Pendant la durée des cours révolutionnaires, les aspirans-instructeurs y travaillèrent, chaque jour, depuis cinq heures du soir jusqu'à huit.

(1) Ces huit officiers du Génie furent *Brulley*, *Cazin*, *Huart*, *Bertrand*, *Prost*, *Ferrat*, *Bontemps*, et *H. Say*. Ce dernier fut ensuite adjoint à l'instituteur de fortification.

Le matin, jusqu'à deux heures, ils assistaient aux leçons avec les autres élèves.

Quoique Monge ne fût pas du nombre des instituteurs chargés de l'enseignement à l'Ecole des aspirans-instructeurs, il en suivait assidûment les exercices, et y passait chaque jour de longues heures, aidant ces jeunes gens dans leurs travaux, les échauffant de l'ardeur dont lui-même était animé, pour le succès d'un établissement qui était en grande partie son ouvrage, et ne s'épargnant ni fatigues ni soins pour en fonder, sur des bases solides, la durée et la prospérité. Voici dans quels termes il parle lui-même du succès de l'Ecole préparatoire :

« Ces jeunes gens, qui, dans les trois mois suivans,
« fréquentèrent aussi les cours préliminaires, firent
« de grands progrès. Tous montrèrent le plus grand
« zèle, et quelques uns d'entre eux développèrent
« de grands talens. Non-seulement ils étudièrent avec
« fruit ce qu'ils étaient destinés à enseigner aux au-
« tres; mais ils s'occupèrent encore de recherches
« nouvelles, et firent faire à la géométrie descriptive
« quelques progrès (1). »

Nous avons dû exposer d'abord, avec l'étendue convenable, toutes les dispositions fondamentales ou accessoires qui se rapportent à l'enseignement, puisque c'est là l'essence même de l'institution. Nous allons maintenant faire connaître les parties de l'organisation qui touchent à la police et à l'administration de l'Ecole.

Un directeur est chargé de la police tant intérieure qu'extérieure de l'établissement. Tout ce qui con-

---

(1) Journal de l'Ecole Polytechnique, premier cahier.

cerne la conduite morale, les sentimens politiques et les devoirs particuliers des élèves, des chefs de brigade, des conservateurs, et généralement de tous les fonctionnaires et agens domiciliés dans l'Ecole, est confié à sa surveillance. C'est à lui que doivent s'adresser les élèves en arrivant à Paris; il prend soin de leurs intérêts, pourvoit à leur logement, s'il en est besoin, et entretient correspondance avec leurs parens et leurs *pères de famille*, titre donné par l'organisation aux personnes qui se chargeaient, pour un prix convenu, de loger et nourrir les élèves.

Le directeur de l'Ecole est aussi chargé de l'administration et de la comptabilité, tant pour le matériel que pour le personnel. Il est aidé dans ses fonctions par deux sous-directeurs, dont l'un s'occupe plus particulièrement de l'administration, et l'autre de la police. Celui-ci a sous ses ordres trois *substituts*, dont les fonctions principales sont de surveiller les élèves lorsqu'ils sont répartis dans les salles ou laboratoires particuliers, pour exécuter les opérations manuelles. Chacun des substituts est attaché, pour ce service, à une des trois grandes divisions des élèves.

Malgré la dénomination de *directeur* donnée au fonctionnaire dont nous venons d'énumérer les principales attributions, on trouve dans le même titre de l'arrêté d'organisation, que l'Ecole sera « dirigée, » tant pour l'instruction que pour l'administration, par un Conseil composé des instituteurs et de leurs adjoints, du directeur, des sous-directeurs, et d'un secrétaire, qui est en même temps conservateur de la bibliothèque.

Par rapport à l'instruction, le Conseil s'occupe du mode de l'enseignement, du perfectionnement des sciences et des arts qui en sont l'objet; de l'emploi du temps; du choix des ouvrages et modèles les plus propres à assurer les progrès des élèves. Il fait les réglemens, et statue sur les propositions particulières relatives à ces objets.

Pour ce qui concerne l'administration, le Conseil entend les rapports du directeur sur cette matière, examine les propositions d'amélioration ou d'économie à introduire dans le régime de l'Ecole, fait les réglemens de police, et détermine les dépenses extraordinaires à demander aux autorités supérieures de l'Ecole, ainsi que toutes les matières à soumettre à leur approbation.

Enfin, le Conseil prononce sur les plaintes portées contre les élèves et contre les agens de l'Ecole; et si ces plaintes sont assez graves pour exiger plus qu'un avertissement aux personnes, il en réfère à la Commission des Travaux publics.

La surveillance du Conseil sur l'Ecole est exercée immédiatement par un inspecteur choisi dans son sein. Cet inspecteur est nommé tous les mois au scrutin par les membres du Conseil, et n'est pas éligible pour le mois suivant; il est président du Conseil et rapporteur de l'ordre du jour.

L'inspecteur est chargé de tenir la main à ce que l'ensemble de l'Ecole se maintienne de manière à remplir le but de son institution. Il doit s'informer des progrès des élèves, surveiller tous les agens de l'Ecole, et rendre compte de ses observations au Conseil.

Au nom et d'après la délibération du Conseil, il donne aux élèves, artistes, conservateurs, et autres agens, les témoignages de satisfaction que leurs travaux méritent; il leur donne aussi, au besoin, les avertissemens que leur conduite morale et leur défaut d'assiduité paraîtraient devoir exiger.

Le Conseil présente à la Commission des Travaux publics les citoyens propres à remplir les places qui viendraient à vaquer dans son sein. A l'égard des autres agens, la présentation en est faite au Conseil par ceux de ses membres dont les agens dépendent immédiatement; le Conseil les agrée, s'il le juge convenable.

Nous ne nous arrêterons pas à relever les défectuosités trop évidentes de cette organisation administrative. Ce Conseil, chargé de la direction suprême de l'Ecole, et l'exerçant par un de ses membres renouvelé chaque mois nécessairement, porte l'empreinte du temps où il fut institué : la Convention l'avait fait à son image. La nature des choses le voulait ainsi; et, dans les vicissitudes qu'éprouva, depuis cette époque, la constitution politique de la France, nous verrons plus d'une fois l'autorité directrice de l'Ecole se modifier selon les formes et l'esprit du gouvernement de l'Etat. Ce qu'il est plus important de faire remarquer dans les attributions du Conseil, c'est le devoir qui lui est prescrit « de s'oc-« cuper du perfectionnement des sciences et des arts « qui sont l'objet de l'enseignement. » Si l'on fait attention que toutes les Académies étaient alors supprimées, on sera frappé de l'importance qu'une telle attribution, dans de telles circonstances, donnait à

5

ce Conseil. Aussi ses membres mirent-ils de l'empressement à l'exercer. Dès sa première séance, nous le voyons, sur la demande des instituteurs de physique, charger le directeur de leur procurer une certaine quantité d'or pur et sans alliage « pour des « expériences intéressantes qu'ils se proposaient de « faire (1). » Peu de jours après, il institue un mode propre à recueillir les observations faites par ses membres sur les sciences ou les arts. Sa cinquième séance est en partie consacrée à des considérations sur l'origine et les progrès de l'architecture chez les peuples anciens et modernes. Une des suivantes renferme une discussion étendue sur la distinction des fluides en compressibles et incompressibles. Enfin, dans celle du 4 janvier 1795 (15 nivose an III), qui est la huitième, il est rendu compte de l'expérience, faite dans l'Ecole même, pour congeler le mercure; expérience qui n'avait pas encore été faite à Paris, et que favorisait un des hivers les plus rigoureux du siècle. La séance suivante fut encore remplie par des réflexions sur les résultats de cette opération.

Ce mélange, dans un même Conseil, d'attributions administratives et académiques, pouvait se tolérer; mais il devenait alors nécessaire d'avoir des séances particulières pour l'exercice des unes et des autres. C'est ce que reconnut bientôt Monge, dont l'esprit était sans cesse attentif à ce qui intéressait les sciences ou l'Ecole; et, la présidence du Conseil lui ayant été déférée pendant le deuxième mois (elle avait été exercée le premier mois par Lagrange), il fit arrêter

(1) Les trois Comités ordonnerent à l'agence monétaire de fournir cinq onces d'or et quatre marcs d'argent purs.

que l'une des deux séances, qui se tenaient chaque décade, serait exclusivement consacrée aux moyens de perfectionner l'enseignement et d'accélérer les progrès des sciences et des arts, et l'autre aux affaires d'administration et de police; que les séances affectées aux sciences seraient principalement remplies par la lecture des mémoires que les instituteurs auraient composés sur les sciences ou sur les arts; et que, chaque mois, les mémoires seraient imprimés dans le « Bulletin de l'enseignement, » dont nous parlerons tout à l'heure. Ce bulletin, tiré à trois mille exemplaires, devait être distribué aux élèves de l'Ecole normale, à ceux des Travaux publics, aux instituteurs et agens principaux de l'Ecole, aux ingénieurs et aux savans connus dans toutes les parties de la France. Enfin, le Conseil pourrait inviter les hommes les plus célèbres dans les sciences à assister à ses séances, et y réunir aussi des artistes, lorsqu'on jugeroit utile de les entendre.

Voilà bien une organisation académique; et c'était une heureuse idée que de rétablir une compagnie savante sous les yeux des mêmes hommes qui avaient supprimé les académies comme des corps privilégiés, dont l'existence était opposée au principe absurde d'égalité que l'orgueil envieux défendait alors avec tant d'opiniâtreté. Rien ne prouve mieux aussi ce besoin de communications intellectuelles qui tourmente les hommes placés à un degré un peu élevé sur l'échelle de la science, que cette tendance insurmontable à se réunir en dépit de tous les obstacles.

Toutefois, les travaux scientifiques du Conseil, même dans le temps où il n'avait qu'une seule espèce de séances, ne dérobaient rien aux soins que lui imposait la prochaine ouverture de l'Ecole. Chacun des instituteurs lui avait soumis le programme de son cours. C'était même quelquefois à l'occasion des programmes que s'élevaient, dans son sein, les savantes discussions que nous avons indiquées. Il s'était surtout occupé, avec une vive sollicitude, des moyens d'accélérer les constructions et les approvisionnemens. Mais, malgré ses efforts, l'Ecole ne put être mise en activité que trois semaines après l'époque fixée; et il s'en fallait encore beaucoup que les dispositions matérielles fussent complètes, lors de l'ouverture des cours révolutionnaires, qui eut lieu le 21 décembre (1er nivose an III).

Ces cours ne consistèrent qu'en des leçons orales, lesquelles n'étaient suivies d'aucun travail exécuté par les élèves, ou plutôt, chaque instituteur se borna à y présenter le tableau concis de la science qu'il devait traiter, et à exposer, non-seulement de quelle manière son cours serait distribué, mais aussi comment il emploierait ce qu'on nommait « la méthode de « l'exécution » pour le succès de l'enseignement; car, il faut le répéter, l'un des principaux caractères de la nouvelle Ecole était, dans la pensée de ses fondateurs, ce passage continuel de la théorie à la pratique, qui avait le double objet de mieux fixer les connaissances théoriques dans l'esprit des élèves, et de pouvoir constater, en quelque sorte, matériellement, le travail fait par chacun d'eux.

Vers la fin du premier mois, le Conseil fit imprimer, à deux mille exemplaires, les programmes présentés par les divers instituteurs. L'avertissement mis à la tête de ce recueil fut rédigé par Prieur, de la Côte-d'Or. On y remarque la première annonce d'un bulletin destiné à rendre compte, chaque mois, *de ce qui se sera passé de plus intéressant dans l'enseignement, et des progrès des élèves.* La rédaction de ce bulletin avait été ordonnée par un arrêté des trois comités, en date du 17 janvier (28 nivose an III).

Le même *avertissement* nous apprend qu'on avait eu à se louer de l'attention et de l'intelligence de la plupart des élèves, et « que l'on concevait les plus « grandes espérances du succès de tous, lorsqu'ils « auraient joint la pratique aux études de la théorie. » Mais déjà s'était fait sentir cet inconvénient, inséparable de tout enseignement composé de sciences diverses, et qui consiste en ce que les élèves, suivant les dispositions ou les vues particulières de chacun d'eux, se livrent presque exclusivement à l'étude d'une ou plusieurs des parties de l'instruction, et négligent plus ou moins toutes les autres. Dès les premiers jours du second mois, la proposition fut faite au Conseil de demander aux trois Comités une lettre destinée à faire connaître aux élèves, « qu'ils doivent « cultiver, avec le même zèle, toutes les sciences « que l'on enseigne à l'Ecole. »

Cet inconvénient, qui semblait d'ailleurs amplement racheté par les avantages de la réunion de la physique et des mathématiques dans le plan d'études de l'Ecole, n'empêchait pas le Conseil de songer à l'introduction de nouvelles branches de connaissances. Le 9 janvier (20 nivose an III), il avait applaudi à l'idée de former, dans l'Ecole, un observatoire astronomique, où les élèves auraient appris à faire usage des instrumens qu'ils devaient employer dans la suite pour les opérations topographiques. Peu de jours après, en s'occupant de faire établir un hospice pour les élèves malades, il voulut trouver dans cet établissement une nouvelle source d'instruction; et il demanda que le médecin, qui serait attaché à cet hospice, fût chargé de faire un cours de salubrité et d'anatomie comparée. Voici les motifs présentés à l'appui de cette proposition :

« On ne peut faire des progrès certains dans l'art
« du dessin sans connaître les diverses parties du
« corps humain, leur position et leurs formes. Cette
« connaissance n'est pas moins nécessaire aux ingé-
« nieurs qui ont à déterminer l'action que les mo-
« teurs animés exercent sur les machines. Ceux qui
« dirigent les travaux publics en font souvent exé-
« cuter dans des lieux isolés, humides et malsains,
« où les ouvriers, qui sont attaqués de maladies,
« manquent de secours, parce qu'ils sont trop éloi-
« gnés des villes. Il serait donc à souhaiter que les
« ingénieurs eussent assez de connaissances générales
« dans l'art de guérir, pour leur donner des secours
« convenables et provisoires, en attendant qu'ils
« pussent en recevoir de plus efficaces. Enfin, il
« n'est pas moins important que les ingénieurs soient
« assez instruits pour donner aux édifices nationaux
« ou particuliers qu'ils font construire, l'exposition
« et la distribution les plus propres à favoriser la
« circulation d'un air pur et à conserver ainsi la santé
« de ceux qui doivent y habiter. » La proposition fut agréée; et Chaussier, nommé médecin de l'E-

cole, prit séance au Conseil parmi les instituteurs.

Pendant la durée des cours préliminaires, les personnes qui s'étaient chargées du logement et de la nourriture des élèves, pour la somme annuelle de neuf cent francs, vinrent déclarer que cette somme (qui représentait alors un peu plus de cent cinquante francs en numéraire) ne les couvrait pas même de leurs frais. Cent vingt-cinq élèves avaient été placés dans des pensions choisies par l'administration de l'Ecole. Le Conseil autorisa le directeur à porter le prix de ces pensions à douze cents francs (environ deux cents francs): c'était la somme entière du traitement des élèves; et encore le directeur écrivit-il aux parens de ceux-ci de se mettre en correspondance avec les hôtes, ou, pour parler le langage adopté, avec les pères de famille de leurs fils, et de suppléer à l'insuffisance de ce prix.

Cependant, de nouveaux candidats venant chaque jour se présenter, le Conseil, pour mettre un terme aux admissions nouvelles, sollicita et obtint des trois Comités un arrêté qui fixa, pour cette année, le nombre des élèves à trois cent quatre-vingt-six, y compris les chefs de brigade. Ce nombre fut atteint au moyen d'un second concours ouvert à Paris et dans les départemens, pendant les mois de janvier et février. En même temps, le moment étant venu de choisir les chefs de brigade, il fut décidé, sur la proposition de Monge, que ce choix serait fait au scrutin et à la pluralité relative, par les aspirans-instructeurs, entre lesquels il devait avoir lieu. (1) Ceux qui

(1) Quarante-trois aspirans-instructeurs prirent part à ce scrutin. Les vingt-cinq d'entre eux qui furent nommés chefs de brigade eurent tous

ne furent pas élus prirent rang parmi les élèves des deuxième et troisième divisions.

Lors de la formation des trois divisions, à la fin des cours révolutionnaires, le nombre des élèves était réduit à trois cent quatre-vingt-deux. La première division, dont le cours d'études devait être de trois ans, comprit cent cinquante-deux élèves répartis en huit brigades, et fut composée des plus jeunes, des moins instruits et de ceux qui venaient d'être admis à la suite du second concours.

Les deuxième et troisième divisions furent composées chacune de cent quinze élèves, répartis en six brigades, et devaient rester, l'une et l'autre, deux ans encore à l'Ecole, en alternant entre elles à la fin de l'année, pour compléter leur instruction. On reconnut même la nécessité de faire suivre à ces deux divisions, pendant les premiers mois des cours réguliers, les leçons et les exercices de la géométrie descriptive qui avaient lieu dans la première année d'études.

Quoique les deux dernières divisions dussent rester encore deux ans à l'Ecole, on espérait recevoir de nouveaux élèves, dès l'année suivante. On comptait, pour leur trouver place, sur les retraites et les changemens de destination qui laisseraient des emplois vacans, et aussi sur ce que, à cette époque, les chefs

---

la majorité absolue. Presque tous obtinrent plus des deux tiers des voix, et dix-sept en réunirent plus des trois quarts. Voici leurs noms : Malus, Dupuis, Fayolle, Hesse, Francœur, Bruslé, Patural, Callier, Biot, Bouvet, Labure, Saint-Genys, Lancret, Hauterre, Eudel, Donop, Ancelin, Cavenne, Debaudre, Riché, Lamandé, L'Evesque-Durostu, Le Maye, et Durivau.—*Voyez* ces noms dans la liste générale. Promotion de 1794. — Les huit officiers du Génie ne concoururent pas.

de brigade seraient pris en dehors du nombre des élèves.

Parmi les opérations qui préparèrent la mise en activité de l'Ecole, la plus importante était sans contredit le choix des hommes qui allaient concourir, dans des fonctions diverses, aux premiers progrès du nouvel établissement. Nous en plaçons ici le tableau.

Analyse et Mécanique. — LAGRANGE et PRONY.
Stéréotomie. — MONGE et HACHETTE.
Architecture. — DELORME et BALTARD.
Fortification. — DOBENHEIM et MARTIN DE CAMPREDON, auxquels succédèrent bientôt CATOIRE et SAY.
Physique. — HASSENFRATZ et BARRUEL.
Chimie. — 1re. année : FOURCROY et VAUQUELIN.
         2e. année : BERTHOLLET et CHAPTAL.
         3e. année : GUYTON DE MORVEAU et PELLETIER.
Dessin. — NEVEU, instituteur. MÉRIMÉE, LEMIRE jeune et BOSIO, maîtres. — Un quatrième emploi de maître de dessin, d'abord ajouté aux trois autres, et confié à LEMIRE aîné, fut supprimé la deuxième année.
Directeur. — LAMBLARDIE, chargé aussi du cours de Travaux civils.
Sous-Directeurs. — GASSER, pour l'administration; CH. GARDEUR-LEBRUN, pour la police des élèves.
Médecin. — CHAUSSIER, chargé de faire un cours de salubrité.
Secrétaire du Conseil et Bibliothécaire. — P. JACOTOT.
Substituts du Sous-Directeur chargés de la police des élèves. — J. JACOTOT, GRIFFET-LABAUME et LEPÈRE.
Conservateur de la galerie des Modèles, Dessins et Gravures. — LOMET.
Conservateur adjoint. — SAVART.

LIVRE DEUXIÈME.

1795-1976. — I-III DE L'ÉCOLE.

L'ouverture des cours ordinaires fut accompagnée d'une circonstance qui lui donna de l'éclat. Lagrange, en acceptant le titre d'instituteur, avait offert ses conseils et ses services pour tout ce qui pourrait être utile à l'Ecole ; mais il avait déclaré que la faiblesse de sa santé ne lui permettait pas de se livrer à l'enseignement. Cependant, son zèle pour la propagation des connaissances mathématiques l'ayant emporté sur toute autre considération, il fit connaître que « vou-
« lant concourir aux progrès de l'Ecole centrale des
« Travaux publics, il ferait un cours sur toutes les
« parties des mathématiques élémentaires. » Le Conseil agréa cette offre avec reconnaissance ; et la première leçon de Lagrange eut lieu le 24 mai (5 prairial an III), en présence de la totalité des élèves, car les trois divisions y avaient été appelées.

« Les instituteurs eux-mêmes », dit celui d'entre eux qui avait été choisi pour l'adjoint du grand professeur (1), « les instituteurs eux-mêmes, empressés de
« se ranger parmi ses auditeurs, virent avec un pro-
« fond intérêt l'un des hommes qui avaient le plus con-
« tribué à la gloire des sciences, préparer dans l'es-

---

(1) Journal de l'Ecole Polytechnique, deuxième cahier, pag. 206.

« prit des jeunes élèves, qui en sont l'espoir, les germes
« des découvertes futures, et assurer à la France la con-
« tinuation de la prééminence en analyse et en géo-
« métrie, qui lui est incontestablement acquise de-
« puis le milieu de ce siècle. » « C'était là, dit un autre
« savant (1), qu'il fallait assister pour se faire une idée
« de l'enthousiasme de cette jeunesse passionnée du dé-
« sir de s'instruire, afin de mieux servir son pays; pour
« voir d'habiles professeurs rendre hommage à un
« si grand esprit, se confondre avec les élèves, afin
« de s'éclairer plus tôt de sa lumière et de prendre en
« quelque sorte sur le fait le génie de l'invention, et
« pour juger du religieux silence de ce nombreux
« auditoire, quand une interruption inattendue indi-
« quait chez l'illustre géomètre une de ces profondes
« distractions qu'une idée imprévue venait parfois
« lui causer. »

Malheureusement, ces paisibles triomphes de la
science et du génie étaient souvent troublés par les
scènes de deuil et d'effroi dont Paris, dans le cours
de cette année, fut plus d'une fois le théâtre. Au moment même où Lagrange allait ouvrir son cours, la
Convention, envahie, comme au premier avril (12
germinal an III), par une multitude furibonde qui lui
redemandait l'anarchie et les échafauds, avait soutenu, le 20 mai (1er prairial), une nouvelle et plus
sanglante attaque. L'Ecole recevait le contre-coup de
ces commotions politiques. Les élèves n'étaient pas
exempts du service de la garde nationale, et dûrent
prendre les armes, avec les habitans de Paris, pour
protéger le gouvernement contre l'odieuse faction qui

---

(1) Biographie universelle de Michaud, art. *Lagrange*.

s'efforçait de ressaisir le pouvoir. Les alarmes excitées par le même parti se prolongèrent, et entretinrent dans les esprits une agitation vague et insupportable. En ce même temps, les élèves se trouvaient dans une grande pénurie des choses les plus nécessaires. La Convention, il est vrai, accorda plusieurs fois des secours pécuniaires aux plus nécessiteux. Mais ces secours, dont le premier se montait à trente mille livres (environ trois mille cinq cents livres en numéraire), furent toujours au-dessous des besoins; et, pendant les mois de juin et de juillet, beaucoup d'élèves, ne pouvant plus subsister dans Paris, abandonnèrent l'Ecole. Leur départ laissant les fonds de leur traitement disponibles, on les répartit entre ceux qui avaient déjà été secourus, et dont le nombre était encore de cent trente; le Comité de salut public fit en outre distribuer à cent cinquante élèves une livre de pain par jour.

Des difficultés d'une autre espèce vinrent compliquer une si fâcheuse situation. Il paraît que, vers le milieu de cette année, on eut lieu de concevoir des craintes sur le maintien de l'institution naissante. Du moins, Prieur, de la Côte-d'Or, dont le zèle était toujours actif et vigilant, présenta, dans le courant de juillet, aux trois Comités, qui le firent imprimer, et à la Commission chargée de préparer la constitution de l'an III, un mémoire sur l'Ecole, qui a tous les caractères d'une apologie. Il y développe d'abord les avantages que la France recueillera du grand établissement qui vient d'être créé; puis, passant en revue les diverses parties de l'enseignement, il s'attache à en faire ressortir l'utilité et la convenance. La branche d'instruction sur laquelle il s'arrête le plus long-temps, sans doute parce qu'elle était le plus vivement contestée, c'est le cours de fortification. Comme les débats dont ce cours fut l'objet se reproduiront plusieurs fois dans nos récits, nous allons citer le texte même des argumens dont Prieur s'appuie pour en justifier l'introduction dans l'Ecole.

Après avoir dit quelques mots « sur la nécessité
« d'étudier un art qui a tant d'influence sur la desti-
« née de l'Etat, » il ajoute : « mais la raison suffisam-
« ment éclairée veut qu'aujourd'hui cette connaissance
« ne soit plus concentrée dans une seule corporation,
« où, malgré le mérite de la plupart de ses membres
« et les importans services qu'ils ont rendus dans tous
« les temps, une sorte de charlatanisme peut s'intro-
« duire. C'est du moins une chose fâcheuse et nui-
« sible que de prêter à cette inculpation. La nécessité
« du secret, dont on a parlé, ne doit être applicable
« qu'aux moyens locaux de chaque place. Mais les
« principes généraux sont très-bons à connaître et
« à répandre. C'est le moyen d'avoir dans nos armées
« des officiers de tous les grades plus capables de dis-
« poser les troupes confiées à leur commandement,
« et de les faire agir avec avantage. Si l'on restreint
« cette instruction aux seuls hommes qui doivent en
« faire leur profession particulière, les étrangers sont
« à notre niveau; car ils ont aussi des ingénieurs, des
« places fortes, et ils apprennent à les attaquer et à les
« défendre. Si, au contraire, nous étendons la com-
« munication de ces connaissances, la plus grande
« concurrence nous donnera des hommes de l'art
« plus habiles ; ils trouveront d'autres hommes qui

« deviendront pour eux des juges éclairés; le gou-
« vernement saura mieux ce qu'il doit accorder ou
« refuser dans cette partie; les officiers, les généraux
« surtout, en tireront le parti le plus avantageux dans
« leurs opérations; enfin, ce en quoi les nations ri-
« vales ne pourront pas nous imiter de long-temps,
« la nôtre se mettra elle-même en possession d'un
« de ses principaux moyens de défense, de celui qui
« donne le moins de prise aux chances versatiles de
« la fortune, qui, bien apprécié, procurera une
« grande économie et une grande réduction dans l'é-
« tat militaire, et qui est par conséquent le plus con-
« forme aux intérêts d'un peuple libre. Ainsi, donner
« de la publicité aux principes de l'art fortifiant,
« l'enseigner aux élèves de l'Ecole des Travaux pu-
« blics, *quelle que soit leur destination future*, c'est
« un bienfait envers les citoyens, qui ne leur est pas
« moins important que de les avoir armés en gardes
« nationales, et d'avoir mis à leur portée la fabrica-
« tion de leurs armes, de la poudre et des bouches
« à feu. »

Prieur appelle ensuite les regards des Comités et
ceux de la Commission de constitution sur l'instruction publique, qui était alors anéantie; et il tire de
cette dernière circonstance un puissant motif, non-
seulement de conserver l'Ecole, suivant le vœu de son
institution, mais de la soutenir et de la protéger de
toute la force du gouvernement. Le reste du mémoire
a pour objet de faire connaître les difficultés de toute
espèce que l'on a eu à combattre, et de justifier les dépenses du nouvel établissement. A cette occasion,
Prieur examine la question du traitement accordé aux

élèves, et conclut à ce qu'il leur soit continué. Il en donne pour première raison, que la mesure contraire restreindrait trop la classe dans laquelle les élèves pourraient être choisis, ce qui ferait perdre de très-bons sujets, et empêcherait même d'atteindre le nombre fixé par l'organisation ; il fait de plus observer, qu'on ne pourrait retenir, par aucune discipline, des jeunes gens qui seraient en quelque sorte libres de tout engagement envers la nation, c'est-à-dire, qui ne seraient pas considérés comme remplissant une fonction. Enfin, il se fait l'avocat des familles ruinées depuis la révolution, soit par les événemens de la guerre et les désastres des colonies, soit par les condamnations révolutionnaires et l'émigration. Il cite des jeunes gens qui, après avoir cultivé les sciences, ont été réduits pour vivre à prendre des emplois dans les bureaux, ou à servir dans les armées comme soldats. Ces jeunes gens, qui sont accourus pour se faire admettre à l'Ecole, ne pourraient s'y soutenir sans aucun traitement.

Le Mémoire de Prieur, dont nous ne donnons ici que quelques fragmens, est composé avec soin ; et ce soin même prouve que, dans ce moment où la Convention s'occupait de donner des institutions à la France, l'existence de l'Ecole se trouvait sérieusement menacée. On y découvre aussi que les points en litige étaient le système d'enseignement, au moins dans quelques parties principales ; la dépense, surtout en ce qui concernait les appointemens des élèves, et peut-être aussi la difficulté de mettre l'Ecole en harmonie avec le nouveau plan d'instruction publique, qui fut décrété trois mois plus tard, mais qui se préparait dès lors dans les Comités de la Convention.

Ce fut un mois environ après la publication de ce Mémoire, que parut le premier cahier du *Journal Polytechnique*, contenant, ainsi que le porte son second titre, le *Bulletin du travail fait à l'Ecole* pendant le premier mois de ses cours réguliers. Ce cahier, dans les circonstances que nous a révélées la brochure apologétique de Prieur, avait une importance particulière : c'était en quelque sorte le premier produit ostensible et appréciable de la jeune institution. L'avant-propos expose l'objet du journal, dans les termes mêmes de l'arrêté qui en ordonne la publication ; cet objet est, « de justifier l'emploi des moyens
« que la république fournit pour l'instruction des
« élèves ; de les encourager, ainsi que ceux qui con-
« courent à leur enseignement, par la publicité don-
« née à leurs travaux et à leurs soins ; de faire prendre
« aux études une direction qui tende sans cesse à les
« perfectionner ; d'offrir un modèle propre à guider
« d'autres établissemens d'instruction ; enfin, de ré-
« pandre des connaissances très-utiles relatives aux
« arts et aux sciences, et de provoquer l'extension
« de leur domaine par des découvertes nouvelles ou
« des applications heureuses. » On fait connaître ensuite les principales bases de l'enseignement.

Le premier article du cahier est le compte rendu par Monge, du cours de stéréotomie. Il est précédé d'une note concernant les chefs de brigade, l'instruction spéciale qui leur a été donnée, et leurs rapides progrès. Les articles relatifs aux autres cours sont rédigés avec le même soin, et très-développés. Leurs auteurs sont : Lamblardie et Baltard, pour l'architecture; Dobenheim, pour la fortification; Neveu, pour le dessin; Prony, pour l'analyse appliquée à la mécanique ; Barruel, pour la physique générale ; Fourcroy, Chaptal, Berthollet, Guyton, Vauquelin, et Chaussier (1), pour les diverses parties de la chimie. A ces comptes rendus de l'enseignement, le Conseil, fidèle au double but de son institution, avait joint des mémoires intéressans pour le progrès des sciences et des arts. Le premier renferme les détails de l'expérience de la congélation du mercure, expérience faite dans l'Ecole même, par Hassenfratz, Welter, Bonjour et Hachette; le second présente quelques moyens d'économie et de perfectionnement dans l'art de la chapellerie, par Chaussier. Un troisième mémoire, qui dut exciter encore plus d'attention et d'intérêt, parce qu'il avait pour auteurs des élèves, termine ce cahier, dont il forme une portion assez considérable : il traite de la détermination géométrique des teintes dans le dessin.

Ce Bulletin, d'après un arrêté des trois Comités, fut imprimé par l'agence des lois, tiré à quatre mille exemplaires, et distribué « aux membres de la Con-
« vention, aux élèves, aux instituteurs, et autres agens
« de l'Ecole; aux ingénieurs, et autres employés de
« ce genre, dont la Commission des Travaux publics
« donna la liste; aux divers établissemens d'instruc-
« tion ou autres, ainsi qu'aux citoyens qui pouvaient
« le mieux en profiter. »

Le 1ᵉʳ septembre (15 fructidor an III), la Conven-

---

(1) Chaussier s'était chargé de l'un des cours de chimie, en l'absence de Chaptal, qui était allé organiser quelques unes des nouvelles Ecoles de Médecine.

tion rendit une loi qui dut dissiper toute inquiétude sur la conservation de l'Ecole, puisqu'elle statuait sur des points importans de son organisation. C'est cette loi qui impose à l'Ecole centrale des Travaux publics le nom d'Ecole Polytechnique.

L'ouverture des examens d'admission est fixée pour chaque année, au 22 ou 23 octobre (1er brumaire), et le commencement des cours au 21 ou 22 décembre (1er nivose).

Les connaissances exigées des candidats sont l'arithmétique, l'algèbre, comprenant la résolution des équations des quatre premiers degrés, et la théorie des suites ; la géométrie, comprenant la trigonométrie, l'application de l'algèbre à la géométrie, et les sections coniques. Les autres conditions et le mode des examens sont conformes à ce qui est prescrit par la loi du 28 septembre 1794 (voyez page 30).

Un jury, composé de cinq membres choisis parmi les savans étrangers à l'Ecole, et les plus distingués dans les sciences mathématiques, est chargé de former, d'après les notes des examinateurs, la liste par ordre de mérite des candidats « qui paraîtront avoir « le plus d'instruction et de capacité. »

Les dispositions de la loi du 28 septembre 1794, concernant le traitement et la destination ultérieure des élèves, sont maintenues (voyez page 31-32).

Un article relatif aux examens que les élèves devront subir, à la fin de chaque année d'études, porte que « ceux qui, à l'expiration de la première année, « n'auront pas fait les deux tiers du travail affecté à « cette année, seront censés n'avoir pas l'intention « d'approfondir l'étude des sciences et des arts, et,

« en conséquence, se retireront de l'Ecole. Ils ne
« pourraient y être reçus de nouveau qu'après l'in-
« tervalle d'une année, et suivant le mode établi pour
« la première admission. »

La nouvelle loi était le complément de celle du 28 septembre 1794, qu'elle améliorait en plusieurs points. Quelques dispositions de celle-ci, qui n'avaient statué que pour la première année de l'Ecole, reçoivent ici un caractère de permanence. Le nouveau mode établi pour la formation de la liste d'admission offre plus de garantie d'un bon choix ; le degré d'instruction exigé des candidats est plus élevé et mieux déterminé ; enfin l'instruction et le travail des élèves sont examinés et constatés dès la première année d'études. Mais ce qui donnait surtout à la dernière loi une grande importance, c'est qu'elle était une sorte d'approbation, de confirmation formelle, et, pour ainsi dire, de seconde création de l'Ecole, après une expérience de neuf mois, qui avait permis d'en juger le plan, et d'en entrevoir les résultats.

Le gouvernement ne tarda pas à donner un nouveau gage de ses dispositions favorables pour le maintien de l'Ecole. Le projet de la substituer aux écoles spéciales ayant été abandonné, on s'occupa de réorganiser celles-ci, et de régler leurs rapports avec la première. Une loi rédigée dans ces vues, et présentée par les Comités de salut public et d'instruction publique, fut décrétée par la Convention, le 22 octobre (30 vendémiaire an IV). Nous n'extrairons des nombreuses dispositions qu'elle renferme, que celles qui intéressent directement l'Ecole Polytechnique.

Elle est placée sous l'autorité du ministre de l'intérieur. Le service de l'Artillerie est ajouté à ceux pour lesquels elle formait des élèves. Elle doit en préparer aussi « pour l'exercice libre des professions qui né- « cessitent des connaissances mathématiques et phy- « siques. » Le nombre des élèves est réduit à trois cent soixante. Le système général de l'enseignement est d'ailleurs maintenu, et comprend toujours trois années; mais la durée du séjour des élèves à l'Ecole varie suivant la profession à laquelle ils se destinent.

Ainsi, ceux qui veulent être ingénieurs de vaisseaux ou ingénieurs-géographes, se présentent, après leur première année d'études, à l'examen ouvert à Paris pour l'admission aux écoles d'application de ces deux services.

Ceux qui se destinent à servir dans l'Artillerie, dans les Ponts et Chaussées, dans le Génie militaire, ou dans les Mines, peuvent, après leur deuxième année d'études, se présenter aux concours ouverts à Paris pour ces divers services.

Mais, entre ces derniers, il y a encore cette différence, que les élèves admis pour le Génie militaire et les Ponts et Chaussées, doivent achever à l'Ecole Polytechnique la troisième année du cours d'études, avant d'entrer à l'école d'application. Leur traitement, pendant cette troisième année, est augmenté de trois cents francs.

Par suite des dispositions précédentes, les élèves doivent, après la première année d'études, passer au travail de la deuxième ou de la troisième année, suivant la profession particulière à laquelle ils se destinent, ou suivant qu'il sera réglé par l'autorité qui dirige l'Ecole.

Ceux qui ne sont pas reçus aux divers concours peuvent rester une année de plus, et se présenter de nouveau à l'examen. Aucun élève ne peut passer plus de quatre ans à l'Ecole.

Enfin, un article est ainsi conçu : « A l'avenir, il
« ne sera plus admis aux écoles particulières du Génie
« militaire, des Ponts et Chaussées, des Mines, des
« Géographes, ainsi que de l'Artillerie et des Ingé-
« nieurs de vaisseaux, que des jeunes gens ayant
« passé à l'Ecole Polytechnique, et ayant rempli
« toutes les conditions prescrites.

« Néanmoins, jusqu'à ce qu'il se trouve assez d'é-
« lèves qui aient satisfait à ces conditions, le Direc-
« toire exécutif entretiendra ces différens services
« par des élèves, ou choisis suivant l'ancien mode,
« ou tirés de l'Ecole Polytechnique; à cet effet, il
« pourra prendre, dans cette Ecole, ceux dont il ju-
« gerait les services utiles à la patrie, suivant les cir-
« constances. »

Cette dernière disposition, qui était purement transitoire, ne subsista que jusqu'au 25 mai de l'année suivante (6 prairial an IV). Un arrêté du Directoire, sous cette date, porte que « les examens suivant l'an-
« cien mode n'auront plus lieu, et que les jeunes
« gens qui se destineront aux services publics de-
« vront passer par l'Ecole Polytechnique. »

La loi que nous venons de rapporter établissait l'Ecole sur des fondemens solides : en liant son existence à celle des écoles spéciales, elle assurait son avenir, quelles que fussent les modifications qu'éprouveraient par la suite son organisation, ainsi que le mode et l'étendue de son enseignement. En un mot, elle lui faisait prendre rang parmi les grandes institutions scientifiques de la France.

Ainsi se termina cette première année de l'Ecole Polytechnique, pendant laquelle tant de circonstances difficiles avaient multiplié autour d'elle les embarras et les dangers. Pressés par deux fléaux à la fois, les assignats et la disette, le tiers des élèves s'étaient successivement retirés. Ceux qui avaient eu plus de ressources ou de persévérance, détournés de leurs travaux par la pénurie des subsistances ou par les agitations politiques, n'avaient pu acquérir, au moins pour la plupart, qu'une instruction assez imparfaite ; et, comme s'il n'eût pas suffi de ces causes de distractions, les élèves, malgré les réclamations du Conseil, étaient toujours astreints au service alors fréquent de la garde nationale. Les études avaient donc été sans cesse interrompues, tantôt pour chaque élève en particulier, tantôt pour l'Ecole tout entière, dans les momens de crise politique. Pendant les premiers mois de 1795, des jeunes gens se réunissaient en troupes plus ou moins nombreuses, pour soutenir le parti qui avait vaincu Robespierre, et ils avaient quelquefois des rencontres violentes avec les hommes ameutés par les chefs cachés du parti contraire. Les élèves partageaient généralement les sentimens de cette jeunesse, et quelques uns se trouvèrent compromis dans ces luttes souvent inégales. Alors, la plus grande partie de leurs camarades quittaient tout pour aller les défendre ou les venger. Nous avons dit que, dans les journées du 1er avril et du 20 mai (12 germinal et 1er prairial an III), plusieurs avaient combattu pour la Convention contre les Jacobins. Quelques mois après, dans la fameuse journée du 5 octobre (13 vendémiaire an IV), un assez grand nombre d'entre eux se joignirent aux citoyens de Paris qui avaient pris les armes contre la Convention ; et une enquête fut faite dans l'Ecole par ordre du Comité du salut public. Que de soins différens pour le Conseil et pour le Directeur ! Il fallait tout à la fois rassurer une autorité ombrageuse sur les dispositions des élèves, et en obtenir pour eux des secours pécuniaires et du pain ; il fallait maintenir ou ramener dans ces jeunes têtes le calme nécessaire aux études, tandis que tout était, sous leurs yeux, dans le trouble et l'agitation ; il fallait introduire une sorte de discipline, lorsque tous les moyens moraux et matériels de police et de répression manquaient également ; il fallait enfin bâtir l'Ecole sans interrompre l'enseignement ; et l'on vit un instituteur forcé de saisir, pour donner sa leçon, l'heure pendant laquelle les ouvriers prenaient leur repas et lui laissaient ainsi l'emplacement libre. A toutes ces difficultés, parmi lesquelles on doit compter encore le grand nombre de maladies causées par la disette et par le froid rigoureux et prolongé de cet hiver, l'Ecole naissante opposa le zèle infatigable et l'énergique volonté de ses fondateurs, de Monge, de Prieur, de Lamblardie, et de tous les hommes qui se partagèrent, dans des temps si calamiteux, les soins de l'enseignement, de la police et de l'administration.

Une perspective moins sombre se découvrait à l'ouverture de la deuxième année. Le gouvernement directorial, que la Convention venait d'imposer à la France, était loin sans doute d'offrir des garanties de stabilité ; mais du moins les pouvoirs n'étaient plus concentrés dans une assemblée soumise elle-même à tous les partis qui s'en arrachaient successivement la domination. Les mouvemens populaires étaient mieux comprimés, et l'anarchie s'éloignait peu à peu devant des pensées d'ordre et d'avenir qui commençaient à se manifester. L'instruction publique allait se réorganiser de toutes parts. Les Ecoles centrales, fondées par une loi du 25 octobre 1795 (3 brumaire an IV), sur les débris des anciens colléges, se préparaient à distribuer leur enseignement encyclopédique, exalté par les uns, censuré par les autres, et bientôt abandonné. Ce n'est pas ici le lieu de rechercher quel fruit l'enfance et l'adolescence pouvaient tirer de ces cours d'histoire naturelle, d'idéologie, d'économie politique et législation, d'hygiène, d'arts et métiers, d'agriculture et commerce, auxquels étaient joints des cours d'histoire, de grammaire générale, de langues anciennes et de belles-lettres, pour chacun desquels il n'y avait, comme pour les premiers, qu'un seul professeur. Nous nous bornons à remarquer que, dans ces nouveaux établissemens, on devait enseigner aussi les mathématiques et les arts du dessin, ainsi que la physique et la chimie expérimentales; ce qui en faisait d'utiles pépinières pour l'Ecole Polytechnique.

Cent quarante-trois candidats venaient de se présenter au concours, et trente-sept seulement avaient été reçus par le Jury, quoique le nombre des élèves se trouvât réduit de trois cent quatre-vingt-deux à deux cent cinquante-six. Mais beaucoup de ceux que la difficulté de subsister avait éloignés de l'Ecole, annonçaient le désir d'y rentrer. Quarante-deux, dont l'absence parut suffisamment justifiée, obtinrent cette faveur, qui fut refusée à plusieurs autres. Enfin, trois promotions tardives, faites parmi les candidats que le Jury n'avait pas d'abord admis, portèrent le nombre des élèves au complet de trois cent soixante, fixé par la dernière loi. D'autres jeunes gens participèrent avec eux à l'enseignement de l'Ecole. Quelques services ayant sollicité pour leurs élèves l'avantage d'y perfectionner leur instruction, l'autorisation d'en suivre les exercices fut accordée par le gouvernement, d'abord à quarante jeunes officiers du Génie, plus tard à trente-huit élèves de l'Ecole des Mines et à deux élèves de l'Agence des Poudres et Salpêtres. Quatorze élèves de l'Ecole des Ponts et Chaussées furent admis aux leçons de l'instituteur du cours de travaux civils.

Au commencement de la nouvelle année scolaire, le Conseil voulant donner à Prieur un témoignage de reconnaissance pour la part qu'il avait prise à la fondation et aux succès de l'Ecole Polytechnique, lui adressa, par délibération expresse, l'invitation d'assister à ses séances et de coopérer à ses travaux, et lui conféra ensuite la présidence pour le mois suivant. Prieur eut bientôt occasion de fournir une nouvelle preuve de son zèle pour la prospérité de l'Ecole. Le Conseil ayant été chargé, par un arrêté du Directoire exécutif, en date du 20 février, de présenter ses vues sur les modifications qu'il serait convenable de faire dans l'organisation, sur le complétement des collections et des préparatifs de chaque branche d'enseignement, et sur divers objets d'administration, tels, entre autres, que les dépenses de l'année actuelle, l'état des bâtimens, et la somme nécessaire pour leur achèvement, ce fut à Prieur et à Monge que l'on confia le travail relatif à l'organisation. Le rapport fut fait par Prieur; et ce fut lui encore qui rédigea le rapport général sur toutes les questions proposées par le Directoire. Le nouveau plan d'organisation fut approuvé par le gouvernement, le 20 mars (30 ventose an IV). Voici en quoi il diffère du premier:

Le cours d'Architecture reçoit la dénomination de cours de Travaux civils: les matières de l'enseignement restant d'ailleurs les mêmes.

Une nouvelle branche est ajoutée au cours de Physique générale, sous le titre de Zootechnie. Elle est destinée à faire connaître la structure et la force des animaux, ainsi que leur emploi dans les machines. On doit y joindre des principes sur la salubrité des lieux et édifices publics et privés.

La loi du 22 octobre 1795 ayant réglé (voy. p. 84). que les élèves, après la première année d'études, « passeraient au travail de la deuxième ou de la troi-« sième année, suivant la profession particulière à « laquelle ils se destineraient », cette désignation de deuxième et troisième année était dès lors devenue inexacte. La nouvelle organisation établit celle-ci: année de Stéréotomie, année de Travaux civils, année de Fortification, ne faisant d'ailleurs en cela que consacrer un usage préexistant. La répartition des objets de l'enseignement entre les trois années, éprouve aussi quelque modification.

Dans l'année de Stéréotomie, on joint à l'Analyse pure et appliquée les élémens de la Statique, pour préparer l'étude de l'année suivante.

Le cours de Physique générale continue d'être fait dans cette même année, mais les élèves des deux autres années n'y assistent plus. On y substitue, dans l'année de Travaux civils, « le cours de Zootechnie et de « Salubrité » dont nous avons parlé ; et, dans l'année de Fortification « la visite des ateliers les plus intéres-« sans des arts mécaniques et chimiques. »

Enfin, « les ports maritimes et les édifices qui en dépendent » sont détachés de l'année de Travaux civils et ajoutés à l'année de Fortification.

Tels sont les changemens que l'expérience d'une année avait fait introduire dans le système de l'enseignement. Il en résulta une augmentation dans le nombre des instituteurs. La première organisation porte qu'il y en aura au moins un pour l'analyse ; et nous avons fait remarquer qu'on lit dans les *Développemens*, qu'il convient qu'il n'y en ait qu'un pour les trois années. Toutefois cette seconde organisation en établit un pour chaque partie de l'analyse, ce qui en élève le nombre à trois. Ce troisième emploi d'instituteur d'analyse fut donné à Ferry, ancien professeur de l'Ecole de Mézières. En second lieu, outre l'instituteur des Travaux civils, il en est créé un pour l'architecture proprement dite. Durand fut appelé à ces fonctions. Le nombre des adjoints et des maîtres restait le même. Un article porte qu'un des instituteurs ou adjoints précédemment désignés pourra être en même temps médecin de l'Ecole

A l'égard des autres agens de l'instruction : le Conservateur du magasin de chimie prend le titre de Préparateur général de chimie ; cette place était remplie par Bouillon-Lagrange : les artistes placés près des instituteurs de Chimie reçoivent la dénomination d'instructeurs-chimistes ; c'étaient alors Raimond, Welter et Bonjour : il n'est plus fait mention de l'artiste qui était près de l'instituteur de physique générale. Le nombre des aides de laboratoire est réduit à dix ; et leurs fonctions sont bornées à travailler aux préparations de chimie et de physique, sous la direction des instructeurs-chimistes, du préparateur général et des instituteurs. Ils ne doivent plus être choisis que sur des preuves d'intelligence et de bonne conduite. Un réglement particulier porte qu'il n'en sera pas admis d'un âge au-dessous de quatorze ans. On commença à rechercher ces emplois; des Députés, des instituteurs les sollicitèrent pour leurs parens, et même pour leurs fils.

Ce fut dans les attributions du Directeur que l'arrêté du 20 mars opéra les changemens les plus importans. La première organisation en faisait un agent subordonné du Conseil; celle-ci lui en donne la présidence, et le charge de diriger toutes les parties du service. « Il a la surveillance de l'Ecole ; il s'occupe
« sans cesse des moyens d'atteindre le but de l'insti-
« tution de cet établissement, qui est la plus grande
« instruction des élèves. Il doit s'informer de leurs
« progrès, de l'état auquel ils se destinent, et re-
« cueillir tous les renseignemens propres à éclairer
« le gouvernement sur les fonctions qu'il serait con-
« venable de leur confier un jour. Il veille particuliè-
« rement à l'exécution de tout ce qui a rapport à l'ad-
« mission des élèves, à leur sortie de l'Ecole, à leur
« passage d'une division à une autre, et aux examens
« qu'ils doivent subir. Il propose la liste des chefs

« de brigade à nommer ou à changer. Il rend compte
« au ministre de l'intérieur de tout ce qui intéresse
« le service de l'Ecole, et transmet à l'Ecole tout ce
« qui vient du ministre. Enfin, il donne aux élèves,
« artistes, conservateurs, et autres agens de l'Ecole,
« les témoignages de satisfaction ou les avertissemens
« dont l'inspecteur était précédemment chargé. »

L'emploi de directeur était alors occupé par Deshautschamps, officier général du Génie. Lamblardie s'en était démis pour reprendre la direction de l'Ecole des Ponts et Chaussées, tout en conservant, dans l'Ecole Polytechnique, les fonctions d'instituteur du cours de Travaux civils. Il avait d'abord eu pour successeur dans celles de directeur, Lecamus, ancien membre de la Commission des Travaux publics.

Les deux sous-directeurs sont remplacés par trois administrateurs qui se partagent les fonctions relatives à la police et à l'administration. Ils doivent se suppléer les uns les autres, au besoin. Ch. Gardeur-Lebrun continua d'être chargé, sous ce nouveau titre, de la police de l'enseignement et de la surveillance des élèves. Ses deux collègues furent Lecamus, pour les approvisionnemens et le service intérieur, et Lermina pour la comptabilité et la direction des bureaux. Gasser, ancien directeur-adjoint, chargé de l'administration, avait repris son service d'ingénieur des Ponts et Chaussées.

Les trois emplois de Substituts de l'administrateur chargé de la police sont conservés. J. Jacotot et Griffet-Labaume s'étant démis de ceux qu'ils occupaient, eurent pour successeurs Durand, qui faisait en même temps le cours d'architecture, et Fourier, qui était aussi chargé d'une partie du cours d'analyse.

Le Conseil est maintenu dans toutes ses attributions, à la réserve de celles qui n'étaient point compatibles avec la nouvelle situation du Directeur, c'est-à-dire, que rien n'est changé relativement à son influence sur l'instruction. Quant à l'administration, il entend les rapports sur cette matière; mais ces rapports ne sont plus présentés par le Directeur. Il approuve les réglemens de police, et ne les fait plus. Il prononce, comme auparavant, sur les plaintes portées contre les élèves ou les divers agens, et transmet au ministre celles qui sont assez graves pour exiger plus qu'un simple avertissement aux personnes. Enfin, il nomme à tous les emplois de l'Ecole, même à celui de directeur. L'agrément du ministre de l'intérieur est nécessaire pour ceux d'entre ces emplois qui donnent voix au Conseil. Pour celui de directeur, il faut en outre la confirmation du Directoire exécutif. Un nouvel article relatif au journal prescrit de le publier chaque mois. L'objet de cette publication est toujours « de faire connaître la marche de l'enseigne-
« ment ainsi que les travaux des élèves, ceux des
« instituteurs, et des autres agens qui coopèrent à
« l'instruction. Le secrétaire du Conseil doit recueil-
« lir les matériaux de ce journal, leur donner au be-
« soin la forme convenable, et mettre tous ses soins
« à tenir constamment cette besogne au courant. »
Les fonctions de secrétaire du Conseil et de bibliothécaire sont séparées. P. Jacotot, qui les exerçait cumulativement, s'étant retiré, les premières furent confiées à Halma (1), et les dernières à Peyrard.

(1) Voyez la note au bas de la page 125.

Nous avons remarqué, dans la première organisation, cet article qui, en prescrivant au Conseil de s'occuper du perfectionnement des sciences et des arts enseignés dans l'Ecole, l'érigeait en corps académique, alors qu'il n'existait plus en France de compagnies savantes. Nous remarquerons ici que la nouvelle organisation lui conserve cette attribution dans des circonstances entièrement opposées, puisque l'Académie des Sciences venait de renaître sous le nom de Classe des sciences physiques et mathématiques de l'Institut national, établi par la loi du 25 octobre 1795 (3 brumaire an IV). Les principaux membres du Conseil furent appelés des premiers à l'Institut; et ce fut là désormais qu'ils satisfirent ce besoin de communications intellectuelles qui leur avait fait sans doute trouver dans les réunions du Conseil un attrait que maintenant elles ne leur offraient plus exclusivement. Toutefois, il était important que l'article eût été maintenu; il excitait les divers membres de l'Ecole à y porter l'offrande des produits de leurs travaux, que l'on verra dorénavant remplir les pages du Bulletin; et le Conseil pouvait aussi s'en autoriser pour réclamer les moyens de faire des recherches et des expériences qui eussent été trop dispendieuses pour des particuliers. C'est ainsi qu'après avoir obtenu du gouvernement la disposition d'un aérostat construit au dépôt militaire et scientifique de Meudon, pour le service des armées, il avait chargé une commission, composée de Monge, Prony, Say, Lomet et Guyton de Morveau, de s'occuper du perfectionnement et de l'extension des expériences aérostatiques. On sait que le succès de Fleurus avait été en partie attribué à l'emploi d'une de ces machines, au moyen de laquelle on avait pu reconnaître les forces et les mouvemens de l'ennemi. Le Conseil venait encore de solliciter l'acquisition d'une pompe à feu des frères Périer, et celle de la machine à distiller dans le vide, inventée par Meunier. Il s'occupait d'établir, dans l'enceinte de l'Ecole, une petite verrerie, un four à poterie, une chambre de plomb, une serre pour faire des expériences sur la lumière, et un observatoire. Dans le seul intérêt des sciences, il prêtait à Borda et à Séguin divers instrumens d'astronomie ou de physique; et il faisait demander au ministre des finances, qui les lui accordait aussitôt, des diamans bruts déposés à l'hôtel des Monnaies(1), et qui servirent depuis aux fameuses expériences de Guyton de Morveau.

Cependant, à mesure que les institutions scientifiques se relevaient, l'importance extraordinaire que leur anéantissement avait donnée à l'Ecole ne pouvait manquer de s'affaiblir. Jusqu'alors elle avait puisé, dans les dépôts publics, les instrumens, les machines, les objets d'arts et de sciences nécessaires à ses travaux ou à l'accroissement de ses collections, et les livres qui formaient sa bibliothéque. Aucune disposition législative n'avait encore limité ses dépenses, et les Comités s'étaient montrés, à cet égard, aussi généreux que le permettait la détresse des finances. Cette facilité devait avoir un terme. Dès le premier

(1) Ces diamans provenaient d'une prise faite sur un vaisseau anglais venant du Sénégal. Le ministre en ordonna la remise, par tiers, au Muséum d'Histoire Naturelle, à l'Ecole des Mines, et à l'Ecole Polytechnique. Le lot de celle-ci fut de vingt-six diamans, pesant ensemble 3.662 grammes (près de 17 carats).

mois de la deuxième année, l'Ecole ayant fait la demande d'un grand miroir concave, d'un pyromètre et d'une machine à Papin, éprouva un refus. Il est vrai que ce refus avait revêtu la forme plus douce d'un simple ajournement; mais il était motivé sur ce que l'établissement de l'Institut obligeait le ministre de l'intérieur de suspendre la concession des objets qui pouvaient être utiles à l'Ecole.

Ce ministre, qui était Bénézech, professait d'ailleurs la plus haute opinion de l'Ecole Polytechnique et des avantages qu'elle devait procurer à la France. Ces sentimens éclatent à chaque ligne de la lettre qu'il écrivit au directeur pour lui annoncer que le gouvernement avait approuvé le nouveau projet d'organisation. Il y nomme l'Ecole « une institution sublime « qui ne peut naître que chez un peuple libre, et « qui ne pourra prospérer que par la culture simul- « tanée des fruits de la science et des arts, et des « vertus républicaines. » Cette disposition bienveillante était précieuse, surtout en ces temps de dissensions politiques, où des élèves, par une opposition ouverte au gouvernement, pouvaient attirer sa colère sur l'Ecole, et en occasioner la ruine. Avant que le Directoire ait pu oublier que plusieurs d'entre eux avaient combattu, le 13 vendémiaire, contre le parti qui lui avait confié le pouvoir, d'autres, ou peut-être les mêmes, refusèrent de prêter le serment de haine à la royauté; et le Conseil, en prononçant leur exclusion, crut devoir publier par la voie des journaux et la faute et la punition. Cet acte de sévérité n'empêcha pas que, deux mois après, le ministre de l'intérieur ne reçût une lettre du ministre de la police, contenant des plaintes sur l'incivisme des élèves.

Un objet non moins important exerçait alors la sollicitude du Conseil. Les réglemens n'avaient institué aucune punition pour les fautes de discipline, de sorte qu'il n'y avait point de degré entre la réprimande et le renvoi. Cet inconvénient se faisait surtout sentir à l'égard d'un genre de faute qui devenait de jour en jour plus fréquent; nous voulons parler du manque d'assiduité aux leçons, et principalement à celles de dessin, qui avaient lieu dans la soirée. A défaut d'autres moyens, le Conseil eut recours à un expédient qui paraît n'avoir eu aucun succès. Le Directoire, par un arrêté du 30 novembre 1795 (9 frimaire an IV), ayant accordé aux élèves le vêtement et la nourriture, le Conseil décida que ceux qui s'absenteraient plus d'une fois par décade seraient privés d'autant de rations de vivres qu'ils auraient manqué de leçons. L'arrêté suivant, qui fut pris peu de mois après, pourra faire apprécier l'efficacité de cette mesure: « Sur le compte rendu par l'administrateur, et « vu le grand nombre des élèves qui ont manqué aux « leçons, l'administrateur est autorisé à ne faire exer- « cer la retenue des rations qu'à ceux d'entre eux qui « ont manqué six fois et plus pendant le mois. » Une si molle indulgence ne tarda pas à porter ses fruits; et, dans les trois mois suivans, le renvoi de dix élèves fut prononcé, pour cette même faute que l'on avait craint de punir d'une simple peine de discipline. Il paraît d'ailleurs que le public avait remarqué ces inexactitudes des élèves, car, au commencement de l'année suivante, l'administrateur chargé de la police des études adressa aux journaux, par ordre du Conseil, une lettre qui faisait connaître les mesures prises pour obtenir plus d'assiduité.

On punissait d'une manière différente un autre manquement du même genre. Quelques élèves s'étant dispensés de prendre part à ces visites d'ateliers des arts chimiques et mécaniques, que la dernière organisation avait substituées au cours de physique de la troisième année, le Conseil ordonna de les remplacer par d'autres, en nombre égal, pris parmi ceux qui, ne devant pas suivre ces cours, témoigneraient cependant le désir de profiter de ce nouveau moyen d'instruction.

Des soins d'un autre ordre occupèrent encore péniblement le Conseil pendant le cours de cette année. La situation financière de l'Etat s'était fort peu améliorée depuis l'année précédente. Les mandats avaient succédé aux assignats, et se précipitaient rapidement vers le dernier terme de la dépréciation. Le gouvernement avait déjà beaucoup fait pour l'Ecole en accordant des rations de vivres, d'abord aux élèves (1), qui recevaient en outre l'habillement, plus tard aux professeurs, fonctionnaires et employés de tout rang. Il demanda que l'Ecole, de son côté, modérât ses dépenses et les réduisît au strict nécessaire.

Ce fut sur la chimie que frappèrent les premiers retranchemens. Le Conseil venait de doter assez largement cette partie de l'instruction. Afin que tous les élèves prissent part aux travaux des laboratoires, il devait en être établi un nombre égal à celui des bri-

(1) L'arrêté du Directoire restreignait cette distribution gratuite de vivres à ceux qui n'avaient aucun moyen de subsistance; les autres la payaient de l'abandon de leur traitement.

gades; et, outre ceux des instituteurs, on en formait un nouveau pour les préparations générales. La dépense annuelle de tous les laboratoires était fixée à vingt mille francs (1). Mais l'argent manqua pour la complète exécution de ce projet; et loin de pouvoir donner de l'extension aux manipulations chimiques, les instituteurs furent invités, quelques semaines après, « à se renfermer dans ce qui était absolument « nécessaire aux expériences. » Le ministre Bénézech suppléa de tout son pouvoir à ce dénuement. Il fit d'abord remettre à l'École les matières et effets en dépôt à Meudon, dans ces ateliers créés pour l'application des sciences à la guerre; plus tard, il accorda la faculté de tirer du magasin des hôpitaux les substances demandées pour l'enseignement de la chimie. Malgré ces réductions et ces secours, le même ministre se vit forcé, vers la fin de cette année, d'engager le Conseil à ne conserver que deux laboratoires principaux; et l'année suivante, les élèves de Fortification et de Travaux civils furent seuls exercés aux opérations chimiques; encore n'y furent-ils appelés que par moitiés, qui se remplaçaient alternativement tous les trois mois.

La chimie ne fut pas la seule branche d'instruction qui eut à souffrir de cet état de pénurie. Le travail si important des portefeuilles en était malheureusement

---

(1) Voici la répartition de cette somme, d'après l'arrêté du Conseil :
Dépense ordinaire des trois laboratoires d'instituteurs.... 4,500 f.
——————— Des vingt laboratoires d'élèves.......... 12,000
——————— Du laboratoire des préparations générales. 2,000
Achat d'instrumens et autres dépenses extraordinaires.... 1,500

Total.......... 20,000

retardé. L'instituteur de dessin sollicita du ministre de la guerre, que la toile nécessaire à l'habillement de ses mannequins lui fût donnée des magasins de l'armée. C'était un article de moins de cent francs; il fut refusé. On vit enfin se renouveler ces échanges qui, avant l'institution des signes monétaires, constituaient le commerce des peuples à peine entrés dans les voies de la civilisation. L'Ecole, pour se procurer une certaine quantité de platine destiné à ses laboratoires, offrait au propriétaire de ce métal quelques vaisseaux de chimie dont le besoin était alors moins urgent. Elle en avait déjà obtenu du même particulier, à la condition de lui en rendre une partie travaillée en lames; et Guyton de Morveau avait consenti à se charger de cette préparation plus industrielle que scientifique. A la suite d'une négociation avec l'Agence des Mines, l'Ecole en reçut divers objets de minéralogie, et lui donna en retour un nombre convenu d'exemplaires de son journal. Enfin, l'Ecole de Médecine (que l'on nommait alors l'Ecole de Santé), ayant à rembourser des avances faites, pour son compte, par l'Ecole Polytechnique, offrit en paiement deux squelettes tout montés, que le Conseil accepta.

Cependant, le 6 juillet (18 messidor an 4), l'administration vint annoncer au Conseil qu'il lui était impossible d'assurer le service des leçons, à moins qu'on ne lui procurât du numéraire. Le Conseil arrêta que le ministre serait instruit de cet embarras, et que l'administration emploierait tous les moyens qui étaient à sa disposition pour ne pas laisser manquer le service. Le ministre ne fit pas attendre sa réponse. Il déclare qu'il ne peut accorder de numéraire à l'Ecole pour ses achats ; et qu'il approuve l'obligation imposée à l'administration de prendre toutes les mesures possibles pour que le service ne soit pas interrompu. Cette partie de l'arrêté du Conseil rappelle, si l'on nous permet ce rapprochement, la fameuse formule : *Caveant consules*. Nous ignorons l'usage que l'administration fit de sa dictature ; mais nous voyons que l'Ecole n'éprouva aucun dommage notable dans son instruction.

Ce résultat, bien honorable pour l'administration, pour les instituteurs et pour les autres fonctionnaires, ne l'est peut-être pas moins pour les élèves eux-mêmes, qui, pressés par tant de privations, poursuivaient leurs études avec zèle et persévérance. Beaucoup de ces jeunes gens, mal partagés des biens de la fortune, n'étaient venus suivre les travaux de l'Ecole, dans le séjour dispendieux de Paris, que sur la promesse d'un traitement ; et ce traitement, ou du moins le misérable papier qui le représentait, s'était évanoui tout à coup entre leurs mains, les laissant en proie à des besoins de tous les jours. C'était sans doute beaucoup pour eux de recevoir le vêtement et les vivres militaires ; mais cela pouvait-il leur suffire ? Le Conseil était loin de le penser ; car les élèves lui ayant remis une pétition tendante à obtenir du gouvernement que la moitié de leurs appointemens leur fût payée en blé, ou en valeur équivalente, il arrêta que, dans le cas où l'objet de la pétition ne serait pas accordé dans son entier, des secours seraient demandés au Directoire pour les deux tiers d'entre eux les plus nécessiteux. Il crut aussi devoir aider ceux de la division de fortification, pendant le temps qu'ils furent exercés, dans les environs de Paris, au lever des plans ; et il fit donner à chacun d'eux huit sous en numéraire, pour chaque jour employé hors de l'École. Le besoin d'un tel secours et sa modicité témoignent également de la fâcheuse position de ceux qui le recevaient et de ceux par qui il était distribué.

Vers ce même temps, un coup inattendu vint mettre à une nouvelle épreuve la constance des élèves et celle du Conseil. Un arrêté du Directoire supprima, dans Paris, toute distribution de pain et de viande au compte du gouvernement, excepté aux indigens ; et la partie rigoureuse de la décision fut appliquée aux élèves. L'administration de l'Ecole se vit dans la nécessité de venir à leur secours, sur ses propres moyens. Heureusement, cette détresse ne dura que dix jours, après lesquels les rations furent de nouveau distribuées aux élèves, que le gouvernement voulut bien considérer comme militaires en activité. Alors l'administration réclama du ministre le remboursement des sommes qu'elle avait dépensées pendant ces dix jours, et qui se montaient à quinze cent trente-cinq livres en numéraire, ou quarante-cinq mille livres en mandats. D'après cette proportion, le traitement annuel des élèves valait, à cette époque, environ quarante et un francs.

Non-seulement, comme nous l'avons dit, l'instruction n'avait pas sensiblement souffert de ce malaise financier qui pesait sur la France ; mais malgré cet état de gêne, malgré l'insuffisance des moyens de discipline, et même, malgré l'absence de Monge et de Berthollet, qui avaient reçu la mission d'aller recueillir les objets d'arts dont Bonaparte vainqueur dépouillait les musées et les bibliothèques de l'Italie ; malgré toutes ces circonstances défavorables, l'enseignement avait suivi son cours régulier, et s'était même accru d'une branche nouvelle, qui, à la vérité, ne tarda pas à disparaître. Le Conseil, sur la demande de Chaussier, autorisa l'établissement d'un jardin botanique dans l'enceinte de l'Ecole, et approuva que les premières séances du cours de chimie végétale, dont Chaussier était encore chargé, fussent employées à l'exposition des différentes méthodes de botanique. Des tableaux synoptiques de ces méthodes furent imprimés à six cents exemplaires, et devaient être placés dans le Journal, avec les explications que l'auteur aurait jugé à propos d'y joindre. Il serait difficile de justifier l'introduction, dans l'enseignement de l'Ecole, d'une science si étrangère au but de sa création et à la destination des élèves. Nous ne parlons de cette tentative, que parce qu'elle est une preuve du zèle, parfois excessif, qui animait les instituteurs pour la propagation des sciences et pour l'instruction des jeunes gens qui suivaient leurs leçons. Le Conseil fit une œuvre plus utile, en ordonnant l'achat et la distribution dans les salles d'études, d'un certain nombre d'exemplaires de la *Mécanique* de Lagrange. Ce fut le premier, et, pendant long-temps, le seul livre ainsi placé dans les salles, à la disposition des élèves. Le Conseil s'occupa aussi de faire imprimer la *Théorie des Fonctions analytiques*, dont l'édition, qui porte la date de prairial an v (juin 1797), forma plus tard le neuvième cahier du Journal de l'Ecole.

Les deuxième, troisième et quatrième cahiers de ce journal furent publiés dans le courant de cette année. Ils complètent les comptes rendus des travaux faits à l'Ecole pendant la première année scolaire, et renferment neuf Mémoires scientifiques, dont les auteurs sont Prony, Hassenfratz, Horace Say, Guyton de Morveau, Berthollet, Bonjour, Fourcroy et Vauquelin. On annonce, dans le quatrième cahier, que la suite de la collection sera faite sur un nouveau plan. Il paraîtra, chaque mois, un cahier de cent pages au plus, renfermant des Mémoires sur les sciences et les arts, lesquels seront fournis par les instituteurs, les fonctionnaires et les élèves, ou par des savans en correspondance avec l'Ecole. On y insérera quelquefois des traductions ou des extraits d'ouvrages étrangers, contenant des nouveautés intéressantes pour les sciences mathématiques et physiques ; on y joindra, de temps en temps, l'exposé de la situation de l'Ecole et de son origine.

Le Conseil crut devoir consigner, dans l'avant-propos du quatrième cahier, des expressions très-vives de sa reconnaissance envers le Directoire exécutif et le ministre Bénézech, et y rappeler aussi tout ce que l'Ecole devait « au zèle actif et éclairé de Prieur. » Le Directoire avait, en effet, continué de diriger l'Ecole dans la route tracée par la loi du 22 octobre 1795 (30 vendémiaire an IV), qui établit ses rapports avec les services publics. Un arrêté, du 11 février (22 pluviose an IV), avait réglé l'enseignement de l'Ecole des Ingénieurs de vaisseaux, de manière à ce qu'il se liât et ne fît pas double emploi avec celui de l'Ecole Polytechnique. Par suite de ces dispositions, neuf élèves, admis, d'après un examen, à cette Ecole, avaient été attachés à l'Ecole Polytechnique. La même mesure fut ordonnée, quelques mois plus tard, à l'égard de dix-neuf élèves reçus à l'Ecole d'Artillerie de Châlons. Les uns et les autres devaient être assimilés en tout aux élèves de l'Ecole Polytechnique, soit dans le régime du travail, soit dans le traitement, et concourir avec eux pour leur admission dans les services auxquels ils se destinaient. Un autre arrêté, du 1er avril (12 germinal an IV), statue qu'à l'avenir les élèves des Poudres et Salpêtres seront choisis parmi les jeunes gens qui auront fait au moins un an d'études à l'Ecole Polytechnique. Un troisième arrêté, du 23 juillet (10 thermidor an IV), ordonne que la même disposition s'appliquera, à partir du mois de décembre suivant, aux élèves de l'Ecole à instituer pour les Ingénieurs-géographes.

On voit que le Directoire mettait de l'empressement à exécuter l'article de la loi concernant les services publics, qui n'ouvraient les écoles de ces services qu'aux seuls élèves de l'Ecole Polytechnique. Dès le 25 mai (6 prairial an IV), il avait renoncé, par un arrêté formel, à la faculté que lui laissait la même loi, d'entretenir ces écoles par des élèves choisis suivant l'ancien mode. Cet arrêté renferme les dispositions suivantes sur les examens intérieurs : « Laplace, en
« qualité d'examinateur pour l'admission aux Ecoles
« de l'Artillerie, des Ingénieurs de vaisseaux et des
« Ingénieurs-géographes, et Bossut, comme exami-
« nateur pour celle des Ingénieurs militaires, des
« Ponts et Chaussées et des Mines, doivent se rendre
« à l'Ecole Polytechnique, vers la fin d'octobre, pour
« y interroger les jeunes gens qui se destinent respec-
« tivement à chacune de ces branches de service.
« L'examen doit porter sur les objets de l'enseigne-

« ment donné à l'Ecole, dans chacune des trois divi-
« sions. Le travail fait par l'élève, et l'intelligence
« qu'il met à en rendre compte, sont les bases prin-
« cipales d'après lesquelles il doit être jugé. — Son as-
« siduité et sa bonne conduite sont prises aussi en con-
« sidération. Les élèves les plus méritans doivent être
« admis dans chaque genre de service, en raison des
« places vacantes. » Un article porte que « les deux
« examinateurs seront membres du Jury pour la for-
« mation de la liste des élèves à admettre, chaque
« année, à l'Ecole Polytechnique.

D'un autre côté, il fut réglé par le Conseil, que chaque instituteur de chimie examinerait les élèves de sa division, non-seulement en les interrogeant, mais en se faisant représenter les procès-verbaux des opérations faites par les élèves, et en tenant note du nombre et du mérite de ces procès-verbaux. Une phrase du considérant mis en tête de ces dispositions réglementaires, laisse apercevoir que l'enseignement de la chimie était suivi avec quelque tiédeur. Il y est dit que le but de cet examen est aussi « de
« faire sentir aux élèves que leur application à la
« chimie n'est pas moins nécessaire que leurs études
« de mathématiques, et que l'on exigera également
« d'eux des preuves de capacité et d'assiduité dans
« l'une et l'autre partie. »

L'examen des élèves qui ne se destinaient pas à des services publics fut aussi confié aux instituteurs des différens cours.

Les examens intérieurs eurent pour résultat l'admission de cent neuf élèves dans les écoles spéciales. Près d'un an auparavant, il en avait été demandé neuf pour le Génie militaire, et quatorze avaient été appelés dans les Ponts et Chaussées. Il eut semblé injuste de porter un jugement sur l'Ecole d'après la première promotion qui en sortit. Beaucoup de moyens de l'enseignement n'existaient pas encore, ou n'existaient qu'imparfaitement. Ces élèves avaient été admis avec une instruction très-inégale, et pour plusieurs, très-incomplète. On a vu d'ailleurs par combien d'obstacles de toute espèce le cours de leurs travaux avait été contrarié; et néanmoins, ces premiers nés de l'Ecole Polytechnique ne sont pas ceux de ses enfans dont elle ait le moins à se glorifier. Presque tous ceux d'entre eux qui sont encore dans les services publics, y occupent avec distinction des rangs plus ou moins élevés : quelques uns se sont fait un nom dans les sciences, d'autres remplissent des fonctions éminentes dans l'administration publique (1).

Les concours extérieurs amenèrent cent onze nouveaux élèves, et les cours de la troisième année commencèrent. La situation de l'Ecole laissait encore à désirer. Les portefeuilles des différens genres de dessin étaient loin d'être complets. Le cabinet de physique et la bibliothéque s'étaient, à la vérité, récemment enrichis d'ouvrages et d'instrumens envoyés d'Italie par Monge et Berthollet, qui, tout en s'acquittant de la mission qu'ils avaient reçue du gouvernement, ne perdaient pas de vue les intérêts et les besoins de l'Ecole Polytechnique. Mais il restait beaucoup à faire pour élever ces collections, et tout le matériel de l'Ecole, à un état qui fût digne de l'importance et du rang de l'institution; et l'espoir d'arriver promptement à ce

(1) Voyez la promotion de 1794.

résultat désiré s'affaiblissait de jour en jour. Les Conseils législatifs travaillaient alors sans relâche à rétablir l'ordre et l'économie dans les finances; comme tous les autres services, l'Ecole Polytechnique devint, sous le rapport des frais qu'elle occasionait à l'Etat, l'objet d'une investigation sévère, et sa dotation annuelle fut réduite à trois cent mille francs. Cette réduction entraîna celle de plusieurs traitemens et la suppression d'un assez grand nombre d'emplois, parmi lesquels on remarque l'un des trois instituteurs de mathématiques, celui d'architecture, deux des instituteurs-adjoints de chimie et celui de physique générale, les trois substituts de l'administrateur chargé de la surveillance des élèves, le bibliothécaire, dont les fonctions furent réunies de nouveau à celle de secrétaire du Conseil, le conservateur des modèles et son adjoint, les trois instructeurs-chimistes, et les dix aides de laboratoire. Le nombre des élèves fut réduit à trois cents. La réforme porta en outre sur seize employés ou agens inférieurs de l'administration. L'économie s'élevait à plus de soixante-seize mille francs.

Après de si douloureuses mutilations, l'Ecole pouvait espérer qu'elle remplirait ses destinées sans trouble. Dotée d'un budget régulier, appuyée sur des lois solennelles qui déterminaient le renouvellement périodique de ses élèves et leur admission dans les services publics, elle semblait n'avoir plus à s'occuper que d'assurer le succès de son enseignement, par l'amélioration progressive des méthodes, par le zèle éprouvé des instituteurs, par des réglemens de discipline propres à garantir l'assiduité et l'application des élèves. C'était dans ce cercle que paraissaient devoir se renfermer désormais les travaux et la sollicitude du Conseil, lorsqu'une agression inattendue vint tout à coup menacer l'Ecole dans son plan d'études et dans ce qu'on nommait son privilége, c'est-à-dire, son droit exclusif de fournir des élèves aux écoles des services publics. Voici comment les choses se passèrent.

Le ministre de la guerre ayant chargé le Comité central des fortifications de lui soumettre un projet de réorganisation pour l'Ecole du Génie, le Comité représenta au ministre (25 janvier — 6 pluviose an v), qu'il se trouvait arrêté dans son travail par plusieurs dispositions de la loi du 22 octobre 1795 (30 vendémiaire an iv), relative aux écoles de services publics, et notamment par celle qui concernait l'Ecole Polytechnique; il ajouta que, « sachant d'ailleurs que le « gouvernement s'occupait de modifier l'organisation « de cette école, » il avait cru devoir adresser au ministre un *avis* sur cet objet important.

Cet *avis*, rédigé en dix-neuf articles, était accompagné d'un préambule assez étendu, dans lequel, après avoir reconnu que « il paraît en général utile, « économique et favorable à l'instruction, de réunir, « dans une seule école, établie à Paris, les parties de « l'enseignement communes à divers services, » le Comité déclare que « le privilége exclusif affecté à l'E- « cole Polytechnique de fournir tous les élèves des- « tinés à ces services, tend à en écarter des hommes « de mérite, qui n'auraient pu se présenter à cette « école, ou qui n'en auraient pas eu besoin; à affai- « blir l'émulation, et à restreindre les moyens d'assu-

« rer aux divers services le nombre d'élèves qui leur
« est nécessaire. » Le Comité fait observer plus bas,
que « la partie théorique de l'art affecté spécialement
« à chaque service, ne peut être séparée de ses ap-
« plications, sans retarder l'instruction et nuire aux
« progrès des élèves, sans risquer souvent de s'écar-
« ter des vrais principes, et sans faire des doubles em-
« plois inutiles. » Après quelques autres considérations sur des points qui sont aujourd'hui d'un faible
intérêt, le Comité exprime, en substance, les vœux
suivans :

« Qu'il ne soit reçu à l'Ecole Polytechnique que
des jeunes gens qui se destinent à l'un des services
publics indiqués par la loi, et que le nombre des
élèves soit fixé d'après cette disposition. » On estime,
dans une note, que ce nombre doit être de cent cinquante.

« Que tout citoyen, remplissant d'ailleurs les conditions prescrites, puisse se présenter aux examens
pour être admis dans une école de service public,
sans avoir passé par l'Ecole Polytechnique. »

« Que nul ne puisse être admis à l'examen d'entrée
« à l'Ecole Polytechnique, à moins d'avoir fait un
« choix invariable du service qu'il se propose de
« remplir. »

« Que le programme de l'instruction requise pour
être admis à l'Ecole Polytechnique comprenne de plus
les élémens du dessin. »

« Que le cours complet des études de l'Ecole Po-
« lytechnique soit fixé à deux ans, et ne puisse com-
« prendre, dans sa plus grande extension, que les
« objets suivans : *Première année.* 1° Application

« de l'analyse à la géométrie des trois dimensions,
« à la mécanique des solides, au calcul de l'effet des
« machines. 2° Physique générale et particulière.
« 3°·Art du dessin appliqué à la figure, au paysage,
« aux plans et cartes. 4° Stéréotomie avec ses ap-
« plications à la coupe des pierres et des bois. 5° Lever
« des cartes et plans et nivellement. *Deuxième an-
« née.* 1° Continuation des quatre premières parties
« de l'instruction de la première année, augmentée
« de l'application de l'analyse à la mécanique des
« fluides. 2° Notions générales des principes de l'ar-
« chitecture relatifs seulement à la distribution des
« bâtimens civils, suivies de la visite des principaux
« établissemens, chantiers, ateliers, et travaux exé-
« cutés à Paris. » Ce plan d'études supprimait, comme
on voit, les cours de Travaux civils, de Fortification
et d'Architecture décorative.

Nous nous bornons à extraire, des treize derniers
articles, les dispositions qui présentent quelqu'importance. Elles se réduisent aux points suivans :

« Qu'aucun fonctionnaire des différens services ne
« puisse être instituteur, examinateur, ou directeur
« de l'Ecole Polytechnique.

« Qu'un des fonctionnaires employés à Paris, dans
« chacun des divers services, soit membre du Con-
« seil de l'Ecole, et qu'il ait en conséquence entrée
« dans toutes les salles d'instruction.

« Que les élèves de l'Ecole Polytechnique soient
« casernés, et tenus de porter toujours un uniforme.

« Que le gouvernement mette en équilibre les
« avantages attachés aux différens genres de services,
« en les proportionnant aux risques, peines, sacri-

« fices et difficultés qui peuvent avoir lieu dans les
« uns ou dans les autres. »

Le ministre de la guerre (Pétiet), en transmettant au Directoire exécutif *l'avis* du Comité des Fortifications, recommanda ce dernier article à l'attention particulière du gouvernement. Il se fonde sur ce que « le dernier examen lui a donné la triste expérience « du préjudice que l'organisation actuelle de l'Ecole « Polytechnique doit porter aux corps militaires, « pour lesquels il ne s'est présenté, cette année, que « de très-faibles candidats, et en petit nombre, tan- « dis que le service des Ponts et Chaussées a obtenu « la majorité et les plus instruits. » Cette prépondérance est attribuée par le ministre aux causes suivantes : « L'Ecole est sous la main du ministre de « l'intérieur, qui a également les Ponts et Chaussées. « Les élèves de ce dernier corps passent trois ans à « Paris, et sont en outre mieux traités que ceux des « autres écoles. Les ingénieurs des Ponts et Chaus- « sées peuvent être employés dans quelque partie « que ce soit de la France, et par conséquent à por- « tée de leurs familles, tandis que les officiers d'Ar- « tillerie et du Génie sont obligés d'aller, soit à l'ar- « mée, soit dans des places où ils sont isolés et vivent « plus chèrement. Enfin, les ingénieurs civils ne sont « point exposés aux risques et fatigues que l'état mi- « litaire entraîne. » Le ministre termine par dire qu'il a détaillé ces considérations puissantes, « afin « de préserver les corps militaires de la décadence « où ils tomberaient infailliblement, si l'on n'adop- « tait pas les changemens proposés dans l'organisa- « tion de l'Ecole Polytechnique. »

Le ministre de l'intérieur ayant reçu communication du mémoire du Comité des Fortifications, se hâta de l'envoyer au Conseil de l'Ecole pour avoir son avis. Cet avis fut « que, sans admettre ni rejeter les
« observations du Comité, le Conseil ne pouvait sans
« inconvénient ouvrir une discussion approfondie
« sur la composition d'une nouvelle Ecole Poly-
« technique; que les grands changemens proposés
« jetteraient le désordre dans l'enseignement com-
« mencé; que l'Ecole persistait à demander au mi-
« nistre l'organisation qui venait de lui être commu-
« niquée (celle qui résultait des suppressions im-
« posées par les Conseils législatifs), s'en rapportant
d'ailleurs à ce que sa sagesse lui inspirerait pour le
« succès de ce précieux établissement. »

Après que le Conseil eut ainsi évité de s'engager dans la discussion des demandes du Comité des Fortifications, ce Comité produisit (22 mars — 2 germinal an v) un second mémoire, où sont déduits les motifs des propositions contenues dans le premier.

On y justifie la demande de ne recevoir à l'Ecole Polytechnique que des jeunes gens qui se destinent à l'un des services publics, en disant, « que l'Etat
« entretient déjà, pour tous les citoyens, des Ecoles
« centrales où ils peuvent acquérir toutes les con-
« naissances utiles; qu'un grand nombre d'élèves réu-
« nis ne peut être que préjudiciable à l'instruction;
« qu'en conservant cent cinquante élèves, tous les
« services seront pourvus, et les moyens d'instruction
« et de police plus complets, plus sûrs et plus écono-
« miques; enfin, que, faute de prendre cette mesure,
« on risquerait de voir la majeure partie de l'Ecole

« composée de citoyens qui n'auraient d'autre but
« que de profiter, pour leur instruction particulière,
« d'un enseignement gratuit, et des autres avantages
« qui y sont attachés. »

Le Comité désire que tout citoyen puisse concourir, avec les élèves de l'Ecole Polytechnique, pour l'admission dans les services publics, « parce qu'il
« résulterait du *privilége exclusif* de l'Ecole, d'a-
« bord, que la république serait privée des services
« que pourraient lui rendre des citoyens, pleins de
« mérite et de capacité, qui auraient acquis les con-
« naissances nécessaires hors du sein de cette Ecole;
« connaissances qui se trouvent à la portée de tous
« les citoyens par les moyens établis pour l'instruc-
« tion publique, tandis que celles réservées aux
« écoles spéciales des services publics ont besoin des
« moyens affectés particulièrement à ces différens ser-
« vices; » en second lieu, « l'émulation des élèves ne
« pourrait qu'être extrêmement affaiblie, par la cer-
« titude de n'avoir point de concurrens étrangers; »
ensuite, « les besoins des divers services publics en-
« traîneraient à recevoir des élèves peu instruits ou
« peu capables; » enfin, « à défaut d'élèves de l'Ecole
« Polytechnique qui se destinassent à l'un des ser-
« vices, ce service serait dans le cas de manquer
« faute d'agens. »

Il a été demandé que chaque élève, avant son admission à l'examen d'entrée, fît le choix d'un service, et que ce choix fût irrévocable, parce que,
« pour assurer aux différens services publics le
« nombre de fonctionnaires qui leur est nécessaire, il
« faut bien connaître avec certitude le nombre de

« ceux qui se destinent à ces services. Ce qui est
« déjà arrivé, et ce qui peut encore avoir lieu, doit
« faire prendre des précautions contre la tendance
« que pourraient avoir les élèves de l'Ecole pour
« quelques services, au détriment des autres. »

L'introduction des élémens du dessin dans le programme de l'examen d'admission, est fondée sur ce que « le talent du dessin étant d'une absolue néces-
« sité pour divers services, il convient de s'assurer
« des dispositions des candidats pour cet art indis-
« pensable. »

Voici sur quelles considérations le Comité appuie ses propositions relatives à l'enseignement, lesquelles consistent, comme on l'a vu, à en retrancher les cours de travaux civils, de fortification et d'architecture.
« Cette partie des études est un double emploi, puis-
« que la république entretient une Ecole du Génie
« et une Ecole des Ponts et Chaussées. Les difficultés
« d'établir une Ecole du Génie sont déjà assez grandes
« sans vouloir les doubler. Comment d'ailleurs en-
« seigner avec succès les fortifications, dans un lieu
« où l'on ne peut donner qu'une idée imparfaite et
« factice de leurs formes et de leurs usages ? Ce n'est
« que dans une place de guerre, au milieu de toutes
« les armes, que l'élève saisira, avec facilité et vé-
« rité, les rapports des ouvrages défensifs avec toutes
« les opérations des différentes armes. Ailleurs, les
« préjugés tendraient bientôt à faire tomber l'ensei-
« gnement de cette partie essentielle de l'art militaire
« en un assemblage de principes systématiques et
« dénués d'application. Pourquoi, d'ailleurs, ne don-
« nerait-on pas également à cette Ecole la théorie de

« l'artillerie, de l'exploitation des mines, celle de la
« marine, etc.? En supprimant de l'enseignement la
« théorie des fortifications, celle des ponts et chaus-
« sées et des ports, les élèves seront moins distraits
« des études fondamentales des mathématiques, de
« la géométrie descriptive, de la stéréotomie, du
« dessin et de la physique. Ils sauront mieux, et
« auront acquis, d'une manière bien plus précise et
« plus sûre, des connaissances qu'ils doivent, par la
« suite, avoir toujours présentes à l'esprit. L'instruc-
« tion pourra se donner en deux ans; et celle de la
« première année conviendra aux élèves de tous les
« services. »

En proposant qu'aucun fonctionnaire des différens services ne pût être instituteur, examinateur ou directeur de l'Ecole Polytechnique, le Comité a eu en vue « d'empêcher les préventions, faveurs, préfé-
« rences, et l'influence qui feraient favoriser certains
« services ou élèves aux dépens des autres. » Il est digne de remarque que le directeur et deux des instituteurs étaient, en ce moment, des officiers du Génie.

Sur la demande qu'il fait, « qu'un des fonction-
« naires employés à Paris dans chacun des divers
« services soit membre du Conseil de l'Ecole », le Comité se borne à dire « qu'il paraît nécessaire que
« chacun de ces fonctionnaires surveille la partie qui
« le concerne plus particulièrement; qu'il prenne
« connaissance des élèves attachés à cette partie; et
« leur fasse connaître d'avance le rapport de leurs
« études avec le service qu'ils sont destinés à rem-
« plir, etc. »

L'uniforme et le casernement ne sont présentés que comme des moyens de police « nécessaires dans une « grande ville, où les élèves trouvent tant d'objets « de distraction. »

L'article concernant « les avantages attachés aux « différens genres de services, » est appuyé sur les motifs suivans : « Depuis l'institution de l'Ecole Po- « lytechnique, le Génie et l'Artillerie n'ont point eu « de sujets d'une capacité comparable à celle qu'un « concours général de tous les citoyens leur procu- « rait autrefois; tout ce qui réunissait le plus d'ins- « truction et de mérite dans cette Ecole s'est présenté « pour les services civils, et les autres services ont « réellement été pour ces élèves un pis-aller. Or, l'in- « térêt de la république exigeant que les services « importans de l'Artillerie, du Génie et de la Marine « soient au moins aussi bien remplis que les services « civils, il est nécessaire d'équilibrer, en quelque « sorte, les avantages des divers services, ce qu'on « obtiendrait aisément en augmentant la considéra- « tion due aux emplois militaires, ainsi que les « moyens de les remplir avec aisance et dignité. »

Le Conseil laissa ce second mémoire sans réponse, comme le premier. Mais le ministre de l'intérieur, en soumettant (26 avril — 7 floréal an v) au Directoire le nouveau plan d'organisation, qui, comme on l'a vu, n'opérait de changemens que dans le nombre des emplois, l'accompagna d'un rapport, dans lequel, après un brillant éloge de l'Ecole, il parle « des at- « teintes qu'on semble vouloir lui porter, en propo- « sant de nouvelles modifications qui finiraient par « anéantir ce bel établissement. » Examinant ensuite

les reproches qui lui sont faits, et, entre autres, celui de renfermer « différentes branches d'enseigne-
« ment qui paraissent ne convenir qu'aux écoles de
« service public, » il fait remarquer, sur ce dernier point, « que l'Ecole Polytechnique a été instituée,
« non-seulement pour les élèves qui se destinent à
« ces différens services, mais encore pour former de
« jeunes citoyens qui puissent répandre dans les dé-
« partemens, soit comme professeurs, soit comme
« artistes, les connaissances qu'ils auront acquises. »

Après cette réponse générale, qui semble ne s'appliquer qu'aux cours d'architecture et de travaux civils, le ministre aborde, en ces termes, les objections relatives au troisième des cours attaqués : « L'étude
« de la fortification a paru déplacée à quelques per-
« sonnes, qui peut-être regrettent l'espèce de voile
« dont on avait enveloppé les principes généraux de
« cette science, réservés aux seuls élèves de l'Ecole
« de Mézières. Mais ce mystère ne saurait convenir
« aujourd'hui. » Ici, le ministre reproduit l'opinion déjà exprimée dans le mémoire de Prieur, touchant l'avantage de répandre des notions saines et générales sur la fortification ; et il l'appuie de cette considération, que, lorsqu'il avait été nécessaire, au commencement de la guerre, de donner des adjoints aux officiers du Génie, on se serait estimé heureux de trouver, pour cet emploi, des hommes qui eussent reçu un bon enseignement élémentaire dans cette partie. Plus loin, dans la vue de prouver que la durée des cours de l'Ecole Polytechnique ne retarde pas, autant qu'on le croirait, l'entrée des jeunes gens dans les services publics, il compare l'enseignement de

l'Ecole avec celui des écoles de l'Artillerie et du Génie, et conclut que l'on peut réduire beaucoup le temps que les élèves doivent passer dans les écoles d'application. Touchant la question du *privilége*, le ministre commence par reconnaître que la proposition « d'admettre à l'examen, pour l'entrée aux écoles « d'application, tous les sujets qui se présenteront, « concurremment avec les élèves de l'Ecole Poly- « technique, » a une apparence de justice; mais il trouve qu'on y oppose avec raison « que l'Ecole Po- « lytechnique renferme plusieurs branches d'instruc- « tion qui ne sont organisées nulle part, dont les ma- « tériaux n'existent que là, et dont il serait fort difficile « de s'assurer par un examen : tel est l'enseignement « de la théorie et de la pratique de la géométrie des- « criptive; que d'ailleurs, le concours s'ouvrant à « tout le monde pour l'entrée à l'Ecole Polytech- « nique, et étant même rapproché, autant qu'il est « possible, des candidats, il n'y a aucune injustice à « le regarder comme une première épuration néces- « saire pour préparer au choix des élèves destinés « aux écoles d'application. » Le ministre termine ainsi son rapport : « Les bases de l'enseignement adopté « à l'Ecole Polytechnique, long-temps méditées par « des hommes justement célèbres, forment une ins- « truction complète et assez généralisée pour servir « de premier degré à toutes les applications possibles. « L'administration de cette Ecole se trouve rappelée « aux termes de la plus sévère économie. Ces motifs « doivent porter le gouvernement à repousser toutes « les innovations que des intérêts particuliers froissés,

« et peut-être des prétentions qui se réveillent, vou-
« draient lui suggérer. »

Tandis que le Conseil de l'Ecole persistait dans son silence à l'égard des propositions du Comité du Génie, et que le ministre de l'intérieur s'occupait à les combattre, le Directoire avait décidé. Mais quelques uns des changemens proposés portant sur des objets réglés par l'autorité législative, il fallut, pour ceux-ci, recourir au Conseil des Cinq-Cents, auquel un message fut adressé, le 10 mai (21 floréal an v), pour l'inviter à faire, aux lois qui régissaient l'Ecole, les modifications suivantes :

« I. Chaque candidat, en se présentant à l'examen, déclarera à quelle partie du service public il se destine, et l'ordre dans lequel il préférerait au besoin s'attacher aux autres parties; ou bien, il fera connaître si son intention est de ne s'attacher à aucune d'elles.

« II. Les candidats seront, dès l'instant de leur admission, attachés à la branche particulière pour laquelle ils auront été reçus, et en nombre égal à celui indiqué d'avance par chaque ministre pour les services dépendans de leurs départemens respectifs. Dès lors, ils ne pourront plus changer leur destination.

« III. Le nombre total des élèves sera fixé à deux cents. Le nombre de ceux qui ne se destineront à aucun service ne pourra dépasser le quart du nombre total. Ces derniers ne pourront se faire attacher à un service public qu'en subissant un nouvel examen et en s'assujétissant à un nouveau cours d'instruction à l'Ecole Polytechnique.

« IV. Les examens d'admission seront confiés à

trois examinateurs seulement, savoir : les deux examinateurs hydrographes, déjà payés par le gouvernement, et chargés de parcourir chaque année les principales places maritimes, et un troisième examinateur pour les autres villes. Ces trois examinateurs se réuniront aux deux de l'Ecole Polytechnique pour former un jury d'admission.

« V. On fera rédiger et imprimer une série de propositions sur lesquelles devra porter l'examen d'admission, et ce programme sera répandu dans les départemens.

« VI. Les élèves resteront deux ans à l'Ecole Polytechnique ; et, à la fin de la seconde année, ils seront interrogés par l'un des examinateurs de l'Ecole. Ceux qui satisferont aux conditions d'instruction requises seront immédiatement envoyés aux Ecoles d'application. Ceux qui n'y auront pas satisfait, resteront une troisième année, après laquelle ils seront renvoyés s'ils n'ont pas acquis le degré d'instruction exigé. Les élèves qui ne se destinent pas à un service public quitteront toujours l'Ecole à la fin de la deuxième année, et sans nouvel examen. »

A ce message était joint le rapport déjà cité du ministre de la guerre, et un mémoire où sont déduits les motifs des changemens que le Directoire avait jugé nécessaires. On y expose d'abord, que « l'Ecole Po-
« lytechnique, créée dans un temps où tous les éta-
« blissemens relatifs à l'instruction étaient renversés,
« ne fut pas instituée seulement d'après l'objet pour
« lequel elle avait été proposée ; » que « elle fut con-
« sidérée, en ce moment, comme le dépôt destiné
« à conserver l'enseignement des sciences et des

« arts, » et que « l'on ne négligea rien pour y ras-
« sembler les branches les plus essentielles de l'ins-
« truction publique, sous la direction des hommes
« les plus distingués; » mais que, « aujourd'hui que
« les bases constitutionnelles de cette instruction sont
« posées; que l'Institut national, les Ecoles spéciales
« et centrales sont destinées à répandre et perfection-
« ner toutes les connaisances, et que les diverses
« Ecoles d'application commencent à présenter tous
« les moyens de former un assez grand nombre d'élèves
« dans les arts spécialement consacrés au service pu-
« blic, la nécessité de simplifier l'enseignement de
« l'Ecole Polytechnique, pour l'assurer davantage et
« le restreindre aux seules dépenses nécessaires,
« commande de ramener cette Ecole à son véritable
« but. » La conclusion porte, « qu'au moyen des mo-
« difications indiquées dans le message, cette Ecole,
« dont les premiers effets ont imprimé une direction
« si rapide et si générale à la jeunesse vers l'étude
« des sciences physiques et mathématiques, circons-
« crite avec sagesse dans l'objet véritable de son ins-
« titution, le remplira tout entier avec les moindres
« frais possibles, formera des élèves également ins-
« truits pour toutes les parties du service public qui
« doivent leur être confiées, et sera la pépinière des
« artistes destinés à reculer les bornes des sciences et
« des arts qui concourent le plus immédiatement à
« la sûreté, à la gloire et à la prospérité nationale. »
En même temps que le gouvernement deman-
dait au Conseil des Cinq-Cents les changemens
dans l'organisation de l'Ecole, pour lesquels il avait
besoin de son concours, il se hâtait d'ordonner l'exé-

cution immédiate de ceux qui n'étaient pas dans les attributions de la législature. Huit jours seulement après l'envoi du message, le ministre de l'intérieur fut chargé de réformer sur-le-champ les cours de fortification, de travaux civils et d'architecture décorative. Déjà, et avant même que les intentions du Directoire eussent été notifiées au ministre de l'intérieur, les deux officiers du Génie qui se partageaient l'enseignement de la fortification, Catoire et Say, avaient reçu, du ministre de la guerre, l'ordre de se rendre, dans le plus bref délai, à l'Ecole du Génie à Metz (1). Peu de jours après, un arrêté du Directoire prescrivit de remettre au Dépôt des fortifications tous les objets provenant de l'Ecole de Mézières.

Malgré l'espèce de consternation que lui causèrent ces mesures, qui bouleversaient tout le système de l'enseignement, au milieu d'une année scolaire, le Conseil paraît avoir disputé le terrain pied à pied. A la nouvelle du départ de Catoire et de Say, il invita Duboys, instituteur adjoint du cours de Travaux civils, à surveiller le travail relatif à la fortification. Lorsqu'il reçut avis que l'un et l'autre cours étaient supprimés, il chargea le directeur d'écrire au ministre, pour lui développer tous les inconvéniens qui résulteraient de cette mesure, dans ce moment. Informé de la restitution ordonnée des objets provenant de l'Ecole de Mézières, il déclara que l'intention du gouvernement devait être que cela ne pût interrompre

(1) Le capitaine H. Say fut tué, deux ans après, au siége de Saint-Jean-d'Acre.

Le colonel Catoire, commandant le Génie à l'armée de Saint-Domingue, en 1802, succomba, dans cette île, aux influences meurtrières du climat.

le service journalier de l'enseignement, et chargea le directeur d'y veiller. Le ministre de la guerre ayant demandé les planches de cuivre qui avaient été gravées pour le cours de fortification, le Conseil les refusa, en offrant de fournir tous les exemplaires dont le ministre aurait besoin. Un des dessinateurs du cours de Travaux civils s'étant retiré, il lui nomma aussitôt un successeur. Enfin, pour mettre un terme à cette singulière résistance, le Directoire, par une nouvelle lettre au ministre de l'intérieur, ordonna la suppression immédiate de tout enseignement relatif aux objets d'étude des écoles d'application; et ce fut seulement alors que le Conseil s'occupa de former un plan d'instruction pour la division de seconde année. Cependant, dès le 21 mai, il avait chargé Hassenfratz de commencer un cours sur l'exploitation des mines.

Le ministre de l'intérieur ayant fixé au 19 juin (1er messidor an v), la mise en activité du plan d'organisation économique, basé sur la dotation annuelle de trois cent mille francs, les suppressions d'emplois qui formaient la partie essentielle de ce plan, s'opérèrent le même jour. Baltard, instituteur d'architecture; Barruel, instituteur adjoint de physique; Vauquelin et Chaptal, instituteurs adjoints de chimie; Lomet et Savart, conservateurs des modèles, cessèrent leur service à l'École, et emportèrent ses regrets. Les fonctions de bibliothécaire et celles de secrétaire du Conseil devant être réunies, Halma (1), qui occupait

---

(1) Aujourd'hui chanoine honoraire de l'église métropolitaine de Paris, et l'un des conservateurs de la bibliothèque de Sainte-Geneviève. On lui doit la traduction de l'Almageste de Ptolémée.

ce dernier emploi, s'empressa de reconnaître et de proclamer les titres du bibliothécaire Peyrard à la préférence du Conseil. Raymond, l'un des instructeurs-chimistes, renonça, avec la même générosité, à toute concurrence avec son collègue Debar; et, plus tard, Ferry, sur qui tomba la réforme de l'un des emplois d'instituteur d'analyse, offrit de concourir gratuitement à l'enseignement de la stéréotomie jusqu'à l'arrivée de Monge que sa mission retenait loin de l'Ecole. Ces actes de désintéressement sont mentionnés avec éloge dans les registres du Conseil.

Des trois substituts de l'administrateur chargé de la police des études, dont les emplois étaient compris dans la suppression, deux restèrent à l'Ecole, avec des fonctions dans l'enseignement; Fourrier, comme adjoint aux instituteurs de mathématiques, et Durand, pour l'architecture. Le troisième, Le Père, avait quitté l'Ecole, depuis quelques mois, pour reprendre le service d'ingénieur des Ponts et Chaussées.

Vers la fin de septembre, le Conseil eut à désigner un nouveau directeur en remplacement de Deshautschamps, qui s'était démis de cet emploi. Ses suffrages se portèrent sur Monge, qui était encore aux extrémités de l'Italie; et Deshautschamps fut invité à rester en fonction jusqu'à l'arrivée de son successeur, qui fut de retour un mois après (1). La lettre du ministre de l'intérieur, qui notifie la nomination de Monge, est remplie des témoignages les plus honorables pour Deshautschamps. Le Conseil la fit insérer

(1) On sait qu'il était porteur, conjointement avec le général Alexandre Berthier, du traité de paix qui venait d'être signé à Campo-Formio, entre la France et l'empereur d'Allemagne.

dans ses registres, en y ajoutant l'expression « de sa « reconnaissance pour les services importans qu'il « avait rendus à l'institution. »

L'Ecole perdit, cette année, trois autres de ses principaux fonctionnaires. Lecamus, l'un des administrateurs, fut nommé chef de division au ministère de l'intérieur; une mort prématurée enleva Pelletier, instituteur-adjoint de chimie, et, quelques mois après, Lamblardie. Celui-ci avait cessé de remplir les fonctions d'instituteur depuis la suppression du cours de Travaux civils; mais le Conseil, pour lui donner une marque de gratitude, l'avait maintenu au nombre de ses membres.

Pelletier, élève de Bayen et de Darcet, s'était acquis, dès sa première jeunesse, un nom distingué par ses travaux sur la chimie, et par de nombreuses applications des principes de cette science à des objets d'utilité publique. Il avait été élu membre de l'Académie des sciences, en 1791; son éloge fut prononcé par Guyton de Morveau, dans la séance d'ouverture des cours de la quatrième année.

Nous avons dit les titres de Lamblardie à la reconconnaissance de l'Ecole Polytechnique. Après avoir suggéré à Monge l'idée de cette institution, il en avait été le premier directeur, et s'était livré sans réserve à tous les soins, à tous les travaux qui devaient en assurer le succès. On attribua sa mort à l'excès d'une activité hors de proportion avec une santé affaiblie. Une notice historique, sur la vie et les ouvrages de cet habile ingénieur, fut lue par Prony dans la même séance où fut prononcé l'éloge de Pelletier, par Guyton de Morveau. Les deux pièces sont imprimées dans le cinquième cahier du journal de l'Ecole Polytechnique (1).

Les examens, à la fin de la troisième année, avaient ouvert l'entrée des services publics à soixante-deux élèves, et celle de l'Ecole à cent huit candidats ; la quatrième année commençait, et la législature n'avait pas encore discuté les propositions contenues au message du Directoire. Le Conseil appelait, de tous ses vœux, le terme de la situation incertaine et précaire où l'Ecole avait déjà langui pendant toute la seconde moitié de l'année précédente ; mais des soins plus graves occupaient alors tous les esprits. Depuis la journée du dix-huit fructidor, dans laquelle le Directoire, uni à une partie des deux Conseils, avait chassé et déporté ceux de leurs membres et des siens qui lui donnaient de l'ombrage, un système de terreur et de persécutions pesait de nouveau sur la France, et l'Ecole Polytechnique en sentit quelques atteintes. Les sentimens politiques des élèves n'avaient jamais inspiré beaucoup de confiance ; on était même allé jusqu'à dire que *l'aristocratie s'était réfugiée dans l'Ecole*, et il fallait que cette accusation ne fût pas dénuée de vraisemblance, puisque Prieur, pour la combattre, se bornait à dire devant le Conseil des Cinq-Cents, « que l'on ne pouvait guère douter qu'en « effet quelques élèves ne fussent infectés de ce vice, « mais qu'il y aurait de l'exagération à trop généra- « liser ce reproche. » Un arrêté spécial du Directoire avait exclus un élève, pour avoir publié un écrit contre la fête sacrilége que l'on célébrait alors le

(1) On trouve, dans la *Décade philosophique*, n° 13 de l'an VI, une autre notice sur Lamblardie, par Sganzin.

21 janvier. Le ministre de l'intérieur annula l'examen de deux candidats, « pour n'avoir pas rempli le vœu « de la loi sur les preuves de républicanisme. » Cette juste sévérité », écrivait le ministre, « rappellera aux « élèves l'obligation qui leur est imposée de payer « par leur civisme, autant que par leur travail, l'ins- « truction dont la patrie fait pour eux les frais, ainsi « que l'intention formelle du gouvernement de n'ac- « corder ses faveurs et ses distinctions nationales « qu'à ceux qui s'en rendront dignes par leur dévoue- « ment à la république. » Le même ministre avait aussi demandé des renseignemens sur le civisme des agens de l'Ecole.

Dans de telles conjonctures, et si près du moment où l'institution elle-même allait être remise en question devant le Corps Législatif, à l'occasion de la nouvelle organisation qui se préparait, il parut expédient de donner un gage éclatant d'adhésion aux dogmes politiques du parti dominant. La plantation d'un arbre, que l'on nommait l'arbre de la liberté, était l'une des cérémonies les plus augustes de cette religion nouvelle. Ce signe, auquel les chefs de la révolution s'étaient efforcés de concilier la vénération des peuples, avait été arrosé du sang de plus d'un téméraire profanateur; et, dans des temps moins affreux, une loi spéciale, sur le rétablissement de ces arbres sacrés, infligeait la peine de quatre années de détention à quiconque aurait osé les abattre ou les mutiler. Il fut donc résolu que, le jour de l'ouverture des cours, un arbre de la liberté serait planté solennellement dans l'enceinte de l'Ecole. Le ministre de l'intérieur, invité à cette cérémonie, s'y fit représenter par le Directeur général de l'Instruction publique. On tenta aussi d'y faire assister Bonaparte, qui était alors à Paris : il promit, et ne vint pas. On y remarqua d'autant mieux Desaix, et quelques autres officiers de distinction, parmi lesquels se trouvaient les généraux Andréossy, de l'Artillerie, et Caffarelli-Dufalga, du Génie.

Après une séance d'apparat, dans laquelle Monge, en qualité de Directeur, et, après lui, Fourrier, Neveu et Chaussier, prononcèrent des discours relatifs aux parties de l'enseignement dont ils étaient respectivement chargés, l'assemblée entière se transporta dans la cour des laboratoires, où venait d'être planté un peuplier d'Athènes. Le Directeur y attacha un drapeau tricolore, et l'on enfouit à la racine, dans un bocal hermétiquement fermé, le procès-verbal d'inauguration, indiquant les dimensions de l'arbre, son âge, et les divers noms qui lui sont imposés par Linné, Jussieu, Weston, Ayton, Lamarck, et le Jardin des Plantes. On chanta des couplets, on récita des strophes pleines de chaleur et d'enthousiasme; enfin on n'oublia rien de ce qui pouvait électriser les ames. Malheureusement, il survint une pluie, et la ferveur républicaine des élèves ne put les empêcher de se disperser aussitôt, pour chercher un abri dans les salles d'étude, d'où ils regardèrent par les fenêtres la fin de la cérémonie. Cet incident nuisit sans doute à l'effet que l'on avait voulu produire au dehors, et causa au Directeur de l'Instruction publique un mécontentement qu'il ne chercha pas à dissimuler.

Les élèves eurent bientôt une occasion de prouver que, s'ils n'étaient pas des républicains très-ardens, ils n'en étaient pas moins de bons français. Le gouvernement s'occupait alors d'amasser des fonds pour subvenir aux frais d'une guerre à outrance contre l'Angleterre. Les deux divisions ouvrirent successivement une collecte dont elles adressèrent le produit au Conseil des Cinq-Cents, avec une lettre remplie des expressions du plus noble patriotisme.

LIVRE TROISIÈME.

1798-1799 — IV-V DE L'ÉCOLE.

La Commission du Conseil des Cinq-Cents, chargée d'examiner les propositions du Directoire relatives à l'Ecole Polytechnique, n'avait pas borné là son travail. Rassemblant les dispositions de toute espèce qui formaient la législation de l'Etablissement, modifiant les unes, supprimant les autres, ajoutant celles dont le besoin ou l'utilité se faisait sentir, elle avait rédigé une organisation complète, dans laquelle se trouvaient même spécifiées les parties principales de l'instruction, que les lois antérieures avaient laissées dans les attributions du gouvernement. Le projet, présenté à la tribune, par Prieur, le 4 décembre 1797, fut livré à la discussion le 13 janvier suivant. Il y avait alors huit mois que le Directoire avait envoyé son message.

Le rapport de Prieur s'ouvre par un magnifique éloge de l'Ecole, à la suite duquel on lit que cette institution a trouvé des contradicteurs « qui ont cen-
« suré (parfois avec beaucoup d'amertume) ou l'en-
« semble ou quelque partie de son régime. » Prieur répond d'abord à ceux qui reprochaient à l'enseignement « d'être trop compliqué, d'excéder les facultés
« physiques et intellectuelles des jeunes gens, et

« d'être étranger, en plusieurs points, à leur desti-
« nation. » Il croit suffisant, à l'égard des deux premières allégations, d'assurer qu'elles sont démenties
par les faits. Quant à la troisième, après avoir établi
l'utilité des diverses parties de l'enseignement pour
des élèves auxquels « doit être un jour confiée la
« direction des constructions les plus importantes,
« soit civiles, soit militaires; soit maritimes ou na-
« vales, » il demande « si la variété des exemples
« et de l'application des mêmes principes fut jamais
« regardée comme une mauvaise instruction. » Il
fait remarquer « que cette variété, loin de fatiguer
« les élèves, les soulage; que les études entremêlées
« de diverses sortes se servent mutuellement de dé-
« lassement; que, d'ailleurs, le travail de la main
« repose la tête; et que les élèves, par leur grand
« nombre, par leur communication entre eux, par
« la nature même de leurs occupations, sont livrés,
« dans la plus grande partie du temps, à une activité
« qui s'accorde bien mieux avec leur âge, et leur
« est bien plus profitable, que l'étude des livres trop
« prolongée, ou la méditation silencieuse du ca-
« binet. » Passant ensuite à la dépense « dont on avait
fait grand bruit, » voici comment Prieur la justifie :
« Si l'enseignement qui se donne à l'Ecole est re-
« connu convenable, si l'on est forcé d'avouer que
« les élèves ont une sorte d'apprentissage à faire,
« dont le moyen indispensable consiste dans les opé-
« rations qu'ils exécutent eux-mêmes, on ne sera
« pas surpris que cette méthode soit plus dispen-
« dieuse que la seule instruction orale donnée par
« des professeurs, comme cela se pratique ordinai-

« rement ailleurs. La dépense ne doit donc être com-
« parée qu'avec l'avantage qui en résulte; or, cet
« avantage est immense et incontestable. » Ici se
présentait naturellement la question du traitement
accordé aux élèves. Prieur affirme qu'ils ne peuvent s'en passer; « mais, continue-t-il, cette néces-
« sité n'existât-elle que pour le tiers d'entre eux,
« vous ne voudriez pas leur retirer cette faveur, ce
« qui les forcerait en même temps à renoncer au
« bienfait de l'instruction. » On voit enfin que, dans
le temps où l'on reprochait à l'Ecole de coûter des
sommes énormes, « beaucoup d'objets essentiels à
« cette institution étaient en souffrance, par l'insuffi-
« sance des fonds ou le retard des paiemens. » Les
sentimens politiques des élèves avaient excité trop
de plaintes, pour que l'on pût se dispenser de toucher ce point dans le rapport. Prieur impute à l'influence de la *Réaction* (ainsi désignait-on le parti
vaincu au Dix-huit fructidor) « d'avoir rendu inutiles
« les mesures que la loi avait prises pour empêcher
« d'admettre à l'Ecole le jeune homme dont le cœur
« serait étranger à l'amour de la patrie, ou déjà gan-
« grené de sentimens anti-républicains. » Puis il
ajoute ces mots remarquables, qui furent vivement
relevés dans la discussion : « Mais quand de tels
« élèves y sont reçus, il ne reste presque plus de
« moyens de les réprimer; quelques uns ont été ex-
« pulsés, et ces exemples de sévérité n'ont pas suffi. »
Il annonce ensuite que la loi contient des dispositions
propres à prévenir ce scandale. Le reste du rapport
est employé à indiquer les points sur lesquels portent les changemens proposés, et dont la plupart, est-

il dit, ont été demandés par les fonctionnaires de l'Ecole. Pour éviter de fastidieuses redites, nous nous bornons à présenter ici les dispositions nouvelles que le projet de loi devait introduire dans l'organisation existante (1).

Parmi les services publics pour lesquels l'Ecole doit former des élèves, se trouve ici, pour la première fois, l'Aérostation. On voulait faire de cet art nouveau une annexe du service des Ingénieurs-géographes; il n'y avait, pour l'un et pour l'autre, qu'une seule école d'application établie à Meudon. Un arrêté du Directoire, du 3 mars 1797 (13 ventose an v), avait appelé douze élèves à l'Ecole Aérostatique.

Le nombre des élèves, réduit à trois cents par l'organisation économique de l'année précédente, est fixé ici à deux cent cinquante. Le Directoire avait demandé qu'il le fût à deux cents; mais la Commission pensa que « l'on augmenterait considérablement l'uti-
« lité de l'Ecole, en y conservant cinquante places
« pour ceux des élèves qui seraient dans le cas de
« continuer leurs études une troisième année. » On verra plus bas comment ces cinquante places devaient être remplies.

L'examen pour l'admission à l'Ecole est confié à trois examinateurs, dont deux sont les examinateurs des écoles de Navigation et d'Hydrographie. Le troisième doit être choisi entre les géomètres les plus célèbres, et nommé par le Directoire; il est chargé

---

(1) On peut voir, au besoin, pages 30 à 32, la loi du 7 vendémiaire an III; pages 41 à 65, l'organisation du 6 frimaire an III; pages 81 et 82, la loi du 15 fructidor an III; pages 83 à 85, la loi du 30 vendémiaire an IV; et pages 90 à 94, l'organisation du 30 ventose an IV.

d'examiner dans les villes de Reims, Mézières, Metz, Strasbourg et Paris. Les autres villes d'examen (voy. page 30), auxquelles le projet ajoute Bruxelles, sont partagées entre les deux examinateurs hydrographes.

Les certificats de bonne conduite et d'attachement aux principes républicains doivent être délivrés, non plus par la municipalité du lieu du domicile, mais par le Commissaire du Directoire près le département. Ils doivent constater que le candidat a fréquenté une des écoles nationales d'instruction publique. Le Directoire peut accorder aux candidats des dispenses d'âge, pour des raisons d'intérêt public. Le Jury pour la formation de la liste des candidats, par ordre de mérite, est composé des trois examinateurs d'admission et des deux examinateurs de sortie.

Les cours supprimés par le Directoire, sur la demande du Comité des fortifications, sont rétablis dans le projet de loi, par un article ainsi conçu : « Il sera « fait des cours élémentaires sur l'architecture ci-« vile, considérée par rapport aux travaux publics « ou privés, sur les fortifications, sur les travaux « des mines, sur ceux des arsenaux, et en général « sur les moyens d'art employés dans les construc-« tions de tous les genres. »

Le cours complet des études est réduit à deux années; leur répartition doit être déterminée dans un programme particulier, qu'un *Jury d'Instruction*, dont il est parlé plus bas, est chargé de rédiger.

Le projet de loi contient des dispositions relatives à la police des élèves. Un article prononce l'exclusion de l'Ecole contre ceux qui seraient trouvés dans un lieu public quelconque sans être revêtus de leur uniforme. Des peines de discipline sont enfin établies; « elles sont de trois sortes : 1° des réprimandes faites « à l'élève, et communiquées, suivant les cas, soit « à ses parens, soit au ministre de l'intérieur; 2° les « arrêts, plus ou moins rigides, dans une chambre « de l'Ecole, préparée à cet effet; 3° l'expulsion de « l'Ecole. »

Les cinquante places que la Commission propose de conserver pour les élèves qui seraient dans le cas de continuer leurs études une troisième année, doivent former une division particulière, composée, « 1° des élèves arriérés dans leurs études, pour « cause de maladie ou autres raisons légitimes; 2° de « ceux qui, ayant fait le travail des deux années d'ins- « truction, se voueraient particulièrement à la culture « d'une science de leur choix, et pourraient, sous « ce rapport, rendre des services à l'Ecole, en se « perfectionnant eux-mêmes; 3° des élèves reconnus « suffisamment instruits à l'examen, et qui n'auraient « pu être reçus dans un service public, faute de « places vacantes; 4° enfin, des élèves, qui, sans « avoir l'intention de s'attacher à un service public, « voudraient augmenter leur instruction dans les « sciences ou les arts, et obtiendraient à cet effet la « permission de passer une troisième année à l'Ecole. » Cet avantage ne devait être accordé « qu'à la supé- « riorité de mérite constatée par un examen de « concours entre les élèves prétendans. » Les élèves de cette troisième division, à l'exception de ceux qui seraient arriérés dans leurs études, « pouvaient être « mis en fonction dans l'Ecole, pour faciliter l'ins-

« truction et aider à diriger le travail de leurs cama-
« rades moins avancés. »

A la suite de quelques dispositions sur les congés qui peuvent être accordés aux élèves, il y en a une qui porte que « si un élève abandonnait l'Ecole sans « avoir obtenu la permission de s'en retirer, il serait « inhabile pendant cinq ans à remplir aucune espèce « de fonctions publiques. »

Les élèves qui, à la fin de la seconde année d'études, n'auraient pas été jugés dignes d'être admis dans les services publics ou de passer une troisième année à l'Ecole, « ou les moins capables d'entre eux, « lorsque toutes les places seraient remplies, de- « vaient se retirer. Mais il leur était réservé la fa- « culté de se présenter de nouveau l'année suivante, « lors des examens, à l'effet de concourir avec les « élèves en activité à l'Ecole, pour les places qui se- « raient alors à donner. »

Voici, sur l'examen des élèves, quelques dispositions qui étaient nouvelles : Aucun élève ne peut se présenter aux examens pour l'admission dans les services publics, s'il n'a terminé la totalité du travail matériel obligé pour les deux premières années d'études. Ce travail comprenait, 1° les dessins relatifs à la géométrie descriptive, et à celles de ses applications qui auraient été enseignées à l'Ecole; 2° quatre dessins de figure, ornement, ou autre objet d'imitation libre, exécutés par l'élève à environ six mois de date l'un de l'autre, pendant les deux années de son séjour à l'Ecole; 3° quatre procès-verbaux, rédigés par l'élève, d'opérations chimiques exécutées par lui à trois mois de date l'une de l'autre, et portant le *visa* de l'instituteur de chimie. Les élèves tirent au sort leur examinateur et leur rang d'examen ; les examens doivent être faits publiquement. La liste, par ordre de mérite, est arrêtée par un Jury d'examen, composé des deux examinateurs, du Directeur de l'Ecole et de deux commissaires nommés par le *Jury d'Instruction*. Le choix des places à remplir dans chaque service est donné aux élèves, suivant leur rang dans cette liste; mais ils doivent avoir les qualités physiques exigées par le service qu'ils demandent. L'admission des élèves dans les divers services, doit être proclamée, dans une séance publique, à laquelle il est dit que l'on donnera une grande solennité.

L'article relatif au Conseil de l'Ecole porte seulement que « le directeur, les instituteurs et autres « principaux agens se réuniront en conseil toutes les « fois qu'il sera nécessaire, pour se concerter sur les « objets laissés à leur disposition dans le régime inté- « rieur de l'Ecole.

Ici apparaît pour la première fois, sous le nom de *Jury d'Instruction*, une institution importante, dont le germe était contenu dans *l'avis* du Comité des Fortifications (voyez page 112), et qui, plusieurs fois modifiée dans sa composition et dans ses attributions, a été reproduit, sous le nom de *Conseil de Perfectionnement*, dans chaque loi ultérieure sur l'organisation de l'Ecole. Le *Jury d'Instruction* devait être composé des treize membres suivans : « le « directeur de l'Ecole, un instituteur de mathéma- « tiques analytiques, un instituteur de géométrie des- « criptive, et un instituteur de physique ou chimie ; « tous les trois pris dans l'Ecole ; les deux examina-

« teurs des élèves, un officier d'Artillerie, un officier
« du Génie, un ingénieur des Ponts et Chaussées,
« et un ingénieur-constructeur de vaisseaux, nom-
« més par le Directoire ; à défaut d'ingénieur-cons-
« tructeur, le directeur de l'Ecole des ingénieurs de
« vaisseaux (cette école était alors à Paris); un membre
« du Conseil des Mines ou le directeur de l'Ecole des
« Géographes, lesquels devaient alterner d'année en
« année; enfin, deux commissaires nommés par l'Ins-
« titut national, et pris dans la classe des sciences
« mathématiques et physiques. » Ce Jury doit s'assembler chaque année, dans les mois de novembre ou
décembre (brumaire ou frimaire), pour prendre connaissance de l'instruction qui aurait été effectivement
donnée à l'Ecole pendant l'année précédente, et du
fruit que les élèves auraient réellement tiré de cette
instruction, ainsi que pour déterminer ce qu'il serait
utile de changer au système des études ou au régime
de l'Etablissement, pour lui faire atteindre le but de
son institution. Le *Jury d'Instruction* termine chaque
année ses opérations, par un rapport au Directoire
sur la situation de l'Ecole, et sur les moyens de l'a-
méliorer.

Le mode de nomination aux places vacantes éprou-
vait quelques changemens. Pour celle de directeur,
la présentation n'était plus faite au Directoire par le
Conseil de l'Ecole, mais par le *Jury d'Instruction*.
Pour celle d'instituteur, la présentation par le Conseil n'était plus faite au ministre de l'intérieur, mais
au *Jury d'Instruction*, auquel la nomination appartenait. Les administrateurs et autres agens principaux
étaient toujours nommés par le ministre, sur la dési-

gnation du Conseil. Les employés inférieurs étaient nommés par le Conseil, sur la présentation du Directeur. Ces divers agens peuvent être destitués par les autorités auxquelles sont déférées les nominations.

Le traitement des élèves est réglé sur le pied d'un franc par jour, pour chaque élève; mais la somme allouée pour cet objet se répartit entre les élèves en raison de leurs besoins, et d'après un état approuvé par le ministre de l'intérieur. Cette disposition s'exécutait déjà depuis quelque temps, toutefois avec cette restriction, que l'on avait fixé à la portion de chaque élève dans cette masse un *maximum* et un *minimum* dont le projet de loi ne parle point.

La somme annuelle accordée pour les dépenses de l'Ecole demeurait fixée à trois cent mille francs.

Ce plan d'organisation, si peu conforme aux vues manifestées par le Directoire, dans son message, n'éprouva qu'une faible opposition au Conseil des Cinq-Cents. Trois membres seulement le combattirent dans son ensemble. Le premier, attaquant l'institution elle-même, se récrie d'abord sur les dépenses qu'elle occasionait à l'Etat, et qu'il eût mieux aimé voir, comme autrefois, à la charge des familles. « Il lui pa-
« raît surtout révoltant que ces énormes dépenses
« profitent presque exclusivement à des familles opu-
« lentes, ou au moins dans l'aisance, à des ex-nobles,
« à des parens d'émigrés. » Il s'effraie ensuite des dangers du séjour de Paris pour les mœurs, la santé et les opinions de ces jeunes gens de dix-huit à vingt ans livrés à eux-mêmes dans la capitale. Le privilége est aussi l'objet de ses censures. « Ce privilége vraiment
« scandaleux, » dit-il, « enlève à l'Etat une foule de

« bons sujets ; beaucoup de familles, ne voulant
« pas livrer leurs enfans au milieu de la dissolution,
« les retiennent près d'elles, au préjudice de la na-
« tion. Pourquoi, d'ailleurs, vouloir priver un bon
« père du droit et du plaisir d'enseigner son fils ? »
Le civisme des élèves lui semble d'ailleurs très-peu
rassurant ; il rappelle, à cet égard, le 13 vendémiaire
et les approches du 18 fructidor, tout en adoucissant
l'amertume de ces souvenirs par celui du don patriotique que ces mauvais républicains venaient d'offrir.
Il reproche aux professeurs d'être des hommes trop
supérieurs, d'où il résulte, selon lui, qu'ils sont beaucoup trop au-dessus de leur auditoire, et qu'ils se
perdent dans des régions où l'élève ne peut les atteindre. Il se plaint de la recherche scientifique qu'il
remarque dans l'enseignement de l'Ecole. « Pour-
« quoi, » demande-t-il à ce sujet, « employer l'al-
« phabet grec de préférence au nôtre ? cette sorte de
« néologie n'est propre qu'à embarrasser, qu'à ar-
« rêter les élèves. » L'orateur blâme encore « cette
« folie de tout enseigner et d'exiger qu'on sache
« tout à la fois ; » il s'élève surtout contre *les objets*
totalement inutiles, tels « que le calcul différentiel et
« le calcul intégral. » Il ne trouve pas moins ridicule
« d'enseigner à tous, ce qui n'est utile qu'à quelques
« uns, la chimie à des géographes, la stéréotomie à
« des artilleurs, la minéralogie à des ingénieurs de
« vaisseaux, à des aérostiers. » Enfin, après une
critique détaillée de la plupart des dispositions de
la loi proposée, il demande que l'Ecole Polytechnique soit transformée en une *Ecole de Bienfaisance*
nationale, et que les élèves soient casernés.

Le second adversaire du projet d'organisation ne s'occupe guère que des opinions aristocratiques reprochées aux élèves et de l'emplacement de l'Ecole. Il s'indigne, en commençant, contre cette phrase du rapport : « *Quand une fois de tels élèves* (anti-républicains) *sont reçus, il ne reste presque plus de moyens de les réprimer.* » «Quoi, s'écrie-t-il, vous aurez « déporté des législateurs, des directeurs, etc., etc., « parce que leurs sentimens menaçaient la sûreté de « la république, et il vous serait impossible de purger « un établissement public de quelques écoliers qui, « nourris, instruits aux dépens de la république, af-« fectent un attachement ridicule à l'ancien régime ! » L'orateur énumère ensuite les fonctions qui doivent un jour être confiées aux élèves, et il peint de fortes couleurs le danger de remettre ce qu'il nomme *les premiers emplois de la république* aux mains de jeunes gens qui n'auraient pas puisé dans le sein de leur famille *ces principes républicains qui seuls peuvent utiliser les talens.* « Oui, dit-il plus bas, c'est « le républicanisme qui fait la base de toutes les ver-« tus ; sans lui, tous les titres, tous les talens ne sont « pour moi qu'une faible gaze qui ne saurait me dé-« rober le poignard qu'on veut plonger, par force « ou par adresse, dans le sein de la patrie. » Du républicanisme des élèves, il passe à l'emplacement de l'Ecole, et trouve inconvenant et incommode qu'elle soit si proche du Conseil des Cinq-Cents. Elle serait bien mieux auprès du Jardin des Plantes, « parce « qu'on pourrait réunir les professeurs à ceux du « jardin, ce qui ferait cesser des doubles emplois ré-« voltans. On voit, ajoute-t-il, le même homme pro-

« fesser dans quatre ou cinq endroits différens tou-
« jours la même matière, et pour vingt ou trente
« leçons données dans les quatre ou cinq endroits,
« avoir dix-huit à vingt mille francs de traitement.
« Songez, citoyens législateurs, que le superflu qu'on
« donne au savant est pris sur le nécessaire du cul-
« tivateur. » Il conclut en demandant que le projet
soit renvoyé à la Commission, pour qu'elle détermine
1° le mode d'épuration que subiront les élèves qui
sont actuellement à l'Ecole Polytechnique, 2° les
qualités civiques qu'on exigera à l'avenir pour y entrer; 3° le local qu'elle occupera définitivement. Il
indique la Sorbonne.

Le troisième orateur contraire au projet de loi reproche d'abord à la Commission de s'être écartée du
but qui lui était indiqué dans le message du Directoire, qu'elle était seulement chargée d'examiner. Il
ne voit rien, dans ce message, qui consacre l'idée
d'un privilége accordé aux élèves de l'Ecole Polytechnique, à l'exclusion de tous les autres citoyens; or
ce privilége existera, si le gouvernement ne peut
prendre de sujets pour le service public, que parmi
les élèves de l'Ecole. Ce discours est terminé, comme
le précédent, par la demande du renvoi du projet à la
Commission.

Prieur soutint avec fermeté, et soutint seul, le
choc de ces vives attaques (1). Avant lui, un autre
membre de l'assemblée, qui était, dit-on, ingénieur
de la marine, avait pris la défense de l'Ecole, mais
il ne l'avait envisagée que sous les rapports de son

(1) Les autres membres de la Commission législative, dont Prieur fut
l'organe, étaient Villars et Grégoire, tous deux de l'Institut.

utilité et de son système d'enseignement, et s'était abstenu de traiter les questions délicates du républicanisme et du privilége. Sur la première, Prieur renvoie aux précautions établies par le projet de loi, et il aborde ainsi la seconde : « Ce n'est pas des savans
« dans telle ou telle partie que l'on forme à l'Ecole Po-
« lytechnique, ce sont des ingénieurs, des artilleurs,
« des constructeurs, destinés un jour à avoir l'exé-
« cution des plus grands travaux publics. Il faut qu'ils
« entrent très-instruits à l'Ecole Polytechnique, et
« qu'il en sortent pour exercer l'état qu'ils ont em-
« brassé, pour aller se rendre utile là où le gouver-
« nement les appellera. Est-ce donc un privilége que
« celui qui est assuré, non à telle distinction, mais à
« tel degré de talent ? Or ce degré ne sera atteint
« que là où sont les professeurs du mérite le plus
« éminent, les élémens d'instruction les plus diffi-
« ciles à rassembler. Ils sont réunis à l'Ecole Poly-
« technique. Désorganiser cette Ecole, c'est l'expo-
« ser à ne voir nul jeune homme s'élever volontaire-
« ment et de lui-même au degré de talent néces-
« saire pour être utile au gouvernement. Pour cela,
« en effet, il faut que le gouvernement seconde l'é-
« lève et compte sur lui ; que ce dernier, de son
« côté, soit déterminé à embrasser la profession pour
« laquelle il aura étudié, et à ne l'embrasser que
« pour le gouvernement. Construit-on des fortifica-
« tions, des ponts, des bâtimens de guerre ou des
« digues pour des particuliers ? Non, sans doute : le
« gouvernement a donc besoin d'entretenir une
« école où il puisse trouver les talens nécessaires au
« service public. »

Le projet subit dans la discussion quelques changemens dont nous n'indiquerons que les plus importans.

On en retrancha la faculté qu'il accordait au Directoire, de donner aux candidats des dispenses d'âge; mais les limites d'âge furent reculées de seize à quinze ans, et de vingt à vingt-deux.

On rejeta la condition imposée aux candidats d'avoir fréquenté une des écoles nationales d'instruction publique; et l'on y substitua celle de répondre à une interrogation préalable sur les droits et les devoirs du citoyen, et sur la constitution de la République française. Cette interrogation devait être faite par un citoyen du lieu « recommandable par ses lumières « et ses vertus civiques, » et désigné à cet effet par le commissaire du Directoire près l'administration départementale ou municipale.

On ajouta une disposition portant que l'administration municipale déléguerait un de ses membres pour assister aux examens, et que cet administrateur, l'interrogateur précédemment désigné, et l'examinateur en tournée, composeraient un Jury qui, pour cause d'ignorance absolue, ou manifestation de sentimens anticiviques, prononcerait, s'il y avait lieu, l'exclusion du candidat. Cette décision ne pouvait être prise qu'à l'unanimité.

On n'adopta pas l'article qui déclarait inhabile, pendant cinq ans, à remplir aucune espèce de fonctions publiques, l'élève qui aurait abandonné l'Ecole sans permission. On remplaça cette peine par celle d'une détention correctionnelle de trois mois dans la commune de son domicile.

On substitua partout, à la dénomination de Directeur, celle de Chef de l'Ecole.

Enfin, on ajouta un dernier article qui prescrivait au Directoire de faire connaître au Corps Législatif les réglemens qui seraient établis pour toutes les parties du régime de l'Ecole, et, chaque année, le rapport qui lui aurait été fait par le Jury d'instruction sur la situation de l'établissement.

Le projet, ainsi modifié, fut adopté le 18 janvier (29 nivose an VI) par le Conseil des Cinq-Cents, et envoyé au Conseil des Anciens, qui ne le mit en délibération que plus de trois mois après. La discussion, dans ce Conseil, fut calme et bienveillante. Point de sortie contre l'incivisme des élèves, dont le rapporteur dit seulement deux mots; point de critique de l'institution en elle-même; point de réclamations contre les dépenses qu'elle occasionait. Chaque orateur se plut à répéter les éloges que le rapporteur avait prodigués à l'Ecole, à ses succès, à son plan d'études; mais tous, et ceux qui demandaient que le projet fût admis et ceux qui en conseillaient le rejet, s'accordèrent à blâmer le privilége exclusif. Cette question qui n'avait été qu'effleurée, à l'autre Conseil, fut la seule que le second rapporteur discuta. Il dit même formellement que toutes « les autres disposi-
« tions étaient marquées au coin de la sagesse et du
« talent. » Mais la majorité de la Commission refusait d'admettre le privilége, et proposait, par ce seul motif, de ne pas adopter la résolution. « Votre Com-
« mission, dit le rapporteur, a pensé que cette dis-
« position générale était contraire aux saines maximes
« de l'égalité, et propre à éteindre tout germe d'ému-

« lation dans les Ecoles centrales. » L'égalité lui paraît blessée en ce que « tout ce qu'il y a de ci-
« toyens qui aspirent à un certain genre de service,
« sont contraints de se rendre à grands frais à Paris,
« et d'y soutenir un séjour dispendieux de deux
« années : » d'où il résultera que ce genre de service
« deviendra, par la seule force des choses, l'apanage
« exclusif des habitans de Paris et des départemens
« voisins, ou des gens à grande fortune ; » et alors
« un nouvel Euler sera-t-il exclu de l'école du Génie,
« parce que sa fortune lui aura interdit un voyage
« et un long séjour à Paris? » Les considérations relatives aux Ecoles centrales sont ensuite développées avec non moins d'étendue. Après avoir déploré la lenteur des progrès de ces nouveaux établissemens, et tiré de ce fait un motif pressant d'écarter ce qui pourrait leur nuire, le rapporteur s'attache à démontrer qu'en maintenant le privilége attribué à l'Ecole Polytechnique, « on renfermerait dans des limites
« étroites l'essor des professeurs de sciences exactes
« dans les Ecoles centrales, » par la raison que « leur
« enseignement se trouvant borné à apprendre à
« leurs élèves les élémens exigés pour l'admission
« à l'Ecole Polytechnique, là se borneront aussi les
« études de la plupart des professeurs. » Il ajoute que « telle Ecole centrale qui aurait vanté, avec un
« juste orgueil, le nombre d'élèves qu'elle aurait
« formés pour les divers services, ne parlera pas de
« ceux qu'elle aura fournis à une école intermé-
« diaire. » Il termine ainsi : « Approchez, bon jeune
« homme; quoique vous sortiez pour la première
« fois de votre département, quoique vous ne por-

« tiez pas d'uniforme, approchez sans crainte. L'hon-
« nête pauvreté de vos parens ne leur a pas permis
« de vous envoyer à Paris ; ils devaient à l'éducation
« de leurs autres enfans le partage de leurs faibles
« moyens ; et peut-être, dans leur vertueuse simpli-
« cité, peut-être ont-ils craint de corrompre, en un
« séjour vicieux, la candeur native de votre jeune
« âge, et d'altérer cette fleur de santé et d'innocence
« qui colore vos joues !... Approchez avec confiance ;
« la République ne demande de vous, pour vous
« employer, que du civisme et du savoir. Repondez,
« et vous serez jugé à la même mesure que tous les
« autres. »

Non-seulement, parmi les défenseurs du nouveau plan d'organisation, aucun n'essaya, dans cette discussion, de justifier le maintien du privilége, mais quelques uns exprimèrent formellement l'opinion que ce privilége nuirait aux études des élèves, parce que ceux-ci ne seraient point stimulés par la concurrence. D'autres se bornèrent à représenter qu'il n'en était pas question dans le projet, auquel on ne pouvait conséquemment reprocher que son silence sur cette disposition de la loi du 22 octobre 1795 (30 vendémiaire an IV). Un des adversaires du projet, apercevant même une sorte de privilége dans les limites d'âge établies pour les candidats, lui reprocha
« d'exclure de toutes les places un jeune homme
« qui manifesterait de grands talens, et cela seule-
« ment parce qu'il serait âgé de vingt-deux ans. »
Le rapporteur applaudit à cette observation, et y ajouta un grand intérêt, en l'appliquant aux militaires que la première réquisition avait appelés aux armées.

et dont les plus jeunes avaient alors vingt-trois ans. Il dit même que plusieurs avaient fait des réclamations à ce sujet. La *résolution* fut rejetée par le Conseil des Anciens.

Nous répétons qu'il ne se manifesta d'ailleurs, dans ce Conseil, que des dispositions favorables à l'Ecole. L'un des membres opposés au projet, représenta que le traitement des élèves était trop modique et en proposa l'augmentation. Un autre membre (1), qui avait voté pour l'adoption, malgré les inconvéniens qu'il reconnaissait aussi dans le privilége, se plaignit de ce que le nombre des élèves était au-dessous des besoins des services publics, et présenta, sur ce sujet, des calculs dont nous rapporterons seulement les bases, laissant de côté les chiffres qui sont changés aujourd'hui. « Il faut, dit-il, que les Ecoles d'appli-
« cation fournissent annuellement aux différens ser-
« vices un nombre de sujets égal au *vingtième* du
« nombre total de leurs membres; car la consommation
« annuelle de ces corps est d'environ un vingtième.
« Pour que ces Ecoles d'application rendent un
« vingtième des services publics, il faut qu'elles re-
« çoivent de l'Ecole Polytechnique un nombre égal
« au *dix-neuvième* environ de la force de ces ser-
« vices; car elles doivent consommer un individu
« sur dix-neuf. Pour que l'Ecole Polytechnique
« donne aux Ecoles d'application un dix-neuvième
« des services publics, il faut qu'elle reçoive annuel-
« lement au moins un *dix-huitième* de ces services. »
Une note, jointe au discours d'où ce passage est ex-

---

(1) Le général Lacuée, qui fut depuis gouverneur de l'Ecole Polytechnique pendant dix ans.

trait, fait connaître qu'à cette époque, « douze élèves
« occupaient des chaires dans les Ecoles centrales, et
« que plus du double professaient les hautes sciences
« dans les grandes maisons d'éducation de la capitale
« et des départemens. »

On regardera peut-être au moins comme superflus les détails dans lesquels nous venons d'entrer sur un plan d'organisation qui n'a pas été adopté. Mais de tels détails entrent essentiellement dans le dessein de cette histoire, qui a pour objet principal de faire connaître, non-seulement les lois et les faits qui se rapportent à l'Ecole Polytechnique, mais toutes les idées que cette institution a fait naître, toutes les vues auxquelles elle a donné lieu, toutes les contradictions qu'elle a suscitées : voilà ce qui nous a déterminé à rapporter, en les réduisant à leurs points importans, les discussions des deux Conseils législatifs sur cette organisation adoptée par l'une de ces assemblées et rejetée par l'autre.

Ce rejet avait déçu l'espérance que l'Ecole nourrissait depuis quelques mois, d'être bientôt délivrée des fatigantes vacillations d'un provisoire, qui avait déjà duré toute une année. Heureusement, l'instruction n'eut pas beaucoup à souffrir de cet état précaire. Rien n'était changé dans la première année d'études; et l'on avait réglé l'emploi de la deuxième, conformément au projet de Prieur, aussitôt qu'il eut été adopté au Conseil des Cinq-Cents. Ce projet avait aussi reçu, de la part du Directoire, une sorte d'exécution anticipée, par la nomination qui venait d'être faite de Gay de Vernon et de Sganzin à deux des emplois d'instituteurs de Géométrie descriptive, terme générique sous lequel, le premier, ancien officier du Génie, devait faire un cours de fortification, et le dernier, ingénieur des Ponts et Chaussées, était chargé d'un cours de Travaux civils. Dès l'année précédente, Hassenfratz avait établi un cours sur l'exploitation des mines; Durand, qui avait passé de l'emploi de substitut à celui d'instituteur-adjoint, enseignait l'architecture civile. Ainsi, à l'exception des travaux des arsenaux, toutes les branches principales de l'instruction de la seconde année, telles que les instituait le dernier projet d'organisation, étaient en pleine activité.

A peine tranquille sur l'importante affaire de l'enseignement, l'Ecole eut à subir de nouveaux actes d'inquisition politique. Soit que les plaintes élevées dans le Conseil des Cinq-Cents sur le prétendu incivisme des élèves eussent réveillé les inquiétudes d'un gouvernement ombrageux, soit que les rapports de sa police eussent fourni une nouvelle matière à ses soupçons, peu de semaines après l'ouverture des cours, un arrêté du Directoire ordonna qu'il serait fait une épuration générale des élèves; et le ministre de l'intérieur en chargea le Conseil de l'Ecole. Empressé de se dérober à une telle mission, le Conseil représenta qu'il ne voyait rien dans l'arrêté d'où l'on pût inférer que cette opération le concernât, et le ministre la fit exécuter par des commissaires pris hors de l'Ecole. L'épuration eut pour résultat l'exclusion de quatre élèves. Le Conseil paraît en avoir ignoré les motifs.

Malgré ces misérables tracasseries, malgré un petit nombre d'adversaires qui la harcelaient encore, l'Ecole faisait de jour en jour des progrès rapides dans l'estime publique. On ne prononçait guère son nom, soit aux deux tribunes législatives, soit dans les actes des autorités, soit dans les journaux politiques ou savans, sans y joindre une formule, ou au moins une qualification, qui exprimait la haute opinion que l'on avait de son utilité, du mérite de ses professeurs, des belles espérances que donnoient ses élèves. *La première école du monde; l'institution que l'Europe nous envie; l'établissement sans rival comme sans modèle;* telles étaient dès la quatrième année de son existence, les locutions qu'on employait d'ordinaire pour la désigner. Nous voyons que, dans une fête nationale qui fut célébrée le 20 mars de cette année (30 ventose an VI), « l'Ecole Polytechnique avait été « placée immédiatement à la suite des autorités con- « stituées, au premier rang sous la bannière de l'Ins- « truction publique. » Bonaparte, pendant le séjour qu'il fit à Paris, entre la conquête de l'Italie et celle de l'Egypte, la visita plusieurs fois, assista à quelques unes de ses leçons, et fit présent à ses laboratoires de cent livres de mercure provenant de la fameuse mine d'Idria. On sait qu'il travaillait dès lors à se concilier l'affection des savans et des gens de lettres; et, à cette époque du bouleversement de tous les rangs et de toutes les fortunes, l'illustration qui a sa source dans la puissance ou l'utile emploi des facultés de l'esprit, était en effet la seule qui attirât encore les regards. Le guerrier venait de se faire admettre à l'Institut, et joignait avec affectation son nouveau titre académique à celui qui indiquait son haut rang dans l'armée. L'audacieuse expédition qu'il s'apprêtait à diriger vers le royaume des Pharaons et des Ptolémées pouvait sembler entreprise dans l'unique intérêt de l'avancement des connaissances humaines ; et ses soldats n'allaient être, pour ainsi dire, que la glorieuse escorte des savans et des artistes.

L'Ecole Polytechnique ne pouvait rester étrangère à une entreprise intéressante pour les sciences. Plusieurs de ses membres y furent appelés : Fourrier, Berthollet, et, plus tard, Monge lui-même, qui était retourné depuis trois mois en Italie pour organiser une république romaine. Le premier fut suppléé à l'Ecole par Garnier ; le second par Chaptal. Trente-neuf élèves, les uns déjà pourvus d'emplois dans les services civils et militaires, les autres n'ayant encore d'autre titre que celui d'élèves de l'Ecole Polytechnique, allèrent, sur leurs pas, prendre part aux dangers et à la gloire de l'armée d'Orient. Huit d'entre eux y périrent, victimes de la guerre ou du climat. Dix-sept autres furent les coopérateurs de cette *Commission des sciences et des arts* qui conquérait l'Egypte ancienne sur l'oubli, l'ignorance et le temps, pendant qu'une héroïque poignée de guerriers Français arrachait l'Egypte moderne à la domination des Mamelucks et des Ottomans. Quelques uns (1) ont placé leurs noms avec honneur dans le beau monument, seul et magnifique reste de cette noble conquête, et que la voix publique a coutume de nommer *le grand ouvrage sur l'Egypte*.

Le cinquième cahier du Journal parut vers le milieu de cette année. Les Mémoires qu'il renferme ont

---

(1) Lancret, Malus, Jomard, Jollois, Chabrol, Devilliers, Duboys, Corabœuf. — Voyez ces noms dans la liste générale.

pour auteurs Prony, Fourrier, Laplace, Lagrange, Fourcroy, Neveu, Brémontier, Samuel-Bernard, et Régnier. Peu après la publication de ce cahier, il fut arrêté qu'au lieu d'un cahier par mois, le Journal en fournirait, par année, quatre à six, de huit à dix feuilles d'impression; qu'il ne serait tiré qu'à deux mille cinq cents exemplaires, au lieu de quatre mille; que deux mille de ces exemplaires seraient distribués aux autorités, aux membres de l'Instruction publique, aux savans, etc.; et que les cinq cents autres pourraient être livrés au commerce. Le plan de ce recueil n'éprouva d'ailleurs aucun changement, et il a été suivi jusqu'à ce jour. Mais, au lieu de quatre à six cahiers par an, il n'en a été publié que quinze dans les trente années de 1798 à 1828.

Le mode des examens d'entrée et de sortie fut réglé, comme l'avait été l'enseignement de la deuxième année, d'après la loi rejetée par le Conseil des Anciens. L'arrêté du gouvernement (17 fructidor an VI) porte, en substance, que les examens auront lieu au mois de brumaire (novembre), dans les principales communes de la République (sans autres désignations), par des examinateurs, (sans fixation de leur nombre) nommés par le ministre de l'intérieur, et que les connaissances exigées des candidats sont l'arithmétique, l'algèbre jusqu'aux équations du deuxième degré inclusivement, la géométrie comprenant la trigonométrie, la construction des quantités algébriques par la ligne droite et le cercle, la statique, et l'exposition du nouveau système des poids et mesures. Relativement aux examens intérieurs pour l'admission des élèves dans les services publics, le Conseil avait demandé qu'ils fussent confiés à trois examinateurs nommés par le ministre de l'intérieur, l'un pour les mathématiques, le second pour la physique et la chimie, le troisième pour la géométrie descriptive, les arts graphiques et le dessin. Ces trois examinateurs auraient formé le jury chargé de dresser la liste des concurrens par ordre de mérite. Mais le dernier arrêté maintient les deux examinateurs de mathématiques désignés dans celui du 6 prairial an iv (voyez page 106), et les charge d'examiner les classes d'élèves qui leur sont attribuées par le même arrêté. Chacun d'eux doit ensuite, pour former le Jury, se réunir successivement aux deux nouveaux examinateurs qu'on leur adjoint; les examens sont publics. Il doit être fait un rapport sur les candidats affectés d'infirmités corporelles qui les rendraient impropres au service qu'ils auraient choisi. Les deux examinateurs-adjoints furent, pour la physique et la chimie, Barruel, ancien instituteur-adjoint de physique, et, pour la géométrie descriptive et les arts graphiques, Ferry, ancien instituteur d'analyse. L'examen des élèves de première année devait être fait par les professeurs.

Pendant que le Conseil s'occupait des mesures relatives aux examens, il fut informé qu'il s'en faisait un à Châlons pour l'admission de nouveaux élèves à l'Ecole d'Artillerie. Il adressa aussitôt de vives réclamations aux ministres de la guerre et de l'intérieur contre cette violation d'une loi formelle et des droits qu'elle assurait aux élèves de l'Ecole Polytechnique. Deux autres examens qui eurent encore lieu l'année suivante à Châlons, témoignent du peu de succès de ces réclamations. Au reste, la démarche du Conseil avait pour objet le maintien du privilége de l'Ecole, bien plus que l'intérêt des élèves de cette époque, dont le nombre était loin de suffire aux besoins du corps de l'artillerie, qui avait une quantité considérable de places vacantes. On voit, en effet, qu'il proposa dans le même temps au ministre d'admettre au concours, pour ce service seulement, les anciens élèves qui venaient de demander à concourir pour tous les services indistinctement, et même les élèves actuels qui n'avaient fait qu'une année d'études. Il voulut proposer aussi de porter le complet de l'année suivante à trois cents, mais il jugea prudent d'attendre le retour des examinateurs, afin de s'assurer d'abord s'il se trouverait un nombre suffisant de candidats assez instruits. Il s'en trouva cent quarante-trois, qui furent tous reçus. On accorda des dispenses d'âge à plusieurs d'entre eux qui avaient plus de vingt ans ou qui en avait moins de seize. Le nombre des élèves admis dans les services publics fut de soixante-seize, parmi lesquels dix-neuf, qui étaient partis pour l'Egypte avant l'examen, y reçurent leurs destinations spéciales.

Des conférences eurent lieu, vers la fin de cette année, entre les membres du Conseil et les examinateurs d'entrée et de sortie, à la suite desquelles l'enseignement reçut les modifications suivantes :

Le cours de zoonomie ou zootechnie fut supprimé.

Deux nouveux cours, l'un de chimie appliquée aux arts, l'autre d'histoire naturelle, furent établis.

Le lavis et le dessin de la carte sont ajoutés au travail graphique.

L'enseignement de la chimie consiste, la première année, en un cours élémentaire et sans manipulations, et, la deuxième année, en un cours d'applications. Après chaque leçon de celui-ci, il en est fait une sur les manipulations, dont les élèves doivent ensuite s'occuper sous les yeux du professeur, du préparateur général et de son aide.

On eut peine à trouver place pour le cours de salubrité. Le Conseil décida qu'il aurait lieu « pendant « l'été, de sept heures un quart à huit heures du soir, « lorsqu'on n'éclaire pas encore les salles de dessin, « et qu'il n'y a plus assez de jour pour ce genre de « travail. »

La matinée du cinquième jour de chaque décade est occupée par les leçons de physique et d'histoire naturelle, pour les deux divisions, et par une leçon d'analyse de Lagrange, « laquelle, étant destinée au per- « fectionnement des sciences mathématiques, n'est « pas obligatoire. » En été, après ces leçons, les élèves doivent aller, ceux de deuxième année, visiter des ateliers, manufactures, etc., sous la conduite du professeur de physique; ceux de première année, dans la campagne, voir ce qui aura fait l'objet de la leçon.

L'année scolaire est réduite à dix mois. Le onzième mois est destiné aux examens; le douzième est un temps de vacances.

Le Conseil fit dresser et placer dans les salles d'études un tableau de la distribution des leçons, études et travaux de chaque jour, pendant une décade. Nous y avons puisé les élémens du tableau de la répartition du temps total des études, entre les diverses branches d'instruction, pour l'année 1799 (1), laissant encore de côté la matinée du cinquième jour, dont nous

(1) Voyez ce tableau, à l'Appendice.

avons dit plus haut l'emploi. Le lecteur peut rapprocher ce tableau de celui que nous avons présenté relativement au premier plan d'études (page 53), et, en observant que celui-ci s'étendait à trois années, il verra que, dans le dernier, le temps affecté à l'analyse et à la mécanique est plus que doublé, celui qui appartenait à la stéréotomie est diminué de plus de deux cinquièmes, l'architecture jointe aux travaux civils est réduite de plus de moitié, la fortification des trois quarts, la chimie de plus de moitié, et le dessin d'imitation de deux cinquièmes. Dans une école où l'instruction se compose de plusieurs parties également obligatoires, la quantité relative de temps affectée à chaque partie est d'une haute importance. C'est pourquoi, malgré l'aridité de semblables détails, nous croyons utile de noter les variations un peu considérables de cette répartition, qui a été le sujet de beaucoup de débats au dedans et au dehors de l'Ecole Polytechnique.

Après avoir réglé les objets de l'instruction, le Conseil s'occupa des moyens de la rendre profitable. Il demanda au ministre, par forme d'essai, et pour cette année seulement, d'attacher à chaque division un répétiteur d'analyse, chargé de diriger les répétitions qui avaient lieu, le soir des jours de leçon, devant les chefs de brigade, dans les salles d'études. Les nominations devaient être annuelles, et porter, autant que possible, sur d'anciens chefs de brigade qui désireraient se vouer à l'enseignement. Les places furent créées, et le Conseil y appela d'abord Francœur et Dinet. On décida, dans le même temps, de remplacer le préparateur particulier de chimie par deux aides-préparateurs annuels, choisis, autant que possible, parmi les anciens élèves qui se destineraient aux arts chimiques. Ces emplois furent donnés à Thénard et Desormes. Il fut enfin ordonné que chaque instituteur ferait le programme de ses leçons, pour être communiqué aux élèves, dans les salles; et que, pour mettre plus d'uniformité dans l'enseignement et faciliter la comparaison des élèves dans les résultats de leur examen, il serait aussi dressé un programme très-détaillé de tous les objets sur lesquels ils devaient être examinés.

Les soins donnés à l'enseignement n'avaient pas détourné l'attention du Conseil de la nécessité d'assurer, dans l'intérieur de l'Ecole, la tranquillité, le bon ordre et l'utile emploi du temps, conditions indispensables du succès des études. Le besoin d'une punition de simple discipline se faisait depuis long-temps sentir. On a vu que la privation temporaire des rations de vivres, qui se distribuaient alors, avait été infligée pour des absences illégales; tout récemment, pour punir des élèves qui avaient occasioné un peu de désordre dans un théâtre, on n'avait pu que les réduire au *minimum* du traitement. Cette fâcheuse lacune fut enfin remplie. Un réglement de police intérieure, dans lequel les devoirs des élèves sont tracés d'une manière précise, établit les trois degrés de punition indiqués au projet d'organisation rejeté par les Anciens (voyez page 137), et en ajoute un quatrième qui précède immédiatement l'expulsion: celui-ci consiste dans « les avertissemens donnés à « l'élève par le directeur, au nom et en présence « du Conseil assemblé. » La partie de ce réglement où sont exposés les devoirs des chefs de brigade est fort étendue. On y aperçoit les efforts, souvent renouvelés depuis, pour faire produire à cette institution tous les avantages qu'on s'en était promis dès l'origine; mais chaque effort nouveau constate trop évidemment combien les précédens avaient été infructueux. Après de longues exhortations et une énumération complète des qualités morales que réclame leur emploi, on leur impose des fonctions relatives à l'administration, à la police, et à l'instruction. Ils délivrent les *bons* généraux pour les fournitures de toute espèce, président à la distribution, et veillent à l'économie dans la consommation. Ils sont chargés de maintenir l'ordre et le silence dans les salles, et peuvent même infliger les arrêts à ceux qui n'auraient pas égard à leurs avertissemens. Enfin, ils doivent inspecter le travail graphique, en indiquer les défauts, et faire l'office de répétiteurs pour toutes les leçons de mathématiques. Ils s'assemblent une fois par décade chez le Directeur, pour y rendre compte de la marche de l'instruction et du travail, proposer ce qu'ils croiraient avantageux aux élèves, ou la reforme des abus, etc. Sans entrer dans un plus grand détail sur les dispositions de ce réglement, nous dirons que le Conseil y mit sagement à profit les leçons de l'expérience; nous ajouterons que, dans le cours de cette année, il avait porté une attention plus particulière sur la conduite des élèves. Parmi plusieurs exemples de sévérité, nous croyons devoir rapporter ici qu'il refusa, aux sollicitations même du ministre, le rappel de trois élèves exclus pour divers motifs.

Ainsi, tout s'améliorait progressivement : l'instruction, la discipline, et même la dotation de l'Ecole, qui, bien que limitée, l'année précédente, à trois cent mille francs, venait d'être portée à trois cent quatre-vingt-quatorze mille francs dans l'état général des dépenses du ministère de l'intérieur. Cette augmentation était destinée : 1° à reporter à leur fixation primitive les traitemens des professeurs et fonctionnaires, qui avaient été réduits aux trois quarts par un arrêté du Directoire du 30 janvier 1797 (11 pluviose an v); 2° à augmenter le traitement des élèves; 3° à pourvoir aux frais des examens. Aucune réclamation ne s'éleva, dans les chambres législatives, contre un accroissement si considérable de dépense. Le rapporteur, au Conseil des Cinq-Cents, ne dit que ce peu de mots : « L'Ecole Polytechnique jouit « à sa naissance d'une réputation que n'ont acquise « qu'après des siècles, des écoles fameuses ; elle la « doit aux talens de ses professeurs : l'ami de la liberté « a long-temps eu des inquiétudes sur les opinions « d'un grand nombre de ses élèves ; ils s'empresseront « sans doute de les détruire. » Mais, par une singularité assez remarquable, tandis que le Conseil des Cinq-Cents, qui avait retenti de tant de plaintes contre les dépenses de l'Ecole Polytechnique, les voyait tranquillement se grossir de près d'un tiers en sus, le Conseil de l'Ecole se montrait étonné et comme embarrassé de ce surcroît de richesse. Il déclara au ministre de l'intérieur qu'il avait reconnu, pendant ces deux dernières années, que la somme de trois cent mille francs était suffisante, et que si le service avait éprouvé quelques embarras, « c'était unique-

« ment parce que cette somme n'avait pas été fournie
« en entier à beaucoup près. » Il fit ensuite observer,
« que ses membres eussent désiré pouvoir n'accepter
« d'augmentation que jusqu'à concurrence de cinq
« mille francs ; mais qu'étant informés que les pro-
« fesseurs du Collége de France, de l'Ecole de Santé
« (de Médecine), des Mines, etc., étaient réinté-
« grés dans le traitement de six mille francs, ils
« eussent craint de manquer aux convenances, en
« se rangeant dans une classe inférieure aux autres
« établissemens publics analogues. » Le traitement
des élèves, qui était de trente francs par mois, fut
porté à quarante francs.

L'ouverture des cours fut solennisée, comme l'année
précédente, par une séance publique ; et, cette fois,
le ministre de l'intérieur y présida en personne. A
cette séance, « où se trouvaient, dit le récit officiel,
« un grand nombre d'amis des sciences et des arts,
« parmi lesquels étaient beaucoup de représentans
« du peuple, » on prononça huit discours, presque
tous assez longs. Guyton de Morveau, qui remplissait
en l'absence de Monge les fonctions de Directeur,
après avoir exposé les progrès que, pendant les quatre
années de son existence et surtout pendant la quatrième, l'Ecole avait faits vers la perfection de son
enseignement et de sa discipline, présenta, comme
l'un des plus grands avantages politiques de l'institution, celui « de faire sortir en quelque sorte du
« même berceau tous les aspirans aux différens
« services, et un certain nombre de citoyens destinés
« à porter dans les arts les lumières qu'il y ont

« acquises ; de rapprocher, par le souvenir d'une
« éducation commune, dans l'âge le plus propre à
« former des liaisons durables, ceux qui, répartis
« dans les différens corps ou appelés à d'autres pro-
« fessions, ne se connaissaient le plus souvent que
« par la différence de leurs fonctions, et les préven-
« tions qu'elle n'est que trop sujette à produire. »
Parlant ensuite de l'estime et de l'attachement que
conservent pour l'Ecole tous ceux qui ont coopéré
à sa formation, qui y ont rempli quelques fonctions,
ou qui l'ont vue d'assez près pour en prédire les
fruits, il désigne, parmi les premiers, mais sans
nommer Monge, « celui qui y a jeté les précieuses
« traditions de l'Ecole de Mézières, et qui n'a cessé
« de lui donner des témoignages de sa sollicitude,
« jusques dans les commissions importantes que le
« gouvernement lui a confiées, et au milieu des
« grands événemens dont l'Egypte est devenue le
« théâtre ; » et parmi les derniers, « le héros de
« l'Italie, » que l'on a vu venir tant de fois à l'École
Polytechnique « chercher des délassemens en mesu-
« rant la hauteur à laquelle les sciences exactes
« étaient parvenues, en calculant l'influence que
« devait avoir, sur la masse de lumières de la na-
« tion, l'impulsion extraordinaire donnée aux esprits
« vers les études mathématiques. Ceux qui en ont
« été témoins n'oublieront pas sans doute et ne
« négligeront pas de transmettre ce qu'ils ont entendu
« de sa bouche, lorsque, parcourant les salles de
« leurs exercices, considérant les travaux différens
« dont ils étaient occupés, il les félicitait de cette
« réunion de connaissances diverses, seul moyen de

« sortir de la routine des professions, et de rendre
« à son pays des services éclatans. »

Après le discours du Directeur, Prony lut une introduction aux cours d'Analyse et de Mécanique, dans laquelle il développa, avec un talent remarquable, de belles considérations sur les sciences mathématiques, et sur les heureux effets qui doivent résulter, pour la géométrie et pour les sciences en général, de l'enseignement central établi à l'Ecole Polytechnique. Fourcroy lui succéda, et entra dans de très-longs détails sur les avantages de l'étude de la Chimie, et sur la manière dont elle est enseignée à l'Ecole Polytechnique. Ce discours, qui surpasse de beaucoup en étendue tous ceux qui furent prononcés dans cette séance, est écrit d'un style brillant et pur, et rempli de faits et d'aperçus intéressans. Ensuite Lagrange se leva. Ce qu'on appela son discours n'est qu'une simple note dépouillée de toute forme oratoire. Il commença ainsi : « La théorie des fonc-
« tions, que je me propose d'exposer cette année, a
« pour objet de faire disparaître les difficultés qui se
« rencontrent dans les principes du calcul différen-
« tiel. » Et après avoir parlé uniquement de la théorie des fonctions, il se rassit, et continua d'y penser.

Hassenfratz et Neveu exposèrent le plan des cours de Physique générale et de Dessin. Gay de Vernon présenta des considérations générales sur l'enseignement de la Géométrie descriptive, et y joignit des notices sur les *cours d'Applications*, qui étaient ceux des Travaux civils, d'Architecture, des Mines, et de Fortification. Il s'étendit beaucoup plus sur cette dernière partie dont il était spécialement chargé;

puis, entraîné par son sujet à rappeler quelques faits d'armes récens, parmi lesquels se trouvait la belle défense de Mayence, il mit tout à coup sous les yeux de l'Assemblée une urne qui renfermait les ossemens du général Meusnier, savant ingénieur militaire, mort à la fleur de son âge, pendant ce siége mémorable. L'impression produite par cet épisode funèbre sur des esprits que les lectures précédentes n'avaient pas préparés à ce genre d'émotion, fut des plus profondes. Une note jointe au discours imprimé rapporte, et des témoins oculaires confirment, que tous les yeux étaient mouillés de larmes.

Le ministre prit la parole après tous les professeurs, et les premiers mots qu'il fit entendre furent grondeurs et menaçans : « Jeunes citoyens (et quand je « vous donne ce titre sacré, ce nom chéri des répu- « blicains, je suis sûr que vous en connaissez la di- « gnité, quoiqu'elle n'ait pas été sentie par quelques « insensés qui heureusement ne sont plus parmi « vous) ! » Après un court éloge des professeurs, du Directeur, et de l'École elle-même « justement pla- « cée au premier rang dans l'instruction publique, » il s'attache à faire sentir aux élèves tout ce qu'ils doivent de reconnaissance à la patrie qui les « cherche « jusque dans leur berceau, pour les mettre en rap- « port avec toute l'antiquité savante, et en relation « avec les hommes que l'Europe moderne honore le « plus de son estime. » « Si l'amour de la patrie, » dit-il plus loin, « agit par sentiment sur le reste des « hommes, il est permis de penser que c'est aux « savans que l'existence de cet amour est géométri- « quement démontrée. Je peux le dire ici, dans la

« langue qui vous est familière, la liberté est le théo-
« rême donné par la nature ; la république en est
« la démonstration ; l'amour de la patrie en est le
« corollaire. » Aucune note ne fait connaître l'impression produite par ces paroles du ministre, qui était d'ailleurs un homme d'esprit.

Peu de jours après cette séance, le ministre annonça au Conseil que Peyrard, bibliothécaire de l'Ecole, était nommé professeur de bibliographie. Le Conseil réclama vivement contre l'introduction de ce nouveau cours, et alla jusqu'à déclarer qu'il ne pourrait s'établir sans renverser le plan d'enseignement qui venait d'être adopté ; ajoutant, que le seul changement désirable, s'il était possible, serait « d'alléger les
« études des élèves, dont tous les momens sont tel-
« lement remplis, que c'est avec la plus grande diffi-
« culté qu'on parviendra à leur donner quelques
« leçons sur l'histoire naturelle. » Il représente d'ailleurs que, dans le cas où le nouveau cours pourrait être intercalé dans l'enseignement, « le Conseil
« devrait jouir du droit, que lui donne l'organisation,
« de proposer au ministre le nouveau professeur ;
« cette initiative étant fondée sur la constitution de
« l'Ecole Polytechnique, dont l'essence est de pré-
« senter l'enseignement par l'organe des hommes de
« premier ordre, chacun dans sa partie. » Le cours de bibliographie ne fut pas établi.

Cependant, la renommée toujours croissante de l'Ecole attirant, de jour en jour, un plus grand nombre d'auditeurs à ses leçons générales, il devint nécessaire, au commencement de cette année, d'adopter quelques mesures d'ordre, dont les principales consistèrent à n'admettre que les personnes qui en auraient reçu l'autorisation du directeur, et à donner plus d'étendue à l'amphithéâtre, en y établissant des tribunes pour les étrangers. Mais déjà ce n'était plus seulement le mérite de ses professeurs qui plaçait l'Ecole Polytechnique à un rang si élevé dans l'opinion. Déjà plusieurs de ses anciens élèves réfléchissaient sur elle l'éclat de leurs talens hâtifs, et quelques uns faisaient apprécier, surtout dans l'exploration scientifique de l'Egypte, les avantages de l'instruction étendue et variée, dont Monge avait tracé pour eux le vaste plan. Ceux même qui suivaient encore les travaux et les études de l'Ecole sentaient se développer rapidement leurs dispositions pour les sciences, grâce au mode et à l'élévation de l'enseignement que des hommes supérieurs leur y distribuaient. On en vit alors un notable exemple. Lagrange, dans une de ses leçons consacrées au perfectionnement des sciences mathématiques, en expliquant sa théorie des fonctions, avait donné le développement général du Binome de Newton. Un élève, dont l'admission ne datait que de six semaines, et dont l'âge n'atteignait pas dix-huit ans, fit quelques changemens à la méthode du maître ; et, après les avoir discutés avec ses compagnons d'étude, rédigea une note qu'il envoya à Lagrange. L'illustre professeur lut cette note, à la leçon suivante, l'expliqua, annonça qu'il en ferait usage, et en nomma l'auteur, qui était Poisson.

Le malheur des temps vint encore retarder des prospérités qui, dans de meilleures circonstances, eussent été si rapides. La France, livrée à l'impéritie du Directoire et aux discordes civiles, était déchue, en peu de mois, de cette hauteur de puissance où l'avaient élevée, deux ans auparavant, les merveilleux succès de ses armées. Celles-ci, décimées par l'expédition d'Egypte, étaient en outre privées des habiles généraux dont les noms s'associaient à leurs plus belles victoires. Jourdan, devenu membre du Conseil des Cinq-Cents, n'avait reparu un moment sur les champs de bataille que pour éprouver des revers, qui ne furent pas sans gloire, et s'était hâté de retourner aux obscurs travaux des Commissions législatives; Pichegru était banni du sol de la France; Moreau, tombé dans la disgrâce du Directoire, languissait enchaîné à des fonctions subalternes; enfin, Bonaparte, vers qui se tournaient alors tous les regards, séparé de la France par des mers, où, depuis Aboukir, le pavillon britannique n'avait plus de rival, portait la terreur de ses armes, des ruines de Thèbes aux ruines de Palmyre, tandis que l'Italie, sa première conquête, était envahie par les soldats de Suwarow. Aux Alpes, en Helvétie, en Hollande, les Français ne se maintenaient que par des efforts de valeur contre des ennemis partout supérieurs en nombre. Un prompt recrutement était nécessaire; la loi de la conscription fut rendue. Mais cette loi, qui alors préserva la France d'une invasion imminente, devint entre les mains du Directoire un véritable fléau pour l'Ecole Polytechnique.

D'abord le ministre de la guerre (Milet-Mureau) avait ordonné l'incorporation des élèves, réquisitionnaires et conscrits, dans les troupes de la division militaire dont Paris est le chef-lieu; et des permissions de quatre mois, renouvelées au besoin, auraient donné à ces jeunes gens, qui étaient presque tous dans la deuxième année d'études, le moyen de compléter leur instruction, et d'arriver sans trouble à l'époque des examens (1). Mais la tranquillité que ces dispositions favorables avaient rendue à l'Ecole ne fut pas de longue durée. Les besoins plus pressans de la guerre, et la résistance ouverte ou cachée que rencontrait en plusieurs provinces la levée des conscrits, obligèrent bientôt le gouvernement à redoubler de sévérité sur tout ce qui avait rapport à la nouvelle loi militaire. L'avantage accordé aux élèves parut d'ailleurs une dérogation à ces principes inflexibles d'égalité que la révolution idolâtrait. Cet avantage fut donc révoqué au bout de peu de semaines, même pour les Ecoles spéciales. Vainement le Conseil représenta que l'intérêt du service même de la guerre exigeait que les élèves conscrits pussent rester à l'Ecole jusqu'à ce que les besoins de l'artillerie et du génie les appelassent dans ces deux corps. Vainement il se réduisit à demander que ces élèves fussent au moins reçus à l'Ecole de l'Artillerie, comme faisant partie du concours qui venait d'avoir lieu pour cette Ecole. Aucune réclamation ne fut écoutée ; tout devait plier sous une règle uniforme ; et, par un superstitieux respect pour cette uniformité, quatre-vingt-dix élèves allaient être enlevés à l'Ecole, laissant à peu près déserte la division d'où ils seraient sortis trois mois plus tard, pour entrer

(1) Le ministre de l'intérieur, en faisant part au Conseil de ces arrangemens, le chargea d'examiner s'il ne serait pas convenable de caserner les élèves. Le Conseil nomma une Commission qui, selon toute apparence, ne fit pas de rapport, et la chose en resta là.

dans les services publics. Toutefois un moyen s'offrait d'en conserver au moins quelques uns. La loi accordait aux conscrits appelés la faculté de se faire remplacer ; mais il fallait que le remplacement eut lieu dans le délai de cinq jours. Un terme si court rendait la faculté illusoire pour la plupart des élèves, qui, éloignés de leurs familles, se trouvaient dénués d'argent et de répondans. Le Conseil autorisa l'administration à leur faire des avances de fonds pour les premiers paiemens, et à intervenir en son nom pour garantir, sous l'engagement solidaire de chacun de ses membres, la ratification des parens, dans un temps déterminé.

En même temps, malgré le mauvais succès des premières réclamations, un nouveau mémoire fut présenté au gouvernement pour lui mettre sous les yeux toutes les conséquences de sa funeste mesure. D'abord, on lui fait envisager la perte énorme que ferait l'Etat « en employant comme de simples bras « des têtes fortement organisées pour les grandes « opérations de la guerre et de la marine. » On aurait, à la vérité, quatre-vingt-dix soldats de plus, mais on aurait plus tard quatre-vingt-dix officiers d'artillerie ou du génie de moins. Voilà pour l'intérêt public. Relativement à l'Ecole, « l'anéantissement « d'une division romprait l'équilibre établi pour la « succession graduelle des études, et reporterait l'en- « seignement à l'état où il se trouvait la première « année, avec les inconvéniens dont l'expérience « seule a fait connaître toute l'étendue. » Après l'intérêt de l'Etat et celui de l'Ecole, le Conseil défend les droits des élèves. « C'est sous la garantie de

« la loi que ces élèves et leurs familles ont fait les
« sacrifices nécessaires pour entrer dans la carrière.
« Déjà le pacte est accompli entre eux et la républi-
« que, par l'entier abandon de leurs forces intellec-
« tuelles; ils ont donc droit d'en réclamer l'emploi
« jusqu'à la concurrence des besoins de l'artillerie et
« du génie. » Le Conseil fléchissait sous l'empire des
circonstances, en ne faisant mention ici que des services militaires, bien que, parmi les élèves dont il
prenait la cause, beaucoup se destinassent à des professions civiles. Son zèle pour ses jeunes cliens l'entraîna même à une concession plus importante. Il
reconnaît pour justes les plaintes excitées par la disposition qui n'ouvre qu'à eux seuls l'entrée des services publics; il demande qu'une loi nouvelle fasse
cesser cette prérogative, « et que tous les citoyens
« qui croiront pouvoir subir les mêmes épreuves,
« soient admis en concurrence. » Puis il se hâte d'indiquer les précautions que la loi doit établir pour
que, dans ce nouvel ordre de choses, l'ignorance et
les prétentions ne soient pas favorisées au préjudice
du mérite. Il est permis de croire que l'abandon du
privilége de l'École n'était pas, de la part du Conseil, l'effet d'une pleine conviction, car nous allons
le voir, après quelques semaines, publier un autre
mémoire, signé des mêmes membres, et dans lequel le privilége est justifié avec beaucoup de force
et de raison. Les conclusions de celui que nous venons d'analyser sont : « Que le gouvernement veuille
« bien ordonner l'ouverture immédiate d'un con-
« cours pour l'artillerie et le génie, entre les élèves
« conscrits et réquisitionnaires, et que ceux d'entre

« eux qui, après cet examen, n'auront pas obtenu
« de places dans ces corps, se rendent sur-le-champ
« au poste où la loi les appelle. »

Tout ce que le Directoire jugea possible d'accorder aux élèves conscrits, ce fut un arrêté qui les admettait dans les dépôts des régimens d'artillerie; encore cette faveur fut-elle limitée par le ministre de la guerre à ceux qui auraient la taille et les qualités requises pour être canonniers. Le Conseil réclama vivement contre cette restriction. « Ce n'est pas à
« vous, écrivit-il au ministre, qu'il est besoin de
« représenter que les forces du corps s'agrandissent
« par celles de l'esprit, que les arts sont des leviers
« qui alongent les bras, et que c'est évidemment
« parce que le service de l'artillerie exige spéciale-
« ment des connaissances dans ce genre, que le
« Directoire exécutif ouvre cette carrière aux cons-
« crits de l'Ecole Polytechnique, sans distinction de
« taille. » La plupart de ces conscrits furent donc incorporés dans les dépôts du corps de l'artillerie, où la sollicitude du Conseil ne manqua pas de les suivre, et leur fit donner toutes les facilités nécessaires pour y continuer leurs études, afin de pouvoir se présenter aux prochains examens (1). Le ministre de la guerre avait promis de les y appeler, de même que ceux qui avaient été placés dans d'autres corps. Quelques uns de ces derniers, dont les régimens étaient en

(1) Ceux qui furent envoyés au dépôt établi à Metz ayant informé le Conseil du zèle que déployait pour leur instruction le professeur de l'Ecole régimentaire d'artillerie, Cl. Gardeur-Lebrun, le Conseil, par délibération expresse, adressa une lettre de remercîmens à ce digne frère de l'administrateur chargé de la surveillance des études à l'Ecole Polytechnique.

garnison à Paris, furent autorisés à suivre les travaux de l'Ecole.

Pour ne pas revenir sur les élèves conscrits et réquisitionnaires, nous acheverons ici, par anticipation, le récit de ce qui les concerne. Ils arrivèrent dès la fin de juillet à Paris, afin de s'y préparer aux examens qui devaient s'ouvrir en septembre. Le Conseil y fit appeler ceux même qui n'étaient que dans leur première année d'études, se fondant, pour leur faire cet avantage, sur ce que la loi du 22 octobre 1795 (30 vendémiaire an IV) donnait la faculté de concourir, après la deuxième année, lorsque l'instruction durait trois ans. Il déclara aussi, par un arrêté formel, que ces jeunes gens devaient être considérés comme élèves, jusqu'après le résultat des examens, et il les fit comprendre sur l'état des traitemens, à compter du jour de leur arrivée. Mais tous ces soins du Conseil, s'ils atténuèrent les effets de la fâcheuse mesure ordonnée par le Directoire, ne purent empêcher que l'on n'en trouvât des traces affligeantes dans l'examen des élèves dont les études avaient été si troublées. On reconnut que quarante-et-un d'entre eux avaient besoin de perfectionner leur instruction; et, cette fois, ils reçurent du ministre de la guerre l'autorisation de rester à l'Ecole jusqu'au concours d'avril. Mais aussi le gouvernement venait de passer en des mains plus habiles, et ne cheminait plus dans les voies étroites où s'était traîné si misérablement le Directoire. C'était quinze jours après le 18 brumaire.

Ce concours d'avril, dernière espérance des élèves conscrits, est celui qui, malgré une loi formelle, et nonobstant toutes les réclamations du Conseil, continuait d'avoir lieu, tous les ans, à Châlons, pour l'admission à l'Ecole de l'Artillerie. C'est un exemple, ajouté à tant d'autres, de la difficulté qu'éprouvent les institutions nouvelles à s'ajuster avec celles qui les ont précédées. Ce fait peut aussi donner une idée de l'espèce d'anarchie que le Directoire laissait subsister entre ses divers ministères, puisque le département de l'intérieur, excité par les plaintes du Conseil de l'Ecole, ne pouvait, depuis plusieurs années, obtenir du département de la guerre, qu'il se conformât à la loi qui fixait à Paris, et au mois de septembre, et entre les élèves de l'Ecole Polytechnique, le concours d'admission dans les services publics. Le ministre de la marine donna lieu, cette année, à des plaintes du même genre. Un ancien élève, sorti de l'Ecole Polytechnique par démission, fut admis à l'Ecole des Constructeurs de vaisseaux sans avoir concouru à l'examen. Nous trouvons encore ici le premier exemple d'une autre sorte d'abus qui, tout en devenant de plus en plus rare, s'est néanmoins perpétué jusqu'à présent. Plusieurs élèves du corps des Ponts et Chaussées et des Ingénieurs géographes ayant demandé au ministre de l'intérieur d'être admis, non pas immédiatement aux Ecoles de l'Artillerie et du Génie, mais au prochain examen de concours pour les places à donner dans ces Ecoles, le Conseil, interrogé par le ministre, fut, à la vérité, d'avis, en considération des besoins de l'artillerie, de les autoriser à concourir pour ce service seulement; mais il eut soin d'accompagner cet avis de la déclaration expresse, « qu'il serait également con-

« traire aux principes et aux intérêts de l'Etat, de
« permettre que les élèves qui ont été admis dans
« l'Ecole spéciale d'un service public, pussent arbi-
« trairement, et par quelques motifs particuliers ou
« des avantages momentanés, quitter ce service pour
« passer dans un autre. »

Cependant, les besoins de la guerre, alors malheureuse, que soutenait la France contre la Russie, l'Autriche, l'Angleterre, la Turquie, dévoraient toutes ses ressources financières, et à peine le gouvernement osait-il en distraire quelques faibles parcelles, pour entretenir une espèce de vie languissante dans les établissemens qui n'avaient pas un rapport immédiat avec le service des armées. L'Ecole Polytechnique, quoique formant des élèves pour les corps de l'artillerie et du génie, n'était pas mieux traitée. On a vu que, l'année précédente, la somme allouée pour ses dépenses « n'avait pas été payée en entier, à « beaucoup près. » Sa situation n'était pas devenue meilleure à cet égard. Au mois de juin, le traitement des élèves se trouvait arriéré de trois mois; celui des instituteurs et autres fonctionnaires l'était de cinq mois; et les dépenses relatives au matériel excédaient déjà de beaucoup les fonds reçus pour cet objet. Le Conseil sollicita de prompts secours pour la subsistance des élèves et pour le service courant de l'Ecole. Ces secours se firent attendre; et comme, pour justifier ce retard, on accréditait l'opinion que les élèves appartenaient, pour la plupart, à des familles riches ou domiciliées à Paris, d'où il était facile de conclure que le traitement leur était peu nécessaire, l'administration fit dresser un tableau des élèves, classés tout à la fois suivant la fortune et suivant la profession de leurs parens. Le résumé de ce tableau peut offrir quelque intérêt. Si l'on avait un certain nombre de documens semblables, mais avec une classification mieux appropriée, on en pourrait former une branche de statistique assez curieuse, qui indiquerait le mouvement des diverses classes de la société vers certains genres de professions. Voici ce résumé :

I.

Défenseurs de la patrie sortant des armées de la République	15
Fils d'artisans ou de cultivateurs	116
Fils d'artistes, employés, hommes de loi et officiers de santé (1)	67
Fils de fonctionnaires à la nomination du peuple	14
Fils de militaires, soit retirés, soit en activité de service	13
Fils de représentans du peuple	9
Elèves dont les parens vivent de leurs revenus	20
Fils de présumés ex-nobles	12
Sans qualification	8
	274

II.

Sans fortune	160
Présumés dans l'aisance	75
Présumés riches	39
	274

L'administration fut autorisée par le Conseil à donner à ce tableau toute la publicité qu'elle jugerait

---

(1) On comprenait sous la dénomination commune d'*hommes de loi*, les avocats et les avoués ; et sous celle d'*officiers de santé*, les médecins et les chirurgiens.

convenable. Un mois après, elle rendit compte qu'il avait été délivré une ordonnance de cinq mille francs à compte sur les traitemens. C'était environ la cinquième partie d'un mois (1). Le Conseil décida, à l'unanimité, qu'aucun de ses membres ne participerait à la répartition de cette somme, qui serait employée tout entière en faveur des agens ou élèves les plus indigens, et pour les besoins les plus pressans de l'Ecole. Ce trait rappelle celui du voyageur patriote (2), qui, sur un navire dont la provision d'eau était presque épuisée, se privait d'une partie de sa ration, déjà insuffisante, pour en arroser la plante précieuse destinée à augmenter la richesse d'une colonie française.

Le sixième cahier du Journal parut vers le milieu d'août. Les soixante premières pages sont occupées par les discours prononcés dans la séance d'ouverture. Les Mémoires, au nombre de neuf, sont de Lagrange, Laplace, Monge, Prony, Hassenfratz, Prieur, Neveu et Lermina. Le Conseil fit déposer, dans chaque salle d'étude, la collection du Journal, avec un exemplaire de la Théorie des Fonctions analytiques de Lagrange et de la Philosophie chimique de Fourcroy. Quelques travaux intéressans furent faits cette année dans les laboratoires de l'Ecole. Nous citerons des expériences d'Hassenfratz sur la combustion de vingt-quatre différens charbons dans le calorimètre, celles de Guyton de Morveau sur la com-

(1) Ces cinq mille francs furent payés par la trésorerie en monnaie de billon, sur laquelle il y eut une perte de plus de deux cents francs.
(2) Il se nommait Declieux. Voyez l'article *Café* du Dictionnaire d'Histoire naturelle de Valmont de Bomare.

bustion du diamant, et celle de la conversion du fer doux en acier fondu par le diamant. Les procès-verbaux de ces expériences furent insérés aux registres du Conseil. Les diamans provenaient du cabinet de minéralogie de l'Ecole Polytechnique.

Le Conseil, sur la demande des examinateurs d'admission, s'était occupé, dans le courant de l'année, de dresser un programme très-détaillé des connaissances exigées des candidats. Mais, ce travail ne pouvant être publié assez tôt pour « que les candidats « fussent détournés, dès le commencement, des « fausses routes que l'ancienne routine leur avait tra- « cées, et qu'il leur restât le temps nécessaire pour « être ramenés aux vrais principes de l'instruction « exigée, » on résolut de s'en tenir, pour cette fois encore, à l'énoncé succinct du programme des derniers examens (page 155), en y ajoutant 1° à l'arithmétique, la théorie des logarithmes; 2° à l'algèbre, la démonstration du Binome de Newton; 3° à la trigonométrie rectiligne; qu'elle serait démontrée synthétiquement avec des applications à la résolution des triangles par les logarithmes; 4° aux élémens de la statique, la théorie des machines simples. Le Conseil, en soumettant ce programme au ministre, lui fit connaître son vœu unanime pour que les candidats ne fussent examinés que sur les seuls objets qui s'y trouvaient indiqués. Ceci fait soupçonner qu'il y avait, sur ce point, une différence d'opinion entre le Conseil et quelques uns au moins des examinateurs. Relativement à l'époque des concours, le ministre ayant refusé son consentement à la proposition de faire coïncider le commencement de l'année scolaire avec celui de l'année républicaine, qui avait lieu le 23 septembre, le Conseil avança d'un mois l'ouverture des examens, afin que les cours pussent être ouverts un mois plus tôt que les années précédentes. Le refus du ministre est motivé sur ce qu'il est « nécessaire de « lier sans interruption l'enseignement des Ecoles « centrales avec l'examen pour l'admission à l'Ecole « Polytechnique. » Quarante-trois élèves furent admis dans les services publics. Cent vingt candidats les remplacèrent à l'Ecole.

A la suite des examens intérieurs, une conférence eut lieu, comme l'année précédente, entre les membres du Conseil et les examinateurs, pour discuter le mode et l'étendue de chacun des cours pendant l'année qui allait s'ouvrir. Après en avoir formé le tableau, dont nous parlerons plus loin, il fut arrêté :

1°. Qu'il serait pris les mesures les plus efficaces pour que les élèves eussent le temps nécessaire pour travailler avec succès aux mathématiques ;

2°. Que les répétitions (de mathématiques), tant de la part des chefs de brigade que de celle des répétiteurs, seraient recommandées et surveillées, comme un des plus puissans moyens d'assurer les succès des élèves ;

3°. Que les instituteurs d'analyse et de mécanique seraient invités à donner des cours plus élevés pour les élèves les plus forts qui voudraient en profiter ; que ces cours auraient lieu une fois par décade, et ne seraient point obligatoires pour les élèves ;

4°. Que, au moyen de ces cours particuliers, l'instruction de l'analyse, en général, serait rabaissée à la portée du plus grand nombre des élèves.

5°. Que l'instituteur de mécanique rédigerait son

programme d'enseignement de manière à le rendre complet, quant à l'exposition des principes fondamentaux, et cependant plus élémentaire que les années précédentes : les théories difficiles devant faire partie de son cours de perfectionnement, qu'il abrégerait son cours habituel, en renvoyant à ses collègues tous les développemens d'analyse et de géométrie pure.

6°. Que le programme des examens sur la mécanique contiendrait un assez grand nombre d'applications, pour que les examinateurs ne fussent jamais obligés de sortir de ses limites ; qu'il serait communiqué aux examinateurs, convenu avec eux, et imprimé un mois ou deux avant l'examen ; que les élèves seraient bien avertis de ces dispositions, afin qu'ils cessassent d'être détournés du cours de l'Ecole par des préventions contraires, qui, jusqu'à présent, ont beaucoup nui à leur avancement

7°. Que l'on continuerait les interrogations ou répétitions qui avaient eu lieu, cette année, après la leçon de chimie, et qui avaient beaucoup contribué à l'avancement de l'instruction en cette partie, avancement constaté par l'examinateur, qui annonce avoir trouvé le tiers des élèves instruits suffisamment, et onze supérieurement.

8°. Que le témoignage des examinateurs et de ceux qui avaient assisté aux examens n'ayant pas été aussi favorable sur les progrès des élèves dans la physique, le directeur se réunirait à l'instituteur pour concerter les mesures propres à obtenir, en cette partie, des résultats plus satisfaisans.

Ce document, le premier que nous ayons rencontré sur l'état réel de l'instruction acquise par les élèves, mérite d'être remarqué. Il fait connaître, qu'à la fin de la cinquième année de l'Ecole, les élèves avaient été trouvés un peu faibles sur l'analyse et la mécanique, et que cela paraissait provenir, d'une part, de ce qu'ils n'avaient pas assez de temps pour étudier ces deux cours, d'autre part, de ce que l'enseignement était trop élevé; et aussi, pour la mécanique en particulier, de ce qu'il n'y avait pas une parfaite concordance de vues entre les examinateurs, ou l'un d'eux, et l'instituteur. On y voit, de plus, que l'enseignement de la chimie avait assez de succès, et qu'il n'en était pas de même de la physique. Il n'aura pas échappé au lecteur qu'il n'est point parlé de la géométrie descriptive, ni des cours d'applications, d'où l'on peut inférer que l'instruction, dans cette partie, ainsi que dans toutes celles de la deuxième année qui donnaient lieu à des travaux graphiques, était satisfaisante. Enfin, nous ferons observer le témoignage qui est rendu des bons effets produits par les interrogations, ou répétitions, qui avaient lieu pour les cours d'analyse, de mécanique et de chimie. Ces bons effets se sont perpétués; les interrogations journalières ont été successivement appliquées à tous les cours qui en étaient susceptibles, et forment, depuis long-temps, l'un des plus utiles auxiliaires de l'enseignement.

Le tableau des cours, arrêté dans la même conférence, pour l'an 1800, présente, relativement à leur étendue, les changemens suivans:

Première année.

Analyse pure et appliquée. . . .	réduite de 120 leçons à	85
Géométrie descriptive.	126	120
Elémens de machines	27	18

Deuxième année.

Analyse..............	réduite de 48 leçons à	40
Mécanique............	augmentée de 72	80
Travaux civils.........	idem 54	60
Fortification..........	idem 54	60
Architecture..........	réduite de 45	36
Mines................	idem 27	18

Les autres cours n'éprouvèrent aucun changement. (Voyez, à l'appendice, le tableau de la distribution du temps pour 1799.)

Les leçons de chimie des deux divisions, qui avaient lieu à des heures différentes, afin que les élèves de deuxième année pussent suivre, encore une fois, s'ils le désiraient, le cours élémentaire de la première année, sont replacées à une même heure, « attendu, est-« il dit, que ces élèves sont généralement assez ins-« truits en chimie. »

Le Conseil, en donnant ses soins aux détails de l'instruction, suivait, avec non moins de sollicitude, l'importante affaire de l'organisation de l'Ecole. Une commission du Conseil des Cinq-Cents était chargée de modifier, dans le dernier projet, les dispositions qui n'avaient pas obtenu l'assentiment du Conseil des Anciens; on a vu qu'elles se réduisaient à deux : le privilége, dont on demandait la suppression, et le maximum d'âge des candidats, que l'on voulait élever en faveur des militaires. La Commission eut, avec le Conseil de l'Ecole, plusieurs conférences dont le privilége fut le principal, ou plutôt, l'unique objet. Le Conseil en avait offert le sacrifice, dans son mémoire pour les élèves conscrits; mais ce sacrifice, commandé alors par la nécessité de soustraire ces jeunes gens aux rigueurs aveugles de la conscription, n'avait pas été accepté; les circonstances qui l'avaient imposé n'existaient plus : le privilége fut donc défendu avec vigueur, mais non avec succès, devant la Commission des Cinq-Cents. Les *Observations* présentées à cette Commission, et dans lesquelles les questions qui se rattachent à celle du privilége sont traitées avec étendue, furent imprimées à deux mille exemplaires, et distribuées aux deux Conseils législatifs, aux autorités constituées, et aux amis des sciences.

Cet écrit, que signèrent tous les membres du Conseil et les quatre examinateurs pour l'admission dans les services publics, commence par une protestation d'attachement inviolable aux principes d'égalité qui constituent un gouvernement libre. On y développe ensuite l'idée fondamentale d'après laquelle a été jeté le plan de l'Ecole Polytechnique, dont la principale destination fut de « retremper, dans une instruction « centrale et vigoureuse, les élémens des services pu- « blics qui exigent la connaissance approfondie des « sciences mathématiques et physiques. » Elle est propre aussi à donner une culture convenable aux génies supérieurs qui se montrent de loin en loin, et à former des hommes pour l'instruction publique, ou pour la direction des manufactures et autres entreprises industrielles; mais ces divers objets ne sont que subsidiaires. Le but essentiel est de remplir les besoins des services publics. Or, ces services ont aussi des écoles, par lesquelles, ceux qui aspirent à en faire partie, doivent nécessairement passer. « Pourquoi donc « cette imputation de *privilége exclusif* est-elle tom-

« bée sur l'Ecole Polytechnique, tandis qu'elle n'avait
« jamais frappé jusques là aucune de ces écoles parti-
« culières ? » C'est parce que les élèves étant entrés
à l'Ecole Polytechnique, sans, au préalable, avoir déclaré leur choix pour un des services publics, il était
difficile d'apercevoir que ces élèves sont déjà élèves
de tel ou tel de ces services. Afin qu'il ne reste plus
d'incertitude sur ce point, le Conseil exprime le vœu
formel, que la loi impose à chaque élève l'obligation
de choisir, dès son entrée à l'Ecole, le service auquel il se destine; et il ajoute, que « le défaut de
« destination primitive pour les divers services avait
« encore plusieurs autres inconvéniens graves : par
« exemple, à l'époque des examens, il est arrivé que
« les jeunes gens qui n'avaient point de destination
« spéciale, se sont jetés en masse vers certains servi-
« ces, de préférence aux autres; de sorte que ceux-ci,
« manquant de sujets instruits à l'Ecole, ont été obli-
« gés d'en chercher dans des concours particuliers,
« qui offraient une instruction bien moins élevée : ces
« services ont ainsi perdu une partie des avantages
« qu'ils devaient retirer de cet établissement. »

Cette demande du Conseil n'était-elle pas encore
une concession arrachée par les circonstances ; et, de
même qu'il avait, peu de semaines auparavant, renoncé
au privilége pour conjurer la conscription, ne sacri-
fiait-il pas ici au maintien de ce même privilége la
faculté dont jouissaient les élèves de ne choisir un
service qu'au moment de subir leur examen de sortie?
Ce qui nous fait élever ce doute, c'est que la condition du choix préalable et irrévocable d'un service
n'avait pas été admise dans le projet de Prieur, bien

que la demande en eût été faite par le Comité des fortifications, par le ministre de la guerre, et par le Directoire lui-même. Or ce projet de Prieur avait certainement été dressé de concert avec le Conseil de l'Ecole. Quoi qu'il en soit, il nous a paru important de faire connaître les motifs d'après lesquels avait été résolue, à cette époque, une question qui a reçu, deux fois depuis, une solution toute contraire.

Après avoir établi l'identité de l'Ecole Polytechnique et des écoles d'application, le Conseil demande comment on pourrait appeler *privilége exclusif* l'obligation de recevoir l'instruction de la première avant d'être admis dans les autres. « C'est absolument
« comme si l'on appelait aussi *privilége exclusif*
« l'obligation de passer par les Ecoles d'application
« pour entrer dans le Génie civil ou militaire, l'obli-
« gation d'être fusilier avant d'être caporal, etc. Sous
« quels rapports, et à quels individus pourrait-on
« dire que cette obligation forme une prérogative,
« tandis que l'Ecole Polytechnique est ouverte à
« tout le monde ; que les examens pour y être admis
« sont publics ; qu'ils ont une forme à l'abri de tout
« soupçon de partialité ; qu'ils se font sur toute l'é-
« tendue de la France, et assurent la préférence au
« mérite ? Si, au contraire, on peut, sans passer par
« le grade d'*Elève des services publics à l'Ecole*
« *Polytechnique,* être reçu dans les Ecoles d'appli-
« cation, il arrivera que les riches et un petit nombre
« de jeunes gens élevés à Paris pourront seuls es-
« pérer d'arriver au degré d'instruction analogue à
« celle de l'Ecole Polytechnique. C'est alors qu'il y
« aurait évidemment un privilége en leur faveur. »

Les auteurs du mémoire prévoient ensuite « qu'on
« dira peut-être que les élèves seront aussi bien in-
« struits auprès de leurs parens que dans une école
« nationale. » Pour résoudre cette question, ils mettent en parallèle l'Ecole Polytechnique et les éduca-
tions particulières ; et, après avoir opposé les vastes
ressources de la première à l'exiguité des moyens que
les secondes peuvent offrir, ils concluent que « il est
« impossible d'établir une lutte réelle entre deux
« concurrens préparés si différemment au combat. »
Supposant, enfin, que la loi ait autorisé ce concours,
ils demandent s'il « sera possible aux juges de com-
« parer, dans l'espace du petit nombre d'heures qui
« y sont consacrées, un élève de l'Ecole Polytech-
« nique, *qu'une suite de deux ou trois années d'ob-*
« *servations a prouvé avoir une conduite sans re-*
« *proche, une moralité et des principes assurés,*
« *l'œil et les mains exercées, et enfin la tête meu-*
« *blée des fruits de ses communications habituelles*
« *avec les grands maîtres, les grands exemples et*
« *les grandes conceptions;* s'il sera possible, disons-
« nous, de le comparer avec l'élève d'une instruction
« privée, dont *la conduite ne sera constatée que*
« *par des certificats, dont les principes pourront*
« *être équivoques, ou même contraires au gou-*
« *vernement, et enfin dont la tête peut n'être meu-*
« *blée que de théories apprises littéralement dans*
« *les livres, sans aucune aptitude aux applications*
« *heureuses et savantes*, qui seules utilisent les
« sciences et caractérisent le génie. La pratique des
« arts physiques et chimiques, l'habileté, la justesse
« dans les manipulations, l'esprit d'observation dans

« les expériences ; comment apprécier toutes ces
« qualités dans des élèves qui n'auront pas été exercés
« sous les yeux de maîtres habiles, pendant un temps
« considérable, incompatible avec la courte durée
« d'un examen ? Ce concours ne serait donc qu'une
« faculté illusoire, ou plutôt ce serait une porte ou-
« verte à tous les abus ; ce concours serait la dernière
« espérance des riches et des puissans, *qui veulent*
« *à toute force continuer à introduire dans les*
« *corps des ignorans protégés ;* il serait la dernière
« ressource enfin de l'orgueilleux, qui craindrait de
« voir son fils obligé de travailler, dans la même école
« nationale, à côté de l'enfant de l'humble citoyen. »

Nous ignorons quelles considérations la Commission législative opposa à ces observations en faveur du privilége ; tout ce que nous trouvons sur ce sujet est renfermé dans ce peu de lignes du rapport qu'elle présenta au Conseil des Cinq-Cents :
« Il est à espérer qu'*avec le temps*, les Ecoles cen-
« trales des départemens pourront fournir *quel-*
« *quefois* des élèves aussi instruits que ceux de
« l'Ecole Polytechnique ; *il se peut* aussi que l'é-
« ducation particulière conduise jusque là, et il
« suffit *que cela puisse arriver*, pour ne pas con-
« sacrer un privilége de droit. » Ainsi la proposition d'abolir le privilége était fondée sur des possibilités éloignées, que la Commission elle-même hasardait timidement sous les formes du doute. Mais, le privilége ayant été le principal motif du rejet de la précédente *résolution* par le Conseil des Anciens, il n'était pas possible de le maintenir dans celle-ci. Cette suppression du privilége, l'élévation du maxi-

mum d'âge en faveur des candidats militaires, la dénomination de *Conseil de Perfectionnement* substituée à celle de *Jury d'Instruction*, avec de légers changemens dans la composition de ce Conseil, et le nombre des élèves porté à trois cents, dont cinquante non entretenus par l'Etat, tels sont les points essentiels dans lesquels le projet de la dernière commission diffère de celui de Prieur : on y avait introduit un article qui avait pour but de mettre fin à ces examens de Châlons, objet de tant de réclamations; et l'on donnait même à cette disposition une sorte de rétroactivité, au moyen d'un second article portant, que les élèves qui se trouvaient à Châlons concourraient, *pour y être maintenus*, aux examens qui auraient lieu à l'Ecole Polytechnique, et que ceux qui ne seraient pas reçus seraient versés dans cette dernière école, et y feraient partie des élèves destinés pour le service de l'artillerie. Le projet fut adopté par le Conseil des Cinq-Cents, le 30 octobre (22 vendémiaire an VIII), et envoyé au Conseil des Anciens.

Deux jours après, le Conseil eut un autre sujet de joie. Bonaparte, accouru des bords du Nil pour sauver la France de l'invasion des étrangers et de la faiblesse du gouvernement directorial, avait ramené avec lui Monge et Berthollet. Le premier s'empressa de se rendre au sein du Conseil ; et, pour peindre l'effet produit par sa présence, nous nous bornerons à en extraire le récit du procès-verbal de la séance. « Le Conseil suspend toute délibération, pour se « livrer à l'effusion de ses sentimens de joie sur le « retour de Monge et de Berthollet. Monge était pré-

« sent ; il recueille avec sensibilité les doux épan-
« chemens de l'amitié qui lui sont prodigués par
« ses collègues ; puis, par une heureuse diversion,
« il ramène les souvenirs sur les jeunes élèves de
« l'Ecole Polytechnique qui les ont accompagnés.
« Tous se sont distingués par leur conduite et leurs
« talens. Ils se sont montrés hommes faits avant l'âge.
« Au combat, ils égalaient les vieux grenadiers ; au
« travail périlleux des siéges, ils rivalisaient de sa-
« gesse et de sang-froid avec les ingénieurs con-
« sommés. Les membres du Conseil s'arrachent avec
« peine aux douces émotions qu'ils éprouvent ; et,
« reprenant le cours des délibérations, le Conseil
« arrête, à l'unanimité, qu'il sera fait mention sur
« ses registres du retour de Monge et de Berthollet,
« comme d'un événement heureux pour l'intérêt pu-
« blic en général, et, en particulier, pour l'Ecole
« Polytechnique, à laquelle ils continueront de con-
« sacrer leurs soins et leurs lumières. » Monge reprit
les fonctions de Directeur de l'Ecole, que Guyton de
Morveau avait remplies en son absence à la plus
grande satisfaction du Conseil.

Par une triste compensation, la retraite de Lagrange suivit de près le retour de Monge. L'illustre
géomètre, alors âgé de soixante-quatre ans, écrivit
au directeur que la faiblesse de sa poitrine ne lui
permettait plus de continuer ses leçons, sans s'exposer à des accidens graves. Il ajouta : « Comme ces
« leçons n'avaient pour objet que l'avancement de
« l'analyse, et n'étaient par conséquent destinées qu'à
« ceux qui désiraient la cultiver dans toute son éten-
« due, elles n'entraient pas nécessairement dans le

« système d'enseignement de l'Ecole, et je pense
« qu'elles seraient remplacées plus utilement par des
« leçons ordinaires et suivies sur les parties des ma-
« thématiques dont l'étude est de rigueur et fait la
« matière des examens. » Sa lettre est terminée par
ces mots, qui, venant d'un tel personnage, méri-
taient d'être consignés dans les annales de l'Ecole
Polytechnique : « Recevez les assurances de l'inté-
« rêt sincère que je conserverai toujours pour un
« établissement que je regarde comme un des plus
« beaux ornemens de la République. » Cette détermination de Lagrange causa les plus vifs regrets à
tous les membres du Conseil. Plusieurs proposèrent
de nommer une députation pour se rendre auprès de
lui, et lui renouveler les sollicitations les plus vives.
Le Directeur assura qu'elles seraient inutiles, et peut-
être nuisibles à sa santé, qui demandait des ména-
gemens. Alors, « le Conseil, » dit le procès-verbal
que nous nous bornons encore à transcrire, « le
« Conseil, regardant comme un de ses devoirs de
« déférer sans résistance à un vœu motivé sur une
« santé aussi précieuse aux sciences, invite le pré-
« sident à se rendre auprès de Lagrange l'interprète
« de ses sentimens de regret, d'estime et de recon-
« naissance, et à lui déclarer que les fonctions d'ins-
« tituteur, dont il se démet, ont paru indépendantes
« de celles de membre du Conseil qu'il remplissait
« avant d'être instituteur ; et qu'en conséquence,
« le Conseil espère qu'il continuera de lui apporter
« le secours de ses lumières et de ses talens, si né-
« cessaires au succès de l'établissement dont il fut
« un des principaux fondateurs. » Après s'être ac-

quitté d'un hommage si légitime envers l'auteur de la *Mécanique analytique*, le Conseil délibérant sur l'événement dont il venait de s'affliger, jugea devoir adopter l'avis contenu dans la lettre de Lagrange, et lui donner pour successeur un troisième instituteur d'analyse, dont les leçons régulières feraient partie des cours obligés. L'unanimité des suffrages se porta sur Lacroix, déjà membre de l'Institut.

Cependant, une grande révolution venait de s'accomplir : le Directoire était tombé ; la domination de Bonaparte commençait. Cet événement, qu'il n'est pas de notre sujet de considérer dans ses rapports avec la prospérité de la France, eut des suites heureuses pour l'Ecole Polytechnique. D'abord, dans la formation du nouveau ministère, après la fameuse journée de Saint-Cloud, le portefeuille qui intéresse le plus l'Ecole, celui du département de l'intérieur, avait été donné à Laplace, l'un des examinateurs de mathématiques ; et la perte, que faisait ainsi le Conseil, d'un nom que l'estime des savans plaçait auprès du nom de Lagrange, était compensée par l'avantage d'avoir pour organe, près du gouvernement, un homme qui connaissait si bien la constitution, la destination, les besoins, les vœux de l'Ecole Polytechnique, et dont l'opinion en cette matière devait avoir un si grand poids. En second lieu, cette loi d'organisation, dont la destinée semblait être de ne pouvoir sortir du Conseil des Anciens, ne portait encore que le caractère de *résolution*, au moment où le dix-huit brumaire avait dissous les deux Conseils. Le nouveau ministre de l'intérieur mit à profit cette circonstance. Le projet fut révisé avec soin, reçut en quelques points d'importantes modifications; et le Gouvernement le fit présenter dans cet état aux deux Commissions de vingt-cinq membres, qui, jusqu'à l'achèvement de la nouvelle constitution, formaient une sorte de législature intermédiaire. Il fut adopté le 16 décembre (25 frimaire an VIII). Nous allons indiquer les dispositions qui ne lui sont pas communes avec le premier projet de Prieur, dont nous avons donné une notice étendue (page 135 à 147), ni avec le même projet modifié par le Conseil des Cinq-Cents (voy. page 189).

Dans le nombre des services publics qui reçoivent leurs élèves de l'Ecole Polytechnique, la nouvelle loi ajoute l'*Artillerie de la Marine*, et retranche l'*Aérostation*.

Le nombre des élèves est élevé de deux cent cinquante à trois cents.

Les limites de l'âge des Candidats sont reportées à seize et vingt ans. Ils doivent être porteurs d'un certificat de l'administration municipale attestant leur bonne conduite et leur attachement à la République; mais on ne leur impose plus l'obligation *d'avoir fréquenté une des écoles nationales d'instruction publique*, ni de répondre à une interrogation *sur les droits et les devoirs du citoyen, et sur la constitution.* « Tout français qui aura fait deux campagnes
« de guerre dans les armées de la République, ou
« un service militaire pendant trois ans, sera admis à
« l'examen jusqu'à l'âge de vingt-six ans accomplis. »

« Chaque candidat déclare à l'examinateur le ser-
« vice public pour lequel il se destine; sa déclara-
« tion est insérée au procès-verbal de son examen,

« et les élèves n'ont pas la faculté de changer leur
« destination primitive. » Les ministres doivent indiquer, avant l'ouverture des examens, le nombre des élèves nécessaire pour remplir les besoins présumés des différens services pendant l'espace de l'année, afin qu'il soit assigné à chacun de ces services un nombre d'élèves au moins égal à celui indiqué par les ministres.

Les élèves admis ont le grade de sergent d'Artillerie, et ils en reçoivent le traitement.

Les objets de l'enseignement sont indiqués dans la loi, comme dans le projet de Prieur, avec cette seule différence que, parmi les *cours d'application de la Géométrie descriptive*, on ajoute aux *Travaux civils*, à la *Fortification*, à l'*Architecture*, et aux *Mines*, les *Constructions navales*; et l'on retranche les *Travaux des arsenaux*.

La loi ne contient, sur le régime et la discipline des élèves, que les dispositions suivantes, renvoyant les détails à un réglement de police qui doit être arrêté par le Conseil de Perfectionnement sur la proposition du Conseil de l'Ecole.—Ceux des élèves de seconde année, qui, à la fin de leur cours refuseraient de se présenter à l'examen pour le service public de leur choix, doivent se retirer de l'Ecole. — Ceux qui n'auront pu être admis dans les services publics doivent se retirer après leur troisième année. Le Conseil de l'Ecole peut leur accorder une quatrième année, « soit pour cause de maladie, soit pour raison
« du défaut de places dans les services publics, soit
« enfin en raison du talent reconnu de ceux qui dé-
« sireraient augmenter leurs connaissances : mais le

« nombre de ces élèves restans ne peut excéder
« vingt. » — La troisième division établie par le projet de Prieur n'est pas maintenue.

Dans le cas d'inconduite, les élèves peuvent être renvoyés de l'Ecole par le Conseil d'Instruction ; mais ce Conseil doit pour cela être composé de douze membres au moins ; il ne peut prononcer le renvoi qu'après avoir entendu les élèves, et qu'aux deux tiers des voix. Les élèves qui quittent l'Ecole, pour quelque raison que ce soit, ne peuvent y être reçus de nouveau qu'après l'intervalle d'une année, et suivant le mode déterminé pour la première admission.

Les élèves sont tenus de porter un habit uniforme ; mais on n'avait pas conservé la disposition de l'ancien projet qui prononçait l'exclusion contre ceux qui seraient trouvés dans un lieu public sans en être revêtus, ni l'article qui infligeait une détention correctionnelle de trois mois à ceux qui abandonneraient l'Ecole sans permission.

Le mode d'examen de sortie, en usage depuis la fin de la quatrième année (voy. page 155), est conservé. Les anciens élèves, sortis de l'Ecole l'année précédente, peuvent y concourir pour cette fois seulement. L'examen pour chaque service doit être fait en présence d'un officier général ou agent supérieur de ce service, désigné chaque année par les ministres respectifs. Le Jury, pour la formation de la liste par ordre de mérite, est composé des quatre examinateurs et du directeur de l'Ecole.

Les deux examinateurs pour les mathématiques ont en outre des fonctions permanentes à l'Ecole, pour prendre connaissance, dans le courant de l'année, des progrès des élèves.

Les élèves de première année subissent aussi un examen régulier pour passer dans la division de seconde année. Ceux qui ne sont pas jugés capables d'y être admis peuvent rester encore une année, après laquelle ils se retirent de l'Ecole, si, par l'effet de l'examen, ils n'ont pas mérité de passer à la division de seconde année.

« Les agens chargés en chef de l'instruction, de la surveillance et de l'administration de l'École, sont :

Quatre instituteurs d'analyse et mécanique ;

Quatre instituteurs de géométrie pure et appliquée ;

Trois instituteurs de chimie ;

Un instituteur de physique générale ;

Un instituteur de dessin ;

Un inspecteur des élèves ;

Un adjoint à l'inspecteur des élèves, chargé du cours d'architecture ;

Un administrateur ;

Un officier de santé ;

Un bibliothécaire, faisant les fonctions de secrétaire.

« Ces dix-huit instituteurs ou agens en chef composent le Conseil d'instruction et d'administration, lequel est présidé par le Directeur ou son suppléant, pris l'un et l'autre parmi les instituteurs.

Au-dessus de ce Conseil, seul chargé, depuis la création de l'Ecole, d'en diriger ou surveiller tous les services, la loi nouvelle établit un autre Conseil, auquel est dévolue une partie des attributions du premier. Cette institution avait paru, dans les deux projets de l'année précédente, d'abord sous le nom de *Jury d'Instruction*, ensuite sous la dénomination plus convenable de *Conseil de Perfectionnement*, que la loi lui conserve. Sa composition est un peu différente de celle que l'ancien projet donnait au *Jury d'Instruction* (voyez page 139). Aux deux examinateurs de mathématiques sont ajoutés les deux examinateurs pour la géométrie descriptive, la physique et la chimie. Il y a trois membres de l'Institut au lieu de deux, et quatre commissaires du Conseil de l'Ecole au lieu de trois. Enfin, les officiers généraux ou agens supérieurs des services publics doivent être ceux qui auront été présens aux examens de sortie. Le Conseil de perfectionnement tient ses séances de la fin d'octobre à la fin de novembre (en brumaire). Il fait, chaque année, un rapport sur la situation de l'Ecole et sur les résultats qu'elle aura donnés pour l'utilité publique. Il s'occupe, en même temps, des moyens de perfectionner l'instruction, et des rectifications à opérer dans les programmes d'enseignement et d'examen.

Ce Conseil, avec la composition qui lui était assignée, se trouvait éminemment propre « à fixer la « relation nécessaire entre l'Ecole Polytechnique et « les Ecoles d'application des services publics. » Un article de la loi ordonne « qu'il soit fait incessamment « toutes les dispositions » pour atteindre ce but ; et l'article suivant porte que « chaque ministre, en ce « qui le concerne, chargera les officiers généraux « ou agens supérieurs des services publics, faisant

« partie du Conseil de perfectionnement, de propo-
« ser audit Conseil des programmes d'instruction
« pour les Ecoles d'application, de manière que l'en-
« seignement y soit en harmonie et entièrement
« coordonné avec celui de l'Ecole Polytechnique. »
Ces programmes doivent être approuvés et arrêtés
définitivement par les ministres respectifs, pour être
ensuite rendus publics, et suivis dans les Ecoles d'application. Une disposition spéciale a pour objet de
faire cesser désormais les examens abusifs de Châlons.

Sans rien statuer sur le nombre et le traitement
des agens secondaires de l'instruction et de l'administration, la loi fixe la somme qui ne pourra être
excédée par leurs traitemens (61,400 francs), et laisse
le soin du reste au Conseil de l'Ecole, sauf l'approbation du ministre.

Les deux examinateurs de mathématiques en service permanent sont nommés par le gouvernement
sur la présentation du Conseil de perfectionnement.
Les autres examinateurs sont appelés, chaque année,
à leurs fonctions par le ministre de l'intérieur. La
présentation du Conseil de l'Ecole n'est plus nécessaire pour la nomination du directeur ni des autres
membres qui composent le Conseil. Ces nominations
sont faites directement par le ministre. Celle du directeur doit être renouvelée après la troisième année.
Le suppléant du directeur est choisi, chaque année,
par le Conseil de l'Ecole. C'est aussi ce Conseil qui
nomme les agens secondaires; mais ils doivent être
approuvés par le ministre de l'intérieur.

La loi ne détermine pas la quotité du traitement

des membres du Conseil d'instruction et d'administration. Elle se borne à dire que le traitement de chacun d'eux sera égal à « celui affecté aux fonctions « analogues, au Muséum d'Histoire Naturelle et à « l'Ecole de Santé (de Médecine) de Paris. » Cet article avait sans doute pour objet de faire droit aux plaintes élevées par le Conseil, à la fin de l'année précédente, sur ce que les professeurs de quelques autres établissemens avaient un traitement supérieur à celui de ses membres. « Les deux examinateurs de « mathématiques en service permanent jouissent du « même traitement que les instituteurs. Les autres « examinateurs jouissent aussi du même traitement, « mais pendant trois mois seulement, sauf une in- « demnité pour frais de voyage. » Le directeur reçoit, avec son traitement d'instituteur, une indemnité annuelle de deux mille francs.

Outre la solde de sergent d'artillerie (98 centimes par jour) accordée à tous les élèves, il est alloué une somme de vingt mille francs par an, dont la distribution doit être réglée par le Conseil d'Instruction, à raison de dix-huit francs par mois au plus, aux élèves qui lui auront justifié ne pouvoir se passer de ce secours.

La somme affectée aux consommations journalières des élèves, aux expériences de physique et de chimie, au perfectionnement des portefeuilles et collections, aux dépenses d'entretien des bâtimens et aux frais de tournée pour les examens, ne peut excéder soixante et un mille cinq cents francs. Cette somme doit être répartie d'après les arrêtés du Conseil de perfectionnement et les états estimatifs de l'administration, approuvés par le ministre de l'intérieur.

La nouvelle loi d'organisation fut reçue avec reconnaissance. Non-seulement elle mettait fin aux incertitudes et aux langueurs d'un état provisoire qui pesait sur l'Ecole depuis plus de trente mois, mais elle satisfaisait complétement aux vœux des membres et des amis de cette institution. L'enseignement était fondé sur de larges bases et doté de moyens suffisans. La trace des premières idées des fondateurs s'y voyait encore profondément empreinte dans ces *Cours d'Application*, dont l'Ecole Polytechnique tendit toujours depuis à se dégager, jusqu'à ce que son enseignement ne fût plus composé que des sciences et des arts d'une utilité commune à tous les services dont elle est le séminaire. Le Conseil de Perfectionnement était un précieux régulateur, qui allait entretenir l'harmonie entre elle et les services publics, en l'empêchant de dévier de sa destination essentielle, qui est de former des ingénieurs et non pas seulement des savans. Le privilége sortait vainqueur de tous les assauts qu'il avait soutenus pendant deux ans. Enfin cette nouvelle naissance de l'Ecole, datant de la création d'un gouvernement nouveau, qui semblait offrir un gage infaillible de durée, la force unie à la modération, tout concourait à faire présager un avenir tranquille et prospère; et cet avenir ne trompa point les espérances dont chacun se plaisait alors à l'embellir.

LIVRE QUATRIÈME.

1800-1805. — VI-XI DE L'ÉCOLE.

Peu de jours après l'ouverture des cours de la sixième année, Monge, Berthollet, et plus tard Laplace, qui remit le portefeuille de l'intérieur à Lucien Bonaparte, furent promus à la dignité de Sénateurs. La joie que le Conseil en ressentit fut sans mélange à l'égard des deux premiers, qui, en lui annonçant leur élévation dans l'ordre politique, se hâtèrent de déclarer qu'ils continueraient leurs fonctions de professeurs, sans autre titre que celui de membres du Conseil d'Instruction, et en laissant à l'Ecole les appointemens attribués à ces fonctions, pour être consacrés aux travaux de perfectionnement entrepris par les instituteurs. Le conseil accepta ces offres avec une vive reconnaissance; puis, d'un vote unanime, il désigna Guyton de Morveau pour remplacer Monge dans la charge triennale de directeur. Le célèbre géomètre Legendre obtint l'emploi d'examinateur permanent, laissé vacant par Laplace; et la quatrième chaire de mathématiques établie par la nouvelle organisation fut donnée à Labey, ancien professeur à l'Ecole royale Militaire, puis à l'Ecole spéciale de l'Artillerie, et traducteur estimé de l'*Introduction à l'analyse infinitésimale* d'Euler.

La disposition récente d'après laquelle chaque candidat était tenu de déclarer le service pour lequel il voulait concourir, reçut une application rétroactive à l'égard des élèves. Ils furent appelés à faire cette déclaration, suivant le rang qu'ils occupaient dans la liste par ordre de mérite, et après qu'on eut dressé le tableau que voici :

Services.	Nombre de places à remplir.	Nombre de concurrens jugés nécessaires.
Artillerie de terre	25	40
de marine	8	12
Génie maritime	3	9
Génie militaire	12	25
Ingénieurs-géographes	2	6
Mines	2	6
Ponts et Chaussées	10	22
	62	120

Nous n'avons pu découvrir les motifs qui déterminèrent le Conseil à adopter une répartition d'après laquelle le Génie maritime, le corps des Mines et celui des Ingénieurs-géographes avaient trois concurrens pour une place, tandis que le Génie militaire et le corps des Ponts et Chaussées n'en recevaient qu'un peu plus de deux, et qu'il n'en était donné qu'environ un et demi à chacun des corps d'Artillerie de terre et de mer.

Tout étant ainsi réglé conformément à la nouvelle organisation, le Conseil porta son attention sur l'instruction des élèves, et il lui sembla urgent de prendre quelques mesures pour rendre l'enseignement des parties mathématiques plus fructueux. Le cours de mécanique, qui était tout entier dans la seconde année d'études, fut partagé entre les deux années ; on fit une nouvelle distribution des cours et travaux de la première année, dans la vue de fortifier l'étude de l'analyse ; mais ces moyens n'eurent pas le succès qu'on en espérait, et le Conseil reconnut, d'après le rapport des instituteurs, des répétiteurs et des chefs de brigade, qu'un grand nombre d'élèves de la dernière promotion n'avaient pas le degré d'instruction nécessaire pour suivre les cours de l'Ecole. Afin de prévenir le retour d'un si grave inconvénient, un nouveau programme d'admission, présenté par Monge, fut envoyé au ministre, avec une invitation pressante de lui donner la plus prompte publicité. Ce programme, dont les divisions principales sont les mêmes que l'année précédente, se rapproche, par les détails qu'il renferme à l'égard de l'algèbre et de son application à la géométrie, de celui qui est aujourd'hui en usage. Il est terminé par des observations sur les méthodes à suivre dans quelques parties de l'enseignement des candidats.

Ces mesures ne tranquillisèrent pas entièrement le Conseil sur un objet qui est en effet d'une grande importance, puisque, de l'instruction des candidats admis, dépend le succès de l'enseignement qu'ils reçoivent à l'Ecole, et par conséquent l'utilité et la gloire de l'Etablissement. On obtint du ministre qu'il adresserait le nouveau programme directement à tous les professeurs de mathématiques des Ecoles centrales, en accompagnant cet envoi d'une lettre qui donnerait à ces professeurs quelques directions pour leur enseignement. Cette lettre, écrite depuis plus de trente ans, et dont il ne subsiste peut-être plus un seul exemplaire, nous a paru digne, par les questions qui y sont traitées et par les aperçus qu'elle renferme, d'être consignée dans cette histoire. C'est un des plus anciens monumens de l'influence exercée par l'Ecole Polytechnique sur l'enseignement des mathématiques dans les écoles de France.

Le début est un hommage « à la liberté qui doit
« régner dans la république des lettres. » Le ministre reconnaît « qu'il serait funeste au progrès des
« lumières d'exiger que l'enseignement fût uniforme
« dans toutes les écoles publiques. On étoufferait
« ainsi l'émulation des maîtres, on éteindrait en eux
« le désir de travailler à perfectionner les méthodes ;
« enfin, on ferait disparaître cette heureuse variété
« que la diversité d'enseignement répand ou entre-
« tient dans l'esprit de ceux qui cultivent les sciences,
« et qui les porte à s'y frayer des routes nouvelles.
« Mais il y aurait aussi des inconvéniens très-graves
« à ne pas engager les professeurs à tendre, en gé-
« néral, vers un même but, et à n'employer, pour y
« parvenir, que des moyens qui soient d'accord avec
« l'état de la science. A ne considérer que la vérité
« absolue des propositions, la partie élémentaire des
« mathématiques ne paraît pas susceptible de ces ré-
« volutions que de nouvelles découvertes amènent
« nécessairement dans les sciences physiques. Ce-
« pendant, l'enseignement de cette branche de nos
« connaissances doit changer de forme lorsque des
« progrès ultérieurs ont fait apercevoir de nouveaux
« rapports entre des propositions qui paraissent iso-

« lées les ont rattachées à des méthodes générales
« qui ont fait sentir la nécessité de coordonner sur
« un nouveau plan les résultats anciennement obte-
« nus. Les leçons données à l'Ecole Normale par La-
« grange et Laplace sont la preuve la plus directe
« de cette assertion, et contiennent en même temps
« d'excellens matériaux pour former un cours assorti
« aux progrès que les mathématiques ont faits de nos
« jours. Déjà, depuis plusieurs années, on a publié
« des ouvrages élémentaires, où l'on s'est empressé
« de suivre la direction donnée par ces deux illus-
« tres géomètres. » Le ministre termine cette espèce
de préambule, en faisant connaître que les vues qu'il
va exposer « sur les moyens de mettre l'enseignement
« des Ecoles centrales en contact avec celui de l'E-
« cole Polytechnique, » lui ont été soumises par les
instituteurs de cette Ecole, qui, « en développant
« les parties les plus transcendantes des mathéma-
« tiques à des élèves formés dans les divers départe-
« mens de la France, ont eu de fréquentes occasions
« de remarquer le trop grand intervalle que la marche
« ordinaire des élémens laisse à franchir pour s'éle-
« ver aux idées générales sans lesquelles on ne peut
« suivre les théories nouvelles. » Nous rapportons
textuellement le reste de cette circulaire :

« Les jeunes gens ne peuvent saisir les méthodes
« générales de l'analyse, lorsque le mécanisme du
« calcul absorbe seul toute la partie de leur atten-
« tion qu'exigeait le développement de la marche et
« de l'esprit de ces méthodes. Il faut donc exercer
« de bonne heure vos élèves aux opérations arithméti-
« ques et algébriques, et leur faire faire de fréquentes

« applications des méthodes que vous leur enseigne-
« rez. Vous aurez observé sans doute que la di-
« vision algébrique et la recherche du plus grand
« commun diviseur sont assez mal présentées dans la
« plupart des élémens d'algèbre, et méritent pourtant
« une attention spéciale ; vous aurez sûrement cher-
« ché à y suppléer, soit par vous-même, soit en consul-
« tant quelque ouvrage récent où l'on ait exposé ces
« opérations dans leur véritable jour. *Préférez dans*
« *l'enseignement les méthodes générales ; atta-*
« *chez-vous à les présenter de la manière la plus*
« *simple ; et vous verrez en même temps qu'elles*
« *sont presque toujours les plus faciles*, a dit La-
« place (Journal des Séances de l'Ecole Normale).
« En vous attachant à celles de ces méthodes qui con-
« viennent aux élémens d'algèbre et qui renferment
« souvent le germe des autres, vous préparerez vos
« élèves à saisir ces dernières dès qu'elles seront mises
« sous leurs yeux, et vous rendrez la langue analyti-
« que uniforme dans toute leur étendue ; avantage qui
« n'est point à dédaigner. Il convient aussi d'apporter
« le plus grand soin à montrer, dès les premières no-
« tions de l'algèbre, que ce n'est qu'une écriture abré-
« gée propre à représenter les raisonnemens géné-
« raux que l'on fait sur les grandeurs, à les réduire
« en règles aussi évidentes que faciles, et qu'on peut
« toujours en traduire les résultats en langage ordi-
« naire, lorsqu'ils ne sont pas très-compliqués. En
« suivant cette marche, vous pourrez employer avec
« succès l'algèbre à la démonstration des principales
« propriétés des proportions, des progressions et des
« logarithmes. On s'est plaint quelquefois que ces dé-

« monstrations n'exerçaient pas autant le jugement
« que celles que l'on donnait des mêmes propositions,
« lorsqu'on les présentait en arithmétique. Mais
« cette objection, qui peut être fondée quand l'élève
« se contente d'effectuer pour ainsi dire mécani-
« quement le calcul pour arriver au résultat, tombe
« d'elle-même, s'il développe la marche de son cal-
« cul, et s'il en déduit le raisonnement qui s'y trouve
« implicitement écrit. » La dernière partie de la lettre
renferme des considérations sur l'enseignement de la
géométrie. « La rigueur dans les démonstrations géo-
« métriques, que l'on abrège par la considération
« de l'infini, ne pouvant s'obtenir que par des rai-
« sonnemens délicats, et avec le secours de propo-
« sitions préliminaires dont l'ensemble est très-propre
« à exercer l'esprit et à fortifier l'attention, doit être
« scrupuleusement observée, parce qu'elle prépare
« l'élève aux considérations difficiles qui l'occuperont
« dans la suite. En insistant sur les plans et les so-
« lides, on accoutume les jeunes gens à se représen-
« ter les formes des corps et à imaginer de nouvelles
« combinaisons de ces formes : exercice indispensable
« aux candidats qui se destinent à l'Ecole Polytech-
« nique, où ils recevront des leçons de géométrie
« descriptive, et qui n'est pas moins utile à tous ceux
« qui auront à diriger des constructions, à concevoir
« des machines, ou à se rendre compte de leurs ef-
« fets, d'après un dessin ou une description. La théorie
« des sections coniques, surchargée autrefois de
« propositions minutieuses, et pour la plupart de
« pure curiosité, ne doit plus être considérée au-
« jourd'hui que comme un cas particulier de celle

« des courbes représentées en général par une équa-
« tion algébrique à deux indéterminées. Le premier
« anneau de cette chaîne est la ligne droite, dont les
« propriétés sont aussi renfermées dans l'équation
« du premier degré qui lui correspond. Tel est le
« point de vue qu'on a indiqué dans la partie du pro-
« gramme qui concerne l'application de l'algèbre à
« la géométrie, et sous lequel cette matière a été trai-
« tée dans plusieurs ouvrages assez répandus. »

Le Conseil reçut deux lettres contenant des observations relatives au programme et aux examens d'admission. La première, qui était pseudonyme, n'indiquait aucun point d'une discussion utile. La seconde, adressée au ministre de l'intérieur par le professeur Gergonne, qui occupait alors la chaire de mathématiques de l'Ecole centrale de Nismes (1), fut transmise au Conseil pour avoir son opinion sur les quatre articles qu'elle renfermait. Les deux premiers avaient simplement pour objet de demander que le programme d'admission fût publié long-temps avant les examens, et que ceux-ci fussent toujours ouverts dans chaque ville à l'époque annoncée. Dans le troisième article, l'auteur de la lettre proposait « qu'un exa-
« men, par compositions écrites, fût employé concur-
« remment avec l'examen oral, pour donner à l'exa-
« minateur toute la certitude possible sur la véritable
« capacité des candidats. » Le Conseil déclara que cette question avait déjà fait plusieurs fois l'objet de ses délibérations; que la nécessité de perfectionner le mode d'examen était généralement reconnue; mais

(1) C'est le savant estimable qui dirige la publication des Annales de Mathématiques pures et appliquées.

que cette tâche était réservée au Conseil de perfectionnement, auquel elle serait présentée comme l'une des plus intéressantes pour le succès de l'Ecole. Le quatrième article n'est pas moins digne d'attention. Le professeur y témoigne la crainte « que le plus « grand nombre des places ne soit accordé aux candi- « dats examinés à Paris, ce qui détruirait l'émulation « dans les départemens, et serait même injuste, en « ce qu'une moindre instruction acquise sans secours « prouve quelquefois plus de capacité qu'une instruc- « tion supérieure acquise avec tous les secours que « fournit la capitale. » Le Conseil, dans sa réponse, reconnaît la sagesse de ces réflexions, et pose en principe, que « les places à l'Ecole Polytechnique doivent « être le prix d'encouragement pour ceux qui se seront distingués dans les Ecoles centrales. » Puis il fait voir que les deux derniers examens, loin de fournir un motif aux craintes manifestées, ont offert un résultat tout opposé; puisque, sur trois cent quarante-cinq candidats examinés dans les départemens, il en a été admis cent vingt-cinq, ou trente-six sur cent; tandis que sur quatre cent trente-trois examinés à Paris, il n'en a été reçu que cent quarante-quatre, ou trente-trois sur cent (1).

L'Ecole contribuait encore d'une autre manière, moins directe et moins prompte, mais peut-être plus certaine, à la propagation des bonnes méthodes d'enseignement, en formant elle-même des professeurs

(1) La proportion est différente, si l'on considère la totalité des promotions. Sur 5765 candidats examinés dans les départemens avant l'année 1827, il en a été admis 2306, ou 40 sur 100; et, sur 4103 examinés à Paris, dans le même espace de temps, il en a été reçu 1887, ou 46 sur 100.

pour diverses branches de connaissances. Dans le cours de cette année, une réunion d'anciens élèves, auxquels s'était joint Thenard, soumit au Conseil le plan d'une association qu'ils avaient formée pour l'enseignement des sciences mathématiques, physiques et chimiques, à quoi ils ajoutèrent bientôt après une salle de tracés graphiques, en faveur des artistes qui s'adonneraient à la géométrie descriptive. Le Conseil applaudit à ce projet, qui lui parut « propre à répandre dans toute la France une mé- « thode d'enseignement sûre et uniforme. » Il se plut à reconnaître dans les membres de cette association « ses anciens élèves les plus distingués (1), » et arrêta que le Directeur les encouragerait, en son nom, dans leur entreprise, et leur en faciliterait même l'exécution autant que possible.

Pendant que le Conseil favorisait ainsi la création d'une espèce d'Ecole Polytechnique secondaire, il avait besoin lui-même d'un surcroît de zèle et de dévouement pour lutter contre les pénibles circonstances dont il était entouré. Le nouveau gouvernement, à peine établi, avait porté toute sa sollicitude sur les besoins de la guerre. La glorieuse campagne, dont Engen et Marengo avaient illustré le début, et que Moreau devait terminer avec tant d'éclat dans les champs de Hohenlinden; la nécessité de réparer les désastres et les fautes des deux années précédentes; tout commandait à l'administration de l'Etat la plus rigoureuse épargne. La solde et les traitemens

---

(1) C'étaient Desormes, Poisson, J.-B Hubert, Baducl, Cautecort, Coïc et J.-B.-L.-H.-N. Barthélemy. — *Voyez ces noms dans la liste générale.*

se payaient, à la vérité, avec assez d'exactitude ; mais beaucoup d'autres dépenses étaient privées des fonds qui leur étaient attribués. Toutes celles du matériel de l'Ecole se trouvaient dans ce cas. L'impression du septième cahier du Journal était suspendue, faute de l'argent nécessaire pour en acquitter les frais. Dès les premiers jours de l'année, le Ministre de l'intérieur avait reçu de pressantes réclamations sur cette pénurie ; ces réclamations, plusieurs fois renouvelées, étaient toujours demeurées sans succès : l'Ecole avait épuisé son crédit, et se trouvait endettée de près de quarante mille francs. Le Conseil décida, pour dernière ressource, que chacun de ses membres laisserait une partie de son traitement pour subvenir au service du matériel. Les appointemens d'instituteur, abandonnés à l'Ecole par Monge et par Berthollet, auraient été de quelque secours. Mais un article de la Constitution, qui interdisait aux sénateurs toute autre fonction publique, ne permettait pas qu'il leur fût alloué un second traitement. Il vint un autre secours du même genre. Fourcroy, nommé Conseiller d'Etat, imita le généreux exemple donné par ses deux illustres confrères. Il continua de remplir les fonctions d'instituteur ; et le traitement qui lui était dû à ce titre fut appliqué, sur sa demande, aux frais des manipulations chimiques. Plusieurs élèves firent aussi le sacrifice de leur solde en faveur de leurs camarades nécessiteux. On adopta, pour cette espèce de recette et de dépense, un mode de comptabilité digne d'être cité. Les noms des bienfaiteurs et des donataires restaient inconnus ; la recette était indiquée, chaque mois, en somme ; ensuite la répartition entre tel ou tel nombre d'élèves, désignés seulement par les deux premières lettres de leurs noms, et les quittances étaient déchirées aussitôt après la vérification.

Les observations faites, dans le cours de l'année, sur la faiblesse du plus grand nombre des candidats admis, n'avaient pas donné lieu d'espérer que les examens intérieurs offriraient des résultats bien satisfaisans ; et, en effet, plus de la moitié des élèves de chaque division ne furent pas trouvés assez instruits pour passer, soit aux cours de la deuxième année, soit aux écoles d'application. Vingt d'entre eux, qui avaient achevé le temps déterminé par la loi, se retirèrent. Telle était la situation de l'Ecole, lorsque le Conseil de perfectionnement ouvrit sa première session.

Ce fut sans doute une heureuse idée, que de placer près de l'Ecole Polytechnique, et hors d'elle, une réunion d'hommes éclairés, dont la mission est d'observer sa marche et de la diriger. Il n'est que trop ordinaire aux établissemens livrés à eux-mêmes de s'assoupir dans les mouvemens uniformes de leur routine, ou de s'ordonner d'après certaines idées fixes et stationnaires, et même d'après de simples convenances privées. Cet état, qui caractérise la vieillesse, achemine rapidement vers la mort, à moins qu'une main régénératrice ne vienne rajeunir des organes émoussés et y répandre un nouveau principe de vie. Mais de telles révolutions, dépendantes d'ailleurs des chances ignorées de l'avenir, ne réparent pas le mal produit, et n'empêchent pas le cours des années d'en ramener les causes. Il est donc préférable que l'action vivifiante soit régulière, continue, ou du moins fréquemment renouvelée, parce qu'alors le bien s'opère avec promptitude et avec suite, le mal est bientôt aperçu et comprimé ; tout s'accroît, s'améliore, et rien ne dépérit : une longue et robuste jeunesse est suivie d'une perpétuelle virilité. L'institution dont nous allons faire connaître les premiers travaux était avantageusement combinée pour produire ces précieux résultats. Toutefois, une chose était à craindre. Des hommes étrangers à l'Ecole pouvaient apporter ou des préventions contraires ou des notions incomplètes sur sa constitution, et tenter de faire prévaloir des vues systématiques en discordance avec les vrais principes de l'Etablissement. Mais, d'abord, la loi avait beaucoup atténué cet inconvénient, en introduisant dans le Conseil de perfectionnement un assez grand nombre de membres de l'Ecole : le Directeur, quatre commissaires du Conseil d'instruction, et même les quatre examinateurs pour l'admission dans les services publics, dont deux avaient des fonctions permanentes dans l'Ecole, et formaient ainsi une sorte d'intermédiaire, un lien réciproque entre les deux Conseils. En second lieu, si quelque inquiétude avait pu s'élever sur ce sujet, la composition du premier Conseil de perfectionnement ne pouvait y donner aucun prétexte. Les trois membres envoyés par l'Institut étaient ceux que l'Ecole aurait choisis elle-même : Laplace, Monge, Berthollet(1); et, parmi les fonctionnaires des services

(1) Le même choix se renouvela pendant plusieurs années consécutives, après lesquelles Monge siégea long-temps comme commissaire du Conseil d'instruction, et fut remplacé, en qualité de commissaire de

publics, on voyait siéger Prieur, comme officier supérieur du Génie, et Prony, en qualité de Directeur de l'Ecole des ingénieurs-géographes. Les représentans des autres services étaient les généraux Gassendy et Dubouchage, pour l'artillerie de terre et de mer; l'inspecteur général Lebrun, du Corps des Ponts et Chaussées, le Directeur de l'Ecole des ingénieurs de vaisseaux, Vial de Clairbois; et Lelièvre, membre du Conseil des Mines.

L'instruction, la discipline, et l'administration devaient occuper tour à tour la sollicitude du Conseil de perfectionnement. Ses premiers soins furent pour l'instruction. *Le programme de l'examen d'admission* ne demeura ni aussi elevé, ni aussi détaillé que l'avait fait dernièrement le Conseil de l'Ecole; mais il y fut ajouté cette condition toute nouvelle : « Les « candidats sont tenus d'écrire, sous la dictée de « l'examinateur, quelques phrases françaises, pour « constater qu'ils savent écrire correctement leur « langue. » L'un des motifs présentés à l'appui de cette addition fut « l'exemple assez commun d'élèves « déjà avancés dans l'étude des sciences exactes, qui « cependant ne savaient pas même l'orthographe. » On avait proposé d'y joindre la connaissance de la langue latine et même de la littérature française. Le Conseil jugea « que les circonstances actuelles ne « permettaient pas d'exiger des connaissances aussi « étendues. » Tant était déjà large et profonde la plaie que trois ou quatre années d'interruption des études classiques avaient faite dans l'instruction de

l'Institut, par Lagrange. — Voyez à l'Appendice le tableau des membres du Conseil de perfectionnement.

la jeunesse ! Le *cours d'analyse*, divisé en analyse algébrique, calcul différentiel, et calcul intégral, subit de légères modifications. Notablement réduit l'année précédente, il éprouva, cette année, une diminution nouvelle et assez forte dans le nombre des leçons (1). *Le cours de mécanique*, au contraire, reçut une augmentation assez considérable ; et le partage qui venait d'en être fait entre les deux années fut maintenu. La distribution des matières de l'un et de l'autre cours fut laissée, sous l'approbation du Conseil de l'Ecole, aux instituteurs eux-mêmes, qui, sans pouvoir rien changer au nombre et à la nature des objets contenus au programme, eurent pleine liberté d'établir entre ces objets l'ordre et les proportions qui sembleraient les plus utiles au succès des cours. L'enseignement de la *géométrie descriptive*, comprenant la stéréotomie, la perspective, la projection des ombres, des notions de gnomonique et de géographie, et l'analyse appliquée à la géométrie des trois dimensions, ne fut l'objet d'aucune disposition nouvelle. *Le cours de physique*, qui était renfermé dans la première année d'études, fut réparti entre les deux années, et le nombre de ses leçons presque doublé. On y fit entrer des notions *d'astronomie physique* assez étendues. *Le cours sur les élémens des machines*, qui avait subi, cette année, une forte réduction, n'est plus indiqué au programme, quoique prescrit par la loi d'organisation. L'enseignement de *la chimie* reçut la distribution suivante : première année, cours de *chimie*

---

(1) Voyez, à l'Appendice, le tableau de la répartition proportionnelle du temps entre les diverses branches de l'enseignement : année 1801.

théorique, par Fourcroy ; seconde année, cours de *chimie minérale appliquée aux arts*, par Guyton de Morveau ; cours de *chimie végétale et animale appliquée aux arts*, et cours de *chimie pratique*, par Berthollet : cette dernière partie était destinée à diriger les élèves dans l'art des expériences chimiques, et à les familiariser avec les manipulations. Le nombre des leçons de chimie fut diminué d'un dixième. *Le dessin de la figure et du paysage* éprouva aussi une légère réduction, quoique le nombre des élèves qui arrivaient sans aucune pratique de cet art fût alors très-considérable. Le programme renferme une disposition portant qu'il y aura, tous les trois mois, un concours où les élèves seront obligés de faire un dessin dans un espace de temps déterminé. Tous ces dessins de concours doivent être présentés à l'examinateur. Les meilleurs seront exposés dans les salles de travail. Les trois maîtres qui secondaient l'instituteur de dessin, et que l'on nommait *maîtres externes*, furent soumis, comme les répétiteurs, à la réélection annuelle.

A ces branches d'enseignement, dont l'utilité pour toutes les professions ouvertes aux élèves n'était pas mise en doute, succédèrent, dans les délibérations du Conseil, celles dont la spécialité avait déjà excité beaucoup de réclamations ; c'étaient les cours d'application de la géométrie descriptive à *la Fortification, aux Travaux civils ou publics, aux Travaux des Mines* et à l'*Architecture*. Le rapport qui accompagne le programme du premier de ces cours en renferme la commune apologie. On y fait remarquer que cette instruction « diffère essentiellement de celle qui a lieu

« dans les écoles spéciales, en ce que les professeurs
« de l'Ecole Polytechnique présentent, à la vérité, le
« tableau complet de l'art, mais en ne le considé-
« rant que par ses masses et les vues générales dont il
« est susceptible. Les seuls détails, » ajoute-t-on, « que
« le professeur s'y permette, sont ceux qui peuvent
« être utiles à la totalité des élèves, ou qui donnent
« lieu à des applications de la géométrie descriptive,
« propres à leur donner l'habitude des différentes
« sortes de dessin. » On fait pareillement remarquer, dans le préambule du programme du cours relatif aux Travaux des Mines, que les notions qu'il
renferme, quoique très-générales, auront cependant
une grande utilité, « soit comme introduction aux
» études nécessaires des élèves voués au service des
« Mines, soit comme indication, aux élèves des autres
« services, de plusieurs connaissances, procédés,
« méthodes ou instrumens qu'ils peuvent aussi mettre
« à profit, soit enfin pour tous les élèves, comme ap-
« plication de la géométrie descriptive, tendant à les
« former de plus en plus à la pratique des projec-
« tions. » Le Conseil de perfectionnement adopta ces
vues sur l'utilité des cours d'application, qu'il présente, dans son rapport au gouvernement, comme
« devant servir, tout à la fois, à préparer plus direc-
« tement, pour chaque service, les sujets qui s'y
« destinent, et à donner aux autres les premières
« notions qu'ils ne trouveraient plus occasion d'ac-
« quérir, et qui servent si utilement dans l'exercice
« même des professions auxquelles elles paraissent le
« plus étrangères. » Nous dirons bientôt quelles objections s'élevèrent, peu d'années après, contre ces

mêmes cours, et leur firent appliquer des modifications qui équivalaient à peu près à leur suppression. Pour cette fois, ils demeurèrent sans aucun changement, si ce n'est dans le nombre des leçons, qui fut réduit de près d'un tiers pour les Travaux civils, et d'un sixième pour l'Architecture et les Travaux des Mines; tandis que le nombre des dessins exigés des élèves pour ces trois cours fut au contraire augmenté. Le nombre des leçons et des épures de Fortification resta comme l'année précédente (1).

Le Conseil termina la révision des programmes, en exprimant le vœu de les voir « développés dans des « *ouvrages rédigés par les professeurs, pour l'u-* « *sage spécial de l'Ecole;* » et il invita le Conseil d'instruction « à prendre les mesures les plus actives « pour l'exécution de ce projet, dès la présente année. »

Le réglement de police et discipline de 1798 fut conservé. On y introduisit seulement une disposition, d'après laquelle le chef d'une brigade, ou son suppléant, encourait la peine des arrêts, lorsque les chefs de l'Ecole apercevaient, dans sa brigade, un désordre dont les auteurs ne pouvaient être reconnus. Cet article semblerait indiquer que le zèle ou la fermeté des chefs de brigade avait besoin d'être soutenu. Cependant le Conseil, dans son rapport, se loue des heureux résultats de l'autorité confiée aux chefs de brigade, tout en demandant néanmoins qu'une légère marque distinctive soit ajoutée à leur uniforme, pour leur « imprimer plus puissamment le « sentiment du devoir de la surveillance, et aux élèves « celui de la subordination. »

(1) Voyez le tableau de la répartition du temps, années 1799 et 1801.

La *répartition de la somme affectée aux dépenses annuelles du matériel* devait être faite par le Conseil de perfectionnement. Sur cette somme, que la dernière loi d'organisation avait fixée à soixante-et-un mille cinq cents francs, il en fut assigné quatorze mille pour les dépenses directes de l'instruction. Mais l'Ecole en reçut à peine les trois quarts pendant l'année 1801; la réduction fut encore plus forte, pendant les années suivantes; et il fallut recourir de nouveau à la bourse des membres du Conseil.

Après tous ces soins consacrés à l'Ecole Polytechnique, un travail important restait à faire. La loi d'organisation chargeait le Conseil de perfectionnement de réviser les programmes d'instruction des Ecoles de services publics, « de manière que l'ensei- « gnement y fût en harmonie et entièrement coor- « donné avec celui de l'Ecole Polytechnique. » Ces programmes devaient en effet sortir améliorés des discussions d'une assemblée devant laquelle, en présence des hommes les plus célèbres dans les diverses branches de connaissances enseignées à l'Ecole, les services publics venaient en quelque sorte rendre compte de l'emploi qu'ils faisaient de la culture scientifique que leurs élèves y avaient reçue, et soumettaient à une mutuelle et bienveillante censure le plan d'instruction de chaque école spéciale. Ces précieuses communications ne pouvaient manquer de tourner à l'avantage commun. Une combinaison heureuse, une idée utile apparaissait-elle dans un programme, elle allait bientôt enrichir et perfectionner tous les autres, modifiée selon la nature du service qui se l'appropriait. Les résistances, souvent si formidables, des anciennes habitudes ne pouvaient faire obstacle à l'introduction des vues nouvelles, dans un Conseil composé d'hommes éclairés, parmi lesquels chaque corps, trop attaché à d'aveugles traditions, se serait trouvé seul contre tous. Enfin l'enseignement de l'Ecole Polytechnique elle-même devait aussi s'améliorer, c'est-à-dire, s'adapter de mieux en mieux à sa vraie destination, par des discussions dans lesquelles chaque service exposait ses besoins scientifiques, faisant ainsi connaître quelles parties de l'instruction de l'Ecole commune étaient ou trop étendues ou trop restreintes, ce qui était à créer, à retrancher, à modifier. Les premières pages de cette histoire contenant un aperçu de la situation des écoles des services publics au moment où fut établie l'Ecole Polytechnique, il ne semblera pas hors de propos d'indiquer ici à quelle situation ces écoles étaient parvenues, après six années d'existence de celle qui a pour but essentiel de leur préparer des élèves.

L'*Ecole d'Artillerie* n'avait fait aucun progrès. Nous avons dit plusieurs fois qu'elle avait continué de recevoir des élèves, d'après des examens particuliers, suivant le mode en usage avant la création de l'Ecole Polytechnique. Ces élèves y faisaient leur occupation principale de l'étude des mathématiques; en sorte qu'à l'exception de quelques dessins de fortification, et de la manœuvre, *en blanc*, des bouches à feu, rien n'y était relatif au service de l'artillerie ni à l'instruction propre aux officiers de cette arme. En second lieu, « la ville de Châlons, » ainsi qu'il est dit dans un rapport présenté au Conseil, « n'offrant aucun moyen
« d'appliquer la théorie à la pratique, l'enseignement

« devait se réduire à de pures spéculations, que l'ab-
« sence des objets rendait sans intérêt comme sans
« fruit pour les élèves. » Aussi, le besoin était généralement senti de doter cette Ecole de moyens d'é-
tude plus abondans, et de la transférer dans une
ville, telle que Metz ou Strasbourg, où l'on trouvât
de bons modèles de fortification, les établissemens
relatifs au matériel de l'arme, un système de frontières, et la réunion de toutes les armes qui composent les armées. Mais les embarras de la guerre et la
pénurie des finances faisaient ajourner, d'année en
année, ce changement si désirable. Le moment en fut
avancé par le travail du Conseil de perfectionnement,
qui, dans sa première session, décida qu'un même programme serait présenté pour l'Artillerie et le Génie, et
demanda que, « si les deux écoles ne pouvaient être
« réunies dans un même établissement, elles fussent
« du moins formées sur un même plan, et pourvues
« des mêmes secours, » alléguant pour motifs de cette
mesure, que « les deux services ont entre eux des
« rapports continuels, et que les officiers de l'un ou
« de l'autre ont été souvent obligés de se suppléer
« mutuellement dans leurs fonctions. » On rappela
aussi que, peu d'années auparavant, un Comité mixte,
composé d'officiers des deux armes, avait reconnu
que leur réunion en un seul corps serait très-utile.
En conséquence, le programme de l'*Ecole du Génie*,
qui parut offrir un bon système d'instruction, reçut
les modifications nécessaires pour qu'il pût convenir
également à l'*Ecole de l'Artillerie*, et fut déclaré
commun aux deux écoles. Le gouvernement, par un
arrêté du 8 février 1801 (19 pluviose an IX), sanc-

tionna cette disposition, et annonça formellement le dessein de transférer l'Ecole d'Artillerie dans une autre ville. Moins de deux ans après, un autre arrêté, du 4 octobre 1802 (12 vendémiaire an XI), ordonna l'établissement à Metz d'une Ecole commune aux élèves de l'Artillerie et du Génie, posa les bases de l'enseignement, qui embrasse toutes les parties théoriques et pratiques de l'un et de l'autre service, et créa une Commission temporaire d'officiers des deux corps, pour choisir, classer et compléter, dans l'année, les ouvrages nécessaires aux études des élèves. Cette Ecole renferme aujourd'hui les moyens d'instruction les plus complets.

Le Conseil demanda la création d'une Ecole d'application pour l'*Artillerie de la marine*, dans l'un des grands ports militaires. Les élèves auraient passé une année dans l'Ecole de l'Artillerie de terre, et une autre année dans l'Ecole spéciale de leur arme. Mais l'arrêté qui réunit les élèves de l'Artillerie et du Génie dans une même école, la rend commune aux élèves de l'Artillerie de la marine.

A l'égard de l'*Ecole des Ponts et Chaussées*, le vœu de Lamblardie, ce vœu qui avait conduit à la fondation de l'Ecole Polytechnique, était rempli. Les élèves de ce service y entraient avec une instruction déterminée et constatée par des examens. Il n'était plus nécessaire de leur donner des leçons sur les mathématiques, ou de les envoyer à des cours extérieurs de physique et de chimie. Tout l'enseignement consiste en objets d'application relatifs à la science et à l'art de l'ingénieur des Ponts et Chaussées. Cependant les élèves allaient encore recevoir au dehors des le-

çons sur la minéralogie, quoiqu'elle leur eût été enseignée à l'Ecole Polytechnique; « mais, » dit le programme, « il sera convenable que les élèves ne per-
« dent pas de vue une science qui intéresse particu-
« lièrement l'ingénieur des Ponts et Chaussées, soit
« pour ses applications aux arts de construction, soit
« pour les observations qu'elle le rend capable de
« faire dans les fréquentes occasions qu'il a d'observer
« l'intérieur du globe. » Parmi les moyens d'enseignement en usage dans cette école, nous remarquerons les deux suivans : « 1° Chaque année, on envoie
« dans les départemens où il y a des ouvrages impor-
« tans relatifs aux routes, ponts, canaux, navigation
« et ports de mer, un certain nombre d'élèves (1)
« employés sous les ordres des ingénieurs chargés de
« ces ouvrages, et qui sont tenus de rapporter à l'E-
« cole des notes, attachemens et dessins, tant des
« objets de pratique auxquels on les a occupés, que
« des autres choses remarquables dont ils ont été à
« même de prendre connaissance. » 2° Les divers projets que les élèves doivent faire chaque année sur tous les genres de construction, forment l'objet
« d'autant de concours annuels, pour lesquels il y a
« des prix et des *accessit*. » Un décret, du 25 août 1804 (7 fructidor an XII), portant organisation du Corps des Ponts et Chaussées, consacre les grandes divisions de ce programme, en établissant trois professeurs, le premier, pour la stéréotomie appliquée et la pratique des constructions; le deuxième, pour l'architecture civile; le troisième, pour la mécanique appliquée. Il y a de plus aujourd'hui un professeur

(1) Aujourd'hui on les y envoie tous.

de minéralogie et géologie, et un professeur de dessin.

L'Ecole des Ingénieurs de vaisseaux était toujours à Paris. Les élèves y trouvaient des modèles de toutes les espèces de bâtimens de mer, à différens degrés de construction; ils étaient exercés au tracé et aux calculs sur le bâtiment lége et sur le bâtiment armé; et les travaux annuels se terminaient par des instructions sur la qualité des bois et métaux, et sur l'exploitation des forêts. Nous ferons remarquer, dans ce plan d'études, la disposition d'après laquelle la totalité de l'enseignement est donnée dans le cours d'un an, et renouvelée l'année suivante, mais avec des applications plus étendues et plus compliquées de la théorie aux calculs sur le bâtiment armé. Cette disposition se trouvait aussi dans le programme de l'Ecole du Génie. Après ces deux années, les élèves subissaient un examen, auquel étaient admis ceux même qui croyaient pouvoir s'y présenter après une seule année d'études. Une troisième année était accordée à ceux qui n'étaient pas jugés suffisamment instruits et que le ministre de la marine jugeait dignes de cette faveur. Le Conseil de perfectionnement approuva ce programme, et crut devoir le maintenir sans aucun changement, après que l'Ecole du Génie maritime eut été transférée à Brest (en 1801). Mais il saisit cette occasion pour demander que le gouvernement instituât, dans cette Ecole, « deux places « d'élèves pour les ports de commerce; et que ces « places fussent données aux élèves de l'Ecole Poly- « technique qui se trouveraient sur la liste de mérite « immédiatement après ceux qui seraient admis. »

Cette demande n'ayant point eu de résultat, le Conseil, dans sa troisième session, la reproduisit modifiée en ces termes : « Que, chaque année, un élève « soit admis à l'Ecole Polytechnique, par la voie « du concours, entre ceux qui seraient présentés « comme ingénieurs-constructeurs du commerce, « par l'une des villes du commerce maritime de « France, qui serait désignée par le ministre de « l'intérieur; que, lorsqu'il aurait subi son examen « de sortie, il soit reçu à l'Ecole d'application, et « qu'après y avoir complété son instruction, il lui « soit donné par le gouvernement un brevet d'ingé- « nieur-constructeur du commerce. » Le même vœu, renouvelé dans les deux sessions suivantes, et appuyé de nouvelles et puissantes considérations, ne fut point exaucé. Mais, en 1806, le ministre de la marine ayant consenti à recevoir à l'Ecole de Brest quatre élèves constructeurs pour le commerce, à condition qu'ils s'y entretiendraient à leurs frais, le chef de l'Ecole Polytechnique fit demander aux principales villes maritimes, si elles voulaient pourvoir à l'entretien d'un ou plusieurs de ces élèves. Une seule, Boulogne-sur-Mer, se montra disposée à faire cet utile sacrifice. Mais la France, à cette époque, n'avait plus de commerce maritime.

L'Ecole des Mines était organisée à Paris selon la loi du 22 octobre 1795 (30 vendémiaire an IV), concernant les Ecoles des Services Publics. Mais l'instruction qui devait être donnée aux élèves, en les attachant, par moitié, à l'Ecole pratique et aux inspecteurs en tournée, n'avait pas encore eu lieu, par la raison que l'Ecole pratique n'était pas établie, et que les inspecteurs ne faisaient pas de tournées. Le Conseil des Mines avait suppléé, autant que possible, à ces moyens d'enseignement. Les élèves suivaient les cours publics institués par la même loi, et qui avaient pour objet la géologie, la minéralogie, l'exploitation des mines, la docimasie et la minéralurgie; ils étaient exercés aux diverses constructions graphiques relatives aux mines et aux machines, etc. Ils devaient étudier la langue allemande, appelée dans le programme *la langue des mineurs*, et acquérir la connaissance des lois et des principes d'administration qui concernent les mines. Ils faisaient, sous la direction des inspecteurs, des courses minéralogiques autour de Paris, dans les carrières, et visitaient des établissemens intéressans pour les arts. Enfin, pendant la saison qui n'était pas consacrée aux cours publics, on faisait pour eux des cours particuliers, dans lesquels on les exerçait à la docimasie pratique, au lever des plans, et à reconnaître et distinguer au premier aspect les substances minérales. Pour exciter le zèle des élèves, et constater leurs progrès, il y avait des examens de mois, des examens généraux, et un concours oral, écrit et pratique, entre les élèves de première classe, lequel servait à connaître leur force relative et à déterminer l'ordre de leur promotion à un grade plus élevé. Ce plan d'études obtint l'assentiment du Conseil, qui, dans son rapport général, demanda le prompt établissement de l'Ecole pratique des Mines. Cette demande eut un plein succès. Le 12 février 1802 (23 pluviose an x), un arrêté du gouvernement ordonna la création de deux écoles pratiques, l'une à Pesey en Savoie, l'autre à Geislautern près Saarbruck (1). Enfin, le Conseil, dans sa session de 1804, émit un vœu unanime pour que l'élève des Mines, qui, chaque année, obtiendrait le premier rang dans la promotion, pour passer au grade d'ingénieur, fût envoyé, aux frais de l'Etat, dans les pays étrangers les plus renommés par leurs richesses minérales et leur manière de les extraire.

L'Ecole des Ingénieurs-Géographes, d'abord réunie à celle de l'Aérostation établie à Meudon, avait été placée de nouveau au Dépôt général de la Guerre. Mais le corps pour lequel elle formait des élèves était lui-même, depuis son rétablissement provisoire en 1793, dans une situation fort précaire. Un arrêté du Directoire, du 1er juin 1799 (13 prairial an VII), avait bien conservé les ingénieurs-géographes employés aux armées ; mais, désignés comme *Topographes dessinateurs*, et payés sur les fonds extraordinaires accordés aux généraux en chef, ils étaient censés supprimés, s'ils n'étaient portés, chaque année, dans un état arrêté par le ministre. Un projet d'organisation, destiné à leur assurer une existence que réclamaient l'utilité et la constance de leurs services, fut soumis, en 1802, au gouvernement, qui ne prit aucune décision, et laissa les choses dans le même état. Aussi, depuis l'année 1798 jusqu'en 1809, où ils furent organisés en corps spécial militaire, trois élèves seulement entrèrent dans ce service, deux desquels se hâtèrent d'en sortir, pour passer dans d'autres corps. L'Ecole d'Application fut même sup-

(1) Il n'y a plus aujourd'hui qu'une Ecole pratique, qui est établie, depuis 1816, à Saint-Etienne, département de la Loire.

primée en septembre 1802 (vendémiaire an XI). Le Conseil de perfectionnement n'en continua pas moins, à chaque session, d'en réviser le programme, en renouvelant ses instances pour que l'Ecole fût recréée, et le corps lui-même réorganisé. Une partie de chaque rapport annuel est consacrée à démontrer au gouvernement l'importance de ce service, et l'inconvénient de le confier à des hommes qui n'auraient pas une instruction suffisante.

Les programmes des Ecoles d'Application examinés et arrêtés, le Conseil de perfectionnement ne regarda pas sa tâche, à cet égard, comme entièrement remplie. Persuadé qu'un des plus puissans moyens de rendre l'instruction efficace était d'assurer à chaque élève le prix de son travail, il s'occupa d'introduire, dans chaque école, un mode d'examen qui fût une garantie contre toute possibilité d'arbitraire ou de partialité dans les promotions; et ici se firent encore sentir les avantages de cette communication intime que le Conseil établit entre les écoles diverses. Le mode indiqué dans le programme commun de l'Artillerie et du Génie avait obtenu l'assentiment unanime : il consiste à faire porter l'examen sur la totalité des objets d'instruction, et à le confier à un jury composé du Commandant de l'Ecole, d'un officier général ou supérieur du corps, désigné chaque année par le ministre, et de l'un des Examinateurs permanens de l'Ecole Polytechnique. Ce mode fut d'abord imposé à l'Ecole du Génie maritime, avec cette disposition nouvelle, « que le Jury, en prononçant sur le classement et le rang des élèves, aurait égard aux examens subis à l'Ecole Polytechnique. »

Cette disposition fut ensuite étendue aux autres écoles. Pour celles des *Mines* et des *Ponts et Chaussées*, il fut réglé que l'appréciation de tous les genres de mérite serait faite au moyen de nombres, et que le maximum du nombre attribué à l'Ecole Polytechnique serait égal au tiers de la somme des plus grands nombres de chaque école spéciale. La somme de tous les nombres de chaque élève déterminait son rang pour la promotion au grade d'ingénieur ; l'addition en était faite par un Jury composé du Directeur de l'Ecole et des Inspecteurs généraux. Cet usage des nombres de mérite fut adopté pour l'Ecole du Génie maritime, tout en maintenant la composition du Jury d'examen empruntée à l'Ecole du Génie militaire. Aucun mode d'examen ne fut institué pour l'Ecole des Ingénieurs-Géographes, qui, d'ailleurs, comme nous l'avons dit, ne recevait déjà plus d'élèves, malgré les pressantes réclamations du Conseil de perfectionnement.

Si ces réclamations n'avaient eu pour motif que le désir d'assurer des emplois à un plus grand nombre d'élèves, le Conseil aurait eu de quoi se consoler de leur longue inutilité. Le gouvernement ouvrait chaque jour à l'Ecole de nouveaux débouchés. Dès la première année du consulat, Bonaparte décida que les élèves, qui, après avoir achevé le cours d'études, et avoir été jugés admissibles aux écoles d'application, ne pourraient y être reçus, faute d'emplois vacans, ou préféreraient de servir dans les troupes de ligne, seraient promus aux premières sous-lieutenances vacantes dans ces troupes, ou obtiendraient, sur leur demande, une place d'élève-commissaire des guerres (1). Très-peu d'élèves profitèrent de cette disposition. Il y eut plus d'empressement à accepter l'offre qui leur fut faite, un mois après, pour le service de la marine. Ceux qui n'avaient pas vingt ans, et qui présentaient un certificat du Directeur de l'Ecole, constatant qu'ils avaient l'instruction théorique exigée pour être aspirans de première classe, recevaient sans autre formalité le brevet de ce grade, après en avoir rempli les fonctions pendant deux ans, à la mer. Le Conseil demanda vainement que la condition d'avoir reçu l'instruction complète de l'Ecole Polytechnique, et subi les examens, fût substituée à celle de n'avoir pas vingt ans. Une trentaine d'élèves donnèrent leur démission dans le cours de l'année 1801, pour se jeter dans cette carrière nouvelle. Quelques uns, qui ne s'en accommodèrent pas, obtinrent de rentrer à l'Ecole. Dans le même espace de temps, deux élèves seulement avaient demandé des sous-lieutenances d'infanterie.

Pendant les trois années suivantes, le gouvernement renouvela plusieurs fois des offres du même genre, au risque de priver les services en relation avec l'Ecole de sujets qui s'y destinaient et qui leur étaient nécessaires. Vers le milieu de l'année 1802, le premier Consul fit annoncer que cinq des sous-lieutenances alors vacantes seraient données à des élèves que le Conseil désignerait; on eut beaucoup de peine à en faire accepter quatre. Peu de mois

(1) La note du Ministre de la Guerre, contenant l'avis de cette décision, était ainsi terminée : « On observe que le premier Consul, en « approuvant cette mesure, n'a pas jugé qu'il fût nécessaire de la con- « vertir en arrêté, ni de la rendre publique par voie d'impression. »

après, le ministre de la guerre demanda vingt élèves de l'Ecole Polytechnique pour les placer à l'Ecole Militaire, qu'un décret venait de rétablir; il fallut lui représenter qu'une telle destination empirerait la position de ceux auxquels on voulait l'imposer, et serait contraire au but de l'Institution. Cependant, l'Ecole militaire ne satisfaisant pas sans doute assez promptement au désir qu'on avait d'augmenter, dans les troupes de ligne, le nombre des officiers qui eussent quelque instruction dans les mathématiques, etc., les sous-lieutenances qui avaient été proposées, en 1800, aux élèves, furent offertes, en 1804, aux simples candidats, et aux mêmes conditions relatives, c'est-à-dire, d'avoir satisfait aux examens, et de n'avoir pu être admis à l'Ecole, faute d'un nombre suffisant de places. Les Conseils s'empressèrent de demander que cette disposition fût appliquée plus particulièrement à ceux des candidats que leur âge mettrait dans l'impossibilité de se présenter à un concours subséquent, en faisant observer que, pour les autres, elle aurait l'inconvénient de les détourner de la carrière des sciences qu'ils auraient pu cultiver avec succès. Dix candidats du dernier examen reçurent ainsi le brevet de sous-lieutenant d'infanterie. Le ministre de la guerre n'en demanda pas moins, dans le même temps, un état des élèves de seconde année, avec l'indication du service auquel ils seraient le plus propres, dans le cas où ils ne seraient pas placés, *l'intention du gouvernement étant de les utiliser pour l'armée.* Il fut répondu, que les besoins des services publics réclamaient, cette année, tous les élèves qui allaient terminer leurs études; et l'on

saisit cette occasion de faire sentir au ministre qu'il pouvait être donné à ceux qui ne trouveraient pas de places dans les Ecoles d'application, une destination plus utile que celle qu'il proposait, et plus conforme au but de l'Institution, qui ne fut pas créée seulement pour fournir des élèves aux divers corps d'ingénieurs, mais pour « devenir la pépinière des profes-
« seurs des écoles spéciales, des lycées, des grandes
« écoles secondaires, et même des chefs de grands
« ateliers. » Après ce qui vient d'être rapporté, paraîtra-t-il croyable qu'au bout de quelques mois, le même ministre écrivit de nouveau pour offrir aux élèves des emplois de sergent dans la ligne? A la vérité, il y joignoit la perspective d'être faits officiers *à la première occasion.*

Les étrangers semblaient mieux apprécier les services que l'Ecole Polytechnique devait rendre aux sciences, et ceux que l'on pouvait obtenir de ses élèves. Plusieurs la visitèrent avec intérêt pendant le court intervalle de paix qui suivit le traité de Lunéville (1801). Les uns, tels que Volta, Brugnatelli, Rumford (1), venaient parcourir ses laboratoires, ses collections, et s'entretenir avec les savans illustres qui s'y partageaient les principales branches de l'enseignement; les autres, parmi lesquels nous citerons les ambassadeurs de Russie et d'Espagne, s'acquittaient envers l'Ecole de cet hommage de curiosité, que lui rendirent depuis un grand nombre de personnages d'un haut

(1) Nous ne nommons pas ici le célèbre Humboldt, parce que ses rapports avec l'Ecole Polytechnique ne se bornèrent pas à de simples visites, et qu'il prit souvent part aux travaux exécutés dans son sein pour l'avancement des sciences.

rang (1). Il en est un parmi ceux-ci dont le nom réclame d'une plume française une mention plus spéciale, et, en quelque sorte, plus solennelle. Le 5 juin 1801 (16 prairial an ix), un petit fils de Henri iv et de Louis xiv, cet infant de Parme, que Bonaparte avait fait souverain de la Toscane, sous le titre de roi d'Etrurie, se fit conduire dans l'Etablissement par le ministre de l'intérieur, s'y arrêta assez long-temps, et reçut du Conseil la collection des ouvrages imprimés et gravés par l'Ecole. Cette collection fut aussi donnée, sur leur demande, à d'autres étrangers de distinction. Le général russe Hitrof, chargé d'une mission de sa cour près le gouvernement français, obtint tous les ouvrages relatifs à l'Ecole pour les envoyer à son souverain. Le ministre des affaires étrangères de cette République Italienne qui devint le Royaume d'Italie, demanda quelques uns des modèles de stéréotomie pour les académies de Bologne et de Milan, et pour l'Institut de Modène. D'autres établissemens célèbres mettaient du prix à ce que leurs membres pussent assister aux cours de l'Ecole. L'évêque de Luck, recteur de l'université de Wilna, dans une lettre adressée collectivement à tous les professeurs, leur recommande deux élèves et adjoints de cette université (1), qui avaient été conduits à Paris, dit le vénérable prélat, par un *noble désir de rapporter un jour, au milieu de leurs concitoyens, un rayon du foyer des lumières que l'Ecole Poly-*

(1) Les grands ducs de Russie, Constantin, Nicolas, aujourd'hui empereur, et Michel; l'archiduc Jean d'Autriche, le prince royal de Danemarck, le duc de Glocester, le prince Auguste de Prusse.

(1) Voyez, à l'Appendice, la liste des étrangers admis aux cours de l'Ecole Polytechnique.

technique fait briller en France. On vit la diplomatie elle-même placer l'enseignement de l'Ecole Polytechnique au nombre des avantages stipulés en faveur des nations avec lesquelles la France contractait. Un article de la capitulation conclue, le 27 septembre 1803 (4 vendémiaire an XII), entre la France et la Suisse, porte que « il sera admis, sur la présen-
« tation du Landammann de la Suisse, vingt jeunes
« gens de l'Helvétie à l'Ecole Polytechnique de France,
« après avoir subi les examens prescrits par les ré-
« glemens. »

Ce dernier fait ne laisse aucun doute sur la haute opinion que Bonaparte avait conçue de l'Ecole, et dont il lui donna souvent des témoignages, quoique, pendant toute la durée de son gouvernement, il ne l'ait pas visitée une seule fois. Cependant les élèves, éblouis, comme presque toute la jeunesse française, par l'éclat de ses victoires, et touchés de la protection éclatante qu'il accordait aux sciences et aux lettres, lui donnèrent plusieurs marques de dévouement dont il dut être satisfait. Il en est une que nous devons rapporter, parce qu'elle fait connaître les ressources que, dans certains cas extraordinaires, l'Ecole Polytechnique peut offrir.

Lorsque cette trêve de quelques mois que l'on nomme la paix d'Amiens eut été rompue (mai 1803), et très-peu de jours après la notification du renouvellement des hostilités entre la France et l'Angleterre, les élèves versèrent au trésor public une somme de quatre mille francs, pour les frais des immenses préparatifs de ces flotilles qui devaient porter une armée française au sein de la Grande-Bretagne. Cette offrande

était à peine acceptée, que, dans une adresse au premier Consul, ils y ajoutèrent celle de leurs services personnels pour la construction et l'armement d'une péniche de trente hommes. Des ordres furent immédiatement donnés pour l'accomplissement de ce patriotique désir. Les quatre mille francs versés à la trésorerie sont remis à l'administration ; le ministre de la marine envoie un modèle de bateau canonnier du premier rang, et, dès le lendemain, le chantier de construction est établi sous les murs de l'Ecole. Le ministre de l'intérieur invita le Conseil à tirer parti de cette circonstance pour instruire les élèves dans l'art de la construction ; mais cette invitation fut bientôt convertie en un ordre formel. Le ministre de la marine, après avoir demandé huit élèves pour être admis sur-le-champ à l'Ecole du Génie Maritime, et employés aussitôt dans les travaux qui s'exécutaient à Paris, manda, au bout de quelques jours, que l'intention du premier Consul était que trente autres fussent désignés pour suivre toutes les opérations relatives à la construction des embarcations mises sur les chantiers devant l'hôtel des Invalides. « Il dé-
« sire » ajoute le ministre, « que ces jeunes gens ac-
« quièrent, dans le cours d'un mois, assez d'ins-
« truction sur les travaux graphiques et mécaniques
« de cette espèce d'embarcations, pour qu'ils soient
« alors en état d'être envoyés dans ceux des dépar-
« temens de l'intérieur où des constructions de ce
« genre s'effectueraient, et de pouvoir les diriger. »
La désignation de ces élèves fut faite par le Jury d'examen, d'après les notes et les témoignages fournis par les instituteurs et les chefs de l'Ecole. Ils furent pris

dans la division de deuxième année, à l'exception de quatre qui se destinaient au service militaire de la marine, et l'on eut soin de les choisir dans une exacte proportion entre tous les services. En même temps, un plan d'instruction est formé de concert avec les ingénieurs de la marine, de manière à faire alterner les études de la théorie et les travaux de la pratique. L'École devient un atelier; des gabarits sont tracés dans la bibliothéque; d'autres localités sont occupées par les forgerons et les voiliers. Enfin, ces ingénieurs auxiliaires des constructions navales sont envoyés dans les divers chantiers établis, soit dans les ports, soit sur les principales rivières navigables; et, après y avoir rempli leur mission, ils se rendent aux Écoles d'application des divers services auxquels ils étaient destinés (1). L'embarcation construite par les élèves, et à leurs frais, fut nommée *la Polytechnique*, et placée sous le commandement d'un ancien élève, l'enseigne de vaisseau, Charles Moreau, de la promotion de 1794.

L'expérience que le gouvernement avait faite, en cette occasion, de la possibilité de préparer rapidement des élèves pour un service spécial, fut mise à

---

(1) De ces trente élèves, il n'y en avait que deux qui eussent été admis pour le *Génie maritime*: Ch. Dupin et Perroy. Voici la destination des vingt-huit autres. *Marine militaire*: Lamarck; *Artillerie*: Barrillot, Cabasset, Casa-Bianca, Chandon, Chenin, Dauty, Durbach, Guillemard (passé dans le Génie maritime), Javerzat, M. J. Leclerc, C. M. F. Le Gendre, Paixhans, J. M. M. Prévost. *Génie*: Augoyat, J. A. Bitch (passé dans le Génie maritime et ensuite dans l'Artillerie), J. J. Foucaud, Gigounous de Verdon, Lebeschu, Lecaron, Segond. *Ponts et Chaussées*: H. G. F. de Baguac, A. L. C. Basset de Châteaubourg, L. J. M. Crozet, J. B. C. Gardeur-Lebrun, L. J. Masquelez A. J. P. Potel, Vigoureux. — *Voyez ces noms dans la liste générale*.

profit quelques mois après. Des besoins très-pressans du corps de l'Artillerie exigeant une promotion extraordinaire et nombreuse, le ministre de la guerre ordonna, dans le mois de l'ouverture des cours, que les élèves de seconde année qui se destinaient à ce service, et tous ceux de la même division qui se présenteraient pour y entrer, reçussent les leçons particulières que le conseil jugerait nécessaires pour compléter leur instruction, et qu'à la suite de ces cours extraordinaires, dont la durée était fixée à quarante ou quarante-cinq jours, ils fussent examinés, classés, et envoyés à l'Ecole d'application. Le Conseil arrêta aussitôt les programmes de l'enseignement rapide auquel devaient être soumis ces élèves de l'artillerie. Il y fit entrer cinq leçons d'analyse et seize leçons de mécanique, dont il indiqua les matières; beaucoup de manipulations chimiques, composées des expériences qui sont d'une plus fréquente application dans les travaux de l'artillerie, et le cours ordinaire de fortification en entier, parce qu'il devait s'achever dans l'espace de temps marqué par le ministre. Ce cours d'études accéléré fut terminé par un examen régulier, à la suite duquel soixante-douze élèves se rendirent à l'Ecole de l'Artillerie, à l'époque prescrite.

Ce fut en cette même année (1804), que Bonaparte, qui venait de prendre le titre d'empereur, décréta, pour l'Ecole, une nouvelle organisation, d'après laquelle les élèves devaient être formés en corps militaire et casernés. On a beaucoup disputé sur les motifs de cette disposition. Les uns ont cru y découvrir les combinaisons d'une profonde et noire politique; les autres n'ont voulu y voir qu'une simple mesure de police; il en est même, parmi ces derniers, qui en attribuent la résolution à un mouvement d'humeur. Mais quelle cause y avait donné lieu? Les rapports de Napoléon avec l'Ecole étaient bienveillans. Il avait été touché du dévouement que les élèves avaient montré pour ses desseins contre l'Angleterre, et leur avait fait exprimer sa satisfaction en des termes flatteurs(1). Ils furent admis, soit en corps, soit par détachement, à quelques unes des solennités qui suivirent son avénement à l'Empire. Dans la plus éclatante de toutes, celle du sacre, une députation de sept élèves fut appelée, à l'instar de ce qui eut lieu pour tous les corps de l'armée, et représenta le bataillon des élèves dans tous les actes de cette cérémonie (2). Si donc le décret du casernement n'est que le produit d'un accès d'humeur de Napoléon, cette humeur ne pouvait avoir pour cause les sentimens manifestés par les élèves envers sa personne ou son gouvernement (3). Nous ferons aussi remarquer que, parmi les hommes en possession de sa confiance, ceux avec lesquels il devait naturellement s'entretenir de l'Ecole, étaient ou

(1) Il leur fit écrire, « qu'il ne s'atendait pas à moins de la part d'une « jeunesse avide de gloire, et pour qui l'honneur national devient un « patrimoine. »

(2) Les députations militaires étaient composées d'un officier, de deux sous-officiers et de quatre soldats. On fit remplir les fonctions d'officier par l'élève J. E. Raymond, qui avait fait plusieurs campagnes avant son entrée à l'Ecole; et l'on désigna, pour représenter les sous-officiers et soldats, les premiers de la liste par ordre de mérite arrêtée par le jury d'examen pour chaque service: c'étaient F. Arago et C. F. R. de Bouteiller pour l'artillerie, P. D. Bazaine pour les Ponts et Chaussées, P. J. F. Bétourné pour le Génie maritime, G. M. Cousin pour les Mines, et Séa, dit Soye, pour le Génie.

(3) Lorsque les élèves furent assemblés pour prêter le serment à l'Empereur, un seul s'y refusa, et quitta aussitôt l'Ecole.

avaient été des membres de l'Institution. Monge et Berthollet jouissaient de sa plus haute faveur; Chaptal occupait le ministère de l'intérieur; et le directeur de l'instruction publique, intermédiaire entre l'Ecole et le ministre, était Fourcroy. Il resterait donc à examiner si la conduite des élèves, au dedans ou au dehors de l'Ecole, avait pu donner lieu à la mesure qui venait d'être prise. Voici ce que nous apprennent, sur ce sujet, les documens qu'il nous est permis de consulter.

Pendant les quatre années (1801 à 1804) qui précédèrent le casernement, alors que la tribune et la place publique se calmaient peu à peu sous l'influence d'un gouvernement ferme et prudent, le théâtre, où les élèves allaient chercher de trop fréquentes distractions, même aux dépens des études de la soirée, était souvent troublé par des scènes de désordre dans lesquelles le nom de l'Ecole Polytechnique fut plus d'une fois mêlé. Des plaintes réitérées, soit du ministre de l'intérieur, soit des magistrats préposés à la tranquillité de la capitale, et l'arrestation de plusieurs élèves accusés d'être les provocateurs de ces tumultes, avaient vivement excité la sollicitude du Conseil. Après avoir infligé quelques punitions légères et inefficaces, il arrêta que tout élève qui serait reconnu dans un lieu public sans être revêtu de son uniforme, serait exclus de l'Ecole, « sans autre délibération que celle qui aurait pour « objet de constater le fait. » Instruit d'ailleurs qu'un journal qui circulait parmi eux les entretenait de spectacles, occasionait des discussions, et pouvait être une des principales causes de la part que plusieurs avaient prise aux scènes dont nous parlons, il défendit provisoirement l'introduction d'aucun journal dans les salles d'études. Mais ces mesures n'eurent qu'un effet momentané; de nouveaux troubles, de nouvelles arrestations vinrent encore affliger le Conseil, et le forcèrent à prononcer l'exclusion d'un élève et la destitution d'un chef de brigade. Il est pourtant juste de dire que le plus grand nombre des élèves demeuraient étrangers à ces désordres. Il arriva même, un mois au plus avant le décret sur l'organisation militaire, qu'une lettre anonyme, par laquelle on les provoquait à se compromettre dans une lutte du même genre, fut remise par eux au Directeur; et, ce jour-là, pas un ne s'absenta des études de la soirée. Mais le fait qui leur fournit l'occasion de manifester le bon esprit dont ils étaient généralement animés, révèle en même temps combien l'imprudence de quelques uns avait pu affecter défavorablement l'opinion; puisque les chefs d'une cabale de théâtre osaient s'adresser aux élèves comme à leurs auxiliaires naturels, et que le Directeur crut devoir faire connaître au public, par la voie des journaux, la manière honorable dont cette tentative avait été repoussée. C'est maintenant au lecteur de juger si la tradition d'après laquelle l'ordre du casernement serait parti du cabinet impérial, le lendemain d'une de ces futiles querelles du cirque, a droit à quelque créance.

Cet état de choses nuisait beaucoup à l'instruction des élèves. Il était difficile, en effet, que l'agitation du parterre ne pénétrât pas un peu dans l'Ecole, et n'y devînt pas quelquefois le sujet d'entretiens animés dans lesquels se dissipaient les heures destinées au travail. On a vu combien étaient insuffisans les moyens institués pour la police des salles d'études. La présence de l'inspecteur pouvait seule y ramener le silence, qui s'en éloignait avec lui. Alors la surveillance en était abandonnée à de simples élèves, à ces chefs de brigade, dont l'institution, nommée précieuse et salutaire, lorsqu'on la considérait spéculativement, ne répondait nullement, dans la réalité, aux espérances qu'elle avait fait concevoir. Le Directeur se plaint, dans plusieurs rapports, que la discipline laisse beaucoup à désirer, que la surveillance est fort pénible; et il en indique pour cause la mollesse des chefs de brigade « qui ont peine à se revêtir « de toute l'autorité que leur donne le réglement. » Le Conseil, en leur refusant des faveurs qu'ils sollicitent, donne pour motif « qu'ils n'ont pas encore « réussi à assurer la tranquillité et la discipline dans « les salles. » Il arriva pourtant une fois qu'un chef de brigade mit un élève aux arrêts. Le Directeur s'empressa d'en informer le Conseil, qui fit témoigner sa satisfaction à celui qui avait donné cet exemple de fermeté. On voulut trouver un nouveau moyen de police, et même d'instruction, dans l'établissement de deux nouveaux fonctionnaires choisis parmi les élèves qui, ayant terminé leur cours d'études et satisfait aux derniers examens, n'étaient pas encore admis, faute de places vacantes, dans les Écoles des services de leur choix. Sous les titres de chefs-surveillans, chefs de division, sous-inspecteurs, chacun d'eux était chargé de la police d'une division, et veillait à ce que les chefs de brigade remplissent exactement leurs fonctions. Ils devaient aussi lever les difficultés qui leur seraient soumises par les élèves, et même seconder les répétiteurs dans les interrogations. Moreau et Marestier, du Génie maritime, Derché, Vivier, et Atthalin, du Génie militaire, occupèrent successivement ces emplois : les deux premiers furent aussi répétiteurs-adjoints pour les mathématiques.

Le Conseil de perfectionnement, dans sa troisième session (novembre 1802), s'étant convaincu des bons effets de ce dernier moyen de surveillance, proposa de lui donner une grande extension. Dans un excellent Mémoire sur ce sujet, il expose que l'institution des chefs de brigade *est frappée de vices capitaux*. « Élèves eux-mêmes, ayant leur travail à faire et leur « examen à subir, ils ne consacrent une partie de « leur temps à leurs camarades qu'en le perdant pour « leur propre instruction. » Relativement à la discipline, « chargés de régenter leurs camarades, ridi- « cules, s'ils affichent trop de sévérité, et punis, s'ils « n'empêchent pas le désordre, ils n'ont d'autres « moyens de le prévenir ou de l'arrêter, que l'affec- « tion même de leurs compagnons, qui peuvent quel- « quefois rougir ou craindre de faire retomber sur « le chef de brigade la peine de leur faute; car on « n'obtiendra jamais de celui-ci qu'il défère les au- « teurs du trouble. » On proposa, pour échapper à ces graves inconvéniens, « de placer à la tête des « brigades, et pour un temps limité, de jeunes in- « génieurs sortant des Ecoles d'application, » et dont ces Ecoles fourniraient, autant que possible, un nombre égal. Ils porteraient le titre de chefs d'études, et les chefs de brigade seraient conservés comme

leurs adjoints « Un intervalle assez grand, un rang
« assez supérieur séparera les chefs d'études des
« élèves, pour que toute idée d'égalité disparaisse,
« et que les premiers puissent exercer une autorité
« modérée, mais suffisante. » Voila pour la discipline;
voici pour l'instruction : « Encore pleins des travaux
« auxquels ils viendront de se livrer sur les applica-
« tions des sciences mathématiques et physiques, de
« l'architecture, et du dessin d'imitation, aux ser-
« vices qu'ils ont embrassés, et, par une suite néces-
« saire, familiers encore avec l'instruction de l'Ecole,
« ils pourront guider les élèves dans leurs études,
« dans leurs travaux graphiques, et leur faire sentir,
« à chaque pas, l'utilité dont ces connaissances leur
« seront un jour. Les communications habituelles des
« chefs d'études avec les professeurs contribueront
« même à éclairer ceux-ci sur les besoins des divers
« services, et à leur faire connaître les méthodes
« d'enseignement qu'on suit dans les Ecoles d'appli-
« cation. » On développe ensuite les avantages que
les services publics tireraient eux-mêmes de cette institution. Tous ont besoin que quelques uns de leurs
membres excellent dans les applications qui dérivent
des sciences mathématiques et physiques. « Tous les
« corps ont leur école, pour laquelle ils doivent
« trouver, dans leur sein, des chefs et une partie
« des instituteurs. C'est pour se former à ces travaux,
« à ces fonctions spéciales, et qui demandent, pour
« ainsi dire, une vocation particulière, que ceux des
« jeunes ingénieurs qui se seront distingués aux
« Écoles d'application viendront à l'Ecole Polytech-
« nique reprendre la théorie, et chercher de nouveaux

« instrumens pour agrandir ou perfectionner les ap-
« plications. » On espère que « l'honneur d'être dé-
« signé pour cette éducation particulière ne tardera
« pas à devenir, dans ces écoles, une source nou-
« velle d'émulation. » Le reste du Mémoire est consacré à résoudre quelques objections et à discuter des
moyens d'exécution.

Les vues du Conseil de perfectionnement furent
adoptées par les ministres de l'intérieur, de la guerre
et de la marine. Mais ce dernier fit connaître que le
corps du Génie maritime ne pourroit de long-temps
fournir des chefs d'études. Le ministre de la guerre,
sur la proposition des premiers inspecteurs généraux,
choisit pour ces fonctions les lieutenans d'Artillerie
Oudin et Clermont-Tonnerre, et les lieutenans du
Génie Jules Paulin et Destutt de Tracy ; le Conseil
des Mines y appela l'ingénieur Trémery ; le directeur
des Ponts et Chaussées désigna les élèves Poullet de
Lisle, d'Astier et Goüilly, qui étaient au moment
d'être nommés ingénieurs. L'Ecole des géographes
n'existait plus.

Le Conseil de perfectionnement déclara, l'année
suivante, au gouvernement, que « ce premier essai
« avait pleinement justifié les motifs qui l'avaient
« déterminé à proposer l'institution des chefs d'é-
« tudes, quoique les circonstances n'eussent pas per-
« mis d'en compléter le nombre, ni même de laisser
« à ces fonctions ceux qui avaient été détachés de
« leurs corps pour les remplir. » Parmi les causes qui
éloignaient de ces emplois ceux qu'on désirait y appeler, l'une des principales était le refus fait par les
divers ministres de prendre en considération, dans

la fixation du traitement ou du grade de ces jeunes ingénieurs ou officiers, les dépenses du séjour de Paris. Il y en avait aussi de particulières aux corps militaires. On eut des raisons de « craindre que les fonc-
« tions de chefs d'études ne jetassent quelque défa-
« veur sur ceux qui les exerceraient pendant la
« guerre; » et l'on demanda pourquoi, tous les officiers de l'Artillerie ou du Génie ne pouvant être employés à l'armée, « il serait moins honorable de rem-
« plir les fonctions de chefs d'études à l'Ecole Poly-
« technique, c'est-à-dire à l'Ecole primaire du service
« auquel on appartient, qu'à l'Ecole secondaire ou
« d'application du même service. » Il s'était aussi manifesté des craintes sur ce que « ces fonctions et
« une application trop prolongée aux sciences ma-
« thématiques et physiques pourraient empêcher les
« jeunes officiers de prendre l'esprit militaire. » On opposa à ces craintes l'exemple de plusieurs officiers dont la mort glorieuse sur les champs de bataille avait prouvé « que les mêmes hommes pouvaient tout
« à la fois servir l'Etat de leur sang et de leurs lu-
« mières. » On proposa d'ailleurs, pour atténuer l'inconvénient que l'on redoutoit, de choisir les chefs d'études, non plus parmi les élèves sortant de l'Ecole d'application, mais parmi les jeunes officiers qui auraient déjà un ou deux ans de service, etc., etc. Les efforts réunis des Conseils de perfectionnement et d'instruction, pour le maintien de l'établissement des chefs d'études, furent infructueux ; il fallut en revenir aux chefs de brigade, auxquels la nouvelle organisation donna des titres et des insignes militaires, qui

n'ajoutèrent rien à leur utilité, sous le rapport de la discipline.

Cependant la discipline était évidemment le principal objet qu'avait eu en vue l'auteur de cette organisation, qui porte la date du 16 juillet 1804 (27 messidor an XII). Elle ne change rien au mode d'admission, non plus qu'au mode et à l'objet de l'enseignement. Elle se borne, sur ce dernier point, à ordonner que « les élèves seront plus particulièrement occupés du « dessin; qu'ils ne seront admis à l'Ecole, qu'après « les premières études de la figure; et qu'avant d'être « admis aux examens de sortie, ils devront avoir « présenté quatre dessins d'architecture, lavés; quatre « *idem* de machines, lavés; six *idem* de fortification, « avec profils, et six *idem* de cartes, tant en plan géo- « métral qu'en perspective, conformes aux modèles « qui seront arrêtés par le Conseil de perfectionne- « ment. » Tous les autres articles du décret se rapportent à l'administration, et surtout à la police. Voici les dispositions principales qu'ils renferment :

La direction de l'Ecole est confiée à un gouverneur, qui a sous lui un directeur des études, commandant en second.

Il y a, pour la police des élèves, et pour leur instruction militaire, un chef de bataillon, deux capitaines, deux lieutenans, et un quartier-maître.

Les élèves sont formés en un bataillon de cinq compagnies. — La cinquième devait être composée des élèves des Ponts et Chaussées (1). — Chaque com-

(1) La disposition relative aux élèves des Ponts et Chaussées ne fut point exécutée.

pagnie est commandée par un des capitaines ou des lieutenans chargés de la police, et composée de soixante-quinze élèves, dont un sergent-major, un fourrier, deux sergens, et quatre caporaux. — Ils doivent être casernés sous un mois, soumis à la discipline, police, tenue et instruction militaires, comme dans un régiment; armés et équipés comme l'infanterie de ligne; et marcher militairement pour se rendre de la caserne à l'Ecole et de l'Ecole à la caserne. — Ils conservent la solde de sergent d'artillerie.

Le gouverneur est seul chargé de tout ce qui concerne la police, discipline, tenue et exercices militaires; mais il ne peut choisir pour ces exercices que les momens consacrés par les réglemens qui seront faits pour l'enseignement théorique et pratique des sciences et arts. — Il accorde toutes les permissions et congés, inflige toutes les punitions; mais il ne peut renvoyer un élève sans l'autorisation du ministre de la guerre. Les peines de discipline ne peuvent dispenser les élèves de se trouver aux cours et travaux de l'Ecole. — Il préside les Conseils et les Jurys; il y a voix prépondérante. Il travaille avec le ministre de la guerre, pour tout ce qui a trait à l'Ecole. Il lui propose les officiers qu'il croit propres à commander les élèves. Il nomme et révoque les sous-officiers, les agens de l'Ecole, les examinateurs, et les instituteurs, en se conformant au mode prescrit par la loi du 16 décembre 1799 (25 frimaire an VIII). — Il assiste aux cours, leçons, répétitions, lorsqu'il le juge convenable; mais il ne peut, en présence des élèves, s'immiscer dans lesdits cours ou leçons.

Le Conseil de perfectionnement est au reste maintenu dans sa composition et dans ses attributions. — Le Conseil d'Instruction est déchargé de tout ce qui est relatif à la police, ainsi qu'aux recettes et aux dépenses. — Cette dernière partie de ses fonctions est remise à un Conseil d'administration composé du gouverneur, de deux instituteurs ou examinateurs désignés par le ministre de l'intérieur, et de deux capitaines désignés par le ministre de la guerre. Le quartier-maître est secrétaire de ce Conseil et des deux autres.

Le général Lacuée, conseiller d'Etat, fut nommé gouverneur, et entra aussitôt en fonctions (août 1804). Gay de Vernon eut l'emploi de commandant en second, directeur des études.

Il était difficile d'exécuter ponctuellement l'article du décret qui fixait, pour le casernement des élèves, le court délai d'un mois; et, pour le dire en passant, cet article était bien propre à confirmer le bruit qui s'était répandu, que l'ordre du casernement était le produit d'un premier mouvement d'humeur. Quoi qu'il en soit, on se mit incontinent à l'œuvre pour l'accomplissement des volontés de Napoléon. Une commission du Conseil fut envoyée à Fontainebleau, où était alors l'Ecole Militaire, pour y recueillir tous les renseignemens nécessaires sur le régime de cette Ecole, dont la discipline et la distribution intérieure devaient, aux termes du décret, servir de modèles pour l'Ecole Polytechnique. On s'occupa en même temps de la recherche d'un édifice propre à servir de caserne. On jeta d'abord les yeux sur les châteaux royaux de Saint-Germain-en-Laye et de Vincennes. Mais un emplacement hors de Paris aurait fait renoncer à l'avantage de choisir les professeurs parmi l'élite des savans qui résident dans la capitale; ce qui fut toujours regardé comme une des conditions essentielles de l'Ecole. Dans Paris, après avoir balancé entre la Sorbonne, l'ancien couvent de Sainte-Marie de la rue Saint-Jacques, celui des Minimes, l'hôtel de Biron, l'ancienne maison des Jacobins de la rue Saint-Dominique, et le collège de Navarre, on se décida pour ce dernier local, par des raisons de convenance et d'économie. Ces recherches, et les travaux nécessaires pour adapter les bâtimens de ce collège à leur nouvelle destination, employèrent plus d'une année, pendant laquelle le décret du 16 juillet 1804 (27 messidor an XII), reçut deux modifications importantes : 1° la réunion de la caserne et de l'Ecole dans un même emplacement; 2° l'obligation imposée aux élèves de payer une pension.

Nous inclinerions à penser que Napoléon n'avait pas une résolution arrêtée sur ce dernier point, lorsqu'il signa l'ordre du casernement. Mais, en s'occupant de déterminer les fonds nécessaires pour ce régime nouveau, il reconnut, avec l'administration de l'Ecole, que le traitement de trois cents élèves, qui, en y joignant la masse de secours, formait une somme d'environ cent vingt-sept mille francs (1), ne pouvait suffire ; et alors il consentit à ce que le déficit fût rempli par des pensions jusqu'à concurrence de cent

---

(1) La solde de sergent d'artillerie, allouée aux élèves par l'organisation de 1799, leur formait un traitement annuel d'environ 360 francs. Les deux cinquièmes d'entre eux participaient en outre à la distribution du fonds de secours établi par la même loi, pour une somme moyenne de 12 à 15 francs par mois; ce qui portait le traitement annuel de ceux-ci à 500 ou 530 francs.

mille francs. Le Conseil de perfectionnement, dans sa session de novembre 1804, demanda que la pension fût d'abord fixée à cinq cents francs, « sauf au « gouvernement à en exempter cinquante élèves, et « à en baisser le taux l'année suivante, si l'expé- « rience prouvait qu'il fût plus que suffisant. » Cet objet ne fut définitivement réglé que le 9 septembre 1805 (22 fructidor an XIII), par un décret impérial, portant, que chaque élève paiera une pension annuelle de huit cents francs, se pourvoira d'un trousseau semblable à celui qui a été déterminé pour l'Ecole Militaire, et se fournira à ses frais les livres de tout genre, les règles, compas et crayons qui lui sont personnellement nécessaires. L'administration doit pourvoir, de son côté, au logement des élèves, à leur nourriture, habillement, équipement, chauffage, éclairage, tant en santé qu'en maladie, et à la fourniture des plumes, papier, encre et autres menus objets nécessaires à leur instruction. Les élèves, alors à l'Ecole, sont tenus de remplir les mêmes conditions de pension et de trousseau. Ceux à qui l'état de leur fortune ne le permettraient pas doivent adresser au gouverneur les pièces qui constatent cette impossibilité. Le dernier article du décret est ainsi conçu : « Nous « nous réservons de statuer sur le sort des sujets dis- « tingués qui se seraient présentés au concours, et à « qui la modicité de leur fortune ne permettrait pas « de payer la totalité de la pension. »

Plus d'un an après la date de ce décret, aucune disposition n'avait encore été faite pour la réalisation de cette promesse; et, lors de l'ouverture des cours de la douzième année (novembre 1805), trente-quatre élèves anciens, dont la plupart étaient absolument sans ressource, auraient été forcés d'abandonner l'Ecole, si le Conseil d'administration, sur la proposition du gouverneur, ne fût venu à leur secours par des moyens extraordinaires, et n'eût payé pour eux le premier quartier de la pension. Le Conseil de perfectionnement, qui était alors assemblé, applaudit à cette bienfaisante mesure, et la présenta, dans son rapport annuel, comme digne, « non-seulement de « l'approbation mais des éloges du gouvernement. » Le Conseil reconnaît, dans le même rapport, les avantages de la pension « qui ne laisse plus à la charge du « trésor public que les dépenses de l'instruction, et « qui donne au gouvernement, dans la fortune qu'elle « suppose, le gage le plus ordinaire d'une éduca- « tion soignée et d'un désintéressement plus facile. » Mais il se hâte d'ajouter que, « pour que cette dispo- « sition soit exempte d'inconvéniens, il faut qu'une « mesure complémentaire conserve à l'Etat ces sujets « d'élite qui manquent de fortune et non pas de « génie, qui, dépourvus des moyens de s'instruire, « surpassent leurs rivaux en instruction comme en « talens ; » et il demande la formation, sur les fonds des services publics, « d'un petit nombre de bourses « applicables aux candidats qui se trouvent les pre- « miers sur la liste du Jury d'admission, et justifie- « ront qu'ils sont hors d'état de payer la pension. » Tous ces vœux furent exaucés. Un décret, du 6 février 1806, ouvrit, sur les fonds généraux de l'instruction publique, un crédit de quarante-deux mille francs, pour tenir lieu des pensions dont on fit la remise, totale ou partielle, aux élèves, anciens ou nouveaux, qui furent jugés avoir besoin de ce secours. Pour les élèves de la nouvelle promotion, la faveur fut restreinte à ceux qui se trouvaient au nombre des trente premiers de la liste d'admission, laquelle était de cent vingt-cinq. Une somme de trente mille francs fut ensuite accordée annuellement pour être employée de la même manière, en faveur des élèves placés parmi les quarante premiers de la liste de mérite. Monge y ajouta, chaque année, une partie de son traitement d'instituteur, qu'un sénatus-consulte, du 4 août 1802 (16 thermidor an x), lui avait rendu le droit de toucher. Ce traitement, qu'il laissa tout entier à l'Ecole, l'année qu'il eut la présidence du Sénat, subvint aussi quelquefois au paiement de divers agens de l'instruction, répétiteurs ou dessinateurs, lorsqu'on jugeait nécessaire d'augmenter temporairement le nombre de ces emplois.

Pendant les six années 1800 à 1805, cinq cent quarante-trois élèves furent admis dans différens services; près de cent autres se retirèrent volontairement (1); et plus de quarante furent obligés de quitter l'Ecole, pour n'avoir pas complété leur instruction dans le temps prescrit. Ce dernier résultat doit-il être attribué à la trop faible instruction des candidats admis? Tout ce que nous pouvons dire à ce sujet, c'est que le Conseil, qui avait cru nécessaire, en 1800. de prendre des mesures contre cet inconvénient capital (voy. page 203), le reconnut, en 1804, pour la cause du mauvais succès des examens subis par un grand nombre d'élèves de première année; et prit

(1) Ce grand nombre de démissions peut s'expliquer en partie par l'état de paix qui suivit les traités de Lunéville et d'Amiens, 1802 et 1803.

immédiatement un arrêté portant « que le premier
« travail des répétiteurs d'analyse, à l'ouverture des
« cours, serait dirigé par les instituteurs, de manière
« à s'assurer que les élèves nouvellement admis pos-
« sèdent parfaitement les matières comprises dans le
« programme d'admission. » Une Commission fut en
outre chargée de faire des recherches sur cet objet;
et, d'une comparaison qu'elle établit entre le nombre
des élèves admis chaque année à l'Ecole, et le nombre de ceux qui n'avaient pu, après un an d'études,
passer au cours de deuxième année, elle crut pouvoir
tirer cette conclusion, « que les élèves qui, dans la
« liste générale, sont placés au-dessus du nombre cent
« dix, suivent difficilement le cours de la première
« année. » Toutefois, après avoir exprimé l'espoir
« que, les Lycées et les Ecoles secondaires s'étant
« multipliés dans ces derniers temps, l'instruction
« mathématique serait désormais plus complète, et
« que, par la suite, il n'y aurait pas d'inconvéniens à
« admettre de cent vingt à cent trente élèves, » elle
fit décider l'envoi, comme en 1800, d'une circulaire
« tendante à diriger les professeurs de mathémati-
« ques dans leur méthode d'enseignement. »

Une des suites fâcheuses de la difficulté qu'é-
prouvaient quelques élèves à se tenir au courant de
l'instruction, était le travail excessif auquel il leur
devenait nécessaire de se livrer pour se préparer au
concours. On lit, dans un rapport du Directeur au
Conseil de perfectionnement (1801), que « les mala-
« dies se sont multipliées sur la fin de l'année, et
« que l'excès de travail, aux approches des examens,
« a ôté à un très-grand nombre la faculté de les subir

« à leur avantage. » Dans le rapport de l'année suivante (1802), le Directeur se félicite de ce que, « à « l'approche des examens, il s'est trouvé moins de « malades; » il en donne pour raison, « que les élèves « ont été plus constamment tenus au courant, au « moyen des exercices par écrit, et qu'ils ont suivi « les conseils qui leur ont été répétés, de ne pas « passer des nuits à l'étude (1). »

Ces *exercices par écrit*, auxquels le Directeur attribuait une si heureuse influence, avaient été établis en 1802 pour le cours d'analyse, sur la demande

---

(1) On a dit, dès les temps les plus voisins de la fondation de l'Ecole, et l'on a répété quelquefois depuis, que les études imposées aux élèves les obligent à des efforts excessifs qui leur occasionent souvent des maladies graves, et en conduisent quelques uns à une mort prématurée. Des recherches ordonnées en 1827, par les chefs de l'Ecole, ont établi les faits suivans:

1°. Pendant les onze années antérieures au casernement, de 1795 à 1805,

   3284 élèves — 45 décès — 1 sur 73.

2°. Pendant les onze années, du casernement au licenciement, de 1806 à 1816,

   3445 élèves — 29 décès — 1 sur 119.

3°. Pendant les onze années qui ont suivi la réorganisation, de 1817 à 1827,

   1979 élèves — 9 décès — 1 sur 220.

Or, d'après les tables de mortalité les plus récentes, la proportion des décès, parmi les hommes de 18 à 21 ans, âge moyen des élèves, est, à Paris, de 1 sur 80. Ainsi, dans la première période, les pertes de l'Ecole ont dépassé cette proportion d'un dixième; mais elles sont restées d'un tiers au-dessous dans la seconde période, et de près des deux tiers dans la troisième. Il serait d'ailleurs facile d'indiquer quelques unes des causes de la plus grande mortalité qui a eu lieu dans la période antérieure au casernement. Nous nous bornons à rappeler la pénurie où se trouvaient en ce temps beaucoup d'élèves, le mauvais régime alimentaire qui en était la suite, et la faculté que tous avaient alors de s'imposer des veilles plus ou moins longues, plus ou moins fréquentes, et qui n'étaient pas toujours consacrées à l'étude.

de l'un des instituteurs, qui, après avoir exposé au Conseil combien il est utile au succès d'un cours d'imposer aux élèves l'obligation de rendre compte, à des époques très-rapprochées, des leçons qu'ils ont reçues, et d'en faire de fréquentes applications, remontra que des interrogations verbales ne pouvaient remplir cet objet à l'égard d'un cours de mathématiques suivi par un très-grand nombre d'auditeurs, à cause des calculs et des constructions que nécessite toujours une question relative à l'analyse ou à la géométrie, et qui emploient un temps considérable. Il allégua aussi la variété des questions, qui ne permet pas de comparer avec précision les candidats, et enfin les effets de la timidité sur des examens oraux. Quoique ce genre d'épreuves n'eût été proposé que pour les mathématiques, il fut appliqué bientôt après aux cours de physique et de chimie ; et le Directeur déclara au Conseil de perfectionnement que « ce moyen, « combiné avec les interrogations au tableau, était le « plus sûr pour bien connaître la capacité des élèves. » Après une seconde année d'expérience, il assura que « les compositions par écrit avaient le plus contribué « à entretenir l'émulation et l'habitude du travail « parmi les élèves. » Le Conseil de perfectionnement lui-même en détailla les avantages dans son rapport de 1802, et insista sur ce qu'elles exerçaient les élèves au travail de la rédaction. Il paraît toutefois, comme nous le dirons plus loin, que ces témoignages favorables ne furent pas confirmés par l'expérience.

D'autres moyens furent mis en œuvre pour assurer de plus en plus le succès des études. Nous indiquerons au premier rang les *ouvrages élémentaires com-*

posés par les instituteurs eux-mêmes, d'après le vœu exprimé en 1800 (voy. page 218) et renouvelé en 1805 par le Conseil de perfectionnement. Voici ceux que l'Ecole possédait à la fin de l'année 1805 : le *Traité de Mécanique*, rédigé d'après les méthodes de Prony, par Francœur, son répétiteur ; Prony donna en outre le *Plan raisonné* de son cours, et divers Mémoires sur des questions de mécanique ; le *Cours d'analyse algébrique* de Garnier, suppléant de Fourier, alors en Egypte ; les *Feuilles d'analyse appliquée à la géométrie*, par Monge ; l'*Application de l'algèbre à la géométrie*, par Monge et Hachette ; le *Cours de fortification*, de Gay de Vernon ; les *Leçons d'architecture*, de Durand (1). Ces ouvrages, imprimés aux frais de l'Ecole, étaient vendus à bas prix aux élèves qui pouvaient les payer, et donnés gratuitement à ceux qui participaient au fonds de secours créé par l'organisation de 1799. Les dépenses qui restaient ainsi à la charge de l'Ecole étaient prélevées sur le produit du Journal. Le Conseil mit au nombre des ouvrages dont les élèves devaient aussi être pourvus, la *Physique céleste* d'Hassenfratz ; le *Traité élémentaire de calcul différentiel et de calcul intégral* de Lacroix ; le *Résumé des leçons du cours de Travaux civils ou de Constructions*, par Sganzin ; le *Traité de géométrie descriptive* de

---

(1) Durand a cédé à l'Ecole la propriété de cet ouvrage (2 vol. in-4°., avec 64 planches gravées), et d'un autre plus considérable, son *Recueil et Parallèle d'architecture des édifices de tout genre, tant anciens que modernes* (1 volume in-folio de 86 planches, avec un texte de J. G. Legrand), sous la condition qu'après la mort de l'auteur et de son épouse, le produit des deux ouvrages sera employé à payer la pension d'élèves peu fortunés.

Monge, *la Philosophie chimique* de Fourcroy, le *Traité de Physique* de Haüy, l'*Optique* de Lacaille, avec des notes de quelques élèves de l'Ecole, et la *Minéralogie* de Brochant.

On ouvrit aux élèves une autre source d'instruction, en leur accordant la faculté de parcourir, à des heures déterminées, les diverses collections de l'Ecole, lesquelles avaient reçu, depuis 1803, des accroissemens assez considérables, surtout en instrumens de physique. Nous avons parlé des objets expédiés d'Italie par Monge (1). Neveu avait aussi envoyé d'Allemagne, où il remplissait une mission à la suite de l'armée de Moreau, quelques caisses de minéraux recueillis dans le territoire de Salzbourg. Enfin, plusieurs anciens élèves « s'étaient fait un honneur, » suivant les expressions du Conseil de perfectionnement, « de « placer, dans ces dépôts qui avaient servi à leur « première instruction une part des richesses natu- « relles qu'ils avaient été à portée d'observer et de « recueillir en différentes contrées. »

Les *répétitions* étaient encore considérées comme un des principaux secours donnés à l'enseignement. Instituées d'abord pour les mathématiques, on les avait étendues à la physique et à la chimie. Afin d'augmenter le nombre de celles du cours d'analyse, on donna des adjoints aux répétiteurs, et ceux-ci furent invités à loger dans l'Ecole. Mais, en 1805, on remplaça les répétitions par des *interrogations générales*, en plus

(1) Dans le dernier envoi, qui n'arriva qu'en 1801, se trouvaient des dessins inédits du *Voyage pittoresque de la Grèce* de Choiseul-Gouffier. Ils furent remis trois ans après à leur illustre propriétaire, de qui l'Ecole reçut en retour la promesse de trois exemplaires de ce bel ouvrage, un modèle en relief du temple de Minerve à Athènes, etc. etc.

grand nombre, faites à l'amphithéâtre. Dès l'année précédente, la durée des leçons avait reçu une augmentation assez considérable, afin que les instituteurs pussent en employer la première moitié à interroger. Il leur fut aussi recommandé de terminer leurs cours par des *récapitulations*, dans lesquelles ils remettraient devant les yeux des élèves les points capitaux des grandes théories, dégagés des détails qui n'en sont que des accessoires ou des développemens.

La distribution du temps entre les diverses parties de l'enseignement fut aussi l'objet d'une vive et constante sollicitude. Ce travail a toujours été fort ardu. Assigner à chaque branche d'instruction la portion de ce temps qui lui est nécessaire, établir entre les différens genres d'études une succession combinée de manière à soulager l'esprit, placer les plus difficiles dans les momens de la journée les plus favorables à l'application de l'intelligence, telles sont les données de ce problème, dont les difficultés propres se compliquent encore des prétentions des divers instituteurs, qui, dans leur zèle inquiet pour le succès de leurs cours, sont rarement satisfaits de la quantité de temps affectée à la science qu'ils enseignent. Le premier exemple un peu remarquable d'une réclamation de cette espèce fut donné en 1802 par Fourcroy, à l'occasion d'une distribution des études qui venait d'être adaptée à la période hebdomadaire, et dans laquelle la chimie ne lui semblait pas assez bien partagée. « Les mathématiques, » écrivit-il au Conseil, « ne devraient pas, malgré leur importance, occuper « les élèves pendant les deux tiers de leur temps. Le « tiers qui reste pour les autres sciences, et surtout

« pour la physique et la chimie, est insuffisant pour
« leur en apprendre même les élémens. » Il demande
qu'un temps plus long soit donné pour l'étude de la
chimie, et se plaint de ce qu'il n'y a plus pour cette
partie qu'une leçon par semaine, ce qui a « l'incon-
« vénient de faire prendre aux élèves une idée mes-
« quine de cette science, et de les habituer à la re-
« garder comme moins utile que d'autres. » Tour-
menté de cette idée, il y revient encore deux fois. Il
lui paraît « que le premier but de l'ancienne Ecole
« n'est plus rempli; qu'on sacrifie trop de choses aux
« mathématiques, et qu'il est à craindre que l'opi-
« nion ne continue à regarder celles-ci comme le
« seul véritable objet des études de l'Ecole. » Il termine en demandant l'insertion de sa lettre dans les
registres du Conseil, « afin, » dit-il, « qu'elle puisse
« me servir quelque jour à prouver que j'ai réclamé
« contre cet arrangement, qui ne me paraît pas aussi
« avantageux qu'il aurait pu l'être à l'avancement des
« élèves et aux notions qu'ils doivent acquérir de l'u-
« tilité respective des sciences qu'on leur enseigne. »
Une réclamation si solennelle, appuyée de toute l'autorité que donnait à Fourcroy le savoir, l'expérience,
et les fonctions de directeur de l'instruction publique, n'eut d'autre effet que de faire retrancher quelques heures à la fortification et au dessin, pour les
ajouter aux études et aux manipulations de chimie;
mais le nombre des leçons demeura réduit d'un tiers.
Les plaintes de Fourcroy avaient d'ailleurs un trop
juste motif. Malgré le mérite éminent des trois instituteurs, l'enseignement de la chimie n'avait qu'un
médiocre succès. Le Conseil délibéra plusieurs fois

sur les moyens d'obtenir de meilleurs résultats. Ceux qu'il jugea les plus efficaces consistèrent principalement, comme il a été dit, à établir des répétitions, et en outre à donner plus de régularité, d'intérêt et de durée aux manipulations.

Ce ne fut pas seulement la chimie qui éprouva des réductions pendant les années 1801 à 1805. La *géométrie descriptive* fut diminuée de vingt leçons et d'une part proportionnelle du temps destiné au travail graphique; le *dessin d'imitation* perdit la moitié du temps qui lui était affecté en 1800. On voulut, par compensation, augmenter le nombre des maîtres externes; mais on ne trouva pas de fonds pour ce surcroît de dépenses. Les retranchemens les plus sensibles tombèrent sur les cours de *fortification*, de *travaux civils*, et d'*exploitation des mines*. Le premier ne conserva que la moitié, les autres que les deux tiers, du nombre de leurs leçons. Les épures de ces trois cours furent aussi beaucoup diminuées; on devait y suppléer par des gravures, lorsque la chose serait possible. Ces réductions furent opérées en grande partie au profit de l'*analyse* et de la *mécanique*. Le nombre des leçons resta le même; mais le temps que les élèves pouvaient employer à l'étude de ces sciences fut presque doublé pendant ces cinq années; et, pour aiguillonner leur émulation, on régla qu'ils seraient interrogés, deux fois chaque année, en présence des examinateurs permanens. On arrêta de plus que les professeurs et les répétiteurs suivraient les mêmes élèves pendant toute la durée de ces cours, qui se partagent entre les deux années d'études. Une augmentation encore plus considérable de temps et de leçons fut accordée au cours d'*architecture*. Il fallut aussi trouver place pour quelques séances destinées à l'exécution des *cartes topographiques* et des *lavis* exigés par le décret qui instituait le régime militaire (voyez page 246). Enfin, cette organisation nouvelle laissant plus de temps disponible, le Conseil d'instruction proposa d'en profiter pour l'établissement d'un cours de *grammaire* et de *belles-lettres*.

Le Conseil de perfectionnement s'empressa de soumettre cette proposition au gouvernement, et lui présenta même d'avance le professeur dont il avait fait choix. Il alla encore plus loin : l'année scolaire étant sur le point de s'ouvrir (novembre 1804), le nouveau professeur, qui était Andrieux (1), de l'Académie Française, fut autorisé à commencer son cours, sans attendre la réponse du ministre. Mais Napoléon ne partagea pas d'abord cette pleine conviction sur l'utilité du cours de belles-lettres. Après avoir laissé écouler une grande partie de l'année (1805) sans manifester sa volonté à cet égard, il fit connaître qu'il ne déciderait rien avant l'organisation définitive de l'École; et le ministre, en permettant d'achever le cours qui était fort avancé, prescrivit de le suspendre pour l'année suivante. Le Conseil renouvela donc sa proposition, et s'appliqua, cette fois, à en développer les motifs avec plus de force et d'étendue. Il s'appuie, en premier lieu, de l'opinion exprimée en 1803 par la Commission d'officiers d'Artillerie et du Génie, chargée de rédiger un plan d'instruction pour l'École commune des deux armes. Cette commission avoit demandé qu'un cours sur

---

(1) Il avait eu pour compétiteurs Thurot et Ginguené.

l'art d'écrire fût établi à l'Ecole Polytechnique, afin de donner aux élèves « la méthode et le goût né-
« cessaires pour ranger avec ordre leurs idées, et
« les exprimer avec pureté, concision, simplicité; »
ajoutant que « ces leçons doivent succéder sans la-
« cune aux humanités; qu'elles forment une branche
« d'instruction première, commune, également utile
« à tous les services; qu'il convient de l'enseigner à
« l'École Polytechnique, et que nulle part on ne
« peut, comme à Paris, attacher à ce cours un pro-
« fesseur distingué par son goût et ses connais-
« sances. » Le Conseil, après avoir fait observer qu'il
a rempli ce dernier vœu dans le choix du professeur,
annonce, « qu'une courte et heureuse expérience a
« déjà prouvé que ce cours est, pour les élèves,
« moins une étude qu'un délassement; qu'il se lie et
« s'applique au reste de leurs études; qu'il les abrége
« et les rend plus faciles, en donnant aux élèves les
« moyens d'exprimer leurs idées avec plus d'ordre,
« de clarté, de promptitude. Le temps, » dit-il ensuite,
« produira de plus grands résultats; les élèves arri-
« veront possédant les langues française et latine; le
« cours n'embrassera plus que l'art d'écrire et ses
« applications au service de l'ingénieur. Le profes-
« seur pourra s'attacher davantage à former le goût
« des élèves, à leur inspirer le sentiment des conve-
« nances, à corriger en eux le penchant de la jeu-
« nesse vers les amplifications, les faux ornemens,
« et tous ces travers de style, plus ridicules parfois
« qu'une incorrecte simplicité. » Enfin, s'élevant à
des considérations d'un ordre supérieur, le Conseil
termine ainsi : « Cette étude influera même sur leurs

« mœurs et leur caractère. Tels sont les résultats de
« l'éducation littéraire : le commandement acquiert
« plus de noblesse et perd de sa dureté; l'obéissance
« est plus prompte et moins servile; entre égaux,
« les relations deviennent plus faciles, plus favo-
« rables à l'harmonie qui doit régner, surtout parmi
« des hommes qui, placés en des postes divers, ont
« un même but, la gloire et le bien de l'État. Enfin,
« l'étude des lettres, en accoutumant l'esprit à des
« plaisirs plus délicats, prévient ou combat les goûts
« honteux et grossiers, modère la violence des pas-
« sions, et, dans leurs excès même, conserve à l'homme
« quelque chose de sa dignité. » Cette seconde tentative eut un succès complet et assez prompt. Deux
mois environ après la présentation du rapport, le 28
février 1806, Napoléon rendit sa décision, d'après
laquelle le cours et le professeur furent agréés (1).

De 1801 à 1805, le programme d'admission n'é-
prouva presqu'aucun changement dans sa partie
scientifique; mais on y introduisit, avec une pru-
dente gradation, quelques conditions nouvelles relatives au dessin et à l'instruction littéraire. Ainsi, à
l'obligation imposée aux candidats, en 1801, de prouver qu'ils savaient écrire correctement leur langue,
on ajouta, l'année suivante, celle de l'écrire lisible-
ment. La proposition, renouvelée en 1803, d'annoncer que la connaissance de la langue latine serait
exigée pour les concours subséquens, avait semblé
encore prématurée; mais, en 1804, les candidats
furent tenus de faire l'analyse grammaticale des

(1) Voyez, à l'Appendice, le tableau comparatif de la distribution
du temps entre les diverses parties de l'enseignement : année 1806.

phrases françaises qu'ils écrivaient sous la dictée de l'examinateur ; et ce fut seulement, dans le programme pour l'année 1806, que l'on inséra une note portant « qu'à compter de 1807, les candidats devraient être « assez instruits dans la connaissance de la langue « latine pour expliquer les Offices de Cicéron. » Usant de la même circonspection à l'égard du dessin, le Conseil s'était borné à faire annoncer, dans l'*avis* publié par le ministre pour le concours de 1803, « que, toutes choses égales d'ailleurs, la préférence « serait donnée aux candidats qui, avant l'examen, « auraient déjà fait quelques progrès dans l'étude du « dessin. » Mais le décret sur le régime militaire ayant prescrit que les élèves ne fussent admis à l'École qu'après les premières études de la figure, on ajouta au programme pour 1805, que « les candidats « seraient tenus de copier une tête, d'après l'un des « dessins qui leur seraient présentés par l'examina- « teur. »

La fin de cette année 1805 est remarquable par un changement assez important dans quelques parties de l'instruction.

D'abord, le cours de chimie dont s'était chargé Berthoellt disparut de l'enseignement, mais sans y laisser de lacune réelle, toute la partie élémentaire en ayant été séparée, en 1802, pour être rejointe au cours de chimie appliquée aux arts. Sous les noms de *Chimie pratique,* de *Principes de chimie appliqués aux opérations de chimie,* de *Cours de perfectionnement de chimie,* les leçons de l'illustre professeur n'avaient plus pour objet que cette *Statique chimique,* l'un de ses titres de gloire, et qu'il publia vers ce même temps. Le cours de Berthollet n'était donc, comme celui de Lagrange, qu'un sublime hors-d'œuvre; et cette chimie transcendante ne pouvait convenir aux élèves, qui avaient à peine le temps nécessaire pour acquérir les connaissances exigées. Aussi, le *cours de perfectionnement* fut-il supprimé sur la proposition de Berthollet lui-même, qui se démit en même temps des fonctions d'instituteur (1).

Peu de jours après, ces *cours d'application,* attaqués en 1797 par le Comité du Génie, supprimés la même année par le Directoire, rétablis par l'organisation de 1799, et dont le Conseil de perfectionnement, dans sa première session, avait entendu et répété la timide apologie (voyez page 217), ces cours succombèrent enfin sous une nouvelle attaque. Déjà la Commission mixte, dans son travail sur le plan d'études préparé pour l'École de l'Artillerie et du Génie, avait proposé, en 1803, de les remplacer par des cours sur *l'histoire naturelle,* la *topographie* et *l'art d'écrire;* mais on avait trouvé moyen d'introduire ces deux derniers cours sans en retran-

(1) Qu'il nous soit permis de rapporter ici quelques lignes de la lettre que Berthollet écrivit à cette occasion au gouverneur; les unes sont honorables pour l'École, les autres pour un de ses membres les plus distingués. « J'ai vu avec regret arriver le terme qui me sépare « d'une institution qui m'inspira, dès son origine, le plus vif intérêt. « Si je n'ai plus le bonheur de coopérer avec mes célèbres confrères à « cultiver des talens consacrés à la patrie, je leur resterai uni par l'a-« mitié et par les vœux que je fais pour l'Etablissement le plus utile à la « propagation et aux progrès des lumières. Je laisse dans cette École, « dont vos soins paternels conserveront l'éclat, un jeune ami que je re-« commande à votre bienveillance. Gay-Lussac commença ses essais « chimiques aux laboratoires de l'École Polytechnique; etc. etc. » Nous n'avons pas besoin de dire si le *jeune ami* de Berthollet s'est montré digne de cet illustre et touchant patronage.

aucun autre. L'année suivante, le Conseil de perfectionnement ayant décidé que les fonctions de directeur des études, auxquelles venait d'être appelé Gay de Vernon, étaient incompatibles avec celles d'instituteur, et la question relative au cours de fortification se trouvant ainsi dégagée de toute considération personnelle, les adversaires des cours d'application en profitèrent pour demander la suppression de celui-là, alléguant que « cet enseigne-
« ment, quelque utilité qu'on lui reconnût en lui-
« même, n'était pas convenable à l'École Polytech-
« nique, où il prenait aux élèves un temps qui leur
« manquait pour acquérir à fond les connaissances
« plus générales qui constituent l'ingénieur habile
« dans tous les services. » Les sentimens furent très-partagés sur cette proposition. Quelques membres, se bornant à reconnaître que l'enseignement de la fortification devait être restreint aux notions les plus générales, proposèrent de le réduire à dix leçons, et de le réunir au cours de Travaux civils. D'autres soutinrent que le cours de fortification devait être conservé sans aucun changement, se fondant sur les motifs qui, dans l'origine, avaient déterminé l'établissement à l'École de tous les cours de géométrie descriptive appliquée, motifs puisés dans la conviction où l'on
« était dès lors, « que chacun des services publics
« possède des principes généraux et même des pra-
« tiques particulières qu'il est utile de rendre com-
« munes aux autres corps d'ingénieurs; que ces
« différens corps, dans leurs travaux habituels,
« ont entre eux différens points de contact, dans
« la discussion desquels il est nécessaire qu'ils aient

« la même langue et qu'ils reconnaissent les mêmes
« axiômes, ce qui ne peut être que l'effet des lu-
« mières qu'ils ont acquises ensemble à une école
« commune. » Le Conseil de perfectionnement, ju-
geant qu'une telle question devoit être mûrement
examinée, et considérant d'ailleurs que la suppression
imprévue d'une branche d'instruction dans l'Ecole
Polytechnique pouvait laisser une lacune dans l'enseignement de quelques Ecoles spéciales, maintint
provisoirement le cours de fortification pour l'année
1805, et renvoya la désignation du professeur au
Conseil d'instruction.

Ce Conseil se montra fort opposé à toute suppression des cours d'application. La Commission nommée
dans son sein pour s'occuper de ce sujet déclara
« que la question touchait de très-près à la conserva-
« tion de l'École, ou du moins à celle du grand
« caractère qui la place au-dessus de tous les éta-
« blissemens du même genre, et qui lui a mérité
« la réputation qu'elle a obtenue dans toute l'Eu-
« rope. » Puis, après avoir retracé les vues qui ont
présidé à la création de l'École, pour la substituer à
toutes les Ecoles spéciales, et avoir fait observer que
ce plan a été réduit et modifié, la Commission ajoute
« que c'est toutefois parce qu'elle offre un système
« complet d'enseignement, dont les branches sont
« tellement liées les unes aux autres qu'on ne peut
« en soustraire une seule sans détruire toute la sy-
« métrie du système, et parce que les cours ont tou-
« jours été confiés à des hommes qui ont marqué
« dans la science qu'ils professaient, que l'Ecole Po-
« lytechnique se trouve encore à la tête de l'instruc-

« tion publique. » Les conclusions furent que le cours de fortification devait être conservé, et que l'on ne pouvait en charger un maître d'un ordre inférieur, attendu que ce ne sont pas des détails minutieux qui doivent composer ce cours, mais *des principes transcendans*. Le Conseil, adoptant l'avis de la Commission, arrêta que Gay de Vernon demeurerait, en 1805, seul chargé de l'enseignement, et qu'il lui serait donné un adjoint de son choix pour diriger, sous ses ordres, la partie graphique de la fortification et de la topographie. Ce dernier emploi fut confié au capitaine de Castres (1), du corps des Ingénieurs-géographes, lequel fit aussi le cours, comme suppléant de l'instituteur.

Fidèle à une opinion si hautement manifestée, le Conseil d'instruction maintint, pour l'année suivante (1806), sans aucunes modifications, les programmes des cours de fortification, de travaux civils et des mines, et les présenta ainsi au Conseil de perfectionnement. Mais alors la question qui donnait lieu à ces débats s'évanouit tout à coup, pour faire place à une question nouvelle, sur laquelle les esprits furent beaucoup moins divisés. Il ne s'agissait plus de supprimer le cours de fortification, mais de substituer aux trois cours dont on blâmait l'étroite spécialité, des cours, d'une utilité moins restreinte, sur l'*art militaire*, les *constructions*, et les *machines*. Cette proposition était appuyée des considérations suivantes :

L'instruction donnée à l'Ecole Polytechnique ne doit embrasser que les connaissances communes à

(1) Aujourd'hui maréchal de camp, commandant le département des Hautes-Pyrénées.

tous les services, également utiles à tous les élèves, et qu'ils doivent tous appliquer dans les Ecoles spéciales. Les cours de fortification, de travaux civils, et de travaux des mines, ne sont pas sans utilité pour les élèves qui doivent entrer dans les services auxquels ces cours sont relatifs; et encore le développement des connaissances premières et générales serait-il plus utile, même à ceux-ci. Pour le reste des élèves, cet enseignement est étranger aux professions qu'ils doivent exercer. Dira-t-on qu'il laisse du moins dans leur esprit des notions qu'ils n'auront plus occasion d'acquérir? Mais, le temps de l'instruction étant limité, convient-il de l'employer à enseigner des matières de pure érudition, et ne serait-il pas sage de s'assurer d'abord si l'on ne peut rien enseigner de nécessaire, de plus utile du moins, d'un usage plus direct et plus général ? Or, il est évident que les trois cours proposés rempliraient cette dernière condition.

« Tous les corps d'Ingénieurs font usage de *machines*
« semblables ou analogues. Dans celles mêmes qui
« sont particulières à tel service, on remarque la
« même application des forces motrices, les mêmes
« élémens, et des combinaisons soumises à un cer-
« tain nombre de principes et d'observations géné-
« rales. Il en est de même des *constructions*. Tous
« les ingénieurs, dans les ouvrages qui les distin-
« guent, emploient également l'homme et les ani-
« maux, comme moyens de travail; les substances des
« trois règnes, comme matériaux; des procédés ana-
« logues pour les assembler, et, dans ces assemblages,
« un certain nombre de combinaisons élémentaires
« que reproduisent toutes les constructions. » A l'é-

gard du troisième cours, on peut objecter que
« tous les élèves ne doivent pas être militaires. Mais
« un grand nombre, principalement en temps de
« guerre, doivent entrer dans les corps de l'Artillerie
« et du Génie, et tous ceux qui ne sont pas admis
« dans les corps d'ingénieurs ont l'espoir de trouver
« un débouché dans les autres corps de l'armée. On
« peut donc, et l'on doit, sous quelques rapports,
« placer l'*art militaire* au nombre des connaissances
« premières et utiles à tous les élèves. Mais, sous ce
« même point de vue, il faut que le cours embrasse
« les diverses branches de cet art, la tactique élé-
« mentaire, l'usage de l'artillerie, de la fortification
« passagère, des procédés d'attaque et de défense, et
« leurs rapports avec le service et les manœuvres des
« troupes dans la guerre de campagne ou dans les
« siéges; et l'on doit renvoyer, à l'Ecole spéciale de
« l'Artillerie et du Génie, l'art de fabriquer les ma-
« chines de guerre et celui de projeter et de bâtir les
« places fortes, etc. etc. » Le Conseil de perfectionnement, après s'être fait donner communication du
plan d'instruction préparé pour l'Ecole d'application de
l'Artillerie et du Génie, et avoir entendu les observations du Conseil d'instruction, qui approuva les bases
des changemens proposés, arrêta que le nouvel enseignement ferait partie du cours d'études de 1807, et
que le Conseil d'instruction s'occuperait, pendant
l'année 1806, d'en préparer les programmes.

Pour compléter le récit des événemens de quelque
intérêt qui eurent lieu dans l'espace de temps compris entre la première session du Conseil de perfectionnement et la mise en activité du régime militaire,

nous rapportons ici les mutations arrivées parmi les fonctionnaires de l'École, pendant cette période de cinq années.

La première qui se présente, dans l'ordre des temps, fut le sujet d'un deuil profond. L'inspecteur des élèves, Charles Gardeur-Lebrun, mourut le 25 août 1801, laissant une mémoire chérie et vénérée de tous ceux sur lesquels il avait exercé sa judicieuse et bienveillante sévérité. Le Conseil d'instruction multiplia l'expression de sa douleur et de son estime. Il consigna d'abord dans ses registres un hommage aux talens de Lebrun, *et à son dévouement extrême aux devoirs pénibles de sa place;* plus tard, il fit placer son portrait dans la salle où s'assemblaient les Conseils de l'École; enfin, une notice biographique, lue par le directeur, Guyton de Morveau, à la séance d'ouverture des cours de 1802 (6 frimaire an x), et insérée au onzième cahier du Journal, fut envoyée, avec ce cahier, aux membres de la famille de Lebrun, et au préfet de Metz, sa ville natale, lequel fut prié de donner à cette notice la plus grande publicité. Le Conseil de perfectionnement honora peut-être encore mieux sa mémoire, en lui donnant pour successeur un frère digne de le remplacer. Claude Gardeur-Lebrun, professeur de mathématiques du corps de l'Artillerie, ce même qui avait reçu en 1799 les remercîmens du Conseil, pour ses procédés envers les jeunes gens que la conscription avait enlevés à l'École, fut nommé inspecteur des élèves, le 29 septembre 1801 (7 vendémiaire an x).

Bosio se démit, à la fin de la même année, de l'emploi de maître externe de dessin, dans lequel il fut aussitôt remplacé par Lemire aîné, qui avait déjà exercé ces fonctions en 1795 et 1796.

Fourier, à son retour d'Egypte, au mois de janvier 1802, annonça l'intention de reprendre immédiatement son cours d'analyse. Nommé, deux mois après, à la préfecture de Grenoble, il déclara vouloir conserver le titre d'instituteur, en laissant le traitement à la disposition du Conseil, pour être appliqué aux besoins de l'Ecole. L'année suivante, le Conseil d'instruction lui donna pour suppléant, Poisson, qui, dans le rang de simple élève, et avec le modique traitement de chef de brigade, faisait, depuis plus de deux ans, le service d'adjoint aux répétiteurs d'analyse. Après avoir professé trois ans, comme suppléant, il fut élevé, le 20 novembre 1805, au rang d'instituteur titulaire.

Guyton de Morveau, dont les fonctions de directeur triennal expiraient à la fin de 1802, fut réélu pour trois autres années, par le suffrage unanime du Conseil de perfectionnement, qui, en mentionnant cet acte dans son rapport au gouvernement, ajoute « qu'il a saisi avec empressement une occasion aussi « favorable pour donner un témoignage authentique « de son estime à un professeur qui réunissoit, à l'é- « clat d'une grande célébrité dans les sciences, l'ha- « bitude des affaires dans toutes les parties d'admi- « nistration. »

Les emplois annuels de répétiteurs avaient été occupés, depuis leur création en 1799 jusqu'en 1804, par Francœur et Dinet pour le cours d'analyse; par Thenard et Desormes pour la chimie; et leur réélection, toujours unanime, avait été accompagnée, chaque année, des plus honorables témoignages de la satisfaction du Conseil. En 1804, tous ces emplois devinrent vacans. Dinet et Francœur furent nommés examinateurs pour l'admission à l'Ecole (1); Thenard obtint la chaire de chimie du collége de France, et Desormes donna sa démission, que le Conseil n'accepta qu'avec regret, pour consacrer ses talens à la fondation d'un grand établissement de produits chimiques.

Des noms devenus célèbres se rencontrent parmi leurs successeurs. Gay-Lussac, qui avait renoncé, en 1800, aux fonctions de chef de brigade adjoint, pour se livrer tout entier à l'étude de la chimie dans le laboratoire de Berthollet, et que le Conseil avait choisi, deux ou trois ans après, pour adjoint aux répétiteurs de chimie et de physique, obtint l'emploi laissé vacant par Thenard. Celui qu'abandonnait Desormes fut accordé à Drappier, ancien élève, alors à l'Ecole des Mines. Les nouveaux répétiteurs d'analyse furent A. A. L. Reynaud, ancien élève admis dans le corps des Ponts et Chaussées, et Ampère, alors professeur de mathématiques transcendantes au Lycée de Lyon. Une troisième place de répétiteur d'analyse fut créée, dans ce même temps, et donnée à J. J. Livet, ancien élève, et répétiteur adjoint.

L'emploi de préparateur général de chimie, qui était toujours occupé par Bouillon-Lagrange, fut supprimé en novembre 1804, sur la demande du Conseil de perfectionnement.

Le 21 du même mois, Barruel, ancien instituteur

---

(1) Le nombre des examinateurs d'admission n'était pas déterminé. Il y en avait eu quatre les années précédentes : Louis Monge, Lévesque, Biot, et Maurice. Ce dernier se retira en 1804; et, la même année, on en porta le nombre à cinq.

adjoint de physique, et, depuis six années, réélu sans interruption examinateur annuel de physique et de chimie, fut nommé bibliothécaire, en remplacement de Peyrard, qui s'était démis de cet emploi. Le Conseil de perfectionnement décida, à cette occasion, que le bibliothécaire, eu égard aux fonctions qu'il remplit dans l'Ecole, demeurerait, en cette seule qualité, membre du Conseil d'instruction, dont il avait cessé, d'après le décret du casernement, d'être le secrétaire.

Deux savans distingués se partagèrent, en 1805, les fonctions d'examinateur, que Barruel avait quittées. Haüy fut chargé de la physique, et Vauquelin de la chimie. L'examen sur la géométrie descriptive et les arts graphiques, que Ferry ne put conserver, fut confié, la même année, à Malus, élève et chef de brigade de la première promotion, alors officier supérieur du Génie, et qui s'illustra bientôt après par ses belles expériences sur la lumière.

Pendant les années 1803, 1804 et 1805, les fonctions d'adjoints aux répétiteurs de mathématiques furent successivement remplies par d'anciens élèves. Nous en avons déjà indiqué quelques uns. Les autres sont L. J. M. Crozet, Terquem, Debout, M. Mathieu, Dupau, et Teysseyrre.

Quand le moment fut venu, à l'ouverture des cours de la douzième année (novembre 1805), de nommer un instituteur de fortification et d'art militaire, en remplacement de Gay de Vernon, le Conseil d'instruction jugea qu'il serait préférable, au lieu de pourvoir définitivement à cet emploi, de le donner pour un an, par simple commission, à un officier du

Génie retiré du service, et d'en laisser la désignation au gouverneur. Mais le Conseil de perfectionnement n'adopta que la première partie de cette proposition; et, « considérant que le choix des instituteurs tem-« poraires doit offrir, relativement à l'instruction, « la même espèce de garantie que celui des institu-« teurs permanens, » il décida qu'il n'y aurait pour les uns et les autres qu'un même mode de nomination. En conséquence, un scrutin fut ouvert, et le choix tomba sur Duhays, « qui avait rempli, avec beaucoup « de distinction, les fonctions de major à l'Ecole « d'application du Génie » (Rapport du Conseil de perfectionnement pour l'an XIV). Sa nomination fut renouvelée l'année suivante, et déclarée alors définitive. Le capitaine Nicolas, du corps des Ingénieurs-géographes, succéda au capitaine de Castres dans la direction du travail graphique de la fortification et de la topographie. Cet emploi fut donné, un an après, au capitaine Clerc, du corps des sapeurs, auquel on doit un beau travail topographique sur le golfe de la Spezzia; il reçut le titre de Chef de la Topographie.

Le capitaine Marielle fut nommé quartier-maître secrétaire des Conseils de l'Ecole.

Les officiers chargés de l'instruction militaire et de la police des élèves furent le chef de bataillon Davignon, les capitaines Richard et Redon, les lieutenans Letoublon et Bourdillet, tous de l'infanterie de la garde.

La translation de l'Ecole Polytechnique dans les bâtimens du collége de Navarre eut lieu le 11 novembre 1805, et les cours de la douzième année y furent ouverts, sans aucune solennité, le 22 du même mois. Tout y présenta, dès ce moment, un appareil militaire. Chaque élève reçut, avec l'habit uniforme, un fusil d'ordonnance et une giberne. L'école du soldat et du peloton, le maniement des armes, les évolutions, l'exercice à feu, occupèrent une partie du temps des récréations. Les élèves fournissaient même un poste de police, avec un factionnaire. Le drapeau qui fut donné au jeune et studieux bataillon portait cette inscription :

POUR LA PATRIE
LES SCIENCES
ET
LA GLOIRE.

LIVRE CINQUÈME.

1806-1827. — XII-XXXIII DE L'ÉCOLE.

L'ANALYSE substituée à la synthèse dans l'enseignement de la *Statique*; le cours de *Physique* acquérant, en 1810, plus d'étendue dans la partie qui traitait des phénomènes relatifs à l'*Astronomie physique*; cette partie, plus développée encore l'année suivante, recevant le titre d'*Exposition du système du monde*, embrassant la *Géodésie*, et confiée à l'un des professeurs de géométrie descriptive; la *Topographie* enfin fortifiée d'opérations sur le terrain et de leçons orales : voilà les seuls changemens notables qu'éprouvèrent, dans les années 1806 à 1811, les programmes de l'instruction. Aussi le Conseil de perfectionnement, dans son rapport sur la situation de l'École, à la fin de 1808, se félicite-t-il « d'approcher du terme où ses fonctions « seront moins d'améliorer que de conserver, et se « réduiront à faire dans l'enseignement les modifi- « cations relatives au progrès des sciences. »

Moins sollicitée par les objets de l'enseignement, l'attention des deux Conseils se porta presque tout entière sur les moyens d'en assurer le succès. La distribution aux élèves du précis des leçons était toujours regardée comme un des secours les plus efficaces pour favoriser leurs progrès. Prony et Andrieux imprimèrent en 1806, le premier, un *sommaire des leçons de mécanique*, le second, un *sommaire des leçons de Grammaire et de Belles-Lettres*. Poisson publia, en 1809, son *Cours de Mécanique pour la deuxième division*; en 1810, celui de la première division; et, en 1811, son traité complet. Les instituteurs de géométrie descriptive présentèrent au Conseil d'instruction, pour tenir lieu du précis des leçons sur les élémens des machines, dont ils étaient aussi chargés, l'ouvrage encore manuscrit de Lanz et Bétancourt, intitulé : *Essai sur la Composition des Machines*. Les auteurs en offraient la propriété à l'École, aux conditions qu'elle pourvoirait aux frais d'impression et de gravure, et qu'il leur en serait remis deux cent cinquante exemplaires. L'offre fut acceptée. Pour les cours dont les instituteurs n'avaient pas encore publié les sommaires, le Conseil de perfectionnement désignait, chaque année, les ouvrages qui lui paraissaient propres à y suppléer; et les élèves étaient tenus de s'en pourvoir à leurs frais, ainsi que des sommaires déjà imprimés. Mais, comme cette dépense était assez forte, on plaça, en 1810, dans chaque salle d'études, deux exemplaires, fournis par l'Ecole, des ouvrages qui n'étaient pas des sommaires de leçons, et l'on dispensa les élèves de les acheter. Quatre instituteurs seulement n'avaient pas encore déféré à l'invitation, plusieurs fois renouvelée, d'imprimer le précis de leurs leçons. Cette invitation fut convertie en obligation expresse.

Le travail graphique fut aussi l'objet des soins particuliers de l'un et de l'autre Conseil. Malgré les félicitations adressées en 1806 au gouveneur, par le directeur-général du Corps des Ponts et Chaussées, sur les progrès que les élèves avaient faits dans tous les genres de dessin, on ne pouvait se dissimuler que ce travail, si nécessaire à toutes les classes d'ingénieurs, était généralement exécuté avec nonchalance et dégoût. La plupart des élèves semblaient regarder le temps qu'ils étaient forcés d'y consacrer comme usurpé sur des études plus importantes, non-seulement par leur objet, mais surtout par l'influence qu'elles avaient sur le succès de leurs examens. Afin de conserver dans l'Ecole des monumens d'après lesquels on put juger du perfectionnement successif de l'instruction graphique, il fut arrêté, en 1809, que les deux dessins et épures de chaque espèce, jugés les meilleurs parmi ceux des élèves placés dans les cinquante premiers de la liste d'admission dans les services publics, resteraient exposés dans une des salles de l'établissement. Mais, comme les élèves attachaient un grand prix à la collection complète de leurs dessins et épures, on restreignit ensuite à deux ans, pour chaque morceau, la durée de cette exposition.

Parmi les moyens employés pour soutenir l'application des élèves sur quelques parties de l'enseignement, on cessa de comprendre les *exercices* ou *compositions par écrit*, institués en 1803. Le Conseil de perfectionnement avait dit, à la fin de 1805, « qu'ils « n'avaient cessé de justifier les espérances qu'on en « avait conçues. » Mais, en 1806, « l'expérience ayant « fait connaître qu'ils ne produisaient pas l'effet « qu'on s'en était promis, » on en conserva seulement quelques uns pour le cours de grammaire et belles-lettres. L'expérience ayant au contraire prononcé en faveur des interrogations, on en augmenta le nombre pour les cours d'analyse et de mécanique, dont les professeurs furent en outre chargés de tenir une quatrième séance par semaine, laquelle était employée tout entière en récapitulations, conférences et interrogations sur la matière des trois leçons précédentes. Il fut aussi réglé par le Conseil d'Instruction que, « chaque mois, il lui serait fait, par chacun « des instituteurs, un rapport sommaire sur la situa- « tion de son cours. »

Enfin, une dernière disposition vint ajouter à l'efficacité de toutes celles qui avaient pour but de favoriser le succès de l'enseignement. D'après la loi d'organisation de 1799, les élèves déclaraient, avant d'entrer à l'Ecole, le service auquel ils se destinaient ; cette déclaration, dans laquelle on permit ensuite de comprendre subsidiairement un second service, était irrévocable ; et l'examen de sortie, à la fin de la deuxième année, n'avait pour objet que de constater s'ils étaient assez instruits pour entrer dans le service de leur choix. Sous cette législation, l'un des examinateurs permanens interrogeait tous les élèves destinés au service de l'Artillerie ; l'autre examinait les élèves du Génie militaire, des Ponts et Chaussées, du Génie maritime et des Mines ; et le Jury établissait autant de listes particulières, par ordre de mérite, qu'il y avait de services. Le Conseil de perfectionnement arrêta, dans sa septième session (fin de 1806), 1° que les candidats, après avoir déclaré, suivant l'usage, le service auquel ils se destinaient, désigneraient subsidiairement tous les autres dans l'ordre suivant lequel ils désireraient y être placés ; 2° que les élèves, à la fin de la seconde année d'études, seraient classés, par ordre de mérite, dans une liste générale arrêtée d'après les examens de sortie; 3° que chacun d'eux, suivant le rang qu'il occuperait dans cette liste, serait placé dans le premier, le second, ou les autres services qu'il aurait désignés. « Ainsi, » dit le « Conseil dans son rapport, « leur état ne dépendra « plus seulement de leur examen d'admission, mais « de leurs succès dans le cours entier de leurs étu- « des. » Et il ajoute « qu'il a regardé cette mesure « comme un acte de justice envers les élèves, et « comme le principe d'une émulation favorable à « leurs progrès. » Dans le rapport de la session suivante, le Conseil s'exprime ainsi : « On a éprouvé « les heureux effets de la mesure adoptée pour le « classement général des élèves à leur sortie de l'É- « cole : le désir d'obtenir les premiers rangs dans « la liste de mérite, et surtout la prérogative de pou- « voir choisir, d'après le rang qu'on y occupe, le « service public dans lequel on désire d'être admis, « ont produit une émulation telle, que des élèves se « sont, à force de travail, élevés des derniers rangs « aux premiers. » D'après une disposition du même arrêté, les examinateurs permanens cessèrent d'examiner pour tel ou tel service. Chacun d'eux, depuis cette époque, examine tous les élèves d'une division, et suit les mêmes élèves dans les examens qui terminent chacune des deux années d'études. Ainsi fut révoquée, sans aucune opposition, la mesure qui obligeait les candidats au choix préalable et irrévocable d'un seul service ; mesure sollicitée par le Comité des

Fortifications et le ministre de la guerre en 1797, demandée sans succès au Corps législatif par le Directoire, et prescrite enfin par l'organisation de 1799.

Nous devons rapporter ici que le Conseil d'instruction, consulté par le gouverneur, décida unanimement, que « les instituteurs de l'École pouvaient, « hors le temps consacré à leurs cours, remplir les « fonctions d'examinateurs d'admission. » Il ajouta même, « qu'il en résulterait plus d'uniformité dans le « travail des examens, et plus de précision dans le « classement des élèves. » D'après cette décision, le gouverneur comprit quelques instituteurs au nombre des examinateurs d'admission pour l'année 1806. Cela n'eut lieu que cette seule fois.

Quelques légers changemens furent opérés dans le programme d'admission. Les uns consistèrent à indiquer les machines simples auxquelles les candidats devraient savoir appliquer la statique, et à spécifier que cette branche de la mécanique devait leur être enseignée d'une manière synthétique. En général, les candidats s'étaient toujours montrés faibles sur cette partie; et, d'après le vœu du Conseil de perfectionnement, il fut écrit circulairement aux professeurs des Lycées pour les exhorter à y donner plus de soins. Un autre changement eut pour objet de ne plus désigner l'auteur latin dont les candidats devaient traduire un morceau devant l'examinateur, et d'énoncer seulement que ce serait un auteur, en prose, de la force de ceux qu'on explique dans la seconde ou la troisième classe.

Le Conseil d'instruction proposa d'ajouter, aux connaissances exigées des candidats, les premiers élémens

de la chimie et de la physique, se fondant sur ce que, au moyen de cette condition nouvelle, on ranimerait l'enseignement de ces deux sciences dans les Lycées, où il était presque entièrement abandonné; et que les élèves suivraient avec plus de succès les cours de l'Ecole. Mais le Conseil de perfectionnement craignit que, d'après la situation où se trouvait, dans quelques endroits, l'enseignement de la physique et de la chimie, « plusieurs élèves n'apportassent à l'E-
« cole des notions fausses qui nuiraient à leur instruc-
« tion; » et il jugea d'ailleurs que le programme d'admission était déjà assez chargé. Il arrivait pourtant quelquefois que des candidats demandaient à faire preuve de connaissances non exigées, telles que la géométrie descriptive, le calcul différentiel, etc. Mais de peur que cette instruction exubérante ne fût acquise aux dépens de celle dont le programme indiquait les limites, on y inséra un article portant que « les candidats ne seraient examinés que sur les con-
« naissances exigées. »

Il est digne de remarque, que le nombre des jeunes gens qui se présentèrent aux examens n'éprouva aucune diminution depuis que les élèves, au lieu de toucher un traitement, eurent à payer une pension. On trouve même, en comparant sous ce rapport les neuf années qui précédèrent le casernement aux neuf années qui le suivirent, que, dans cette dernière période, le nombre des candidats est d'un sixième plus considérable, tandis que le nombre relatif des admissions ne l'emporte que d'un seizième. Cependant, on ne put bientôt plus satisfaire aux demandes toujours croissantes des services publics; et Napoléon n'en persistait pas moins à chercher dans l'Ecole Polytechnique des officiers pour ses régimens d'infanterie ou de cavalerie. Vers la fin de 1806, par une lettre directe au gouverneur, il avait demandé pour cette destination soixante élèves; et, sur des représentations qui lui furent faites, il s'était borné à en prendre quarante-huit. Nouvelle demande, au mois de janvier suivant, et nouvelles représentations du gouverneur, qui n'empêchent pas que, trois mois après, le ministre de la guerre ne l'interroge sur le nombre quelconque d'élèves qui pourraient recevoir des sous-lieutenances dans les troupes de ligne. Après avoir reproduit toutes les considérations qui s'opposaient aux vues du ministre et de Napoléon, le gouverneur présenta onze élèves de la première année d'études, qui avaient eux-mêmes sollicité ce genre de service.

Dès l'année suivante (1808), l'effet de ces mesures irrégulières se fit sentir. Les besoins des services publics surpassèrent le nombre des élèves qui achevaient leurs cours d'études; et, dans le même temps, le ministre de la guerre annonça qu'il appellerait, en 1809, cent élèves dans l'Artillerie. Le Jury d'examen fut aussitôt convoqué extraordinairement pour ajouter quinze élèves à chacune des deux divisions, afin de prévenir un nouveau déficit. Mais le ministre demanda encore, cette même année, cinquante sous-lieutenans pour l'infanterie; et, bien qu'on ne lui en eût donné que dix, dont plus de la moitié avaient été pris dans la division de première année, les services publics (auxquels une simple décision ministérielle, du mois de juillet 1810, avait ajouté celui des Poudres et Salpêtres), ne reçurent pas le nombre de sujets qu'ils avaient demandé.

Le gouverneur exposa au Conseil de perfectionnement les fâcheuses conséquences de cette situation des choses: les produits de l'Ecole, si disproportionnés aux pertes des services militaires, dans lesquels les guerres qui se succédaient depuis 1805 ouvraient, chaque année, de larges brèches, et même aux demandes des services civils, dont l'accroissement rapide du territoire de l'Empire obligeait d'augmenter considérablement le personnel; la nécessité qui en résulterait d'admettre dans ces services des sujets dont l'instruction serait incomplète, et l'émulation des élèves refroidie par l'idée qu'ils étaient trop nécessaires pour que le Jury pût être bien exigeant. Touché de ces considérations, le Conseil déclara (novembre 1810) qu'il lui paraissait indispensable que l'Ecole fût portée, dès l'année suivante, à quatre cents élèves. Nous dirons ailleurs par quelle étrange mesure Napoléon trancha la difficulté qui avait ainsi occupé la sollicitude du gouverneur et du Conseil de perfectionnement. L'ordre des temps, dont nous voulons nous éloigner le moins possible, exige que nous placions ici quelques autres faits d'une date antérieure à l'année 1811. Nous commencerons par ceux qui concernent le personnel des fonctionnaires et des instituteurs.

Lermina, administrateur intègre et zélé, mourut le 22 janvier 1806. Une notice, composée par deux professeurs de l'Ecole, et insérée, par ordre du Conseil d'instruction, dans le treizième cahier du Journal, fait connaître qu'il avait cultivé avec succès la botanique et la minéralogie, et qu'après avoir rempli les premiers emplois dans l'administration des finances au département de la guerre, et, pendant trois ans, les fonctions de commissaire de la Trésorerie, il était sorti de toutes ces places aussi pauvre qu'il y était entré. Il eut pour successeur à l'Ecole Polytechnique J.-B. Cicéron, ancien magistrat.

Le 7 aout 1808, une mort non moins prématurée enleva Neveu, instituteur de dessin. A ses talens dans l'art qu'il professait, il joignait un esprit très-cultivé. Il avait été attaché, jeune encore, à la Bibliothèque royale; plus tard secrétaire-général de la Commission des travaux publics; puis commissaire en Allemagne, pour y recueillir les ouvrages relatifs à son art, et même à la littérature. Le Conseil d'instruction fit insérer au *Moniteur* une notice biographique rédigée par Andrieux; le gouvernement accorda des secours à sa veuve; et l'administration de l'Ecole pourvut aux frais de l'éducation de sa fille. Le Conseil de perfectionnement choisit, pour le remplacer, le célèbre peintre Vincent, de l'Institut. Des concurrens illustres avaient disputé cet emploi : nous citerons parmi eux Regnault, de l'Institut, Lebarbier et Ménageot, de l'ancienne académie de Peinture.

Une perte plus vivement ressentie vint encore frapper l'Ecole à la fin de l'année suivante. Le 16 décembre 1809, une mort soudaine lui ravit Fourcroy, l'un de ses principaux fondateurs. Le Conseil de perfectionnement, qui tenait alors sa neuvième session, déposa, dans son rapport annuel, cette vive expression de sa douleur : « Qui doit plus que l'Ecole « regretter le professeur qui joignait aux grandes qua-

« lités qu'exigent les progrès de la chimie, l'art dif-
« ficile de la rendre familière et de la propager ! Ses
« élèves n'entendront plus sa voix éloquente; ils
« n'obéiront plus à la douce impulsion de cette élo-
« cution brillante et facile qui applanissait devant eux
« les routes de l'instruction, et y semait les fruits
« parmi les fleurs. » Son portrait, peint par Mérimée,
l'un des maîtres externes de dessin, et donné à l'E-
cole par cet estimable artiste, fut placé dans la salle
du Conseil d'instruction, pour y commencer la collection des portraits des chefs, des instituteurs et
principaux fonctionnaires, ainsi que des personnes
qui auraient bien mérité de l'Ecole (1).

Le suffrage unanime du Conseil de perfectionnement désigna, pour successeur de Fourcroy, Gay-
Lussac, qui avait reçu depuis un an le titre et le rang
purement honorifiques de professeur de chimie pratique. Ce titre avait été demandé par le même Conseil,
« comme une simple distinction, agréable à l'Institut
« dont il était membre, à l'Ecole qu'il honorait par
« ses travaux, et aux savans qui le comptaient parmi
« les chimistes dont les découvertes tendaient à
« donner à la France la primauté dans les sciences. »
Toutefois, cette distinction qui devait être, comme
on voit, personnelle à Gay-Lussac, le gouverneur
proposa de la transmettre à un autre savant, dans la
vue « d'attacher à l'Ecole des hommes de mérite, par
« l'espoir d'arriver aux places d'instituteurs, et d'a-
« jouter ainsi aux moyens d'instruction. » Le Conseil

(1) L'arrêté du Conseil d'instruction pour la formation de cette suite
de portraits fut pris, le 11 avril 1806, sur la proposition du gouverneur.
Il n'a pas eu d'exécution.

de perfectionnement saisit avec plaisir cette occasion de rappeler dans l'Ecole Thenard, sur qui se réunirent toutes les voix.

La place de répétiteur de chimie, que Gay-Lussac laissait aussi vacante, et celle qui le devint, quelques mois après, par la démission de Drappier, furent accordées à Colin et à Cluzel.

Bossut, presque octogénaire, fut admis à la retraite en 1809, et remplacé dans les fonctions d'examinateur permanent par Lacroix, dont l'emploi d'instituteur d'analyse fut alors donné à Ampère, encore répétiteur, mais qui faisait, depuis deux ans, l'un des cours d'analyse, comme suppléant de Labey, malade. Ses fonctions de répétiteur étaient alors remplies par deux anciens élèves, P. Binet, ancien professeur de mathématiques à l'Ecole centrale de Rennes, et P. D. Bazaine, élève des Ponts et Chaussées.

Le Conseil choisit Poinsot, ancien élève, et professeur dans un Lycée de Paris, pour faire, au même titre qu'Ampère, le cours d'analyse de Labey; et l'emploi de répétiteur du même cours fut donné à P. Binet.

Deux nouveaux emplois de répétiteurs furent créés; l'un, en 1807, pour la géométrie descriptive; l'autre, en 1810, pour la physique. Le premier, après avoir été occupé quelques mois par J. J. Livet, qui s'en démit, fut conféré à J. Binet, élève des Ponts et Chaussées; le second, à Alexis Petit, alors adjoint aux répétiteurs d'analyse.

Monge, dont la santé devenait chancelante, présenta pour son suppléant éventuel, pendant l'année 1810, F. Arago, qui, après avoir été tiré du milieu des élèves, en 1806, pour aller en Espagne mesurer la méridienne, avait été nommé, l'année suivante, adjoint au bureau des Longitudes, et venait de passer, pour ainsi dire, des bancs de l'Ecole Polytechnique sur ceux de l'Institut. Le Conseil de perfectionnement ne put qu'applaudir à un tel choix; mais, voulant en même temps obvier à ce qu'il ne jetât une défaveur injuste sur le répétiteur de Monge, qui était aussi un jeune savant très-recommandable, il fit consigner sur ses registres la mention la plus honorable des talens et des services de J. Binet.

Ainsi l'Ecole conservait le caractère que lui avaient imprimé ses fondateurs, en appelant aux fonctions de l'enseignement les hommes les plus éminens dans chaque partie, et en leur donnant pour coopérateurs les plus distingués de leurs disciples. Elle continuait aussi d'ouvrir libéralement ses laboratoires et ses collections à ceux de ses membres qui s'occupaient de travaux utiles aux progrès des sciences. Au commencement de 1807, les diamans qui n'étaient pas nécessaires aux démonstrations minéralogiques furent mis à la disposition de Guyton de Morveau, pour de nouvelles expériences, qu'il faisait avec Hachette, sur la combustion de cette substance. Afin d'en favoriser le succès, le Conseil d'Instruction fit refaire en entier l'appareil galvanique de l'Ecole, à l'aide duquel il avait été fait des recherches qui contribuèrent au perfectionnement des appareils électromoteurs. Mais celui que l'Ecole possédait n'étant pas assez puissant, Guyton se vit forcé de suspendre ses travaux. Au mois de janvier 1808, cet obstacle fut levé par la munificence de Napoléon, qui, à l'occasion de la célèbre découverte du potassium, chargea le gouverneur de faire construire une pile voltaïque, aux frais de laquelle il consacra une somme de vingt mille francs. La construction fut dirigée par une commission du Conseil d'Instruction, composée de Monge, Guyton, Lacroix, Hassenfratz et Hachette, auxquels le Conseil adjoignit Gay-Lussac et Thenard. Les premières expériences eurent lieu, le 29 juillet 1808, en présence du gouverneur et de quelques membres de de l'Institut. D'autres dons de moindre importance vinrent augmenter le matériel scientifique de l'Ecole, dans les années 1808 et 1809. Le gouvernement napolitain envoya, en trois transports différens, vingt-deux caisses de produits volcaniques destinés pour le cabinet de minéralogie. Les académies de Berlin et de Turin donnèrent le recueil de leurs mémoires, et reçurent, en retour, la collection du Journal de l'Ecole, qui était alors parvenue à son quatorzième cahier.

Les trois premières parties de la *Mécanique philosophique* de Prony, qui remplissaient les *septième et huitième cahiers,* ayant été retirées pour être réunies plus tard aux dernières parties du même ouvrage, quand il serait terminé, le Conseil avait recomposé ces deux cahiers, en faisant réimprimer, de l'aveu des auteurs, en 1812, les *Leçons de Mathématiques données à l'Ecole Normale, en* 1795, par Laplace et Lagrange. — Quelques années auparavant, on en avait usé de même à l'égard des *neuvième* et *dixième cahiers,* qui devaient recevoir les dernières parties de la *Mécanique philosophique*. La lacune qui en résultait avait été remplie, en formant le *neuvième*, qui parut en 1808, de la *Théorie des Fonc-*

tions analytiques, de Lagrange, dont l'édition appartenait à l'Ecole; et le *dixième,* qui ne fut publié qu'en 1810, des *Leçons sur l'Art d'écrire,* données à l'Ecole par Andrieux, auxquelles on joignit cinq mémoires, dont les auteurs sont Brianchon, Poinsot, Prony, et Alexandre de Humboldt. — Le *onzième cahier,* qui avait paru en 1802, et par conséquent avant les quatre précédens, renferme un très-grand nombre d'articles par Monge, Prony, Hachette, Poisson, Biot, P. J. Moreau, Marescot, Lomet, Regnard, Lefrançais, Hassenfratz, Barruel, Guyton de Morveau, Berthollet, Thenard, Lermina, Neveu, Clément, et Desormes. On a joint à ce volume les deux premiers rapports du Conseil de perfectionnement, la loi d'organisation de 1799, et le programme d'admission pour la fin de 1802. — Le *douzième cahier,* dont la publication eut lieu en août 1804, est composé en entier des *Leçons sur le Calcul des fonctions,* données à l'Ecole Polytechnique par Lagrange, et déjà publiées à la suite de la 2e édition des *Leçons données à l'Ecole Normale.* Le Conseil se décida à les faire réimprimer, afin de les mettre dans les mains des élèves, et d'en faire disparaître de nombreuses fautes d'impression. L'illustre auteur en revit les dernières épreuves. Un supplément, formant les vingt-unième et vingt-deuxième leçons, a été placé à la suite du quatorzième cahier, avec une pagination qui permet de le réunir à l'ouvrage dont il fait partie. — Les *treizième, quatorzième* et *quinzième cahiers* parurent dans les années 1806, 1808 et 1809. Les mémoires qu'ils contiennent ont pour auteurs, Monge, Poisson, Ampère, Poinsot, Biot, J. J. Livet, Brianchon, Fourcroy, Thenard, Malus, Ch. Dupin,

Français, Brisson, Dupuis, Torcy, Joseph Montgolfier, Lagrange, Laplace, Bret, et Prony.

Aucun recueil, sans doute, ne présente de plus savans articles, ni de plus illustres coopérateurs; et cependant la publication du Journal eût été onéreuse pour l'Ecole, si elle en avait supporté la dépense. Cela fut constaté en 1808, à l'occasion du refus fait par le ministre de l'intérieur (refus presque aussitôt révoqué), de continuer à imputer ces frais sur les fonds de son département. Il est vrai que la même libéralité qui avait présidé à l'institution de l'Ecole Polytechnique se retrouvait dans la distribution de son Journal(1); en sorte qu'il n'en était vendu qu'à une bien faible portion d'une classe déjà si peu nombreuse de lecteurs. Le produit de cette vente, qui est consacré à d'augmentation de la bibliothéque, s'élevait, en 1812, à huit mille francs, dont six mille furent employés en achat de livres.

Une autre publication relative à l'Ecole avait été commencée, en 1804, par Hachette et Lermina, sous le titre de *Correspondance sur l'Ecole Polytechnique, à l'usage des Élèves de cette École*. Cette Correspondance a eu, pendant les douze années de son existence, dix-huit livraisons, composées d'articles scientifiques, de notices sur le personnel et les travaux des fonctionnaires, professeurs et élèves, soit anciens, soit actuels; enfin, de tous les faits et documens qui pouvaient intéresser les membres et les amis de l'Institution. Au commencement de 1807, Hachette

---

(1) Un état de distribution du treizième cahier s'élève à 626 exemplaires. — A partir du quatorzième cahier, le tirage fut réduit de 2500 exemplaires à 1500.

fit don à l'Ecole de la propriété de cette feuille, en se réservant le titre de rédacteur. Elle cessa de paraître en 1816, regrettée des lecteurs auxquels elle était spécialement destinée. Les dix-huit cahiers sont réunis en trois volumes.

A mesure que nous avançons dans l'étroite carrière qui nous est tracée, redoublant d'efforts pour en rendre moins fatigante à nos lecteurs l'inévitable uniformité, nous ne cueillons, pour ainsi dire, sur les faits qui s'offrent à nous, que ce qu'ils ont d'intéressant et de nouveau. C'est ainsi qu'après avoir, dans les trois premiers livres de cet ouvrage, suivi pas à pas la marche de l'Ecole, pendant les cinq années que l'on peut appeler son enfance, nous avons réuni, dans le quatrième, les événemens des six années suivantes, qui se terminent au casernement, et nous resserrons ici, dans le cinquième et dernier livre, les faits des vingt-deux années écoulées depuis le casernement jusqu'à ce jour. Mais, dans ce court espace, l'année 1811 doit occuper une très-grande place; elle se distingue, entre toutes les autres, par une révision sévère et complète, suivie d'une importante modification, du plan, des matières, et des moyens de l'enseignement. Les discussions qui s'élevèrent à ce sujet n'ont pas seulement un intérêt historique; elles roulent sur plusieurs points, qui, dans l'instant même où nous écrivons, sont encore vivement controversés. C'est un des motifs qui nous déterminent à les rapporter avec quelque étendue.

Le Conseil de perfectionnement ayant appris, au moment de clore sa onzième session, que le ministre de la guerre avait reçu, du Conseil de l'Ecole de Metz (1), des plaintes sur l'instruction des élèves de l'Ecole Polytechnique, décida qu'il ne se separeroit qu'après avoir pris connaissance de ces plaintes, et arrêté les mesures propres à y faire droit. Toutefois, avant de lui en donner communication, le ministre voulut recueillir les observations de Bossut, examinateur des élèves du Génie, et celles du Comité des fortifications ; en sorte que l'Ecole reçut à la fois ces observations et les plaintes qui en étaient l'objet. Pour simplifier notre récit, nous présentons seulement le travail du Comité des Fortifications, dans lequel se retrouve la substance des plaintes, mais élaborée par une première discussion ; et nous joignons, à chaque article, les réponses du Conseil de perfectionnement.

Le Comité considère, en premier lieu, la détermination des programmes, et demande : « 1° Que, dans « les démonstrations, la *synthèse* soit employée « concurremment avec l'analyse, spécialement dans « tous les cas où elle donne des solutions plus sim- « ples et des formules plus commodes dans la pra- « tique ; 2° que, dans les formules, on ne néglige « pas de donner, à côté des solutions et des formules « rigoureuses, les *méthodes approximatives* qu'il « est indispensable ou commode d'employer dans les « services publics ; 3° qu'à la suite des solutions, on « développe les principales *applications* des for- » mules ou des méthodes, et les modifications qu'elles « doivent subir pour devenir applicables. »

(1) L'usage, qui abrège toujours les longues dénominations, a consacré celle d'*Ecole de Metz*, pour désigner l'Ecole d'application de l'Artillerie et du Génie, qui est placée à Metz.

Le Conseil de perfectionnement, après avoir rappelé « qu'il a prescrit l'emploi de la *synthèse* pour « la démonstration des problèmes de géométrie et de « statique exigés par le programme d'admission, » fait observer « que la géométrie descriptive et les arts « graphiques sont entièrement *synthétiques*, et que « l'analyse appliquée à la géométrie des trois dimen- « sions remplit le double objet, de montrer aux élèves « la corrélation de l'analyse et de la *synthèse*, et de « donner un corps aux formules analytiques, en fai- « sant voir qu'il n'en est point qui n'exprime la na- « ture et les lois de quelque surface, dont la mesure « ou la définition sont ou peuvent devenir utiles dans « les arts; » il ajoute « que les instituteurs d'analyse « et de mécanique ne négligent point d'indiquer les « constructions géométriques qui représentent cer- « taines formules, ou les méthodes *synthétiques* qui « résolvent avec brièveté quelques problèmes, et « qu'ils y donneront une attention encore plus par- « ticulière, lorsqu'on leur aura fait connaître le vœu « du Comité des Fortifications. » A l'égard des *méthodes approximatives*, le Conseil remarque « qu'elles « exigent une connaissance approfondie des considé- « rations qu'on peut négliger dans la pratique; que « l'Ecole Polytechnique donne quelques unes de ces « méthodes, parmi lesquelles se trouvent celles d'*in- « terpolation*, mais qu'il en est un plus grand nom- « bre, dans lesquelles le degré d'approximation dé- « pend du service auquel les méthodes s'appliquent, « et qu'on ne peut donner que dans les écoles d'ap- « plication; qu'il en est ainsi, à plus forte raison, « des *applications* mêmes, pour lesquelles l'Ecole

« Polytechnique n'est point instituée, et qui sont
« l'objet spécial des Ecoles des services publics. »

Le Comité des Fortifications exprime aussi le vœu
« de trouver dans les programmes toutes les questions
« de théorie applicables à la science de l'ingénieur,
« et de n'y plus rencontrer celles qui ne sont encore
« d'aucune application. »

Le Conseil de perfectionnement répond « qu'il suf-
« fit de jeter un coup d'œil sur les rapports des six
« dernières sessions pour se convaincre que, chaque
« année, des additions ou des suppressions ont été
« faites, la plupart sur la demande des officiers ou
« agens supérieurs des services pubics, et qu'elles
« ont toutes pour objet *de diriger la théorie vers la
« pratique ;* que, si les cours de sciences renferment
« encore un petit nombre de *questions qui ne parais-
« sent d'aucune application* dans le service, il n'est
« pas d'avis de les retrancher, soit parce qu'elles ne
« sont point exigées dans l'examen, et qu'on ne les
« donne qu'aux élèves à qui leurs progrès les rendent
« faciles ; soit parce qu'elles sont d'un grand intérêt
« et propres à remplir un autre vœu du Comité, ce-
« lui d'accoutumer les élèves à lire dans l'espace les
« lois des surfaces et celles de l'équilibre et du choc
« des corps. Au reste, » ajoute le Conseil, « comme
« il importe de connaître sur ce point le vœu des ser-
« vices publics, les programmes de l'Ecole Polytech-
« nique, pour 1811, seront envoyés en double aux
« Conseils d'instruction des Ecoles spéciales, avec in-
« vitation d'y noter et de discuter les questions qu'ils
« jugeront utile d'y ajouter ou d'en retrancher. Il n'y
« aura plus alors qu'à balancer les intérets des divers

« services avec le but et les moyens de l'Ecole Poly-
« technique. »

Les plaintes de l'Ecole de Metz étaient particulièrement dirigées sur la faiblesse des élèves dans les arts
graphiques. Le Comité croit que ces plaintes se rapportent bien moins au programme qu'à l'exécution,
et il se borne à prier le Conseil d'examen : 1° « Si le
« Jury d'examen tient assez de compte des études et
« des exercices graphiques ; 2° si le temps qui leur
« est consacré suffit ; 3° si tous les élèves font eux-
« mêmes leurs épures, et si quelques uns ne trouvent
« pas le moyen de les faire dessiner. »

Sur le premier point, le Conseil se borne à répondre
« que les examinateurs des sciences mathématiques
« et physiques et des arts graphiques ont également
« voix dans le Jury, et que le suffrage du gouver-
« neur, qui le préside, corrige au besoin ce que l'o-
« pinion de chaque membre peut avoir de trop ex-
« clusif. » A l'égard du *temps consacré aux arts
graphiques*, le Conseil rappelle, que ce temps s'est
accru successivement de celui qu'on a ôté à quelques
parties des sciences et aux cours élémentaires de
fortification et de travaux publics ; qui ne peuvent
supporter une plus forte réduction. Il ajoute, que
« les leçons, les exercices, les dessins de la géomé-
« trie descriptive et des arts graphiques, occupent
« d'ailleurs une grande partie des heures de travail,
« et qu'il a vainement cherché les moyens de leur en
« accorder davantage sans tronquer l'enseignement
« des sciences et nuire à l'ensemble de l'instruction. »
Quant aux *élèves qui ne dessinent pas eux-mêmes
leurs épures*, le Conseil répond seulement, que « l'exa-

« minateur des arts graphiques pense que le nombre
« en est peu considérable. » Mais il saisit cette occasion de faire remarquer, que, « dans son organisation
« actuelle, l'état-major de l'Ecole Polytechnique n'a
« pas, comme celui de l'Ecole de Metz, des officiers
« également propres à suivre les détails de la police,
« des exercices, et de l'instruction ; » et il exprime le
vœu « que le ministre de la guerre attache à l'Ecole,
« pendant le temps de leur convalescence, les jeunes
« officiers de l'Artillerie et du Génie que leurs blessures mettent momentanément hors de service (1). »

Le Conseil de l'Ecole de Metz avait déclaré que les deux années d'études de l'Ecole Polytechnique ne lui paraissaient pas suffisantes au développement de l'instruction. L'examinateur des élèves du Génie, Bossut, croyait au contraire que l'on pouvait en réduire l'enseignement à une seule année. Le Comité des Fortifications partage l'avis du Conseil de Metz, et remarque « qu'au lieu de restreindre le temps
« d'études de l'Ecole Polytechnique, il vaudrait
« mieux que les élèves pussent y recevoir toute
« l'instruction préliminaire, et n'avoir plus, en arri-
« vant à Metz, qu'à s'appliquer aux études spéciales

---

(1) On peut juger, par cette restriction que le Conseil impose à sa demande, combien l'effectif des deux corps était alors disproportionné avec l'accroissement prodigieux de l'armée française et l'étendue des positions qu'elle occupait en Espagne, en Italie, en Allemagne, et en d'autres contrées. Deux officiers seulement furent attachés à l'Ecole comme sous-inspecteurs : ce fut d'abord le capitaine du Génie Morlet, qui, après avoir rempli ces fonctions pendant dix-huit mois, les quitta dès que la guérison de ses blessures lui permit de retourner à l'armée, et fut remplacé, après un intervalle de six mois, par le capitaine Becquerel, du même corps, que le ministre retira, au bout d'un an, sans lui donner de successeur.

« d'artillerie et de fortification, afin que, si le ser-
« vice des armées ou des places ne permet pas de les
« y laisser deux ans, tout le temps qu'ils y restent
« soit employé à les préparer au service. »

Le Comité indique, en terminant, comme un des
moyens de coordonner l'instruction des deux Ecoles,
« de faire assister, aux examens de Metz, les exami-
« nateurs permanens de l'Ecole Polytechnique et
« les officiers généraux et supérieurs des deux armes,
« que l'arrêté d'organisation, du 4 octobre 1802 (12
« vendémiaire an XI), désigne comme membres ex-
« ternes du Jury. »

Tel était aussi le vœu du Conseil de perfectionnement. Dès l'année 1806, et dans plusieurs de ses
rapports au gouvernement, il avait réclamé la présence des examinateurs permanens de l'Ecole aux
examens de l'Ecole de Metz, « pour donner, aux con-
« naissances mathématiques et physiques que les
« élèves ont acquises à l'Ecole Polytechnique, toute
« l'influence qu'elles doivent avoir dans le classe-
« ment définitif, et pour reconnaître les modifica-
« tions que l'enseignement de l'Ecole de Metz peut
« exiger dans celui de l'Ecole Polytechnique. »
Aussi s'empresse-t-il ici d'appuyer la demande du
Comité des Fortifications, en disant que la mesure
indiquée « rendra les examens plus solennels, sera
« pour les Ecoles un lien commun, et mettra dans
« toutes les parties de leur enseignement une har-
« monie qu'elle peut seule établir ; car, » ajoute-t-il,
« ce but exige avant tout qu'il y ait, dans les Con-
« seils des deux Ecoles, des hommes qui leur appar-
« tiennent également, à qui leurs études soient fa-

« milières, et qui puissent indiquer avec précision
« où ces études finissent, où elles commencent, où
« se trouvent les lacunes, les doubles emplois, les
« défauts de suite et d'unité, en un mot, les vices de
« détail qui subsistent quelquefois dans l'instruction,
« long-temps après que le système général n'offre
« plus rien à corriger. »

A peine ces observations du Conseil de perfectionnement, en réponse à celles du Comité des Fortifications, eurent-elles été transmises au Ministre de la guerre, que celui-ci chargea deux officiers supérieurs de se rendre à l'Ecole de Metz, pour y examiner les élèves sortis depuis dix-huit mois de l'Ecole Polytechnique, et lui rendre compte de l'état de leur instruction. Il choisit, pour cette mission, le colonel d'Artillerie Drouot (qui fut depuis aide-de-camp de Napoléon) et le lieutenant-colonel du Génie Malus. Ce dernier était tout à la fois membre du Comité des Fortifications et du Conseil de perfectionnement, où il siégeait, depuis 1805, en qualité d'examinateur pour la géométrie descriptive, les arts graphiques, et la physique. Le Conseil ajourna une seconde fois la clôture de sa session, jusqu'au retour des deux Commissaires, dont le rapport confirma les plaintes du Conseil de l'Ecole de Metz. L'instruction avait été trouvée faible, particulièrement sur la géométrie descriptive, la charpente, la statique et la chimie; les dessins étaient généralement incorrects et d'une mauvaise exécution; la plupart des élèves n'avaient pas même apporté à Metz leurs cahiers d'épures, auxquels ils ont besoin de recourir à chaque instant; beaucoup semblaient avoir oublié ce qu'ils avaient appris à l'Ecole Polytechnique, et quelques uns même les connaissances élémentaires indiquées au programme d'admission. Les Commissaires attribuaient cet affaiblissement des études au relâchement de la discipline, à une vie trop dissipée qui produisait le dégoût du travail, enfin à la certitude d'être placés, instruits ou non, certitude fondée sur les besoins sans cesse renaissans de l'Artillerie et du Génie.

Quoiqu'il fût dès lors reconnu que le système d'enseignement de l'Ecole Polytechnique était tout-à-fait étranger aux plaintes de l'Ecole de Metz, quoique les autres services déclarassent, par leurs représentans au Conseil de perfectionnement, qu'ils étaient satisfaits de l'instruction de leurs élèves, le gouverneur, pour ne laisser subsister aucun doute à cet égard, invita les deux commissaires du ministre de la guerre à interroger eux-mêmes plusieurs élèves de l'Ecole, appelés au hasard parmi ceux de la deuxième année d'études, et à se faire présenter leur travail graphique. Cette épreuve fut faite sur six élèves, dont deux pris à la tête, deux au milieu, et deux à la fin de la liste par ordre de mérite. L'interrogation porta sur la matière des études de la première année, et sur celles du programme d'admission. Les deux premiers répondirent fort bien; l'un des seconds, assez bien; il en fut tout autrement des trois derniers.

Éclairé par cette expérience, le Conseil se mit aussitôt à la recherche des moyens les plus propres à empêcher que les connaissances antérieurement acquises ne s'effaçassent de l'esprit des élèves, à mesure qu'ils y introduisaient des connaissances nouvelles; et il arrêta, pour premières dispositions, 1° que les élèves de première année seraient interrogés, chaque semaine, à l'amphithéâtre, sur les connaissances fondamentales qui servent de base à l'instruction qu'ils reçoivent à l'Ecole, la matière de chaque interrogation étant indiquée à l'avance, afin qu'ils aient le temps de s'y préparer; 2° qu'une séance d'interrogation aurait aussi lieu, chaque semaine, pour les élèves de seconde année, à l'effet de revenir sur les objets enseignés dans la première année, et sur les connaissances exigées pour l'admission à l'Ecole; 3° que les élèves seraient examinés, à la fin de l'année, sur tous les objets indiqués aux deux articles précédens; 4° que ceux dont l'instruction serait incomplète obtiendraient, comme par le passé, une troisième année d'études, et seraient classés, à leur sortie de l'Ecole, suivant leur rang de mérite, mais qu'ils n'auraient le choix dans les services publics, qu'après ceux qui seraient restés deux ans seulement à l'Ecole; 5° qu'il serait fait une révision générale des programmes, afin de retrancher les connaissances qui ne sont pas d'une utilité indispensable pour les services publics, ou qui peuvent être renvoyées aux Ecoles d'application. Il fut procédé à cette révision avec beaucoup de maturité. Le Conseil de perfectionnement y fit concourir les professeurs de chaque cours, et les officiers et agens supérieurs des services publics. Nous en indiquerons rapidement les résultats.

Aux connaissances exigées pour *l'admission*, on voulut d'abord ajouter quelques questions élémentaires sur la trigonométrie sphérique, pour faciliter aux élèves les considérations relatives à la géométrie des trois dimensions, dont ils sont occupés dès leur entrée à l'École. Mais, tout en reconnaissant l'utilité de cette addition, le Conseil craignit d'augmenter les difficultés déjà considérables de l'admission, et la rejeta.

Dans le programme du cours d'*analyse*, la partie consacrée à l'*analyse algébrique* n'éprouva aucun changement; le professeur fut seulement invité à ne pas trop s'étendre sur les parties qui sont susceptibles d'un grand développement. — Le *calcul différentiel* fut l'objet d'une discussion intéressante. Après avoir beaucoup varié sur la méthode dont on devait faire usage dans l'enseignement de ce calcul, on s'était arrêté, en dernier lieu, à la *méthode des limites*. Mais comme on était obligé de revenir à la méthode des *infiniment petits* dans les applications du calcul différentiel à la mécanique, le Conseil jugea que l'on gagnerait beaucoup de temps, et qu'on épargnerait beaucoup de dégoûts aux élèves, en leur présentant le *calcul différentiel* par cette dernière méthode. — Le *calcul intégral* fut allégé de deux articles assez difficiles qui se trouvaient dans le cours de la seconde année. — On fit aussi quelques suppressions dans la seconde partie du cours d'*analyse appliquée*, afin de donner plus d'espace à des applications utiles.

On ne fit subir aucun retranchement à la *géométrie descriptive*, parce qu'elle est « une des connaissances « dont les élèves de tous les services font l'usage le « plus fréquent. » — On reconnut que le cours de *machines*, qui était borné à dix leçons, ne pouvait avoir pour objet qu'une simple description des machines.

Le programme de *mécanique* avait été refait en entier deux ans auparavant; on y avait alors supprimé toutes les parties ou trop difficiles ou trop peu utiles, et l'on venait d'y faire tout récemment quelques légers changemens pour le rendre encore plus élémentaire. Toutefois on put effectuer quelques suppressions nouvelles dans le programme de la seconde année. Mais le Conseil exprima le désir que ce cours renfermât un plus grand nombre d'*applications du calcul à l'effet des machines*, tout en ne se dissimulant pas combien le choix des exemples demandait de travail et de recherches, pour être réduit à ce qu'il peut offrir de plus utile, et ne contenir que des résultats dont la vérité soit incontestable.

Le cours de *physique* ne subit d'autre changement qu'une diminution dans le nombre de ses leçons, qui de cinquante fut réduit à trente-quatre.

Le cours d'*astronomie physique* ou d'*exposition du système du monde*, fut divisé en deux parties, de six leçons chacune; la première comprenant un exposé général du système du monde, et les notions astronomiques indispensables pour l'intelligence des opérations géodésiques; la seconde tout entière consacrée à l'explication des principales méthodes en usage dans la géodésie. On imposa au cours entier le titre de *Cours de Géodésie*, comme plus conforme à son objet pratique.

Les cours de *chimie* demeurèrent intacts. Il fut seulement recommandé aux professeurs de diriger leur enseignement sur les applications qui intéressent les services publics.

Dans un travail qui avait pour but essentiel de réduire l'enseignement à ses parties les plus généralement utiles, et de trouver plus de temps pour les exercices graphiques, il était difficile que ce qui restait des *Cours d'Application* ne reçût pas quelque nouvelle atteinte. Le cours de *Constructions publiques*, que l'on s'était efforcé de restreindre aux notions fondamentales dont tous les services peuvent faire usage, comprenaient néanmoins encore un grand nombre de détails propres seulement à l'ingénieur des Ponts et Chaussées ; et toutes les épures étaient relatives aux travaux de ce service. Ce cours était d'ailleurs suivi avec beaucoup de tiédeur, et n'avait qu'un bien faible succès. On crut en trouver la raison dans la nature même des matières qui en étaient l'objet; on pensa que des détails de pratique, dont les ingénieurs seuls peuvent sentir l'importance, devaient avoir peu d'intérêt pour les élèves, qui n'avaient sous les yeux ni les matériaux ni les machines, et ne pouvaient recevoir, dans un cours oral, des idées précises sur l'organisation et la marche des travaux publics. On insista particulièrement sur ce que beaucoup de détails de ce cours se retrouvaient dans l'enseignement des Ecoles d'application. Le cours de *Constructions publiques* fut supprimé.

Le Conseil inclinait à supprimer aussi le cours d'*Art Militaire*. Mais de grands travaux, qui s'exécutaient alors sur les côtes et sur les frontières de l'*Empire*, donnaient lieu fréquemment à des commissions mixtes d'ingénieurs des Ponts et Chaussées et d'ingénieurs militaires, et l'on jugea qu'il était indispensable que les premiers connussent au moins la nomenclature et la valeur des différentes pièces de la fortification; on pensa d'ailleurs, que, d'après l'organisation militaire de l'École Polytechnique, il entrait dans les vues du gouvernement, que les élèves, dont il complète l'éducation, portassent, dans tous les services publics, les moyens de prendre part, suivant les circonstances, aux travaux et à la gloire de l'armée. Le cours d'*Art Militaire* fut donc conservé; mais le nombre de ses leçons fut réduit d'un sixième.

Le cours d'*Architecture* éprouva une réduction plus considérable. Des cinquante leçons dans lesquelles il était distribué, on ne lui en laissa que trente, que l'on jugea devoir suffire pour traiter les sujets qui intéressent les services publics. Le nombre des concours demeura fixé à huit.

Dès qu'il eut arrêté les nouveaux programmes, le Conseil, ainsi qu'il l'avait annoncé dans sa réponse au Comité des fortifications, en fit adresser des exemplaires aux Ecoles des services publics, avec l'invitation d'y noter ce qu'il leur semblerait utile d'y ajouter ou d'en retrancher.

En réponse à cette invitation, le Conseil de l'Ecole des Ponts et Chaussées et le Conseil des Mines demandèrent le rétablissement du cours de *Constructions*. Le premier représenta « qu'avant la création
« de l'Ecole Polytechnique, les élèves des Ponts et
« Chaussées attendaient pendant cinq et six ans le
« grade d'ingénieurs, parce qu'ils étaient, pour la
« plupart, obligés d'employer ce temps à acquérir
« une partie des connaissances qui sont l'objet des
« études de l'Ecole Polytechnique; tandis qu'aujour-
« d'hui l'activité extraordinaire imprimée par Napo-
« léon aux travaux de leur art, rendait impossible

« de les faire rester plus de deux ans à l'Ecole spé-
« ciale, et obligeait même souvent de les envoyer
« en mission, au bout de quatre ou cinq mois, pour
« remplir temporairement les fonctions d'ingénieur;
« ce qui ne pourrait plus avoir lieu, s'ils sortaient de
« l'Ecole Polytechnique avec une instruction moins
« complète. »

Le Conseil des Mines exposa « que l'établissement
« des fourneaux, des usines, des canaux, des écluses
« et des jetées, pour modérer le cours des torrens,
« l'élévation de quelques ponts, la construction des
« galeries souterraines, des muraillemens de puits,
« et autres ouvrages dont les ingénieurs des Mines
« sont chargés, exigent des connaissances positives
« sur les constructions; et que ce n'est pas au milieu
« des travaux métallurgiques, dont les Écoles d'ap-
« plication sont le théâtre, que les élèves peuvent
« acquérir ces connaissances indispensables. » Il
ajouta, « que le maintien d'un cours de *Construc-
« tions* à l'Ecole Polytechnique était d'autant plus
« nécessaire au corps des Mines en particulier, qu'il
« serait absolument impossible de trouver, sur les
« lieux où les Ecoles d'application sont établies, des
« personnes capables de professer ce cours, et que,
« dans le cas même où cette difficulté serait levée,
« il resterait encore le grave inconvénient de retenir
« plus long-temps à l'Ecole pratique les élèves que
« les besoins du service appellent aux fonctions d'in-
« génieurs, peu de temps après leur admission à
« cette Ecole. » Il rappelle, en terminant, « que le
« but de l'Ecole Polytechnique était de procurer aux
« différens corps d'ingénieurs des connaissances com-

« munes qui les missent en état de se suppléer, au
« besoin, les uns et les autres, ainsi qu'on en a eu
« de nombreux et d'heureux exemples; » et il demande, non-seulement le rétablissement du cours de *Constructions publiques*, mais, de plus, l'augmentation du nombre de leçons sur les sciences physiques, qui lui paraît avoir souffert une trop forte réduction.

Ces représentations trouvèrent un puissant appui dans le sein même du Conseil de perfectionnement. La Commission chargée de les examiner s'attacha surtout à développer, et à corroborer par des exemples, les considérations relatives à la communauté de connaissances générales que l'Ecole Polytechnique doit établir entre tous ses élèves. Elle rappela qu'à l'armée d'Egypte, on avait pris, parmi les élèves de cette école, les ingénieurs militaires et les ingénieurs des Ponts et Chaussées dont on avait eu besoin, et que, sans avoir passé à aucune école d'application, les uns et les autres avaient rendu tous les services que comportaient leurs nouvelles fonctions. Elle rapporta aussi ce qui avait eu lieu récemment dans les Provinces Illyriennes et à l'armée de Portugal, où des officiers d'artillerie avaient exécuté des projets de ponts et de routes, tandis que des ingénieurs des Constructions navales, à défaut d'ingénieurs des Ponts et Chaussées, dirigeaient avec succès les travaux maritimes des ports de Livourne et de Civita-Vecchia. La Commission conclut à ce que le cours de *Constructions* fût rétabli. Cette proposition, soutenue par quelques membres du Conseil, fut vivement combattue par d'autres, qui opposèrent, aux vœux du

Conseil des Mines et de l'Ecole des Ponts et Chaussées, les vœux contraires du Comité des fortifications et de l'Ecole de Metz. C'était sur la demande de cette Ecole que le Conseil de perfectionnement avait supprimé quatre-vingts leçons orales, pour donner plus de temps aux exercices graphiques et aux méthodes élémentaires et pratiques dont les arts de l'ingénieur demandent une continuelle application. Les leçons du cours de *Constructions* avaient été comprises dans la suppression, parce que leur utilité relative, et comparée à celle des autres parties de l'enseignement, avait paru moindre dans la balance générale ; on avait eu d'ailleurs l'attention de réunir au cours d'Architecture les notions élémentaires des constructions nécessaires à l'intelligence de ce cours, et de conserver, comme application des cours de Géométrie descriptive et de Topographie, l'épure des *déblais et remblais d'une partie de route,* et la carte du *tracé d'un canal à point de partage,* les seules qui pussent exercer à la fois la main et l'esprit des élèves. Ce n'était, au reste, que dans les écoles d'application qu'on pouvait enseigner les constructions propres à chaque service, avec les ressources convenables ; ce foyer d'instruction pratique ne se trouvait point à l'Ecole Polytechnique. Les mêmes membres firent ensuite observer que, si les besoins du service obligeaient à retirer les élèves, avant le temps, des Ecoles d'application, ce besoin de circonstance avait lieu pour les services militaires bien plus encore que pour les services civils, et que l'on avait modifié, en conséquence, l'ordre et la méthode de l'enseignement de l'École de Metz. Ils représentèrent enfin que c'était une erreur de penser que vingt leçons orales pouvaient mettre les ingénieurs des autres services en état de suppléer, au besoin, les ingénieurs des Ponts et Chaussées; et que ce n'était point d'ailleurs par des motifs d'utilité éventuelle qu'il fallait régler l'enseignement d'une institution comme l'École Polytechnique, où le temps manquait pour les objets d'utilité directe.

Le Conseil maintint la suppression du cours de Constructions; mais, en confirmant sa première décision à cet égard, il s'empressa de faire valoir les titres que Sganzin avait acquis, par douze années d'utiles et honorables services, aux faveurs du Gouvernement. Il obtint que ce savant ingénieur (1) conserverait la moitié de son traitement de professeur, et le droit de siéger au Conseil d'Instruction.

Le Conseil de l'École de Metz adressa aussi quelques observations sur les nouveaux programmes. Elles consistent à demander que l'on ne distribue plus d'épures gravées de géométrie descriptive pure et appliquée, mais que les élèves soient tenus de les exécuter toutes; que les dessins et interrogations du cours de Machines soient augmentés, et qu'il y ait, à la suite de ce cours, de nombreuses applications de la théorie au calcul; que les deux Écoles s'accordent sur la manière de figurer le terrain par des hachures, les deux méthodes étant totalement différentes; que les Élèves soient plus familiarisés avec l'usage de la plume et du pinceau; que le programme du cours

---

(1) Inspecteur général des Ponts et Chaussées, directeur des Ports militaires.

d'Art militaire soit plus développé ; enfin, que les travaux graphiques aient une très-grande influence sur le classement des élèves. Le Conseil de perfectionnement pria le ministre de la guerre de réunir à Paris les professeurs de topographie des deux Ecoles, afin de se concerter sur une méthode uniforme d'exprimer le relief du terrain ; et décida, sur les autres observations de l'Ecole de Metz, qu'il y aurait égard autant que le temps consacré à l'enseignement le permettrait. Il fut aussi réglé que l'on enverrait directement aux Ecoles d'application la totalité du travail graphique des élèves, même celui de la première année, afin que les chefs de ces Ecoles pussent juger de leurs progrès.

Ainsi se terminèrent les longues discussions élevées à l'occasion des plaintes de l'Ecole de l'Artillerie et du Génie ; mais nous commettrions une sorte d'injustice, au moins implicite, envers les élèves qui s'y trouvaient alors, si nous quittions ce sujet sans indiquer une des causes du relâchement des études, et la plus puissante peut-être, quoique les commissaires du ministre de la guerre n'en aient pas tenu compte dans leur rapport. Des événemens merveilleux agitaient violemment l'Europe. On n'entendait parler que de beaux faits d'armes, de rapides conquêtes, de couronnes brisées par le glaive ; ici, une campagne de quelques mois arrachait à un puissant empire la cession de plusieurs provinces ; là, le sort d'un royaume illustré par les armes était décidé par une seule bataille ; ailleurs, les plus anciennes dynasties voyaient leurs trônes occupés par les familles les plus obscures, par des soldats naguère encore perdus dans les derniers rangs. Ce spectacle, si nouveau pour le monde civilisé, ce drame prodigieux, dont les divers actes s'étaient accomplis à Marengo, à Austerlitz, à Jéna, à Friedland, à Wagram, et dont le terrible dénouement se préparait à Moscou, jetait dans les esprits de la jeunesse un enivrement dont beaucoup de têtes plus chargées d'années n'avaient pu se défendre; et si l'on considère que les élèves de Metz mesuraient d'un œil impatient l'intervalle qui les séparait d'une carrière si brillante et si pleine d'heureuses chances, on ne s'étonnera pas que les travaux et les études de l'Ecole aient pu paraître insipides à de jeunes militaires qui ne demandaient que des champs de bataille. Il faut bien reconnaître aussi la vérité de l'observation faite par les commissaires du ministre, touchant l'influence fâcheuse qu'exerçait, sur le travail de ces élèves, la certitude d'être admis, quel que fût le degré de leur instruction, dans deux corps dont les rangs étaient incessamment éclaircis par tant de siéges et de combats.

Nous avons dit que ces besoins de l'Artillerie, du Génie, et même de quelques autres services, avaient déterminé le Conseil de perfectionnement à proposer de porter le nombre des élèves à quatre cents. Napoléon fit répondre qu'il ne pouvoit allouer la dépense de deux cent mille francs nécessaire pour mettre l'Ecole en état de recevoir des promotions plus nombreuses; et il rendit, le 30 août 1811, un décret dont voici la substance :

L'Artillerie ne tirera désormais ses élèves que de l'Ecole militaire de Saint-Cyr, du Prytanée de la Flèche et de tous les Lycées de l'Empire. — A l'Ecole de Saint-Cyr, les jeunes gens qui pourront répondre sur le premier volume du Cours de Mathématiques de Bezout seront notés pour le service de l'Artillerie. On les appliquera alors plus particulièrement à l'étude des mathématiques et aux exercices de l'artillerie. La seconde année, ils seront examinés sur le deuxième volume du même cours, et entreront sur-le-champ dans les régimens d'artillerie avec le grade de lieutenant en second. — Les élèves du Prytanée de la Flèche et des Lycées seront interrogés par l'examinateur de l'Artillerie, et, s'ils sont suffisamment instruits (1), ils recevront l'ordre de se rendre à l'Ecole de Metz, où ils resteront un ou deux ans, pour compléter leur instruction, et de là entrer dans les régimens d'artillerie. — Le corps du Génie continuera de prendre à l'Ecole Polytechnique « tous « les sujets nécessaires à tous ses besoins, » et les choisira « parmi les jeunes gens les plus instruits, « les plus en état de résister à la fatigue, et qui « annonceront le plus de dispositions morales. » — « Après que le corps du Génie aura pris tous les « sujets qui lui seront nécessaires, les autres élèves « de l'Ecole seront donnés aux Ponts et Chaussées, « aux Mines, aux Poudres et Salpêtres, et aux autres « services civils. »

Non-seulement ce décret sacrifiait à un seul service tous ceux qui tiraient leurs élèves de l'Ecole Polytechnique, mais l'Ecole elle-même en recevait un fâcheux contre-coup. Cette vive émulation qu'en-

(1) Le décret ne spécifie pas les connaissances sur lesquelles ils doivent être examinés. On les interrogea sur le premier volume du Cours de Bezout.

tretenait parmi les élèves la faculté de choisir le service qu'ils préféraient, selon le rang auquel ils s'élevaient par leur travail, ce stimulant si énergique est absolument anéanti. Il se produit même un résultat inverse. L'élève qui désire exclusivement un service civil craint de se distinguer parmi ses camarades, de peur d'attirer sur lui un choix, honorable sans doute, mais qui lui semble encore plus onéreux. On en vit, dit-on, quelques uns manquer de propos délibéré leurs examens, afin d'être rejeté à la fin de la liste, et de parvenir, à force de médiocrité, au service de leur choix ; car il ne leur restait pas même la ressource d'une démission volontaire pour échapper au recrutement forcé qu'ils redoutaient. L'autre conscription les attendait à la porte de l'Ecole ; et l'option n'était plus pour eux qu'entre l'épaulette d'officier du génie et la giberne du simple fantassin. Ce n'est pas tout : quelques élèves, appelés à un service militaire, ayant allégué la faiblesse de leur constitution, le ministre de l'intérieur ordonna, par un arrêté formel du 27 septembre 1812, qu'à compter de l'année 1813, il ne serait admis à l'Ecole Polytechnique que des sujets bien constitués et en état de supporter les fatigues de la guerre. C'était une conséquence naturelle du décret ; mais il s'ensuivait que les services civils ne pouvaient même compter sur les jeunes gens que la nature n'a pas organisés pour les travaux des camps ; et que nul désormais ne pourrait devenir, par exemple, constructeur de vaisseaux, s'il ne réunissait les qualités physiques exigées d'un soldat. L'Ecole n'avait pas d'ailleurs, pour unique destination, de fournir des élèves aux divers corps d'ingénieurs ; elle devait aussi *répandre l'instruction des sciences mathématiques et physiques;* et l'arrêté du ministre en eût fermé l'entrée à Pascal. Tout cela rappelle un peu le sauvage qui, pour avoir du fruit, coupe l'arbre au pied. Mais qu'y a-t-il de plus despotique que la nécessité ?

Nous devons dire toutefois que ce décret, qui ne fut en vigueur que pendant deux ans, n'eut pas toutes les mauvaises conséquences que l'on en devoit appréhender. En ce qui concerne l'Artillerie, on exécuta, il est vrai, les dispositions qui appelaient au concours pour cette arme les élèves des Ecoles militaires ; mais, pour l'article qui en excluait ceux de l'Ecole Polytechnique, Napoléon, toujours entraîné par les besoins du moment, ne tarda guère à l'oublier, et n'en tint depuis aucun compte. Un mois après la date du décret, le 30 septembre 1811, quarante élèves furent placés dans l'Artillerie. Soixante autres y entrèrent le 18 février 1812, en vertu d'un décret du même jour. Le 1er juillet suivant, Napoléon envoya de Wilna l'ordre d'en faire partir encore quarante pour Metz, comme sous-lieutenans d'artillerie, et de les prendre dans la division de seconde année, quoiqu'elle en eût déjà fourni soixante pour cette destination ; de sorte qu'après en avoir donné cinquante au corps du Génie, il en restait onze à répartir entre les six autres services ; mais dix de ceux qui étaient désignés pour l'Artillerie ayant paru d'une organisation trop débile, furent laissés au corps des Ponts et Chaussées. Au mois d'avril 1813, le ministre de la guerre demanda cinquante élèves pour l'Artillerie, à prendre d'abord parmi ceux qui se présenteraient eux-mêmes, et à compléter ensuite, s'il y avait lieu, par la voie du sort. Il s'en présenta quarante-neuf; le sort désigna le cinquantième. Enfin, au mois d'octobre de la même année, à la suite des examens, l'Ecole reçut une nouvelle demande de soixante-dix élèves pour la même arme, et il fallut en prendre quarante-quatre parmi ceux qui venaient d'achever leur première année d'études, et qui s'offrirent pour le service de l'artillerie. Ainsi, pendant les deux années d'existence du décret qui enlevait à l'Artillerie l'avantage de tirer ses élèves de l'Ecole Polytechnique, ce corps y prit jusqu'à deux cent dix sujets; nombre à la vérité bien inférieur à ses besoins, puisque, d'après une lettre du ministre de la guerre, en date du 18 août 1813, il lui manquait alors plus de deux cent cinquante officiers. Les Ecoles militaires y pourvurent en partie; mais les jeunes officiers admis par cette voie furent soumis, en 1816, à des examens, d'après lesquels on fit passer, avec leurs grades, dans d'autres corps militaires, ceux dont l'instruction ne fut pas jugée suffisante pour l'Artillerie. De la part du corps du Génie, l'exécution du décret tempéra ce qu'il avait de trop acerbe pour les services civils. A la sollicitation du gouverneur, le premier inspecteur général de cette arme se fit une loi de laisser à chacun de ces services les deux premiers, par rang de mérite, des élèves qui les avaient demandés. Ce sage ménagement entretint quelque émulation dans l'Ecole.

A la fin de l'année 1811, Guyton de Morveau, affaibli par l'âge, quitta la chaire de chimie appliquée aux arts, où il fut remplacé par Thenard. Le

Conseil de perfectionnement, dans son rapport annuel, exprime sur cette retraite de vifs regrets, adoucis seulement par le mérite du savant qui succédait au *chimiste habile que l'Ecole s'honorait d'avoir eu pour directeur.* Tels sont les termes du rapport.

Dans le même temps se préparait la cause d'une plus profonde douleur. Malus venait d'être proposé pour remplacer, dans les fonctions de directeur des études et commandant en second, le colonel du génie Gay de Vernon, admis à la retraite au mois de janvier 1812. « L'Ecole se félicitait, » dit le Conseil de perfectionnement, « d'avoir trouvé, dans un de
« ses élèves, un directeur de ses études. Une réu-
« nion de qualités rares et de circonstances singu-
« lières désignaient Malus pour cet emploi difficile.
« Le corps du Génie le comptait au nombre de ses
« officiers les plus braves et les plus habiles. Il sié-
« geait au Comité des fortifications. Les arts et l'ar-
« mée l'associaient à la gloire des travaux et des
« périls au milieu desquels s'est accompli l'immor-
« telle expédition d'Egypte. Ses premiers pas dans
« les sciences venaient d'être marqués par de bril-
« lantes découvertes. Au milieu de ses succès, l'E-
« cole Polytechnique et l'Ecole de Metz le voyaient
« déployer, dans leurs examens, ce mélange de
« théorie et de pratique, si rare et si nécessaire pour
« connaître les rapports qui unissent les sciences
« aux arts de l'ingénieur. Personne n'était plus
« propre à diriger, d'après ces rapports, les études
« de l'Ecole Polytechnique. Mais une mort préma-
« turée a ravi Malus au corps du Génie, à l'instruc-

« tion et aux sciences ; à cette brillante carrière où
« ses découvertes dans l'optique venaient de le placer
« la suite des Newton, des Huyghens, et de le porter,
« dans l'Institut, au milieu de leurs successeurs. »
Malus mourut le 24 février 1812, âgé de trente-six
ans. Il exerçait provisoirement, depuis quatre mois,
l'emploi de directeur des études, dont il allait être,
quelques jours plus tard, définitivement pourvu. Il
avait occupé, pendant sept années consécutives,
celui d'examinateur pour la physique et les arts graphiques.

Le premier de ces emplois fut donné, le 17 avril
1812, au chef de bataillon E. P. H. Durivau, qui
était, comme Malus, élève de l'Ecole et officier du
génie ; mais on en sépara le titre de Commandant en
second ; les fonctions de Commandant du bataillon
des élèves étant alors remplies (depuis le 28 janvier
1810) par un officier d'un grade plus élevé, le colonel d'artillerie Greiner. Le décret de nomination
porte que « le directeur des études et le commandant
« militaire des élèves recevront, chacun pour ce qui
« concerne leur service, les ordres directs du gou-
« verneur, et les mettront à exécution. »

L'emploi d'examinateur pour la physique et les
arts graphiques fut rendu à Ferry, qui l'avait exercé
avant Malus, et qui était alors professeur de physique
au Lycée de Metz.

Vauquelin remplit pour la dernière fois, en 1810,
les fonctions d'examinateur de chimie. Elles furent
confiées, en 1811, à Descotils, professeur de l'Ecole des Mines, et, en 1812 et années suivantes, à
P. L. Dulong, maître de conférences à l'Ecole Nor-

male, et ancien élève de l'Ecole Polytechnique. On y réunit, en 1813, l'examen sur la physique, dans l'intérêt de cette dernière branche d'enseignement, un peu négligée par les élèves, et qui se trouvait comme perdue parmi le grand nombre des objets entre lesquels l'examinateur pour la géométrie descriptive et les arts graphiques doit partager son attention.

Pendant les années 1812 et 1813, l'École fit l'expérience du nouveau plan d'études adopté en 1811; et le seul changement qu'il parut utile d'y opérer fut d'ajouter, au cours de Géodésie, des *notions générales de géographie physique* et d'*hydrographie*. La proposition de retrancher quelques questions purement spéculatives d'analyse transcendante, afin de laisser plus de temps à l'étude des autres parties du cours, fut rejetée, par le motif que « l'on doit considérer « les études de l'Ecole Polytechnique comme ayant « principalement pour objet d'exercer l'esprit et la « sagacité des élèves, et de les rendre capables de « saisir toutes les applications dont ils pourront être « chargés un jour. »

A l'égard du travail graphique, dont le plan d'études de 1811 avait eu pour but essentiel d'augmenter la quantité, en y consacrant plus de temps, il fut bientôt jugé trop considérable pour le temps qu'on y avoit affecté. D'un autre côté, l'examinateur rendait compte que les élèves n'étaient que médiocrement habiles sur le tracé des lignes et le lavis. On crut donc devoir diminuer la masse de ce travail, afin d'en obtenir une exécution plus soignée. A cet effet, on supprima dans les épures de géométrie descriptive

toutes les pièces qui formaient double emploi; on dispensa les élèves d'en dessiner une trop compliquée (le piqué des bois) que l'on fit graver, et l'on statua qu'il ne serait rien présenté à l'examinateur au-delà du travail prescrit. Enfin, le Conseil de perfectionnement, adoptant en 1813 une proposition qu'il avait rejetée en 1812, ajouta au programme d'admission, « que les candidats seraient interrogés
« sur les six premières questions de la géométrie
« descriptive relatives à la ligne droite et au plan;
« et qu'ils construiraient, avec la règle et le compas,
« sur une échelle donnée, une figure des élémens
« de géométrie qui serait indiquée par l'exami-
« nateur. »

La proposition d'imposer aux candidats cette condition nouvelle avait été rejetée l'année précédente par le Conseil, qui craignait alors de diminuer par là le nombre des concurrens. Mais l'accroissement que ce nombre avait continué de prendre, depuis les examens de 1810, ne laissait plus d'inquiétude à cet égard. Il s'était présenté, pendant les trois années suivantes, quatre cent cinquante, quatre cent soixante-dix-sept, et quatre cent soixante candidats, pour cent soixante-cinq, cent quatre-vingt-quatre, et deux cent vingt-sept admissions; et celles-ci auraient été bien plus nombreuses, si l'on n'eût considéré que l'admissibilité (1). Toutefois, comme cette grande concurrence

(1) Tous les candidats de ces trois années, reconnus admissibles, et qui n'étaient pas admis faute de places, recevaient, sur leur demande, une sous-lieutenance d'infanterie, ou leur admission aux Ecoles militaires dans la division de l'artillerie. Le gouverneur pria le ministre de la guerre de n'accorder cet avantage qu'à ceux auxquels leur âge ne permettait plus de se présenter au concours pour l'Ecole Polytechnique.

n'offrait qu'une garantie insuffisante de la force des candidats, puisqu'on avait reconnu que les derniers admis suivaient les cours de l'Ecole avec peine, le gouverneur chargea les professeurs de mathématiques de se réunir en Jury pour examiner, à leur entrée, ceux des élèves de la promotion de 1812 qui occupaient les quatre derniers rangs sur la liste particulière de chaque examinateur d'admission. Le Conseil applaudit à cette mesure, et demanda qu'elle fût renouvelée tous les ans. Elle eut encore lieu en 1813. Les résultats de cet examen, pour l'une et l'autre année, furent satisfaisans.

Au nombre des livres placés dans le salles d'études, pour suppléer aux sommaires que quelques professeurs n'avaient pas encore imprimés, on ajouta les *Traités de Géodésie et de Topographie* de Puissant, et les *Elémens de Chimie expérimentale* de William Henry, remplacés bientôt après par le *Traité de Chimie* de Thenard. On conserva, pour la partie astronomique du cours de géodésie, l'*Exposition du système du Monde* de Laplace. Le Conseil de perfectionnement avait dit, dans son rapport sur les sessions de 1810 et 1811, « qu'il entrevoyait « l'époque où tous les précis, achevés et coordon- « nés l'un à l'autre, pourraient former l'abrégé du « *cours d'études de l'Ecole Polytechnique*, donner « un guide aux élèves sur toutes les routes de l'in- « struction, et offrir aux jeunes ingénieurs un utile « mémorial (1). » Mais, d'une part, les limites assez

---

(1) Ce fut peut-être ce passage du rapport de 1811, qui suggéra l'idée d'une proposition que le Conseil de perfectionnement adopta en

étroites dans lesquelles ce titre de *précis* ou *sommaire* contraignait les professeurs de se renfermer, étaient pour quelques uns de trop gênantes entraves ; d'autre part, l'obligation imposée aux élèves de se pourvoir à leurs frais des *précis* rédigés par les professeurs, interdisait à ceux-ci de donner à ces ouvrages une étendue qui en eût rendu l'acquisition trop dispendieuse. Le Conseil, pour écarter ces deux inconvéniens, décida que les professeurs auraient la plus grande latitude dans la rédaction du précis de leurs leçons ; que ces précis seraient placés en nombre suffisant dans les salles d'études, et que les élèves ne seraient plus tenus de les acheter.

Ainsi, les désastreux événemens qui s'étaient succédés depuis la retraite de Moscou jusqu'à la funeste journée de Leipsick, n'avaient pas ralenti les soins des deux Conseils pour le succès des études : ces soins étaient devenus au contraire d'autant plus assidus, que les besoins de l'Artillerie et du Génie, grossis chaque jour par des pertes glorieuses, appelaient le plus grand nombre des élèves à remplir les cadres de ces deux corps, et quelquefois même, comme on l'a vu, long-temps avant qu'ils eussent pu compléter leur instruction. Le bon esprit qui animait ces jeunes gens, l'application, l'émulation, dont les chefs de l'Ecole se plurent alors à rendre un éclatant témoignage, balançaient l'effet naturel des promotions

---

1813, et d'après laquelle le Conseil d'instruction fut invité à s'occuper de la rédaction d'un *Manuel* ou *Mémorial polytechnique*, dans lequel on trouverait, rangées d'une manière méthodique, toutes les notions élémentaires, formules, tables numériques, dont on a continuellement besoin dans la pratique, et qui font partie de l'enseignement de l'Ecole.

irrégulières et prématurées, des admissions nombreuses, et même du trouble que jetait dans les esprits une suite de revers et de défections sans exemple. Cependant les périls de l'Etat occupaient fortement toutes les pensées. Dès les premiers jours de l'année 1814, l'Ecole, pour sa part d'un tribut volontaire que la France s'imposa, avait offert huit chevaux d'escadron, tout équipés pour l'artillerie à cheval. Cette offre fut bientôt suivie de la demande, faite au nom des élèves, d'aller immédiatement combattre dans les rangs de l'armée. La réponse de Napoléon fut, dit-on, « qu'il n'était pas réduit à tuer sa poule « aux œufs d'or. » Néanmoins, vers le milieu de janvier, il fit dire au gouverneur de l'Ecole, qu'il désirait placer des élèves dans l'infanterie de sa garde. Le gouverneur osa présenter des objections contre ce projet. Il remontra que les élèves de seconde année suffiraient à peine pour le Génie et l'Artillerie; que ceux de première année, qui venaient d'arriver, commençaient bien à connaître les exercices du soldat d'infanterie, mais n'avaient encore rien appris des devoirs de l'officier de cette arme; que la plupart étaient d'ailleurs trop jeunes pour résister aux fatigues que la garde avait à supporter. Il termina par faire remarquer qu'en cas de malheur ou d'émeute, les trois cents élèves seraient d'utiles auxiliaires de la garde nationale de Paris, pour protéger la femme et le fils de Napoléon; surtout s'il vouloit confier à ces jeunes gens une batterie de six bouches à feu. L'homme le plus impatient de toute contradiction se rendit à ces sages avis. Un décret impérial ordonna la formation d'un corps d'artillerie de la garde nationale, lequel devait consister en douze compagnies, dont six composées de militaires invalides de l'Hôtel, trois des étudians en droit et en médecine, et les trois autres des élèves de l'Ecole Polytechnique. Les étudians, dès la première revue qui en fut passée, témoignèrent de si mauvaises dispositions pour ce service, que l'on renonça aussitôt à les y employer. Les élèves s'y portèrent avec beaucoup d'ardeur. L'entrée dans l'Ecole des douze pièces de canon destinées à cette branche d'instruction nouvelle, fut saluée par eux des plus vives acclamations. D'abord on voulut continuer les études, en y dérobant seulement certaines heures pour vaquer aux exercices d'artillerie. Bientôt cela devint impossible. De nombreux détachemens furent commandés chaque jour pour le service des batteries qui défendaient les abords de la capitale; et les élèves qui n'étaient pas occupés à la garde des barrières s'exerçaient sans relâche à la manœuvre du canon. Ainsi s'écoulèrent le mois de février et presque tout le mois de mars.

Cependant, les corps d'armée des maréchaux Mortier et Marmont, poussés par des forces très-supérieures, n'étaient plus, le 28 mars, qu'à une ou deux marches de Paris, et il était facile de prévoir qu'une action aurait lieu sous ses murs. Afin de seconder les troupes qui auraient à la soutenir, on remit aux compagnies de canonniers formées dans l'Hôtel des Invalides, et dont presque tous les hommes étaient amputés d'une jambe ou d'un bras, le service des batteries de position établies aux barrières; et l'on organisa en toute hâte une réserve mobile de vingt-huit bouches à feu, qui fut servie par les élèves, auxquels on joignit trente canonniers de la garde, pour faire l'office de pointeurs et chefs de pièces. Cette réserve fut placée, le 29 mars, à la barrière du Trône. Le 30, pendant que les deux maréchaux, avec une poignée de soldats, disputaient aux nombreuses divisions russes et prussiennes les hauteurs qui dominent Paris du nord au levant, l'artillerie de réserve se porta, vers onze heures, sur le chemin de Vincennes, d'où elle commença un feu assez vif contre la gauche de la ligne ennemie. Aucune troupe d'infanterie ou de cavalerie n'avait été commandée pour soutenir ce mouvement, à l'exception de quelques gendarmes à cheval, qui furent détachés sur la droite, pour éclairer le flanc de la batterie.

Tout à coup ces gendarmes reparaissent, suivis de plusieurs escadrons russes, qui, d'après la situation des lieux, ne furent aperçus et reconnus pour ennemis, que lorsqu'ils atteignaient déjà les pièces les plus avancées. Celles-ci les accueillent d'une décharge presqu'à bout portant, et se retirent avec précipitation vers la barrière du Trône; mais, resserrées dans un étroit espace, elles s'embarrassent entre les pièces qui n'avaient pas encore commencé le mouvement; les caissons se mettent en travers, et toutes ces voitures se trouvent pelotonnées de telle sorte, que la cavalerie ennemie, ne pouvant pénétrer dans cette barricade, est obligée de la tourner. Alors les élèves parviennent à dégager deux pièces, dont le feu, joint à celui de l'artillerie en position près de la barrière, force les lanciers russes à la retraite. Au même instant, un escadron de cuirassiers français se met à leur poursuite, leur reprend deux canons qui, aventurés au-delà de la route, avaient été abandonnés; et les élèves, traînant eux-mêmes les pièces demeurées sans chevaux, recommencent le feu, pour ne plus le cesser qu'à la fin de l'action. Il y eut deux tambours tués; un officier et onze élèves blessés de coups de sabre ou de lance (1), et six emmenés prisonniers (2). Huit autres furent brûlés par l'explosion de quelques gargousses (3); accident qui doit d'autant moins surprendre de la part d'artilleurs aussi inexpérimentés, qu'ils n'avaient pas été conduits une seule fois à l'exercice du tir, de peur d'alarmer les habitans de la capitale (4).

A onze heures du soir, les élèves, qui étaient toujours dans la même position près de la barrière du Trône, reçurent l'ordre de partir à l'instant même, et de se diriger vers Fontainebleau. Mais plusieurs jours d'un service pénible, et les fatigues de la journée, avaient tellement épuisé leurs forces, qu'il eût été impossible à la plupart d'entre eux de soutenir une marche

(1) Le lieutenant Rostan, et les élèves Deroys, Léger, François, P. Leclerc, Garcerie, Lenfant, Daudelin, Castaignède, D. Villeneuve, Cournand, Salomon.

(2) Becquey, Forfait, Dorsenne, Duclos, T. Proust, et Payn.

(3) Jos. Petit, Bonneton, De Cullion, Dupuis, Houeau, Reydellet, Moultson, et Menjaud.

(4) Quelques mois après, le Roi ayant accordé huit décorations de la Légion d'honneur à chaque légion de la Garde nationale de Paris, le corps d'Artillerie qui avait fait partie de cette garde fut considéré comme une légion, et trois des huit décorations qu'il obtint furent données aux élèves Malpassuti, J. J. Petit, et de Cullion. Celui-ci avait été le plus maltraité par l'explosion des gargousses; le premier, pendant la charge des Russes, avait terrassé un lancier qui le serrait de près, et, s'étant élancé sur son cheval, avait couru se joindre aux cuirassiers; J. J. Petit occupait le premier rang sur la liste par ordre de mérite des élèves de la division qui terminait le cours d'études.

nocturne et forcée. Plus des deux tiers se dispersèrent dans Paris, et furent recueillis par des parens ou des amis. Les autres, au nombre de soixante-seize, suivirent le mouvement de la garde jusqu'à Fontainebleau, d'ou ils furent envoyés à Orléans, puis à Blois, où ils prirent leurs quartiers dans le Lycée de cette ville. Le jour même qu'ils y arrivaient, tout avait pris en France une face nouvelle. La couronne de Henri IV était replacée sur la tête du frère de Louis XVI. La concorde renaissait entre la France et l'Europe. La monarchie de saint Louis avait recouvré tout ensemble les Bourbons, la paix et la liberté.

Si peu de jours avaient vu se presser ces grands événemens, que, dès le 5 avril, le colonel Greiner, qu'une douloureuse infirmité avait retenu à Paris, demanda au ministre, ou, comme on disait alors, au commissaire provisoire de la guerre, de donner l'ordre aux élèves demeurés dans la capitale, de rentrer à l'Ecole pour y continuer leurs études. Le même ordre fut expédié à ceux qui étaient à Blois; et, le 18 avril, l'enseignement avait repris son cours ordinaire.

Ce n'est pas que tous les élèves fussent alors arrivés. De trois cent quarante-six dont l'Ecole était composée au commencement de l'année, il ne s'en était présenté qu'un peu plus de deux cents. Une vingtaine, parmi lesquels se trouvaient plusieurs blessés du 30 mars, avaient obtenu des congés pour leur santé. Plus de soixante envoyèrent successivement leur démission. Les uns, devenus Français par la conquête, avaient perdu cette qualité par la rétrocession; les autres, qui n'avaient cherché dans l'Ecole qu'un refuge contre la conscription militaire, ou qui ne trouvaient plus dans le métier des armes la perspective brillante qu'il leur offrait naguère, allaient tenter les carrières nouvelles que la paix venait de rouvrir aux arts, au commerce, et à tous les genres de spéculations. Seize autres furent admis dans la maison militaire du Roi. Ces retraites volontaires étaient, au reste, des plus opportunes. Au milieu de tant de réductions qui s'opéraient alors dans tous les services, à peine osait-on espérer des emplois pour une partie des quatre-vingt-sept élèves que l'on comptait encore dans la division de seconde année. Il fallut beaucoup d'instances et de démarches pour en faire admettre quelques uns dans l'Artillerie, le Génie, et les Ponts et Chaussées ; encore le nombre en fut-il borné d'abord à trente-trois, et porté plus tard à cinquante-trois, grâce à de nouvelles sollicitations du gouverneur.

Ce gouverneur n'était plus Lacuée, que son devoir, comme ministre de Napoléon, avait obligé de quitter Paris à l'approche des armées alliées. Le gouvernement provisoire lui avait donné pour successeur le général Dejean, premier inspecteur du Génie. Ce choix fut dignement apprécié par l'Ecole. Mais dix années d'une administration sage et paternelle, et tant de soins vigilans que n'avaient pu même ralentir les soins plus nombreux et plus graves d'un laborieux ministère (1), assuraient à l'ancien gouverneur un tribut légitime de gratitude et de regrets. Le Conseil lui exprima ces sentimens dans une lettre

---

(1) L'administration de la Guerre.

qui accompagnait l'envoi de la collection complète des ouvrages publiés par l'Ecole Polytechnique. Cette collection fut aussi présentée, dans le même temps, au magnanime empereur Alexandre, qui l'accepta en témoignage de sa haute estime pour une institution dont il avait attiré, peu d'années auparavant, quelques anciens élèves à son service (1).

L'année 1814 n'offre plus qu'un seul événement remarquable pour l'Ecole Polytechnique. Le 24 septembre, le duc d'Angoulême, qu'elle devait saluer, deux ans après, du nom de Protecteur, vint, sans avoir été annoncé, la visiter pour la première fois. L'École, qu'il honora depuis de tant de marques de

---

(1) Vers la fin de 1809, l'empereur Alexandre voulant créer un corps du *Génie des voies de communication*, dont les attributions devaient embrasser les Ponts et Chaussées et une partie du Génie militaire, demanda au Gouvernement français quelques ingénieurs pour former le noyau de ce corps et diriger l'instruction des élèves destinés à en faire partie. Deux ingénieurs ordinaires des Ponts et Chaussées, J. A. Fabre et P. D. Bazaine, et deux élèves de première classe du même service, C. M. Potier et J. A. Destrem, furent choisis pour cette honorable mission, et passèrent au service de Russie, avec des grades militaires équivalant aux grades civils qu'ils avaient eu France. Le succès avec lequel ils se sont acquittés des fonctions qui leur ont été confiées leur a mérité un rapide avancement et de brillantes récompenses honorifiques. Les trois premiers ont été promus, il y a plusieurs années, au grade de général-major, le quatrième est colonel depuis 1817. Le général Fabre dirige les constructions des colonies militaires près de Saint-Pétersbourg. Le général Bazaine est directeur de l'Institut des voies de communication, qui compte aujourd'hui près de deux cent cinquante élèves; il préside le Comité des bâtimens et constructions hydrauliques de la capitale, et siége au Conseil des voies de communication. Le général Potier est aussi membre de ce Conseil. D'autres anciens élèves sont entrés au service de Russie avec des grades dans le même corps. Voyez, dans la liste générale, les noms suivans: A. G. Henry, Compère, Raucourt, Lamé, Clapeyron et Ducouedic.

bienveillance, fut alors redevable, à l'intervention de ce prince, d'une augmentation dans le nombre des emplois accordés aux élèves qui avaient terminé le cours d'études, et de plusieurs grâces du Roi envers des fonctionnaires et professeurs.

Les premiers mois de la vingt et unième année (1815) s'étaient écoulés au milieu du calme profond que les transactions de 1814 avaient rendu à la France; et déjà l'ardeur que les élèves portaient dans leurs travaux faisait présager les plus heureux résultats dans toutes les branches de l'instruction, quand le royaume se vit soudainement replongé dans la désastreuse situation dont il venait à peine d'être si miraculeusement délivré. Napoléon, échappé de l'île d'Elbe, a repris possession des Tuileries. L'Europe entière s'ébranle une seconde fois; le sol français est encore envahi par un million de soldats de toute nation; les élèves, appelés à concourir à la défense de la capitale, sont de nouveau formés en compagnies d'artillerie, exercés à la manœuvre et au tir des bouches à feu, et enfin obligés à un service militaire sous les murs de la ville, jusqu'au 3 juillet, jour où Paris rentra sous l'obéissance du Roi. A compter de ce jour, les études furent reprises, d'abord avec peu de calme et de suite, à cause de la violente secousse que les derniers événemens avaient donnée à toutes les âmes, puis avec assez d'application, et plus de succès qu'on ne l'avait espéré. A la suite des examens, dont l'ouverture avait été reculée de quelques semaines, soixante-dix élèves furent jugés en état de passer aux écoles spéciales; mais deux services seulement, l'Artillerie et le Génie, leur furent ouverts, et n'en reçurent en tout que cinquante-sept. Il y eut, parmi les autres élèves, quarante-cinq démissions. Le nombre des candidats s'éleva à cent quarante-sept, dont cent furent admis. L'obligation de répondre sur les six premières questions de la Géométrie descriptive avait été retranchée du programme d'admission. On révoqua pareillement la mesure de faire examiner, aussitôt après leur entrée à l'Ecole, les quatre derniers élèves de la liste particulière de chaque examinateur. Le ministre de l'intérieur fit aussi supprimer l'article relatif aux qualités physiques exigées des candidats. Le complet des élèves fut fixé à deux cent vingt.

Napoléon, pendant les trois mois de sa seconde domination, visita l'Ecole Polytechnique, où il ne s'était pas montré une seule fois depuis son avénement au pouvoir suprême. Ce fut à l'occasion de cette visite, que l'Ecole obtint enfin, pour sa bibliothéque, un exemplaire de la *Description de l'Egypte*, plusieurs fois demandé par elle dans le cours des années précédentes, et toujours sans succès, quoique la plupart des coopérateurs de ce grand ouvrage fussent sortis de son sein.

Des changemens assez nombreux eurent lieu, à la fin de cette année, parmi les agens de l'instruction. Hassenfratz s'étant démis des fonctions de l'enseignement, le cours de Physique fut fait, d'abord sous le titre de professeur adjoint, puis avec le rang de professeur titulaire, par Alexis Petit, son répétiteur, l'un des élèves les plus distingués que l'Ecole ait produits, et dont elle devait sitôt déplorer la perte. Lacroix quitta l'emploi d'examinateur permanent, dans lequel il fut remplacé par Poisson. Le Conseil de perfectionnement adressa au premier un extrait de ses délibérations, contenant l'expression de son estime et de ses regrets. Arago devint professeur titulaire du cours de Géométrie descriptive, pour lequel il suppléait Monge; enfin J. Binet, ancien répétiteur de ce cours, et qui, depuis deux ans, avait remplacé Ferry dans l'emploi d'examinateur pour la Géométrie descriptive et les arts graphiques, fut choisi pour succéder à Poisson dans les fonctions de professeur de Mécanique. Le cours d'Analyse de Labey, dont Poinsot était chargé depuis 1809, avec le titre de professeur adjoint, fut temporairement confié cette année à Cauchy, ancien élève, et ingénieur des Ponts et Chaussées. Ce cours avait été fait, en 1813 et 1814, par A. A. L. Reynaud, qui en était répétiteur, et qui remplissait en outre, depuis 1810, le fonctions d'examinateur pour l'admission à l'Ecole.

Le Conseil de perfectionnement, qui n'avait pas été convoqué l'année précédente, s'assembla dès le mois d'octobre. Ses principaux soins, outre les nominations que nous venons de rapporter, eurent pour objet de régler les dépenses de l'Ecole, d'après la rigoureuse parcimonie qu'imposait alors à la France l'accablant traité qui termina la seconde invasion européenne. A un retranchement de 36,000 francs opéré en 1814, on en ajouta un second de 51,000 francs; en sorte que le budget de l'Ecole se trouvait abaissé de 267,000 francs à 180,000. Cette économie se composa, en grande partie, de diminutions sur les traitemens, sur le matériel de l'instruction, qui fut réduit de 40,000 francs à 24,000, et sur la somme destinée aux bourses, dont on ne conserva que la moitié. Il y eut aussi quelques suppressions, dans lesquelles fut compris l'emploi de maître de dessin occupé par Mérimée. Le rapport de cette session étant le premier que le Conseil de perfectionnement devait présenter au Roi, il parut convenable de le composer presque entièrement d'une notice développée sur l'Ecole Polytechnique, indiquant ses organisations successives, son plan d'enseignement, le mode de ses examens, et les résultats qu'elle avait produits à l'avantage des sciences et des services publics. Le Conseil rappela ensuite les demandes déjà formées pour que les emplois dans l'administration des Poudres et Salpêtres, et dans le corps des ingénieurs hydrographes, fussent exclusivement réservés aux élèves de l'Ecole, et supplia le Roi d'y satisfaire ; ce double vœu ne tarda pas à être exaucé. Le Conseil déclare, en terminant, « que la conduite des élèves est sage « et régulière. »

Ce témoignage honorable fut rendu le 15 mars 1816. Mais, pour employer les expressions du même Conseil, dans un rapport antérieur de six années, « l'expé- « rience ne suffit plus, lorsqu'il s'agit de prévoir les « mouvemens inopinés d'une jeunesse facile, et qui « cède, comme les flots, à l'orage que les passions « excitent dans quelques têtes ardentes et désor- « données. » Le 12 avril, les élèves étaient en état d'insubordination ouverte : le 13, ils furent licenciés.

L'acte qui donna lieu à cette mesure rigoureuse, fut la suite d'une faute grave à laquelle avaient pris part un grand nombre des élèves de première année. Le gouverneur ayant ordonné d'infliger à plusieurs d'entre eux une simple punition de discipline, les autres s'y opposèrent en demandant que la punition fût générale, comme l'avait été la faute. Les élèves de seconde année appuyèrent la résistance de leurs camarades. La voix du chef de l'Ecole les rappela en vain à la soumission; son autorité fut méconnue : il se vit forcé de réclamer un prompt et sévère châtiment; et l'exclusion de quinze élèves fut proposée aux ministres de l'intérieur et de la guerre.

Un tel exemple aurait paru sans doute suffisant, s'il se fût agi d'un de ces mouvemens irréfléchis dans lesquels peuvent quelquefois entraîner la fougue et l'inconsidération de l'âge. Mais le gouvernement n'envisagea le fait particulier qui lui était dénoncé, que comme le symptôme d'un mal qu'il était urgent d'extirper. Des informations précises, et le souvenir de quelques actes non moins répréhensibles qui avaient affligé l'Ecole en 1810 et 1812, ne laissaient aucun doute sur l'existence d'une sorte d'organisation occulte, d'après laquelle les élèves délibéraient entre eux, et prenaient des décisions qui étaient, dit-on, obligatoires pour ceux même qui avaient refusé d'y souscrire. Il est vrai que les élèves n'avaient pas souvent usé de cette puissance de désordre qu'ils s'étaient ainsi créée. Leur conduite générale est louée dans tous les rapports annuels du Conseil de perfectionnement, et même, comme on l'a vu, dans celui qui fut présenté si peu de semaines avant le licenciement. « Sous le rapport de l'ordre public, » écrivait le gouverneur au ministre de la police, à la fin de 1813, « il « n'y a eu jusqu'ici aucun reproche à faire aux élèves; « je n'ai au contraire qu'à me louer de leurs senti-

« mens. » Puis, après les avoir défendus de l'imputation qui leur était faite d'avoir un mauvais esprit, il ajoute ces mots remarquables : « à moins toutefois « qu'on n'appelle de ce nom, cet esprit d'indocilité « qu'on se plaint avec raison que la jeunesse apporte « des Lycées. » On peut inférer de là, que les fautes particulières contre la discipline devaient être assez nombreuses ; de telles fautes se commettent journellement dans tous les corps soumis à une police rigide, et n'appellent jamais l'attention de l'autorité publique. Il n'en est pas ainsi des actes d'insubordination combinés et collectifs. Voici comment s'exprime, à ce sujet, le préambule de l'ordonnance royale :

« Nous avions reconnu l'utilité de l'Ecole Poly« technique pour le progrès des sciences et des arts, « et pour l'amélioration des services publics. Nous « avions ordonné à nos ministres de l'intérieur et de « la guerre de nous soumettre une nouvelle organi« sation de cet établissement, afin d'étendre ses « avantages, de lui donner un nouvel éclat, et de le « porter à la perfection dont il est susceptible. Mais « la désobéissance récente et générale des élèves de « cette Ecole aux ordres de leurs chefs, en même « temps qu'elle nécessite une prompte répression « et un exemple pour l'avenir, vient de nous prouver « que ces élèves, s'ils étaient introduits dans les ser« vices publics, y porteraient l'esprit d'indiscipline « dont ils sont animés. »

Malgré la sévérité de ces expressions, les élèves purent bientôt reconnaître que le coup qui les avait frappés était parti d'une main paternelle. D'abord, dans l'ordonnance même du licenciement, le Roi

avait enjoint « qu'il lui fût rendu compte de la con-
« duite du petit nombre d'élèves qui n'avaient pas
« pris part au dernier acte d'insubordination, se ré-
« servant de statuer à leur égard, lorsque l'Ecole
« serait rétablie et recomposée. » Mais, un peu plus
tard, l'indulgence royale franchissant les bornes
qu'elle s'était d'abord imposées, la disposition suivante fut placée à la suite de l'ordonnance de réorganisation : « Les élèves présens à l'Ecole Polytechnique
« à l'époque du licenciement, seront admis, en 1817,
« au concours des Ecoles d'application, en justifiant
« de leur bonne conduite et de la continuation de
« leurs études ; à cette fin, des lettres d'examen leur
« seront délivrées par les ministres dans les attribu-
« tions desquels sont les services publics auxquels
« ils déclareront se destiner; et cependant notre
« ministre de la guerre pourra nous proposer de les
« placer dans les divers corps de la ligne, suivant
« les besoins. » Beaucoup d'élèves licenciés profitèrent de l'avantage qui leur était offert. Quatre-vingt-
quinze reçurent des lettres d'examen. Quatre-vingt-
deux seulement se présentèrent au concours, et
soixante-douze furent jugés admissibles dans les services publics. L'Ecole de Metz, pour l'Artillerie et le
Génie, en reçut quarante-sept; l'Ecole des Mines,
trois ; celle des Ponts et Chaussées, huit; l'administration des Poudres et Salpêtres, un ; et le corps des
Ingénieurs géographes, quatre. Les autres obtinrent,
sur leur demande, des sous-lieutenances dans les
troupes de ligne, et entrèrent ensuite dans le corps
royal d'Etat-major, qui fut créé quelques mois après.

L'ordonnance royale pour la réorganisation de

l'Ecole Polytechnique fut rendue le 4 septembre 1816. Cet important travail avait été confié à une commission nommée par les ministres de l'intérieur et de la guerre, et présidée par l'illustre Laplace. Les autres membres étaient : le vicomte de Caux, officier général du Génie et conseiller d'Etat (1); le comte de Caraman, officier supérieur d'Artillerie ; le baron Héron de Villefosse, ancien élève, inspecteur divisionnaire des Mines et maître des requêtes; et le lieutenant-colonel du Génie, Paulinier de Fontenilles, secrétaire-général du ministère de l'intérieur.

Les amis de cette belle institution ne lurent pas, sans un vif sentiment de reconnaissance, ces paroles du préambule :

« Nous espérons que le concours d'hommes dis-
« tingués auxquels nous confierons le soin de jeunes
« gens choisis d'après leurs connaissances et leur
« bonne conduite, produira dans cette Ecole l'heu-
« reux accord des principes et des lumières, qui
« contribue puissamment à la prospérité des Etats ;
« mais rien ne nous a paru plus propre à donner un
« nouvel éclat à cette Ecole, à assurer sa durée et
« sa prospérité, qu'en la mettant sous la protection
« d'un prince de notre famille. Nous aimons à croire
« que les élèves qui y seront admis apprécieront
« cette nouvelle preuve de notre sollicitude pater-
« nelle, et se feront distinguer, dans les diverses
« carrières qu'ils seront appelés à parcourir, par les
« vertus et les talens dignes de leur éducation. »

L'article premier est ainsi conçu : « L'Ecole royale

---

(1) Aujourd'hui ministre de la guerre.

« Polytechnique sera désormais sous la protection
« de notre bien-aimé neveu le duc d'Angoulême. »

Parmi les nombreuses dispositions de cette ordonnance, nous indiquerons seulement celles qui modifient l'ancienne organisation, ou qui ne s'y trouvaient pas comprises. (Voyez p. 193 à 200, et p. 246.)

Les élèves peuvent, dans certains cas, passer trois ans à l'Ecole, mais jamais plus long-temps. Dans l'organisation précédente, le Conseil d'instruction pouvait accorder une quatrième année.

Il n'y a plus d'appareil militaire, et par suite, le commandant du bataillon des élèves, les quatre officiers, et les deux adjudans sont supprimés.

Le prix de la pension est porté à mille francs. — Il est établi vingt-quatre bourses, dont huit sont attribuées au département de l'intérieur, douze à celui de la guerre, quatre à celui de la marine.

La composition du Conseil de perfectionnement éprouve quelques modifications. Aucun membre du Conseil d'instruction, pas même le chef de l'Ecole, n'en fait partie, non plus que les examinateurs temporaires pour l'admission dans les services publics. — Il y est introduit trois Pairs de France, nommés par le Roi, sur la présentation du ministre de la guerre : ils sont successivement présidens pendant une année ; et chacun d'eux cesse d'en être membre après son année de présidence. — Les trois membres de l'Académie des Sciences sont désignés annuellement par le ministre de l'intérieur.

Il est créé un Conseil d'inspection, composé des trois Pairs de France et de deux autres membres du Conseil de perfectionnement, l'un appartenant aux services civils et l'autre aux services militaires. Il s'assemble au moins une fois par trimestre, pour entendre un rapport du président sur la situation de l'établissement, considéré sous le point de vue de l'ordre public. Pour cet effet, le chef de l'Ecole rend compte à ce président de tout ce qui concerne le bon ordre, les mœurs et l'accomplissement des devoirs. Le président prend lui-même dans l'Ecole tous les renseignemens nécessaires sur les objets de sa haute surveillance, convoque le Conseil, et rend compte aux ministres de l'intérieur, de la guerre et de la marine.

Les fonctions d'examinateur pour l'admission à l'Ecole, d'annuelles qu'elles étaient, deviennent permanentes, et sont déclarées incompatibles avec celles de professeur ou de répétiteur à l'Ecole Polytechnique, ainsi qu'avec les fonctions de professeur, instituteur ou directeur de tout établissement d'instruction publique, dans lequel on formerait des candidats pour l'Ecole.

L'auteur latin, dont chaque candidat doit traduire un morceau, est de la force de ceux qu'on explique en réthorique. — Tout candidat qui se destine à un service public doit réunir les qualités physiques qui conviennent à sa destination. Cette condition avait été supprimée en 1814. — Chaque candidat, après avoir déclaré à l'examinateur à quel service il se destine de préférence, doit indiquer suivant quel ordre son choix se porterait sur les autres services, à défaut de place dans celui qu'il aurait préféré. — Un candidat peut entrer à l'Ecole seulement pour y puiser l'instruction, et sans se destiner à aucun service public. Si, devenu élève, il veut concourir pour un service, cela lui est accordé; mais il ne peut concourir qu'avec les élèves admis dans l'année pendant laquelle il a fait sa nouvelle déclaration (1).

Les deux examinateurs permanens des élèves doivent être choisis dans l'Académie des Sciences, et nommés par le Roi sur la présentation des trois ministres de l'intérieur, de la guerre et de la marine. — Les examinateurs temporaires, pour la physique, la chimie et la géométrie descriptive, continuent d'être nommés, chaque année, par le ministre de l'intérieur, mais sur la présentation du Conseil de perfectionnement.

Les deux examinateurs permanens, pour les mathématiques, doivent assister aux examens annuels, dans les écoles d'application, l'un à Metz, l'autre à Paris; et chacun d'eux a voix dans le Jury formé pour le classement des élèves de l'école où il aura suivi les examens.

Les Jurys d'examen sont maintenus dans leur composition. Ils ont pour président celui du Conseil de perfectionnement. Toute lettre d'admission doit faire mention expresse du numéro d'ordre obtenu par le candidat (2).

Le cours d'*Art militaire* est supprimé. — Le professeur du cours d'*Analyse appliquée à la géométrie des trois dimensions*, doit enseigner aussi la partie

---

(1) Ils peuvent maintenant concourir avec les élèves de leur promotion.

(2) Cette disposition ne s'exécute plus, depuis que le Jury, en vertu de l'ordonnance du 20 octobre 1822, classe les candidats, par ordre de mérite, *en autant de listes qu'il y a eu d'examinateurs*.

théorique de la *géodésie*, et l'*arithmétique sociale*.
— Les cours d'*Analyse* et de *Mécanique* sont faits par un seul et même professeur pour chaque division. — Au cours de *Grammaire* et de *Belles-Lettres* est joint un cours d'*Histoire* et de *Morale*.

Le chef de l'Ecole reprend le titre de directeur. Il est chargé d'assurer l'exécution journalière des réglemens, et de présenter au Conseil de perfectionnement les renseignemens, comptes et projets de budgets dont ce Conseil s'occupe. Il rend compte, pour tout ce qui concerne l'instruction, l'administration et la police de l'Ecole, au ministre de l'intérieur, dont il doit exécuter les ordres. Il correspond avec le Pair de France, président du Conseil d'inspection, sur tout ce qui est de la compétence de ce Conseil. — Le directeur est choisi parmi les fonctionnaires principaux, soit en activité, soit en retraite, des services civils ou militaires auxquels l'Ecole fournit des élèves.

Sous les ordres du directeur, un inspecteur des études surveille et constate l'exécution des programmes d'enseignement, tant de la part des professeurs que de la part des élèves. Il seconde le directeur dans ses fonctions, et le supplée en cas d'absence ou de maladie.

Six sous-inspecteurs, nommés par le ministre de l'intérieur, et choisis, autant que possible, parmi les fonctionnaires en activité dans les services publics, sont chargés d'exercer une surveillance journalière sur les élèves, tant pendant les études que hors des études. — On a vu que le gouverneur et les Conseils avaient fréquemment sollicité pour que la police des études fût confiée à des fonctionnaires des services publics. Cette disposition de l'ordonnance satisfait enfin à leurs demandes, et pourvoit à un besoin essentiel. On en éprouve, depuis douze ans, les heureux effets.

Un ecclésiastique est attaché à l'Ecole en qualité d'aumônier : il y remplit les fonctions de son ministère ; il entretient par ses instructions les sentimens religieux parmi les élèves. — La place d'aumônier avait été créée en 1814.

Le titre de quartier-maître est remplacé par celui de trésorier-archiviste-secrétaire des Conseils intérieurs, c'est-à-dire des Conseils d'instruction et d'administration. — Le Conseil de perfectionnement nomme, à chaque session, un secrétaire parmi ses membres.

La composition du Conseil d'instruction éprouve peu de changemens. L'ordonnance comprend parmi ses membres l'aumônier, et en retranche l'administrateur et l'officier de santé.

Le Conseil d'administration est composé du directeur, qui le préside ; de l'inspecteur des études, d'un professeur, de deux sous-inspecteurs, de l'administrateur et du trésorier. Ces deux derniers n'y ont que voix consultative.

A la suite de l'ordonnance de réorganisation, les nominations et mutations suivantes eurent lieu parmi les fonctionnaires de l'Ecole :

Les trois Pairs de France que le Roi appela les premiers au Conseil de perfectionnement furent le duc de Doudeauville, le comte de La Martillière, lieutenant-général d'artillerie, et le marquis de Nicolaï. — La présidence fut donnée, la première année, au duc de Doudeauville.

Le général baron Bouchu, du corps de l'Artillerie, fut nommé directeur.

Les fonctions d'inspecteur des études furent données à J. Binet, professeur de mécanique.

L'abbé Richard remplaça l'abbé Massé dans celles d'aumônier, qu'il exerçait depuis la création de cette place.

Prony succéda à Legendre, qui se démit de l'emploi d'examinateur permanent.

Duhays, professeur du cours d'Art militaire qui venait d'être supprimé, fut chargé du cours de géométrie descriptive, que faisait précédemment Hachette, et passa presque aussitôt de cet emploi à celui d'administrateur. Le cours de Géométrie descriptive fut alors confié à F. Leroy, maître de conférences à l'Ecole Normale.

Les Cours d'analyse et de mécanique eurent pour professeurs, Ampère, qui faisait précédemment l'un des cours d'Analyse, et Cauchy, qui avait été chargé de l'autre pour 1816. — Labey fut admis à la retraite.

Le cours d'Histoire et Belles-Lettres fut confié à Aimé-Martin.

Regnault, de l'Académie des Beaux-Arts, fut nommé professeur de dessin en remplacement de Vincent, qui était mort un mois avant la réorganisation.

Poinsot, Reynaud, et Dinet, furent nommés examinateurs pour l'admission à l'Ecole.

L'inspecteur des élèves, Gardeur-Lebrun, fut d'abord choisi pour administrateur; mais son âge déjà avancé lui ayant fait préférer sa retraite, cet emploi fut donné, comme il a été dit, à Duhays.

Les six sous-inspecteurs furent pris, en nombre égal, dans les trois services dont le personnel est le plus nombreux ; savoir ,

Deux officiers d'Artillerie : Fourcy et Morel ;

Deux officiers du Génie : Dubuat et Teullié ;

Deux ingénieurs des Ponts et Chaussées : F. E. J. Vuillet et Paravey.

Les répétiteurs et maîtres, dont les emplois cessèrent dès lors d'être soumis à la réélection annuelle, furent nommés par le ministre de l'intérieur, sur la présentation du Conseil d'instruction ; savoir,

Pour les cours d'Analyse et de Mécanique, Destainville, qui était depuis 1810 répétiteur-adjoint, et Coriolis, ingénieur des Ponts et Chaussées : tous deux anciens élèves.

Pour le cours de Géométrie descriptive, Lefebure de Fourcy, ancien élève, déjà nommé l'année précédente ; il joignit, pendant cinq ans, à cet emploi, celui d'examinateur temporaire pour l'admission dans les services publics ;

Pour le cours d'Analyse appliquée à la géométrie, et de Géodésie, C. L. Mathieu, ancien élève, secrétaire du bureau des Longitudes, aujourd'hui membre de l'Académie des Sciences ;

Pour le cours de Physique, Lehot, ingénieur des Ponts et Chaussées, ancien élève ;

Pour les cours de Chimie, Colin, qui occupait cet emploi depuis sept ans ; et Robiquet, qui en avoit été pourvu au mois de juillet 1813, en remplacement de Cluzel, décédé.

Les répétiteurs-adjoints étaient supprimés depuis le 1er. janvier 1816. Treize anciens élèves avaient successivement rempli ces fonctions, pendant les dix années qui précédèrent le licenciement. Ceux que nous n'avons pas encore indiqués sont : F. G. A. Berthier, Boucharlat, Demarteau, Pommiés, et Rouby.

Le nombre des maîtres de dessin de la figure et du paysage demeura réduit à deux. Lemire jeune et Lemire aîné y furent conservés.

Les deux maîtres, pour le dessin graphique et le lavis, furent toujours Girard et Gauché, qui occupaient ces emplois, sous le titre de dessinateurs, depuis la fondation de l'Ecole. Le dernier est chargé de seconder le professeur d'architecture. — Un troisième emploi de dessinateur, occupé par Delaunay, fut supprimé.

Un concours fut ouvert au commencement de 1817, pour la place de maître du dessin de la carte. Elle fut donnée à Brune.

Les docteurs Landré-Beauvais et Gaultier de Claubry succédèrent, dans les emplois de médecin et de chirurgien de l'Ecole, aux docteurs Chaussier et Gault.

Une seconde ordonnance royale, de même date que la première, régla les dépenses de l'Ecole pour l'année 1817. Les diverses allocations en sont beaucoup plus fortes que celles qui résultaient des réductions énormes de l'année précédente. Le matériel de l'instruction est mieux doté, mais le traitement des professeurs resta diminué d'un sixième ; et tous les traitemens sont en outre soumis à une retenue de trois pour cent, destinée à former un fonds pour les pensions de retraite. Le défaut d'un tel fonds obligeait de réserver, au professeur ou autre fonctionnaire qui se retirait, une portion assez forte du traitement de son successeur. Cette disposition est désormais interdite.

L'ordonnance de réorganisation fut immédiatement suivie des mesures nécessaires pour que l'Ecole pût reprendre ses travaux le plus promptement possible. Les examens d'admission amenèrent soixante-dix-sept élèves, choisis parmi cent vingt-quatre candidats; et, le 17 janvier 1817, l'Ecole Polytechnique célébra l'ouverture de ses cours, en présence de son royal protecteur, qui voulut présider en personne à cette solennité. Les ministres de la guerre, de la marine et de l'intérieur, dont les départemens comprennent tous les services publics ouverts aux élèves, y assistèrent. Après une messe du Saint-Esprit, le Prince, en sortant de la chapelle, fut conduit dans un des amphithéâtres, où le duc de Doudeauville, président du Conseil de perfectionnement, et le professeur de Belles-Lettres et d'Histoire, Aimé-Martin, que l'Ecole avait choisi pour son interprète, lui adressèrent des discours, auxquels il fit cette réponse :

« J'ai la confiance que, sous la direction de savans
« aussi distingués par leurs lumières, et sous l'auto-
« rité de chefs aussi recommandables par leurs prin-
« cipes et leurs talens, les élèves de l'Ecole Poly-
« technique apprendront à bien servir Dieu, le Roi
« et la Patrie. En suivant fidèlement cette ligne, ils
« trouveront toujours en moi un protecteur zélé au-
« près d'un souverain qui met son bonheur à encou-
« rager tout ce qui peut illustrer le nom français. Je
« suis sensible aux sentimens qui viennent de m'être

« témoignés. Je suis loin de mériter les éloges qui
« m'ont été donnés, mais je chercherai toujours à
« m'en rendre digne. »

Depuis ce jour, dont l'Ecole conservera un long
souvenir, la protection qui lui avoit été si noblement
promise ne lui a jamais manqué. Dans les années
qui suivirent de plus près la réorganisation, le duc
d'Angoulême vint souvent la visiter, sans appareil,
sans suite, sans se faire annoncer, sans troubler
l'ordre habituel des travaux, parcourant les salles
d'études, les laboratoires, assistant aux leçons des
professeurs, où il donnait tout ensemble aux élèves
l'exemple de l'attention que réclame d'eux un si
haut enseignement, et la preuve de l'intérêt qu'il
prend à leurs succès. La première année de son protec-
torat fut marquée par un don de sa munificence qui
enrichit en même temps la chapelle et la bibliothéque,
et demeurera dans l'Ecole comme un monument de
son zèle pour le progrès des sciences et la splendeur
de la religion. L'Ecole Polytechnique aime encore à
détourner vers lui une partie de sa reconnaissance,
pour les deux visites dont son auguste père honora
l'établissement, avant et depuis son avénement au
trône, et pour les gages éclatans qu'elle a reçus de la
bonté de ce monarque. Elle ne saurait oublier surtout, qu'au retour de cette courte et glorieuse guerre
d'Espagne, pendant laquelle, soit à la tête de nos
guerriers, soit dans les conseils de la politique, le
digne Fils de France développa tant de qualités et
de vertus diverses, à ce retour, qui fut salué dans
toute la France par de si unanimes transports d'ad-
miration et d'amour, l'Ecole Polytechnique, qui s'était

la première offerte à ses regards, dans la journée triomphale du 2 décembre 1823, fut aussi le premier établissement royal dont il alla recevoir les hommages et combler l'allégresse. Quand le sceptre passa des mains de Louis XVIII dans celles de Charles X, l'Ecole put prévoir que son glorieux protecteur, placé plus près du trône et admis aux délibérations du Conseil, ne lui donnerait plus une si grande part d'un temps réclamé par de plus hauts intérêts; mais, si elle jouit moins souvent du bonheur de le voir, dans sa studieuse enceinte, encourager ses travaux et s'enquérir de ses besoins, elle sait qu'elle n'occupe pas une moindre place dans sa bienveillante sollicitude, et que le Dauphin acquitte avec usure les promesses du duc d'Angoulême.

Le Conseil de perfectionnement, afin de pouvoir exprimer un jugement plus éclairé sur les effets de la nouvelle organisation, différa jusqu'à sa troisième session le rapport qu'il doit, selon son institution, présenter chaque année au Roi. Ce rapport, en date du 13 février 1819, contient les témoignages les plus favorables sur l'instruction et la conduite des élèves. Il fait connaître aussi que « pour accroître le nombre
« des concurrens, et animer l'émulation dans les écoles
« élémentaires, les examinateurs ont été envoyés
« dans toutes les villes qui possédaient des collèges
« royaux, ou d'autres sources publiques d'instruc-
« tion, desquelles on pouvait espérer de tirer des
« élèves. » On ajoute que « cette extension donnée
« aux tournées des examinateurs ne peut manquer
« d'avoir sur l'instruction élémentaire une influence
« puissante; et qu'elle était indispensable en ce mo-

« ment pour ranimer l'enseignement des mathéma-
« tiques, qui s'affaiblissait d'une manière sensible. »

Après avoir parlé, en peu de mots, des améliorations qui avaient eu lieu dans plusieurs parties de l'instruction, le Conseil entre dans quelques détails sur deux cours entièrement nouveaux dont il relève l'utilité. « Le premier a pour but la *théorie des machines et
« le calcul de leurs effets*. Les précédens programmes
« avaient presque borné ce cours à une simple no-
« menclature ; on lui a donné le développement
« qu'il méritait. La composition des diverses ma-
« chines employées dans les travaux des arts présente
« à des yeux vulgaires une multitude d'inventions
« isolées ; mais, pour le mécanicien habile, que des
« études théoriques ont éclairé, ces appareils, si com-
« pliqués en apparence, se réduisent au fond à un petit
« nombre d'élémens simples, qui se combinent les uns
« avec les autres d'une infinité de manières appro-
« priées aux effets que l'on veut produire. Ce genre de
« combinaison est lui-même soumis à des règles fixes,
« et les effets qui en résultent peuvent être généra-
« lement déterminés d'avance par le calcul. On con-
« çoit combien l'étude des machines, présentée sous
« ce point de vue élevé, doit être utile à toutes les
« classes d'ingénieurs. Le cours qui a été fait aux
« élèves sur cette matière se rattache, par les appli-
« cations les plus belles et les plus utiles, à la mé-
« canique rationnelle, dont il doit leur faire ainsi
« mieux concevoir l'importance. » Le second des cours nouvellement institués, dont le Conseil de perfectionnement s'applique à faire apprécier les avantages, est désigné, dans l'ordonnance de réorganisation, sous

le nom d'*Arithmétique sociale*. « Quand on consi-
« dère, » dit le Conseil, « le développement que
« prend tous les jours l'industrie en France, et qu'on
« envisage les rapports nécessaires de cette industrie
« avec la forme de gouvernement établie par la
« Charte, on doit sentir que l'exécution des travaux
« publics tendra, dans un très-grand nombre de cas,
« à passer dans le système de concession et d'entre-
« prise. Il faut donc que désormais nos ingénieurs
« sachent régler et diriger ce mouvement. Il faut
« qu'ils sachent évaluer l'utilité ou l'inconvénient
« particulier et général de telle ou telle entreprise ;
« il faut par conséquent qu'ils aient des idées justes
« et précises sur les élémens de toutes ces spécula-
« tions, c'est-à-dire, sur les intérêts généraux de
« l'industrie et de l'agriculture, sur la nature et l'in-
« fluence des monnaies, sur les emprunts, les assu-
« rances, les fonds d'associations, d'amortissement ;
« en un mot, sur tout ce qui peut servir à apprécier
« les bénéfices et les charges probables de toutes
« les entreprises : tel est l'ensemble des objets qui
« viennent d'être ajoutés au programme. »

Dans la partie du rapport consacrée à rappeler les moyens établis pour faire fructifier l'enseignement, le Conseil reconnaît que « les élèves secondent, en
« général, ces dispositions par un zèle infatigable,
« et par une continuité d'efforts dont la persévérance
« est elle-même une forte preuve de l'énergie de
« leur caractère ; » et il ajoute « qu'il suffit du pro-
« gramme des cours, pour prouver que, par le degré
« l'instruction, comme par le mérite des professeurs,
« l'École Polytechnique a été et est encore aujour-

« d'hui la première école scientifique de l'Europe. »

Le rapport de 1816 présentait, avec une sorte de réserve, l'idée de considérer l'Ecole « comme un éta-
« blissement propre à compléter l'éducation des jeunes
« gens destinés à former l'élite de la nation, et à
« occuper des emplois élevés dans l'Etat. » Cette idée est reproduite avec plus de force et de développement dans le dernier rapport. « Nous vivons, » est-il dit, « nous vivons dans un temps où l'instruc-
« tion des classes supérieures peut seule assurer la
« tranquillité de l'Etat, en faisant obtenir à ceux qui
« les composent, par une supériorité personnelle de
« vertus et de lumières, l'influence qu'il faut qu'elles
« exercent sur les autres pour le repos de tous : heu-
« reuse nécessité, si on l'envisage avec une ame éle-
« vée, qui contraint de justifier le rang par le mérite,
« et la richesse par le talent et la vertu. Sous le rapport
« des sciences et de tous les genres de connaissances
« positives, l'Ecole Polytechnique fournira à cette
« généreuse ambition tous les moyens de se déve-
« lopper. »

Depuis ce rapport au Roi, le dernier qui ait été présenté par le Conseil de perfectionnement, quelques dispositions de l'ordonnance de réorganisation ont reçu des modifications assez nombreuses, dont allons indiquer les plus importantes.

Les élèves qui, d'après les examens, n'étaient pas jugés capables d'être admis, soit aux cours de la deuxième année, soit aux écoles d'application, pouvaient rester un an de plus dans la même division, pourvu que la durée de leur séjour dans l'Ecole n'excédât pas trois années. L'expérience ayant fait

connaître que cette faculté, ainsi accordée indéfiniment, favorisait le relâchement des études, on y apporta, en 1821, les restrictions suivantes : —
« 1°. La faculté de rester une année de plus, dans
« l'une ou l'autre division, est bornée aux élèves
« auxquels des circonstances, graves et reconnues
« telles, auront occasioné, durant l'année, une sus-
« pension forcée de travail. — 2°. L'application de
« cette faculté sera prononcée par le ministre, sur la
« proposition du président du Jury, du directeur de
« l'Ecole, et de l'inspecteur des Etudes, — 3°. Elle
« sera limitée de manière que le nombre des élèves
« qui en jouissent, chaque année, ne puisse jamais
« excéder le dixième du nombre total des élèves qui
« composeront la division où ils devront rester. —
« 4°. L'avantage de rester une année de plus, dans
« une même division, ne pourra être accordé deux
« fois au même élève ; la durée totale du séjour dans
« l'Ecole ne pouvant, en aucun cas, s'étendre au-
« delà de trois années. — 5°. Les élèves reconnus
« admissibles dans les services publics, mais non
« classés, faute de place, dans un service de leur
« choix, jouissent du droit de rester une année de
« plus dans l'Ecole, s'ils n'y ont encore passé que
« deux ans. — La limite du dixième ne leur est pas
« applicable. »

D'après une disposition à laquelle concoururent les ministres de l'intérieur, de la guerre, et de la marine, « les bourses, instituées par l'ordonnance de
« réorganisation, peuvent être divisées en demi-
« bourses, et ne sont accordées que pour un an,
« sauf à les continuer l'année suivante, sur le rap-

« port du chef de l'Ecole, et d'après la proposition
« des ministres sur le budget desquels elles ont été
« payées, pour ceux des élèves qui auront mérité
« cette faveur. »

Les Conseils d'instruction et de perfectionnement reconnurent, en 1819, que l'article de l'ordonnance, d'après lequel chaque candidat est tenu de déclarer à l'examinateur à quel service il se destine, donnait lieu, dans l'exécution, à un grave inconvénient; le plus grand nombre des candidats ne pouvant savoir, avant leur admission dans l'Ecole, vers quel service public leurs dispositions et les développemens de leurs études les porteront de préférence. En conséquence, il fut arrêté, d'après le vœu unanime des deux Conseils, 1° que « les cadidats se borneraient
« à déclarer, au moment de leur examen, s'ils se
« destinent à un service public; — 2° que « les
« élèves, à la fin de leur dernière année d'études,
« et avant l'ouverture des examens intérieurs, au-
« raient à déclarer à quel service ils se destinent de
« préférence, et suivant quel ordre leur choix se
« porterait sur les autres services, à défaut de place
« dans celui qu'ils préfèrent. » Cette disposition, qui avait déjà été en vigueur pendant les dix années antérieures au licenciement, excita, en 1826, de vives réclamations de la part des services militaires. Le ministre de la guerre représenta au ministre de l'intérieur, que ces services étant généralement regardés, dans l'Ecole, comme offrant moins d'avantages que les services civils, cette opinion agissait facilement sur des jeunes gens qui n'avaient pas encore une vocation décidée, et portait presque tous ceux qui obtenaient

les premiers rangs à entrer dans les services civils; d'où il arrivait qu'un jeune homme, qui se destinait pour un de ces services, pouvait se trouver forcé d'entrer, contre son gré, dans la carrière militaire, qu'il s'empressait ensuite de quitter, à la première occasion qu'il rencontrait, d'employer, conformément à ses goûts, l'instruction qu'il avait acquise. Le ministre de la guerre demande, pour améliorer cet ordre de choses, s'il ne serait pas possible, en conservant la communauté d'études pour tous les élèves, « de les « diviser en deux grandes catégories : l'une pour le « service militaire, l'autre pour le service civil. Les « candidats feraient leur choix d'avance, et sauraient « qu'il ne leur serait plus loisible de passer d'une « catégorie dans l'autre. » Le Conseil de perfectionnement, consulté sur cette importante question, a été d'avis de maintenir les réglemens existans.

Une autre question, d'une importance au moins égale, puisqu'elle touche aux mœurs, à la discipline, aux études, et par conséquent à l'existence même de l'Ecole, fut agitée dans le même Conseil, vers la fin de 1820, à l'occasion de quelques désordres qui troublaient, chaque année, les premiers mois de l'ouverture des cours. Malgré la vigilance la plus exacte, malgré l'exclusion de plusieurs élèves, malgré la séparation des deux divisions, dans presque tous les lieux de l'Ecole où elles pouvaient se trouver en contact, les élèves de chaque promotion nouvelle étaient soumis, pendant quelques semaines, par ceux de la promotion précédente, à des épreuves, à des observances plus ou moins puériles, plus ou moins vexatoires, et très-préjudiciables au bon ordre et à l'instruction. On dit même que des dissentimens politiques vinrent aggraver une fois les mauvais effets de cette coutume, dont la plus fâcheuse conséquence était de donner lieu à des délibérations indispensables à l'action collective d'une division sur les individus de l'autre. Le Conseil de perfectionnement, invité par le ministre de l'intérieur à porter une sérieuse attention sur cet état de choses, qui tendait à la ruine de l'Ecole, examina s'il ne fallait pas en chercher la cause dans un régime qui, tenant les élèves constamment rassemblés, fait aisément fermenter leurs esprits sur des objets dont l'importance s'amoindrirait à leurs yeux, s'ils en étaient journellement distraits par des objets d'un autre ordre. On fit aussi valoir contre ce rapprochement obligé et continuel, qu'il rend plus rapide et presque inévitable la contagion des mauvais exemples. La question fut mûrement débattue. Quelques membres demandèrent que le décasernement eût lieu sans aucun délai; d'autres, en admettant le principe du régime libre, pensèrent qu'il serait prudent d'en ajourner l'exécution. On proposa enfin un parti moyen, qui consistait à maintenir la vie commune, à l'égard des études, des repas et de l'habitation, mais en permettant aux élèves de sortir de l'Ecole et de disposer de leur temps sans contrainte, pendant les heures de la journée consacrées à leur délassement. Une majorité de plus des deux tiers adopta le principe du décasernement; une majorité plus faible décida qu'il convenait de le différer.

Cependant, vers le milieu de l'année 1822, l'autorité acquit la preuve matérielle que l'usage des délibérations subsistait toujours. L'élève, auteur de la proposition sur laquelle on votait, fut aussitôt renvoyé de l'Ecole ; et alors tous les élèves déclarèrent qu'ils voulaient se retirer aussi. Comme tout ce qui présente l'apparence de la générosité éblouit facilement de jeunes imaginations, ils persistèrent quelques jours dans cette résolution, jusqu'à ce qu'enfin un assez grand nombre d'entre eux, sans égard pour les décisions de la majorité, annoncèrent l'intention de continuer leurs études ; et tout se calma. Mais le Gouvernement, averti par un si grave désordre que les liens de la discipline avaient besoin d'être resserrés, crut trouver la cause du mal, non dans l'influence du casernement, mais dans le partage de la haute surveillance de l'Ecole entre le Conseil d'inspection, le président des Conseils supérieurs et le directeur. On jugea aussi qu'il fallait rétablir les formes sévères du régime militaire, que, depuis la réorganisation, l'on avait évitées, avec le plus grand soin, jusque dans les moindres détails.

Une ordonnance royale, du 17 septembre 1822, institue, pour la direction de l'Ecole, un gouverneur et un sous-gouverneur, supprime le Conseil d'inspection, borne les attributions du Conseil de perfectionnement à délibérer sur les moyens d'améliorer l'instruction, et à proposer les mesures réglementaires qu'il jugera utiles aux progrès de l'enseignement.

D'après une seconde ordonnance, du 20 octobre suivant, le gouverneur préside le Conseil de perfectionnement, les Jurys d'examen, et les Conseils d'instruction et d'administration, lorsqu'il croit devoir y assister. — Le sous-gouverneur a la direction immédiate et journalière de l'établissement. Il est membre du Conseil de perfectionnement, fait partie, comme vice-président, des Jurys d'examen et des Conseils intérieurs, et, en cas d'absence du gouverneur, le remplace dans toutes ses fonctions. — L'inspecteur des études conserve ses attributions, et fait en outre partie du Conseil de perfectionnement et des Jurys d'examen. — Le gouverneur peut, sur le rapport du sous-gouverneur, suspendre provisoirement les fonctionnaires, professeurs, maîtres et employés. Il peut renvoyer provisoirement les élèves. Le ministre statue définitivement. — Le nombre des sous-inspecteurs est réduit à quatre. Il est établi, en outre, quatre adjudans, pris parmi les lieutenans ou sous-lieutenans en activité. — La place de trésorier est supprimée; les fonctions qui en dépendent sont réunies à celles de caissier. — La chaire de dessin est également supprimée; les deux maîtres sont chargés de la direction de cette partie de l'enseignement. — L'Ecole est soumise au régime militaire, en tout ce qui concerne la discipline intérieure. — Cette ordonnance renferme quelques autres dispositions, dont les unes sont relatives à la nomination des fonctionnaires et professeurs, les autres à l'examen des candidats et à la formation de la liste d'admission.

Le Roi nomma gouverneur de l'Ecole le lieutenant-général comte de Bordessoulle, et sous-gouverneur le baron Rohault de Fleury, colonel du Génie, auquel succéda, le 30 décembre suivant, le vicomte Paillhou, maréchal-de-camp d'Artillerie. Nous croyons ne blesser aucune convenance en disant ici quels honorables souvenirs a laissés, dans l'établissement, l'esprit de bienveillance, de droiture et de justice, ainsi que le zèle et l'infatigable activité du baron Bouchu, aujourd'hui lieutenant-général d'Artillerie, qui remplit pendant six ans les fonctions de directeur.

L'article de l'ordonnance de réorganisation, qui introduit trois Pairs de France dans le Conseil de perfectionnement, n'étant pas jugé compatible avec les dernières dispositions relatives à ce Conseil, on cessa dès lors de l'exécuter. Huit Pairs avaient été appelés par le Roi aux Conseils supérieurs de l'Ecole Polytechnique. Nous avons nommé les trois premiers : l'un est le duc de Doudeauville, qui, pendant les cinq sessions consécutives qu'il y siégea, en eut trois ans la présidence, et rendit à l'Ecole une foule de bons offices, avec ce véritable amour du bien, ce zèle généreux et désintéressé, qui recommande au respect public le noble nom de La Rochefoucauld. Les deux autres sont le comte de Lamartillière, que son grand âge enleva bientôt à ses fonctions, et le marquis de Nicolaï, dont la sollicitude pour la prospérité de l'Ecole se montra sans cesse active et vigilante, depuis le jour de son entrée au Conseil, dont il fut trois ans membre et un an président. Ils eurent pour successeurs ou pour collègues, les marquis de Clermont-Tonnerre, Chasseloup et Pastoret, et les comtes Chaptal et Portalis : le premier acquit bientôt de nouveaux droits à la reconnaissace de l'établissement.

Peu de mois après que Louis XVIII eut confié au marquis de Clermont-Tonnerre le ministère de la marine, ce monarque rendit une ordonnance qui autorise l'admission annuelle de six élèves dans le corps des officiers de la Marine royale; « voulant,

« dit Sa Majesté, ouvrir une nouvelle carrière aux
« élèves de notre Ecole Polytechnique, et procurer
« à notre marine royale des sujets qui réunissent les
« connaissances étendues et variées qu'on acquiert
« dans cette école. » Le ministre, en donnant communication de cette ordonnance au directeur, « s'es-
« time heureux d'avoir été à portée de provoquer
« une disposition aussi favorable à cette école cé-
« lèbre, où il se souviendra toujours avec reconnois-
« sance d'avoir commencé sa carrière militaire (1). »
Nous ajouterons qu'il suivit avec un bienveillant intérêt les premiers pas des élèves dans cette noble carrière; qu'il se fit rendre un compte spécial de leur zèle et de leurs succès; et qu'il s'empressa de transmettre à l'Ecole les témoignages avantageux qui lui furent envoyés; en disant « que le corps des
« officiers de vaisseau voyaient avec beaucoup de sa-
« tisfaction admettre dans ses rangs des sujets qui
« doivent un jour s'y montrer avec distinction. »

L'année même (1822) où l'Ecole vit augmenter ainsi le nombre des emplois destinés aux élèves, les services publics augmentèrent leurs demandes, en sorte qu'il fut nécessaire d'admettre, cette année et les suivantes, des promotions de près d'un tiers plus fortes que la moyenne de celles qui avaient eu lieu les six années précédentes; mais le nombre des candidats, qui s'était toujours accru depuis la réorganisation, fournit aisément à ce surcroît de besoins.

---

(1) Il lui fit don, la même année, de la précieuse collection des Cartes qui composent l'*Hydrographie française*, et d'un exemplaire des *Annales maritimes et coloniales*, publiées sous les auspices de S. A. R. l'Amiral de France.

Pendant les vingt-deux années 1806 à 1827, deux mille cent dix élèves furent admis dans différens services ; cent quarante-sept se retirèrent volontairement (1) ; cent quatorze ne purent compléter leur instruction dans le temps prescrit. Des deux cent quatorze élèves sur lesquels frappa le licenciement, cent quarante-deux n'ont pas usé de la faculté de concourir, en 1817, pour les écoles d'application.

Voici, selon l'ordre des dates, les changemens qui ont eu lieu parmi les fonctionnaires de l'Ecole, depuis la réorganisation.

Au commencement de 1818, les deux répétiteurs de chimie, Colin et Robiquet, se démirent de leurs emplois, qui furent donnés à Despretz, professeur de Physique au collége royal de Henri IV, et à H. Gaultier de Claubry.

Au mois d'avril de la même année, l'Ecole perdit un de ses membres les plus anciens et les plus estimables, Etienne Barruel, qui, après avoir exercé, dès l'origine de l'Ecole, les fonctions d'instituteur-adjoint, puis d'examinateur de Physique et de Chimie, occupait, depuis douze ans, la place de bibliothécaire. Cette place fut alors donnée, sur la présentation du Conseil d'instruction, à Fourcy, l'un des sous-inspecteurs tirés du corps de l'Artillerie ; et l'emploi de sous-inspecteur, qu'il laissait vacant, fut confié à L. M. F. Desnoyers, officier du même corps,

Le 21 juin 1820, l'Ecole et les sciences furent affligées d'une autre perte, d'autant plus sensible qu'elle devait être moins attendue. Alexis Petit, professeur

---

(1) La plupart de ces démissions sont de l'année 1814.

de Physique, qui joignait, aux qualités les plus précieuses pour l'enseignement, ces dons éminens de l'esprit qui appellent celui qui les possède à reculer les bornes de la science, mourut âgé de vingt-huit ans. Il eut pour successeur P. L. Dulong, dont il avait été le collaborateur dans le beau travail sur la Chaleur, que l'Académie des Sciences couronna en 1818.

La nomination de Dulong au professorat lui interdisant désormais l'exercice des fonctions annuelles d'examinateur pour la Physique et la Chimie, auxquelles il avait été appelé, sans interruption, depuis 1812, on éprouva quelque embarras pour lui trouver un successeur également versé dans les deux sciences. Le Conseil d'instruction proposa d'établir un examinateur pour chacune de ces parties. Mais le Conseil de perfectionnement pensa qu'il ne serait pas sans inconvénient d'augmenter le nombre des examinateurs, et jugea préférable de faire une nouvelle distribution des parties sur lesquelles ils avaient à interroger. Par suite de cet arrangement, l'examen sur la géométrie descriptive et les arts graphiques, dont Lefebure de Fourcy avait été chargé depuis 1817, fut confié, avec l'examen de Physique, à Augustin Fresnel, ancien élève et ingénieur des Ponts et Chaussées, que sa santé contraignit, quatre ans après, d'y renoncer. Demonferrand, ancien élève, et professeur au collège de Versailles, fut alors choisi pour le remplacer. Chevreul, professeur au collège royal de Charlemagne, a été constamment chargé, depuis 1821, de l'examen sur la Chimie.

Au mois de décembre 1820, l'abbé Richard, nommé chanoine de l'église cathédrale de Troyes, fut remplacé, dans les fonctions d'aumônier de l'Ecole Polytechnique, par l'abbé Martin de Noirlieu.

L'état de santé de Destainville, l'un des répétiteurs d'Analyse et de Mécanique, ne lui permettant pas de vaquer à cet emploi, le ministre y nomma, en 1821, P. Binet, ancien répétiteur d'Analyse, et professeur au collége de Bourbon.

On avait obtenu, dès la seconde année de la réorganisation, l'établissement d'une place de répétiteur pour le cours d'Histoire et Belles-Lettres, et cette place avait été donnée à Laurentie. Une seconde place de répétiteur pour le même cours fut créée en 1822, et donnée à Parrelle. Rattier remplaça, la même année, Laurentie, démissionnaire, et fut remplacé, l'année suivante, par Taunay. Les fonctions de ces répétiteurs consistent à lire et à juger les compositions des élèves.

Par la suppression de l'emploi de professeur de Dessin, l'Ecole perdit, à la fin de 1822, le titulaire de cet emploi, Regnault, l'un des plus anciens et des plus habiles maîtres que la peinture compte aujourd'hui en France.

Le nombre des sous-inspecteurs étant réduit de six à quatre, les ingénieurs Vuillet et Paravey reprirent, à la même époque, leur service dans les Ponts et Chaussées.

Au mois de janvier 1824, J. Dumas, fut nommé répétiteur de l'un des cours de Chimie, en remplacemet de H. Gaultier de Claubry, démissionnaire.

Une des places de sous-inspecteur étant devenue vacante en 1825, par le décès du chef de bataillon d'Artillerie Morel, le capitaine Thoumas, de la même arme, fut choisi pour la remplir.

Lefebure de Fourcy, nommé, en 1826, examinateur d'admission, en remplacement de Poinsot, admis à la retraite, a eu pour successeur, dans l'emploi de répétiteur du cours de Géométrie descriptive, Menjaud, ancien élève, et professeur agrégé au collége royal de Henri IV.

L'abbé Martin de Noirlieu ayant été appelé par le Roi aux fonctions de sous-précepteur de son auguste petit-fils le duc de Bordeaux (1), Sa Majesté a ordonné que, pendant toute la durée de ces fonctions, il y aurait un aumônier adjoint à l'aumônier titulaire de l'Ecole Polytechnique.—L'abbé Jammes a été nommé aumônier-adjoint.

L'emploi d'administrateur, vacant par la retraite de Duhays, fut donné, en 1827, au sous-inspecteur Desnoyers. Le chef de bataillon d'Artillerie, Michon-du-Marais, attaché, depuis quelques années, à l'état-major de l'Ecole, remplaça Desnoyers dans les fonctions de sous-inspecteur.

Les emplois d'adjudans, créés par l'ordonnance du 20 octobre 1822, sont occupés par les lieutenans Daurelle et Servet, et les sous-lieutenans Berger, de Bordessoulle et Clément.

La collection du Journal de l'Ecole a atteint, en 1823, son *dix-neuvième cahier*. Le *dix-huitième* avait paru en 1818; le *dix-septième*, dans les premiers jours de 1815; et le *seizième*, vers le milieu de 1813. Les mémoires contenus dans ces quatre cahiers ont pour auteurs: A. Petit, J. Binet, Cauchy,

---

(1) Le second sous-précepteur du jeune prince est un ancien élève de l'Ecole, admis, en 1821, dans le corps des Ponts et Chaussées. — Voyez à l'Appendice, le nom de Barrande.

Poisson, Hachette, L. Gaultier, Ch. Dupin, Corancez, Plana, Puissant, Ampère, Dulong, Poinsot et Brianchon.

Nous terminerons ce rapide exposé des faits postérieurs à la réorganisation de 1816, en indiquant succinctement les modifications introduites, pendant ces onze années, dans les diverses parties de l'enseignement.

Les cours d'*Analyse* et de *Mécanique* ont conservé la même étendue; mais les difficultés que présentent ces branches d'instruction ont fait désirer aux deux Conseils de les voir enseignées d'après les méthodes les plus simples; et pour obtenir, avec plus de certitude, un point aussi important, le ministre de l'intérieur, sur la proposition du Conseil de perfectionnement, a formé, en 1823, sous la présidence de Laplace, une commission composée de l'inspecteur des études, des deux examinateurs permanens de Mathématiques, et des deux professeurs d'Analyse et de Mécanique. Cette commission est chargée de reviser et de modifier, s'il y a lieu, les feuilles de rédaction que les professeurs sont tenus de faire imprimer, pour être distribuées aux élèves avant chaque leçon. L'intérêt que le Conseil attache à ce que les élèves ne soient pas privés d'un secours si nécessaire, a fait adopter, l'année suivante, une mesure analogue à la première. Le ministre a enjoint aux deux professeurs, en attendant qu'ils eussent publié un cours complet d'enseignement, de faire leurs leçons d'après des ouvrages imprimés, désignés par eux, et agréés par la Commission, avec la faculté de s'en écarter lorsqu'ils le jugeraient convenable; mais sous la condition de donner des feuilles de rédaction sur les points dans lesquels ils ne suivraient pas l'ouvrage indiqué, et de soumettre ces feuilles à l'approbation préalable de la même Commission. Enfin, pour assurer de plus en plus le succès de l'enseignement des parties mathématiques, le Conseil de perfectionnement, sur les observations du Conseil d'instruction, a jugé qu'il serait utile de constater la force des élèves au moment de leur arrivée; et il a autorisé l'inspecteur des études à les faire interroger, chaque année, dans la première quinzaine de l'ouverture des cours, par les répétiteurs d'Analyse, de Géométrie descriptive et de Géodésie. Cette mesure, qui s'exécute depuis 1822, présente aussi l'avantage d'obliger les candidats à ne pas perdre entièrement de vue les matières du programme d'admission, et de faire connaître aux professeurs la force moyenne de la division nouvelle.

Le cours de *Géométrie descriptive* est renfermé tout entier dans la première année d'études. Quelques épures de charpente, dont la construction demandait trop de temps, ne sont plus exigées. Le travail graphique s'exécute avec beaucoup de soin et de ponctualité.

Le cours de *Machines* devait être fait, d'après l'ordonnance de réorganisation, par le professeur de Géométrie descriptive; mais il a paru que ce professeur était déjà chargé d'un travail assez considérable. Le cours de Machines a été confié en 1818 au professeur de Physique, et, depuis 1819, au professeur de Géodésie, auquel on a retiré alors le cours d'Application de l'Analyse à la Géométrie, dont les matières ont été partagées entre les professeurs d'Analyse et de Géométrie descriptive.

Les cours de *Géodésie* et de *Machines* ont reçu de grands développemens.

Il en est de même du cours de *Physique*, qui doit au professeur actuel et à son devancier de s'être élevé à la hauteur des autres parties de l'enseignement de l'Ecole Polytechnique.

La *Chimie* a obtenu quelques avantages. Le travail des élèves dans les laboratoires est à la fois plus considérable et plus profitable, grâce aux mesures qui ont été prises pour augmenter le nombre des manipulations et pour en surveiller plus activement les détails.

Le cours d'*Architecture* n'a éprouvé aucun changement dans ses bases; mais le travail graphique qui s'y rapporte a reçu des améliorations très-avantageuses à l'instruction des élèves.

L'Enseignement littéraire, borné d'abord à la *Grammaire* et aux *Belles-Lettres*, s'était accru, depuis 1816, d'un cours d'*Histoire* et de *Morale*. Alors le cours de Grammaire et de Belles-Lettres fut placé dans la première année d'études, et un cours sur l'Histoire de France occupa la deuxième année. Mais on reconnut bientôt que des préceptes littéraires avaient peu d'intérêt pour des jeunes gens qui venaient de terminer leurs études classiques; et l'on adopta, en 1823, une nouvelle distribution, d'après laquelle l'enseignement de la première année a pour objet une première partie de l'Histoire de France, politique, morale et littéraire. Dans la seconde année, l'Histoire se continue jusqu'à la fin du règne de Louis XIV; et cette dernière partie du cours est terminé par l'histoire de la langue, de la grammaire et de la littérature, sous Louis XIII et sous Louis XIV, et par l'examen des classiques français. D'un autre côté, si les élèves reçoivent moins de leçons sur les règles, ils en font de plus fréquentes applications. Le nombre des compositions qu'ils ont à faire est au moins doublé ; et le mérite de ce travail concourt, suivant un mode déterminé, à fixer le rang de chaque élève dans la liste arrêtée par le Jury d'examen.

Malgré l'utilité du *Dessin* pour les ingénieurs de tous les services, cette partie des exercices de l'Ecole n'avait jamais donné des résultats entièrement satisfaisans, soit à cause du peu de temps qu'il était possible d'y affecter, soit parce que le degré d'habileté, en ce genre de travail, n'avait pas une influence déterminée sur le classement des élèves, par ordre de mérite. Cependant, avant et après la réorganisation, des plaintes se sont élevées sur ce sujet, et diverses mesures ont eu pour but d'y satisfaire. Nous avons parlé de celles qui furent adoptées en 1811 et dans les années antérieures. Voici ce qu'on a fait depuis 1816 :

Une plus grande sévérité a été apportée dans la réception des *épures de Géométrie descriptive*, tant pour le *trait* que pour le *lavis;* et un article, ajouté récemment au programme d'admission, porte que « les élèves doivent avoir été exercés, avant leur « entrée à l'Ecole, à construire, avec la règle et le « compas, quelques problèmes de géométrie élé- « mentaire et de géométrie descriptive. » — On a donné plus de temps aux exercices du *Dessin topographique,* et l'on s'est conformé, pour l'expression des formes du terrain, au système en usage dans l'école de l'Artillerie et du Génie. — Quant au *dessin de la figure et du paysage,* quelques dispositions ont été faites pour que les élèves emploient de la manière la plus profitable le temps marqué pour ce travail. Comme il n'a pas semblé possible d'augmenter ce temps davantage, on a voulu que les élèves arrivassent à l'École un peu plus exercés, et l'on a substitué, à la *tête au trait,* que les candidats dessinaient en présence de l'examinateur, une *académie ombrée.* On a aussi établi un troisième maître, exclusivement chargé d'enseigner aux élèves le *paysage lavé.* — Enfin, la plus efficace des mesures récemment prises, en faveur du *travail graphique* de toute espèce, consiste à lui donner, depuis 1826, une assez grande influence sur le classement des élèves.

Si maintenant nous suivons les développemens successifs de l'enseignement, depuis l'origine de l'École jusqu'à ce jour, nous le voyons se dégager peu à peu de ces cours spéciaux qu'on y avait introduits à une époque où il fallait sauver, d'un commun naufrage, et les sciences et plusieurs des arts qu'elles éclairent. Nous avons dit que l'abolition de ces cours avait excité des regrets; et l'on a pu apprécier les considérations sur lesquelles leurs partisans se sont appuyés pour en demander le maintien. Sans établir à ce sujet aucune discussion, nous rappellerons que plusieurs cours de sciences, et entre autres la Physique et la Géodésie, ont profité, à l'avantage commun des services publics, du temps laissé disponible par la suppression des cours spéciaux qui n'intéressaient qu'un petit nombre de ces services; et nous ferons observer que les deux années qui renferment la totalité de l'enseignement sont tellement remplies, qu'il serait impossible de l'augmenter d'une branche nouvelle, sans en mutiler d'autres déjà trop à l'étroit dans l'espace où l'on est forcé de les resserrer. Ce défaut de proportion, entre l'étendue des cours et le temps qui leur est affecté, est une source continuelle de difficultés pour les deux Conseils qui s'occupent du plan et des détails de l'instruction.

En même temps que, par cette force inhérente à la nature des choses, l'enseignement a été ramené à ses parties vraiment essentielles, des efforts dirigés sur un autre point, qui n'est pas moins capital, ont obtenu du succès. Les élèves se tiennent mieux en garde contre cette tendance, observée dès la naissance de l'Ecole, à cultiver certaines sciences de prédilection, aux dépens de celles qui leur offrent moins d'intérêt. Dans un rapport présenté au Conseil de perfectionnement en 1827, l'un des examinateurs a consigné cette observation faite par tous les membres du Jury d'examen, que les élèves, plus ou moins forts sur une partie, sont généralement du même degré de force sur toutes les autres; d'où il tire cette conclusion, « que l'Ecole remplit mieux aujourd'hui « sa destination spéciale, qu'elle ne le faisait dans « le temps où les élèves, qui se distinguaient, se « livraient plus particulièrement à une partie, et « négligeaient entièrement les autres. » Deux causes ont concouru à produire cet important résultat : la part d'influence attribuée à chaque partie dans le classement des élèves, et la surveillance plus active exercée sur leurs travaux et leurs études.

Le régime le plus convenable pour les élèves de l'École Polytechnique est une question d'un haut intérêt, et qui a donné lieu à beaucoup de débats. Pendant les onze premières années, les élèves, recevant un modique traitement, et pourvoyant eux-mêmes à leur logement, à leur nourriture, à tous les autres besoins du même ordre, ne passaient dans l'Ecole que les heures destinées aux études, et jouissaient, pour l'emploi du reste de leur temps, de la plus entière liberté. En 1806, ils sont casernés, organisés militairement, obligés d'apprendre le maniement des armes et les manœuvres de l'infanterie, et ils paient une pension. En 1816, tout appareil militaire est écarté; la pension et le casernement sont maintenus. Enfin, depuis 1822, l'Ecole est de nouveau soumise au régime militaire, mais seulement en ce qui concerne la discipline intérieure. Il n'y a plus de fusils ni de gibernes, et l'on n'enseigne de l'exercice du fantassin que ce qui est nécessaire pour qu'une troupe puisse se mouvoir et se poser avec ordre.

L'un et l'autre régime ont trouvé des partisans et des adversaires. D'un côté, on affirme que le premier est plus propre à former des savans distingués; on allègue encore, en sa faveur, qu'un emploi libre des heures de repos est le meilleur délassement pour l'esprit, celui qui répare le mieux ses forces épuisées; on a même dit que les dangers dont cette liberté environne les jeunes gens, par rapport aux études, à la santé, aux mœurs, étaient une épreuve utile de leurs qualités morales et intellectuelles. Nous avons rapporté ailleurs (page 355) les principales raisons qui ont déterminé le Conseil de perfectionnement à demander, en 1820, que le casernement n'eût plus lieu, à partir d'une époque qu'il ne crut pas pouvoir fixer. De l'autre côté, on fait observer qu'en admettant même que le système du casernement soit moins propre à former des hommes distingués dans telle ou telle science, ce n'est pas dans la vue d'un résultat étranger au but spécial de l'institution, qu'il faut juger du régime qui doit lui être appliqué; on représente, en second lieu, qu'une vie calme, régulière, uniforme, où l'on donne au repos tout le temps qui lui est assigné, est la seule qui convienne aux études pénibles de l'Ecole; et l'on reproche au régime libre d'offrir aux élèves de trop fréquens sujets de distractions, et de les exposer à prolonger leurs soirées dans de frivoles fatigues. On objecte aussi qu'il est avantageux pour les élèves d'avoir l'esprit débarrassé de toute sollicitude relative à ces soins domestiques, dont une administration paternelle et désintéressée s'acquitte mieux que l'intérêt privé, qui n'y cherche que des bénéfices; enfin, on en appelle aux parens, à ceux surtout qui ne résident pas dans la capitale, et l'on demande lequel des deux systèmes leur offre le plus de sécurité.

Nous avons rempli, selon nos forces, la tâche que nous nous étions imposée. Nous avons dit les commencemens et les progrès de l'Ecole Polytechnique, et nous venons d'exposer sa situation présente, telle que l'ont faite trente-quatre années d'expérience et le concours des hommes les plus éminens dans les sciences et dans les services publics. Notre but n'a été ni d'en marquer les défauts ni d'en relever les avantages. La critique serait présomptueuse, et l'éloge superflu. « Qui songe à blâmer Hercule ? » disait-on à l'auteur de je ne sais quel poëme à la louange du héros déifié. De même, qu'est-il besoin de louer l'Ecole Polytechnique devant la France ? Les services publics recevant chaque année des sujets d'élite et pourvus d'une vaste instruction ; l'enseignement des mathématiques soutenu, propagé par cet établissement, et porté à un degré de force inconnu ailleurs ; une foule de professeurs distribuant, dans les écoles spéciales et universitaires, les connaissances variées qu'ils ont recueillies dans ses amphithéâtres ; de grandes entreprises industrielles formées ou dirigées par ses anciens élèves, avec tous les perfectionnemens que les lumières de la science répandent dans les travaux de l'art ; voilà son vrai panégyrique. Encore avons-nous trop resserré la sphère de son influence, en la bornant aux professions où l'on fait une application directe du genre d'instruction dont elle est la plus riche source. Comment croire, en effet, que ces membres de la haute administration, des Conseils du Roi, des Chambres législatives, qui ont suivi les cours de l'Ecole Polytechnique, ne fassent aucun usage des connaissances qu'ils y ont acquises, pour se former une opinion éclairée sur des objets d'intérêt public ? Et quand ils n'auraient pas entièrement conservé les richesses scientifiques si laborieusement amassées dans leur jeunesse, ne leur reste-t-il pas du moins cette robuste éducation de l'esprit, dont ils sont redevables à l'emploi des méthodes de raisonnement les plus rigoureuses, et à l'habitude d'un travail assidu, opiniâtre, dans lequel, grâce à la variété des objets de l'enseignement, une étude sert de délassement à une autre étude? Cette culture donnée à l'intelligence doit y laisser des traces profondes; et jamais un élève de l'Ecole Polytechnique, quelque fugitive qu'ait été pour lui l'instruction qu'il y a reçue, quelle que soit la nature des occupations auxquelles il applique ses talens, ne peut dire avec vérité qu'il ne doit rien à l'Ecole.

Nous le répétons : une institution qui fournit de tels résultats n'a plus besoin d'éloges. Bornons-nous donc à féliciter de son état florissant tous les hommes éclairés qu'elle compte pour amis; heureux que nous sommes de pouvoir leur en donner pour garant le plus auguste des témoignages, celui du père de la patrie, qui, du haut de ce trône, d'où il veille sur tout ce qui intéresse la gloire et la prospérité de ses peuples, a prononcé ces paroles de récompense et d'encouragement :

« J'aime à vous dire combien je suis satisfait de
« l'Ecole Polytechnique. J'espère qu'elle continuera
« de produire des sujets utiles à l'Etat, et propres
« à toutes les parties de l'administration. »

APPENDICE.

Programme des connaissances exigées pour l'admission à l'Ecole Polytechnique (1828).

1°. L'ARITHMÉTIQUE complète, comprenant la théorie des proportions, des progressions, des logarithmes et l'usage des tables; l'exposition du nouveau système métrique;

2°. L'Algèbre, comprenant la résolution des équations des deux premiers degrés, celle des équations indéterminées du premier degré, la théorie des exposans fractionnaires et des exponentielles, la démonstration de la formule du Binome de Newton, dans le cas seulement des exposans entiers positifs; la composition générale des équations, la règle des signes de Descartes, la méthode des diviseurs commensurables, celle des racines égales, la résolution des équations numériques par approximation, l'élimination des inconnues dans deux équations d'un degré quelconque à deux inconnues;

3°. La Géométrie élémentaire, comprenant les propriétés des triangles sphériques, la trigonométrie rectiligne, et l'usage des tables de sinus;

4°. La discussion complète des lignes représentées par les équations du premier et du second degrés à deux inconnues, et les propriétés principales des sections coniques;

5°. La Statique démontrée d'une manière synthétique, appliquée à l'équilibre des machines les plus simples, telles que le levier, la poulie, le plan incliné, le treuil, la vis, la machine funiculaire, les moufles, les roues dentées et la vis sans fin;

6°. Un exemple de résolution de triangle est proposé à chaque candidat, pour constater qu'il sait se servir des tables de logarithmes; les calculs devront être faits avec des tables à sept décimales;

7°. Les candidats traduiront, sous les yeux de l'examinateur, un morceau d'un auteur latin de la force de ceux qu'on explique en rhétorique, et traiteront par écrit, en français, un sujet de composition donné. Leur écriture doit être lisible et leur orthographe correcte;

8°. Ils copieront enfin une académie, en partie ombrée au crayon, d'après un des dessins qui leur seront présentés par l'examinateur.

Les élèves doivent avoir été exercés, avant leur entrée à l'École, à construire, avec la règle et le compas, quelques problèmes de géométrie élémentaire et de géométrie descriptive.

Tous ces articles sont également obligatoires.

376   HISTOIRE

TABLEAU indicatif du nombre de leçons et de la quantité proportionnell...

Nota. Les nombres portés dans les colonnes intitulées *Temps* indiquent de...
programmes. — Le temp...

PREMIÈRE ANNÉE D'ÉTUDES.	1799.		1801.		1806.	
	Nombre de Leçons.	Temps.	Nombre de Leçons.	Temps.	Nombre de Leçons.	Temps.
Analyse.........................	120 (a)	25 (a)	60	16	60	29
Mécanique......................	(b)	(b)	40	10	35	17
Géométrie descriptive............	126	29	153	40	110	26
Analyse appliquée à la Géométrie..	......	......				
Elémens des machines...........	27	7				
Physique.......................	(c)	(c)	25	8	25	5
Chimie théorique................	60	16	54	10	36	9
Chimie générale et appliquée aux arts...	......	......	......	......	......	......
Grammaire et Belles-Lettres......	......	......	......	......	36	2
Histoire et Belles-Lettres.........	......	......	......	......	......	......
Dessin topographique............	27 (d)	6	......	......		4
Dessin de la figure et du paysage..	120	17	100	16	75	8

DE L'ÉCOLE POLYTECHNIQUE. 377

emps affectés à chaque branche de l'enseignement de l'Ecole Polytechnique.

ièmes du temps total d'étude ou de travail attribué à chaque partie par les
çons y est compris.

1812.		1818.		1827.		OBSERVATIONS.
Nombre	Temps.	Nombre de Leçons.	Temps.	Nombre de Leçons.	Temps.	
5	25	55	22	50	20	(a) Y compris l'analyse appliquée à la Géom.
)	18	38	15	35	14	(b) Le cours de Mécanique était tout entier dans la deuxième année.
)	23	70	20	72	23	
)	2	12	1	16	2	
	7	30	10	33	12	(c) Il n'y avait pas d'études de Physique. Les leçons avaient lieu dans la matinée du cinquième jour de chaque décade, que nous n'avons pas compris dans le temps total. (*Voy.* pages 52 et 158.)
	12	36	14	36	13	
	2	34	8			
..	....	....	....	34	6	
..	4	....	4	35	4	(d) Y compris les levers sur le terrain et le lavis.
	7	70	6	65	6	

TABLEAU indicatif du nombre de leçons et de la quantité proportionnel[le]

Nota. Les nombres portés dans les colonnes intitulées *Temps* indiquent [...] programmes. — Le tem[ps...]

DEUXIÈME ANNÉE D'ÉTUDES.	1799.		1801.		1806.	
	Nombre des Leçons.	Temps.	Nombre de Leçons.	Temps.	Nombre de Leçons.	Temps.
Analyse...........................	48	12	48	11	50	1[.]
Mécanique........................	72	17	54	12	60	2[.]
Géométrie descriptive.............	......	......	......	......	......	......
Analyse appliquée à la Géométrie....	......	......	17	4	20	[.]
Fortification.....................	54	13	60	15	30	[.]
Travaux publics (civils) ou Constructions.	54	13	42	10	30	[.]
Travaux des Mines................	27	6	15	4	10	[.]
Art militaire.....................	......	......	......	......	......	......
Machine.........................	......	......	......	......	......	......
Géodésie.........................	......	......	......	......	......	......
Arithmétique sociale..............	......	......	......	......	......	......
Physique.........................	(a)	(a)	25	5	25	[.]
Chimie appliquée aux arts.........	60	16	54	20	36	[.]
Chimie expérimentale ou manipulatoire...	60		54			
Chimie générale et appliquée aux arts..	......	......	......	......	......	......
Architecture.....................	45	10	30	7	50	1[.]
Grammaire et Belles-Lettres.......	......	......	......	......	36	[.]
Histoire et Belles-Lettres.........	......	......	......	......	......	......
Dessin topographique ou Lavis......	......	......	......	......	56	[.]
Dessin de la figure et du paysage...	120	13	75	12	75	[.]
Études et Travaux graphiques......	......	......	......	......	......	......

DE L'ÉCOLE POLYTECHNIQUE. 379

temps affectés à chaque branche d'enseignement de l'Ecole Polytechnique.

ièmes du temps total d'étude ou de travail attribué à chaque partie par les leçons y est compris.

1812.		1818.		1827.		OBSERVATIONS.
Nombre	Temps.	Nombre de Leçons.	Temps.	Nombre de Leçons.	Temps.	
	20	45	17	45	17	
	25	55	20	50	19	
..	.....	10	2			
	2	15	4			
	8					
	2	15	5	22	7	
	3	16	8	28	10	
..	.....	.....	.....	6	2	
	5	18	4	28	7	(a) Il n'y avait pas d'études de Physique. Les leçons avaient lieu dans la matinée du cinquième jour de chaque décade, que nous n'avons pas compris dans le temps total. (Voyez pag. 52 et 158.)
	11	36	12	36	13	
	9	38	7	38	8	
	2					
..	.....	34	9	34	6	
..	3	.....	6	35	4	
	7	70	6	70	7	
..	3					

TABLEAU indicatif des Officiers supérieurs des services publ[ics]

DÉPARTEMENT DE LA GUERRE.

SESSIONS.	ARTILLERIE.	GÉNIE.	INGÉNIEURS-GÉOGRAPHES MILITAIRES.	POUDRES et SALPÊTRES.
1800.	Gassendi.	Prieur.	Prony (a).	»
1801.	Andréossy.	Prieur.	Prony (b).	»
1802.	Drouas.	Allent.	Sanson (c).	»
1803.	Saint-Laurent.	Allent.	Sanson (d).	»
1804.	Gassendi.	Sanson.	Plessis.	»
1805.	Saint-Martin.	Allent.	Jacotin.	»
1806.	Lamogère.	Allent.	Jacotin.	»
1807.	Villantroys.	Terrasson.	Bonne.	»
1808.	Thirion (e).	Allent.	Brousseaud.	»
1809.	Thirion (f).	Allent.	Puissant.	»
1810.	Cotty.	Allent.	Puissant.	Champy père.
1811.	Eblé.	Allent.	Bonne.	Riffault.
1812.	Cotty.	Allent.	Puissant.	Bottée.
1813.	Cotty.	Allent.	Jacotin.	Champy.
1814 (g).	Berge.	Girod-Novilars.	Moynet.	Riffault.
1815.	Berge.	Camprédon.	Tranchot.	Champy.
1816.	De Caraman.	De Caux.	Puissant.	»
1817.	De Caraman.	De Caux.	Puisssnt.	»
1818.	De Caraman.	De Caux.	Puissant.	»
1819.	Renaud.	Monfort.	Jacotin.	»
1820.	D'Anthouard.	Rogniat.	Puisssant.	»
1821.	Valée.	Monfort.	Jacotin.	»
1822.	Valée.	De Caux.	Lapie.	»
1823.	Renaud.	Baudrand.	Puissant.	»
1824.	D'Hautpoul.	Monfort.	Puissant.	»
1825.	Lafont.	Valazé.	Puissant.	»
1826.	D'Hautpoul.	Treussart.	Puissant.	»
1827.	Berge.	Valazé.	Bonne.	»

(a) M. de Prony était directeur de l'École des Ingénieurs-géographes.
(b) Même observation que ci-dessus.
(c) Comme directeur du Dépôt de la Guerre.
(d) Même observation que ci-dessus.

DE L'ÉCOLE POLYTECHNIQUE. 381

nt siégé au Conseil de perfectionnement de l'École Polytechnique.

	DÉPARTEMENT DE LA MARINE.		DÉPARTEMENT DE L'INTERIEUR.	
ARINE ITAIRE.	ARTILLERIE de LA MARINE.	GÉNIE MARITIME.	PONTS et CHAUSSÉES.	MINES.
»	Dubouchage	Vial de Clairbois.	Lebrun.	Lelièvre.
ly.	Sugny.	»	Cessart.	Lelièvre.
»	Sugny.	Marier-Lagatinerie.	Prony.	Gillet de Laumont.
»	Sugny.	Sané.	Prony.	Gillet de Laumont.
»	Sugny.	Sané.	Prony.	Lelièvre.
»	Sugny.	Sané.	Gauthey.	Lelièvre.
»	Sugny.	Sané.	Lefebvre.	Gillet de Laumont.
»	Sugny.	Sané.	Prony.	Lelièvre.
»	Sugny.	Sané.	Prony.	Lelièvre.
»	Sugny.	Sané.	Prony.	Lefebvre.
»	Sugny.	Sané.	Bruyère.	Lelièvre.
»	Sugny.	Sané.	Girard.	Lelièvre.
»	Sugny,	Sané.	Prony.	Lefebvre d'Hellencourt.
»	Sugny.	Sané.	Prony.	Lelièvre.
»	Sugny.	Sané.	Tarbé.	Lelièvre.
»	Sugny.	Sané.	Prony.	Lelièvre.
»	Thirion.	Rolland.	Drappier.	Gillet de Laumont.
»	Thirion.	Rolland.	Drappier.	Gillet de Laumont.
»	Thirion.	Rolland.	Drappier.	Gillet de Laumont.
»	Thirion.	Rolland.	Drappier.	Gillet de Laumont.
ly.	Thirion.	»	Le Père.	Héron de Villefosse.
»	Thirion.	Rolland.	Drappier.	Héron de Villefosse.
ly.	»	Rolland.	Drappier.	Héron de Villefosse.
cl.	»	Lair.	Drappier.	Héron de Villefosse.
iessy.	»	Rolland.	Drappier.	Héron de Villefosse.
ly.	»	Lair.	Drappier.	De Bonnard.
ssin.	»	Rolland.	Drappier.	De Bonnard.
idon.	Brêche.	»	Drappier.	De Bonnard.

e) Le général Thirion est de l'Artillerie de la Marine.
f) Même observation que ci-dessus.
g) Il n'y a pas eu de session en 1814, quoique les membres aient été désignés.

OBSERVATIONS
SUR LES LISTES SUIVANTES.

Il n'est pas douteux qu'une liste générale des anciens élèves de l'Ecole Polytechnique ne soit agréable à ceux qui peuvent s'honorer de ce titre. On sait qu'il forme entre eux une sorte de lien fraternel, et que, même après en avoir acquis de plus brillans, ils se plaisent encore à se décorer de celui-là. Quelque divergentes que soient les lignes qu'ils ont suivies en partant du centre commun, tous aiment à y reporter leurs regards, tous conservent un souvenir affectueux de ceux qui ont été les compagnons de leurs travaux, peut-être les confidens des nobles projets et des vastes espérances de leur jeunesse. Toutefois le désir de satisfaire un sentiment si digne d'intérêt n'est pas le seul motif qui a fait entreprendre ce travail. On s'est aussi proposé pour but de suivre les élèves de cette grande école dans les diverses carrières où ils se sont distribués, dans celles même où ils ont porté une instruction acquise pour un autre usage; et de montrer ainsi que l'utilité de l'Ecole Polytechnique s'étend bien au-delà du cercle dans lequel sa destination spéciale semble la renfermer. On verra, en effet, que parmi ses élèves qui ne sont pas entrés dans les services qu'elle alimente, ou qui les ont quittés, il en est un grand nombre qui se sont voués à l'enseignement, au commerce, aux arts industriels; d'autres à l'administration publique, à la magistrature, à l'Eglise, etc., etc. Malheureusement, et c'est ce qui empêche d'en présenter ici le relevé, il reste beaucoup de lacunes à remplir. Malgré tous les soins employés pour obtenir des renseignemens, malgré des avis insérés dans les journaux les plus répandus, et adressés, soit aux élèves eux-mêmes, soit aux parens et amis de ceux qui n'existent plus ou qui habitent des contrées éloignées, il est parvenu bien peu d'informations sur les anciens élèves qui se sont retirés sans prendre de service. On a été plus heureux à l'égard de ceux qui, après avoir fait partie d'un service public, ne s'y trouvent plus aujourd'hui. Les bureaux des ministères et administrations auxquels on s'est adressé, ont fourni avec un obligeant empressement les renseignemens qu'ils possédaient. S'il en arrive d'autres après la publication de cet ouvrage, on pourra les réunir dans quelques feuilles supplémentaires.

La liste des élèves est établie par promotion d'entrée à l'École; et ils sont classés, dans chaque promotion, suivant l'ordre alphabétique. A la suite du nom de chaque élève sont indiqués : l'*année* dans laquelle il a quitté l'École, le *service* où il a été admis, et sa *position actuelle*. Pour ceux qui sont sortis de l'Ecole sans prendre aucun service, on a placé, après l'*année de sortie*, le mot *retiré*, et ensuite la *position actuelle*, quand on a pu la connaître. Pour faciliter les recherches, on a joint à la liste par promotion une liste générale, par ordre alphabétique, dans laquelle, à la suite de *chaque nom*, est indiquée l'*année de promotion*.

Ces deux listes sont précédées de trois autres. La première fait connaître les étrangers qui, à diverses époques, ont été admis à suivre les cours de l'Ecole Polytechnique (1). Les deux autres contiennent les noms des qua-

(1) Des Français ont aussi été autorisés à suivre quelques cours; mais, depuis le casernement, ces autorisations sont devenues de plus en plus rares; et, à dater de la réorganisation de 1816, elles ne sont données que par le ministre de l'Intérieur. Il n'en a été accordé, dans cet espace de douze années, qu'à trois ou quatre personnes, parmi lesquelles l'Ecole s'honore de compter S. A. R. le duc de Chartres.

rante-trois officiers du Génie, et des trente-huit élèves des Mines qui ont participé, en 1795 et 1796, à l'enseignement de l'Ecole. (Voyez page 89.)

Pour les mots qui reviennent le plus fréquemment, on a fait usage de signes et abréviations, dont l'explication suit :

Acad....................	Académie.
Artill....................	Artillerie.
Artill. mar.............	Artillerie de la Marine.
Capit....................	Capitaine.
Ch. des Députés........	Membre de la Chambre des Députés.
Ch. de Bat..............	Chef de Bataillon.
Ch. d'Esc...............	Chef d'Escadron.
Démiss..................	Démissionnaire.
Gén. mar...............	Génie maritime.
Infant...................	Infanterie.
Ing. en ch..............	Ingénieur en chef.
Ing. ord.................	Ingénieur ordinaire.
Ing. Géogr..............	Corps des Ingénieurs Géographes.
Ing. Hydrogr...........	Corps des Ingénieurs Hydrographes.
Lieut....................	Lieutenant.
Prof.....................	Professeur.
Réf......................	Admis au traitement de réforme.
Retr.....................	Admis à la retraite.
Chev....................	Chevalier.
G. C. ✠	Grand'croix de l'Ordre de Saint-Louis.
C. ✠	Commandeur du même Ordre.
✠	Chevalier du même Ordre.
G. C. ✪	Grand'croix de la légion d'Honneur.
G. O. ✪	Grand officier du même Ordre.
C. ✪	Commandeur du même Ordre.
O. ✪	Officier du même Ordre.
✪	Chevalier du même Ordre.

LISTE

Des Étrangers admis à suivre les cours de l'École Polytechnique (1).

1798.

Rustad, Suédois.
Engelstoft, idem.
Wenner aîné, idem.
Wenner jeune, idem.
Rosemborg, idem.

Abel, fils du ministre plénipotentiaire de Wurtemberg à Paris.
Markowski, Polonais.
Brugmann, Hollandais, président de l'Université de Leyde.

1800.

Dorothée Proïos, Grec. — Depuis, professeur des sciences exactes au collége de Couroutchesmé, et archevêque d'Andrinople. — Mis à mort par les Turcs, au commencement de l'insurrection grecque (2).

1804.

Stubilewiecz
Niemezewski } élèves et adjoints de l'Université de Wilna.

1805.

Balbi, Génois.
A. Guttierez, Espag., prof. à Madrid.

Rachmannoff, officier russe.

1806.

Le comte *Ant. Sorgo*, de Raguse.

1807.

Lerey de Chaumont, des États-Unis. *Hegner*, Suisse.

1808.

Belluomini, Italien.
Le comte *de Soltik*, Polonais.
Moser, chimiste allemand.

Warden, secrétaire du ministre des États-Unis à Paris.

1809.

Le comte *de Dunin de Borkowski*, Polonais.

De Mayouroff, officier russe.

1810.

Le prince *André Gallitzin*, Russe.
Le prince *Michel*, son frère, *idem*.

Le comte *Constantin Zabieto*, Polonais.

---

(1) Cette liste est loin d'être complète. Avant 1798, on ne tenait aucune note des étrangers qui assistaient aux cours de l'École; et depuis, on ne les a pas toutes conservées.

(2) Voyez l'Histoire de la régénération de la Grèce, par F. C. H. L. Pouqueville, tome II, page 509.

1812.

Le prince *Ant. Jablonowski*, Polonais.

1813.

Sementini, professeur à Naples.   *Rutland*, professeur à Munich.

1814.

Zoerkell, officier des Ponts et Chaussées en Russie.

1815.

Le même M. *de Zoerkell*.   *Sapalski*, Polonais.
Arminski, Polonais.

1816.

Bothlingk.   *Krzyjanowski*, idem, à Cracovie.
Skrodski, professeur de Physique à   *Zubiaga*, Espagnol.
   Varsovie.   *Mendelsohn*, de Berlin.

1817.

Granville, Anglais.   *Ritcher*, idem.

1818.

Gorski, docteur en Philosophie, envoyé par l'Université de Wilna.
Miechowitz, savant Polonais.
Niedaromski, } envoyés par la commission d'Education nationale du
Garbinski,   } royaume de Pologne.

1819.

Les mêmes MM. *Gorski* et *Miechowitz*.

1820.

Janicki, Polonais, envoyé par S. M.   *Carandino*, des îles Ioniennes.
   l'empereur de Russie.

1821.

Schœnberg, professeur à l'Université   Le prince *Troubetzkoy*, idem.
   d'Upsal.   *Potemkin*, idem.
Le prince *Emman. Gallitzin*, Russe.

1822.

Les trois précédens.   *Maiffredy*, officier au service de
R. *de Wourstemberger*, Suisse.   Russie.

1823.

Les trois mêmes.

1824.

Les trois mêmes.   Le baron *de Mendorf*, Russe.

1825.

Jos. de Raëmy, Suisse.
Le général *Brosine*, Russe.
Pasch, savant Suédois.
Rudberg, idem.
Schœning, chimiste.

1826.

Frackiewicz, professeur au Lycée de Sainte-Anne, à Cracovie.
H. La Dame, Suisse.
De Motta, officier d'Artil. Brésilien.
Baptista-Oliveira, idem.
Idzkowski, Polonais.

1827.

Agodino, prof. à l'Acad. militaire de Turin.
De Sury de Bussy, Suisse.
Rodrigues Torrès, capitaine du Génie, Brésilien.
Vasconcellos, pensionnaire du gouvernement brésilien à Paris.
França, idem.
A. de Mousson, fils du chancelier de la Confédération helvétique.
Le docteur *Engelhardt*, Suédois, voyageant par ordre de son gouvernement.
J. M. de Frueba, Espagnol.
De Mazarredo, idem.
A. Stromeyer, Hanovrien.

LISTE des quarante-trois *Officiers du Génie* et des trente-huit *Elèves-Ingénieurs des Mines* qui ont participé, en 1795 et 1796, à l'enseignement de l'École Polytechnique.

OFFICIERS DU GÉNIE.

Advenier. — Capit. démiss. — Décédé conseiller référendaire à la cour des Comptes. — ✠.
André. — Capitaine, tué à l'armée.
Bertrand (le comte). — Lieut.-général, ancien aide de camp et grand-maréchal du palais de Napoléon.— G. C ✠.
Biers. — Capit., tué à l'armée.
Blanchot. — Lieut. retiré en 1800.
Caizac. — Ch. de bat. des Sapeurs-pompiers de la ville de Paris. — ✠ ✠.
Capitaine, aîné. — Capit. démiss. en 1800.
Capitaine, jeune. — Capit. démis. en 1800. — ✠.
Castillon. — Passé dans l'Infant. — Colonel retr. — ✠ ✠.
Cazin. — Décédé, en 1811, Ch. de bat. — ✠.
Cléraux. — Capit. a quitté le corps en 1801.
Chamberet. — Passé dans les Ponts et Chaussées. — Ing. en ch.
Crespin. — Capit. tué en Egypte.
Dehon. — Ch. de bat. retr. — ✠.
Delphin. — Lieut. colonel. — ✠ O. ✠.
Deponthon (le baron). — Maréchal de camp. — ✠ C. ✠.
Dode de la Brunerie (le vicomte).— Lieut. général. — Pair de France. — Membre du conseil supérieur de la Guerre. — C. ✠ G. O. ✠.
Dufour. — Ch. de bat., tué à l'armée.
Duvivier. — Capit. a quitté le corps en 1800.
Ducellier. — Ch. de bat. retr. — ✠ ✠.
Emy, Colonel. retr. — ✠ O. ✠.
Haxo (le baron), lieut. général. — ✠ G. O. ✠.
Henry. — Colonel, tué à l'armée.
Hébert. — Décédé Capit.
Jary (Charles). — Capit. a quitté le corps en 1807.
Jary ( ).— Ch. de bat.— ✠ ✠.
Jars. — Capit. démiss. — Anc. maire de Lyon. — Ch. des Députés. — ✠.

Izoard. — Colonel. — ✠ O. ✱.
Kirgener (le baron). — Lieut. général, tué à la bataille de Bautzen. — C. ✱.
Label. — Maréch. de camp. retr. — ✠ O. ✱.
Lapisse (de). Colonel. — ✠ C. ✱.
Leblanc. — Ch. de bat. retr. — ✠ ✱.
Lepot. — Capit., tué à l'armée.
Lesage. — Décédé Capit.
Marchand.

Mauroy. — Décédé Capit. en 1810.
Menoire. — Capit. démiss. en 1802.
Prost (Ambroise). — Colonel retr. — ✠ O. ✱.
Robineau. — Capit. retr.
Say (H.) — Capit., tué au siége de de Saint-Jean-d'Acre.
Sevelle. — Décédé Capit.
Tournadre aîné. — Lieut. colonel. — ✠ O. ✱.
Tournadre jeune. — Lieut. colonel. ✠ ✱.

ÉLÈVES INGÉNIEURS DES MINES.

Advenier. — Décédé Elève ing. à Saint-Domingue.
Amy. — Elève démiss. — Notaire à Orléans.
Badier. — Elève démiss. — Décédé.
Beaunier. — Inspecteur divisionnaire; directeur de l'école pratique. — ✱.
Bergon. — Elève démiss. — Décédé.
Bertaux. — Elève démiss. — Décédé Graveur.
Bigot de Morogues (le baron). — Elève démiss. — Correspondant de l'Institut.
Billard. — Elève démiss. — Décédé Fabricant de toiles peintes, à Orléans.
Brioude. — Elève démiss. — Propriétaire d'une filature de coton. — ✱.
Brochin. — Ing. en ch.
Brochant de Villiers. — Voyez dans la liste des élèves de l'Ecole Polytechn. la promotion de 1794.
Busch (le baron). — Elève démiss. — Ancien préfet. — Directeur de la réserve de la ville de Paris. — Membre de la Société royale d'Agriculture. — ✱.
Camus. — Elève démiss.
Champeaux Saucy (de). — Ing. en ch. — ✱.
Choron. — Voyez dans la liste des élèves de l'Ecole Polytechnique, la promotion de 1794.
Collet-Descotils. — Décédé Ing. en ch. — Prof. de Chimie à l'Ecole des Mines.
Cordier. — Inspecteur divisionnaire. — Acad. des Sciences. — ✱.
Cressac (de). — Ing. en chef. — Directeur. — ✱.
Enfray. — Elève démiss.
Fangneux. — Décédé ing. ord. en 1808.
Garros. — Elève démiss. — Décédé.

Gié. — Elève Ing. décédé à Saint-Domingue.
Gorsse. — Elève démiss. décédé inspecteur général du Cadastre.
Héricart de Thury (le vicomte). — Gentilhomme honor. de la Chambre du Roi. — Ing. en ch. — Directeur des travaux publics et inspecteur général des carrières de Paris. — Conseiller d'Etat. — Ancien député. — Acad. des Sciences. — O. ✱.
Houry. — Ancien Ing. — Géomètre en ch. du Cadastre.
Jacobé. — Elève démiss. — Décédé.
Lefroy. — Ing. en ch. — Inspecteur des études de l'Ecole des Mines. — Chargé de la garde et conservation du cabinet de Minéalogie. — ✱.
Louiche-Desfontaine. — Elève démiss. — Directeur des verreries de Vonèche, près Namur.
Malsherbes. — Elève démiss.
Martin. — Elève démiss. — Ancien sous-préfet.
Picot-Lapeyrouse. — Elève démiss. — Prof. d'hist. natur. à Toulouse.
Puch (de). — Ing. décédé dans le voyage autour du Monde, sous la conduite du capitaine Baudin.
Remmel. — Directeur des Mines de Sainte-Marie dans les Vosges.
Roettiers de Montalot. — Elève démiss. — Administrateur, et l'un des propr. des fonder. de Romilly. — ✱.
Rozière (de). Ing. en ch.
Saget. — Elèv. démiss. — Propriétaire à Toulouse.
Saint-Félix. — Elève démiss. — Propriétaire dans le dép. de la Haute-Garonne.
Trémery. — Ing. en ch. — Prof. de Physique à Paris.
Tristan (le comte de). — Membre du conseil gén. du dép. du Loiret. — ✱.

LISTE GÉNÉRALE,

PAR PROMOTION D'ENTRÉE,

DES ÉLÈVES DE L'ÉCOLE POLYTECHNIQUE.

PROMOTION DE 1794 (AN III).

…cher (Jean-Jos.). — 1796. Retiré.
…libert (Bertrand). 1798. Ponts et Chaussées. — Décédé Ing. ord. en 1808.
…lphand (Jean). — 1796. Retiré.
…ndrieux (Guill.-Marie). — 1796. Retiré.
…nselin (Nic.-Jean-Bapt.). — Ponts et Chaussées. — Ing. en ch.
…udinot (Nic.-Théodore). — 1795. Retiré.
…ugé (Pierre-Jos.) — 1797. Artil. — Ch. de Bat. — ✠ ✠.
…aron (Louis). — …. Retiré.
…arré (André-Simon). 1795. Retiré. — Voyez ce nom dans la promotion de 1797.
…audre (Jean-Bapt. de). — 1796. Ponts et Chaussées. — Ing. en ch. — ✠.
…aulieu (Jean). — 1796. Génie. — Lieut.-colonel retr. — ✠ O. ✠.
…lin (Florimond) — 1797. Retiré.
…raud (Jean-Genev.) — 1797. Ing. géogr. — Ch. d'esc. — ✠ ✠.
…rbiguier-Tessier (Henri-Jacques). — 1796. Retiré.
…reux (Jean-Bapt.-Bonav.) — 1796. Génie. — Ch. de bat. — ✠ ✠.
…rge (Franç.-Beaudire, baron). — 1796. Artil. — Lieut. général. — ✠ G. O. ✠.
…rigny (Charles). —1796. Ponts et Chaussées. — Inspecteur divisionnaire. — O ✠.
…rnard (Denis-Samuel).—1798. Employé dans l'expédition d'Égypte. Directeur de la monnaie au Caire. — Ancien préfet.
…rnard (Simon). — 1796. Génie.— Maréchal de camp, passé, avec autorisation du Roi, au service des États-Unis. — ✠ ✠.
…rnier (Pierre-Justin). — 1796. Retiré.

Berroyer (Armand). — 1795. Retiré.
Bersolles (Louis-Marie-Constant). — Décédé élève.
Bertet (Luc-Ant.) — 1796. Retiré.
Berthois (François-Jacques).— 1796. Retiré. — Entré dans le Génie. — Ch. de bat. retr. — ✠.
Berthot (Nicolas). — 1795. Instr. publ. — Insp. gén. hon. — Recteur de l'Acad. de Dijon. — ✠.
Bertre (Jacq.-Ant.). — 1797. Ing. géogr. — Capit. retr. en 1810.
Beysselance (Ant.) — 1796. Retiré.
Bierfuhrer (Jean-Juste). — 1796. Ponts et Chaussées. — Décédé Ing. ord. en 1803.
Biot (Jean-Baptiste). — 1795. Instr. publique. — Prof. au Collége de France, etc. — Acad. des Sciences. — Chev. de Saint-Michel. — ✠.
Blanchet (Marie-Bern.-Parfait). — 1796. Ponts et Chaussées. — Ing. ord.
Blanchot (Simon-Franç.) — 1795. Retiré.
Bodson de Noirefontaine (Henri-Louis-Victor). — 1796. Génie. — Lieut.-colonel. — ✠ O. ✠.
Boisneuf (Henri-Pierre). Ne s'est pas présenté, ayant été nommé Ing. des Ponts et Chaussées.
Boitard (Louis). — 1798. Retiré. — Décédé en 1800.
Bon (Etienne-André). — 1797. Ing. géogr.— Démiss.
Bonnemère (Jos.-Cl.) — 1796. Ponts et Chaussées. — Elève démiss. — Propriétaire à Saumur.
Bonnet (Edme). — …. Retiré.
Bontemps (Not.-Jean-Nic.-Mar.-Farc.) — 1797. Retiré. — Ch. de bat. d'Etat-major retr. — ✠.
Boucharlat (Jean-Louis). — 1795. Inst. publ. — Ancien Prof. de Matéhmatiques aux Ecoles militaires.

PROMOTION DE 1794 (AN III).

Boucher (Mathurin-Franç.) — 1797. Ing. géogr. — Passé, en 1798, dans le Génie marit. — Sous-directeur des Constructions navales. — ✠ ※.

Bouchet. (Jacques). — 1797. Retiré.

Boudhors (Franç.) — 1796. Génie. — Ch. de bat. — ✠ O. ※.

Boufflers (Jacq.-Franç.) 1797. Retiré.

Boullanger (Ach.-Jean). — 1795. Retiré.

Boullanger (Charles-Pierre). 1797. Retiré.

Boussaroque-Delafont (Jos.-Ant.) — 1797. Artill. — Colonel. ✠ O. ※.

Bouteville (Jean-Charles-Franç.) — 1797. Retiré. — Entré dans l'Artill.

Bouvet (Pierre-Nic.-Mart.) — 1796. Ponts et Chaussées. — Elève démiss.

Boyé (Amédé-Franç.) 1797. Artill. — Lieut. mort de blessures reçues à la bataille d'Aboukir, en 1799.

Boyer (Jean-Pierre-David). — 1796. Retiré.

Bredif (Augustin). — 1797. Ponts et Chaussées. — Ing. en ch. — ※.

Bridon (René-Armand-Auguste). — 1797. Retiré. — Décédé à Nantes.

Bringuier (Jean-Balthazar). — 1797. Ing. géog. — Passé dans le Génie en 1798. — Mort en Egypte.

Brisson (Barnabé). — 1795. Ponts et Chaussées. — Inspecteur divisionnaire. — ※.

Brochant de Villiers (André-Jean-Marie). — Ne s'est pas présenté. — Prof. à l'Ecole des Mines. — Inspecteur divisionnaire. — Académie des Sciences. — ※.

Bruet (Paul-Pierre-Joseph). — 1796. Retiré.

Bruslé (Jean-Nic.) — 1796. Ponts et Chaussées. — Décédé Elève de ce service.

Buisson (Jacques). — .... Retiré.

Burel (Antoine). — 1796. Génie. — Lieut.-colonel. — ✠ O. ※.

Bussillot (Ch.-Auguste). — .... Retiré.

Cadou (Jacq.-Jos.-Marie). — 1797. Retiré.

Cagniard (Charles). — 1797. Ing. géog. — Démiss.

Cahusac (Arm.-Jean-Franç.-Marie). — 1797. Retiré. — Entré dans l'état ecclésiastique.

Callier (Jacques). — 1796. Ponts et Chaussées. — Ing. en ch.

Capdeville (Antoine-René). — 1796. Retiré. — Directeur de la poste aux lettres à Mâcon.

Cappelle (Ant.-Laurent, *baron*). — 1797. Artill. — Colonel. — ✠ O. ※.

Carette (Ant.-Michel, *chevalier*). — 1797. Génie. — Ch. de bat. — ✠ ※.

Caristie (Philippe-Joseph-Marie). — 1798. Ponts et Chaussées. — Ing. ordinaire. — ※.

Caulliez (Louis-Jos.) — .... Retiré.

Cavenne (François-Alex.) — 1796. Ponts et Chaussées. — Inspecteur divisionnaire. — ※.

Chabrol de Volvic (Jacques-Jos.-Gasp.-Ant., *comte*). — 1796. Ponts et Chaussées. — Ingén. démiss. — Conseiller d'Etat. — Préfet de la Seine. — Ch. des Députés. — Acad. des Beaux-Arts. — G. O. ※.

Chabrol jeune (Guill.-Mich.) — 1796. Retiré. — Entré dans l'état ecclésiastique. — Décédé.

Champy (Jean-Nic.) — 1797. Retiré. Décédé, en Egypte, membre de la Commission des Sciences et des Arts attachée à l'expédition.

Champy (Jean-Simon). — Retiré. — Ancien administrateur des Poudres et Salpêtres

Charbonnières (Jean). — 1798. Ponts et Chaussées. — Ing. ord.

Chardon (Honoré). — 1795. Retiré.

Chardon dit Boussay (André-Jean-Baptiste-Magloire). — 1795. Retiré.

Chartier (Jacq.-Pierr-Louis). — 1797. Retiré.

Chatain (Jean-Bapt.) — 1797. Génie. — Capit. tué à la Martinique.

Cherrier (Ch.-Théod.) — .... Retiré. — Ancien Ing. des Ponts et Chaussées.

Chevalier (Michel). — 1796. Ponts et Chaussées. — Ing. en ch.

Chézy (Ant.-Léonard *de*). — 1797. Retiré. — Prof. de lang. et de littér. sanscrites au Collège de France et de persan à l'Ecole des langues orientales modernes. — Acad. des Inscriptions et Belles-Lettres. — ※.

Choron (Alex.-Etienne). — 1795. Mines. — Elève démiss. — Directeur de l'Institution royale de Musique religieuse à Paris.

Clamageran (Jean-Germain). — .... Retiré.

Clavier (Pierre-Marie). — 1797. Retiré.

Coffin (Nicolas). — 1797. Retiré.

Collet (Claude-Denis-Louis). — 1796. Génie. — Capitaine, décédé à l'armée en 1810.

PROMOTION DE 1794 (AN III).

Contaud (Louis-Augustin). — .... Retiré.
Coqueret (Henri-Franç.). — 1795. Retiré.
Corabœuf (Jean-Bapt.) — 1796. Ing. géogr. — Lieut.-colonel. — ✭ ✭.
Corbe (Nicolas-Jean-Franç.) — 1797. Retiré.
Cormier (Patrice-Franç.-Yves). — 1797. Retiré.
Cospin (Marie-Oliv.-Alph.) — 1795. Retiré.
Costé (Ch.-Stanislas). — 1797. Artil. — Capit. — Prisonnier de guerre en Russie, non rentré. — ✭.
Cottu (Jean-Franc.) — 1796. Retiré. — Conseill. à la Cour Royale de Paris.
Couasnon (Ch.-Jean). — Décédé élève.
Couppey (Laurent). — 1795. Retiré.
Cousin (Pierre). — 1797. Retiré.
Cressac (Jacq.-Franç.-Célini de). — 1798. Retiré.
Dalbourg (Jean-Jos.) — .... Retiré.
Dan de la Vauterie (Louis-Jean-Jacques). — 1797. Ing. géogr. — Passé, en 1803, dans les Ponts et Chaussées. — Ing. en ch.
Danglade de Maho (Pierre-Aug.-Fréd.) — .... Retiré.
Daoust (Bern.-Eust.-Marie.) — 1797. Retiré. — Décédé adjud.-command. à Saint-Domingue.
Declosets (Cl.-Nic.-Ch.-Jacq.) — 1796. Ponts et Chauss. — Ing. en ch.
Delacroix (Louis). — 1796. Retiré.
Delacroix (René). — 1796. Retiré.
Delagoutte (Claude) — 1797. Retiré.
Delahaye (Auguste-Gilb.-Ét.-Dés.) — 1797. Retiré. — Décédé, en 1820, Ch. d'Esc. au Corps royal des Ing. géogr. — ✭.
Delalain (Stanislas). — 1796. Retiré.
Delas (Jos.-Franç.) — 1797. Ing. géogr. — Démiss.
Delaville (François-Pierre). — .... Retiré.
Delort (Auguste). — 1795. Retiré.
Demarest (Pierre). — 1797. Ing. géog. — Démiss.
Denaix (Maxim.-Aug.) — 1796. Retiré. — Ch. de bat. d'État-major. — ✭ ✭.
Desclos-Lepeley (Alex.-Salomon). — 1797. Génie. — Capit. tué à l'affaire d'Albeck en 1805.
Desormes (Ch.-Bernard). — 1797. Retiré. — Ancien répétiteur de chimie à l'École Polytechnique. — Fabricant de produits chimiques, à....
Dessaux (Hon.-Louis-Pierre). —

1796. Retiré. — Géomètre en chef du cadastre du départ. du Finistère.
Destour (Nicolas). — 1796. Génie. — Décédé Capit. en 1816. — ✭.
Deville (Pierre). — .... Retiré.
Dewailly (Ét.-Aug.) — 1796. Retiré. — Décédé proviseur du Collége royal de Henri IV. — ✭.
D'Hostel (Pierre-François) — 1797. Ponts et Chaussées. — Ing. en ch.
Dillas (Christ.-Louis-Vict.) — .... Retiré.
Dinet (Ch.-Louis). — 1797. Ing. géogr. — Passé en 1803 dans l'Artil. — Élève démiss. — Examinateur pour les Écoles Polytech., Militaire, etc. — Inspecteur général de l'Université. — ✭.
Doillot (Ange-Louis). — 1797. Retiré.
Donop (Ch.-Louis) — 1797. Ponts et Chaussées. — Ing. ord. démiss.
Dorée (Pierre-Vinc.) — 1797. Retiré.
Douvry (Marie-Théod.) — 1797. Génie. — Décédé Capit.
Douyau (Marc.-Hil.-Célestin). — 1798. Retiré. — Avocat à la Cour Royale de Paris.
Dubois (Nicolas). — 1795. Retiré.
Duboisravel (Louis). — 1797. Ing. géogr. — Démiss.
Duchambge (Auguste). — 1797. Retiré. — Négociant à Anvers.
Ducros (Bern.-Louis). — 1797. Mines. — Décédé élève de ce service.
Dufaud (Jean-George). — 1796. Retiré. — Maître de forges à Fourchambaud (Nièvre).
Dujourdain (George-Louis-Auguste). — 1797. Retiré.
Dumouchel (Ét.-Germ.) — 1796. Retiré. — Entré dans l'état ecclésiastique. — Prof. de physique au Collége de Saint-Acheul.
Dupin (Jean-Bap-Marie-Mart.-Hen.) — 1797. Retiré.
Duplessis (Henri-Franç.-Urb.) — 1797. Retiré.
Dupuis (Pierre-Louis) — 1796. Retiré. — Décédé Ingénieur hydraulicien à Cayenne, en 1803.
Dupuis (Victor). — 1797. Mines. — Ing. démiss. — Décédé.
Dupuy (Jacq.-Ben.-Marie). — 1796. Génie. — Ne se trouve pas sur les registres de ce Corps.
Dupuy (Jean-Bapt.) — 1795. Retiré.
Durand (Charles). — .... Retiré.
Durand (Jean-Bapt) — 1796. Retiré. — Vérificateur du Cadastre, à Versailles.
Durant (Jos.-Simon). — 1797. Retiré.

PROMOTION DE 1794 (AN III).

Durivau. (Etienne-Pierre-Henri). — 1796. Génie. — Lieut.-colonel retr. — ✠ O. ✠

Durozoir (Ch.-François). — 1797. Mines. — Elève démiss. — Décédé en 1803.

Dutens (Michel). — 1796. Ponts et Chaussées. — Inspect. divis. — ✠.

Duval (Louis). — 1797. Ponts et Chaussées. — Ing. en ch. — ✠.

Duvergier. (Alex.-Nic.) — 1796. Ponts et Chauss.—Ing. en ch. — ✠.

Dyauville (Jacq.-Franç.) — 1796. Retiré.

Eickmeyer (Charles). — 1795. Retiré.

Elie (Remi). — 1795. Retiré.

Enouf (Bon.-Louis-Alex.) — .... Décédé élève.

Esnard (Alexandre). — .... Retiré.

Espagnou (Simon-Marguer.) — 1796. Ponts et Chaussées.—Elève démiss.

Eudel (Honoré-Hen.). — 1795. Ponts et Chaussées. — Ing. en ch. — ✠.

Faulong (Théodore). — 1797. Retiré.

Fayolles (Franç.-Joseph-Marie). — .... Retiré. — Homme de lettres.

Fèvre (Jean-Bapt.-Simon). — 1796. Ponts et Chaussées. — Ing. en ch. — ✠.

Flesselles. (Jean-Bap.-Pierre). — 1796. Retiré. — Entré dans la Marine. — Lieut. de vaisseau. — ✠.

Forcade (Jean-Bapt.-Gaston *de*). — .... Retiré. — Maire de la ville de Marmande (Lot et Garonne).

Forceville (Louis *de*). — 1797. Artil. — Décédé lieut.-colon. — ✠ O. ✠

Fourmond (Fréd.) — 1797. Retiré.

Francœur (Louis-Benjam.) — 1797. Ing. géog. — Passé dans l'Artil. en 1803. — Elève démiss. — Prof. à la Faculté des Sciences de Paris.— ✠.

Fréteau de Peny (Emm.-Jean-Bapt., *baron*). 1795. Retiré. — Avocat-général près la Cour de Cassation. — ✠.

Gallois (Louis-George *de*). — 1797. Mines.—Décédé Ing. en ch. — ✠.

Gambart (Ch.-Ant.) — .... Retiré.

Gantier (Louis.Franc.)— .... Retiré. Voyez ce nom dans la promotion de 1798.

Gard (Pierre). — 1795. Retiré.

Garesché (Paul). — 1796. Retiré.

Garnier (Louis-Désiré). — 1796. Ponts et Chaussées. — Décédé Ing. ord. en 1810.

Gaudefroy (Abel). — 1798. Ing. géog. — Passé dans l'Artil. en 1803. Elève démiss.

Gauvain (Ch.-Henri).—1797.Retiré.

Gelis (Jean-Bapt.)—1797. Retiré.— Membre du Conseil génér. du dép. du Tarn.

George (Ch.-Franc.) — 1797. Ponts et Chaussées.—Décédé élève de ce service.

Gilbert (Valent.-Nic.)— 1795. Retiré.

Gilberton (André-Amable-Mathur.) 1796. Retiré.

Godard (Pierre-Alexand.) — Décédé élève.

Goll (Joseph). — 1796. Génie. — Colonel retr. — ✠ O. ✠.

Gorsse (Raymond). — 1796. Ponts et Chaussées. — Ing. en ch.

Goujon (Alex.-Marie). —1798. Retiré. — Voyez ce nom dans la promotion de 1799.

Grebert (Jean-Louis).—1797. Ponts et Chaussées.— Décédé Ing. en ch. en 1815.

Guesnet (Arm.-Aimé). — 1796. Génie. — Ch. de bat. retr. — Sous-préfet à Brest. — ✠ O. ✠.

Guignet (   ) — Ne s'est pas présenté.

Guilley (Amédée). — 1796. Génie. — Lieut.-colonel. — ✠ O. ✠.

Hallot (Christ.-Ferd.) — 1797. Art. — Lieut. démiss.

Hamot (Charles). — 1797. Retiré. — Ancien associé de Firmin Didot.

Haudry (Alexis). — 1796. Ponts et Chaussées. — Décédé Ing. en ch. en 1823.

Hauterre (Jean-Jacq.-Math.) — 1796. Ponts et Chaussées. — Ing. démiss. en 1814.

Hérel (Jean-Bapt.-Laurent). — 1796. Gén. mar. —Sous-Ing. démiss.

Héron de Villefosse (Ant.-Marie, *baron*). — 1799. Mines.— Inspect. divis. — Cons. d'Etat. — Acad. des Sciences — De l'Ordre de S.-Michel, O. ✠.

Hesse (Louis-Honoré). — 1795. Ponts et Chaussées. — Ing. en ch.

Heuzé (Amédée). — 1797. Retiré.

Hooke (Jean-Paul-Guill.) — 1798. Artill. — Lieut. démiss.

Houssemaine (Louis). — 1797. Retiré. Fabricant à Tarare.

Huet (Marcel-Franç.-de-Paule). — 1797. Retiré.

Huguet (Louis). — 1795. Retiré.

Hullin de Boischevalier (Louis-Hyac.) — 1796. Génie. — Chef de bat. — Mort de blessures reçues au siége de Girone en 1809. — ✠.

Husson (François-Louis). — 1798. Artill. — Colonel. — ✠ O. ✠.

PROMOTION DE 1794 (AN III).

Husson (Jean-Franc.-Denis). — 1795. Ponts et Chaussées. — Ing. en ch. — ✶.

Jean (Jacq.-Charlem.)—1797. Retiré.

Jobard-Dumesnil (Jean-Bapt. Eug., baron). — 1795. Retiré. — Ancien préfet.

Jochaux-Duplessis (Touss.-Aimé). — 1795. Retiré.

Jollois (Jean-Bapt.-Prosp.) — 1796. Ponts et Chaussées. — Ing. en ch. — ✶.

Joly (Louis-Auguste). — 1797. Retiré.

Jomard (Edme-Franc.) — 1796. Ing. géogr. — Lieut. démiss. en 1803. — Commiss. du gouvernement près la commission d'Égypte. — Acad. des Inscript. et Belles-Lettres. — ✶.

Jousselin (Louis-Didier). — 1796. Ponts et Chaussées. — Inspecteur divisionnaire. — ✶.

Lacour (Nic.-Ant.-Marcel). — 1797. Retiré.

Lacy (Et.-Claire-Patrice). — 1797. Artill. - Capit. démiss.

Laffaille (Gabriel). — 1796. Génie. — Colonel. — ✶ O. ✶.

Laffon (Jacq.-Alex.-André-Emile). 1797. Retiré.

Lagrange (Franc.-Alex.) 1795. Retiré.

Lahure (Louis-Auguste). — .... Retiré. — Notaire honoraire à Paris.

Lainé (Emm.-Simon). — 1796. Retiré.

Laisnel-Marambert (Hyacinthe). — 1795. Retiré.

Lamandé (Mandé). — 1796. Ponts et Chaussées. — Inspecteur divisionn. — Chambre des Députés. — ✶.

Lambert (Ant.-Franc.)—.... Retiré.

Lancret (Michel-Ange). —1797. Ponts et Chaussées. — Décédé Ing.

Langlois (Noël-Franc.) — 1796. Gén. marit. — Ing. — ✶ ✶.

Laporte (Augustin). — .... Retiré.

Lapparent (Emmanuel *Cochon de*). — 1797. Artill. — Lieut. démisss. — Maître de forges à Bonneau, près Buzançais (Indre).

Larivalière (Jean-Baptiste) — .... Retiré.

Larivière (Jean-Franc.-Aimé.) — 1795. Retiré.

Lateyssonnière (Agric.-Ch.-Nestor.) — 1798. Ing. géogr. — Démiss.

Laupies (Anne-Vict.) — 1797. Retiré.

Laurent (Jacq.-René). —1795. Retiré.

Lavillette (Thom.-Jos.) — 1797. Artill. — Capit., laissé à Kowno dans la retraite de Russie.

Leblanc (Ant.-Augustin). — 1797. Ponts et Chauss. — Elève démiss.

Lebrun (P.-L.-Mar.-Jos.) — 1796. Retiré.

Lecarruyer (Auguste-Edme). —1796. Génie. — Capit. retr. — ✶ ✶.

Lecesne (Bienheureux-Dés.-Franc. Réel). — 1797. Ing. géogr.— Décédé Ch. d'esc. en 1827. — ✶ ✶.

Lecomte (Jules-César). —1797. Retiré.

Lecouteulx (Jacq.-Félix) — 1796. Ing. géogr.—Demiss. —Entré dans l'administration publique.

Lédéan (Aimé-Jean-Louis-Nic.-René). — 1796. Génie marit. — Ing. — ✶ ✶.

Ledure (Nic.-Laurent). — .... Retiré.

Lefranc (Pierre-Ch.) — 1797. Retiré.

Legrand (Auguste-Louis). — 1796. Génie. — Ne se trouve pas sur les registres de ce corps.

Legrand (Théodore). — 1797. Retiré.

Lelaidier (Henri-Mich.-Franc.) — 1797. Retiré.

Lemaire (Franc.-Nic.)—1797. Retiré.

Lemaitre (Adrien). — 1795. Retiré.

Lemaye (Franc.-Philippe). — 1795. Retiré.

Lemoyne (Aug.-Pierre)—1795. Retiré.

Lenglier (Benjamin). — 1797. Ponts et Chauss. — Ing. en ch.

Lepayen (Nic.-Gilbert). — 1796. Ponts et Chauss. — Décédé Ing. en chef en 1813.

Lepoitevin (Alexand.-Guill.-Thib.-Louis). — Ing. géogr. — Passé dans l'Artill. en 1803. — Elève démiss.

Leroy (Jacq.-Franc.) — 1795. Retiré.

Letellier (Franc.-Ch.) — .... Décédé élève.

Letellier (Jean-Jos.) — 1798. Ponts et Chauss. — Ing. en ch. — ✶.

Letenneur (Franc.-Nic.-Jos.) — .... Retiré.

Lévêque-Durostu (Maurice-Julien-Marie). — .... Retiré.

Leziart (George-Marie). — 1797. Retiré.

Liautard (Cl.-Rosalie). — 1796. Retiré. — Entré dans l'état ecclésiast.

Liégeard (Edme-Jos.) — .... Instruct. publiq. — Ancien profess. à Douai.

Lofficial (Jacques). — 1797. Retiré.

Loisel (Gilb.-Louis-Thom.) — 1797. Artill.

Lordon (Jérôme-Pierre). — 1798. Ing. géogr. — Passé dans l'Artill. en 1803. — Elève sous-lieut. démiss.

Loysel (Jean-Bapt.-Michel-René). — 1798. Ponts et Chauss. — Ing. ord.

Lucotte (Aug.-Louis). — 1796. Retiré.

Lucotte (Jacq.-Cl.) — 1796. Retiré.

PROMOTION DE 1794 (AN III).

Lunel (Jean-Franç.) — 1796. Artill. — Lieut.-colonel. — ✻ ✻.
Magnan (Pierre-Marie). — 1796. Gén. — Capit. démiss.
Maguès (Jean-Polycarpe) — 1797. Ponts et Chauss. — Ing. en ch.
Mahou (Pierre-Franc.) — 1796. Retiré.
Maillard (Ch.-Jean-Firmin). — 1796. Retiré. — Conseiller d'Etat. — ✻.
Maillard-Trézy (Hon.-Jean-Louis). — 1797. Retiré.
Maillet-Lacoste (Pierre-Laurent). — 1797. Retiré. — Entré dans l'instr. publique. — Ancien prof. de Rhétorique à Caen.
Main (Thom.-Hipp.) — 1797. Retiré. — Auteur de l'Echographie.
Mairet (Edme). — 1797. Génie. — Ch. de bat. — ✻ ✻.
Malmontet (Ant.-Henri-Franç.-Julien-Jacq.) — 1797. Retiré. — Chef du bureau des Ponts et Chaussées à la préfecture de la Seine.
Malus (Et.-Louis). — 1796. Génie. — Décédé, en 1812, lieut.-colonel. — Acad. des Sciences. — ✻.
Manhès (Pierre-Laurent). — 1798. Retiré.
Marchegay de Lousigny (Félix.) — 1797. Artill. — Lieut. démiss. — cultivateur propriétaire à Saint-Germain de Princey (Vendée). — Ch. des Députés.
Marcotte (Philip.-Marie-Nic.) — .... Retiré.
Massé (Ant.-Jacq.) — .... Retiré. — Ancien notaire à Paris.
Mellier (Georg.-Domin.-Emm.) — 1795. Retiré. — Manufacturier, membre de la chambre consultative à Abbeville..
Ménard (Louis-Alex.) — .... Décédé élève.
Mengin (Marie-Mart.-Philip.) — 1797. Retiré. — Fabricant de fers à Montateyre (Oise).
Menissier (Pierre). — 1796. Génie. — Décédé ch. de bat. — ✻ ✻.
Merceron (Jos.-Pierre-Léon-Suzanne). — 1796. Retiré.
Mertian (Basile-Louis). — 1796. Retiré. — Fabricant de tôles et fers laminés à Montateyre (Oise).
Mescur (Franc.-Marie-Martial *de*). — 1798. Génie. — Ch. de bat. — ✻ ✻.
Mesnager (Franç.-Philip.) — 1796. Ponts et Chauss. — Ing. en ch. — ✻.
Miel (Edme-Franc.-Ant.-Marie). — 1796. Retiré. — Chef de division à la préfecture de la Seine. — ✻.

Migniot (Jean-Jacq.) — 1797. Mines. — Passé dans l'artill. en 1799. — Lieut. réf.
Moline (Benoît). — 1798. Ponts et Chaussées. — Ing. en ch.
Monnaye (Cl.-Marie.) — 1797. Retiré.
Monnet (Claude). — .... Retiré.
Morillot (Louis-Ch.-And.-Jean). — .... Retiré.
Moreau dit *Moron* (Charles). — 1797. Marine militaire. — Lieut. de vaisseau, tué dans le combat soutenu par la frégate *la Piémontaise*, le 8 mars 1808.
Mossère (Pierre). — 1800. Ponts et Chaussées. — Ing. en ch.
Mustel (Ant.-Léon Henri). — 1797. Retiré.
Noyer (Jean-Ant.-Alex.) — 1795. Retiré. — Ancien ingén. géogr. à Cayenne. — Ancien député de la Guyane française. — ✻.
Olivier (Clém.-Franc.-Marie). — 1795. Retiré.
Oursel (Jean-Louis) — .... Retiré.
Palustre (Louis-Auguste). — 1797. Retiré.
Pannelier (Jean-Amable). — 1797. Entré dans l'instruction publique. — Ch. de bureau retr. du ministère de l'Intérieur.
Pascal (Pierre-Louis). — 1798. Ing. géog. — Passé dans les Ponts et Chauss. en 1803. — Ing. ordinaire.
Pattu (Jacq.-Pierre). — 1796. Ponts et Chaussées. — Ing. en chef.
Patural (Pierre-Louis). — 1796. Ponts et Chaussées. — Décédé Ing. ordinaire en 1804.
Paty (Jean-Bapt.-Cl.-Franç.) — 1795. Retiré.
Paulmier (Auguste-Pierre). — 1797. Retiré. — Directeur des contribut. directes à Tours.
Paulmier (Guillaume). — 1795. Retiré. — Décédé.
Péraire (Joseph). — 1795. Retiré.
Percheron (Alexand.-Ch.-Franc.) — 1796. Génie. — Ch. de bat., passé aide de camp du maréchal Pérignon. — ✻.
Perier (Augustin-Ch.) — 1797. Ing. géogr. — Elève démiss. — Négociant à Grenoble et manufacturier. — Chambre des Députés. — ✻.
Perret (Jean-Math.). — 1797. Retiré.
Petit (Jean-Bapt.) — 1796. Retiré.
Petit de Chastenay (Louis-Denis). — 1797. Artill. — Lieut.-colonel. — ✻ ✻.
Petit (Pierre-Michel). — 1797. Ing.

PROMOTION DE 1794 (AN III). 397

géogr. — Démiss. — Agent de ch. honoraire de la ville de Paris.

Pfeiffer (Jean-Jacq.). — 1796. Génie. — Décédé capit. en 1819.

Picot (Louis-Pierre-César). — .... Retiré.

Pierre (Augustin-Jean-Bapt.) —1797. Retiré. — Ing. du cadastre.

Pitoy (Alexis). — 1795. Retiré.

Plagniol (Pierre-Franc.-Marie-Auguste). — 1796. Génie. — Décédé Colonel. — ✵ ✵.

Poinsot (Louis). — 1797. — Ponts et Chaussées. — Élève démiss. — Ancien inspecteur général de l'Université. — Acad. des Sciences. — ✵.

Porquet (Louis-Philippe). — 1796. Retiré. — Prof. d'Hydrographie à Brest. — ✵.

Pottier (Paul-Nicaise). — 1798. Ponts et Chaussées. — Ing. ordin.

Prudhomme (Jacq.) — 1797. Retiré.

Quilhet (Ant.-Urb.) — 1797. Ponts Chaussées. — Ing. en ch.

Raffeneau (Adrien). — 1798. Ponts et Chaussées. — Ing. en ch. — ✵.

Ramond de la Bastiole (Paul). — 1796. Retiré. —Sous-intendant militaire. — ✵ ✵.

Rance (Cl.-Athan.) —1796. Ponts et Chaussées. — Ing. en ch.

Recoing (Antoine). — 1795. Retiré.

Redon (Alexand.-Nic.) — .... Retiré.

Regnault (Jos.-Aug.-Sébast.) —1798. Ponts et Chaussées. — Décédé consul à Candie.

Rendu aîné (Louis-Athan., *baron*). — 1796. Retiré. — Maître des requêtes, procureur général près la cour des Comptes. — C. ✵.

Rendu jeune (Amb -Mod.-Mar.) — 1796. Retiré.—Substitut du Procureur général près la Cour Royale de Paris. — Membre du Conseil royal de l'Instruction publique. — ✵.

Restout (Jean-Bapt.) — 1797. Artill. — Capit. tué à la bataille de La-Ferté-sous-Jouarre en 1814.

Rey (Louis). — Décédé Élève.

Reynaud (Jean-Jos.) —1796. Ponts et Chaussées. — Ing. ordin.

Ribourt (Félix-Sébast.) — 1797. Retiré. — Ancien Prof. de Mathématiques. — Principal du Collége de Châteauroux.

Ricard (J.-Bapt.-Marthe). — Retiré.

Richard (Pierre-Ch.) — 1800. Artill. — Lieut.-colonel. — ✵ O. ✵.

Richaud (Louis). — 1796. Génie. — Capit., disparu dans la retraite de Moscou. — ✵

Richer (Pierre). — 1796. Artill.

Riollé (Ch.-Franc.) — 1795. Retiré.

Riondel (Jean-Armand). — 1796. Retiré.

Roard (Jean-Louis). — 1797. Retiré. — Ancien Directeur de la manufacture des Gobelins. — Manufacturier à Clichy près Paris.

Robin (Pierre-Franç.-Et.) — 1796. Retiré.

Robinet (Toussaint). — .... Retiré.

Rogniat (Jean-Bapt.) — 1795. Retiré. — Préf. du département de l'Ain. — ✵.

Rohault (Hubert). — 1798. Retiré.— Architecte, Membre du Conseil et Inspect. général des bâtimens civils.

Rohault, baron de Fleury (Hubert). — 1798. Génie. — Maréch. de camp. — ✵ C. ✵.

Romme (Maurice). — 1795. Retiré.

Rondeaux (Ch.-Marie-Constant). — 1797. Retiré.

Roze (Henri). — 1796. Ponts et Chaussées. — Ingén. ordinaire.

Roth (Ch.-Jos.) —1796. Retiré.

Rougeot (Et.-Franc.) —1798. Retiré.

Roullin-Sansterre (Jos.-Pierre). — Décédé Élève.

Rousselin (Adrien-Pierre). — .... Retiré.

Rousselle (Pierre-Louis). — 1796. Génie. — Ch. de bat. — ✵ ✵.

Rubat (Franc.-Marie). —1796. Retiré.

Saget (Ch.-Marie-Philib.) — 1797. Retiré. — Propriétaire à Castel-Sarrazin.

Sainte-Aulaire (Louis *Beaupoil, comte de*). — 1796. Ing. géogr. — Élève démiss. —Ancien Préfet de la Meuse et de la Haute-Garonne. — Chambre des Députés. — O. ✵.

Saint-Genis (Alexandre *de*). —1796. Ponts et Chaussées. — Inspecteur divisionnaire adjoint. — ✵.

Saint-Père (Charles). — 1797. Retiré. — Architecte à Dijon.

Sanson (Jean-Edme). — Décédé Élève.

Sapey (Adrien-Mammès). — .... Retiré.

Sautayra (André-Barthel-Franc.) — 1797. Retiré. — Propriétaire à Montelimart (Drôme).

Schneider (Louis-Frédér.) — 1797. Artill. — Décédé Capit. en 1811.

Schouller (Jean-Bapt.-Nic.) — 1797. Artill. — Colonel. — Inspecteur des manufactures d'Armes. — ✵ O. ✵.

Sedillot (J.-Jacq.-Emm.) — 1797. Retiré. — Astronome adjoint au bureau des Longitudes. — Secrétaire de l'École des langues orientales vivantes. — ✠.

Sionnest (Franç.-Marie-Laur.) — 1795. Ponts et Chaussées. — Élève démiss.

Souyn (André-Jean-Bapt.) — 1797. Retiré.

Soyer (Cl.-Ch.-Xavier). — 1796. Génie. — Ch. de bat. — ✠ O. ✠.

Tannay (Jean-George). — 1796. Ponts et Chaussées. — Ing. en ch.

Tardivy (Cyprien). — Ne s'est pas présenté.

Thévenod (Cl.-Franc.) — 1796. Ponts et Chaussées. — Décédé en Egypte.

Thierry (Jacq.-Franç.) — 1797. Artill. — Lieut., mort de blessures à l'armée d'Egypte en 1799.

Thuret (Marie-Jos.-Jean-Bapt.-Guil. *de*). — 1796. Ponts et Chaussées. — Ing. en ch.

Thurman (Louis). — 1796. Génie. — Décédé Capit.

Tourtier (Alex.-Jacq.-Franç.-Mich.) — .... Retiré.

Treilles (Pierre-Marie-Amédée). — 1796. Ponts et Chaussées. — Ing. ordin.

Tupinier (Jean-Marg.) — 1796. Gén. mar. — Directeur. — Conseiller d'État. — ✠ O. ✠.

Vainsot (Joseph-Pierre). — 1796. Génie. — Colonel. — ✠ O. ✠.

Vallet (Mich.-Franç). — 1797. Retiré.

Valleteau (Thomas). — 1797. Ing. géogr. — Passé dans l'Artill. en 1803. — Élève démiss.

Vannié (Franç.) — 1795. Retiré.

Varinot (Ant.) — 1797. Retiré.

Vatier (Fréd.-Eloi). — 1797. Artill. — Lieut. réf.

Vérigny (Anne-Félix *Brochet de*). 1797. Retiré. — Voyez ce nom dans la promotion de 1798.

Viallet (Armand-Jules). — 1798. Ponts et Chaussées. — Ing. en ch.

Villain (Just.-Louis-Victor). — .... Décédé élève.

Villegontier (Louis, *comte de la*). — 1797. Retiré. — Ancien Préfet. — Pair de France.

Vimal (Jacq.-Clair-André). — 1798. Ing. géogr. — Décédé.

Walckenaer (Ch.-Athan., *baron*). — .... Retiré. — Maître des requêtes. — Préfet de la Nièvre. — Acad. des Inscriptions et Belles-Lettres. — ✠.

Warenghien (Adr.-Lamoral.-Jean-Marie *de*). — 1796. Génie. — Passé Aide de camp du général Dupont. — Maréchal de camp d'infanterie. — ✠ O. ✠.

Weingaud (Jean-Bapt.) — 1797. Retiré.

Wiotte (Pierre-Emm.) — 1796. Ponts et Chaussées. — Ing. en ch. — ✠.

Woorm (Constant). — 1797. Retiré.

PROMOTION DE 1795 (AN IV).

Arcelot (Alexandre-Louis). — 1798. Ponts et Chaussées. — Ing. démiss. en 1806.

Arnaud (Ant.) — 1796. Gén. marit. — Ing. retr. — ✠ ✠.

Auniet (Pierre). — 1798. — Ponts et Chaussées. — Ing. en ch.

Blanchard (Jean-Louis). — 1797. — Ing. géogr.

Bontemps (Pierre-Ch.-Franc.) — 1797. Artill. — Général commandant l'artillerie du royaume de Pologne.

Boucher (Alph.-René). — Décédé élève.

Boullengez (Alph.) — 1797. Retiré.

Cagniard (Jules). — 1798. Ponts et Chaussées.

Caunes (Jacques-Jos.) — 1797. Ing. géogr — Démiss.

Chambette (André-Benoît). — 1798. Ponts et Chaussées. — Ing. ord.

Chastellard (Jos.-Ant.-Marie). — 1797. Retiré.

Chaumont (Jean-François). — 1797. Ing. géogr. — Passé en 1798 dans le Génie mar. — Ing. ✠ ✠.

Chayrou (Jean-Jos). — 1801. Ing. géogr. — Passé dans le Génie en 1803. — Capit. ✠ ✠.

Choppin (Ant). — 1798. Ing. géogr. — Lieut. démiss. en 1808.

Clément-de-Ris (Ange-Louis). — Décédé élève.

Conseil (Jacq.-Louis). — 1798. Retiré. — Directeur du Télégraphe.

Cossigny (Corneille-Auguste *de*). — 1798. Génie. — Colonel. — ✠ O. ✠.

David (Alexand.-Augustin). — 1797. Génie. — Capit. démiss. en 1811.

Delalande (Eusèbe). — 1797. Retiré.

Derouet (Frédéric). — 1798. Génie. — Ch. de bat. ✠ ✠.

Devaux (Henri-Franç. *Legrand*). — 1796. Génie marit.

Dorguin (Jean). — Décédé élève.

PROMOTION DE 1795 (AN IV).

Drappier (J.-Jacques). — 1799. Mines. — Élève démiss. de ce service. — Fabricant de produits chimiques à Paris.
Druet (Gabriel-Cl.). — 1796. Génie marit.
Du Chayla (Ch.-Dom.-Marie *Blanquet*). — 1796. Génie marit. — Élève démiss. — Inspecteur général de l'Université. — ✠.
Duffour (Ant.-Théod.) — 1798. Retiré.
Dulion (Jacq.-Auguste). — 1796. Ing. géogr. — Démiss.
Epailly aîné (Anat.-Franc.) — 1798. Ing. géogr. — Lieut. Colon. — ✠ ✠.
Epailly jeune (Pierre-Ant.) — 1800. Ponts et Chaussées. — Ing. ord.
Eustache (François-Jonas). — 1800. Ponts et Chaussées. — Ing. en chef. — ✠.
Fabre (Amand). — .... Retiré.
Fassardy (Romain). — .... Retiré.
Faure (Pierre-Ange-Franc.-Xav.) — 1797. Ing. géogr. — Démiss.
Ferrand (Jean). — .... Retiré.
Folard (Paul). — 1798. Artiller. — Lieut. tué à la bataille de Wagram. — ✠.
Fouques-Duparc (Louis-Benoît). — 1798. Ponts et Chaussées. — Ing. en chef. — ✠.
Fouré (Jean-Etienne). — 1797. Ing. géogr. — Admis dans le Génie en 1803.
Framery de la Fosse (Henri-Alexand.-Eug. de). — 1797. Artiller. — Colonel retr. — ✠ O. ✠.
Fulchiron (Jean-Cl.). — 1797 Retiré. — Banquier à Avignon.
Gayet (Jean-Mart.-Christ.) — .... Retiré.
Gosset (Charl.-Ant.) — 1797. Artill. — Chef de bat. — ✠ ✠.
Greslé (Philippe). — 1797. Ing. Géographe. — Passé dans le Génie maritime, en 1798. — Ing. retr. — ✠.
Guéneau de Mussy aîné (François.) — 1796. Retiré. — Médecin ordin. du Roi. — ✠.
Guéneau de Mussy jeune (Philibert). — 1797. Retiré. — Ancien directeur de l'École normale, membre du Conseil royal de l'Instruction publique. — O. ✠.
Guettard (Louis). — 1797. Retiré.
Imbert (Jean-Bapt.) — 1796. Génie. — Chef de bat. — Prof. de fortification à l'École royale Militaire. — ✠ ✠.
Isac (Laurent). — 1797. Retiré.

Kornmann (Auguste-Fréd.) — 1798. Retiré. — Décédé.
Laroche (François). — 1798. Ingén. géogr. — Démiss.
Lasseret (Mich.-Adrien). — 1798. Ing. géogr. — Lieut. tué à l'armée d'Italie, en 1809.
Lavit (Jean-Baptiste-Omer). — 1797. Retiré. — Prof. de mathématiques à l'École des Beaux-Arts à Paris.
Legentil (Emm.-Marie-Jean). — 1797. Génie. — Colonel. — ✠ O. ✠.
Lemaire (Augustin-Jos.) — 1800. Retiré. — Directeur d'usines dans les départemens de la Meuse et des Vosges.
Lobligeois (François-Joseph). — 1798. Ponts et Chaussées. — Ing. en chef.
Londe (Pierre-Victor). — 1797. Retiré.
Martin dit *Saint-Léon* (Franc.-Léon). — 1796. Retiré. — Chef de division à la Préfecture de la Seine.
Martineau (Jean-Mathur.-Const.) — 1797. Génie. — Capitaine tué à Ingolstadt, en 1801.
Maurouard (Jean-Marie). — 1797. Ing. géogr. — Passé dans la marine. — Lieut. de vaisseau retr. — ✠.
Mazerat aîné (François-Marie). — 1797. Retiré.
Mazerat jeune (Jean-Bapt.) — 1797. Retiré.
Meaume dit *Couperie* (....). — 1796. Ing. géogr. — Démiss.
Michaud (Jean). — 1797. Génie. — Chef de bat. — ✠ O. ✠.
Millard (Céline.-Fr.-Robert). — 1799. Retiré.
Pelletan (Pierre). — 1797. Retiré. — Docteur en médecine. — Fabricant de produits chimiques à Saint-Denis.
Picquet (Jean-Bapt.) — 1798. Génie.
Poignant (Louis). — 1798. Ponts et Chaussées. — Ing. ord.
Pottier (Roland-Victor). — 1797. Ing. géogr. — Démiss.
Praslin (Regn.-Ch.-Laure-Félix, *duc de*). — 1798. Génie. — Capit. démissionnaire. — Pair de France. — O. ✠.
Prévost (Denis-Nicol.) — 1797. Retiré.
Regler (Ch.-Rosalie). — 1798. Artill. — Décédé capitaine en 1807.
Riambourg (Claude). — 1798. Artill. — Décédé capitaine retr. — ✠.
Rigault de Genouilly (Jean-Ch.) — 1798. Génie marit. — Ing. — ✠ ✠.
Robert (François). — 1796. Retiré.
Roujoux (Phil.-Julien *de*). — 1797. — Artill. — Lieut. démiss. — En-

trepreneur de la canalisation de la rivière d'Aulne (Finistère).

Saint-Cyr (Aimé Prosper). — 1798. Artill. — Maréch. de camp. — ✠. C. ✠.

Steinem (Charles). 1797. Retiré.

Thomassin (Cl.-Louis-Augustin). — 1798. Artill. — Lieut. mort de blessures au siége de Gaëte en 1806.

Vallier (Auguste-Denis). — 1800. Artill. — Ch. de bat. — ✠ ✠.

Vallot (Simon). — 1797. Ing. géogr. — Passé dans les Ponts et Chaussées en 1803. — Ing. en chef.

Viefville (Pierre-Antoine). — 1797. Artill. — Décédé capitaine en 1805.

Walton (Antoine). — 1797. Artill.

Yencesse (Jean-Baptiste). — 1797. Génie. — Capitaine tué au siége de Sarragosse en 1809.

PROMOTION DE 1796 (AN V).

Andoueaud (Armand-Louis). —1799. Génie. — Ch. de bat. tué à l'armée d'Espagne en 1811.

Angion (Nicolas). — 1798. Ponts et Chaussées. — Elève démiss.

Arros (Jos.-Philippe-Ch., *comte d'*). — 1798. Retiré. — Préfet de la Meuse. — ✠.

Arnollet (Pierre J.-Baptiste). — 1798. Ponts et Chaussées. — Ing. en chef.

Bague (François-Jos.) — 1799. Artill. — Décédé lieutenant.

Bailly (Jos.-Ch.) — 1800. Retiré.

Barthélemy (Jean-Bapt.-Louis-Henri-Nicolas). — 1800. Génie marit. — Décédé sous-ingénieur.

Belot (Bernard-Ch.). — 1799. Retiré.

Bernard (Louis-Melch.)-- 1798. Artillerie. — Maréch. de camp retr. ✠ O. ✠.

Berthollet (Amédée-Barth.) — 1798. Retiré.

Betbéder (....). — Décédé élève.

Bosquet (Louis-Auguste). — 1798. Artill. — Capit. retr.

Bouchard (Pierre-François-Xavier). —1798. Génie. — Décédé chef de bataillon en 1822. — ✠ O. ✠.

Boudhors (Pierre-Alexandre). —1798. Ponts et Chaussées. — Ing. ord.

Boulouvard (Benoît). — 1798. Retiré. — *Voyez* ce nom dans la promotion de 1802.

Bourdon (Louis-Pier.-Marie). — 1800. Retiré. — Inspecteur de l'Académie de Paris. — Examinateur pour les Ecoles Polytechnique, Militaire, etc. — ✠.

Carlet (Pierre-Joseph-Henri). — Ne s'est pas présenté. *Voyez* ce nom dans la promotion de 1797.

Charbaut (Jean-Louis-Laurent). — 1798. Génie. —Lieut. mort à l'armée d'Egypte.

Châtillon (George-François-Jos.) — 1799. Génie. — Décédé capitaine en 1806.

Cheveny-La Chapelle (Amb.-Louis). — 1798. Retiré.

Conseil (Jean-Auguste). — 1798. Retiré.

Constantin (Bertrand). —1799. Génie. — Colonel. — ✠. O. ✠.

Coston (Franç.-Gilb.) — Ne s'est pas présenté.

Coutailloux (Alexandre-Amb.) — 1798. Artill. — Décédé chef de bat. en 1810. — ✠.

Crassous (Alban-Pierre-Etienne). — 1798. Ponts et Chaussées. — Ing. en chef.

Culon, dit *Troisbrioux* (Arm.-Louis). — 1798. Retiré.

Dambruère (Philippe-Pierre). —1797. Génie. — Capitaine tué à la Guadeloupe.

Daydé (Louis-Constant.-Emm.) — Décédé élève.

Dechaux (François-Honoré). — 1797. Artill. — Décédé lieutenant à Saint-Domingue en 1802.

Delaage (Augustin-Clém.) — 1797. Retiré.

Demarteau (Jacques-Ant.) — 1797. Retiré. — *Voyez* ce nom dans la promotion de 1799.

Demay (François). — 1797. Artill. — Colonel, tué à la bataille de la Moskwa. — ✠.

Derrien (Romain-Marie). — 1800. Ponts et Chaussées. — Ing. en chef.

Desrousseaux (George-Philippe-Auguste). — 1798. Retiré.

Devilliers (René-Edouard). — 1798. Ponts et Chaussées. — Ing. en chef. — ✠.

Donnat (Auguste-Etienne). — 1798. Génie. —Capitaine passé, en 1804, aide de camp du général Louis Bonaparte. — ✠.

Doussault (Hyac.-Raoul-François). — Décédé élève.

Dubois (Jean-Marie-Joseph-Aimé). — 1798. Ponts et Chaussées.

Dubois (François-Joseph). — 1799. Artill. — Décédé capitaine prisonnier de guerre en Espagne.
Duchamd (J.-Bapt.) — 1798. Artill. — Colonel démiss. en 1815. — ✠. O. ✠.
Dumazet (Pier.-Paul). — 1798. Retiré.
Dupuy (Pierre-Macaire). — 1797. Retiré. — *Voyez* ce nom dans la promotion de 1797.
Duvaux (Louis-Marie). — 1800. Ponts et Chaussées. — Ing. ord.
Egault (Pierre-Th.-Marie). — 1798. Ing. géogr. — Passé dans les Ponts et Chauss. en 1803. Ing. en ch. — ✠.
Favier (Louis-Joseph). — 1798. Ponts et Chaussées. — Ing. en chef.
Fargeon (Ant.-Louis). — 1800. Retiré.
Garella (Hyacinte). — 1797. Ponts et Chaussées. — Ing. en chef. — ✠.
Garin (Franc.-Louis-Jos.) — 1799. Génie. — Ch. de bat. — ✠. O. ✠.
Gaschon (Etienne-Franc.) — 1798. Ponts et Chaussées. — Ing. en chef.
Gouilly-Pingard (Vinc.-Ch.-Aug.) — 1800. Ponts et Chaussées. — Ing. ordin.
Goury (Jean-Sébast.) — 1798. Ponts et Chaussées. — Ing. en chef. — ✠.
Grulet (Guillaume). — 1800. Ponts et Chaussées. — Ing. ord.
Guillot (Ant.-Nic.) — 1800. Artill. — Chef de bat. — ✠. O. ✠.
Hérault (Alexandre-Gust.) — 1799. Mines. — Ing. en chef.
Hulot (Jean-Gasp.) — 1800. Artill. — Chef de bat. — ✠. O. ✠.
Humbert (Nicolas). — 1798. Artill. — Décédé capitaine en 1808.
Jadioux (Léonard). — 1798. Génie. — Décédé capitaine en 1806.
Jaunez (Pierre-Dieudonné). — 1798. Génie marit. — Sous-Ing. démiss.
Joffrenot de Montlebert (Jos.-Franc.-Marie). — 1800. Génie. — Capit. tué au siége de Sarragosse.
Julhe (Louis). — 1798. Retiré. — *Voyez* ce nom dans la promotion de 1799.
Laforcade (Jean-Bruno-Paul-Barth.) — 1799. Génie. — Capit. tué à l'armée en 1806.
Laguette (Emile-Jos.-Hip.) — 1798. Génie. — Capitaine, tué à l'armée de Portugal en 1809.
Lallemand (Dominique). — 1797. Artill. — Décédé Maréch. de camp. — ✠.
Lanusse (Ant.) — 1798. Retiré.
Larsé (Joseph-Liévain *de*). — 1798. Artill. — Capit. mort de blessures à Vienne (Autriche) en 1810. — ✠.
Lebourg (Jacq.-Dan.-Franc.) — 1800. Retiré. — Avocat à Landernau.
Le Déan (Jean-François-Auguste) — 1800. Mines.
Le Duc (Auguste-Marie). — 1798. Ing. géogr. — Passé dans le Génie en 1803. — Capit. — ✠ ✠.
Lehot (Ch.-Jean). — 1798. Ponts et Chaussées. — Ing. ord. — Répétiteur de physique à l'Ecole Polytechnique.
Lemaigre (Ch.-Alexandre). — 1798. Retiré.
Lemaire (César-Florim.-Jos.) — 1800. Mines. — Décédé ing. ord. en 1814.
Lescure (Jean). — 1798. Ponts et Chaussées. — Ing. en chef.
Lespagnol (Charles). — 1798. Ponts et Chaussées.
Livache (Ch.-Franc.) — 1798. Ponts et Chaussées. — Ing. en chef.
Maheux (Jos.-Marie). — 1799. Génie marit. — Décédé élève de ce service.
Marie de la Forge (Et.-Soph.-Thom.) — Décédé Elève.
Maucomble (Franç.-Eléon.) — 1797. Retiré.
Merle de Mosserman (Jean-Ant.-Saint-Germain). — 1798. Retiré. — Membre du Cons. génér. du départ. de Lot-et-Garonne.
Migneron (Etienne-Pierre). — 1799. Génie. — Capitaine tué au siége de Dantzick. — ✠.
Minard (Ch.-Jos.) — 1800. Ponts et Chaussées. — Ing. en chef.
Mocquard (Bonaventure). — 1799. Artill. — Décédé chef de bat. — ✠.
Molard (François-Emm.) — 1798. Artill. — Lieuten., passé directeur des travaux de l'Ecole des Arts et Métiers de Châlons-sur-Marne.
Moret (Amand). — 1798. Génie. — Lieut.-colonel retr. — ✠ ✠.
Odard (Alexandre-Pierre). — 1800. Retiré.
Paporet (Fréd.) — 1798. Gén. — Capit. tué au siége de Dantzick. — ✠.
Pécheur (Jean-Baptiste-Pierre). — 1798. Artill. — Décédé capitaine en 1819. — ✠.
Pelte (Henri-Jean-Martial). — 1799. Retiré. — Prof. de belles-lettres à l'Institut des demoiselles nobles, à Moscou.
Pertusier (Charles). — 1800. Artill. — Colonel. — ✠ ✠.
Picot (Clément). — 1798. Retiré.
Pierret (Pierre-Remi-Alexandre). — 1800. Mines. — Elève démiss. —

Conseiller référendaire à la Cour des Comptes.
Pilatte (Pierre). — 1798. Artill. — Lieut. démiss. en 1800.
Polonceau (Antoine-Remi). — 1800. Ponts et Chaussées. — Ing. en chef. — ✠.
Pontus (Benjamin). — 1797. Retiré.
Potel (Jean-Marie-Joseph). — 1798. Retiré.
Poullet de Lisle (Ant.-Ch.) — 1798. Ponts et Chaussées. — Elève démiss. — Inspecteur général de l'Université. — ✠.
Prevost de Vernois (Simon-Pierre-Nicolas). — 1799 Génie. — Colonel. — ✠ C. ✠.
Renaud (Jean-Baptiste Lupicin). — 1797. Artill. — Décédé colonel en 1827. — ✠ O. ✠.
Reynaud (Ant.-André-Louis *baron*). — 1798. Ponts et Chaussées. — Elève honoraire. — Examinateur pour les Ecoles Polytech., Militaire, etc. — Inspect. exam. des études des Pages du Roi. — De l'ord. de St.-Michel. ✠.
Riambourg aîné (Jean-Bapt.-Claude). — 1798. Retiré. — Président à la Cour Royale de Dijon. — ✠.
Robin (Remi-Adolphe). — 1800. Ponts et Chaussées. — Ing. en chef.
Robiquet (François-Guillaume). — 1800. Ponts et Chaussées. — Ing. en chef retr.
Rossignon (Alexand.-Vict.) — 1798. Génie marit. — Décédé Sous-Ing. à Saint-Domingue en 1802.
Roujoux (Prudence-Guillaume). — — 1801. Marine militaire. — Aspirant démiss. — Ancien préfet. — Homme de lettres.
Seguin (Michel-Pierre-François). — 1798. Retiré.
Souilhagon (Jean-Antoine-Franç.) — 1798. Retiré.
Tiremois (Louis). — 1797. Artill. — Décédé Lieut. à Saint-Domingue en 1802.
Toustain (Félix-Henri). 1799. — Retiré.
Trudon (Alexandre). — 1798. Ponts et Chaussées. — Ing. en chef.
Vallée (Phil.-François-Antoine). — 1798. Génie. — Chef de bat. retr. — ✠ ✠.
Vincent (Jean-Pierre-Séraph.) — 1799. Génie marit. — Décédé Ing.
Vivien de Châteaubrun (Marc-Lucie-Jean-Ch.-Julien). — 1799. Artill. — Colonel. — ✠. O. ✠.
Walther (Guill.-René-Ch.) — 1799. Retiré.
Zimmer (Guill.-Louis). — 1798. Artill. — Capit. retr. en 1819.

PROMOTION DE 1797 (AN VI).

Albiat (Pierre). — 1800. Artill. — Lieut. tué au siége de Graudenz en 1807.
Alphand (François-Ch.-Marie). — 1800 Artill. — Chef de bat. — ✠. O. ✠.
Astier de la Vigerie (Christ.-Emm.-Séraph. *d'*). — 1800. Ponts et Chaussées. — Ing. en chef. — ✠.
Baduel (Henri-Bertrand). — 1800. Ponts et Chaussées. — Décédé Ing. à la Martinique.
Barré (André-Simon). — 1799. Artill. — Chef de bat. — ✠ ✠.
Barrin (Jean-Jacques-Ferd.) — 1799. Génie. — Capitaine passé, en 1807, aide-de-camp du Maréch. Masséna.
Baudart (Louis-Ant.-Marie). — 1798. Retiré.
Bazanac (Jean). — 1800. Retiré.
Bernard (Philippe). — 1801. Retiré.
Bernault (Louis-Fél.) — Décédé Elève.
Bichot (Pierre-Vinc.-Vict.) — 1800. Génie marit. — Elève démiss.
Bidot (Laurent). — 1800. Artill. — Capitaine retraité pour blessures.
Bonnard (Augustin-Henri *de*). — 1800. Mines. — Inspect. divisionn. — ✠.
Bontems (Auguste-Franç.) — 1800. Génie. — Capit. retr. — Colonel du 2e régim. suisse au service de France. — ✠ O. ✠.
Bordenave (Ch.-Pierre-Etienne). — 1800. Retiré. — Entré dans la marine. — Enseigne de vaisseau démiss. en 1808.
Bouesnel (Pierre-Matthieu). — 1800. Mines. — Ing. en chef des Pays-Bas, à Namur. — Académie des Sciences de ce royaume.
Breu (Jean-Frédéric). — 1799. Retiré.
Briot (Antoine-François-Marg.) — 1799. Retiré.
Cantecort (Joseph). — 1800. Retiré.
Carles (Et.-Barth.) — 1798. Retiré.
Carlet (Pierre-Joseph-Henri). — Déjà admis en 1796, ne s'était pas présenté. — 1800. Retiré.
Carney (Alphonse). — 1801. Instruc-

PROMOTION DE 1797 (AN VI).

tion publ. — Prof. de mathémat. à l'Ecole d'Artillerie de Toulouse.
Castellan (Philippe-Balth.) — 1801. Marine milit. — Aspirant de 1re cl. Retiré.
Catoire (Et.-Marie-Emm.-Jean-Bapt.) — 1800. Retiré.
Cavenne (Jean-Louis). — 1800. Artill. — Décédé Lieut. à Saint-Domingue en 1802.
Chapelain (Armand-Ch.-Alexis). — 1801. Poudres et Salpêtres. — Commissaire.
Clacquesin (Pierre-Jean-Baptiste). — 1800. Retiré.
Claston (Jean-Thom.) — 1801. Retiré.
Coïc (Julien-Désiré-Abel). — 1800. Ponts et Chaussées. — Ing. en chef.
Collinet (Arm.-Louis-Den.) — 1798. Retiré.
Comin (Pierre). — 1800. Artill. — Capit. retr. en 1814.
Cordier (Jos.) — 1800. Ponts et Chaussées. — Inspect. divisionn. — ※.
Coutant (Jean-Ch.) — Décédé élève.
Dandré (Louis). — 1800. Artill. — Décédé Capitaine.
DePleurre (Ange-Ch.) — 1798. Retiré. *Voyez* ce nom dans la promotion de 1798.
Derché (Jean-Joseph). — 1802. Génie. — Décédé Capitaine.
Dessolle (Jean-Gabr.) — 1800. Artill. — Elève Sous-Lieutenant démiss.
Destutt de Tracy (Alexand.-César-Vict.-Ch. *vicomte*). — 1800. Génie. — Capitaine passé aide-de-camp du général Sébastiani. — Colonel d'infanterie retr. en 1818. — Chamb. des Députés. — ※.
Doyen (Marc-Dom.) — 1801. Artill. — Capit démiss. en 1818.
Dupuy (Pierre-Macaire). — Déjà reçu en 1796 et retiré. — 1798. Artill. — Capit. retr. en 1815.
Duval (Etienne-Louis-Jean-Bapt.) — 1799. Artill. — Capit. retr. — Régent de mathémat. au Collége de Laval. — ※.
Emy (Arm.-Marie.) — 1799. Retiré. — Admis dans la marine. — Passé dans l'artillerie. — Décédé.
Favart (Lancelot). — 1800. Artill.
Finot (Ant.-Bern. *baron*). — 1798. Retiré. — Préfet du Cher. — ※.
Finot (Franc.-Sim.-Etienne-Barth.) — 1799. Génie. — Lieut.-colonel. — ※ O. ※.
Fiscal (Jacq.-Ant.) — 1800. Retiré.
Francais (Jacq.-Frédéric). — 1800. Génie. — Capit. — Instituteur des arts militaires à l'Ecole de l'Artill. et du Génie.
Gaudin (Joach.-Franc.-Den.) — 1800. Ponts et Chaussées. — Ing. en chef. — ※.
Gaultier-Biauzat (Benoît-Marie). — 1800. Retiré. — Décédé Avocat à Paris.
Gay-Lussac (Louis-Joseph). — 1800. Ponts et Chaussées. — Elève honor. — Prof. à l'Ecole Polytechnique, à la Faculté des Sciences, etc. etc. — Académie des Sciences. — O. ※.
Gilbert (Pier.-Joach.) — 1799. Génie. marit. — Décédé Ing. en 1823. — ※.
Gouget-Deslandes (Henri-Pierre-Antoine-Auguste). — 1798. Retiré.
Grassot (Charles). — 1800. Artill. — Décédé Lieut. à Saint-Domingue en 1802.
Guillotou de Kerever (Jean-Louis-Marie) — 1800. Retiré. — Entrepreneur des Travaux publics à Morlaix.
Hatton (Franc.-Urb.) — 1800. Retiré.
Hauteville (Cl.-Marie d'). — 1800. Retiré.
Henrat (Jean-Nicol.-Franc.) — 1800. Génie. — Capit. décédé à l'armée en 1809. — ※.
Héricart (Louis-Pierre-Marie). — 1799. Retiré. — Entré dans l'Artillerie.
Hersart (Ch.-Jacq.-Touss.) — 1800. Mines. — Ing. ord. démiss. en 1809. — Propriétaire à Nantes.
Hovelt (Aubert-Louis-Jos.) — 1800. Retiré.
Hubert (Jean-Bapt.) — 1799. Génie marit. — Ing. — ※ ※.
Jeulain (Nicolas-Rigobert). — 1800. Génie — Ch. de bat. — ※ O. ※.
Joulet (Jean-Nic.) — Décédé Elève.
Kastner (Louis) — 1798. Retiré.
Lafont (Ant.) — 1799. Artill. — Capit. démiss. en 1811.
Laroque (André-Damien). — 1801. Infanterie.
Lauzeral (Jean-Hipp.) — 1800. Artill. Démiss. — Prof. de mathémat. à l'Ecole Royale Militaire.
Lefuel (Alex.-Jos.) — 1800. Retiré. — Entré dans la Marine milit.
Lehir (Yves). — 1800. Retiré.
Lelievec (Hyac.-Franc.-Marie). — 1799. Mines. — Décédé Ing. ord. en 1808.
Lesbaupin (Amb.-Franc.-Marie). — 1800. Artill. — Ch. de bat. — ※ ※.
Lhoste de Moras (Den.-Rosalie). — 1800. Ponts et Chaussées. — Ing. en chef.

PROMOTION DE 1797 (AN VI).

Maffre (Jean-Franc.) — 1800. Ponts et Chaussées. — Ing. ord.

Malhère (Louis-Rob.-Marie). — 1800. Artill. — Lieut. démiss. en 1808.

Martineau (Étienne. — 1798. Retiré.

Moreau Philippe-Jacques. — 1802. Génie marit. — Ing. — ✶ ✶.

Morel Jean-Alexand.) — 1801. Prof. de mathémat. à l'Ecole d'Artill. de Besançon. — Décédé Chef de bat. d'Artillerie et Sous-Inspect. à l'Ecole Polytechnique, en 1826. — ✶ ✶.

Nottret (Louis). — 1799. Artill. — Ch. de bat. — ✶ ✶.

Oberlin (George-Jérémie). — 1800. Retiré.

Offroy (Jean-Jacq.) — 1800. Retiré.

Oudot (Cl.-Franc.-Camille). — 1801. Mines. — Elève démiss. — Ancien Substit. du Proc. du Roi à Paris.

Paganel (Barthél.) — 1800. Retiré. — Architecte à . . . .

Papinaud (Ant.-Jean-Marie). — 1798. Retiré.

Paques (Jean-Bapt.-Marc). — 1801. Retiré.

Paulinier (François-Adolphe). — 1799. Artill. — Capitaine mort de blessures reçues à la bataille de la Moskwa.

Pion Cl.-Nicolas). — 1800. Artill. — Ch. de bat. — ✶ O. ✶.

Piquet Pier.-Louis. — 1801. Nommé profess. à l'Ecole d'Artill. de Douai.

Pitot (Jacq.-Jean). — 1800. Génie. — Capit. démiss. en 1811.

Pochet Louis-Franc.-Jos.) — 1801. Retiré.

Potel (Jos.-Stanisl.) — 1801. Retiré.

Puvis (Marc-Ant.) — 1798. Retiré. — Entré dans l'Artill. — Démiss. — Membre du Cons. gén. du départ. de l'Ain.

Ragot (Cl.-Jos.) — 1800. Retiré. —

A été employé dans la marine et dans l'Imprimerie Royale.

Rataud (Ch.-Louis). — 1801. Retiré. — Sous-chef de division à l'Administration des Douanes à Paris.

Rieussec (Anne-Louis-César). — 1799. Artill. — Lieut. tué à la bat. d'Eylau.

Risse (Jean-Martin). — 1801. Génie. — Capitaine. — ✶.

Robert d'Hurcourt (Nic.-Géd.-Eléon.) — 1800. Artill. — Ch. de bat. — ✶ ✶.

Rous (Théod.-Jacq.-Jos.-Vincent). — 1799. Retiré.

Royer (Laurent). — 1800. Ponts et Chaussées. — Elève démiss.

Saint-Geneys (Franc.-Laur.-Scip.) — 1798. Retiré.

Teissier (Jacques). — 1799. Génie. — Lieut. colonel. — ✶ O. ✶.

Testard (Ch.-Mathurin-Marie). — 1799. Retiré. — Entrepreneur des Travaux publics à Brest.

Tholozé (Henri-Alexis de). — 1800. Génie. — Passé Aide-de-camp du Maréchal Soult. — Maréch. de camp; Membre du Comité consultatif du Corps Royal d'Etat-Major. — ✶ C. ✶.

Toytot (Nic.-Hyac.-Phil.) — 1798. Artill. — Décédé Capitaine en 1809.

Trotyanne Louis-Marie-Jos.) — 1800. Génie. — Démiss.

Treussart (Clément-Louis). — 1800. Génie. — Maréchal de camp. — ✶ O. ✶.

Vaudevelde (Ch.-Herman-Jos.) — 1801. Retiré.

Viard (Cl.-Sébast.-Dieudonné). — 1799. Artill. — Décédé chef d'escad. en 1813.

Virvaux (Franc.-Joseph). — 1800. Génie. — Capitaine tué au siége de Sarragosse. — ✶.

PROMOTION DE 1798 (AN VII).

Algoud (Sébast.-Fréd.-Vict.) — 1802. Retiré.

Angellier (Jos.-Jér.-Hilaire, *baron*). — 1801. Retiré. — Préfet de la Corse. — ✶.

Angenoust (Jean-Bapt.) — 1800. Artill. — Capit. démiss. en 1810.

Anglès (Jules-Jean-Bapt., *comte*). — 1801. Retiré. — Ministre d'Etat, ancien Préfet de police. — C. ✶. Décédé en 1827.

Archdéacon (Ch.-Maurice) — 1801. Retiré. — Ancien Agent de change.

Aribert (Jos.-Jean-Ant.) — 1801 Retiré.

Aubert (François, *baron*). — 1800. Artill. — Colonel. — ✶ O. ✶.

Aumont (Georg.-Eti.) — 1800. Artill. — Capit. démiss. en 1819. — ✶ ✶.

Bailly (Humbert). — . . . . Décédé Elève.

Barante (Amable-Guill.-Prosper Brugière, *baron de*). — 1800. Retiré. Ancien Préfet. — Ancien Directeur général. — Ancien Conseiller d'Etat. — Pair de France. — O. ✶.

PROMOTION DE 1798 (AN VII). 405

Bargignac (Jacq.Louis). — 1800. Retiré.

Beaussier (Jos.) — 1802. Mines. — Décédé Ing. ord. en 1816.

Bergère (Jean-Jos.) — 1801. Ponts et Chaussées. — Décédé Ing. ord. en 1816.

Berthier (Pierre). — 1801. Mines. — Ing. en ch. — Acad. des Sciences.

Binet (Paul-René). — 1801. Instruction publique. — Prof. de Mathématiques au Collége Bourbon. — Répétiteur à l'Ecole Polytechnique.

Bonnemère (Jacq.-Clément). — 1801. Retiré. — Propriétaire à Saumur.

Bonnet de Lescure (Ant.) — 1800. Génie marit. — Ing. — ✠ O. ✠. — Ancien Député.

Boucher de Morlaincourt (Pierre-Hyac.) — 1800. Génie. — Ch. de bat. — ✠ O. ✠.

Bourgeois (Denis-August.) — 1800. Artill. — Ch. de bat. — ✠ ✠.

Boyer (Ant.) — 1801. Artill. — Ch. de bat. — ✠ ✠.

Buhour (Jean-Bapt.-Fréd.) 1800. Marine milit. — Aspirant démiss.

Calmelet (Franc.-Mich.-Jacq.) — 1800. Mines. — Décédé Ing. en ch. en 1817.

Carraud (Franc.-Michel). — 1800. Artill. — Ch. de bat. — Directeur des études à l'Ecole royale Militaire. — ✠ ✠.

Chapus (Nicolas). — 1802. Génie. — Capit. démiss.

Chauveau (Félix-Edouard). — 1800. Artill. — Capit. décédé en 1815.

Chemin (Marie-Jos.-Théodore). — 1801. Marine militaire. — Aspirant démiss. — Décédé.

Clemenson (Ferd.-Fulg.) — 1800. Retiré. — Négociant à Paris.

Clère (Jean-Franc.) — 1801. Mines. Ing. en ch.

Conny aîné (Jean-Bapt.-Marie). — 1801. Artill. — Lieut. démiss. en 1804.

Conny jeune (Jean-Louis-Eléon.) — 1801. Artill. — Capit. tué à l'armée de Portugal en 1812. — O. ✠.

Cosmao (Louis-Aimé). — 1801. Marine militaire. — Capit. de frégate. — ✠ ✠.

Cournault (Henri). — 1800. Génie. — Lieut.-colonel. — ✠ O. ✠.

Courtois (Nic.-Georges). — 1800. Génie. — Chef de bat. — ✠ ✠.

Dagoult (Franc.-August.) — 1800. Artill. — Lieut. démiss. en 1802.

Dale (Mich.-Franc.-Marie-Ant.) — 1801. Artill. — Décédé Capit. à la grande armée en 1813.

Delavigne (Louis). — 1802. Génie. — Ch. de bat. — ✠ ✠.

Denis (François). — 1801. Artill. Lieut.-colonel. — ✠ ✠.

De Pleurre (Ange-Ch.) — Déjà reçu en 1797 et retiré. — Retiré de nouveau en 1800. — Ancien Sous-Préfet.

Derrien (Ant.-And.-Franc.-Marie). — 1801. Retiré.

De Sailly (Armand-Ch.). — 1801. Retiré.

Desnoyers (Benj.-Magl.) — 1801. Marine milit. — Décédé Aspirant à Saint-Domingue en 1802.

Desprez (François-Alex.) — 1801. Génie. — Lieut. général. — Président du Comité consultatif du Cops royal d'Etat major. — C. ✠ G. O. ✠.

Dessaux (Jean-Bern.-Marie-Nic.) — 1801. — Instruction publique.

Devillas (Cl.-Franc.) — 1801. Retiré.

Dubois-Bellegarde (Jean). — 1801. Marine militaire. — Lieut. de vaisseau retr. en 1817. — ✠.

Duperron (Amand-Marie). — 1801. Retiré.

Empereur (Pierre). — 1800. Génie. — Décédé Capit. — ✠.

Errard (Franc. d'). — 1800. Génie. — Lieut. colonel. — ✠ O. ✠.

Evain (Auguste-Jos.) — 1801. Artill. — Colonel. — ✠ O. ✠.

Failly (Ch.-Arm. de) — 1800. Artill. — Ch. de bat. démiss. — ✠.

Foulquier (Jean-Bapt.-Thérèse, baron de). — 1800. Artill. — Lieut. colonel. — ✠ O. ✠.

Frantin (Jean-Edme). — 1800. Retiré.

Froment (Arm.-Bern.-Ch.) — 1801. Retiré.

Gamond (Ch.-Alex.) — 1799. Retiré.

Gantier (Louis-Franc.) — Déjà admis en 1794, et retiré. — 1801. Prof. à l'Ecole d'Artill. de Toulouse.

Gardel (Pierre-Guill.) — 1800. Artill. — Décédé Capit. à l'armée d'Espagne en 1810.

Gaudin (Ant.-Pierre). — 1801. Artill. — Elève Sous-Lieutenant démiss.

Gaultier (Louis). — 1801. Retiré. — Prof. de Géométrie descriptive au Conservat. des Arts et Mét. à Paris.

Gérard (Alex.-Sébast.) — 1801. Ponts et Chaussées. — Ing. ord.

Gleizes (Jos.-Marie-Anne-J.-Ant.-Aug.) — 1802. Génie. — Ch. de bat. — ✠ O. ✠.

PROMOTION DE 1798 (AN VII).

Godineau (Henri-Franç.) — 1799. Retiré.
Goujon (Denis-Louis). — 1802. Retiré.
Grenoilleau (Jean-Pierre). 1800. Retiré.
Gresset (Jean-Ch.-Alex.). — 1801. Retiré. — Manufacturier, (département de la Somme.)
Guerrier (Jean-Bapt.-Alex.-Franç.) — 1800. Artill. — Ch. d'esc. tué à l'attaque de Reims en 1814.
Guéry (Jos.) — 1801. Génie. — Décédé Capit. à l'armée d'Espagne en 1809. — ✠.
Guillet (Jean-Jac.-Cl.-Vict.) — 1801. Ing. géogr. — Passé dans l'Artill. en 1803.
Guiraud (Raimond - Marc - Ant., baron). — 1800. Génie. — Col. — ✠ O. ✠.
Henraux (Jean-Bapt. Xav.) — 1800. Artill. — Lieut. colon. — ✠ O. ✠.
Hersart de la Villemarqué (Touss.-René). — 1802. Génie. — Décédé Ch. de bat. — ✠ O. ✠.
Houssart (Julien). — 1801. Marine milit. — Lieut. de vaisseau retr. en 1817.
Janin (Etienne-Fulgence). — 1801. Infanterie.
Jaulte (Jean-Pierre-Marie). — 1800. Artill. — Cap. tué à l'armée.
Jeannest-Lanoue (Adr.-Hipp.) — 1801. Retiré.
Jellé (Franc.-Louis-Jos.) — 1801. Génie. — Capit. — ✠ ✠.
Joucerand (Hipp.-Mar. Gab.-André). — 1801. Génie.
K'maingant (Mathur. Franç.) — 1800. Ponts et Chaussées. — Ing. en ch. — ✠.
Laguette, baron de Mornay (Jules-Fréd.-Améd.-Eug.) — 1801. Artill. — Cap. retr. bras amputé. — Chambre des Députés. — O. ✠.
Lamy (Arm.-Franc.) — 1800. Génie. — Colonel. — ✠ O. ✠.
Lasnon (Félix Aimé). — 1800. Artill. — Colonel. — ✠ ✠.
Lebreton (Hip.-Cl.-Louis-Franc.-Alex.) — 1801. Artill. — Cap. prisonnier de guerre en Russie, non rentré.
Ledoux (Adr.-Nic.) — 1800. Artill. — Décédé Lieut. à Saint-Domingue en 1802.
Legoarant (Benj.-Oliv.-Louis-Guill.-Marie). — 1801. Génie. — Capit. retr.
LehariveI-Durocher (Anne-Jean-Louis). — 1800. Génie maritime. — Décédé Sous-Ing.
Lepicard (Alex.-Franç.) — 1801. Ponts et Chaussées. — Ing. ord. démiss. en 1814.
Lequesne (Anne). — 1802. Ponts et Chaussées. — Ing. ord.
Letourneur (Louis-Eug.-Félicien). — 1800 Artill. — Capit. tué à l'armée d'Espagne en 1811.
Loison (Pierre-Guill.-Henri). — 1800. Retiré.
Mabru (Claude, *chevalier de*). — 1800. Artill. — Lieut.-colonel retr. — ✠ ✠.
Maillard (Em.-Louis-Henri). — 1800. Génie. — Ch. de bat. — ✠ O. ✠.
Mancel (Aug.-Alex.) — 1801. Retiré.
Manguin (Théoph.-René). — 1802. Artill. — Décédé Capit. à l'armée en 1813.
Mante (And.-Gabr.-Fort.) — 1802. Retiré.
Maraldi (Jacq.-Franç.-Philippe). — 1800. Ponts et Chaussées. — Ing. en ch. en Italie.
Marignan (Jean-Franc.-Seissan.) — 1801. Génie. — Lieut. démiss. en 1806.
Marion de Beaulieu (Jean, *baron*). — 1802. Génie. — Colonel. — ✠ O. ✠.
Mary-Vallée (Arm.-Const.) — 1802. Retiré. — Entré dans l'Instruction publique. — Décédé.
Masquelez (Franc.-Aug.-Jos.) — 1800. Génie maritime. — Sous-Ing. Ch. de bat. d'ouvriers militaires, tué dans la retraite de Moscou. — ✠.
Masson (Jean-Alex.-Marie). — 1801. Retiré.
Migneron (Pierre-Henri). — 1801. Mines. — Ing. en ch. — ✠.
Mitffiot (Ant.-André). — 1802. Génie. — Décédé Capit. à Dantzick. — ✠.
Moisson (Luce-Ch.-Bern.) — 1800. Artill. — Ch. de bat. — ✠ ✠.
Monval aîné (Ch.-Ant.-Aug.) — 1801. Artill. — Ch. d'esc. au service de Naples; passé colonel dans la Cavalerie en 1815.
Monval jeune (Alex.-Cu.-Aug.) — 1801. Génie. — Capit. assassiné dans le royaume de Naples en 1807.
Mossé (Gabriel). — 1801. Ponts et Chaussées. — Ing. en ch.
Nielly (Alex.-Jean-Bapt.-Franc.-Eug.) — 1802. Retiré. — Commissaire de la Marine.

PROMOTION DE 1798 (AN VII).

Pache (Jean, *baron*). —1800 Artill. — Colonel. — ✠ C. ✠.

Paringault (Ch.-Jos.-Gab.) — 1801. Retiré.

Patris (Paul-Et.) — 1801. Génie. — Capit. tué au siége de Tarragone en 1811. — ✠.

Paulin (Jules-Ant.) — 1800. Génie. — Colonel. — O. ✠.

Périer (Claude). — Décédé Elève.

Périer (Camille-Jos.). — 1800. Mines. — Elève démiss. — Ancien Préfet de la Corrèze et de la Meuse. — Chambre des Députés. — ✠.

Perrin (Anne-Elie-Lazare). — 1800. Artill.

Peschart (Louis-Ch.-Amb.) — 1801. Retiré.

Picapère (Franc.-Et.) — 1800. Génie. — Capit. démiss.

Poisson (Siméon-Denis, *baron*). — 1800. Répétiteur adjoint à l'Ecole Polytechnique. — Examinateur permanent de l'Ecole, Membre du Conseil royal de l'Instruction publique. — Acad. des Scienc. — O. ✠.

Richard (Claude). — 1801. Artill. — Ch. de bat. — ✠✠.

Riencourt (Roger-Ph.-Marie-Adrien, *comte de*). — 1801. Génie. — Passé dans le Corps d'Etat-major. — Ch. de bat. retr. — ✠ O. ✠.

Rigaux (Jean-Nic.-Alex.), — 1801. Retiré.

Ripoud de Lasalle (Franc.-Aimé). — 1801. Génie. — Ch. de bat. retr. — ✠.

Rochat (Jean-Nic.) — 1801. Marine milit. — Aspirant démiss. — Prof. de Mathématiques des élèves de la Marine à Brest.

Roux (Jean-Jos.) — Décédé Elève.

Saint-Genest (Louis Courbon *de*). — 1800. Retiré. — Ancien Préfet.

Saudrais (René-Bapt.-Jos.) — 1802. Infanterie.

Saulnier (Bonav.-Matthieu). — 1800. Retiré.

Ségur (Oct.-Gabriel-Henri *de*). — 1800. Retiré. — Décédé ancien Sous-Préfet et Ch. de bat. à l'Etat-major de la Garde Royale.

Sinard (Félix-Franc.-Marie). — 1801. Retiré.

Sorel (Pierre-Franc.-Germ.) — 1800. Artill. — Décédé Capit. en 1812.

Teullié (Pierre). — 1801. Génie. — Ch. de bat. — Sous-Inspecteur à l'Ecole Polytechnique. — ✠✠.

Thomas (Charles). — 1801. Retiré.

Thomas (Nic.-Arm.) — 1801. Artill. — Décédé Capit. en 1814.

Thuillier (Bapt.-René-Benj.) — 1800. Génie. — Colonel. — O. ✠.

Tirant de Bury (Nic.-Marie). — 1801. Artill. — Lieut. dém. en 1807.

Tourneux (Jean-Franc.) — 1801. Ponts et Chaussées. — Ing. en ch. — ✠.

Valazé (Eléon.-Anne-Christophe-Zoa *de*). — 1800. Génie. — Maréchal de camp. — ✠ C. ✠.

Vallantin (Louis-Jean-Bapt.) — 1800. Génie. — Ch. de bat. — ✠ O. ✠.

Varenne de Fenille (Jean-Ch.-Bénigne). — 1801. Retiré. — Secrétaire général de la préfecture du département de l'Ain. — Ancien Député. — ✠.

Vasse de Saint-Ouen (Arm.-Thom.-Georg.-Ch.) — 1801. Instruction publique. — Inspecteur de l'Acad. d'Aix, retr. — ✠.

Vauvilliers (Ch.-Alex.-Const.) — 1801. Ponts et Chaussées. — Ing. en ch. — ✠.

Vérigny (Anne-Félix Brochet *de*). — Déjà reçu en 1794, et retiré. — 1800. Retiré de nouveau. — Décédé Préfet, Maître des Requêtes, etc. — ✠.

Vezian (Jos.-Stanisl.-Scip.) — 1800. Artill. — Décédé Ch. de bat.

Viard (Pierre-Stanisl.) — 1802. Inf. — Ing. constructeur de machines.

Vincent (Gasp.-Alex.-Barth.-Franc.-Gab.) — 1801. Retiré.

PROMOTION DE 1799 (AN VIII).

Abzac (Jean, *marquis d'*). — 1802. Retiré. — Chambre des Députés.

Amaury (Laurent-Pierre). — 1802. Ponts et Chaussées. — Décédé Ing. ordin. en 1809.

Aubert-Vincelles (Amédé-Louis). — 1803. Ponts et Chaussées. — Ing. en ch.

Beaufils (Jean-James). — Décédé Elève.

Bergerot (Louis-Marie-Alphonse). — 1801. Retiré. — Négociant au Hâvre.

PROMOTION DE 1799 (AN VIII).

Bernard (Marie-Jos.) — 1801. Marine militaire. — Décédé Aspirant en 1805.

Berthier (Franç.-Gilb.-Ant.) — 1803. Retiré. — Instruction publique.

Besson (Louis-Edouard). — 1801. Retiré. — Ancien Secrétaire général de la préfecture de la Seine. — Administrat. des Messageries royales. — ✠.

Billot (Ant.-Franc.-Aimé). — 1801. Génie. — Décédé Lieut.

Blanchemain (Laurent - Louis). — 1801. Retiré.

Blaux (Ant.-Louis). — 1801. Artill. — Ch. de bat. — ✠ ✠.

Bobony (Ange-Marie-Franç.) — 1801. Retiré.

Bonneau (Félix-Matthieu). — 1802. Artill. — Ch. de bat. — ✠ ✠.

Bougainville (Hyac.-Yves-Philippe Potentien, *baron de*). — 1801. Retiré. — Entré dans la Marine. — Capit. de vaisseau. — ✠ O. ✠.

Boulangé (Pierre - Sigisb.) — 1802. Génie. — Capit. — ✠ ✠.

Bourdin (Hyppol. - Jacq.) — 1801. Marine milit. — Enseigne de vaisseau retr. en 1816.

Bourgeois (Hubert). — 1801. Artill. — Cap. tué à l'armée d'Espagne.

Brigeat (Alex.-Hyac.) — 1801. Marine milit. — Aspirant tombé à la mer en 1801.

Brólemann (Jean-Georg.) — 1801. Marine milit. — Aspirant, présumé perdu en 1803.

Bruel (Jean-Pierre-Philip.) — 1801. Artill. — Capit. tué au siège de Sarragosse en 1809.

Brun (Jos.-Ant.) — 1804. Retiré.

Buvée (Ant. Christ.) — 1802. Artill. — Capit. présumé mort en Russie.

Catoire (Jean-Bapt.-Henri-Marie). — 1802. Retiré. — Payeur du Trésor royal à Colmar (Haut-Rhin.) — ✠.

Charbaut (Pierre-Ant.) — 1801. Marine milit. — Passé en 1811 dans l'Infanterie. Etait Capit. dans la 1re légion d'Ile et Vilaine en 1820. — ✠.

Charvet (Marc-Jean-Bapt.) — 1802. Retiré.

Chausenque (Vincent). — 1801. Génie. — Capit. démiss.

Chauvaux (Alex.-Jos.-Célestin). — 1801. Marine milit. — Aspirant, passé au service de terre en 1810.

Chazelles (Laurent). — 1802. Artill. — Capit. démiss. en 1812.

Christin (Ant. - Gab., *baron*). — 1801. Génie. — Colonel. — ✠ O. ✠.

Cléreau (Thom.-Ulysse). — 1802. Artill. — Lieut. démiss. en 1808. — Employé au Ministère de la Guerre.

Clermont - Tonnerre (Aimé-Marie-Gasp., *marquis de*). — 1801. Artill. — Pair de France. — Lieut. général. — Ancien Ministre de la Guerre. — C. ✠, G. O. ✠.

Collin (Jean-Bapt.-Marie). — 1801. Marine milit. — Aspirant démiss.

Colson (Nic.-Jos.) — 1802. Artill. — Ch. de bat. — ✠ ✠.

Courbayre (Jean-Bapt.-Antoine). — 1801. Génie. — Décédé Capit. — ✠.

Cuzer (Anselme-Porphire). — Décédé Elève.

Daullé (Pierre-Marie-Jos.) — 1801. Génie. — Colonel. — ✠ O. ✠.

Dejort (Rich.-Jean-Bapt.) — 1800. Retiré.

Delaunay (Louis - Aimé). — 1801. Retiré.

Delesvaux (Antoine). — 1801. Artill. — Décédé Ch. de bat. réf. en 1819. — ✠ O. ✠.

Delsaux (Alex.-Jos.) — 1801. Ponts et Chaussées. — Décédé Ing. ordin. en 1808.

Demarteau (Jacques.-Ant.) — Déjà admis en 1796 et retiré. — 1802. Génie marit. — Sous-Ing. démiss.

Demurat (Jean-Ant.) — 1801. Retiré.

Desjobert Jean-Bap.-Gilb.-Edouard). — 1803. Artill. — Capit. démiss. en 1815. — Secrétaire général de la préfecture de l'Indre. — ✠ ✠.

Desmarest (Ch. - Léger). — 1802. Génie marit. — Décédé Ing. — ✠.

Desson (Mich.-Anne-Franç.) — 1802. Retiré.

Doulcet (Aug.-Jean-Bapt.-Louis). — 1801. Artill. — Lieut. démiss. en 1806.

Duboys (René - Franc.) — Décédé Elève.

Dubranle - Lagrange (Jean-Franc.) — 1802. Génie. — Décédé Capit.

Dufresnay (Pierre). — 1802. Génie. — Décédé Capit.

Duliepvre (Louis). — 1803. Artill. — Décédé Capit. en 1810.

Dupin (Jean-Bapt.-Félix). — 1800. Retiré.

Duval (Aug.-Mich.) — 1801. Retiré.

Estevou (Bern. - Hyppol.) — 1802. Artill. — Capit. prisonnier de guerre en Russie, non rentré.

PROMOTION DE 1799 (AN VIII).

Fabre d'Eglantine (Louis-Théod.-Jules-Vinc.) — 1802. Génie marit. — Ing.
Gennet (Nic.-Stanis.) — 1801. Retiré.
Genot (Benoît - Placide). — 1801. Génie. — Ch. de bat. — ✠ O. ✠.
Goujon (Alex.-Marie). — Déjà admis en 1794 et retiré. — 1801. Artill. — Cap. retr. en 1819. — Décédé. — ✠.
Gourgaud (Gaspard, *baron*). — 1801. Artill. — Colonel retr. — C. ✠.
Goussard (Fr.-Alexis). — 1801. Génie. — Décédé Cap. à Dresde en 1813.
Gréau (Nic.-Jean-Julien). — 1802. Artill. — Lieut. démiss. en 1806. — Fabricant à Troyes. — ✠.
Gresset (Alex-Jos.-Marie). — 1803. Artill. — Capit. mort de blessures à Wilna en 1813.
Guyon (Louis-Geof.-Théod.) — 1801. Retiré.
Hautpoul (Marie-Const.-Fid.-Henri-Amand, *marquis d'*). — 1802. Artill. — Maréchal de camp. — ✠ C. ✠.
Henry (Antoine). — .... Décédé Elève.
Herbin (Jacques). — 1801. Retiré. — Commerçant à Paris.
Huot (Pierre - Ant. - Vict.) — 1801. Artill. — Capit. démiss. — ✠.
Julhe (Louis). — Déjà reçu en 1796 et retiré. — 1800. Retiré de nouveau.
Kervern (Philip.-Franc. *Le Denmat de*). — 1801. Retiré.
Lamblardie (Ant . -Elie). — 1802. Ponts et Chaussées. — Ing. en ch. — ✠.
Larminat (Alexand.) — 1801. Artill. —Capit. mort de blessures à la défense de Magdebourg en 1813.
Laulhé (Jean). — 1800. Retiré.
Lebeschu (Victor-René). — 1803. Génie. — Ch. de bat. — ✠ O. ✠.
Leboul (Mich.-Christophe-Jean). — 1801. Artill. — Ch. d'esc. — ✠ O. ✠.
Lebouvier (Jos.-Evremont). — 1802. Artill. — Décédé Capit. en 1809.
Lecoursonnois (Fr.-Marie-Théoph.) — 1802. Artill. — Décédé Ch. de bat. — ✠ ✠.
Lefrançois (Fréd. - Louis). — 1803. Artill. — Colonel. — ✠ O. ✠.
Lelièvre (Jean-Louis-Aug.) — 1801. Retiré.
Lempéreur (Ch. - Pierre). — 1802. Infanterie.
Lespagnol (Philibert). — 1801. Marine milit. — Enseigne de vaisseau démiss. en 1808.
Lévéque (Pierre-Jean-Bapt.) — 1802. Génie. — Décédé Capit. en Angleterre en 1811.
Lockhart (Ch -Franc.) — 1801. Retiré.
Lutz (Jean - Jacques). — Décédé Elève.
Magdelaine (Augustin). — 1801. Ponts et Chaussées. — Ing. en ch.
Magnyer (Louis). — 1801. Retiré.
Marchal (Jean-Bapt.-Jos.) — 1802. Retiré.
Marestier (Jean-Bapt.) — 1802. Génie maritime. — Ing. — ✠ ✠.
Marion de la Brillantais (Louis-Marie). — 1801. Retiré. — Propriétaire à Paris.
Martret-Préville (Louis-Marie). 1805. Ponts et Chaussées. — Ing. en ch. — ✠.
Maublanc (Aug. - Gasp. - René). — 1802. Génie. — Ch. de bat. — ✠ ✠.
Michaux (Louis-Ant.) — 1802. Ponts et Chaussées. — Ing. ord.
Mollet-Lagrange (Antoine). — 1801. Retiré.
Montluisant (Ch. - Laur. - Jos.) — 1802. Ponts et Chauss. — Ing. en ch
Noël (Anne-Franc.-Michel). — 1801. Ponts et Chaussées. — A été Ing. ordinaire.
Obrien (Jean-Paul-Patr.). — 1802. Ponts et Chaussées. — Ing. ord.
Oudin (Ch. -Jos.) — 1801. Artill. — Lieut.-Colonel, tué à la bataille de Leipzick. — O. ✠.
Oustalot (Jos.-Ch.) — 1801. Retiré. — Entré dans le service des Douanes.
Paillart (Jacq.-Ch.-Et.) — 1801. Génie. — Décédé Capit. — ✠.
Partiot (Jean Bapt.-Jos.) — 1802. Ponts et Chaussées. — Ing. en ch.
Pastoureau la Besse (Jean - Bapt.-Marie). — 1802. Artill. — Lieut.-Colonel. — ✠ ✠.
Picot-Lapeyrouse (Hyac.-J.-Stanis.) — 1801. Marine milit.
Pihet (Guy-Mart.) — 1801. Ponts et Chaussées. — Ing. en ch.
Plazanet (Annet.-J.-Bapt. *baron de*). — 1801. Génie. — Lieut.-colonel. — Commandant le Corps des Sapeurs-pompiers de la ville de Paris. — ✠ O. ✠.
Pourrat (Pierre - Mathias). — 1802. Retiré. — Négociant à Paris.
Pradal (Jos. - André - Jean - Bapt.-Louis). — 1802. Ponts et Chauss. — Ing. ord.

PROMOTION DE 1799 (AN VIII).

Rabajoie (Louis). — 1801. Marine militaire. — Aspirant, décédé en 1803 à Saint-Domingue.
Ransonnet Bapt.-Barth.-Gust.) — 1801. Marine milit. — Aspirant, décédé en 1803 à Saint-Domingue.
Rayon (Cl.-Jos.-Denis). — 1802. Infant. — Employé au Ministère de la Guerre. — ✠.
Répécaud (Ch.-Franç.-Marie). 1801. Génie. — Lieut.-colonel. — ✠ O. ✠.
Rigaud Louis). — 1801. Retiré. — Agent de change à Paris.
Riollay Gasp.-René). — 1802. Génie. — Ch. de bat. — ✠ ✠.
Rogier (Marie-André-Hen.) — 1800. Retiré.
Roucy Nic.-Jean-Bapt.-Louis). 1801. Marine milit. — Aspirant. — Décédé en 1805 à la Martinique
Ruty Franc.-Jos.-Marie). — 1801. Artill. — Prof. de Mathématiques à l'Ecole d'Artill. d'Auxonne. — ✠.
Sanlot Adr.-Gust. Thiéb.) — 1800. Retiré. — Banquier à Paris. — Ancien Député.
Sansonetti (Marie-Et.-Nic.-Pierre-Marc . — 1801. Marine milit. — Aspirant. — Décédé en 1803 à Saint-Domingue.

Sevestre (Mathurin-René-Jos.) — 1800. Marine milit. — Aspirant. — Décédé en 1803 à Saint-Domingue.
Soalhat (Claude). — 1802. Génie. — Capit.
Tascher (Jean-Samuel-Ferd. comte de). — 1801. Retiré. — Pair de France.
Terrier de la Clémencerie (René-Franc.) — 1802. Artill. — Capit. — ✠ ✠.
Thomassin (Pierre-Ch.-Omer). — 1802. Retiré.
Thomassin (Franc.-Daniel.) — 1801. Génie. — Ch. de bat. — ✠ O. ✠.
Trémeau (Henri-Léger). — 1802. Retiré. — Négociant à Paris.
Trémiolles (Ch.-Henri-Ant.-Imbert de . — 1802. Génie. — Capit. retr. — Secrét. général de la Préfecture de l'Allier. — ✠.
Vandenzande (Ferd.-Lamb.-Jos.) — 1802. Retiré. — Ch. de divis. à l'Administ. des Douanes à Paris.
Vesian (Anne-Franc. de). — 1801. Génie. — Ch. de bat. — ✠ ✠.
Weyler (Ant.-Louis-Daniel). — 1801. Marine milit.

PROMOTION DE 1800 (AN IX).

Alexandre (Ch.-Robert). — 1802. Génie marit. — Ing. — ✠ ✠.
Alis (Barth.-Et.-Mat.) — 1802. Artill. — Décédé Capit. en 1817. — ✠.
Arrachart (Maurice-Louis-Joseph). — 1802. Ponts et Chaussées.
Basset Cl.-Simon . — 1803. Mines. — Elève démiss.
Basset de Châteaubourg (Anne-Léon-Cam.)—1803. Ponts et Chaussées. — Elève honoraire.
Bergeron (Pierre . — 1802. Retiré.
Boisbertrand (Etienne de). — 1803. Retiré. — Ancien Prof. de Mathématiques. — Conseiller d'Etat. — Chambre des Députés. — O. ✠.
Bougarel Franc.-Ant'.—1803. Retiré.
Bret (J.-Jacq.) — 1803. Retiré. — Décédé Prof. de Mathématiques à Grenoble.
Butor Alex.-J.-Jacq.-Cypr. — 1803. Génie. — Décédé Capit. — ✠ ✠.
Cahouet (Jean-Franc.) — 1802. Artill. — Lieut. démiss. en 1808.

Chenin (J.-Bapt.) — 1803. Artill. — Ch. d'esc. — ✠ O. ✠.
Clavière (Joseph). — 1801. Marine milit. — Aspirant, démiss. en 1802.
Cocud (Franc.-Ild.-Jos.-Luce). — Elève démiss.
Conrad (Philippe-Henri). — 1803. Ponts en Chaussées. — Ing. en ch. — ✠.
Crozet (Louis-Jos.-Math.) — 1803. Ponts et Chaussées. — Ing. en ch. — ✠.
Dartonne (Ant.-René).—1802. Retiré.
Debussi (Jos.-August.) — 1802. Artill. — Elève Sous-Lieut. démiss.
Derrion (Ant.-Mari. — 1802. Artill. — Lieut. tué à la bataille d'Eylau.
Desjobert (Charles . — 1801. Retiré.
Dor (Lazare-Jos.-Aimé . — 1802. Ponts et Chaussées. — Ing. en ch.
Douzon (Paul-Franc.) — 1802. Artill. — Lieut. mort d'une blessure reçue à la bataille d'Austerlitz.
Dumont (Louis-Marie-August.) — 1802. Retiré.

PROMOTION DE 1800 (AN IX).

Even (Claude). — 1802. Artill. — Lieut. tué à la bataille de Wagram.
Faure (Isaac-Pierre). — 1802. Retiré.
Feydeau (Cl.-Ch.-Hen.) — 1801. Retiré.
François (Louis-Jos.) — 1801. Marine militaire. — Passé en 1802 dans l'armée de terre. — Lieut.-colonel d'Infanterie. — ✠ O. ✠.
Gagnières (Pierre-Joach.) — 1801. Retiré.
Garreau (Jacq.-Alex.) — 1801. Marine milit.
Gigounous de Verdon (Antoine). 1803. Génie. — Ch. de bat. ✠ ✠.
Gréty (Jean-Jos.-Alexis). — 1804. Ponts et Chaussées. — Ing. ordin.
Guenyveau (André). — 1802. Mines. — Ing. en ch.
Guibal (Ch.-Franc.) — 1803. Prof. à l'École d'Artillerie de Valence. — Notaire à Lunéville.
Hirigoyty (Jos.-Marie-Théod.). — 1800. Retiré.
Hurtrelle (Jean-Marie-Simon). — 1802. Ponts et Chaussées. — Décédé Ing. en ch. en 1823.
Huz (J.-Bapt.) — 1802. Génie. — Ch. de bat. — ✠ O. ✠.
Jacquiné (Jean-Jos. — 1802. Ponts et Chaussées. — Ing. ordin.
Laffite (Franc.-Thomas). — 1803. Artill.
Lagarde (Franc-Toussaint). — 1802. Génie. — Élève Sous-Lieut. — Passé dans l'Infanterie.
Laporte (Armand-August. *baron de*). — 1803. Artill. — Colonel. — Gentilhomme de la Chambre du Roi. — ✠ C. ✠.
Lambert (Louis-Jos.-Aimé). — 1802. Génie. — Capit. décédé en Espagne.
Lambrecht (Amand-August.) — 1802. Génie marit. — Décédé Sous-Ingénieur en 1810.
Lavillette (Claude). — 1802. Artill. — Décédé Ch. de bat. en Russie en 1812. — ✠.
Lebascle (Hipp.-Louis-René-Ch.) — 1802. Retiré.
Leborgne de K'Morvan (Ch.-Fidèle). — 1802. Artill. — Capit. retr. en 1814. — Bras amputé.
Legrand (Louis-Marie-Eug.) — 1803. Artill. — Ch. de bat. — ✠ ✠.
Lemut (Jean-Bapt.-Denis-Franc.) — 1802. Génie. — Décédé Ch. de bat. — ✠ ✠.
Letonnelier de Breteuil (Achil.-Ch.-Stanisl.-Émile, *comte*). — 1802. Retiré. — Ancien Préfet. — Maître des Requêtes. — Pair de France. — O. ✠.
Levavasseur — (René-Louis-Octave). — 1802. Artill. — Ch. de bataill. — ✠ ✠.
Malesteste (Jean-Jos.-Louis, *marquis de* . — 1802. Retiré. — Ancien Secrétaire général de l'Administration des Contrib. indirectes. — Maître des Requêtes honoraire. — O. ✠.
Martin (Jean-Bapt.) — 1801. Marine militaire. — Passé en 1816 dans l'Artill. de marine. — Capit. — ✠.
Mathieu (Jean-Franc.-Jacques). — 1803. Répétiteur de Mathématiques à l'École d'Artill. de Turin.
Merlis (Adrien-Sicaire-Ch. *de*). — 1802. Génie. — Lieut.-colonel. — ✠ O. ✠.
Miège (Jean-Cl.) — 1801. Marine militaire. — A quitté le service en 1814, après neuf ans de captivité en Angleterre.
Normand (Pierre-Franc.-Hub.) — 1802. Artill. — Lieut.-colonel. — ✠ ✠.
Novion (Jean-Bern.) — 1803. Retiré.
Paris (Franc.-Jacq.) — 1802. Artill. — Capit. retr. en 1814.
Parnajon (Firmin-Cl.) — 1802. Génie. — Ch. de bat. — ✠ ✠.
Pierre (Jean-Nic.) — 1801. Marine milit. — Lieut. de vaisseau retr. en 1817. — ✠.
Plana (Jean-Ant.-Améd.) — 1802. Prof. de Mathématiques à l'École d'Artill. de Turin. — Directeur de l'Observatoire et Membre de l'Acad. de cette ville. — Correspondant de l'Acad. des Sciences de Paris.
Pommard (Achil.-César-Ch. Leblanc *de* . — 1802. Auditeur au Conseil d'État. — Décédé Conseiller d'État à Naples.
Provost (Jean-Louis). — 1802. Retiré.
Quemiset (Nic.-Théod.-August.) — 1802. Artill. — Décédé Capit. à Dantzick en 1813.
Reboul (Cl.-Marcel). — 1801. Retiré.
Regnart (Nic.-Louis). — 1801. Retiré.
Reguis (Franc.-Et.) — 1802. Artill. — Ch. de bat. tué à l'armée en 1814.
Royou (Fréd.-Franc.-Marie). — 1802. Génie maritime. — Décédé Sous-Ingénieur. — ✠.
Saint-Hillier (Pierre-Louis.) — 1802. Génie. — Décédé Ch. de bat. — ✠.

PROMOTION DE 1800 (AN IX).

Salleton (Pierre-Valentin-Julien. — 1802. Génie — Capit. décédé en Espagne en 1809.
Soleirol (Jos.-Franç.) — 1802. Génie. — Capit. — ✠ ✠.
Tinseau (Ant.-Marie-Nic. *de*) — 1802. Génie. — Ch. de bat. — ✠ O. ✠.
Traflin (Jean). — 1803. Génie. — Capit. — ✠ ✠.

Tugnot de Lanoye (Ch.-Ant.) — 1802. Artill. — Lieut.-colonel. — ✠ O. ✠.
Vallée (Louis-Léger). — 1803. Ponts et Chaussées. — Ing. en ch.
Vidalin (Ant.-Franç.) — 1801. Marine milit. — Aspirant. — Décédé en 1802 à la Martinique.

PROMOTION DE 1801 (AN X).

Abrial (Raim.-Benj.) — 1803. Ponts et Chaussées. — Ing. en ch.
Armey (Jean-Bapt.) — 1803. Retiré.
Augoyat (Antoine-Marie). — 1803. Génie. — Ch. de bat. — Prof. à l'école d'État-Major. — ✠ O. ✠.
Bagnac (Hen.-Gast.-Franç. *de*) — 1803. Ponts et Chaussées. — Ing. en ch.
Banse (Arnœil-Franç-Louis-Alex.) — 1803. Artill. — Capit. démiss. en 1811.
Barillot (Jean-Franç.-Sébastien). — 1803. Artill. — Capit. tué à la bataille de Wagram.
Barrin (Jean-Jacq.-Henri). — 1804. Artill. — Capit. démiss. en 1812.
Barthélemy (Amb.-Louis) — 1803. Génie. — Capit. tué au siège de Sarragosse en 1809. — ✠.
Baudin (Marie-Jos.-Ant.) — 1803. Artill. — Capit. tué à la grande armée en 1809.
Béranger (Amable-Alex.) — 1803. Artill. — Ch. de bat. retr. en 1821. — ✠ O. ✠.
Bidaux (Aug.-Et.) — 1803. Retiré. — Sous-chef au Trésor royal.
Bitsch (Jean-Aug.) — 1803. Génie. — Passé dans le génie maritime. — Ensuite dans l'artill. — Lieutenant colonel — Mort de blessures reçues à l'armée. — ✠ O. ✠.
Blondeau (Cl.-Jos.) — Décédé Élève.
Borrel Vivier (Jean-Ant.-Mar.) — 1804. Génie. — Ch. de bat. — ✠ O. ✠.
Bosquillon (Edouard-Louis-Marie). — 1803. Ponts et Chaussées. — Ing. en ch. — ✠.
Boucher de Morlaincourt (Hubert). — 1803. Artill. — Décédé ch. de bat. — ✠ ✠.
Bourgeois (Jacq. Jos.) — 1803. Artill. — Ch. de bat. réf.

Bourin (Victor). — 1804. Artill. — Décédé capit. en 1820. — ✠ ✠.
Boyer (Jean-Baptiste-Jos.) — 1805. Génie. — Capit. décédé en Catalogne en 1811, des suites de blessures. — ✠.
Brégeon (Julien-Jos.) — 1804. Ponts et Chaussées. — Ing. ord.
Brocard (Marc-Et.-Léon). — 1803. Artill. — Lieut. mort de blessures reçues à la bataille d'Eylau.
Brue (Jean.-Bapt.-Jos.) — Elève d'Egypte. — 1804. Ponts et Chaussées. — Ing. ord.
Cabasset (Cl.-Franç.) — 1803. Artill. — Capit. laissé blessé à Dresde en 1813.
Casabianca (Pierre-François-Vinc.-Ant.) — 1803. Artill. — Lieut. passé en 1807 aide de camp du général Lefebvre-Desnouettes. — Colonel d'inf. tué à l'armée. — O. ✠.
Casse (Luc-Ant.-Jean-Jos.) — 1803. Artill. — Décédé capit. en Espagne en 1809.
Chambray (Georges, *marquis de*). — 1803. Artill. — Colonel réf. — ✠ O. ✠.
Clerget-Saint-Léger (Cl.-Ant.-Jos.) — 1803. Artill. — Passé dans le génie en 1804. — Ch. de bat. — ✠ ✠.
Daguin (Élie Coust). — 1802. Retiré.
Dalesme (Jean). — 1802. Retiré.
Daniel (Pierre-Félix). — 1804. Génie marit. — Ing. — ✠.
Daugnac (Ant.-Dom.) — Elève d'Egypte. — .... Retiré.
Dejort (Thom.-Louis Alex.) — 1804. Artill. — Lieut. tué à l'armée de Portugal en 1808.
Dru (Mich.-Pierre-Henri). — 1805. Ponts et Chaussées. — Décédé. Ing. ord. en 1818.
Ducros (Jos.) — 1803. Artill. — Ch. de bat. — ✠ ✠.

PROMOTION DE 1801 (AN X).

Dulong (Pierre-Louis .—1802. Retiré. — Prof. à l'École Polytech., etc. — Acad. des Sciences. — ✠.
Dupin (Pierre-Ch.-Franç., *baron*). — 1803. Génie maritime. — Ing. — Prof. au Conservatoire des Arts et Métiers. — Chambre des Députés. — ✠
Duplâtre (Luc). — Élève d'Égypte. — .... Retiré.
Durbach (Jos.-Léop.) — 1803. Artill. — Colonel. — ✠ O. ✠.
Eggerlé (J.-Jacq.-Adam-Hyac.-Gab.) — 1803. Artill. — Lieut.-colonel. — ✠ O. ✠.
Emmery Hen.-Nic.) — 1802. Retiré.
Etchégoyen Martin). — 1804. Artill. — Colonel. — ✠ O. ✠.
Fabre (Jacq.-Alex.) — 1803. Ponts et Chaussées. — Ing. ordin. — En Russie, Général major du génie des voies de communication. — ✠
Fontaine (Jacq. Alexis). — 1804. Artill. — Ch. de bat. — ✠ ✠.
Foucaud (Jos.-Jules). — 1803. Génie. — Décédé Colonel. — ✠ O. ✠.
Foucauld (Valent.- Aug.- Jos.) — 1803. Ponts et Chaussées. — Ingén. ord.
Foucauld (Cam.-Louis *de*). — 1803. Artill. — Lieut.-Colonel. — ✠ O. ✠.
Furgaud Jean-Bapt.) — 1803. Mines. — Ing. en ch.
Gardeur-Lebrun (Jean-Bapt.-Christ.) — 1803. Ponts et Chaussées. — Décédé Ing. ord. en 1816.
Gastellier (Adrien-Louis). — 1803. Retiré.
Gazon des Rivières (Arm.-Jean-Bapt.-Séverin) — Ne s'est pas présenté.
Geffroy (René-Marie). — 1804. Artill. — Capit. décédé à la grande armée en 1813.
Girard (André-Ch.) — 1804. Artill. — Capit. tué à l'armée d'Espagne en 1810.
Girardin (Jean-Baptiste-Alexis). — 1804. Génie. — Chef de bataill. — ✠ ✠.
Gosselin (Nicolas-Bruno). — 1802. Retiré.
Grandin (Jacq.-Pierre-Mich.) — Décédé Élève.
Grigny Et.-Franç.) — 1802. Retiré.
Grojean (Louis-Marie). — 1804. Art. — Décédé Capit. — ✠.
Guillaume Cl.-Hen.-Franç.) — 1804. Artill. — Décédé capit. à Magdebourg en 1813.
Guillemard (Jean-Franç.) — 1803.

Artill. — Passé dans le génie marit. — Ing. — ✠ ✠.
Hissard (Mart.-Ant.) — 1803. Artill. — Capit. — ✠.
Hoyau (Louis-Ch.) — 1802. Retiré.
Hua (Pierre - Ch. - Eust. — 1804. Artill. — Lieut. décédé à Madrid en 1809.
Jamet (Augustin-Thom.) — 1803. Artill. — Capit. tué à l'armée d'Espagne en 1810.
Jaubert (Franç.-Jean-Jos.-Louis). — 1803. Artill. — Capit. amputé et fait prisonnier de guerre à Leipsick en 1813.
Javerzat Ch.-Ant.) — 1803. Artill. — Ch. de bat. — ✠ O. ✠.
Lecaron (Touss.) — 1803. Génie. — Passé aide de camp du maréchal Soult. — Ch. de bat. d'inf. retr. — ✠ O. ✠.
Leclerc (Marie-Jos.) — 1803. Artill. — Colonel. — ✠ C. ✠.
Lecomte (Jean-Mich.) — 1803. Artill. — Décédé capit. en 1811.
Lefaivre (Jean-Bapt.-Marie). — 1803. Génie. — Ch. de bat. — ✠ O. ✠.
Lefebvre (Jacq.-Max.-Am.) — 1804. Artill. — Lieut. colonel. — ✠ ✠.
Lefebvre (Charles-Clément. — 1803. Artill. — Passé dans le génie en 1804.
Lejoyand (Ant.-Nic.) — 1803. Artill. — Lieut.-colonel. — ✠ ✠.
Lemoine de Serigny (Amed.-Ferd.-Hen.-Marie). — 1803. Génie mar. — Ing. — ✠.
Lenternier (Franç.-Marie). — 1803. Génie. — Ch. de bat. — ✠ O. ✠.
Léonard Juvigny (Guill.-Aug.) — 1803. Ponts et Chaussées. — Ing. en ch.
Le Pord (Franç.-René-Jean.) — 1803. — Prof. de math. à l'École d'artill. de Rennes et au Collége royal de cette ville.
Livet Jean-Joach. — 1805. Ponts et Chaussées. — Élève démission. — Décédé prof. de math. à Varsovie.
Martin (René). — 1804. Artill. — Ch. d'esc. — ✠ ✠.
Masquelez (Louis Joseph). — 1803. Ponts et Chaussées. — Ing. ord.
Masson (Aug.-Et.) — 1803. Ponts et Chaussées. — Ing ord.
Masson (Jacq.-Phil.-Jean-Bapt.-Cl.-Firm.-Valéry). — 1804. Artill. — Capit. tué à l'armée.
Mialhe (Jacq.-Louis-Marie-Anne).

PROMOTION DE 1801 (AN X).

— 1804. Ponts et Chaussées. — Ing. ord.

Miquel (Pierre-Louis-Mar.) — 1804. Artill. — Lieut. tué à la bataille d'Iéna.

Mondétour (Alex.-Franc. Brière de). — 1803. Ponts et Chaussées. — Ing. en ch.

Moret (Jean-Marie-Franc.) — 1804. Artill. — Ch. de bat. — ✠ ✠

Ocher de Beaupré (Edouard).—1803. Génie. — Passé dans l'Artill. — Lieut. colonel. — ✠ O. ✠

Oudet Jean-Franc. — 1802. Marine milit. — Enseigne de vaisseau, tué dans le combat soutenu par le vaisseau le *D'Hautpoul* en 1809.

Paixhans Henri-Jos. — 1803. Artill. — Lieut.-colonel — ✠ O. ✠

Parrizot (Charles-Louis-Marie). — 1804. Artill. — Lieut. colonel. — ✠ ✠

Payan Jean-Mémie. — 1803. Artill. — Ch. de bat. — ✠ ✠

Perroy (Jean-Bapt.-Ch.) — 1803. Génie marit. — Ing. — ✠

Pion (Edme-Ch.) — 1804. Ponts et Chaussées. — Ing. en ch. — ✠

Plessis Julien-Olive. — 1804. Ponts et Chaussées. — Ing. ord.

Potel (Alex.-Jean-Pierre. — 1803. Ponts et Chaussées. — Ing. ord.

Prévost (Jean-Mich.-Marie). — 1803. Artill. — Ch. de bat. retr. en 1815.

Quilliard (Léon. — 1803. Génie. — Ch. de bat. — Présumé tué à l'armée. —

Raillard Granvelle (Charl.-Alex.-Marie-Louis). — 1801. Marine milit. — Aspirant, tué à bord du vaisseau le *Scipion*, au combat du cap Finistère en 1805.

Reboulh (Jacq.-Paul). — 1803. Génie — Passé dans l'artill. — Capit. — Présumé mort à la grande armée en 1813.

Rigues (Marie-Chryst.-Aug.) 1803. Artill. — Capit. démiss. en 1812.

Robillard (Alexis-Hubert). — 1804. Ponts et Chaussées. — Ing. en ch.

Romestin Pierre-Marie-God. — 1804. Artill. — Ch. de bat. — ✠ ✠

Royer (Louis-Hub.) — 1804. Artill. — Lieut. tué à la bataille de Friedland.

Saint-Aubin (Ant.-Hipp.) — 1803. Ponts et Chaussées. — Ing. en ch.

Segond (Anne-Jos.-Dav.) — 1803. Génie. — Capit. mort d'une blessure reçue au siège de Sarragosse en 1809. — ✠

Terquem (Olry-Salomon). — 1804. Instruct. publiq. — Prof. de math. aux écoles d'Artill. — Employé au Dépôt central de cette arme.

Teysseyrre Jér.-Ant.-Paul-Emile). — 1803. Ponts et Chaussées. — Entré dans l'état ecclésiastique. — Décédé.

Thiébault (Jean-Gabriel. — 1803. Génie. — Colonel. — ✠ O. ✠

Tuleu Moléon (Jean-Gab.-Vict.) — 1803. Mines. — Passé Ing. du Cadastre. — Actuell. Ing. du cabinet du Roi et des forêts de la couronne. — ✠

Vauthier (Pierre). — 1803. Ponts et Chaussées. — Ing. ord.

Vauvilliers (Louis-Henri-Chrét.) — 1803. Génie. — Lieut.-colonel. — ✠ O. ✠

Vigoureux (Jean-Jos.-Pierre). — 1803. Ponts et Chaussées. — Ing. en ch.

PROMOTION DE 1802 (AN XI).

Abeille (Jos.-Ildeph.-Clém.) — 1804. Artill. — Colonel. — ✠ ✠

Aillaud Pierre-Marie-Gilb. — 1805. Génie. — Capit. — ✠ ✠

Atthalin Louis-Mar.-J.-Bapt. *baron*). — 1804. Génie. — Colonel. — Aide de camp de Monseign. le duc d'Orléans. — ✠ C. ✠

Aubert (Jules. — 1804. Artill. — Lieut. décédé dans l'expédition de Russie.

Audoy (Guill.-Hipp.) — 1804. Génie. marit. — Sous-Ing.

Bagnac (Mich.-Vict.) — 1804. Génie.

— Ch. de bat. tué dans la campagne de 1814.

Barreau (Et.-Jos.) — 1804. Artill. — — Ch. de bat. — ✠ ✠

Bateau (Pierre-Louis. — Ne s'est pas présenté.

Bénard (Prud.-Réné). — Décédé Elève.

Benoît de la Paillonne (Phil.-Louis-Franc.-Henri-Jos. *de*) — 1804. Artill. — Ch. de bat. — ✠ ✠

Bergère (Pierre.) — 1805. Génie. — Lieut.-colonel. — ✠ O. ✠

Besançon (Pierre. — 1804. Retiré.

PROMOTION DE 1802 (AN XI).

— Voy. ce nom dans la promotion de 1805.
Biet (Jean-Marie-Dieudonné). — 1806. Retiré. — Architecte à Paris.
Bonnetat (J.-Bapt.) — 1804. Ponts et Chaussées. — Ing. en ch.
Boucher (J.-Bapt.-Marie). — 1806. Ponts et Chaussées. — Ing. ord. — ✠.
Boucher de Morlaincourt (Franc.-Théod.) — 1804. Génie. — Capit. — ✠ ✠.
Bourdonié (Franc.-Magd.) — Décédé élève.
Brechtel (Henri-Ign.) — 1804. Artill. — Lieut.-colonel retr. pour perte d'une jambe. — O. ✠.
Breune (Louis). — 1804. Génie. — Lieut. tué au siége de Sarragosse. — ✠.
Cailly Duchesné (Fréd.) — 1804. Artill. — Ch. de bat. — ✠ O. ✠.
Carmignac-Décombe (J.-Bapt.) — 1804. Retiré.
Cazaux (Louis-Franc.-Guill. de). — 1804. Artill. — Ch. de bataill. — ✠ ✠.
Chandon (Ant.-Vict.-Barth.) — 1804. Artill. — Ch. d'esc. tué à l'armée.
Charton (Jos.) — 1804. Artill. — Décédé lieut. à Corfou en 1808.
Cherrier (Marie-Jos.-Hyac.) — 1804. Artill. — Ch. de bat. — ✠ ✠.
Chochina (Et.-Nic.) — Décédé Élève.
Cirodde (Ch.-Ant.) — 1804. Retiré.
Coster (Ch.-Pierre) — 1804. Ponts et Chaussées. — Ing. ord.
Couasnon (Jean). — 1804. Artill. — Lieut. démiss. en 1806.
Cousin (Gilb.-Marie). — 1805. Ponts et Chaussées. — Ing. en ch.
Cruzy-Marcillac (Louis-Francois-Marie-Gaston). — 1804. Artill. — Capit. tué à l'armée. — O. ✠.
Dauty (Jean-Pierre). — 1804. Artill. — Capit. tué à la grande armée en 1813.
Debout (Flor.-Casim.-Jos.) — 1804. Ponts et Chaussées. — Ing. ord.
Decazes (Jos.-Léonard, vicomte). — 1805. Ponts et Chaussées. — Ing. démiss. — Maître des Requêtes. — Préfet du Tarn. — O. ✠.
Delacroix (Charles). — 1805. Artill. — Ch. de bat. réf. — O. ✠.
Delaporte (Jean-Prosp.-Hyac.-Bern). — 1805. Ponts et Chaussées. — Ing. ord.
Delord de la Flotte (Franc.-Ignace).

— 1804. Artill. — Lieut.-colonel. — ✠ O. ✠.
Derrion-Duplan (Mich.-Nizier). — 1804. Artill. — Ch. de bat. — ✠ ✠.
Deshaulles (Jean-Laurent). — 1805. Artill. — Ch. de bat. — ✠.
Dieudonné (Nic.-Dom.-Ch.) — 1804. Génie. — Capit. — ✠ ✠.
Dubocq (Jean-Thom.) — 1804. Artill. — Ch. de bat. — ✠ ✠.
Dumas-de-Culture (Jos.-Ch.) — 1804. Artill. — Ch. d'esc. — ✠ O. ✠.
Du Moncel (Alex.-Henri-Adéodate, comte). — 1805. Génie. — Lieut. colonel. — Chambre des Députés. — ✠ O. ✠.
Dupau (Anne-Pierre-Franc.-Aug.) — 1804. Génie. — Lieut.-colonel. — Aide de camp de Monsieur le Dauphin. — ✠ O. ✠.
Dupré (André). — 1804. Ponts et Chaussées.
Esclaibes Dhust (Louis-Aug.-Marcel, comte d'). — 1804. Artill. — Colonel. — ✠ ✠.
Fabvier (Ch.-Nic.) — 1804. Artill. — Colonel, commandant un corps de troupes au service des Grecs. — O. ✠.
Faure (Marc.-Ant.-Fréd.-Marie). — 1804. Artill. — Capit. — Mort de blessures en 1814.
Garin (Séb.-Phil.-Jos.) — 1806. Inf. — Lieut.-colonel. — ✠ ✠.
Gauldrée-Boilleau (J.-Bapt.-Ch.) — 1804. Artill. — Colonel. — ✠ C. ✠.
Gaultier (Ant.-Gab.-Vict.) — 1804. Artill. — Lieut. tué à la grande armée en 1809.
Gibon (Franc.-Louis). — 1804. Artill. — Lieut. tué à l'armée d'Espagne.
Gorsse (Jos.-Aug.) — 1804. Artill. — Lieut.-colonel. — ✠ O. ✠.
Gosse de Serlay (Casimir, baron). — 1804. Artill. — Lieut.-colonel. — ✠ ✠.
Gricourt (Armand-Pélage). 1805. Ponts et Chaussées. — Ing. ordin.
Hamart (André). — 1804. Génie marit. — Décédé Sous-Ing. — ✠.
Heuzé (Jacq.-Aug.) — 1804. Artill. — Capit. mort à la grande armée en 1813.
Hoguer (Jean-Pierre). — 1805. Ponts et Chaussées. — Elève honoraire. — Ch. de Bureau au Ministère de l'Intérieur.

Hortet (Franç.-Bl.-Thom.) — 1804. Artill. — Lieut.-colonel.— ✠ O. ✠.
Janot-Destainville Nic.-Dom.-Marie. 1802. Retiré. — Décédé, en 1828, ancien Répétiteur de Mathématiques à l'École Polytechnique.
Julliot-Duplessis (Hen.-Franç-Jos.) — Décédé Elève.
Lamarck (André). — 1803. Marine milit. — Lieut. de vaisseau. — Décédé en mer en 1817.
Lebeuf-Deschamps (Jean-Bapt.) — 1804. Artill. — Lieut. tué au siége de Dantzick.
Ledilais Aimé-Denis. — 1804. Artill. — Ch. de bat.— ✠ ✠.
Leforestier de Villeneuve (Ant.-Marie-Julien). — 1804. Artill. — Ch. de bat. — ✠ ✠.
Le Gendre (Célestin-Marie-Franç.) — 1804. Artill. — Lieut.-colonel. — ✠ ✠.
Lemétayer-Kerdaniel (Jos.-Emm. Thom.) — 1805. Génie. — Capit. — ✠ ✠.
Lenoir (Louis-Et.) — 1804. Génie. — Capit. — ✠ ✠.
Leroux (Victor-Arsène). — 1804. Ponts et Chaussées. — Ing. en ch.
Liby (Nic.-Jos.) — 1804. Artill. — Capit. passé en 1813 Aide de camp du comte de Valmy.
Lieffroy (Cl.-Jos.-Grég.) — 1804. Artill. — Ch. de bat. — ✠ ✠.
Limozin de Saint-Michel (Louis-Emm.) — 1804. Artill. — Décédé Ch. de bat. — ✠ O. ✠.
Lobstein (Jean-Geoff.-Chrét.) — 1805. Retiré.—Prof. de Mathémat.
Maille Benj.-Arsène. —1802. Retiré.
Malartic (Ch.-Jean-Bapt.-Alph. de) — 1804. Retiré. — Maître des Requêtes. — O. ✠.
Mancel (Antoine). — 1804. Artill. — Lieut.-colonel. — ✠ ✠.
Marcot Jos.-Raconte).—1804. Artill. Cap. tué dans la campagne. de 1814.
Mathieu (Cl.-Mich.-Franc.) — 1804. Génie. — Lieut. tué au siége de Neiss en 1807.
Maurice (Louis-Marie-Aimé). — 1806. Ponts et Chaussées. — Ing. ordin.
Maury (Louis-Charlem.-Ferd.) — 1805. Ponts et Chaussées. — Ing. ordin.
Mazerat (Pierre Aug.) — 1804. Artill. — Capit. tué à la grande armée en 1814.
Mazeret (Jean-Jos.-Hen.) — 1805. Artill.—Capit. démiss. — Profess.
Merel aîné (Pierre-Hen.-Fréd.) — 1805. Artill. — Capit. — Passé au service de Russie.
Metz (Vict.-Sylvestre de). — 1804. Artill. — Lieut.-colonel.— ✠ O. ✠.
Michon du Marais (Alph.-Jules-Franç.) — 1804. Artill. — Ch. de bat. — Sous-inspecteur à l'École Polytechnique. — ✠ ✠.
Nacquart (Jos.-Nic.) — Décédé Elève.
Novier (Cl.-Louis-Marie-Hen.) — 1804. Ponts et Chaussées. — Ing. en ch. — Acad. des Sciences.
Paillhou (Louis, vicomte). — 1804. Artill. — Maréch. de camp. — Gentilhomme honoraire de la Chambre du Roi. — Sous-gouverneur de l'École Polytech. — ✠ C. ✠.
Patin de Lafizelière (And.-Barbe-Ch.-Jul.) — 1804. Artill. — Chef d'Esc. — ✠ ✠.
Penet (Félix). — Décédé Elève.
Petitot (Cl.-Louis-Nic.) — 1804. Génie. — Capit. — ✠ O. ✠.
Peyssard (Ant.-Ch.) — 1804. Retiré.
Pierard (Ch.-Franc.-Jean-Ign.) — 1804. Génie. — Capit. — ✠ ✠.
Pouzol (Jean) — Décédé Elève.
Pretet (Ch.-Et.-Jos. baron). — 1804. Génie. — Ch. de bat. — ✠ O. ✠.
Prévost (Jean-Bapt.-Benoît). — 1804. Artill — Ch. de bat. réf. — ✠ ✠.
Puthaux (Hen.-Franç. de). — 1804. Artill. — Ch. de bat. — ✠ ✠.
Radoult (Jean-Franç.-Ch.) — 1804. Artill. — Lieut. tué à la grande armée en 1809.
Rapatel (Prosp.-Marie). — 1804. Artill. — Ch. de bat. — ✠ ✠.
Renaud (Louis-Jos.) —Décédé Elève.
Ricard Aug.-Xavier. —1806. Retiré.
Robert (Eli.-Mich.) — 1805. Artill. Capit. prisonnier de guerre en Russie, non rentré.
Roy (Hen.-Aug.) — 1805. Artill. — Capit. réf. en 1825. — ✠ O. ✠.
Saint-Blaise (Charles).—1804. Artill. Cap. tué à la grande armée en 1813.
Saint-Jacques (Franc.-Louis). — 1804. Artill. — Ch. d'esc. — ✠ ✠.
Sechehaye (Jean-Philip.) — 1804. Artill. — Lieut. mort à l'armée.
Simon (Jean Bapt.-Desiré). — 1804. Retiré.
Soucanye-Landevoisin (Achille-Olympe). — 1804. Artill. — Capit. démiss. en 1812.

PROMOTION DE 1802 (AN XI).

Tacon (Cl.Jos.-Hyac.) — 1804. Artill. — Elève Sous-Lieut. passé dans un autre service.
Taillefert (Jean-Ch.-Théod.) — 1805. Artill. — Ch. de bat. — Prof. de Chimie à l'Ecole d'Application. — ✠ ✠.
Treuil (Paul-Marie-Gab.) — 1804. Ponts et Chaussées. — Décédé Prof. de Mathématiques à l'Ecole militaire et des Pages du Roi.
Tulpain (Ch.-Nic.) — 1804. Artill.
Tyrbas de Chamberet (Melch.-Léon-Jos.) — Décédé Elève.
Vaissière (Louis-Marie). — 1804. Ponts et Chaussées. — Ing. en ch.
Vallier (Ch.-Jean-Jos.) — 1805. Artill. — Capit. tué à l'armée d'Espagne en 1813.
Vaudrey (Cl.-Nic.) — 1804. Artill. — Lieut.-colonel — ✠ ✠.
Wiart (Félix-Augustin). — 1814. Artill. — Capit. tué dans la campagne de 1814.

PROMOTION DE 1803 (AN XII).

Admyrauld (Louis-Gabriel). — 1805. Artill. — Chef de bat. — ✠ ✠.
Ancinelle (Mathur.-Auguste). — 1806. Artill. — Capitaine. — ✠ ✠.
Arago (Dom.-Franç.-Jean). — 1805. Nommé Secrét. du Bureau des Longitudes. — Actuellement membre de ce Bureau et de l'Acad. des Sciences. — Prof. à l'Ecole Polytech — O. ✠.
Baillieu (Cam.-Aubert-Aimé-Jos.) — Décédé Elève.
Bazaine (Pierre-Dom.) — 1805. Ponts et Chauss. — Ing. ord. — En Russie, Général-Major du Génie des voies de communication. — O. ✠.
Beaumont (Joseph-Gab.-Marie). — 1805. Passé à l'Ecole Militaire.
Bellencontre (Jos.-Pierre-Franc.) — 1806. Artill. — Ch. de bat. — ✠ ✠.
Bengy (Cl.-Jos.-Ben.). — 1805. Retiré.
Berdoulat (Jos.-Guill.-Marie-Ch.) — 1806. Ponts et Chauss. — Ing. ord.
Bernard (Jos.-Denis-Ans.) — 1805. Artill. — Démiss. — Directeur de l'Ecole de Sorrèze.
Berthois aîné (Pierre-Louis). — 1805. Passé à l'Ecole Militaire.
Besaucèle (Marie-Melch.-Marcelin). — 1805. Artill. — Ch. de bat. — ✠ ✠.
Betourné aîné (Pierre-Jacq.-Franç.) — 1805. Ponts et Chauss. — Ing. ord.
Bignon (Jean-Franc.) — 1805. Artill. — Capit. — ✠ ✠.
Blachez (François). — 1806. Ponts et Chaussées. — Ing. ord. retiré.
Boisteilleul (Hyac.-Eug.-Pierre *Ravenel de*). — 1805. Artill. — Capit. démiss. — Secrét. général de la Préfecture d'Ille et Vilaine. — ✠.
Bollemont (Nicolas *Chonet de*). — 1805. Artill. — Capit. décédé prisonnier de guerre en Russie en 1813. — ✠.
Bourgeois (Apollinaire). — 1805. Artill. — Ch. d'escad. — ✠ O. ✠.
Bourgeois (Jean-Baptiste). — 1805. Artill. — Décédé Lieutenant.
Bourriot (Jos.-Juste). — 1805. Artill. — Lieut. démiss. — Prof. de Mathématiques à Paris. — ✠.
Bouteiller (Ch.-Franç. Romaric *de*). — 1805. Artill. — Lieut.-Colonel. — ✠ O. ✠.
Bouvier (And.-Raym.) — 1805. Ponts et Chaussées. — Ing. en ch.
Brianchon (Ch.-Jul.) — 1806. Artill. — Capit. prof. à l'Ecole d'Artillerie de la Garde Royale. — ✠ ✠.
Brissot (Edm.-Auguste-Sylvain). — 1805. Retiré.
Brulard aîné (Augustin-Jos. *Brussel de*). — 1806. Artill. — Ch. d'escad. — ✠ O. ✠.
Biot (Claude). — 1805. Ponts et Chaussées. — Ing. ord.
Cartier aîné (Cl.-Jérome). — 1806. Artill. — Capit. — ✠ O. ✠.
Cartier jeune (Hect.-Marie-Anne). — 1806. Génie. — Capitaine décédé à Tarragone des suites de blessures.
Cathala (Jean). — 1805. Génie. — Chef de bat. — ✠ O. ✠.
Chappuis (Philippe-Franc.) — 1805. Artill. — Décédé Lieut. à l'armée.
Charbaut (Charles-Basile). — 1805. Mines. — Ing. ord.
Colson (Et.-Henri). — 1806. Artill. — Décédé Lieut. à l'armée.
Convents (Josse-Aimé). — 1805. Artill. — Lieut. tué à l'armée d'Espagne.
Coquerel (Firmin-Joseph). — 1806. Mines. — Ing. ord.
Crouzet (Barthél.-René). — 1805. Artillerie. — Lieut. tué à l'armée d'Espagne.
Curel (Théodore). — 1805. Artill. — Lieut. tué à la bataille de Wagram.
Cuvillier (Pierre). — 1806. Infant.
Daviel (Jos.-Anne-Mar.-Sim.-Pierre). — 1806. Génie marit. — Ing. — ✠.

418   PROMOTION DE 1803 (AN XII).

Decroix (Nicolas). — 1806. Artill. — Capitaine retiré en 1818.

Defontaine (Ant.-Jos.-Chrét. — 1805. Ponts et Chaussées. — Ing. en chef.

Destrem aîné (Marie-Anne-Jean-Antoine). — 1806. Ponts et Chaussées. — Ing. ord.

Dixmude (Achille). — Décédé Elève.

Dovillée (Ch.-Barth.) — 1806. Artill. — Capit. — ※ ※.

Drieu (Alexand.-Fréd. — 1806. Artill. — Chef de bat. — ※.

Dubarry de Lesqueron (Augustin-Joseph-Jean-Bern.-Thom.) — 1806. Artill. — Chef de bat. — ※ O. ※.

Duhamel (Cl.-Marie-Joseph). — 1806. Artill. — Capit. — ※ ※.

Dumont (Ant.-Jos.) — 1806. Artill. — Capit. — ※ ※.

Duperche - Duchasble de Mesnilhaton (Louis). — 1805. Artill. — Chef de bat. — ※ O. ※.

Duport de Poncharra (Ch. - Louis-César). — 1806. Artill. — Ch. de bat. — ※ O. ※.

Dussaussoy (Omer-Const.-Joseph). — 1805. Artill. — Ch. de bat. — ※ O. ※.

Empereur (Charles). — 1805. Infant.

Eudel (Amand-Fid.-Marie). — 1806. Infanterie.

Folliart (Franç.-Regnault). — 1805. Ponts et Chaussées. — Décédé Ing. ord. en 1817.

Foucauld (Jean-Hémeri de). — 1806. Artill. — Ch. d'escad. — ※ O. ※.

Fournier (Pierre-François). — 1805. Génie. — Chef de bat. mort d'une blessure en 1814. — ※.

Franchet (Jean-François). — Décédé Elève.

Freslon du Boishamon (Gab.-Franc. de). — 1806. Artill. — Capit. réf.

Fresnel aîné (Louis-Jacques). — 1805. Artill. — Lieut. tué à l'armée d'Espagne.

Furgaud (Ant.-Etienne-Augustin). — 1806. Artill. — Lieutenant mort à l'armée.

Gallois (Ch.-Jos.-Mich.) — 1805. Gén. — Décédé capitaine en 1811.

Gardeur-Lebrun (Charles). — 1805. Ponts et chaussées. — Décédé Ing. ordin. en . . . .

Garnier (Abdon.-Jacq.-Frambourg.) — 1805. Mines. — Ing. ord.

Garnier (Pierre-Ant.) — 1805. Artill. — Ch. de bat. — ※ ※.

Gauvain (Louis). — 1806. Retiré.

Georges (Jos.-Louis). — 1805. Artill. — Lieut. tué à la bataille d'Eylau.

Gérard (Jean-Mich.-Jos.-Louis). — 1805. Génie. — Capit. démis. en 1809.

Girard (Jacq.-Ant.) — 1806. Génie. — Capit. mort d'une blessure reçue à la bataille d'Ocana.

Girod (Ch.-Aimé). — Décédé Elève.

Goguillot (Jean-Bapt.-Auguste-Ferd.) — 1806. Retiré.

Grivel (Franç.-Louis). — 1806. Infant.

Guérard (Nicolas). — 1805. Artill. — Chef de bat. — ※ ※.

Guérin (Jos.-Benoît). — 1806. Artill. — Lieut. tué à l'armée.

Hamart (Ch.-Nicolas-Félix). — 1805. Artill. — Ch. de bat. — ※ O. ※.

Hautecloque (Stan.-Franç.-Jos. *chevalier de*). — 1805. Génie. — Chef de bat. — ※ ※.

Hérouard (Louis-Joseph). — Décédé Elève.

Huet (Jean-Guill.) — 1806. Artill. — Décédé Chef de bat.

Husson (Nicolas-Franc.) — 1805. Ponts et Chaussées. — Ing. ord.

Jaubert (Adolphe). — 1807. Génie. — Capit. démiss.

Jandel (Jean-Nic.-Ant.-Alex.) — 1806. Ponts et Chaussées. — Ing. ordin.

Jouye-Desroches (Pierre-René-Gab. de). — 1805. Retiré.

Kernier (Louis-René, *Le Cardinal de*). — 1807. Artill. — Lieut. tué au siège de Badajos.

Kernier (Franç.-Gab.-Paul, *Le Cardinal de*). — 1806. Infant. — Tué à l'armée.

Loguerenne (Jacq. *Constant*, *dit*). — 1806. Ponts et Chaussées. — Ing. ordin. — ※.

Lallemand (Frédér.) — 1806. Retiré.

Lamorre (Antoine). — 1806. Artill. — Lieut. tué au siège de Ciudad-Rodrigo.

Leboullenger (Louis-Cl.-Marie). — Mines. — Ing. ordin.

Lechesne (Thom.-René). — 1805. Artill. — Lieut.-Colonel. — ※ O. ※.

Lecourt (André). — 1806. Artill. — Mort à l'armée d'Espagne.

Lefebvre de Fourcy (Louis). — 1805. Artill. — Elève démiss. — Examinateur d'admission pour les Ecoles Polytechnique, Militaire, etc., etc. — ※.

Lefèvre (Alexandre-Franç.) — 1806. Artill. — Capit. tué à l'armée.

PROMOTION DE 1803 (AN XII).

Léger (Louis-Dan.-Philip.) — 1805. Ponts et Chaussées. — Ing. ordin.

Lejeune (Marie-Noël). — 1806. Ponts et Chaussées. — Ing. ordin.

Lemoine (Ch.-Jos.) — 1805. Artill. — Capit. réf. — Officier de la Maison civile du Roi. — ✠ ✠

Le Noury (Alex.-Jean-Marie). — 1805. Artill. — Lieut. tué à l'armée.

Leviston (Alex.-Jean). — 1806. Génie. — Capit. tué au siége de Valence. — ✠

Louette (Louis-André-Sylvestre). — 1806. Mines. — Décédé Élève.

Maltzen (Franc.-Louis-Maurice.) — 1806. Génie. — Ch. de bat. mort de blessures reçues au siége de Ciudad-Rodrigo. — ✠

Marguet (Pierre-Joseph). — 1806. Ponts et Chaussées. — Ing. ordin.

Masquelez (Pierre-Jos.-Aug.-Félix). — 1806. Artill. — Capit. démiss.

Massias (Gab.-Jos.-Phinée). — 1805. Artill. — Capit. démiss.

Mathieu (Cl.-Louis). — 1805. Ponts et Chaussées. — Élève honoraire. — Membre du Bureau des Longitudes et de l'Acad. des Sciences. — Répétiteur à l'École Polytechnique.

Maugras (Pierre). — 1806. Artill. — Lieut. mort à l'armée d'Espagne.

Mauprel (Cés.-Jos.-Ferréol). — Décédé Élève.

Mérel jeune (Ch.-Emm.) — 1805. Ponts et Chaussées.

Michaud (Marc-Hyac.-Alexand.) — 1805. Génie. — Demiss.

Michel aîné (Franc.) — 1805. Artill. — Capit. tué à l'armée en 1812.

Michel jeune (Franc.) — 1806. Inf. — Ch. de bat. — ✠ ✠

Mocquot (André). — 1806. Artill. — Décédé Élève Sous-Lieut.

Moreton de Chabrillan (Ch.-Alex.-Henri *de*). — 1805. Artill. — Lieut.-Colonel. — ✠ O. ✠

Olry (Jos.-Gab.) — 1805. Génie. — Lieut.-Colonel. — ✠ O. ✠

Paravey (Ch.-Hippol. *de*) — 1806. Ponts et Chaussées. — Ing. ordin. — ✠

Paulin (Jean-Ch.-Gust., *chevalier*). — 1805. Génie. — Capit. — ✠ ✠

Perrin (Hub.-Jos.-Vinc.) — 1805. Artill. — Lieut. passé en 1807 Aide de camp du général comte de Lobau.

Phétu (Louis-Jos.) — 1806. Artill. — Ch. de bat. — ✠

Philibert (Ant.-Madelaine). — 1805. Artill. — Décédé Ch. de bat. — ✠

Pichois (Gab.-Ant.-Louis). — 1806. Artill. — Lieut. tué à la bataille de Lutzen.

Puvis (Marie-Julien-Cés.) — 1806. Mines. — Ing. ordin.

Quesney (Pierre). — 1806. Ponts et Chaussées. — Ing. ordin.

Radet (Ch.-Pierre-Ant.) — 1805. Artill. — Ch. de bat. — ✠ ✠

Radoult de Lafosse (Pierre-Thom.) — 1806. Artill. — Ch. de bat. — ✠ ✠

Raulin (Louis). — 1805. Artill. — Ch. de bat. — ✠ ✠

Raymond (Joseph-Esprit). — 1805. Infant.

Ribault (Jean-Marie). — 1806. Infant.

Rival (Joseph). — 1805. Retiré. — Ancien Ing. du Cadastre.

Roel (Jean-Denis-Siméon). — 1806. Ponts et Chaussées. — Décédé Ing. ordin. en 1812.

Rousseau (Ch.-Louis-Hon.) 1806. Ponts et Chaussées. — Ing. ord.

Sea dit Soye (Louis-Guil.) — 1805. Génie. — Capit. tué au siége de Tortose.

Solomiac (Ben.-Hercule). — 1805. Artill. — Ch. d'esc. — ✠ ✠

Sthème (Jacques). — 1806. Cavaler.

Thenard (Ant.) — 1805. Ponts et Chaussées. — Ing. ordin.

Tortel (Jean-Pierre-Paul). — 1805. Artill. — Ch. d'esc. — ✠ O. ✠

Thouvenel (Louis). — 1805. Artill. — Ch. de bat. — ✠ O. ✠

Vaquier (Ch.-Justin). — 1805. Artill. — Lieut. tué à la bataille d'Eylau.

Vergé (Ch.-Thom.) — 1806. Artill. — Lieut. démiss. — Directeur du Télégraphe à Strasbourg.

Vincent (Jean-Bapt.). — 1805. Génie. — Capit. — ✠ ✠

Vion de Gaillon (Gab.-Justin). — 1805. Artill. — Capit. tué au siége de Dantzick en 1807.

Voltz (Philippe-Louis). — 1805. Mines. — Ing. ordin.

Vuillet (Franc.-Et.-Ignace). — 1806. Ponts et Chaussées. — Ing. ordin.

Vuitry (Julien-Marin). — 1805. Ponts et Chaussées. — Ing. ordin.

PROMOTION DE 1804 (AN XIII).

Amauri (Jean-Jacq.-Pons). — 1806. Artill. — Ch. de bat. — ✠ ✠

Amillet (Pierre-Hipp.) — 1806. Génie. — Ch. de bat. réf. — ✠ ✠

Anselin (Louis-Pierre). — 1807. Artill. — Capit. — ✠.

Aubert-Vincelles (Agathon-Marie). — 1805. Retiré.

Audoy (Jos.-Vict.) — 1806. Génie. — Ch. de bat. — ✠ O. ✠

Auvray (Guill.-Paul-Cath.) — 1806. Artill. — Lieut.-colonel d'Etat-Major. — ✠ O. ✠

Barreaux (Pierre-Gasp.) — Décédé Elève.

Bernard (Paul-Alexis-Jos.) — 1805. Retiré.

Berthois jeune (Aug.-Marie *baron*). — 1807. Génie. — Lieut.-Colonel. — Aide de camp de Monseign. le duc d'Orléans. — ✠ ✠

Besse (Jean-Franc.) — 1806. Artill. — Capit. — ✠ ✠

Binet (Jacq.-Phil.-Marie). — 1806. Ponts et Chauss. — Elève honoraire. — Inspect. des études à l'Ecole Polytechnique. — Prof. d'astronomie au Collège de France. — O. ✠

Bitsch (Franc.-Jos.) — 1806. Artill.

Boischevel (Jean-Bapt.-Franc. *Goursaud-Laumond* dit). — 1807. Artill. — Lieut. tué à l'armée d'Espagne.

Boisset (Ant.-Jos.-Cl.) — 1808. Artill. — Lieut. mort dans la retraite de Moscou.

Bonnetat (Denis). — 1807. Artill. de marine. — Présumé mort à l'armée en 1813.

Bouscasse (Jacq. Marie-Anne-Dan.) — 1807. Retiré.

Brédif (Ch.-Marie). — 1807. Mines. — Décédé Ing. ord. au Sénégal en 1818.

Breistroff (Jos.-Arnauld). — 1807. Génie. — Ch. de bat. — ✠ ✠

Brémontier (Georg.-Bertin). — 1806. Ponts et Chaussées. — Ing. en ch.

Bridenne (Louis-J.-Bapt.) — 1807. Ponts et Chaussées. — Ing. ord.

Brulard jeune (Auguste-Jos., *Brussel de*). — 1806. Artill. — Ch. d'esc. — ✠ O. ✠

Bruys (Gilb.-Casim.) — 1807. Artill. de marine. — Décédé Lieut.

Busnel (Ch.-Pierre). — 1806. Retiré. — Décédé contrôleur des contribut. direct. à....

Camain (And.-Nic.-Hyac. *de*). — 1806. Artill. — Ch. de bat. — ✠ ✠

Candie Saint-Simon (Jean-Théod.-Elisab.) — 1806. Artill. — Capit. — ✠.

Cartront (Thom.-Mich.) — 1807. Génie. — Lieut. tué au siège de Sarragosse.

Caussade (Jean-Louis). — 1807. Artill. — Ch. de bat. — ✠.

Caux (Aug.-Louis-Ant.) — 1806. Artill. — Décédé Lieut.

Cerf dit *Hertz Zacharias* (Israël). — 1806. Inf. — Capit. tué à l'armée de Portugal.

Chabert (Mich.-Aug.-Franc.) — 1806. Artill. — Lieut. tué à l'armée.

Chambaud (Louis). — 1806. Génie. — Ch. de bat. — ✠ ✠

Commier (Franc.-Louis-Augustin). — 1807. Ponts et Chaussées. — Ing. ord.

Coppin (Louis-Bern.) — 1806. Génie. — Elève sous-lieut. passé dans l'inf.

Corne (Pierre-Et.-Chrysost.) — 1807. Ponts et Chaussées. — Ing. ord.

Daullé (Jean-Marie). — 1806. Inf. — Capit. réf. — Manufacturier à Lille (Nord).

Delagrange (Prosp.-Amaury-Louis). — 1807. Artill. — Ch. de bat. — ✠ ✠

Denis (Jean). — 1806. Artill. — Lieut. tué à la bataille de Talaveyra.

Destouches (Pierre-Charles). — 1807. Artill. — Capit. tué à l'armée en 1813.

Destrem jeune (Jean-Ant.-Maur.) — 1806. Ponts et Chaussées. — Ing. ord. — En Russie, Colonel du Génie des voies de communication. — ✠.

Devère (Lambert). — 1805. Retiré. — Voyez ce nom dans la promotion de 1808.

D'Haranguier de Quincerot (Hipp.) — 1806. Ponts et Chaussées. — Ing. en ch.

Dieu (Prosp.-Lamb.) — 1807. Artill. — Capit. — ✠ ✠

Dollfusz (Daniel). — 1806. Inf. — Capit. tué à l'armée.

Dombre (Louis-Aug.-Jos.) — 1807. Génie. — Capit. tué au siège de Tortose.

Doulceron (Louis-Aug.) — 1806. Inf.

PROMOTION DE 1804 (AN XIII). 421

Dreppe (Jos.-Marie-Gasp.) — 1806. Génie mar. — Ing.
Duchemin (Nic.-Vinc.) — 1806. Artill. — Ch. de bat. — ✠ O. ✠.
Duchet (Alexandre). — 1806. Artill. — Décédé Capit.
Dulcat (Louis-Ant.-Jos.-Appol. — 1806. Génie. — Décédé élève sous-lieut.
Dumoulin (J.-Bapt.) — 1806. Artill. — Ch. de bat. — ✠ ✠.
Dunoyer (Anne-Jos. *Coffinhal*). — 1806. Génie — Capit. — ✠ ✠.
Fesquet (Aug.-Cas.) — 1805. Retiré. — Lieut. de hussards tué à l'armée.
Feuillot-Varange (Benoît-Pierre-Jos.) — Décédé Élève.
Fleury (Louis-Raulin). — 1806. Ponts et Chaussées. — Décédé Ing. ord.
Foucault (Louis-David). — 1806. Génie. — Ch. de bat. — ✠ ✠.
Fourcroy (Nicolas). — 1806. Artill. — Capit. tué à la bataille de Lutzen.
Fraissignes (Jacques-Jos.) — 1806. Artill. — Capit. — ✠ ✠.
Franc (Jos.-Franc.) — 1806. Génie. — Capit. décédé à Leipsick en 1813. — ✠.
Fresnel jeune (Augustin-Jean). — 1806. Ponts et Chaussées. — Décédé Ing. en ch. — Acad. des Sciences.
Galleto (Jos.-Alex.) — 1806. Cavalerie.
Ganivet (Guill.) — 1806. Retiré. — Prof. au collége de Poitiers.
Gayet-Laroche (Louis-Ch.) — 1806. Artill. — Lieut. mort de blessures reçues au combat de Baylen.
Ginot (Arm.-Yriex-Louis-Jos.-Philib.) — 1806. Ponts et Chaussées. — Décédé Ing. ord.
Giraud (J.-Bapt.-Saintin). — 1807. Artill. de mar. — Capit. présumé tué à la bataille de Leipsick.
Gouffé (Edme-Jean-Cl.) — 1806. Inf.
Graffan (Jean-Franc.-Denis). — 1806. Artill. — Capit. — ✠ ✠.
Guibert (Jean-Marie). — 1807. Artill. — Décédé capit. — ✠ ✠.
Guichon (Jacques-Louis). — 1806. Artill. — Capit. — ✠ ✠.
Guiol (Jos.-Paul). — 1806. Ponts et Chaussées. — Ing. ord.
Hamelin (Jos.-Guill.-Math.) — 1806. Artill. — Capit. — ✠ ✠.
Hennocque (Pierre-Franc.) — 1806. Artill. — Ch. de bat. — ✠ ✠.
Henry (André-Guill.) — 1806. Ponts et Chaussées. — Ing. ordin. — En Russie, Lieut.-colonel du Génie des voies de communication.
Jaunez (Léon). — 1806. Artill. — Lieut. tué à l'armée d'Espagne.
Kernier (Jacq.-Ange-Marie-Paul. *Le Cardinal de*) — 1806. Artill. — Ch. de bat. — ✠.
Labastie (Cl.-Marie-Aug.) — 1806. Infant.
Lafont (Ant.-Louis). — Décédé Élève.
Lallemant (Alb.-Pierre-Louis-Gab.) — 1806. Artill. — Lieut. démiss.
Lamare (Did.-Nic.-Raim.) — 1806. Artill. — Lieut. démiss. — ✠.
Lamorinière (Louis-Franc.-Ch.-Salom.) — 1806. Artill. — Lieut. tué à l'armée de Portugal.
Lauwereyns (Jos.-Jean-Ch.-Franc.) — 1806. Artill. — Ch. de bat. — ✠ ✠.
Leblanc (Pierre). — 1806. Ponts et Chaussées. — Ing. ord.
Legagneur (Hen.-Jos.) — 1806. Artill. — Ch. de bat. — ✠ ✠.
Lemierre (Alex.-Franc.) — 1806. Ponts et Chaussées. — Ing. ord.
Letexier (Jean-Ch.-Firmin). — 1807. Ponts et Chaussées. — Ing. ord.
Lorimier (Pelage-Adélaïde *de*). — 1806. Artill. — Ch. de bat. — ✠ O. ✠. — Chambre des Députés.
Mahé du-Bourg-Blanc (Franc.-Pélage-Marie). — 1806. Artillerie. — Capit. — ✠ ✠.
Mairet (Philibert). — 1807. Artill. — Capit. — ✠ ✠.
Maitrot (Pierre-Jos.) — 1806. Artill. — Capit. — ✠ ✠.
Marcilly (Bénig.-Pierre-Louis-Eug. *Raffard de*). — 1807. Artill. — Ch. d'esc. — ✠ O. ✠.
Marie (Amable-Constant-Thom.) — 1806. Inf.
Martin (Jacq.Bern.-Améd.) — 1806. Artill. — Capit. — ✠ ✠.
Mathieu (Alex.-Franc.-Denis). — 1807. Artill. de mar. — Lieut. retr. en 1816.
Maucler (Alexandre). — 1807. Retiré. — Employé dans les Douanes.
Melville (Jules-Alph.) — 1807. Ponts et Chaussées. — Ing. ord.
Méquin (Pierre). — 1806. Ponts et Chaussées. — Ing. ord.
Meyer (Pierre). — 1806. Cavalerie. — Ch. d'esc. retr. — O. ✠.
Millet (Basile-Félix). 1806. Artill. — Lieut. mort dans la retraite de Moscou.

Moisson-Desroches (Pierre-Mich.) — 1806. Mines. — Ing. ord.
Molin (Bravy-Jos.) — 1807. Artill. — Ch. d'esc. — ✠ O. ✠.
Montauban (Félix-Louis). — 1806. Génie. — Capit. décédé à l'armée d'Espagne.
Mordret (Edmond). — 1806. Ponts et Chaussées. — Ing. ord. — ✠.
Morlet (Marie-Pierre-Hipp.) — 1806. Génie. — Ch. de bat. — ✠ O. ✠.
Morvan (Fréd.-Pierre) — 1807. Génie. — Ch. de bat. — ✠ ✠.
Noblet (Jacques). — 1806. Artill. — Capit. — ✠ ✠.
Parisot (Ch.-Nic.) — 1805. Inf.
Poumet (Benjamin). — 1806. Artill. — Ch. de bat. — Prof. à l'Ecole royale d'Etat-major. — ✠ ✠.
Préveraud (Louis-Marie-Hipp.-Jules-Bonne.) — 1806. Artill. — Lieut. tué à l'armée.
Pron (Pierre-Jos.) — 1806. Artill. — Lieut.-Colonel. — ✠ O. ✠.
Prudhomme (Jean-Jacq.-Cas.) — 1806. Retiré.
Raymond (Ant.-Louis-Jacq.-Franç.) — Ne s'est pas présenté.
Rey (Edouard-Eléon.-Guill.) — 1806. Artill. — Ch. de bat. démiss. — ✠.
Richard (Jos.-Louis-Ant.) — 1805. Retiré. — Admis en 1815 dans l'Artill. — Capit.
Rivarol (Jean-Et.-Auguste). — 1806. Inf. — Décédé Adjudant-major dans la garde royale.
Robert (Aimé-Ambr.) — 1807. Artill. — Capit. démiss.
Robethon (Auguste-Denis-Jean). — 1806. Inf. — Tué à l'armée.
Sainte-Marie (Ant.-Jean-Franç.) — 1806. Artill. — Ch. de bat. — ✠ ✠.
Seigneurie (Jean-Louis). — 1806. Artill. — Lieut. démiss. — Ancien notaire à Caen.
Silguy (Jean-Marie-Franç.-Xav. *de*). — 1807. Ponts et Chaussées. — Ing. en ch. — Membre du Conseil gén. du département du Finistère. — ✠.
Spinasse (Jean-Bern.) — 1806. Ponts et Chaussées. — Ing. en ch. à Pondichéry.
Stahl (Jean-Geoff.) — 1805. Retiré.
Suhard (Pierre-Cam.-Vict.) — 1806. Génie. — Capit. décédé dans l'expédition de Russie. — ✠.
Tacon (Jean-Louis-Marie). — 1806. Artill. — Ch. de bat. — ✠ ✠
Tardieu (Vict.-Améd.) — 1806. Inf.
Tardif (Jean-Alex.) — 1806. Artill. — Capit. — ✠ ✠.
Tisserand (Pierre-Ant.) — 1807. Mines. — Elève démiss. — Prof. de Mathématiques à Paris.
Tonnet-Hersant (Jean-Jos.) — 1807. Artill. — Capit. démiss. — Ch. des Députés. — ✠.
Vaissière (Jean-Jacq.-Franç.) — 1806. Cavalerie.
Vallantin (Jacq.-Hen.-Benj.) — 1807. Artill. — Capit. — ✠.
Varin (Jacq.-Bern.) — 1806. Inf.
Vecten (Franç.-Mich.) — 1806. Artill. — Lieut. tué au siége de Sarragosse.
Verhulst (Eugène-Franç.) — 1805. Retiré (Pays-Bas).
Vésian (Louis-Gasp. *de*). — 1806. Artill. — Ch. de bat. — ✠ ✠.
Vicat (Louis-Jos. — 1806. Ponts et Chaussées. — Ing. en ch. — ✠.
Vignole (Louis-Alex.-Aug.-Barth.) — Ne s'est pas présenté.

PROMOTION DE 1805 (AN XIV).

Albrespit (Jean-Marie-Cl.) — 1806. Infanterie.
Alexandre-Garlan (Louis-Marg.-Cl.) — 1807. Artill. — Lieut. noyé dans le Danube en 1809.
Allou (Ch.-Nic.) — 1807. Mines. — Ing. ord.
Aubertin (Pierre). — 1807. Artill. — Ch. de bat. — ✠ ✠.
Audeoud (Jacq.-Gédéon). — 1807. Artill. — Capit. démiss. en 1815.
Baillieu (Cyrille-Emm.-Jos.) — 1806. Cavalerie. — Sous-Lieut. démiss. — ✠.
Barbaud (Jean-Jos.-Aug.) — 1808. Génie. — Lieutenant retiré.
Barbier (Etienne-François). — 1806. Artill. — Lieut. noyé dans le Danube en 1809.
Barbier (Jean-Marie). — 1807. Génie. — Lieut. tué au siége de Ciudad-Rodrigo. — ✠.
Barbolain (Alexis). — 1807. Génie. — Lieut. mort de blessures à Vienne en 1809.
Bardel (Nic.-Ursin. — 1808. Ponts et Chaussées. — Ing. ord.
Behr (Jean-Joseph-Alexandre *de*). — 1807. Ponts et Chaussées. — Ing.

PROMOTION DE 1805 (AN XIV). 423

honoraire. — Ing. en chef dans le royaume des Pays-Bas.
Belet (Pierre-Franc.) — 1806. Infant.
Bellonnet (Adolphe-Pierre-Marie de). — 1807. Gén. — Ch. de bat. — ✠ ✠.
Belly (Nicolas-Jos.) — 1808. Artill. — Capit. — ✠.
Belpaire (Ant.-Sidr.-Guill.-Andr.) — 1806. Retiré. — Notaire à Ostende (Pays-Bas).
Besançon (Pierre). — Déjà admis en 1802 et retiré. — 1806. Infant. — Sous-Lieut. démiss. — Décédé prof. de mathématiques à l'Ecole Milit.
Besser (Pierre-Henri-Philippe-Clém.) — 1808. Artill. — Capit. — ✠ ✠.
Bétourné jeune (Jacq.-Pierre-Joach.) — 1807. Ponts et Chaussées. — Ing. ordinaire.
Bidard (Nic.-Jean-Baptiste). — 1807. Artill. de marine. — Capit. — ✠.
Bineau (Amand). — 1808. Poudres et Salpêtres.
Bizos (Ch.-Pierre). — 1807. Génie. — Capit. — ✠ ✠.
Boistard (Louis-Ch.-Alph.) — 1807. Artill. — Chef de bat. — ✠ ✠.
Bonnaud (Jean-Marie). — 1806. Inf.
Bouchard (Auguste). — 1808. Artill. — Capit. retr. — ✠.
Bouché (Gab.-Franc.-Eug.) — 1809. Infant.
Boucher (Franc.-Eug.) — 1807. Artill. de marine. — Capit. démiss. en 1816.
Bouyer (Ant.-Alexis). — Décédé Elève.
Bracquemont (Joseph *Aubé* de). — 1806. Infant. — Capitaine au corps d'Etat-Major. — ✠ ✠.
Bredif (Jean-Jacq.-Simon). — 1807. Artill. — Capitaine. — ✠.
Brescon (Jean-Marie). — 1807. Artill. — Capit. démiss. en 1820. —
Broca (Alexis-Vinc.-Jean-Pierre de). — 1807. Artill. — Capit. — ✠ ✠.
Caffort (Jean-Ant.) — 1807. Artill. — Capitaine. — ✠.
Carré (Eug.-Anne-Germ.) — 1806. Infanterie. — Lieutenant-Colonel. — ✠ O. ✠.
Cauchy (Augustin-Louis). — 1807. Ponts et Chaussées. — Ing. en chef. — Prof. à l'Ecole Polytechnique. — Acad. des Sciences. — ✠.
Chancel-Lagrange (Louis-Victor-Alexand-Joseph de). — 1807. Gén. — Capitaine. — ✠ ✠.
Clément-Desnos (Jean-Louis. — 1807. Retiré.
Compère (Thom.-Jos.) — 1807. Retiré. — Passé au service de Russie, dans le corps du Génie des voies de communication. — Capitaine démiss.
Cornil (Jacq.-Louis-Jacob). — 1806. Cavalerie.
Cornuel (Thom.-Richard). — 1807. Artill. — Décédé Lieut.-Colonel en 1815. — O. ✠.
Costa (Ange-Pascal). — 1808. Retiré.
Coster (And.-Jos. Victor). — 1807. Artillerie.
Crozet (Benoît). — 1807. Artill. — Lieut. démissionnaire en 1816.
Damoiseau (Alph.-Franc. *baron de*). — 1807. Artill. — Chef de bat. retr. — Adjoint au Bureau des Longitudes. — Académie des Sciences. — ✠ ✠.
Degeac (Isaac-Jean-Franc.) — Décédé Elève.
Delabigne (Marie-Franc.-Henri). — 1806. Artill. — Capit. disparu dans la retraite de Moscou.
Delorme (Jean-Bapt.) — 1807. Artill. — Capitaine. — ✠.
D'hardivilliers (August.-Ch.-Henri). — 1807. Génie. — Elève Sous-Lieut. démissionnaire.
Douzé (Franc.-Jos.-Gabriel). — 1806. Cavalerie.
Ducluzeau (Charles). — 1808. Artill. de marine. — Capit. retiré en 1814.
Duquesnoy (Auguste-Jean-Baptiste). — 1806. Artill. — Lieut. mort de blessures reçues à la bataille de Wagram.
Emmery (Henri-Ch.) — 1807. Ponts et Chaussées. — Ing. ord. — ✠.
Even de Vincé (Félix-Marie). — 1807. Artill. — Chef de bat. — ✠ ✠.
François (Ch.-Gabr.) — 1807. Ponts et Chaussées. — Ing. ord.
Gattée (Jean-Alexand.) — 1806. Inf.
Genet (Ferdinand). — 1806. Infant.
Girault (Pierre). — 1806. Infant.
Girault (Jean-Pierre). — 1807. Ponts et Chaussées. — Ing. ord.
Gobert (Ch.-Théod.) — 1806. Infant.
Gossuin (César-Eug.) — 1806. Retiré. Ancien Auditeur au Cons. d'Etat, et Intendant supér. des provinces de Toro et Zamora en Espagne.
Grandin (Henri-Pierre-Fél.) — 1807. Mines. — Décédé Ing. ord. au Sénégal en 1821.
Guillemain (Mich.-Jacq.-Laur.-Germain). — 1807. Génie. — Chef de bataillon. — ✠ ✠.
Guingret (Pierre-François). — 1806. Infant. — Lieut.-Col. — ✠ O. ✠.
Guyardin (Jean-Baptiste-Louis). —

1807. Artill. — Lieut. tué au siége de Méquinenza en 1810.

Hanin (Charles). — 1807. Génie. — Capit. mort d'une blessure reçue au siége de Ciudad-Rodrigo.

Henry (Ch.-Hub.). — 1807. Artill. — Capit. retr. amputé d'une jambe. — Fabricant de produits chimiques à Nanci. — ✠.

Honoré (Hipp.-Maurice). — 1807. Génie. — Capitaine. — ✠ ✠.

Hudry (Jean-Pierre). — 1807. Génie. — Capit. tué au siége de Tortose.

Jacquand (Jean-Jacq.-Didier-Franç.) — 1807. Génie. — Lieutenant tué au siége de Tortose.

Jeannest-Lanoue (Henri-Nic.-Raim.) — 1807. Artill. — Capit. — ✠ ✠.

Jousselin (Alexand.-Louis). — 1808. Ponts et Chaussées. — Ing. ord.

Laloux (Louis-Aimé-Florent.-Alexis). — 1807. Artill. — Capit. prisonnier de guerre en Russie, non rentré.

Laman (Casimir-Nic.-Sébast.) — 1807. Artill. — Capit. — ✠ ✠.

Lamezan (Jean-Louis-Gab.-Hugues-Léon comte de). — 1807. Génie. — Lieut.-Colonel. — Ch. des Députés. — ✠ O. ✠.

Laplace (Ch.-Emile-Pierre-Joseph-Michel marquis de). — 1807. Artill. — Colonel. — Pair de France. — ✠ O. ✠.

Lapique (Auguste-Alexand.) — 1806. Infant.

Larmandie (Jean). — 1808. Génie. — Lient. mort d'une blessure reçue au siége de Ciudad-Rodrigo. — ✠.

Lebel (Louis-Urbain). — 1807. Génie. — Décédé Capit. en 1815. — ✠ ✠.

Le François (Armand-Louis-Marie). — 1807. Artill.

Legroux (Antoine-André-Joseph). — 1806. Infant.

Leroy (Jean-Louis-Edouard). — 1807. Ponts et Chaussées. — Ing. ord.

Lesueur (Ant.-Franç.-Henri). — 1806. Artill. — Chef de bat. — Présumé mort dans la retraite de Moscou.

Loyer (André). — 1807. Ponts et Chaussées. — Ing. ord.

Loysel (Julien-Aimé-Anne-Bénigne). — 1807. Artill. — Capit. — ✠.

Lyautey (Hub.-Jos.) — 1806. Artill. — Lieut. Colonel. — ✠. O. ✠.

Maignal (Bern.-Martial). — 1807. Artill. de marine. — Lieut. retr. en 1815.

Maillier (Franç.-Justin de). — 1807. Artill. — Chef de bat. — ✠ ✠.

Mainville (Charles-Emm. de) — 1807. Artill. — Chef de bat. — ✠ ✠.

Marmion (Jacq.-Félix). — 1806. Cavalerie. — Chef d'escad. — ✠ ✠.

Marry (Jos.-Hip.) — 1807. Génie. — Capit. mort à l'armée d'Espagne.

Massot (Antoine). — 1806. Infant.

Maugé (Camille-Jean). — 1807. Ponts et Chaussées. — Ing. ord.

Maulbon-d'Arbaumont (Denis-Pier.) — 1807. Ponts et Chaussées. — Ing. ordin.

Mauroy de Merville (Joseph-Jacq. Henri). — 1806. Artill. — Lieutenant décédé prisonnier de guerre en Russie en 1812.

Mayer (Matthias). — 1806. Cavaler. — Lieut. démiss. — Maître de Pension à Paris.

Mégret de Sérilly (Anne-François-Victor). — 1807. Artill. — Lieut.-Colonel. — ✠ O. ✠.

Moullin (Jean-Baptiste-Clément). — 1807. Génie. — Capit. — ✠ ✠.

Nault (Jean-Baptiste). — 1807. Artill. — Capit — ✠ ✠.

Navier (Jean-Baptiste). — 1806. Infanterie. — Major. — O. ✠.

Ordinaire (Gabriel-Ed.-Cl.-Eug.) — 1807. Génie. — Capitaine mort de blessures reçues à l'armée d'Espagne en 1811.

Petit (Louis-Jean-Baptiste-Désiré). — 1809. Infant.

Peupion (Jean-Louis). — 1807. Artill. — Capit. — ✠ ✠.

Picot (Jos.-Alexandre-Edouard). — 1808. Génie. — Capit. — ✠ ✠.

Potier (Ch.-Mich.) — 1807. Ponts et Chauss. — Ing. ord. — En Russie, Général-Major du Génie des voies de communication. — ✠.

Pouchot (Auguste-Louis). — Décédé Elève.

Poupart (Jean-Baptiste-François). — 1807. Artill. — Décédé élève Sous-Lieutenant.

Provisier (Célestin). — 1807. Génie. — Lieutenant mort de blessures à Vienne en 1809.

Puget (François-Xav.-Augustin). — 1806. Infant.

Revol (Ennemond). — 1807. Génie. — Capit. tué dans l'expédition de Russie. — ✠.

Rivière (Cl.-Vinc.) — 1807. Artill. — Décédé Chef de bat. en 1815. — ✠.

Robert (Christophe). — 1807. Artill. — Ch. de bat. — ✠ ✠.

Robillard (Théoph.-Léon.) — 1808.

PROMOTION DE 1805 (AN XIV).

Artill. — Démiss. — Prof. d'architecture à Caen.
Roche (Jean-Pierre-Louis-Antide). — 1807. Artill. de mar. — Capit. retr. — Prof. de mathématiques, de fortification, de physique et de chimie à l'École d'Artill. de mar. à Toulon.
Sasmayous (Jérôme-Franç.) — 1806. Infant.
Sigogne (Pierre-René-Ach.) — 1807. Artill. — Lieut. mort de blessures reçues à la bataille de Wagram.
Sturtz (Louis-Ch.-Henri). — 1807. Artill. — Chef de bat. mort de blessures reçues à la bataille de la Moskwa.
Valessie (Louis-Joach.-Jos.) — 1807. Génie. — Capit. démiss. — ※.

Vanloo (Jules-Eudoche). — 1806. Infant.
Vassal (Ch.-Romain). — 1808. Artill. — Capit.
Verdier (Joseph). — 1808. Ponts et Chaussées. — Décédé Elève de ce service.
Viard (Ezéchias-Auguste-Henri). — 1807. Génie. — Capitaine. — ※.
Vimont (Louis-Pierre-Franç.-René). — 1807. Artill. de marine. — Capit. retiré.
Voisin (Pierre-Augustin). — 1807. Artill. — Décédé élève Sous-Lieut.
Zaiguelius (Franç.-Xav.). — 1806. Infant.
Zeis (Ch.-Vencelas-Elisab.) — 1807. Artill. — Chef de bat. — Prisonnier de guerre en Russie, non rentré.

PROMOTION DE 1806.

Amillet (Josias-Hen.-Urb.) — 1808. Artill. — Décédé Lieut. à l'armée d'Espagne en 1811.
Anselmier (Cl.-Marie). — 1808. Génie. — Capit. — ※ ※.
Antoine (Ch.-Laur.) — 1808. Artill. de mar. — Capit. démiss. en 1818.
Audoury (Joseph). — 1809. Artill. — Capit. — ※.
Argent de Deuxfontaines (Charl.-Marie, marquis d'). — 1806. Retiré. — Ch. d'esc. — Fourrier des logis du Roi. — O. ※:
Auricoste de Lazarque (Jean-Bapt.-Eug.) — 1809. Artill. — Capit. — ※.
Avéros (Jos.-Louis). — 1808. Artill. — Ch. d'esc. — ※ ※.
Barthez-Lafabrie (Louis-Frédéric-Félix). — 1808. Artill. de marine. — Capit. retiré.
Becquerel (Ant.-Cés.) — 1808. Génie. — Ch. de bat. honoraire. — ※.
Belenet (Ant.-Gab.) — 1808. Artill. — Capit. — ※.
Bergery (Claude-Lucien). — 1809. Artill. — Capit. démiss. — Prof. à l'Ecole rég. d'Artill. de Metz.
Bezault (Alex.-Ch.-Franç.) — 1808. Artill. — Capit. — ※ ※.
Bontin (Alex.-Louis-Jules, Gislain de). — 1808. Artill. — Capit. retiré. — ※.
Borgognon (Jean-Franç.-Aug.-Vict.). — 1808. Ponts et Chaussées. — Ing. ordin.
Brémard (Henri-Pierre). — 1809.

Artill. — Lieut. décédé à l'armée d'Espagne en 1811.
Bréon (Jean-Bapt.-Marie). — 1808. Artill. — Capit. tué à l'armée.
Briois (Hen.-Edme). — 1808. Artill. de marine. — Capit. — ※.
Burcy (Prosp.-Aug.) — 1809. Artill. — Décédé Lieut. à l'armée d'Espagne en 1812.
Cahusac (Marie-Grég.-Bapt.) — 1808. Retiré.
Cailloux (Pierre-Raymond). — 1808. Ponts et Chaussées. — Ing. ord.
Cassières (Jean-Jules Jacquin de). — 1808. Génie. — Capit. — ※ ※.
Castagné (André). — 1809. Génie. — Capit. — ※.
Caurant (Jean-Pierre-Marie). — 1808. Artill. — Capit. — ※.
Chaillet-Donzelot (Léonard). — 1808. Artill. — Capit. — ※.
Chapuy (Nic.-Marie-Jos.) — Ne s'est pas présenté. — Voyez ce nom dans la promotion de 1809.
Charpentier (Franç.-Emm.-Alex.) — 1808. Artill. de mar. — Capit. — ※.
Chéron (Stanislas-Vict.) — 1808. Mines. — Ing. ordin.
Choumara (Pierre-Marie-Théod.) — 1808. Génie. — Capit. — ※ ※.
Cloquemin (Ant.-Franç.) — 1809. Artill. — Capit. — ※.
Coessin (Jean-Alex.) — 1808. Artill. — Capit. réf. — ※.
Conté (Amédée-Louis). — 1807. Infanterie.

30

PROMOTION DE 1806.

Comte (Alph.-Louis). — 1808. Génie. — Capit. — ✠ ✱.

Culmann (Fréder.-Jacq.) — 1808. Artill. — Capit. — ✠ ✱.

Dellac (Jacq.-Louis) — 1808. Artill. de marine. — Capit.

Demoor (Franç.-Jos.) — 1808. Génie marit. — Sous-Ing. démiss. — Ing. en ch. des Ponts et Chauss. du grand duché de Luxembourg (Pays-Bas).

Desnoyers (Louis-Marie-Franç.-de-Salles). — 1808. Artill. — Ch. de batail. retr. amputé d'un bras. — Administrat. de l'Ecole Polytechn. — ✠ ✱.

Dombey (André-Denis-Philippe). — 1808. Génie. — Capit. — ✱.

Dornier (Franç.-Jos.) — 1807. Inf.

Douville (Louis *Leroux*). — 1808. Génie. — Capit. — ✠ ✱.

Drumel (Jean-Jos.-Marie). — 1808. Génie. — Capit. — ✠ ✱.

Dubois (Louis-Jos.-Félix). — 1808. Génie marit. — Sous-Ing. démiss. — Cons. à la Banque de Bruxelles.

Duboy (Jean-Bapt.) — 1809. Artill. — Lieut. mort de blessures en 1812.

Ducros-Saint-Germain (Jean-Pierre). — 1809. Artill. — Capit., prisonnier de guerre en Russie, non rentré.

Dujardin (Benjamin *Pintedevin*). — 1808. Génie. — Capit. — ✠ ✱.

Faurie (Dom.-Vict.) — 1808. Artill. — Capit. mort de blessures à Riga en 1813.

Favier (Joseph). — 1808. Artill. — Capit. prisonnier de guerre en Russie, non rentré.

Fouju (Jacq.-Gab.) — 1807. Inf.

Franchessin (Jacq.-Vict. *de*) — 1808. Artill. — Capit. démiss. en 1818. — Fabricant de sucre de betterave, près de Thionville. — ✱.

Frémond de la Merveillère (Louis-Ant.-Henri *de*). — 1808. Artill. — Ch. d'esc. — ✠ ✱.

Frissard (Pierre-Franç.) — 1808. Ponts et Chaussées. — Ing. ordin.

Furgole (Pierre-Rose-Vinc.) — 1808. Génie. — Capit. tué à l'armée d'Espagne en 1812.

Gabé (Et.-Philibert-Jos.) — 1808. Mines. — Ing. ordin.

Gagemon (Ch.-Jos. *Prévost de*). — 1809. Génie. — Capit. laissé mourant près d'Orcha.

Gailly (Adr.-Franç.-Louis). — 1808. Artill. — Capit. — ✠.

Gardien (Jean-Jos.) — 1808. Mines. — Ing. ordin.

Géant (Ch.-Poycarpe). — 1809. Artill. — Capit. — ✱.

Gerus (Jean-Louis *de*). — 1809. Artill. de marine. — Capit.

Gilles (Bern.-Math.) — 1807. Retiré.

Goeury (Hubert). — 1808. Génie. — Capit. prisonn. de guerre en Russie, non rentré.

Gourousseau (Barth.-Ch.) — 1809. Artill. — Capit. — ✱.

Grandbesançon (Pierre-Ant.-Franç.-Xav.) — 1808. Poudres et Salpêtres. — Commissaire.

Grandchamp (Franç.-Marie *Picher de*). — 1809. Artill. — Capitaine. — ✠ ✱.

Grandin (Ch.-Henri-Pierre). — 1808. Ponts et Chaussées. — Ing. ordin.

Grandjean (Franç.) — 1808. Artill. — Lieut. tué devant Badajos en 1811.

Grillet (Franç.-Et.-Justin). — 1809. Artill. de marine. — Lieut. blessé à la bataille de Leipsick; n'a pas reparu.

Gueymard (Jean-Franç.-Emile). — 1808. Mines. — Ing. ordin.

Guibaud (Louis-Honoré). — Décédé Elève.

Guyton (Louis-Bern.) — 1808. Ponts et Chaussées. — Ing. en ch.

Hénin (Jean-Marie-Vic.) — 1808. Artill. — Capit. — ✠ ✱.

Jacomet (Nic.-Onufre-Sim.) — 1808. Artill. — Capit. présumé tué à la prise de Ciudad-Rodrigo.

Jacques (Jean-Nic.) — 1808. Mines. — Décédé Elève.

Janin dit *Lescure* (Benoît-Jos.) — 1808. Génie marit. — Décédé Sous-Ing. en 1811.

Jemois (Henri). — 1808. Ponts et Chaussées. — Ing. ordin.

Jeufosse (Améd.-Jos.-Alexandre *de Laniepce de*). — 1809. Artill. — Capit. — O. ✱.

Jobert (Honoré-Louis). — 1808. Génie marit. — Sous-Ing. retr. en 1817.

Joffre (Pierre-Jean-Jos.) — 1808. Artill. — Ch. de bat. — ✠ ✱.

Journet (Jean-Fréd.) — 1808. Ponts et Chaussées. — Ing. ordin.

Laffore (Jos.-Raym.-Clém. *Bourrousse de*). — 1808. Artill. de mar. — Capit. — ✱.

Lafitte (Gab.-Louis-Marie-Vic.) — 1808. Artill. — Capit. prisonnier de guerre en Russie, non rentré.

La Guérinais (Théod.-Jos.-Marie, *Poillevé de*). — 1808. Artill. —

PROMOTION DE 1806.

Lieut. prisonnier de guerre, non rentré.
Lagarde (Eug.-Louis). — 1808. Artill. — Lieut. décédé à Naples en 1810.
Lamy (Jean-Nic.) — 1808. Artill. — Capit. — ✠ ✯.
Langlois (Jean-Ch.) — 1807. Inf.
Lanoue (Guill.-Touss.-Marie). — 1808. Artill. — Capit. tué à la bataille de la Moskwa.
Lanty (Franc.-Vic.) — 1809. Artill. — Décédé Capit.
Lapipe (Angél.-Franc.-J.-Bapt.) — 1808. Génie. — Capit. blessé dans la retraite de Moscou, et présumé mort.
Lariboisière (Honoré-Ch. *Baston*, comte de). — 1808. Artill. — Ch. de bat. honoraire. — ✯.
Larigaudie (Pierre-Franc.) — 1809. Artill. — Capit. réf.
Laurent (Franc.) — 1807. Inf.
Leboulanger (Jean-Louis-Edouard). — 1809. Artill. — Ch. de bat. — ✯.
Lebreton (Clém.-Marie). — 1809. Génie marit.
Legendre (Auguste-Ch.) — 1809. Artill. — Ch. d'esc. — ✠ ✯.
Leguay (Jean-Marie-Vinc.) — 1808. Ponts et Chaussées. — Ing. ordin.
Lemercier (Franc.-Auguste). — 1808. Génie. — Ch. de bat. — ✠ O. ✯.
Lepasquier (Amb.-August.) — 1807. Retiré.
Le Pescheur de Branville (Ch.-Camille). — 1808. Génie. — Capit. démiss. — ✯.
Lerey (Jos.-Franc.) — 1808. Artill. — Capit. — ✠ ✯.
Leroux (Paul-Marie). — 1808. Génie marit. — Ing. — ✯.
Leroy (Franc.-André). — 1808. Génie. — Capit. mort d'une blessure à l'armée d'Espagne en 1812.
Leroy (Joseph). — 1809. Artill. — Décédé élève Sous-Lieut.
Letocart (Louis-Guill.-Alexis-Jos.) — 1808. Ponts et Chaussées. — Ing. ordin.
Locher (Jules-Cés.-Ch.-Jos.) — 1808. Génie. — Décédé Capit. en 1812.
Mallet (Jacques). — 1808. Ponts et Chaussées. — Ing. en ch. — ✯.
Mangin-Douence (Ant.-Jos.-Fréd.) — 1808. Infant.
Marcellin (Pierre-Adrien). — 1808. Ponts et Chaussées. — Ing. ordin.
Marcilly (Denis-Louis-René). — 1808. Ponts et Chaussées. — Ing. ordin.

Mariez (Ch.-Edme-Franc.-Xavier-Mich.) — 1808. Artill. — Ch. d'esc. — ✠ ✯.
Martin (Benjamin). — 1809. Artill. Décédé Lieut. à l'armée d'Espagne.
Mauviel (Jean-Marie-Clair). — 1809. Retiré.
Mayer-Marx (Lazare). — 1808. Artill. de marine.
Ménard (Adr.-Louis-Hyac.) — 1809. Artill. — Lieut. démiss. en 1811.
Merlin (Paul-Christ.-Elisabeth). — 1809. Artill. — Capit. — ✯.
Million (Jean-Louis). — 1808. Génie. — Capit. — ✠ ✯.
Moreau (Ch.-Louis). — 1806. Retiré.
Morisset du Bréau (Hen.-Symph.) — 1808. Ponts et Chaussées. — Décédé Ing. ordin.
Mosseron-d'Amboise (Louis-Jacq. de). — 1809. Artill. — Capit. — ✠ ✯.
Moulin (Pierre-Nic.-Arsène) — 1808. Artill. de marine. — Capit.
Mounier (Maurice-Théod.-Casim.) — 1808. Ponts et Chaussées. — Ing. ordin.
Nancy (Anne-Philib.-Franc. *Claude* dit). — 1808. Artill. — Ch. de bat. — ✠ ✯.
Négrier (André-Ch.) — 1808. Génie. — Capit. — ✠ ✯.
Paulet (Jean-Franc.-Ami). — 1807. Retiré.
Pellegrin (Séraph.-Dom.) — 1809. Artill. — Décédé Capit. en 1822.
Pellegrini (Jean-Cl.-Fréd.-Alexis). — 1808. Ponts et Chaussées. — Ing. ordin.
Pérès (Paul-Flor.-Marg.) — 1807. Infant.
Périsse (Antoine-Franc.) — Ne s'est pas présenté.
Petit (Jean-Baptiste-Jos.) — 1809. Retiré. ✯
Philippi (André-Franc.) — Ne s'est pas présenté.
Piéverd (Nicolas). — 1807. Infant.
Pirard (Jean-Pierre). — 1808. Génie mar. — Sous-Ing. démiss. en 1814. — Ing. ord. des Ponts et Chaussées à Namur (Pays-Bas). — ✯.
Pissin aîné (Alex.-A.-F.-V.-P.-M.-M.-T.-J.) — 1808. Artill. — Capit. démiss. en 1815.
Pissin jeune (Bruno-F.-C.-J.-L.-J.-M.-R.-P.-T.) — 1808. Artill. — Décédé élève Sous-Lieut.
Poirée (Ant.-Jules). — 1808. Ponts et Chaussées. — Ing. en ch.

PROMOTION DE 1806.

Poirier Saint-Brice (Franc.-Julien). — 1809. Mines. — Ing. ordin.

Poulain de Fossieux (Delphin). — 1808. Artill. — Capit. — ✠.

Pretet (Marie-Jos.) — 1807. Infant.

Prévost (Guill.-Amb.) — 1808. Artill. — Décédé Capit. en 1813.

Prisye (Aut.-Gasp.) — 1808. Artill. — Élève Sous-Lieut. démiss.

Puymirol (Jos.-Louis *de*) — 1808. Artill. — Ch. d'esc. — ✠ ✠.

Raffard (Jean-Ant.) — 1808. Génie. — Lieut. mort de blessures à l'armée d'Espagne en 1810.

Rambaud (Barth.-August.) — 1809. Infant.

Raoul (Nic.-Louis). — 1808. Artill. — Lieut.-Colonel démiss. en 1815. — O. ✠.

Ratoin (Annet.-Gilb.) — 1808. Artill. — Passé dans le Génie. — Capit. — ✠ ✠.

Raymond (Ant.-Louis-Jacq.-Franc.) — 1807. Infant.

Regneault (Jean-Bapt.-Vic.) — 1808. Artill. — Capit. — ✠.

Reydellet (Hect.-Améd.-Arm.) — 1808. Ponts et Chaussées. — Ing. ordin.

Rieu (Jean-Louis). — 1808. Artill. — Capit. retr. en 1817.

Rigal (Pierre). — 1809. Artill. — Décédé Lieut.

Rigal (Henri). — 1809. Artill. — Capit. tué à la bataille de Lutzen.

Robinot (Guill.-Franc.-Marie). — 1808. Ponts et Chaussées. — Ing. ordin.

Rolland (Paul.-Guill.-Casim.) — Décédé Elève.

Romagnie (Aug.-Louis). — 1809. Artill. — Capit. — ✠.

Roussel (Frédéric-Guill.) — 1808. Mines. — Décédé Ing. ordin. en 1811.

Roussel-Galle (Cl.-Franc.-Xavier). — 1808. Mines. — Ing. ordin.

Royer (Cl.-Hug.) — 1808. Artill. — Capit. — ✠.

Royou (Louis-Gust.-Adolphe). — 1807. Infant.

Savoye (Paul-Pierre). — 1808. Artill. — Capit. — ✠.

Souhait (Marie-Louis-Jos.) — 1809. Artill. — Capit. prisonnier de guerre en Russie, non rentré.

Staël (Auguste-Louis). — Ne s'est pas présenté.

Sudour (Franc.Julien-Ch.) — 1808. Génie. — Décédé Capit. en 1818. — ✠.

S'aint-Bresson (Cl. Dés.-Marie-Thér.-Phil.-Vic. *Damey de*). — 1808. Artill. — Capit. présumé mort d'une blessure reçue à la bataille de la Moskwa.

S'ainte-Aldegonde (Ch.-Cam.-Jos.-Balt. *comte de*). — 1808. Artill. — Colonel Aide de camp de S. A. R. Monseig. le duc d'Orléans. — ✠ O. ✠.

Tessier (André). — 1808. Artill. — Capit. — ✠ ✠.

Teichmann (Jean-Théod.-Fréd.) — 1808. Ponts et Chaussées. — Ing. ordin. démiss. — Ingén. en ch. à Bruxelles (Pays-Bas).

Thoumas (Alexand.-Franc.) — 1808. Artill. — Capit. — Sous-Inspect. à l'Ecole Polytechnique. — ✠ ✠.

Toussaint (Aimé-Nicol.) — Ne s'est pas présenté.

Toytot (August.-Cath.) — 1808. Artill. — Capit. — ✠.

Travers (Benj.-Marie-Mic.) — 1809. Infant. — Décédé Capit. au corps d'Etat-major.

Vathaire (Louis *de*). — 1808. Artill. Ch. de bat. — ✠ ✠.

Vialay (Alexis-Lazare). — 1809. Artill. — Capit. prisonnier de guerre non rentré.

Viard (Anat.-Ferd.) — 1808. Artill. — Capit. — ✠.

Vigier (Guill.-Hen.-Ch.-Marie-Paul). — 1807. Infant.

Vincenot (Franc.-Louis-Alex.) — 1808. Génie. — Capit. — ✠.

Viollet (Jean-Hilaire). — 1808. Ponts et Chaussées. — Ing. ordin. — ✠.

Vuilleret (Joseph). — 1808. Génie. — Capit. — ✠ ✠.

PROMOTION DE 1807.

Abbate (Dominique). — 1809. Artill. — Lieut. tué à l'armée d'Espagne.

Aurioust-Beaujour (Louis-Simon-Marie). — 1810. Artill. — Capit. réf. — ✠.

Baillot (Jules-René). — 1809. Artill. — Lieut. tué à l'armée d'Espagne en 1812.

Basselier (Dieudonné-Ch.) — 1809. Génie. — Décédé Lieut.

PROMOTION DE 1807.

Baulu (Anne-Ch.-Sigism.-Aug.) — 1809. Artill. — Capit. prisonnier de guerre en Russie, non rentré.
Bauyn, marquis de Perreuse (Ant.-Louis-René-Prosp.) — 1809. Artill. — Ch. d'esc. — ✠.
Beck (Minard). — 1808. Retiré.
Beck (Cornélis). — 1810. Retiré.
Bergère (J.-Bapt.) — 1809. Génie. — Capit. — ✠ O. ✠.
Berjaud (Jos.-Franç.-Victorin). — 1809. Artill. — Capit. prisonnier de guerre en Russie, non rentré.
Beurnier (Ch.-David-Louis-Eberhard). — 1809. Génie. — Capit. — ✠ ✠.
Billoin (Dom.-Mich.) — 1809. Artill. — Capit. prisonnier de guerre en Russie, non rentré.
Bollemont (Alexandre, *Chonet de*). — 1809. Artill. — Capitaine réf. — O. ✠.
Bousson (Ch.-Marie). — 1809. Artill. — Ch. de bat. — ✠ ✠.
Bouteiller (Louis-Marie). — 1809. Artill. — Décédé Capit.
Buisson (Antoine). — Décédé Élève.
Burdin (Claude). — 1810. Mines. — Ing. ord.
Cartier dit Félix (Jean-Dom. Arn.) — 1810. Artill. — Lieut. mort dans la retraite de Russie.
Castel (Alex.-Marie-Franç. *de*). — 1809. Artill. — Ch. de bat. — ✠.
Casterat (Pierre). — 1809. Artill. — Capit. prisonnier de guerre en Russie, non rentré.
Chanot (François). — 1809. Génie mar. — Décédé Sous-Ing. en 1825.
Clérici (Ch.-Jos.-Pierre) — 1809. Génie. — Capit. — ✠ ✠.
Colliot de la Hattays (Augustin-Mathur.-Marie-Jeanne.) — 1809 Artill. — Capit. — ✠.
Courand (Louis-Jean). — 1809. Artill. — Capit. prisonnier de guerre en Russie, non rentré.
Dalençon (Franç.-Hyac.-Sabin). — 1809. Artill. — Capit. prisonnier de guerre en Russie, non rentré.
Darcel (Alph.-Jacq.-Marie). — 1809. Artill. — Capit. démiss. en 1815. — ✠.
Daridan (Louis-Juste). — 1810. Artill. — Lieut. mort de blessures à la grande armée en 1812. — ✠.
Debooz (Jacques). — 1809. Artill. — Capit. — ✠.
Delaire (Jos.-Valsain-Georges). — 1809. Artill. — Capit. — ✠ ✠.

Delon (Alex.-Louis-Mathias) — 1809. Artill. — Capit. démiss. en 1817.
De Prez de Crassier (Louis-Marie-Philib.) — 1809. Inf.
Deroys-Saint-Michel (Jér.-Jos.) — 1809. Ponts et Chaussées. — Aspirant.
Devallée (Pierre). — Décédé Élève.
Devillers (Ant.-Jean-Marie). — 1810. Artill. — Capit.
Dinet (Jean-Bapt.) — 1810. Ponts et Chaussées. — Ing. ord.
D'Ivory (Jean-Louis). — 1809. Génie. — Décédé Capit.
Doisy de Villargennes (Robert-Edouard-Ant.) — 1809. Artill. — Ch. de bat. — ✠ ✠.
Donat (Jean-Franç.) — 1809. Artill. — Capit. prisonnier de guerre en Russie, non rentré.
Douzon (Jean). — 1808. Retiré. — Voyez ce nom dans la promotion de 1809.
Druet-Desvaux (Edme-Louis-Franç.) — Décédé Élève.
Dubosc (Adolp.-Yves-Thom.-Emilien). — 1809. Mines. — Ing. ord.
Dufour (Guill.-Hen.) — 1809. Génie. — Capit. démiss. — Colonel du Génie en Suisse. — ✠.
Duleau (Alph.-Jean-Cl. *Bourguignon*). — 1809. Ponts et Chaussées. — Ing. ord. — Prof. suppléant à l'École des Ponts et Chaussées.
Dumonteil (Jean). — 1809. Génie mar. — Sous Ing. — ✠.
Dumotet (Hen.-Hyac.-Jules-Théodose). — 1809. Artill. — Lieut. tué à la bataille de la Moskwa.
Durouret (Adolphe *Geoffroy*). — 1809. Retiré.
Dutertre (Pierre). — 1810. Artill. — Capit. réf. en 1819.
Espéronnier (François-Dom.-Vict.-Edouard.) — 1809. Artill. — Ch. d'esc. — ✠ ✠.
Fayon (Jean-Ferd.). — 1809. Artill. — Capit. mort de blessures à la grande armée en 1813.
Feistel (Levy). — 1809. Artill. — Capit. — ✠.
Foulard (Pierre-Jacq.) — 1809. Ing. géogr. — Capit.
Fresnel (Léonard-Franç.) — 1809. Ponts et Chaussées. — Ing. ord.
Gallez (Jean-Bapt.-Thom.) — 1809. Artill. — Décédé Lieut. en 1812.
Gauthier (Pierre-Georges). — 1809. Artill. — Capit.
Gay de Vernon (Ant.-Ch.-Jos.-Hen.)

PROMOTION DE 1807.

— 1809. Artill. — Décédé Lieut. dans la retraite de Moscou.
Gellibert (Nic.-Prosp.) — 1809. Artill. — Ch. d'esc. — ✠.
Gentil dit Maurin (Jos.-Hen.) — 1809. Artill. — Décédé Capit. — ✠.
Gérard (Aug.-Ferd.-Christ.-Mich.) — 1809. Génie. — Capit. tué en 1814.
Gérauvillier (Paul-Jos.-Eléon. *Desjardins de*). — 1809. Génie. — Capit. réf. — ✠.
Gilbert (Jean-Ch.-Nic.-Félix). — Décédé Elève.
Ginibral (Louis-Hen.-Alex. *Lombard de*). — 1809. Artill. — Ch. de bat. — ✠.
Gouvello (Arthur-Augustin). — 1809. Retiré.
Harel (Marie-Pierre). — 1810. Génie. — Décédé Capit. à Dantzick.
Hecquet (Ant.-Ch.-Félix) — 1809. Infanterie.
Hervé (Amand-Const.-Marie-Fidèle-Ch.) — 1809. Artill. — Capit. — ✠.
Juhel (Jos.-Nicéphas). — 1809. Génie. — Capit. — ✠.
Kermel (Ch.-Oliv.-Marie de). — 1809. Ponts et Chaussées. — Ing. ord.
Kervern (Fortuné-Marie, *Le Denmat de*) — 1809. Artill. — Capit. prisonnier de guerre en Russie, non rentré.
Labatie (Antide-Gab.-Marg.) — 1810. Artill. — Capit.
Labiche (Nicolas). — 1809. Poudres et Salpêtres. — Commissaire.
Lacheze (Pierre-Jos.-Jul.) — 1809. Retiré.
Lacordaire (Jean-Aug.-Philib.-Alex.) — 1809. Ponts et Chaussées. — Ing. ord.
Lacoste du Vivier (Marie-Jos.-Maurice). — 1809. Artill. — Capit. — O. ✠.
La Hitte (Jean-Ernest, *Ducos vicomte de*). — 1809. Artill. — Colonel. — Aide de camp de Monsieur le Dauphin. — ✠ C. ✠.
Laimant (Amédée). — 1809. Génie. mar. — Sous-Ing.
Lallement (Eusèbe). — 1809. Artill. — Capit. prisonnier de guerre en Russie, non rentré.
Lapéne (Blaise-Jean-Franç.-Edouard). — 1809. Artill. — Capit. — ✠ ✠.
Larchantel (Esprit, *Gilart*). — 1809. Artill. — Capit. retr. en 1814. — Bras amputé.
Lassus Marcilly (Franç.-Anne-Nic. de). — 1809. Artill. — Capit. — ✠.
Laurencin (Jacq.-Louis-Franç.) — 1809. Ing. géogr. — Décédé Lieut. à la grande armée en 1813.
Leblanc (Pierre-Fréd.) — 1809. Ponts et Chaussées. — Ing. ord.
Lebourg (Jos.-Hipp.) — 1809. Artill. — Capit.
Lecorbeiller (Mart.-Aug.-Marie). — Ne s'est pas présenté. — Voyez ce nom dans la promotion de 1808.
Lefebure de Cerizy (Louis-Ch.) — 1809. Génie mar. — Sous-Ing. — ✠.
Lefranc (Cl.-Franç) — 1809. Artill.
Legrand (Pierre-Bern.-Louis). — 1809. Génie. — Décédé Lieut. en 1812.
Leguay de la Vigne (Jacq.-Alex.) — 1809. Artill. — Lieut. prisonnier de guerre en Russie, présumé mort.
Le Masson (Louis-Ch.-Théod.) — 1809. Ponts et Chaussées. — Ing. ord.
Lerouge (Félix). — 1810. Artill. — Capit.
Lesterpt (Ch.-Franç.-Pierre). — 1809 Artill. — Ch. de bat. — ✠ ✠.
Leudet (Jean-Bapt.-Ch.) — 1809. Artill. — Lieut. décédé à l'armée de Portugal en 1811.
Levavasseur (Porphire).—1809. Génie. — Capit. réf.
Lévie (Ange-Toussaint). — 1809. Artill. — Lieut présumé mort dans la retraite de Moscou.
Maguin (Cl.-Jos.) — 1809. Poudres et Salpêtres. — Commissaire.
Massillon (Jos.-Jean-Bapt.-Olbius). — 1809. Génie. — Capit. — ✠ ✠.
Massu (Jean-Germ.) — 1809. Génie. — Capit. — ✠ O. ✠.
Mazaudier (Jos.-Ant.-Cés.) — 1809. Génie marit. — Ing.
Mermier (Ennemond). — 1810. Génie. — Capit. — ✠.
Mévil (Eugène). — 1809. Artill. — Lieut. démiss. — Concessionnaire gérant du canal du Duc de Bordeaux. — O. ✠.
Mévil (Gustave). — 1809. Artill. — Passé dans le corps d'Etat-Major. — Capit. — ✠ ✠.
Michaux (Aug.-Den.) — 1809. Artill. — Capit. démiss. en 1815.
Michel (Jules). — 1809. Artill. de mar. — Capit. — ✠.
Michel (Jean). — 1809. Génie. — Capit.
Mondétour (Et.-Jean-Sim. *Brière de*). — 1809. Artill. — Lieut. pri-

PROMOTION DE 1807.

sonnier de guerre, mort de blessures en Portugal en 1812.
Monmartin (Ant.-Gasp.-Barth.) — 1809 Génie. — Capit. — ⚜ ✠.
Montalant (François). — 1809. Ing. géogr. — Capit.
Montmasson (André). — 1809 Génie. — Capit. — ⚜ ✠.
Moréal (Den.-Ch.-Hipp.) — 1809. Génie. — Décédé Capit. en Espagne en 1812.
Moret (Jean-Louis). — 1809. Inf.
Moyne (Jean-Pierre-Hen.) — 1810. Artill. — Capit. prisonnier de guerre en Russie, non rentré.
Nantil (Noël). — 1809. Inf. — Capit. rayé des contrôles.
Nicolas (Marc.-Jos.). — 1809. Génie. — Capit. — ⚜ ✠.
Panichot (Nic.-Alex.-Zéphirin). — 1809. Ponts et Chaussées. — Ing. ord.
Pasquier (Jean-Math.-Gab.-Pierre). — 1809. Artill. — Ch. d'esc. passé dans les Gardes du corps du Roi en 1814.
Perrin (Pierre). — 1809. Génie. — Capit. réf. — ✠.
Petit (Alexis-Thérèse). — 1809. Instruct. publiq. — Décédé prof. à l'Ecole Polytechnique, et au Collége de Bourbon en 1819.
Pichard (Gab.-Marc.-Adr.) — 1809. Artill. — Elève Sous-Lieut. démiss.
Piron (Jean-Adr.) — 1809. Artill. — Ch. de bat. — ✠.
Plivard (Jean-Bapt.) — 1810. Artill. — Ch. de bat. — ✠.
Poncelet (Jean-Vict.) — 1810. Génie. — Capit. — Prof. à l'Ecole d'application. — ⚜ ✠.
Porlodec-Lanvarzin (Jacq.-Franc.-Jos.-Corentin). — 1809. Ing. géogr. — Elève Sous-Lieut. retiré.
Poulain (Ferd.-Mathias). — 1809. Infanterie.
Poulle (Jean-Franc.-Augustin). — 1809. Ponts et Chaussées. — Ing ord.

Prou (Louis-Marie-Fanf.) — Ne s'est pas présenté.
Raige (Laz.-Jérôme). — 1810. Artill. — Lieut. tué à la bataille de Dresde.
Ramadou (Pierre-Marcellin). — 1809. Artill. — Capit. tué à la bataille de Leipsick.
Rosselin (Florentin-Isidore). — 1809. Artill. — Décédé Capit. en 1822. — ✠.
Roussot de Leyva (Ant.-Gustave). — 1809. Artill. — Ch. de bat. — ⚜ ✠.
Saint-George (Alph.-Alexis-Jean-Bapt. David). — 1809. Génie. — Décédé Capit. en 1813.
Saint-Victor (Augustin). — 1809. Artill. — Capit. — ⚜ ✠.
Salomon (Cahen). — 1809. Artill. — Capit. prisonnier de guerre en Russie, non rentré.
Saussine (Jean-Jos.) — 1809. Artill. — Capit. démiss. en 1819. — O. ✠.
Savary (André-Daniel). — 1809. Génie. — Capit. — ✠.
Sénéchal (Jean-Nic.) — 1809. Ponts et Chaussées. — Ing. ord.
Simonot-Vertenay (Pierre-Ch.) — 1809. Retiré.
Souhait (Ch.-Pierre). — 1809. Artill. — Capit. — ✠.
Soulié (Pierre-Franc.-Gasp.) — 1809. Artill. — Elève Sous-Lieut. démiss.
Stucker (Jean). — 1809. Génie. — Ch. de bat. — ⚜ ✠.
Vaillant (Jean-Bapt.-Philib.) — 1809. Génie. — Ch. de bat. — ⚜ ✠.
Varin de Beautot (Amable-Louis). — 1809 Artill. — Capit.
Vimal-Tevras (Annet.-Ch.) — 1809. Artill. — Capit. prisonnier de guerre en Russie, non rentré.
Vinard (Fréd.-Mich.) — 1809. Ponts et Chaussées. — Ing. ord.
Vongœff (Jean-Jos.) — 1809. Artill. — Capit.
Zeni (Et.-Hen.) — 1809. Artill. de mar. — Capit.

PROMOTION DE 1808.

Allain de Surville (Eug.-Auguste-Georges-Louis). — 1810. Ponts et Chaussées. — Ing. ord.
Armand (Jean-Franc.) — 1810. Ponts et Chaussées. — Ing. ord.
Asselin de Crèvecœur (Arm.-Louis-

Franc.). — 1810. Artill. — Lieut.-Colonel. — ⚜ ✠.
Bachelay (Jean-Baptiste-Gaston). — 1810. Artill. — Capit. prisonnier de guerre, présumé mort en 1813.
Baudesson (Augustin-Edme-Mich.)

— 1810. Ponts et Chaussées. — Ing. ordin.

Baudreuil (Franç.-Henri-Alph. *de*). 1810. Artill. — Capitaine. — ✻.

Belanger (Jean-Baptiste-Ch.-Jos.) — 1810. Ponts et Chaussées. — Ing. ordin.

Bernard (Honoré). — 1810. Ponts et Chaussées. — Ing. ord.

Boissière (Ant.-Louis). — 1810. Gén. — Capit. démiss. — ✻.

Boistel dit *Duroyer* (Ch.-Fréd.) — 1810. Artill. — Capit. passé Aide-de-camp du général Trigaud de Beaumont.

Bonié (François). — 1810. Artill. — Capitaine. — ✻.

Boquet (Blaise-Hilaire). — 1810. Gén. — Capitaine. — ✠ ✻.

Cabannes Laprade (Alexandre-Jean-François). — 1810. Artill. — Décédé Elève Sous-Lieutenant.

Caqueray de Fontenelle (Ch.-Marie *de*). — 1810. Artill. — Capit. — ✻.

Carbonazzi (Jean-Ant.-Jos.-Camille). — 1810. Ponts et Chaussées. — Ing. ordin. démiss. en 1814.

Casse (Jean-Bapt.-Ant.) — 1810. Gén. — Capit. démiss. en 1825. — ✻.

Cayeu (Jean-Bapt.-Henri *de*). — 1810. Artill. — Capitaine.

Cerf-Berr (Alph.-Théodore). — 1810. Artill. — Capit. retr. en 1820.

Chiappe (Jean-Jacq.) — 1810. Génie. — Capitaine. — ✻.

Clausade (Joseph-Martial). — 1811. Retiré.

Collas (Jean-Laz.) — 1810. Génie. — Capit. — ✻.

Comynet (Aug.-Edouard). — 1810. Artill. — Lieut. tué à la bataille de la Moskwa.

Coriolis (Gaspard-Gustave). — 1810. Ponts et Chaussées. — Ing. ord. — Répétiteur de mathématiques à l'Ecole Polytechnique.

Corrèze (Joseph). — 1810. Génie. — Capitaine.

Costa (Roland). — 1811. Génie. — Capit. démiss. en 1816.

Cotte (Louis-Etienne-César). — 1810. Artill. — Capit.

Courtois (Aimé-Charlem.) — 1810. Ponts et Chaussées. — Ing. ord.

Cousinery (Barthélemy-Edouard). — 1810. Ponts et Chaussées. — Ing. ordinaire.

Couturat (August.-Franç.-Clém.) — 1810. Ponts et Chaussées. — Ing. ordinaire.

Cuel (Ch.-André). — 1810. Ponts et Chaussées. — Ing. ord.

Dadole (Pancrace). — 1810. Artill. — Capitaine.

Dartois (Honoré-Prosper). — 1810. Génie. — Capit. — ✠. ✻.

Dehaussy (Alexandre). — 1810. Artill. — Capitaine.

Delafosse (Louis-André). — 1810. Inf.

Delafuye (Victor-Franç.-Louis). — 1810. Artill. — Capit. — ✻.

Delattre d'Aubigny (Ad.-Louis-Geneviève-Firmin). — 1810. Artill. — Ch. de bat. — ✠ ✻.

Delavenne (Auguste-Elisab.-Cés.) — 1810. Artill. — Décédé Lieutenant en 1812.

Delséries (Antoine). — 1810. Mines. — Ing. ord.

Demonet de Lamarck (Guill.-Emm.-Auguste). 1810. Ponts et Chaussées. — Ing. ord.

Desages-d'Heure (Jean-Franç.) — 1809. Retiré.

Desjardins (Allain-Louis-Antoine). — 1810. Poudres et Salpêtres.

Devere (Lambert). — Déjà reçu en 1804 et retiré. — Ne s'est pas présenté. — Capitaine d'Etat-Major. — ✠ ✻.

Ducasse (Jean-Bapt.) — Décédé Elève.

Duché (Vital.) — 1810. Génie. — Capit. — ✻.

Duffourc (Philippe-Laurent). — 1810. Artill. — Capit. prisonnier de guerre en Russie, non rentré.

Dufrayer (Adrien-Stanislas). — 1810. Artill. — Capit.

Dupré (Denis-Antoine-Honorine). — 1810. Artill. — Capit. — ✻.

Durand (Adr.-Armand). — 1810. Ing. géogr. — Capitaine.

Durfort-Léobard (Anne-Ch.-Fréd.) — 1810. Artill. — Capit. prisonnier de guerre en Russie, non rentré.

Emon (Jean-Louis). — 1810. Artill. — Capit. démiss. en 1819. — ✻.

Ethéart (Barth.-Aug.) — 1810. Artill. — Elève Sous-Lieut. retiré.

Falguière (Jean-Marie-Alban-Mich.) — 1810. Artill. — Lieut.-Colonel. — ✠ ✻.

Filhon (Charles-Marie). — 1810. Ing. géogr. — Capit.

Floquet (Jean-Robert). — 1810. Artill. — Capit. prisonnier de guerre en Russie, non rentré.

Franchessin (Ernest *de*). — 1810. Artill. — Capitaine réf. — Agent de change à Paris. — ✻.

PROMOTION DE 1808.

Frimot (Jacques-Jos.) — 1810. Ponts et Chaussées. — Ing. ord.

Froussard (Cl.-Vict.-Louis.) — 1810. Artill. — Décédé Lieut. à Thorn en 1813.

Gallot (Marie-Mathur.) — 1809. Inf.

Gambier (Alexandre-Pierre). — 1810. Artill. — Ch. de bat. — ✶ ✶.

Gardeur-Lebrun (Auguste-Stanisl.) — 1810. Artill. — Capit. retr. pour perte d'une jambe. — Prof. aux Écoles d'Artillerie. — Employé au Dépôt central. — ✶.

Gargan (Théodore-Ch.-Jos. de) — 1810. Mines. — Ing. ord.

Gazel (Julien). — 1810. Artill. — Décédé Capitaine en 1818.

Geniers (Raymond). — 1810. Ponts et Chaussées. — Ing. ord.

Gensolen (Fortuné). — 1810. Ponts et Chaussées — Ing. ord.

Gilberton (Gilb.-Ch.) — 1810. Gén. — Capit. — ✶ ✶.

Godin (Pier.-Gasp.-Cosme). — 1810. Artill. — Capit.

Goupil (Aug.-Jean). — 1810. Artill. — Capit. — ✶.

Goureau (Cl.-Ch.) — 1810. Génie. — Capit. — ✶.

Gourier (Nicolas-Antoine). — 1810. Génie. — Capit.

Goussard (Ch.-Eug.-Félix). — 1810. Artill. — Capit. démiss. — Cons. référendaire à la Cour des Comptes. — ✶.

Gravelle (Barthél.) — 1810. Artill. — Lieut. tué à la grande armée en 1813.

Griffet-Labaume (Ch.-Ant.) — 1810. Artill. — Capitaine prisonnier de guerre en Russie, non rentré.

Guenyveau (Denis). — 1810. Artill. — Capit.

Guillebon (Alexandre). — 1810. Ponts et Chaussées. — Ing. ord.

Hercouet (Gasp.-Henri). — 1810. Artill. — Capit. démiss. — ✶.

Hubert (Arsène-Claude). — 1810. Gén. — Capit. — ✶ ✶.

Huguenot dit *Lalance* (Alexandre-Frédéric). — 1810. Artill. — Capit. — ✶.

Hurel (Franc.-Félix). — 1810. Ponts et Chaussées. — Ing. en ch. — ✶.

Hyman (Louis-Alexandre). — 1809. Infanterie.

Jacquemont (Franc.-Joseph-Porph.) — 1810. Artill. — Capit. — ✶.

Jacquin (Mich.-Léonard-Théod.) — 1810. Artill. — Capit. — ✶.

Jolivet de Riencourt (Marie-Edme-Martin). — 1810. Artill. — Capit. — ✶.

Josserand (Jean-Louis-Justin). — 1810. Ponts et Chaussées. — Ing. ordinaire.

Jouvin (Jacques). — 1810. Ponts et Chaussées. — Ing. ord.

Jubié (Jos.-Noël-Jules). — 1810. Gén. — Capit.

La Brosse-Luuyt (Jacq.-Louis). — 1810. Artill. — Capit. démiss. en 1819. — Commerçant.

Lafont du Cujula (Jos.-Mart.-Marcellin). — 1811. Artill. — Capit. prisonnier de guerre, non rentré.

Lanteri (Ant.-Raph.-Elie-Vinc.-Emm.-Marie). — 1810 Artill. — Capitaine démiss. en 1814.

La Roze (Henri-Julien-Jean). — 1810. Retiré.

Laurenceot (Jos.-Théoph.-Franc.-Xavier) — Décédé Élève.

Laval (Jacq.-Raymond). — Ne s'est pas présenté. — Voyez ce nom dans la promotion de 1809.

Lavallée (Hilaire). — Ne s'est pas présenté. — Voyez ce nom dans la promotion de 1809.

Le Corbeiller (Mart.-Auguste-Marie). — 1810. Artill. — Capit. — ✶.

Lecourroyer (Guill.-Augustin). — 1810 Artill. — Décédé Capit. — ✶.

Lefebvre (Louis). — 1810. Mines. — Ing. ordin.

Lefrançais-Delalande (Isaac). — 1810. Retiré. — Capit. au Corps d'État-Major.

Legraverend (André-Franc.-Guill.) — 1810. Ponts et Chaussées. — Ing. ordin.

Lemasson (Marie-Thom.) — 1810. Artill. — Lieut. tué à la grande armée en 1813.

Lenfant (Jean). — 1810. Artill. — Capit. prisonnier de guerre en Russie, non rentré.

Lerouge (Pierre-Jacq.) — 1810. Ponts et Chaussées. — Ing. ordin.

Lesbros (Jos.-Aimé). — 1810. Génie. — Capit. — ✶ ✶.

Louis (Cl.-Jos.-Leufroy). — 1809. Infant.

Louuel (Gratien-Desiré). — 1810. Artill. — Capit. démiss. en 1817.

Lugaigne (Jean-Bapt.-Jacq.) — 1810. Poudres et Salpêtres. — Commissaire.

Mareuse (Louis-Ant.-Hipp.) — 1810. Ing. géogr. — Capit.

PROMOTION DE 1808.

Mary (Louis-Ch.) — 1810. Ponts et Chaussées. — Ing. ordin.

Merlaud (Preux-Joseph). — 1810. Retiré.

Moneuze (Guill.-Franc.) — 1810. Ponts et Chaussées. — Ing. ordin.

Morin (Pierre-Et.) — 1810. Ponts et Chaussées. — Ing. ordin.

Morlot (Jos.-Ch.-Antoine). — 1810. Artill. — Capit. démiss. en 1816. — Dans le commerce. — ✼.

Munier (Dom.-Nic.) — 1810. Artill. — Capit.

Noël (Jean-Félix). — 1810. Ponts et Chaussées. — Ing. démiss. — Ing. en ch. à Gand (Pays-Bas).

Noizet (Franc.-Jos.) — 1810. Génie. — Capit. — ✼ ✼.

O'-Farrell (Alex.-August.) — 1810. Artill. — Capit. — ✼.

Olry (Pierre-Adolphe). — 1810. Artill. — Capit. mort d'une blessure reçue à la bataille de Leipsick.

Oury (Pierre-Constantin). — 1810. Artill. — Capit. décédé à l'armée en 1813.

Paqueron (Nicolas). — 1810. Artill. — Capit. — ✼.

Páquet (Vict.-Ant.) — 1810. Artill. — Capit.

Parès (Jos.-Franc.-Pierre-Jean). — 1810. Artill. — Décédé Lieut. en Russie en 1813.

Paret (Cl.-Jos.-Camille). — 1810. Génie. — Capit.

Pargoire (Jean-Pierre). — 1810. Artill. — Capit.

Pequeult de la Varande (Antoine-Gab.) — 1811. Ing. géogr. — Capit.

Perreyve (Jos.) — 1810. Artill. — Capit. mort de blessures reçues à la grande armée en 1813.

Perrot (Ange-Jean-Jos.) — 1810. Génie. — Capit.

Petitot de Montlouis (Thélesphore-Ennemond-Marie). — 1811. Retiré.

Peyret (Jean-Louis-Ant.-Emélie). — 1809. Retiré.

Poilleux (Ant.) — 1810. Artill. — Décédé Capit.

Pouette (Casimir). — 1810. Ponts et Chaussées. — Ing. ordin.

Poupart (Ch.-Hen.) — 1810. Génie. — Décédé Capit. en 1819.

Raigniac (Franc.-Louis-M.-Anne-Gab.-Jean-St.-Cyr-M.-Jeanne). — 1809. Infant.

Réguis (Louis-Xavier). — 1810. Artill. — Capit. — ✼ ✼.

Rolland-Garagnol (Jean-Pierre-Cam.) — 1810. Artill. — Capit. — ✼.

Rondeau-Martinière (Louis-Noël). — 1809. Retiré. — Procureur du Roi au Mans.

Roy (Edme). — 1810. Artill. — Capit. réf. — ✼.

Rudler (Jean-Bapt.) — 1810. Génie. — Capit. — ✼ ✼.

Sahuguet-d'Amarzit-d'Espagnac (Ch.-Amable-Jean-Jos.) — 1810. Auditeur au Conseil d'Etat.

Saladin (Auguste-Henri). — 1810. Retiré.

Savart (Nicolas). — 1810. Génie. — Capit. — ✼.

Scherer (Ch.-Louis). — 1809. Infant.

Serres (Jean-Jos.) — 1810. Artill. — Capit. — ✼.

Sers (Jean-Jacq.) — 1810. Génie. — Capit.

Sertour (Louis-Ant.) — 1810. Génie. — Capit. — ✼.

Simon (André-Jean-Bapt.-Arbogaste). — 1810. Génie. — Capit. — ✼ ✼.

Soufflot (Franc.) — 1810. Artill. — Capit. tué à la défense de Hambourg.

Soulier (Jean-Jos.) — 1810. Artill. — Capit. — ✼ ✼.

Surineau (August.-Jos.-Gaston de). — 1810. Artill. — Ch. de bat. — ✼.

Tabareau (Ch.-Hen.) — 1811. Génie. — Capit. réf. — Professeur à Lyon.

Tardu (Ant.-Franc.) — 1810. Artill. — Décédé Capit.

Thiry (Ch.-Amb.) — 1810. Artill. — Capit. — ✼.

Tiron (Edme-Marie-Prosp.-Guill.) — 1810. Génie. — Lieut. tué en en 1813 à l'armée.

Tournaire (Guillaume). — 1810. Artill. — Capit.

Umpfenbach (Franc.-Ant.) — 1810. Ponts et Chaussées. — Ing. ordin. démiss. en 1814.

Vallenet (Ant.-Bertr.-Eug.) — 1810. Génie. — Capit.

Vatrin (Ch.-Aut.) — 1810. Artill. — Lieut. mort d'une blessure reçue à la bataille de la Moskwa.

Vène (Antoine). — 1810. Génie. — Capit. — ✼ ✼.

Viefville (Franc.-George-Fréd.-Auguste de). — 1811. Artill. — Lieut.

PROMOTION DE 1808.

prisonnier de guerre en Russie, non rentré.
Vincent (Louis-Auguste.) — 1810. Artill. — Décédé Lieut. à l'armée, en.....

Vivier de Lachaise (Pier.-Edouard). — 1810. Artill. — Capit.
Vuillet (Jos.-August.) — 1810. Ing. Géogr. — Capit.

PROMOTION DE 1809.

André (Louis-Aug.) — 1811. Mines. — Passé au service d'Espagne — Décédé à la Havane.
Andrieu (Bonnet). — 1811. Retiré
Barbedette (Simon-Jean-Pierre). — 1811. Génie. — Décédé élève Sous-Lieut.
Bardonnaut (Jean-Nic-Marcelin). — 1811. Ponts et Chaussées. — Ing. ord.
Barthes (Jean-Et.-Fréd.-Marie). — 1811. Retiré. — Voyez ce nom dans la promotion de 1811.
Bastide (Jean-Ant.-Sébast.) — 1811. Artill. — Décédé Capit.
Baumal (Rodolp.-Constant-Justin-Prosp.) — 1811. Ponts et Chaussées. — Ing. ord
Beaudemoulin (Louis-Alexis). — 1811. Ponts et Chaussées. — Ing. ord.
Bédigie (Pierre-Franc-Gab.) — 1811. Ponts et Chaussées. — Décédé Ing. à la Martinique en 1818.
Benoît (Philip.-Mart.-Narcisse). — 1812. Ing. géogr. — Passé dans le corps d'Etat-Major. — Lieut. — Ancien prof. à l'Ecole d'Application.
Berthault (Cl.-J.-Bapt.-Alexandre). — 1811. Ponts et Chaussées — Ing. ord.
Berthelot de la Durandière (Jos-Eug.) — 1811. Génie. — Capit
Besson (Ang.-David-Just.-Ant. *de*). — 1811. Ponts et Chaussées. — Ing. ord.
Besuchet (Anne-Franc.-Jos.) — 1812. Génie mar. — Sous-Ing.
Binet (Philip.-Thom.) — 1811. Génie. mar. — Sous-Ing.
Blanchard (Jos.) — 1811. Artill. — Capit.
Blondat Ant.-Gab-Franc. — 1811. Ponts et Chaussées. — Ing. ord.
Boileau (Jean-Guill.) Décédé Elève.
Boistard (Achille) — 1811. Génie. — Décédé Capit. en Allemagne en 1813.
Bonnier (Emil.-Julien-Jos.) — 1811. Génie. — Capit.
Bonnière (André-Louis-Eug.) — 1811.

Artill. — Capit. démiss. en 1820. — ✶.
Boussac (Paulin-Jos.-Gust.) — 1812. Artill. — Capit.
Boylesve (Etienne). — Décédé Elève.
Broquard de Bussières (Ch.-Franc.-Jos.) — 1812 Génie — Capit.
Cabrol (Rob.-Pierre-Barth.) — 1811. Ponts et Chaussées. — Ing. ord.
Cardon (Louis-Dom.-Marie). — Décédé Elève.
Castel (Arthur-Clém.-Marie). — 1811. Génie. — Capit. — ✶ ✶
Cauvet de Longrais (Alf.-Eug.-Aldéric). — Décédé Elève.
Challaye (Alph.-Franc.) — 1811. Génie. — Capit.
Chancel (Jean-Edmond) — 1811. Ponts et Chaussées. — Retiré en 1816.
Chapuy (Nic.-Marie-Jos.) — Déjà admis en 1806, ne s'était pas présenté. — 1811. Génie mar. — Elève retiré en 1816.
Châteaurenaud (Jos.-Hipp.) — 1811. Artillerie. — Capit. prisonnier de guerre, non rentré.
Chayé (Dieudonné). — 1812. Artill. — Décédé Capit. en 1814.
Chouillou Jean-Vict. — 1812. Artill. — Capit. réf. — ✶
Claudel (Jean). — 1811. Génie. — Capit.
Cotelle (Barnabé) — 1811. Génie. — Capit. tué à l'armée.
Courant (Pierre-Lamb.-Florence). — 1811. Ponts et Chaussées. — Ing. ord.
Crémoux (Pierre *de*) — 1812. Artill. — Capit. réf.
Crestin-Doussières (Eug.-Franc.-Jean-Bapt.) — 1811. Génie — Capit. — ✶ ✶.
Cunier (Hipp.-Louis-Amour) — 1811. Artill. — Capit. prisonnier de guerre en Russie, non rentré.
Daigremont (Jos.-Honoré-Désiré). — 1811. Génie. — Capit. — ✶.
Daniel (Hen.-Fréd.) — 1811. Artill. — Capit. prisonnier de guerre en Russie, non rentré.

PROMOTION DE 1809.

David (Jean-Bapt.) — 1811. Génie. — Capit.

Decaïeu (Philip.-Louis). — 1812. Ing. géogr. — Elève Sous-Lieut. passé dans l'Inf.

Dechastelus (Jean-Cl.-Hilaire). — 1811. Ing. géogr. — Décédé Capit. au Sénégal en 1818.

Delagrye Franç-Cés.) — 1811. Artill. — Capit. prisonnier de guerre en Russie, non rentré.

Delamorinière (Jean-Franç.-Hen.) — 1811. Génie maritime. — Sous-Ing.

Delarue (Armand). — 1811 Ponts et Chaussées. — Ing. ord.

Depigny (Jean-Pierre). — 1811. Génie. — Capit.

Desbrochers (René). — 1811. Génie. — Capit. — ✻.

Desmaretz de Palis (Eug.-Ch.-Nic.-Marie). — 1811. Artill. — Capit. prisonnier de guerre en Russie, non rentré.

Dissandes-Monlevade (Jean-Ant.) — 1811. Mines. — Aspirant (au Brésil.)

Doucet (Guill.) — Ne s'est pas présenté.

Douzon (Jean — Déjà admis en 1807, et retiré. — 1811. Artill. — Capit.

Drappier (Adolp.-Aug.) — 1811. Ponts et Chaussées. — Ing. ord.

Dreppe (Ch.-Fréd.) — 1811. Ponts et Chaussées — Ing. ord.

Dubois (Ant.-Louis). — 1811. Artill. — Capit. prisonnier de guerre en Russie, non rentré.

Dubus (Franç.-Jacq.) — 1811. Retiré.

Ducy (Ch.-Aug.) — 1811. Artill. — Décédé Capit. à Dresde en 1813.

Dufilhol (Louis-Ant.) Ne s'est pas présenté.

Dufour (Franç.-Jules-Isaac) — 1811. Ponts et Chaussées. — Ing. ord.

Dupont de l'Etang (Pierre-Jacques-Amand). — 1811. Génie. — Ch. de bat. — ✻ ✻

Duport (Ant.-Pierre). — 1811. Génie. — Capit.

Duron (François). — 1811. Mines. — Décédé Ing. en 1816.

Fauquez (Aug.-Armand). — 1812. Génie. — Capit.

Fessard Paul. — 1811. Ing. Géogr. — Capit.

Frotier de la Messelière (Charles). — 1811. Génie. — Capit.

Gallice (Barthélemi). — 1811. Génie. — Capit. — ✻.

Gay (Louis-Marie). — 1811 Génie. — Capit. — ✻ ✻.

Gibou (Ant.-Alex.-Fréd.) — 1811. Génie. — Capit.

Gilbert de Gourville (Jean). — 1812. Artill. — Capit.

Goblet (Alb.-Jos.) — 1811. Génie. — Capit. démiss. — Major commandant le Génie à Ypres (Pays-Bas). — ✻.

Gonet (Louis-Jos.-Bonav.) — 1811. Ponts et Chaussées. — Ing. ord.

Goy (Jean-Louis-Alex.) — 1811. Artill. — Capit.

Griffet-Labaume Gilb.-Ch.) — 1811. Ponts et Chaussées.

Guèze (Alexandre-Florimond). — 1811. Génie. — Capit.

Harnois (Adolp.-Ch.-Franç. d'). — 1811. Artill.

Henry (Pierre-Valentin). — 1811. Artill.

Hérault (Jean-Adel.) — 1811. Génie. — Capit. — ✻.

Herval Jean-Ch.-Amand-Fidèle). — 1811. Artill.

Hetzrodt (Pierre-Jos.) — 1811. Artill.

Juncker (Chrét.-Aug.) — 1811. Mines. — Ing. ord.

Kersaint-Coëtnempren (Arm.-Guy-Ch. de). 1811. Génie. — Capit. — Maître des Requêtes. — ✻.

Ketelbuter (Eug.-Alb.-Edm.-Alph. de). — 1811. Génie. — Capit. dém. — Ing. en ch. des Ponts et Chaussées à Liége Pays-Bas.

Labarrière (Jos.-Fréd.) — 1811. Génie. — Capit.

Lacroix (Ant.-Pierre-Hipp.) — 1811. Artill.

Laffore (Jacq.-Samuel *Bourrousse de*). — 1811. Ponts et Chaussées. — Ing. en ch.

Laffore (Martial-Augustin *Bourrousse de*). — 1811. Ponts et Chaussées. — Ing. ord.

Lambert Charles). — 1811. Génie. — Capit. — ✻.

Lancelin (Gilles-Marie). — 1811. Retiré.

Latour (Benj.-Alex.) — 1811. Génie. — Capit. — ✻.

Laval Jacq.-Raym.) — Déjà admis en 1808, ne s'était pas présenté. — 1811. Ponts et Chaussées. — Ing. ord.

Lavallée (Hilaire). Déjà admis en 1808, ne s'était pas présenté. — 1811. Artill.

Lefebvre (Louis-Hen.) — 1811. Ing

PROMOTION DE 1809.

géogr. — Passé dans 'e corps d'Etat-Major. — Capit.
Le Grand (Bapt.-Alexis-Vict.) — 1811. Ponts et Chauss. — Ing. en ch. — ✣.
Legrix (Pierre-Félix). — 1811. Génie marit. — Sous-Ing.
Lelievre (Bertr.-Hug.) —1812. Artill. — Capit. — ✣.
Lemoine (François). — 1811. Génie. — Capit.
Lemoyne (Jean-Jacq.)— 1811. Ponts et Chaussées. — Ing. ordin.
Lendy (Aim.-Louis-Fréd.-René.) — 1811. Génie. — Capit. — ✣.
Leprince (Paul). — 1811. Retiré.
Lesecq (Auguste-Jean-Cath.) —1811. Ponts et Chaussées. — Retiré en 1817.
Letard de Labouralière (Pierre-Jean-Bertr.-Delphin). — 1811. Génie.— Lieut. décédé à Dresde en 1813.
Lethierry (Jos.-Desiré). — 1811. Artill. — Capit. démiss. en 1816.
Levillain (Marie-Franc.-Denis).— 1811. Ing. géogr. — Passé dans le Corps d'Etat-Major. — Capit. — Prof. à l'Ecole d'Application.
Liébaut (Nic.-Franc.-Jos.) — 1811. Génie. — Lieut. tué à l'armée en 1813.
Liénard (Alexandre). —1812. Génie marit. — Sous-Ing.
Limousin (Noël). — 1811. Ponts et Chaussées. — Ing. ordin.
Loreilhe (Jean). —1811. Ing. géogr. Capit.
Louis (Joseph). — 1811. Génie. — Ch. de bat.
Maignen (Jean-Jacq.) — 1811. Génie. — Capit. décédé à l'armée en 1815.
Marquis (Donatien). — 1811. Artill. — Capit. réf.
Martin (Jos.-Matthieu). — 1811. Ponts et Chaussées. — Retiré en 1814.
Menot (Gab.-Julien). — 1811. Artill. — Capit. prisonnier de guerre, non rentré.
Merle (Félicité-Ch.-Prud.) — 1812. Artill. —Capit. prisonn. de guerre, non rentré.
Messey (Louis-Auguste). — 1811. Ponts et Chauss. —Retiré en 1816.
Millon Antoine. —1811. Génie. — Capit. — ✣.
Mimerel (Armand-Florimond). — 1811. Génie marit. — Sous-Ing.
Molina (Jean-Viric.-August.)— 1811. Génie. — Capit. — ✣.

Mondot de la Gorce (André-Jos.-Jules). — 1811. Ponts et Chaussées. — Ing. en ch..
Monneret (Alex.-Adr.-Jos.) — 1811. Artill. — Capit. mort de blessures en 1812.
Morel-Duesme (Marie-Franc.-Fréd.) — 1811. Artill. — Capit. retr. en 1814. — Amputé.
Morel (Amédée-Edme). — 1811. Artill. — Capit. — ✣.
Mosca (Ch.-Bern.) — 1811. Ponts et Chaussées. — Retiré en 1814.
Nosereau (Gabriel). — 1811. Génie marit. — Sous Ing.
Odiot (Joseph-Marie). — 1811. Artill. — Capit.
Ollivier (Jean-Bapt.-Vict.) — 1811. Génie. —Capit. — ✣.
Parentin (Ant.-Jos.) — 1811. Génie. — Capit. — ✣.
Parrot (Eberhard-Louis). — 1811. Mines. — Ing. ordin.
Pastey (Pierre-Jean). —1811. Génie. —Capit. — ✣.
Patas de Mesliers (Jacq.-Omer). — Artill. — Capit. prisonn. de guerre, non rentré.
Peltier Ch.-Eloi-Ferdinand-Franç.-Xav.) — 1811. Génie. — Capit.
Perruchot-Longeville (Désiré-Louis-Rosc.)—1811. Poudres et Salpêtres. — Commissaire.
Petin (Et.-Louis-Simon). — 1811. Poudres et Salpêtres.
Pey Jean). — 1811. Artill. —Capit. réf. — Propriétaire à Bayonne.
Philippé (Jos.-Prudent). — 1811. Artill. — Lieut. mort de blessures en 1813. — ✣.
Pichot-Lamabilais (Pierre-Jean-Bapt.) 1811. Génie. — Capit. — ✣.
Piœrron de Mondésir (Auguste-Jean-Marie). — 1811. Génie. — Capit. — ✣.
Policarpe (Ant.-Pierre). — 1812. Artill. — Capit.
Poullain (Jean). — 1811. Artill. — Capit. réf.
Poumeyrol (Joseph). —1811. Génie marit. — Elève Ing. retiré en 1816.
Prévost de Longpérier (Jean-Bapt.-Gab.) — 1811. Artill. — Capit. prisonnier de guerre, non rentré.
Prié (Ant.-Jean-Solange). —1811. Génie. —Capit. — ✣.
Proust (Paul-Franç.)— 1811. Génie marit. — Sous-Ing. démiss. en 1817.

PROMOTION DE 1809.

Prus (Jean-Ch.) — 1811. Ponts et Chaussées. — Ing. ordin.
Radepont (Jean-Bapt.-Louis-Franc.) — 1811. Génie. — Capit. — ※.
Rainguel (Ch.-Vict.-Emond.) — 1811. Artill. — Capit. prisonnier de guerre, non rentré.
Raucourt (Ant.) — 1811. Ponts et Chaussées. — Ingén. ordin. — En Russie, Colonel du Génie des Voies de communication. — A quitté ce service.
Rely (Ch.-Franc.-Amour-Constant). — 1811. Artill. — Capit.
Roget (Nic.) — 1811. Génie marit. — Élève Ing. démiss. en 1817. — Architecte de la ville de Bruxelles, et Prof. du Cours de Constructions.
Rollandy (Jos.-Pierre-Paul). — 1811. Artill. — Capit.
Saucourt (Jean-Franc.) — Ne s'est pas présenté.
Sauvageot (Ant.-Gabr.) — 1811. Génie marit. — Décédé à Anvers en 1811.
Schneider (Théod.) — 1811. Artill. — Capit.
Sirveaux (Brice-François). — 1811. Artill. — Lieut. prisonnier de guerre, non rentré.
Solier (Ant.-Jos.-Jean). — 1811. Gén. — Capit.

Tascher (Eug.-Jean-Marie de). — 1811. Artill. — Décédé Lieut. dans la retraite de Moscou.
Trona (Victor-Emm.-Jos.-August.-Jean-Mar.) — 1811. Ponts et Chaussées. — Retiré en 1814.
Trotté de Laroche (Pierre). — 1811. Ponts et Chaussées. — Ing. en ch.
Urban (Perpét.-Jos.-Louis). — 1811. Génie. — Capitaine démiss. — Ing. en chef des Ponts et Chaussées à Namur (Pays-Bas).
Vallot (Jean-Ch.) — 1811. Ponts et Chaussées. — Ing. ord.
Vanéechout (Benj.-Aubert-Ernest). — 1811. Génie. — Capit.
Vieillard (Narcisse). — 1811. Artill. — Capit. démiss. en 1815.
Vincens (Jos.-Marie). — 1811. Artill. — Capit. prisonnier de guerre, non rentré.
Willmar (Jean-Pierre-Christine). — 1811. Génie. — Capit. démiss. — Ing. en chef des Ponts et Chaussées à Liége (Pays-Bas).
Yver de la Bruchollerie (Louis). — 1811. Génie. — Capit.
Zédé (Pierre). — 1811. Génie marit. — Sous-Ing. — ※.

PROMOTION DE 1810.

Alauze (Jacques). — 1813. Artill. — Lieut. démiss. en 1817.
Balaran (Louis-Constant). — 1812. Artill. — Capit.
Barbier (Jos.-Odille). — 1812. Artill. — Capitaine.
Bayard (Ferdinand-Jean). — Ponts et Chaussées. — Ing. ord.
Belmas (Jacq.-Vital). — 1812. Génie. — Capit. — ※.
Berdolle (Aut.-Théod.) — 1812. Artill. — Capit.
Berjaud (Jean-Bapt.) — 1812. Artill. — Capit. prisonnier de guerre, non rentré.
Bertin (Achille). — 1812. Artill. — Capitaine.
Billaudel (Jean-Bapt.-Basilide). — 1812. Ponts et Chauss. — Ing. ord.
Blanc (Antoine). — 1812. Artill. — Capit. — ※.
Blevec (Bertrand-Hercule). — 1812. Génie. — Capit. — ※ ※.
Bompard (Jean). — 1812. Artill. — Capit.

Bottex (Auguste-Rodolphe). — Décédé Élève.
Boucquel de Beauval (Léop.-Stanislas-Emm.) — 1812. Artill. — Chef de bat. — ※.
Bouvet (Jean-Vict.) — 1812. Artill. — Capit. prisonnier de guerre non rentré.
Brongniart (Nic.-Jos.) — 1812. Artill. — Lieut. tué à la grande armée en 1813.
Bruno (Pierre-Arm.) — 1812. Génie. — Capit.
Bryon (Pierre-Franc.-Alexandre.) — 1812. Retiré.
Cabrol (Franc.-Gracchus). — 1812. Artill. — Capit. — ※.
Coffort (Jos.-Just.) — 1812. Artill. — Capit.
Cartier (Franc.) — 1813. Artill. — Capit. démiss.
Castaing (Ferdinand-Louis). — 1812. Artill. — Capit.
Chaillou (Alexand.-Hipp.) — 1812. Artill. — Capit.

PROMOTION DE 1810.

Chaillou (René-Pier.) — 1812. Artill. — Capit. démiss.
Charreyron (Joseph). — 1812. Artill. — Capit.
Chauvenet (Louis-Philippe-Mar. *de*). — 1812. Génie. — Capit.
Chauvet (Pierre). — 1812. Artill. — Capit.
Chiodo (Augustin-Jérôme). — 1812. Génie. — Lieutenant passé au service sarde.
Cohendet (Adr.-Jos.) — 1812. Artill. — Capit.
Collas de Courval (Léon-Jean). — 1812. Génie. — Capit. — ✠.
Colomb (Paul-Franç.-Marie). — 1812. Artill. — Capit.
Corrard (Alexand.-César). — 1812. Artill. — Capit.
Coste (Louis-Alexis). — 1812. Artill. — Capit. tué à l'armée en 1814.
Coueffin Pier.-Raph.-Den.) — 1812. Ing. géogr. — Capit.
Coursin Jean-Bapt.-Félicité) — 1812. Artill. — Capit.
Delaborde (Alexand.-Vict. , — 1811. Retiré.
Desfeux Ch.-Amable-Louis . — 1812. Génie. — Capit.
Despine (Ch.-Marie-Joseph). — 1812. Mines. — Retiré en 1816. — Ing. en chef en Piémont.
Dessalle (Franç.-Cl.-Achille). — 1812. Génie. — Capit. — ✠.
Dieudé (Alexandre-Louis-Xav.) — 1812. Artill. — Capit.
Donnat (Franç.-Xav.-Eug.). — 1812. Artill. — Capit. — ✠.
Doucet (Guillaume). — 1812. Ponts et Chaussées. — Décédé Élève de ce service.
Douet (Prosper). — 1812. Génie. — Capit.
Dumas (Jean-Bapt.-Louis). — 1812. Ponts et Chaussées. — Ing. en ch.
Dumay Fidèle.-Jos.) — 1812. Génie. — Capit. — ✠.
Duplan (Joseph . — 1812. Génie marit. — Élève Ing. démiss.
Durand (Const.-Hipp.-August.) — 1812. Poudres et Salpêtres. — Commissaire adjoint.
Fabian (Jean-Pierre). — 1812. Artill. — Capit.
Fabre (Jean-Franç.-Guill.) — 1812. Génie. — Décédé Capit.
Falret (Philippe-Franç.) — 1812. Gén. — Capit.
Fiévée (Adolphe-Jos.-Sim.) — 1812. Génie. — Capit. — ✠.

Forget de Barst (Ch.-Gab.-Ferd.)— 1812. Génie. — Capit.
Fourmond (Jos.-Franç.-Emilien). — 1812. Artill. — Décédé Capitaine en 1814.
Gaide (Anne-Franç.) — 1812. Génie. — Capit.
Galis (Ant.-Jéan). — Ne s'est pas présenté. — Ancien Magistrat. — Avoc. à Paris.
Gauthier (Cl.-Franç.). — 1812. Gén. — Capit.
Gazan Alexand.-Zach.-Alexis-Nic.) — 1812. Artill. — Capit.
Gazeau de la Bouère (Arm.-Henri-Jacq.-Ch.) — 1812. Artill. — Capit. prisonnier de guerre, non rentré.
Gérard (Jean-Baptiste-Ant.) — 1812. Génie. — Capit.
Girard (Scævola-Ch.) — 1812. Ponts et Chaussées. — Ing. ord.
Giret (Jean-Charles-Louis). — 1812. Artill. — Capit. — ✠.
Godard de Rivocet (Aug.-Franç.)— 1812. Artill. — Capit. prisonnier de guerre, non rentré.
Godin (Jean-Alexis). — 1812. Artill. — Décédé Élève Sous-Lieut.
Gohard (Nic.-Jos.) — 1812. Retiré.
Gosselin (Franç.-Théodore). — 1812. Génie. — Capit. — ✠.
Grave Urs.-Jos.-Hip.-Cas. *comte de*). 1812. Artill. — Chef de bat. — ✠.
Grégoire Jos.-Marie). — 1812. Artill. — Capit. — ✠.
Grillet-Serry (Et.-Germ.) — 1812. Artill. — Décédé Capit.
Grimouville (Théod.-Benj.) — 1812. Génie. — Capit.
Guilhou (Franç.-Ch.) — 1812. Artill. — Élève Sous-Lieut. retiré.
Guilland Franç -Huningue). — 1812. Artill. — Capit. — ✠.
Guillemot (Ch.-Aimé-Jean-Bapt.) — 1812. Ponts et Chauss. — Ing. ord.
Guy (Jean-Pierre-Anselme). — 1812. Génie. — Capit.
Guy (Ant.-Marie). — 1812. Artill. — Capit.
Guyot-Vercia (Louis-Marie-Désiré). — 1814. Retiré.
Harmand (Adrien-Molière-Pline). — 1812. Artill. — Lieut. dém. en 1818.
Hebert (Phil.-Julien . — 1813. Génie marit. — Élève Ing. retiré en 1816.
Hennebert de Forceville Nic.-Franç.) — 1813. Artill. — Capit. — ✠.
Hubert (Ch.-Clair). — 1812. Artill. — Capit. — ✠.
Imbert Saint-Brice (Marie-Théodore-

PROMOTION DE 1810.

Penn.) — 1812. Artill. — Passé dans le corps d'Etat-Major. — Capit. — ※

Jacquiné (Pierre-Séraph.) — 1812. Artill. — Décédé Lieut. en 1814.

Jarrige-Lamazorie Jos.-Marie). — 1812. Artill. — Passé dans le corps d'Etat-Major.

Karth (Auguste-Fréd.) — 1812. Artill. — Capit.

Kervern Eug.-Marie-Hipp. *Le Denmat de*) — 1813. Artill. — Capit.

Labarbe (Jean-Marcelin). — 1811. Infant.

Lacave (Louis-Hen.-Hipp.) — 1812. Ponts et Chaussées. — Ing. ordin.

Lagarrigue (Alexandre). — 1812. Génie. — Lieut. démiss.

Lambert (César-Jos.) — 1812. Génie. — Capit. — ※

Lambert (Ch.-Jos.-Emile) — 1812. Mines. — Elève Ing. — Dirige une exploitation de mines au Chili.

Larabit Marie-Denis). — 1812. Génie. — Capit. — ※

Larchevêque-Thibaud (Jean-Bapt.) — 1812. Génie marit. — Sous-Ing.

Laugaudin (Jean-Antoine). — 1812. Artill. — Capit. — ※

Lebon d'Haubersin (Henri-Hipp) — 1812. Artill. — Capit.

Lecarpentier (Bruno). — 1812 Ponts et Chaussées. — Ing. démiss. — S'occupe de travaux et d'essais d'agriculture.

Lefebvre (Ch.-Emm.) — 1812. Génie. — Capit. réf.

Lefebvre (Auguste-Jean-Marie). 1812. Génie. — Capit.

Lefebvre de Sallay (Pierre-Henri). — 1813. Génie marit. — Sous-Ing. démiss. en 1820.

Lejeune (Marie-Remi-César). — 1812. Artill. — Capit. — ※.

Lemarcis (Jean-Marin). — 1812. Génie. — Capit. — ※.

Lemit Louis. — 1813. Artill. — Capit.

Lenfumé-Delignières (Alphonse). — 1812 Artill. — Capit.

Lerebours (Jacq.-Félix). — 1812. Artill. — Lieut. tué à l'armée d'Italie en 1813.

Lermier (Jacq.-Constant). — 1812. Poudres et Salpêtres. — Commissaire adjoint.

Leroy (Jean-Denis). — 1812. Artill. — Capit.

Lherbette (Adolp.-Ch.) — 1813 Artill. — Capit.

Liadières Pierre-Chaumont). — 1812. Génie. — Capit. — ※.

Lindenmeyer Jean-Fréd.-Ch.) — Ne s'est pas présenté. — Voyez ce nom dans la promotion de 1811.

Loret (Louis-Marie-Const.) — 1812. Artill. — Capit.

Luguet (Achille-Ant.-Mart.) — 1812. Artill. — Capit.

Madelaine (Joachim). — 1812. Artill. — Capit.

Mahieux (Jean). — 1812. Artill. — Lieut. démiss. — Capit. du Génie au service des Pays-Bas.

Malechard Ch.-Bernardin-Gab.) — 1812. Artill. — Capit. — ※.

Marcilhac (Adolp.-Ch.-Mart.) — 1812 Artill. — Capit.

Martin de Julvécourt (Alexandre). — 1812. Artill. — Ch. d'esc. — ※.

Marty (Joseph). — 1812. Artill. — Capit. — ※.

Melon de Pradou (Jean-Bapt.) — 1812 Artill. — Capit.

Mercier (Charles). 1812. Artill. — Capit. présumé mort en Russie.

Metayer (Julien-Fidèle-Const.) — 1812. Artill. — Capit. — ※

Michel d'Anserville (Ange-Gabriel-Porph.) — 1812. Artill. — Ch. de bat. réf. — ※.

Michelot (Jean-Ch.-Aug.) — 1812. Génie. — Capit. démiss. — Chef d'institution à Paris.

Mieussens (Roch). — 1812. Retiré.

Mocquard Aimé) — 1812 Artill. — Capit. — ※.

Monmartin (Alex.-Pierre-Franç.-Barth.) — 1812 Artill. — Capit. démiss

Moreau (Marie.-Emilaud-Bonavent.-Aug.) — 1812. Génie. — Capit. — ※.

Morin (Nicolas). — 1812. Génie. — Capit.

Moynier (Franç.-Jos.-Jean.) — 1812. Artill. — Capit. retr. en 1815.

Murat — 1812. Artill. — Lieut. démiss en 1815.

Muthuon (Louis-Marie). — 1812. Artill. — Capit.

Néhou (Adrien). — 1812. Ponts et Chaussées. — Ing. ord.

Néther (Ch.-Marie). — 1812. Génie. — Capit.

Ogée (Félix-Franç.) — 1812. Artill. — Capit. démiss. en 1816.

Olivier de Pezet. (Albert-Jos-Aug. d') — 1812. Génie. — Capit. — ※.

Patau (Georg.-Franç.-Marc.) — Ne

PROMOTION DE 1810.

s'est pas présenté. — Voyez ce nom dans la promotion de 1811.
Pauzié-Banne (Jean-Hen.-Pierre-Augustin.) — 1812. Artill. — Capit.
Peloux (Jean-Bapt.-Melch.) — 1812. Artill. — Capit.
Pérignon (Franc.-Fortuné). — 1812. Artill. — Capit. — ✠.
Perreau (Jules-Edme-Ch.) — 1812. Génie. — Capit. — ✠.
Perruchot (Louis). — 1812. Génie. — Capit.
Planquette (Jean-Louis-Et.-Franc.) — 1811. Artill. — Capit. démiss. en 1819.
Rabaioye (Pierre-Ch.) — 1812. Artill. — Capit.
Redouter (André-Remi-Egalité). — 1812. Génie. — Capit.
Rieffel (Franc.-Xav.-Jos.) — 1811. Retiré. — Prof. de Mathématiques à l'École d'Artill. de La Fère.
Robert de Saint-Vincent (Pierre-Gust.-Léop.) — 1812. Génie. — Capit. — ✠ ✠.
Rocquancourt (Jean-Thom.) — 1812. Génie. — Capit. passé dans le corps d'État-Major. — Premier Sous-Directeur des études à l'École militaire de Saint-Cyr.
Ronmy (Thom.-Ferd.) — 1812. Génie. — Capit. — ✠.
Roullion (Cl.-Jos.) — 1812. Génie. — Capit.
Rousset (Charles). — 1812. Génie. — Capit. — ✠.
Rouvrois (Franc.-Gab.) — 1812. Artill. — Capit.
Séhols (Char.-Stanis. *de*) — 1812. Artill. — Capit.

Sibilet (Pierre-Abel). — 1812. Génie. — Capit.
Simon (Jos.) — 1813. Génie — Capit.
Soleirol (Hen.-Augustin). — 1812. Génie. — Capit.
Sorel (Pierre-Louis-Honoré). — 1812. Génie. — Capit.
Surineau (Louis-Ch.-Théod. *de*). — 1811. Artill. — Passé dans le corps d'État-Major. — Capit. — ✠ ✠.
Tassain (Nicolas). — 1812. Génie. — Capit.
Terson de Paleville (Daniel-Casim.) — 1812. Artill. — Capit. — ✠.
Thiery (Sébastien). — 1812. Artill. — Capit. — ✠.
Thiry (Franc.-Augustin). — 1812. Artill. — Capit. — ✠.
Urtin (César-Ernest). — 1812. Génie. — Capit.
Vauquelin (Jean-Franc.) — 1812. Ponts et Chaussées. — Ing. ord.
Vergnaud (Amand-Denis). — 1812. Artill. — Capit.
Vernety (Etienne). — 1812. Artill. — Capit.
Vieux (Pierre) — 1812. Génie. — Capit. — ✠ ✠.
Viquesnel (Franc.-Et.-Gilles). — 1812. Génie. — Capit. — ✠ ✠.
Voysin de Gartempe (Philip.-Aristide). — 1812. Artill. — Capitaine. — ✠.
Ythier (Pierre-Marie-Thom.) — 1812. Génie. — Décédé Capit. en 1828.
Yver (César-Jules). — 1812. Artill. — Capit.

PROMOTION DE 1811.

Ajasson de Grandsagne (François). — 1813. Artill — Capit.
Amphoux (Jean-Marc-Marie). — 1813. Génie. — Capit.
Anfossi (Louis-Marie-Léon-Vinc.) — 1813. Ing. Géogr. — Lieut.
Arago (Pierre-Jean-Vict.) — 1813. Artill. — Capit.
Arnoux (Jean-Cl.-Républicain). — 1812. Artill.
Auvé (Aug.-Mich.-Louis). — 1813. Artill. — Lieut. démiss. en 1816.
Balladier (Jean-Annet-Cl.) — 1813. Artill. — Capit.
Barthes (Jean-Et.-Fréd.-Marie). — 1812. Génie. — Capit.

Bédigie (Jean-Cl.-Franc) — 1813. Génie. — Décédé Capit. à la Guadeloupe. — ✠.
Belland (Mich.-Aug.) — 1813. Ing. géogr. — Décédé Élève Sous-Lieut.
Berthault (Léonard-Philibert-Marie-Félix). — 1813. Artill. — Lieut. réf.
Berthereau de la Giraudière (Augustin-Hipp. — 1814. Retiré
Bing (Isaac). — 1813. Artill. — Cap.
Bizot-Brice (Michel) — 1813. Génie. — Capit. — ✠.
Blanchard (Claude-Oliv.) — 1813. Artill. — Ch. de bat. — ✠.

32

PROMOTION DE 1811.

Boscary (Pierre-Louis). — 1813. Art. — Capit.
Botto (Dom.-Franç.) — 1313. Génie. — Elève. Sous-Lieut. démiss. — Officier du Génie en Piémont.
Boutault (Paul-Emile). —1813. Génie. — Capit.
Brillard (Aug.-Joach.-Marie). — 1819. Artill. — Capit.
Buisson (Pierre-Benj.) — 1812. Retiré.
Campaignac (Ant.-Bern.) — 1813. Génie marit. — Sous-Ing.
Castaignet (Guill.-Ch.-Paulin). — 1813. Génie. — Capit.
Challaye (Aristide). — 1813. Génie. — Capit.
Charles dit *Artaud* (Adrien). — 1813. Artill. — Capit.
Charon (Viala). — 1813. Génie. — Capit.
Chevalier (Hervé-Arsène-Pierre). — 1813. Retiré et entré dans la Marine. — Voyez ce nom dans la promotion de 1814.
Contencin (Paul). — 1813. Artill. — Capit.
Corbin (Edme). —. 1813. Artill. — Capit.
Cornisset (Touss.-Franç.-Prosp.) — 1813. Artill. — Capit.
Cramouzaud (Léonard). — 1812. Retiré.—Notaire à Eymoutiers (Haute-Vienne.)
Creva-Vaglio (Mart.-Oct.-François-Marie). — Décédé Elève.
Dalesme (J.-Bapt.-Casim.) — 1813. Génie. — Capit.
Dautheville (Franç.) — 1813. Génie. — Capit.
Delannay (Michel-Henri). — 1813. Génie. — Capit.
Delbet (Jean) — 1813. Génie. — Décédé Lieut. en 1817.
De l'Espée (Jos-Franç.-Casimir). — 1813. Artill. — Passé dans le corps royal d'Etat-Major. — Capit.
Delon (Hon.-Edouard). — 1813. Art. — Lieut. rayé des contrôles.
Delorme (Jean-Marie). — 1813. Artill. — Capit.
Demouthiers de Boisroger (Ange-Ch.) — 1813. Génie. — Capit.
Deniéport (Et.-Vinc.) — 1813. Génie. — Capit.
Deroys-Saint-Michel (Pierre-Hen.-Jos.) — 1814. Retiré.
Devienne (Alexis-Dom.) — 1813. Génie. — Capit.
Ditch (Laurent). 1813. — Artill. — Capit.

Domergue (Aud.-Gab.-Pierre). — 1812. Retiré. — Capit. au corps d'Etat-Major.
Donnat (Jean-Xav.-Prosp.-Amable). — 1813. Artill. — Passé dans le corps d'Etat-Major. — Capit. — ✻.
Dosque (Luc). — 1813. Génie. — Capit.
Doulcet de Pontécoulant (Philip.-Gust.) — 1813. Artill. — Passé dans le corps d'Etat-Major. — Capit. — ✻.
Ducros (Jean-Séb.-Vict.-Jemmapes). — 1813. Génie. — Capit.
Duhousset (Franç-Chéri). — 1813. Ing. géogr. — Lieut. — Sous-Directeur des études à l'Ecole militaire de Saint-Cyr.
Dumesniladelée (Bon-Amédée). — 1813. Génie. — Capit.
Empaytaz (Bénédict-Fréd.). — 1813. Artill. — Passé dans le corps d'Etat-Major. — Capit.
Fabre (Albin-Camille-Franç.) — 1813. Artill. — Capit.
Fauchon (Alex.-Prosp.) — 1813. Art. — Capit.
Fauquier (Jean-Pensée). — 1813. Génie. — Capit.
Faure de Fournoux (Télémaque). — 1813. Artill. — Lieut. démiss. en 1819.
Fauveau (Jos.-Germ.-Chéri). — 1813. Génie marit. — Sous-Ing.
Feuardant dit *d'Eculleville* (Anne-Hilaire-Auguste). — 1813. Génie. — Décédé Lieut. à la Guadeloupe en 1816.
Ferrandin-Gazan (Jos.-Guill.) — 1813. Ing. géogr. — Elève Sous-Lieut retiré.
Frémont (Pierre-Alex.) — 1813. Génie. — Capit.
Fromentin (Armand). — 1813. Artill. — Lieut. prisonnier de guerre, non rentré.
Fuchsamberg (Fabro). —1813. Gén. — Capit.
Gambier (Ant.-Henri-Jean). — 1813. Ing. géogr. — Lieut. — ✻.
Garnier (Gust.-Ben.) — 1813. Génie marit. — Sous-Ing.
Gauchet (Liberté-David). — 1813. Artill. — Lieut. démiss.
Gaudin (Franç.-Ant.-Aimé). — 1813. Artill. — Capit.
Gaullier-Desbordes (Gustave).—1814. Maison militaire du Roi. — 1816. Artill. — 1819. Corps d'Etat-Major. — Capit. — ✻.

PROMOTION DE 1811.

Gernaert (Franç.-Jos.). — 1813. Génie. marit. — Elève Ing. démiss. — Ing. ord. des Ponts et Chaussées à Namur (Pays-Bas).
Gilbert (Emile-Jacq.). — Ne s'est pas présenté.
Gille dit *Dumarchais* (Franç.-Ch.) — 1813. Artill. — Capit.
Gillet (Gessner). — 1813. Artill. — Lieut. démiss. en 1814. — Propriétaire à Versailles.
Gimmig (Philippe-Geoff.-Marie). — 1813. Ponts et Chaussées. — Ing. ordin.
Ginet (Pierre). — 1813. Artill. — Décédé Capit.
Girard (Aimé-Auguste). — 1813. Artill. — Capit.
Giraud (Marc-Sébast.-Xav.) — 1813. Artill. — Capit.
Girault (Jean-Jacq.) — 1813. Artill. — Décédé Lieut. en 1819.
Gloux (Louis-Joseph-Léger). — 1813. Artill. — Capit.
Godard-d'Isigny (Alexand.-Henri). — Décédé Elève.
Gombault (Emile). — 1813. Génie. — Capit.
Gougeon (Jean-Bapt.) — 1813. Ing. géogr. — Capit.
Goupil de Préfeln (Paul-Franç.) — 1813. Ponts et Chaussées. — Ing. ordin. démiss. en 1818.
Goupilleau (Paul-Henri). — 1813. Génie. — Décédé Capit.
Grivet (Pierre-Auguste-Marius). — 1813. Génie. — Capit.
Groult (Adrien-Aug.) — 1813. Génie. — Capit.
Guéry (Augustin). — 1813. Génie. — Capit.
Guiraudet Saint-Amé (Alexand.-Jos.-Eug.) — 1813. Artill. — Lieut. démiss. en 1821. — Imprimeur à Paris.
Hacquin (Jean-Vict.) — 1813. Artill. — Capit.
Hanet-Cléry (Louis-Vict.) — 1813. Artill. — Capit.
Hermann (Chrét.-Laur.) — 1813. Artill. — Lieut. démiss. en 1814.
Houdaille (Aristide). — 1813. Artill. — Capit.
Labarbe (Prudence-François-Eléon.) — 1813. Mines.
Lacave-Laplagne (Jean-Pierre-Jos.) — 1813. Artill. — Lieut. démiss. en 1815.
Ladevèze (Auguste). — 1814. Artill. — Lieut. démiss.
Lafitte (Pierre-Louis). — 1813. Artill. — Lieut. passé dans l'Infant. en 1817.
Lair (Jean-Jacq.) — 1813. Artill. — Capit.
Lallemand de Cullion (Alexis-Louis-Philip.) — 1814. Génie. — Capit. réf. — Maire de Dammarie (Loiret). — ※
Lamarque (René-Casimir) — 1813. Artill. — Capit.
Lanty (Jean-Bapt.-Alb.) — 1813. Artill. — Décédé Capit.
Largeteau (Ch.-Louis). — 1813. Ing. géogr. — Lieut.
Lebouëdec (Yv.-René-Laur.-Marie). — 1813. Génie. — Capit.
Lecamus (Ch.-Louis-Franç.) — 1813. Ing. géogr. — Capit.
Lecoq (Scævola). — 1813. Artill. — Lieut. démiss. en 1816.
Lefaivre (Ant.-François). — 1813. Artill. — Décédé Elève Sous-Lieut.
Le Lasseux-Lafosse (Jules-Alex.-Monique). — 1813. Artill. — Lieut. passé Profess. de Mathématiques à l'Ecole militaire de La Flèche.
Lelièvre (Martial-Bienvenu). — 1813. Génie. — Capit.
Lemauff (Julien-Marie-Franç.) — 1813. Retiré.
Lindenmeyer (Jean-Fréd.-Ch.) — Déjà admis en 1810, ne s'était pas présenté. — 1812. Retiré.
Loppé (Samuel-Et.) — 1813. Génie. — Capit.
Lorieux (Bonavent.-Jean-Marie). — 1813. Génie. — Elève Sous-Lieut. démiss.
Magniez (Antoine-Franç.) — 1812. Artill. — Capit.
Mallat (Casimir-Décadi). — 1813. Ing. géog. — Lieut. démiss. en 1821.
Marchais (Louis). — 1813. Génie. — Capit. démiss. en 1823.
Mazé (Laur.-Franç.-Louis-Marie). — 1813. Artill. — Capit.
Meilheurat (Barth.-Paul). — 1813. Génie. — Lieut. démiss.
Migout (Jean-Ch.-Bapt.) — 1813. Artill. — Capit.
Monnet (Jean-Jos.) — Décédé Elève.
Munier (Ch.-Christophe). — 1813. Artill. — Capit.
Mutrecy dit *Maréchal* (Paul-Emile). — 1813. Ponts et Chaussées. — Ing. ordin.
Narjot (Etienne). — 1813. Génie. — Capit.

PROMOTION DE 1811.

Nisot (Emile). — 1813. Génie. — Capit.
Oblet (Ch.-Philip.-Hen.) — 1813. Génie. — Capit. — ✠.
Olivier (Théodore). — 1815. Artill. — Lieut. passé Instituteur adjoint pour les sciences mathématiques et physiques à l'Ecole d'Application.
Patau (Georges-Franç.-Marc.) — Déjà admis en 1810, ne s'était pas présenté. — 1813. Artill. — Passé dans le Corps d'Etat-Major, — Capit — ✠.
Paulin (Ch.-Ant.) — 1812. Génie. — Capit. — ✠ ✠.
Perrodon (Octave-Cl.-Emile). — 1813. Artill. — Capit.
Petit-Dufrénoy (Ours-Pierre-Arm.) — 1813. Mines. — Ing. ordin.
Peytier (Jean-Pierre-Eugène-Félic.) — 1813. Ing. géogr. — Lieut.
Pinac (Etienne). — 1813. Artill. — Lieut. démiss. en 1814.
Pinel (Louis-Pierre). — 1813. Artill. — Capit. — ✠.
Poedevin (Cl.-Anast.) —1813. Artill. — Lieut. démiss. en 1818.
Pottier (Colza.) — 1813. Artill. — Capit. — ✠.
Prat (Jean-Ant.-Ferdin.) — 1813. Artill. — Lieut. démiss.
Presson (Henri-Eug.) — Décédé Elève.
Protche (Jean). — 1813. Artill. — Capit. — ✠.
Provigny (Albert *de*). —1813. Artill. — Capit.
Puillon-Boblaye (Emile). — 1813. Ing. géogr. — Lieut.
Puissant (Louis). — 1813. Retiré. — Employé au Ministère de la guerre.
Rachia (Paul-Romuald). — 1813. Génie marit. — Elève Ing. retiré en 1814.
Rangouse (Ant.-Hipp.) —1813. Artill. — Elève Sous-Lieut. démiss.
Reguis (Jean-Camille). — 1813. Génie. — Capit.
Renouard de Saint-Loup (Charles-Pierre). — Décédé Elève.
Reynaud-Villeverd (Armand-Ch. Franç.) — 1813. Infant — Ch. de bat.

Robert-Dugardier (Ch.-Ant.-Julien). — 1813. Génie. — Décédé Elève Sous-Lieut.
Rossi (Amb.-Vinc.-Marie). — 1813. Artill. — Capit.
Ruinet (Marie-Théophile). — 1813. Génie. — Capit.
Salenave (Eug.-Léonard). — 1813. Génie. — Capit.
Sarrieu (Henri). — 1813. Artill. — Capit.
Schneider (Ant.-Septidi). — 1813. Ing. géogr. — Capit.
Sers (Alex.-Vict. *de*). — 1813. Artill. — Chef de bat. — ✠.
Serton du Plonget (André) —1813. Artill. — Elève Sous-Lieut. démiss.
Séverac (Jos.-Honoré-Marie *de*). — 1813. Artill. — Capit.
Sobrero (Ch.-Raph.) — 1813. Artill. — Elève Sous-Lieut. démiss.
Soubeiran (Scipion). —1813. Artill. — Lieut. démiss. en 1816.
Stocard (Jean-Pierre-Isaac). —1813. Artill. — Capit. démiss.
Tardy (Anselme-Louis). — 1813. Artill. — Capit.
Tattet (Jacq.-Ch.-Alex.) — 1813. Artill. — Lieut. tué à l'armée.
Terson (Anacharsis-Elisée). — 1813. Artill. — Capit. réf.
Thibaud (Georges). — 1813. Mines. — Ing. ordin.
Tilly-Kerveno (Alex.-Et.) — 1813. Génie. — Capit. démiss.
Vandelin-Daugerans (Jean-Bapt.-Marie-Gab.-Maxime). — 1813. Génie. — Capit.
Vergès (Fortuné *de*). — 1813. Ponts et Chaussées. — Ing. ord.
Vérité (Alex.-Eug.) — 1813. Artill. — Lieut. démiss. en 1816.
Vimal-Teyras (Jean-François). — 1813. Ponts et Chaussées. — Ing. ordin.
Vincent (Jean-Ant.-Aza.) — 1813. Génie marit. — Sous-Ing.
Vouzeau (Ch.-Franç.-Xav.) — 1813. Génie. — Capit.
Zéni (Alph.-Louis). — 1813. Génie marit. — Sous-Ing.

PROMOTION DE 1812.

Amelot (Cl.-Louis). — 1815. Retiré.
André (Cl.-Bern.-Emile). —1815. Génie. — Capit.
Babinet (Jacques). — 1813. Artill. — Elève Sous-Lieut. démiss. — Prof.
de Physiq. au Coll. S.-Louis à Paris.
Balleroy (Jean-Baptist-Décadi). — 1814. Retiré. — Notaire à Caen.
Bauchetet (Jean). —1814. Génie. — Capit.

PROMOTION DE 1812.

Bayard (Charles). — 1813. Retiré.
Becquey (Franc.) — Décédé Élève.
Bernard-Chambinière (Emile). — 1814. Artill. — Lieut. démiss. en 1818.
Bert (Zéphyrin-René).—1814. Artill. — Capit.
Blanq-Desiles (J.-J.-Marie-Mathieu). — 1814. Artill. — Lieut. démiss. — Propriétaire et Manufacturier à Neuilly.
Bleuort (Jean-Raph.) —1814. Artill. — Lieut. démiss. en 1820. — Maire d'Oussoy (Loiret).
Boisgiraud (Jean-Pierre-Thom.) — 1815. Retiré. — Prof. de Physique à la Faculté des Sciences de Toulouse.
Boisson (Laurent). — 1814. Artill.— Capit.
Boutelaud (Pierre-Amédée). — 1814. Retiré. — Ancien Sous-Préfet.
Bouvier (Louis-Ch.) — 1815. Retiré.
Bouzane-Desmazery (Gab.) —1813. Retiré.
Bruneau (Michel-Julien-René). —1814. Artill.— Passé dans le corps d'État-Major. — Capit. — ✻.
Brunet (Louis). — 1813. Artill. — Capit.
Burnier (André-Elisabeth). — 1814. Artill. — Capit.
Canton (Bern.-Prosp.) —1813. Artill. — Lieut. décédé en 1817.
Carnot (Sadi). — 1814. Génie. — Capit. démiss. — Constructeur de machines à vapeur à Paris.
Cauchy (Philippe-Franc.). — 1815. Retiré. — Ing. ordin. des Mines à Namur (Pays-Bas), et Prof. de minéralogie à l'Athénée de cette ville.
Céas (Cl.-Gasp.-Louis-Etienne). — 1814. Artill. — Lieut.
Chapelié (Jean-Jacq.-Edouard). — 1814. Artill. — Passé dans le corps d'État-Major. — Capit. — ✻.
Chapotin (Achille). — 1813. Artill. — Élève Sous-Lieut. démiss.
Chardonneau (Jos.-Fortuné).—1815. Génie. — Capit.
Chasles (Michel). — 1815. Retiré.
Chausson (Simon-Pierre-Florent.) — 1814. Artill. — Lieut.
Chère (Jos.-Bonav.) — 1813. Artill.— Capit.
Cicile (Franc.-Marie). — 1814. Artill. — Passé dans le corps d'Etat-Major. — Capit.
Coignet (Rob.-Paul). — 1814. Génie. — Capit.
Colson (Pierre-Ch.) — 1815. Retiré.

Conscience (Franc.-Pierre). — 1814. Retiré. — Entré à l'École Normale. — Prof. de mathématiques.
Corneilhan (Jean). — 1814. Retiré.
Cornely (Franc.-Xav.) —1814 Retiré. — Officier du Génie au service de Prusse.
Coste (Louis-Marie-Prosper). — 1813. Artill. — Capit.
Couillerot Descharières (Ch.-Saint-Amand). — 1814. Génie. — Capit.
Coullet (Jean-Pierre). — 1813. Artill. — Capit. — ✻.
Cournand (Timoléon-Julien-Raym.) — 1815. Retiré. — Entré dans le Commerce.
Cournon (Gilbert-Henri-Amable). — 1815. Retiré.
Couty Jean-Baptiste). — 1813. Artill. — Décédé Lieut.
Creuly (Casimir). — 1814. Génie. — Capit.
Dalbiat (Pierre-Hub.) — 1814. Artill. — Capit.
Dalican (Ch.-Jos.-Hipp.) — 1813. Artill. — Décédé Capit.
Dauche (Emile). — 1814. Artill. — Lieut.
David (Nic.-Henri) — 1814. Artill. — Capit.
Debeauvais (Amb.-Lamb.) — 1814. Artill. — Lieut.
Delamare (Adolp.-Edwige-Alph.) — 1814. Artill. — Lieut.
Delaporte (Théodore).—1814. Gardes de Monsieur. — Receveur général des Finances à Mont-de-Marsan.
Delaroche (Grégoire).—1814. Artill. — Élève Sous-Lieut. démiss.
Delmas (Anacréon). — 1814. Génie. — Capit.
Demonferrand (Jean-Bapt.-Firmin). — 1814. Retiré. — Prof. de mathématiques et de physique au Collège Royal de Versailles.
Desmaisières (Léandre-Ant.-Jos.) — 1814. Gardes de Monsieur—Lieut. démiss. du Génie (Pays-Bas).
Desmaisières (Désiré-Franc.) —1814. Gardes de Monsieur. — Lieut. démissionnaire du Génie (Pays-Bas).
Desse (Louis-Etienne — 1816. Retiré.
Devaux (Jean-Adolphe-Jos.) —1814. Retiré. — Ing. ord. des Mines, à Liège (Pays-Bas).
D'Ollone (Ch.-Pierre). — 1814. Maison militaire du Roi. — Capit. Adjudant-Major des hussards de la Garde Royale.
Doucet (Jean-Denis-Alexandre). —

1813. Arill. — Elève Sous-Lieut. démissionnaire.

Dubain (Jules-Jos.) — 1815. Génie. — Capit.

Dubois (Jean-Louis). — 1814. Retiré.

Duchayla (Armand Blanquet.) — 1814. Maison milit. du Roi. — 1816. Génie. — Capit. — Sous-Inspecteur à l'Ecole Polytechnique.

Dufraisse (Julien-Pierre). — 1815. Artill. — Capit.

Duport (Jean-Louis-Amédée). — 1813. Artill. — Capit.

Durivau (Hipp.-Jean-Jacq.) — 1815. Génie. — Capit.

Duviquet (Hippolyte). — 1814. Artill. — Lieut. retr.

Duvivier (Franciade-Fleur.) — 1814. Génie. — Capit.

Escanyé (Ferd.-Jos.-Jean-Sébast.) — 1813. Artill. — Passé dans l'infant. — Capit.

Fabre (Augustin). — 1814. Artill. — Capit.

Falret-Lagasquie (Amb.-Publ.) — 1814. Retiré. — Décédé.

Fleury (Claude-Raulin). — 1814. Retiré.

Faulte du Puyparlier (Aug.-Pierre-Jacques). — 1813. Ing. géogr. — Capit.

Forfait (Alexandre) — 1814. Artill. —Capit. — ❋.

Foyer (Clément). — 1814. Retiré. — Prof. de mathématiques au Collége d'Avignon.

François (Prosper). — 1813. Artill. — Capit. — ❋.

Gacon (Ant.-Jos.) — 1814. Artill. — Lieut.

Gaillard (Fréd.) — 1813. Artill. — Capit.

Gambini (Jos.-Hen.-Louis). —1813. Artill. — Elève Sous-Lieut. démiss.

Gavard (Jacq.-Dom.-Ch.) — 1813. Ing. géogr. — Lieut.

Gay (Franç.-Aug.) — 1813. Artill. — Capit.

Geneix (Jean). — 1814. Artill. — Lieut.

Germain (Fr.-Aug.) — 1815. Génie. — Capit.

Gineste (Jean-Philip. de). — Ne s'est pas présenté. — Voyez ce nom dans la promotion de 1813.

Giorgini (Gaétan-Vinc.-Benoît). — 1814. Retiré.

Godebert (Ch.-Franç.-César). — 1814. Artill. — Décédé Lieut. en 1817.

Godin (Edouard-Florent.) — 1814. Retiré. — Ing. ordin. des Ponts et Chaussées du Grand - Duché de Luxembourg (Pays-Bas).

Godin (Franç.-Marie). — Ne s'est pas présenté.

Grangeneuve (Maurice). — 1813. Retiré.

Granger (Eugène). — Ne s'est pas présenté. Voyez ce nom dans la promotion de 1813.

Guillery (Hipp.) — 1814. Artill. — Lieut. démiss. — Prof. de Rhétorique à l'Athénée de Liége (Pays-Bas).

Guimet (Jean-Bapt.) — Ne s'est pas présenté. Voyez ce nom dans la promotion de 1813.

Guy (Pierre-Gab.) — 1814. Artill. — Lieut.

Henryot (Ch.-Théod.) —1814. Retiré.

Hoart (Pierre-Denis). — 1814. Artill. — Lieut.

Huyn (Gilbert). — 1814. — Artill. — Décédé Lieut. en 1818.

Imbert Saint-Brice (Penn-Affrodise-Justin). —1814. Artill.

Jeannin (Jean-Bapt. — 1813. Artill. — Elève Sous-Lieut. démiss.

Johanys (Pierre-Ferd.)—1814. Artill. — Elève Sous-Lieut. retiré.

Lacoste (Hubert-Léonidas). —1813. Artill. — Passé dans le Corps de l'Etat-Major. — Capit. — ❋.

Laffenillade (Jean-Pierre). — 1815. Retiré.

Laroyenne (Célestin).— 1813. Artill. — Capit.

Laurent (Paul). — 1814. Retiré.

Lebas (Marie-Tranquille). — 1814. Génie. — Capit.

Lecorbeiller (Frédér.)— 1814. Artill. — Capit.

Lenglet (Et.-Hen.-Franç.) — 1815. Génie. — Capit.

Léonard (Auguste-Franç.-Brutus). — 1814. Retiré.

Malaret (Jean-Vict.-Scævola). — 1813. Retiré.

Mareschal (Armand-Adr.) — 1813. Artill. — Capit.

Marminia (Ch.-Franç.-Narcisse). — 1813. Artill. — Capit.

Marque Doncour (Hector-Jean). — 1813. Artill. — Lieut. réf. en 1818.

Martin (Franç.-Marie-Emile). — 1814. — Lieut. démiss. — Maître de forges dans le département de la Nièvre.

PROMOTION DE 1812.

Martin (J.-Bapt.-Aristide). — 1815. Retiré.
Martner (Hen.-Camille). — 1813. Ing. géogr. — Capit.
Méjasson (Noël-Benoît). — 1815. Retiré.
Ménard (Ch.-Marie-Franç.-Stanis.) — 1813. Artill. — Capit.
Mengin (Franç.-Jos.-Marie-Gab.) — 1815. Génie. — Capit.
Métais (Ant.-Louis). — 1814. Artill. — Lieut. démiss.
Michaud (J.-Bapt.-François-Justin). — 1814. Artill. — Capit.
Michelin (Guill.-Louis-Adèle). — 1813. Artill. — Capit.
Millot (Louis). — 1814. Retiré. — Receveur de l'Octroi à Paris.
Miollis (Augustin). — 1814. Inf.
Molinos (Achille-Louis-Nic.) — 1813. Artill. — Lieut. démiss.
Moly (Amans-Edouard). — 1814. Génie. — Démiss. — Procureur du Roi à Brioude.
Motte (Félix-Ant.-Jos.) — 1813. Artill. — Capit.
Noël (Franç.-Augustin). — 1814. Retiré.
Noël (Nic.-Jacq.) — 1813. Ing. géogr. — Elève Sous-Lieut. démiss. — Négociant à Cherbourg.
Noël (Aug.-Franç.-Pierre). — 1814. Artill. — Lieut.
Odernheimer (Frédéric). — 1814. Retiré.
Ollivier (Maurice). — 1814. Retiré.
Osmond (Abel). — 1814. Retiré.
Ozanon (Claude). — 1814. Retiré.
Pacotte (Léon). — 1813. Artill. — Elève Sous-Lieut. retiré. — Capit. au corps d'Etat-Major.
Parchappe (Narcisse). — 1813. Artill. — Lieut. réf. en 1818.
Petit (Jean-Jacq.) — 1814. Ponts et Chaussées. — Ing. ord. — ✻.
Petit (Narcisse). — 1814. Retiré.
Petit (Joseph). — 1814. Ing. géogr. — Géomètre Arpenteur du Roi à l'Ile-Bourbon.
Pin (François). — 1813. Artill. — Lieut. démiss. — Prof. de fortification à l'Ecole royale Militaire.
Pinel (Paul-Augustin). — 1814. Retiré.
Pinot (Ferd.-Franç.-Pierre). — 1813. Retiré.
Poudra (Noël-Germinal). — 1813. Ing. géogr. — Lieut.
Poullain Saint-Foix (Emile). — 1813. Artill. — Capit.
Pouzin (Franç.-Hug.-Roméo). — 1814. Retiré. — Prof. à l'Ecole de Pharmacie de Montpellier.
Pradal (Pierre). — 1814. Artill. — Lieut.
Prat (Marie-Louis-Valentin). — 1815. Artill. — Lieut. démiss.
Puech (Ch.-Jos.) — 1813. Artill. — Capit.
Puibusque (Jacques de). — 1814. Maison militaire du Roi. — 1816. Artill. — 1819. Corps d'Etat-Major. — Capit. — ✻.
Raffard (Ant.-Jos.) — 1815. Retiré.
Ranfrai de la Bajonnière (Armand-Hen.) — 1813. Artill. — Capit. — ✻.
Reboul (Hen.-Romain-Aristide). — 1813. Artill. — Capit. démiss. en 1825. — Propriétaire cultivateur à Beziers.
Reibell (Félix-Jean-Bapt.) — 1814. Ponts et Chaussées. — Ing. ord.
Renault (Jean-Franç. — 1813. Artill. — Elève Sous-Lieut. démiss.
Reverdit (Joseph). — 1814. Artill. — Passé dans les Ing. géogr. — Lieut.
Révérony (Henri). — 1813. Ing. géogr. — Lieut. démiss.
Reydellet (Julien-Elisée). — 1814. Retiré.
Robelin (Cl.-Pierre). — 1814. Retiré.
Rochet (Mirtil). — 1814. Artill. — Capit.
Ronin (Jacq.-Aug.) — 1813. Artill. — Lieut. démiss. en 1818.
Roux (Jean-Chéri). — 1813. Artill. — Lieut. démiss. en 1818.
Rubin de la Missonnais (Hen.-Louis). — 1813. Artill. — Lieut. démiss.
Ruel (Jos.-Hilarion). — 1813. Artill. — Elève Sous-Lieut. démiss.
Sain de Mannevieux (Paul-Emile). — 1813. Artill. — Capit.
Saleneuve (Jean-Félix). — 1813. Ing. géogr. — Capit.
Santeul (Mirtil). — 1813. Artill. — Capit.
Sazerac de Forges (André-Benoît). — 1815. Retiré.
Schwerd (Fréd.-Magnus). — Ne s'est pas présenté.
Séré (Jean-Hen.-Edouard). — 1814. Artill. — Lieut.
Silvestre (Louis-Cath.) — 1813. Art. — Elève Sous-Lieut. démiss. — Libraire à Paris.
Sirurguet (Jean-Jacq.) — 1813. Artill. — Capit.
Stein (Jean-Pierre-Guill.) — 1813.

Ing. géogr. — Elève Sous-Lieut. démiss.

Surdey (Ant.-Jos.) — 1814. Artill. — Lieut.

Tellier (Jacq.-Louis-Armand). — 1813. Ing. géogr. — Lieut. réf. en 1817.

Terrasson (Jean-Pierre-Laurent-Washington). — 1813. Retiré. — Courtier de commerce au Hâvre.

Thiéry (Alfred). — 1814. Artill. — Capit. — ✠.

Tiby (Cl.-Jacq.-Franç.) — 1814. Artill. — Capit.

Tirel-Martinière (Ch.-Franç.) — 1813. Artill. — Lieut. démiss. en 1819.

Treins J.-Bapt. — 1813. Artill. — Lieut. réf. en 1818.

Verger-Desbarreaux (Edouard). — 1814. Retiré.

Veyrassat (Paul-Samuel-Jacq.) — 1815. Retiré.

Vidé (Jean-Alex.) — 1813. Cavalerie.

Vifquain (Jean-Bapt. Jos.) — 1814. Retiré. — Ing. en ch. des Ponts et Chaussées au royaume des Pays-Bas. — ✠.

Villemain (Franç.-Emile). — 1814. Artill. — Elève Sous-Lieut. retiré. — Lieut. de Sapeurs à la direction du Génie de la Martinique.

Viollette (Ant.-Jos.-Norbert). — 1817. Artill. — Lieut.

Vuilleret de Brotte (Nic.-Victor). — 1804. Artill. — Décédé Capit. Adjudant-Major de la Garde Royale, en 1827. — ✠.

Watbled (Jacob). — 1814. Ponts et Chaussées. — Ing. ordin.

Wetzell (Joseph-Martial). — 1814. Prof. d'Hydrographie à l'Ile-Bourbon.

PROMOTION DE 1813.

Adenot (Philib.-Benoit). — 1814. Artill. — Retiré.

Anfray (Aristide-Elie). — 1817. Gén. — Capit.

Aragon (Louis). — 1815. Retiré.

Armellini (Pierre). — 1814. Retiré.

Assolant (Mutius-Scævola). — 1815. Retiré.

Avogadro de Colobian (Emm.-César-Et.-Marie). — 1814. Retiré.

Bahuaud (Pierre-Gabriel). — 1814. Retiré.

Baillot (Théod.) — 1815. Génie. — Capit.

Barbier (Jean-Bapt.-Théodore). — 1815. Retiré.

Bardin (Libre). — 1815. Artill. — Lieut. démiss. en 1818. — Prof. à l'Ecole rég. d'Artill. de Metz.

Barré de Saint-Venant (Adhémar-Jean-Cl.) — 1817. Ponts et Chauss. — Ing. ordin.

Barrier (André-Eug.) — 1814. Retiré.

Batbédat (Léon). — 1815. Artill. — Capit.

Bertrand (Alex.-Jacq.-Franç.) — Ne s'est pas présenté. — Voyez ce nom dans la promotion de 1814.

Bidault (Jean-Jacq.) — 1817. Artill. — Lieut.

Blondat (Jean-Bapt.-Gab.) — Ne s'est pas présenté. — Voyez ce nom dans la promotion de 1814.

Bobillier (Marie-André). — 1815. Artill. — Lieut.

Bonneton (Achille). — 1817. Artill. — Lieut.

Bonnin (Jean). — 1816. Retiré. — Négociant à Lyon.

Bornet (Franç.-Théophile). — 1815. Retiré.

Boscher (Ch.-Alex.) — 1814. Retiré.

Bouchot-Plainchant (Juste). — 1815. Retiré.

Bouglé (François-Auguste) — 1816. Retiré. — Ancien Notaire.

Bouillon (Gédéon-Edouard). — 1817. Génie. — Capit.

Bouldouyre (Barthélemi). — 1813. Retiré.

Bouteiller (Modeste-Fréd.) — 1816. Retiré.

Boutillier (Sulpice-Narcisse). — 1815. Retiré.

Bruslé (Auguste-Prosper). — 1816. Retiré.

Bussy (Ant.-Alex.-Brutus). — 1815. Retiré. — Répétiteur de Chimie à l'Ecole de Pharmacie de Paris.

Camus (Ch.-Alex.-Bern.) — 1815. Artill. — Lieut.

Capella (Et.-Germ.) — 1816. Ing. hydrog. — Décédé Ing. en 1821.

Carles (Emile). — 1815. Retiré.

Caron (Pierre-Franç.) — 1815. Artill. — Capit.

PROMOTION DE 1813.

Carré de Candé (Franç.-Jules). — 1814. Maison militaire du Roi.
Castaignède (Jean). — 1814. Retiré.
Castillon (Louis-Auguste). — 1815. Artill. — Lieut. démiss. en 1820. — Directeur d'une Poudrerie près de Gand (Pays-Bas).
Cathol du Deffan (Amable-Guill.-Jos.). — 1815. Artill. — Lieut.
Cazalis (Thom.-Jos.-Hilaire). — Ne s'est pas présenté.
Chambige (Benoît-Annet.) — 1815. Artill. — Capit.
Chancel (Jean-Jos.-August.) — 1814. Retiré. — Négociant droguiste à Paris.
Chaper (Pierre-Achille-Marie). — 1815. Artill. — Élève Sous-Lieut. démiss.
Chauchet (Godefroy-Junius). — 1815. Retiré. — Ingén. ordin. des Ponts et Chauss. à Gand (Pays-Bas).
Chavelet (Cl.-Et.) — 1817. Génie. — Capit.
Chicoyneau-Lavallette (Absynthe). — 1817. Artill. — Capit.
Chopinet d'leindre (Ant.-Achille). — 1816. Retiré. — Sous-Chef à l'Administrat. générale des Postes.
Collet (Marie-Cl.-Julien). — 1816. Retiré. — Décédé Prof. à l'Institut des Voies de Communication en Russie.
Constantin (Achille). — 1816. Retiré. — Lieut. au Corps royal d'État-Major. — ✠
Courtial (Maurice). — 1815. Retiré. — Prof. de Mathématiques à Paris.
Coustant-Dyanville (Ch.-César). — 1816. Retiré. — Employé près de la Cour des Comptes.
Crozals (Paulin). — 1815. Génie. — Capit.
Dalmas (Franç.) — 1815. Retiré.
Dandelin (Germinal). — 1815. Retiré.
Davin (Vict.-Félix). — 1816. Retiré. — Fabricant à Louviers.
Debacq (Alcindor). — 1815. Retiré. — Employé au Minist. de la Guerre.
Dechamp (Jacq.-Emile-Benoît). — 1814. Maison militaire du Roi.
Delafoye (Eug.-Ch.-Franç.) — 1817. Artill. — Lieut.
Delbourg (J.-Bapt.) — 1815. Retiré.
Demalet de Lavédrine (Jean-Henri). — 1815. Génie. — Capit.
Desforges (Auguste). — 1816. Retiré. — Négociant à Paris.
Dessin (Louis-Ant.) — 1817. Génie. — Capit.

Destremau (Jacq.-Emile). — 1814. Maison militaire du Roi. — Capit. dans le corps d'État-Major.
D'Huez (Alexand.-Pierre). — Retiré.
Donop (Cl.-Fréd.) — 1814. Retiré. — Capit. au corps royal d'État-Major. — ✠
Drut (André). — 1816 Retiré. — Associé de la maison Oberkampff à Lyon.
Dubois (Ch.-Gust.) — 1817. Génie. — Capit.
Dubois (Edouard). — 1816. Retiré. — Architecte à Paris.
Duhamel (Jean-Marie-Constant). — Ne s'est pas présenté. — Voyez ce nom dans la promotion de 1814.
Dumon (Ant.-Emile). — 1814. Retiré.
Dundas (Charles). — 1815. Retiré. — Prof. de Mathématiques à Paris.
Du Puits (Marie-Franç.) — 1814. Maison militaire du Roi.
Duval-Dumesnil (Alex.-Pierre-Martial). — 1814. Retiré.
Duvernoy (Fructidor). — 1817. Artill. — Décédé Élève Sous-Lieut.
Enfantin (Barth.-Prosp.) — 1814. Retiré. — Caissier de la Caisse Hypothécaire.
Favre-Bulle (Ami.) — 1815. Artill. — Démiss.
Feline (And.-Benj.) — 1814. Maison militaire du Roi.
Ferréol (Jos.-Ch.) — 1816. Retiré. — Prof. à Alais (Gard).
Ferrières (François-Hyac.) — 1815. Artill. — Lieut. Démiss.
Folliart (Georges-Louis). — 1815. Retiré.
Fournier (Marcellin). — 1814. Retiré.
Fraix (Jean-Bapt.) — 1815. Retiré.
François (Jean-Bapt.-Et.) — 1814. Retiré.
Frégier (Paul-Félix-Bienvenu). — 1815. Retiré.
Frossard de Saugy (Jean-Louis). — 1814. Retiré.
Gaillardon (Urbain). — 1815. Artill. — Lieut. réf.
Gamot (Ch.-Médéric). — 1815. Retiré. — Fabricant de Soieries à Lyon.
Gand (Pierre-Hen.) — 1815. Retiré. — Fondateur d'un établissement de Teinture à Nancy.
Garassino (Félix-Thom.-Franç.) — Ne s'est pas présenté.
Garcerie (Nic.-Jacq.-Louis-César). — 1814. Retiré.
Garçon-Rivière (Ch.-Philippe). —

33

PROMOTION DE 1813.

1815. Artill. — Lieut. passé dans le corps d'Etat-Major en 1819.

Gardeur-Lebrun (Nicolas-Ant) — 1816. Retiré. — Inspecteur des Fonderies de Romilly.

Garnot (Auguste-Théod.) — 1815. Génie. — Capit.

Gentil (Aimé-Prosp) —1816. Retiré. —Agent de Change à Metz.

Gérardy (Louis-François). — 1814. Retiré. — Négociant en Produits chimiques à Paris.

Giguet (Pierre). — 1816. Retiré. — Notaire à . . . . .

Ginest Jean - Philippe *de*). — Déjà admis en 1812, ne s'était pas présenté. — 1815. Artill. — Capit.

Giraud (Ch.-Hen.) — 1815. Artill. — Décédé Lieut. en 1819.

Gisclard (Jean-Jacq.) — 1816. Retiré.

Gitton de la Ribellerie (Etienne). — 1817. Génie. — Capit.

Gonsse (Paul-Emile). — 1816. Retiré. — Employé à la Cassette du Roi.

Gonyn de Lurieu (Franç.-Benoît). — 1814. Maison militaire du Roi. — Capit. au corps d'Etat-Major.

Gouazé (Jean - François). — 1814. Retiré.

Granger (Eugène). — Ne s'est pas présenté.

Gravier (Bertrand). — 1817. Génie. — Décédé Elève Sous-Lieut.

Grillet-Serry (Achille-Jacques). — 1816. Retiré.—Directeur d'une Fabrique de Cuivre près de Nevers.

Grosier Saint-Elme (Augustin). — Ne s'est pas présenté. — Voyez ce nom dans la promotion de 1815.

Guérard (Jacq.-Ch.) —1816. Retiré. — Prof. de Mathématiques à Paris.

Guibert (Marie-Pierre-Adolphe). — 1816. Retiré. — Prof. de Mathématiques à Paris.

Guichard (Jean-Bapt.) — Ne s'est pas présenté. — Voyez ce nom dans la promotion de 1814.

Guimet (Jean-Bapt.) —1817. Poudres et Salpêtres. — Commissaire adj.

Guyonneau-Pambour (Franç.-Montain). — 1815. Artill. — Démiss. — Lieut. au Corps royal d'Etat-Major. — ※

Guyot-Duclos (Timoléon). — 1815. Retiré. — 1816. Génie. — Capit.

Hedde (Félix-Orme). —1816. Retiré. —Décédé en 1817.

Hélie (Félix). — 1815. Artill. — Lieut. démiss. — Prof. de Mathématiques, de Fortification, de Physique et de Chimie à l'Ecole d'Artil. de la marine à l'Orient.

Henry de Faveaux (Alex.-Joseph-Ghislain). — 1815. Retiré. — Décédé Lieut. d'Artill. au service des Pays-Bas.

Houeau (René). — 1817. Artill. — Lieut.

Joly (Jean-Gab.). — 1816. Retiré.

Joubert (Jos.-Théod.) —1816. Retiré.

Jousserant (Ant. -Arthur). — 1815. Artill. — Lieut.

Juge (Jean-Bapt.) — 1815. Artill. — Décédé Elève.

Juretig (Jean-Bapt.) — Ne s'est pas présenté.

Keguelin de Rozières (?Auguste). — 1815. Retiré.

Lablancherie (Jean-Marcel). — 1815. Retiré.

Labrosse (Fraternité).—1815. Retiré.

Lainé (Joachim). — 1814. Retiré.

Leblanc (Gasp.) — 1815. Artill. — Lieut. démiss.

Lebreton (Georges - Ant.) — 1814. Retiré.

Lecamus (Bon). — 1814. Retiré. — Receveur des Finances à Orléans.

Lechevalier (Vict.-Arsène). — 1815. Artill. — Lieut.

Leclerc (Pierre). — 1815. Retiré.

Lecompte (Louis-Nic.) —1814. Retiré. — Recev. de l'Octroi à Strasbourg.

Lecomte (Jean). — 1816. Retiré. — Décédé à la Martinique.

Lefrançois (Henri).— 1815. Retiré.

Léger (Emile). — 1816. Retiré. — Chef d'Institution à Montmorency.

Le Grip (Aristide). — Ne s'est pas présenté. — Avoué à Laon.

Lemaistre (Louis - René). — 1816. Retiré. — Inspect. des Télégraphes.

Le Marchand (Desiré-Pierre-Ant.) — 1815. Génie. — Capit.

L'Enfant (Ach.-Héliotrope). —1814. Retiré. — Peintre à Paris.

Le Paige-Dorsenne (Louis-Nicolas-Edme . — 1815. Artill. — Décédé Elève Sous-Lieut.

Lionnet (Ant.-Louis). —1816. Retiré.

Loizillon (Dominique). — 1815. Artill. — Lieut.

Maas (Mirtil). — Ne s'est pas présenté.

Mabru (Jos.-Ach.-Paul-Emile). — 1815. Retiré. — Notaire à Clermont-Ferrand.

Mahot (Frédér.-Jean-Chrisost.) — 1817. Artill. — Lieut.

PROMOTION DE 1813. 451

Maillefert (Eug.). — 1815. Retiré. — Prof. de Mathématiques à Paris.
Mainot (Louis-Bruno). — 1814. Retiré. — Fabricant à Paris.
Maitrot (Simon). — 1815. Génie. — Décédé Lieut.
Malpassuti (Ch.-Bl.-Vic.-Ray.-Gér.-Louis). — 1814. Retiré. — ✠.
Marcescheau (Arm.-J.-Bapt.-Louis). — 1814. Retiré. — Vice-Consul de France à Tunis.
Marchand (Charl.-Franç.). — 1814. Retiré.
Marey (Guill.-Stanislas). — Ne s'est pas présenté. — Voyez ce nom dans la promotion de 1814.
Marion (Jacq.-Ch.). — 1816. Retiré. — Secrét. du Gouvern. de Cayenne.
Maritz (Jean-Jacq.) — 1814. Retiré.
Mathiot (Nic.-Jos.-Alexis). — 1814. Retiré.
Medous (Jean-Aut.-Marcelin). — Ne s'est pas présenté. — Voyez ce nom dans la promotion de 1814.
Menjaud (Camille). — 1815. Retiré. — Répétiteur à l'École Polytechnique.
Mercanton (Jean-Samuel). — 1815. Retiré.
Merens (Meinard). — 1814. Retiré. — Décédé Ing. des Ponts et Chaussées au service des Pays-Bas.
Mie (Justin). — 1815. Artill. — Lieut.
Minangoy (Hen.-Georg.-Philib.) — 1814. Maison militaire du Roi. — Capit. dans le corps d'Etat-Major.
Minard (Pierre-Alexis-Stanis.) — 1814. Retiré.
Monnier (Paul). — 1816. Ing. hydr. — Ing.
Moreau (Jean). — 1815. Retiré.
Moreau (Émile). — 1815. Artill. — Lieut.
Morin (Arthur-Jules). — 1817. Artill. — Lieut.
Morlet (Ch.-Gab.) — 1815. Génie. — Capit.
Moultson (Louis-Ch.-Auguste). — 1815. Artill. — Élève Sous-Lieut. démiss.
Mutel (Pierre-Auguste-Victor). — 1815. Artill. — Capit.
Nicolas de Meissas (Alex.-André). — 1816. Retiré. — Agrégé Prof. de Mathématiques au Collège royal de Bourbon.
Noizet de Saint-Paul (Hen.-Louis-Auguste). — 1816. Retiré. — 1817. Génie. — Capit.
Nourtier (Charles). — 1815. Retiré. — Décédé à la Martinique.
Novack (Georges). — Ne s'est pas présenté.
Pargade (Philib.-Adolp.) — 1815. Artill. — Décédé Lieut.
Paris (Ant.) — 1815. Artill. — Lieut.
Payan (Franç.-Jos.-Marie). — 1815. Artill. — Lieut.
Payn (Romain-Hippol.) — 1814. Retiré.
Pédroni (Vict.-Amédée). — 1814. Retiré. — Décédé Prof. à Bruges.
Pelletier (Armand-Joseph). — 1816. Retiré.
Percy (Casimir de). — 1815. Artill. — Passé dans le Corps royal d'Etat-Major. — Capit.
Pernet (François-Simon). — 1815. Artill. — Lieut.
Peyré (Jean-Marie-Marcelin). — 1816. Retiré. — Prof. de Physique à l'École Militaire de Saint-Cyr.
Picot (Adrien). — 1817. Génie. — Capit.
Pierrugues (Jean-Franç.). — 1815. Artill. — Capit.
Piet (Matthieu-Glaucus). — 1814. Retiré.
Pinault (Alexis-Marin). — Ne s'est pas présenté.
Piobert (Guillaume). — 1815. Artill. — Capit.
Pirain (Émile-Félix). — 1815. Artill. — Lieut.
Pommé (Jean-Jacq.) — 1815. Artill. — Lieut. démiss.
Pons (Jos.) — 1816. Retiré.
Pravaz (Ch.-Gab.) — 1815. Retiré. — Prof. de Mathématiques à Paris.
Prieur de Lacomble (Eugène). — 1817. Génie. — Capit.
Proust (Théodore). — 1815. Retiré. — Propriétaire à Niort.
Prudhon (Eudamidas). — 1815. Retiré.
Prumier (Antoine). — Ne s'est pas présenté.
Puillon-Boblaye (Théod.) — 1815. Artill. — Capit.
Rabusson (Franç.-Némorin). — 1815. Retiré.
Raffard (Franç.) — 1815. Retiré. — Commerçant à Paris.
Raspieller (Jos.-Ignace). — 1815. Retiré.
Raymond (Ch.-Vict.-Émile). — 1815. Retiré.
Récicourt (Charles de). — 1814. Génie. — Capit.

PROMOTION DE 1813.

Regnard-Roux (Ch.-Franç.-Bern.) — Ne s'est pas présenté. — Voyez ce nom dans la promotion de 1814.
Rérolle (Jacq.-Franç.) — 1817. Ponts et Chaussées. — Ing. ordin.
Rigaudie Saint-Marc de Courbaurieux (Joseph). — 1814. Retiré.
Ripa (Louis-Ch.-Félix-Benoît). — 1814. Retiré.
Ripert (Pierre-Louis). — 1816. Retiré.
Rogelin Pierre-Jacq.) — 1814. Retiré. — Commerçant.
Rogier (Pierre-Henri). — 1815. Artill. — Lieut.
Rost (Pierre-Adolp.) — 1814. Retiré.
Roubaud (Pierre-Jos.-Noé-Mélite). — 1815. Génie. — Capit.
Roussel Louis-Marie-Jos.) — 1815. Retiré. — Archit. Vérificat. à Paris.
Roussigné (Ch.-Mich.) — 1814. Maison militaire du Roi.
Subde (Jean-Jacques-Maurice). — 1816. Retiré.
Salomon (Jos.-Nic.-Louis). — 1816. Retiré. — Employé à la Direction générale des Ponts et Chaussées et des Mines, et Prof. de Mathématiques.
Sergent (Théodore). — 1815. Génie. — Capit.
Talabot (Jos.-Léon) — 1816. Retiré. — Fabricant à Paris.
Thrion (Amand-Joach.-Amb.) — 1815. Retiré.
Thurninger (Alexis-Georg.-Benj.-Fréd.) — 1815. Retiré. — L'un des Gérans de la Compagnie générale de Dessèchement.
Tinseau (Charles). — 1815. Retiré.
Tribalet (Ange-Félix). — 1817 Artill. — Décédé Lieut.
Tribert (Florimont). — 1816. Retiré. — Lieuten. au corps royal d'Etat-Major.
Trippier-Lagrange (Aimé-Gilles). — 1815. Retiré.
Trouillet (Louis-Edme). — 1815. Retiré. — Vérificateur de l'Enregistrement à Vannes.
Varin (Jean-Ch.) — 1817. Artill. — Lieut.
Vassas (Jean-Cl.-Ch.) — 1816. Retiré. — Négociant à Nismes.
Vestier (Archimède). — 1814. Retiré. — Architecte à Paris.
Vigier (Marc-Ant.) — Décédé Elève.
Villeneuve (Decius). — 1815. Génie. — Capit.
Zhendre (Mathias-Jean-Aristide). — Ne s'est pas présenté. — Voyez ce nom dans la promotion de 1814.

PROMOTION DE 1814.

(*Licenciée.*)

Allenet (Ch.-Ferd.) — 1817. Artill. — Lieut.
Arnauldet (Sidrach-Elicio). — 1817. Génie. — Capit.
Arvet Louis-Fréd.-Edouard). — 1816. Retiré.
Avril (Sophie-Emile-Philip.) — 1817. Ponts et Chaussées. — Ing. ord.
Bach (Et.-Mathias-Gaudérique). — 1817. Artill. — Lieut.
Bertrand (Alex.-Jacq.-Franc.) — Déjà admis en 1813, ne s'était pas présenté. — 1815. Retiré — Médecin à Paris.
Beudin (Jacq.-Félix). — 1816. Retiré.
Blondat (J.-Bapt.-Gabriel). — Déjà admis en 1813, ne s'était pas présenté. — 1817. Ing. géogr. — Lieut.
Born Jean-Pierre). — 1817. Artill. — Capit. — ✠
Bouché (Alexandre). — 1815. Retiré.
Carcassonne (Eug.-Edouard-Maurice). — Ne s'est pas présenté.
Carron (Ch.-Alph.) — 1816. Retiré.
Caut (Maurice). — 1815. Retiré.
Chevalier (Hervé-Arsène-Pierre). — Déjà admis en 1811 et retiré. — Puis entré dans la Marine. — 1817. Art. — Lieut.
Cochard (Casim.-Ovide-Prosp.) — 1816 Retiré.
Comte (Isid.-Aug.-Marie-Franç.-Xav.) — 1816 Retiré — Prof. de Mathématiques à Paris.
Courant (Adolphe). — 1817. Génie. — Décédé Lieut.
Démiau (Casim.-Hipp.-Emm.) — 1817. Artill. — Capit.
Denis Paul-Camille). — 1816. Retiré.
Desages (Henri). — 1816. Retiré.
Descolins (Nicolas). — 1815. Retiré.
Desruelles (Etienne-Alex.) — 1815. Retiré.
Duhamel (Jean-Marie-Constant). — Déjà admis en 1813, ne s'était pas

PROMOTION DE 1814. 453

présenté. — 1816. Retiré. — Prof. de Mathémathiques à Paris.

Fauché-Prunel (André-Alex.) — 1816. Retiré.

Féraudy (Jacq.-Honoré). — 1817. Artill. — Lieut.

Ferris (Rich.-Maurice). — 1816. Retiré. — Lieut. au corps royal d'Etat-Major.

Fouache (Ernest). — 1817. Ponts et Chaussées. — Ing. ord.

Galy-Cazalat (Antoine). — 1816. Retiré. — Prof. de Physique au Collége royal de Versailles.

Géhard (Auguste). — 1817. Artill. — Capit.

Genest (Thom.-Clém.) — 1816. Retiré. — Ancien Prof. de Mathématiques et de Physique au Collége de Juilly. — Chef d'institution à Paris.

Gengembre Camille). — 1816. Retiré. — Architecte à Paris.

Girod (Frédéric) — 1816. Retiré.

Gondinet (Franc.-Candide-Adolp.) — 1816. Retiré. — Prof. de Mathétiques à Paris, et l'un des rédacteurs de la Revue Encyclopédique.

Goust (Edme-Bonet). — 1817. Génie. — Capit.

Goyer (Pierre). — 1816. Retiré.

Granier (André-Marie). — 1817. Génie. — Capit.

Guichard (J.-Bapt.) — Déjà admis en 1813, ne s'était pas présenté. — 1817. Ponts et Chaussées. — Ing. ord.

Herson (Placide-Alex.) — Ne s'est pas présenté. — Voyez ce nom dans la promotion de 1815.

Lamé (Gabriel). — 1817. Mines. — Ing. ord. — En Russie, Lieut.-Colonel du Génie des voies de communication.

Latour (Franc-Fréd.) — 1817. Artill. — Décédé Lieut.

Lebozec (Aug.-Ch.) — 1817. Génie. — Décédé Lieut.

Lebrunet de Privezac (Auguste). — 1815. Retiré.

Ledicte Duflos (Ch.-Cons.-Léop.-Marie). — 1816. Retiré.

Lemoyne (Nic.-René-Désiré). — 1817. Ponts et Chaussées. — Ing. ord.

Létourneau (Bélair). — 1816. Retiré.

Levavasseur (Adolp.-Pierre-Louis). — 1817. Artill. — Décédé Lieut.

Marey (Guill.-Stanis.) — Déjà admis en 1813, ne s'était pas présenté. — 1817. Artill. — Capit.

Marozeau (Pierre-Georg.) — Ne s'est pas présenté. — Voyez ce nom dans la promotion de 1815.

Martin (Cl.-Eug.) — 1816. Retiré.

Mayniel Emile). — 1816. Retiré. — Admis dans le Génie. — Capit. — Passé Capit. Ing. des Sapeurs-Pompiers à Paris.

Médous (Jean-Ant.-Marcelin). — Déjà admis en 1813, ne s'était pas présenté. — 1817. Ing. géogr. — Lieut.

Mellet (Franc.-Noël). — 1816. Retiré.

Meyssonnier (Dom.-Benoît-Alph.) — 1817. Artill. — Lieut.

Miet Alexandre . — Ne s'est pas présenté.

Monnet (François). — 1815. Retiré.

Mordret (Victor). — 1817. Génie. — Capit.

Nivard (Silex). — 1816. Retiré.

Nouel Latouche (Alex.-Franc-Marie). — 1816. Retiré.

Petit (Aimé-Franc.) — 1816. Retiré.

Poittevin (Pierre-Yves-Olimpe). — 1817. Génie. — Capit.

Pouzolz Jean-Aug.) — 1816. Retiré. — Avocat à....

Pugnière (Marie-Ant.-Franc.) — Ne s'est pas présenté.

Regnard-Roux (Ch.-Franc.-Bern.) — Déjà admis en 1813, ne s'était pas présenté. — 1817. Ponts et Chaussées. — Ing. ord.

Rocher (André-Martial). — 1816. Retiré. — Lieut. au corps royal d'Etat-Major.

Savy (Pierre). — 1816. Retiré.

Servier (Aristide-Camille). — 1817. Ing. géogr. — Lieut.

Tiremois (Jacques). — 1817. Génie. — Capit.

Tourret (Ch.-Gilb.) — 1816. Retiré.

Toussaint (J.-Bapt.) — 1816. Retiré.

Viader (Louis). — 1817. Artill. — Lieut. — ※.

Vial (Cl.-Marie). — 1815. Retiré.

Viénot (Paul). — Ne s'est pas présenté.

Voysin de Gartempe (Philip.-Gust.) — 1817. Artill. — Capit.

Woisard Jean-Louis). — 1816. Retiré. — Décédé Répétiteur à l'Ecole rég. d'Artill. de Metz.

Zhendre (Mathias-Jean-Aristide). — Déjà admis en 1813, ne s'était pas présenté. — 1816. Retiré. — Maire de La Villette près Paris. — Entrepreneur général des transports de l'administr. des contribut. indirect.

PROMOTION DE 1815.

(Licenciée.)

Allard (Isidore). — 1816. Retiré. — Lieut. au corps royal d'Etat-Major.
Allard (Nelzir). — 1817. Génie. — Capit.
Auriol (Antoine). — Ne s'est pas présenté. — Voyez ce nom dans la promotion de 1816.
Ballery (Sébastien). — 1816. Retiré.
Bazin (Théod.-François). — 1817. Génie. — Capit.
Bellot (Jean-Marie-Nic.) — 1816. Retiré.— Fabricant de produits chimiques en Bohême.
Belly de Bussy (Mich.-Jean-Bapt.) — Décédé Elève.
Bernard (Jean-Franç.) — 1816. Retiré. —Lieut. au corps roy. d'Etat-Major.
Bienaymé (Irenée-Jules). — 1816. Retiré.
Billoin (Jean-Pierre-Ant.) — 1816. Retiré. — Décédé employé dans l'administration des domaines.
Bizouard de Montille (Antide). — Décédé Elève.
Boileau de Castelnau (Cam.-Sim.-Louis). — 1816. Retiré. — Lieut. au corps royal d'Etat-Major.
Bonfils (Alexis-Franc.) — 1816. Retiré. — Prof. de mathématiques à l'Ecole militaire de La Flèche.
Boucher-Desforges (Ant.-Jos.-Ch.) — 1816. Retiré.
Bouvet (Ch.-Adolp.) — 1816. Retiré.
Bruzard (Augustin-Félix). — 1816. Retiré. — Architecte. — Inspecteur des travaux publics et de la petite voierie à Paris.
Caffort (Gab.-Zach.) — 1816. Retiré. — Lieut. au corps royal d'Etat-Major.
Camus (Ch.-Louis-Const.) — 1816. Retiré.
Carbonnet (Mich.-Modeste-Jules).— Ne s'est pas présenté.
Carbonnier (Aimé-Théod.-Julien). —1816. Retiré.
Caron (Louis-Félix-Jos.) — 1816. Retiré.
Chambert (Joseph). — 1816. Retiré.
Charvet (Hippol.-Lucien). — 1816. Retiré.
Choiset (Prosper). — Décédé Elève.
Christofle (J.-Jacq.) — 1816. Retiré.
Clerget (Charles). — 1816. Retiré.-- Lieut. au corps royal d'Etat-Major.

Collardeau du Heaume (Ch.-Félix). — 1816. Retiré.
Collignon (Barthélemy). — 1816. Retiré.
Conil (Jacques). — 1816. Retiré. — Lieut. au corps royal d'Etat-Major.
Conrot (Pierre-Félix). — 1817. Artill. — Lieut.
Costel (Jean-Paul-Vict.) — 1816. Retiré. — Pharmacien à Paris.
Daman (Aug.-Vict.-Ant.) — 1816. Retiré.
Delaville-Leroulx (Joseph). — 1816. Retiré.
Demalet de Lavédrine (Pierre-Louis-Félix). — 1816. Retiré. — Lieut. au corps royal d'Etat-Major.
Desmarest (Marie-Jos.Eug.) — 1816. Retiré. — Pharmacien à Paris.
D'houdetot (Stanislas-Adèle). — 1816. Retiré.
Dubard (Franc-Pierre). — 1816. Retiré — Lieut. au corps royal d'Etat-Major.
Duffourc (Philippe). — 1817. Génie. — Capit.
Dumoulin (Jos.-Hen.) — 1816. Retiré. — Prof. de Mathématiques et de Physique à l'Ecole de Sorèze.
Durouret (Franc-Félix *Geoffroy*).— 1816. Retiré.
Etesse (Paul-Joach.-Elisab.)— 1816. Retiré.
Fabry (Auguste). — 1816. Retiré.
Finck (Pierre Jos.-Et.) — 1817. Art. — Elève Sous-Lieut. démiss.
Fourier (Adolphe). — 1817. Ponts et Chaussées. — Ing. ord.
Frézouls (Ant.-Casimir). — 1816. Retiré. — Avoué à Toulouse.
Frotois (Jean-Jos.) — 1816 Retiré. — Prof. de Mathématiques à l'Ecole des Arts et Métiers d'Angers.
Gail (Jacq.-Désiré). — 1816. Retiré.
Gandillot (Jean-Denis). — 1816. Retiré.
Goll (Henri-Edouard). — 1817. Art. — Décédé Lieut.
Gondallier-Tugny (Mich.-Ant.-Désiré). — 1816. Retiré.
Gougeon (Paul-Nic.) — 1816. Retiré.
Grimard Durepaire (Jules). — 1816. Retiré.
Grosier Saint-Elme (Augustin). —

Déjà admis en 1813, ne s'était pas présenté. — 1816. Retiré.
Hamart (Paul). — 1816. Retiré.
Harmois (Louis-Franç.-Jos.) — 1816. Retiré. — Lieut. au corps royal d'Etat-Major.
Herson (Placide-Alex.) — Déjà admis en 1814, ne s'était pas présenté. — 1816. Retiré.
Jouffroy (Louis). — 1816. Retiré. — Lieut. au corps royal d'Etat-Major.
Labaume-Chabrier (J.-Bapt.-Franç.-Alex.) — 1816. Retiré.
Lacroix (Ch.-Casim.-Sevère). — 1816. Retiré. — Prof. du cours public de Géométrie et de Mécanique appl. aux arts à Versailles.
Landraud (Pierre). — 1816. Retiré.
Lebarbier de Tinan (Pierre-Théodose-Marie). — Ne s'est pas présenté.
Lecoutour (Louis-Franç.-Guill.) — 1816. Retiré.
Lemaistre (Ch.-Aimé). — 1816. Retiré. — Docteur en médecine. — Directeur du Télégraphe.
Lepreux (Félix-Louis). — 1816. Retiré.
Lestelle (Thomas). — 1816. Retiré. — Fondateur de plusieurs fabriques de sucre de betterave en diverses provinces de Russie.
Malcotte (Benj.-Jos.) — 1816. Retiré.
Manès (Guillaume). 1817. Mines. — Ing. ord.
Marozeau (Pierre-Georg.) — Déjà admis en 1814, ne s'était pas présenté. — 1816. Retiré.
Marraud (François). — 1816. Retiré.
Marthe (Adolphe). — 1816. Retiré. — Conseiller Auditeur à la Cour Royale d'Orléans.
Mascrey (Jos.-Adr.-Emm.) — 1816. Retiré.
Masquelier (Vincent). — 1816. Retiré. — Prof. de Mathématiques à l'Ecole Royale des Eaux et Forêts.
Maugars (Eugène). — 1816. Retiré. — Directeur-Propriétaire de la Verrerie de Coüeron près Nantes.
Métivier de Labesse (Gilbert). — 1816. Retiré.
Michaud (Jean-Ch.-Paul). — 1816. Retiré. — Lieut. au corps royal d'Etat-Major.
Oudan (Louis-Marie). — 1816. Retiré.
Pariset (Nic.-Franç.-Jos.) — 1816. Retiré.
Payen (Emile-Auguste). — 1817. Ponts et Chaussées. — Ing. ord.
Pinet d'Anglemont (Pierre-Isidore-Constantin). — 1816. Retiré. — Décédé Lieut. d'Etat-Major.
Pironneau (Louis-Agis). — 1816. Retiré.
Planche (Jules). — Ne s'est pas présenté.
Poiseuille (Jean-Léonard-Marie). — 1816. Retiré.
Pontagnier (Hip.-Gab.) — 1816. Retiré. — Receveur de l'enregistrement à la Charité (sur Loire).
Poussielgues (Albin). — Ne s'est pas présenté.
Rallier (Touss.-Louis-Jean-Jos.) — 1816. Retiré. — Prof. de Mathématiques au Collége royal de Rennes.
Redon (Jean-Et.) — 1816. Retiré. — Conducteur des Ponts et Chaussées.
Renaut (Vict.-Ant.) — 1816. Retiré.
Réocreux (Joseph). — 1816. Retiré.
Riffault (Anatole). — 1817. Artill. — Elève du serv. des Poudres et Salp.
Rouget (Jean-Jos.) — 1816. Retiré.
Savary (Félix). — 1817. Ing. géogr. — Lieut. réf. en 1824. — Secrétaire du bureau des Longitudes.
Sebe (Franç.-Fréd.) — 1816. Retiré.
Segretain (Pierre-Théoph.) — 1816. Retiré.
Thilorier (Ch.-Saint-Ange). — 1816. Retiré.
Thirria (Ch.-Edouard). — 1817. Mines. — Ing. ord.
Tournyer (Nicolas). — 1816. Retiré. — Contrôleur des contribut. direct. à Chinon.
Tronc (Fulcrau-Ant.) — 1816. Retiré.
Valat (Jacq.-Pierre-Fanny). — 1816. Retiré.

PROMOTION DE 1816.

Aboville (Ch.-Edouard *d'*). — 1818. Artill. — Capit.
Auriol (Antoine). — 1818. Génie marit. — Sous-Ing. — ✠.
Auvity (Alphonse). — 1818. Artill. — Capit.
Bachasson Montalivet (Simon-Pier.-Joseph). — 1818. Génie. — Décédé Lieut. à l'armée d'Espagne, en 1823.
Bazaine (Dom.-Cl.) — 1818. Ponts et Chaussées. — Décédé Ing. ord. en 1827.

PROMOTION DE 1816.

Bernard de Montebise (Edouard-Pierre). — 1818. Artill. — Lieut.
Blavier (Aimé-Philidor). — 1818. Mines. — Décédé Aspirant en 1822.
Bleschamp (Oct.-Ch.-Adolphe). — 1818. Ponts et Chauss. — Ing. ord.
Bodin (Jean-Thomas-Esprit). — 1818. Ing. géogr. — Décédé Lieutenant à Cayenne en 1825.
Bourdas (Et.-Marie). — 1819. Artill. — Lieut.
Bourdeau (Adolphe). — 1819. Artill. — Lieut.
Boyer (Jean-Bapt.-Cas.)—1818. Artillerie. — Lieut. — ✠.
Brochier (Franc.-Louis-Ferd.)—1818. Génie. — Capit.
Bugnot (Yves-Delphis). — 1818. Gén. — Capit.
Burgues de Missiessy (Jos.-Marie-Benoît-Aug.) — Décédé Elève.
Buron (Aug.-Léon.) — 1818. Artill. — Démiss. — Prof. à l'Ecole Royale Militaire. — Chef d'une Ecole préparatoire à Versailles.
Callande de Clamecy (Cl.-Prosp.) — 1819. Artill. — Décédé Sous-Lieut.
Castelbert (Donat dit Victor Donat). — 1819. Ponts et Chaussées. — S'est noyé dans le Tarn en 1821, en exécutant une opération de son service.
Chabord (Gaspard). — 1818. Artill. — Lieut.
Chaigneau (Fél.-Mich.)—1818. Artill. — Lieut.
Clapeyron (Benoît-Paul-Emile). — 1818. Mines. — Ing. ord. — En Russie, Lieut.-Colonel du Génie des voies de communication.
Couthaud (Etienne-Jos.) — 1818. Ing. géogr. — Lieut.
Darotte (August.-Jos.) — 1818. Ponts et Chaussées. — Décédé Ing. ordin.
D'Arricau Hyacinte. — 1817. Retiré.
Deroisin (Marie-Philippe). — 1818. Ponts et Chaussées. — Ing. ord.
D'Herbelot (Charles-Prosp.) — 1819. Artill. — Lieut.
Emmery (Jean-Nicolas-Edouard). — 1818. Artill. — Lieut. — ✠.
Estienne (Franc.-Ch.-Adr.) — 1819. Artill. — Passé dans la Cavalerie.
Faucompré (Edouard-Ant.-Jos.) — Ne s'est pas présenté.
Fauveau (Franc.-Alexand.-Aimé). — 1818. Génie. — Capit.
Féraud (Léonard-Jos.-César). — 1818. Artill. — Lieut.
Gascheau (Gabriel). — 1817 Retiré.

— Prof. de mathémat. à l'Ecole des Arts et Métiers de Châlons.
Gaulin (Auguste-Janvier). — 1819. Artill. — Lieut. démiss.
Gaullier (Gabriel). — 1818. Génie. — Capit.
Goury (Hipp.-Ch.) — 1819. Génie. — Capit.
Grandsire (Jules). — 1819. Artill. — Lieut.
Guignard (Fortuné). — 1818. Génie. — Capit.
Guillot-Duhamel (Jos.-Auguste). — 1819. Mines. — Ing. ord.
Guyot (Ch.-Ours.) — 1818. Artill. — Lieut.
Joannis (Henr.-Jean-Baptiste de). — 1818. Artill. — Démiss.
Larue (François-Alexand.) — Ne s'est pas présenté.
Laurent Jean-Bapt.-Désiré). — 1819. Artill. — Lieut.
Lebas (Jean-Baptiste-Apollinaire). — 1818 Génie marit. — Sous-Ing.
Lefaivre Joseph-Ant.) — Ne s'est pas présenté.
Lelièvre (Aug.-Louis-Anselme). — 1819. Artill. — Elève Sous-Lieut. démiss.
Lescellière (Bon.-Isidore). — 1818. Artill. — Décédé Lieut.
Levallois (Jos.-Jean-Bapt.-Jules). — 1818. Mines. — Ing. ord.
Lévesque (Alphonse-Hermecinde). — 1818. Génie marit. — Sous-ing.
Loppin de Gemeaux (Albert). — 1819. Artill. — Sous-Lieut. passé dans l'Infanterie.
Mallet (Carolus-Mar.) — 1818. Artill. — Capit.
Malus-Mesnil (Adolphe). — 1819. Artill. — Lieut.
Masclet (Hipp.-Jos.-Ant.) — 1818. Artill. — Lieut.
Monard (Etienne de). — 1818. Artill. — Lieut.
Mounier (François Louis). — 1818. Génie. — Capitaine.
Moutrille (Pier.-Mar.-Jules). — 1818. Génie maritime. — Elève Ing. démissionnaire. — Négociant.
Pessonneaux Puget (Aimé-Joseph-Denis-Félicité). — 1819. Génie. — Capit.
Pichon (Antoine). — 1818. Génie. — Capit.
Plantier (François). — 1817. Retiré.
Pontbriant (Amédée-Louis-Ach. de). 1818. Artill. — Capit.

PROMOTION DE 1816.

Prétot (Hippol.-Louis-Edouard). — 1818. Génie marit. — Sous-Ing.
Prost (Octave). — 1818. Artill. — Passé dans le Génie. — Capit.
Puniet de Montfort (Arnaud-Jos.) — 1818. Génie. — Capit.
Rabourdin (Etienne). — 1818. Ponts et Chaussées. — Ing. ord.
Racafiol dit *Roquefeuil* (Alexandre-Alphonse). — 1818. Ponts et Chaussées. — Ing. ord.
Riondet (Pierre-Alexandre). — 1818. Ing. géogr. — Décédé Elève Sous-Lieut.
Robin (Paul-Eug.) — 1818. Ponts et Chaussées. — Ing. ord.
Roguet (Christ.-Mich.) — 1818. Gén. — Capit.
Rolland-Destape (Michel). — 1819. Artill. — Lieut. démiss.

Sain-Rousset de Vauxonne (Albert Fort.-Pierre-Paul). — 1819. Génie. — Capit.
Schœlcher (Marc-Antoine). — 1818. Génie. — Capit.
Schwilgué (Jean-Baptiste). — 1818. Ponts et Chaussées. — Ing. ord.
Séverac-Laplagniolle (Alexandre). — 1818. Artill. — Lieut.
Sevin-Talive (Alphonse). — 1819. Artill. — Lieut.
Sterlingue (Etienne). — 1818. Artill. — Eleve Sous-Lieut. démiss.
Testu (Jean-Prosp.) — 1818. Ing. géographe. — Lieut. — ✳.
Tonnac-Villeneuve (Hipp.-Jos. de). — 1818. Génie. — Capit.
Vidaillan (Aza-Pierre-Ant.-Marg.) — 1818. Artill. — Lieut. démiss.

PROMOTION DE 1817.

Amiet (Auguste). — 1819. Artill. — Lieut.
Babled (Joseph). — 1819. Artill. — Lieut.
Bachelet (Jean-Marie). — Décédé Elève.
Bailloud (Ennem.-Camille). — 1820. Ponts et Chaussées. — Ing. ord.
Barbier (Alex.-Jos.) — 1820. Retiré.
Bardonnaut (Cl.-Nic.-Théod.) — 1820. Artill. — Lieut.
Batailler (Aug.-Paul-Emile). — 1820. Ponts et Chauss. — Ing. ord.
Bobillier (Etienne). — 1819. Retiré. — Prof. à l'Ecole des Arts et Métiers de Châlons.
Bonnet dit *Paillerets* (Antonin). — 1819. Ponts et Chaussées. — Ing. ord.
Bottée de Toulmon (Auguste). — 1818. Retiré.
Bouchon (Louis-Amand). — 1820. Artill. — Lieut.
Brault (Louis). — 1820. Artill. — Décédé Lieut.
Bureaux de Pusy (Maur.-Poivre). — 1819. Génie. — Capit.
Cambacérès (Jules-Léonard-Louis). — 1819. Ponts et Chaussées. — Ing. ord.
Chappotin (Paul-Jos.-Ch.) — 1819. Ponts et Chaussées. — Ing. ord.
Cholet (Jules comte). — 1819. Artill. — Lieut. — Pair de France.
Claris (Jacq.-Philip.-Franc.-Emile). — 1819. Génie. — Capit.

Colomès de Juillan (Ch.-Jos.) — 1819. Ponts et Chaussées. — Ing. ord.
Collet (Franc.-Mathurin). — 1819. Artill. — Lieut.
Combes (Henri-Jos.) — 1820. Artill. — Lieut.
Conteaux (Prosp.-Nic.) — 1819. Ing. géogr. — Sous-Lieut.
Crestin (Ch.-J.-Bapt.) — 1819. Génie. — Décédé Lieut.
Croze Montbrizet Gizaguet (Pierre-Rob.) — 1819. Génie. — Capit.
Dancède (Antoine). Ne s'est pas présenté.
Debuissy (Jos-Narcisse). — 1819. Ing. géogr. — Sous-Lient.
Delamothe (Benjamin). — 1819. Artill. — Lieut.
Delorme Duquesney (Auguste). — 1819. Artill. — Lieut.
Demaubué (Ant.-Marie). — 1819. Ponts et Chaussées. — Ing. ord.
Didion (Isidore). — 1819. Artill. — Lieut.
Dionis du Séjour (Adolp.-Ant.-Vict.) — 1820. Artill. — Lieut.
Dispan (Caliste-Louis-Honoré). — 1819. Génie. — Capit.
Doyat (Aug.-Laur.) — 1820. Ponts et Chaussées. — Ing. ord.
Ducouedic (Thom.-Marie-Louis). — 1820. Retiré. — En Russie, Capit. du Génie des voies de communication.
Elie de Beaumont (J.-Bapt-Arm.-

458   PROMOTION DE 1817.

Louis-Léonce). — 1819. Mines. — Ing. ord.
Faure (Jean-Hen.-Adolp.) — Ne s'est pas présenté. — Prof. de Mathématiques à Angers.
Fournel (Hen.-Jérôme-Marie). —1820. — Mines. — Ing. ord.
Frerejean (Georges-Louis). — 1818. Retiré. — Manufacturier à Lyon.
Guérineau de Boisvillette (Louis-Gustave). — 1819. Ponts et Chaussées. — Ing. ord.
Hirsch (Jacob). — 1819. Ponts et Chaussées. — Décédé Élève Ing.
Hossard Paul-Mich.) — 1819. Ing. géogr. — Lieut.
Houdovart Jean-Marie-Franç.-Ern.) — 1820. Retiré. — Entré dans la Maison milit. du Roi.
Jacquelot de Boisrouvray (Louis-Ch.-Marie de). 1820. Retiré. — Attaché au cabinet particulier du Ministre de l'Intérieur.
Jourdain Eug.-Aug.) —1819. Génie. — Capit.
Labrousse de Verteillac (César-Aug) — 1819 Artill. — Lieut.
Lataulade (Raimond *de*). — 1820. Retiré.
Leblanc (J.-Jacq.-Marie-Augustin). — 1819 Génie. — Capit.
Lebreton (Ch.- Georges). — 1819. Ponts et Chaussées. — Ing. ord.
Lecamus (Hip.-Désiré). — 1819. Génie. — Capit.
Lerat (Jean-Pierre-Mich.-Emile). — 1820. Artill. — Lieut.
Lesage (Vital-Franç.) — 1819. Génie mar. — Sous-Ing.
Lhéritier (Aristide). — 1818. Retiré.
Lieffroy (Cl.-Jos.-Aimé). — 1819 Génie. — Capit.

Margerin (Marie-Ch.-Désiré-Hip.) — 1819. Artill. — Sous-Lieut. démiss.
Marinet (Jean-Ch.-Augustin-Ant.). — 1819. Ponts et Chaussées. — Ing. ord.
Marion de la Brillantais (Adolphe). — 1819. Artill. — Lieut. — ✳
Marrot (Jean-Ch.-Louis). — 1819. Mines. — Ing. ord.
Murat Sistrières (J.-Bapt.-Eug. *de*). — 1819. Artill. — Lieut.
Pellerin (Christ.-Théod.) — 1820. Retiré. — Entré dans la Maison Militaire du Roi.
Périès-Labarthe (Marc.-Ant.-Emile). — 1819. Artill. — Lieut.
Portal de Moux (Jean-Jos.-Léop.) — 1819. Artill. — Sous-Lieut. démissionnaire.
Recourdon (Jules-Ant. , — 1819. Art. — Lieut.
Rigollot (Charles). — 1820. Artill. — Lieut.
Rougier (Camille-Franç.- Pierre). — Ne s'est pas présenté. — Voyez ce nom dans la promotion de 1818.
Rousselet (Jean-Franç.-Fortuné). — 1819 Génie. — Capit.
Saussure (Georg.-Louis-Vict. *de*). — 1819. Génie.
Thomas de la Plesse (Paul-Joseph-Constant). — 1819. Artill. — Lieut.
Trœtschler (Florian-Philip.-Louis). — 1820. Génie. — Capit.
Uhrich (Louis-Brice-Adolphe). — 1819. Génie. — Décédé Lieut.
Vivien (André-Jules-Math.) — 1819. Génie. — Capit.
Watrin (Lucien-Vict.) — 1819 Art. — Décédé Lieut.

PROMOTION DE 1818.

Allanie de Bellecherre (Edouard-Marie . — 1821. Retiré.
Ardant Paul-Jos. — 1820. Génie. — Capit.
Bary (Emile-Louis-Franç.) — 1820. Retiré. — Prof. de physique au Collége Royal de Charlemagne.
Bégat Pier. —1821. Ing. hydr. —Ing.
Belin (Emile-Fulcrand . —1820. Ponts et Chaussées. — Ing. ord.
Bigot (Julien-Jean-René). — 1820. Retiré.
Bisson-Delaroque (Charles-Franç.).— 1821. — Artill. de mar. — Lieut.
Blondel Lucien-Ant.) — 1821. Ing. géogr. — Sous-Lieut.
Boclet (Michel-Alexandre). — 1821. Retiré. — Décédé Répétiteur de mathémat. à l'Ecole Milit. de Saint-Cyr.
Bonnaire (Ch.-Ant.-Donnat). — Ne s'est pas présenté. — *Voy*. ce nom dans la promotion de 1819.
Boscals de Réals (Ch.-Louis-Siméon). 1821. Artill. — Décédé Lieut.
Bousquet (Paulin-Louis-Franç. Alph.) — 1820. Retiré.
Boutiron (Georg.-Nic.-Sostène). —

PROMOTION DE 1818.

1821. Retiré. — Passé Répétiteur à l'Ecole Militaire de Saint-Cyr.

Bouton Franc-Ch.-Aug. — 1820. Art. — Lieut. démiss. — Répétiteur de mathématiques et prof. suppl de belles-lettres à l'Ecole Militaire de Saint-Cyr.

Bresson (Paulin). — Ne s'est pas présenté.

Cabal Adolp.-Majan-Louis. — 1820. Retiré.

Cavenne Franc.-Alexandre. — 1820. Retiré. — Employé dans l'Administ. des Contributions indirectes.

Chevassut (Alexand.-Jos.) — 1821. Génie marit — Sous-Ing. démiss. — Manufacturier à Laigle.

Clausade-Mazieux (Arnaud-Pierre). — 1821. Artill. — Lieut.

Coiquaud (Jules-Edouard). — 1820. Ponts et Chaussées. — Ing. ord.

Combes Ch.-Pierre-Matth. — 1820. Mines. — Ing. ord.

Coulogne Ant.-Maurice. — 1820. Artill. — Lieut.

Courlet de Vrégille (Edouard-Dés.) — 1820. Artill. — Lieut.

Dausse Marie-Franc.-Benj. — 1820. Ponts et Chaussées. — Ing. ord.

De Laage Eug.-Pasc. — 1821. Gén. — Elève-Sous-Lieut. démiss.

Delafoye (Adolphe-Franc.-Julien). — 1821. Retiré — Prof. de géométrie descriptive au Collège Royal de Marine, à Angoulême.

Denille (Honor.-Jacq.-Jos.-Théod.) — 1820. Génie. — Passé dans l'Artillerie. — Lieut.

Desgranges (Jacq.-Ch.) — 1820. Gén. — Lieut.

Dujardin (Jean). — 1820. Retiré. — Médecin à Paris.

Dupré (Barth.-Géraud.-Prosper). — 1820. Génie. — Capit.

Dupuy de Parnay Edouard. — 1821. Ing. géogr. — Sous-Lieut.

Durand (André-Benoit). — 1820. Gén. — Décédé Lieut.

Eblé (Charles). — 1820. Artill. — Lieut.

Gayant (Paul). — 1820. Ponts et Chaussées. — Ing. ord.

Gillart (Ch.-Marie). — 1821. Retiré.

Huguet (François). — 1820. Artill. — Lieut.

Jacques (Léopold). — 1820. Artill. — Lieut.

Joffre (Firm.-Isidore). — 1820. Génie marit. — Sous-Ing.

Jordan Esprit-Alexandre. — 1820. Ponts et Chaussées. — Ing. ord.

Lachèvre (Jacq.-Raoul-Philogène). — 1820. Artill. — Lieut

Laquiante Atticus-Alph.-Aug.-Jean-Michel. — 1820. Génie. — Capit.

Latour-Bauzac (Gab.-Jean-Armand-Joseph). — 1821. Artill. — Lieut.

Le Bourguignon-Duperré (Gabriel-Cyprien). — 1821. Ing. hydrogr. — Ingén.

Lefèbvre de Nailly (Louis-Edouard). — 1819. Retiré. — Employé à l'exploitation des mines de Poullaouen.

Lemut Jean-Baptiste-Jules). — 1821. Génie. — Capit.

L'Estoile (Louis-Jules de). — 1821. Génie. — Capit.

Levasseur (Pierre-Godefroy). — 1820. Artill. — Lieut.

Levret (Hipp.-Louis). — 1820. Ing. géogr. — Sous-Lieut.

Lorieux (Théodore-Marie-Clair). — 1820. Mines. — Ing. ord.

Lornier (Hyac.-Pierre). — 1820. Gén. — Lieut.

Maingaud (Jean-Bapt.-François). — 1820. Artill. — Lieut.

Maussion Jean-Thom.-Emilien de. — 1820. Retiré.

Mazoier (Alfred-Achille). — 1820. Retiré — Sous-Intendant milit.

Mercklein (Fréd.-Aug.-Adolphe). — 1820. Artill. — Lieut.

Michaux Germain-Pierre. — 1820. Artill. — Lieut.

Moissard (Louis-Juste). — 1820. Gén. marit. — Sous-Ing.

Molard (Jean-Jules). — 1820. Artill. — Lieut.

Montbrison (Aim.-Maur.-Léonce de). — 1821. Maison militaire du Roi. Lieut. de Dragons.

Onfroy de Bréville (Camille). — 1820. Ponts et Chauss. — Ing. ord.

Pe de Arros (Jos.-Joach.-Ignace-Romain). — 1820. Artill. — Lieut.

Persy (Julien-Emm.-Lamédan). — 1820. Artill. — Lieut.

Petit (Matth.) — 1820. Génie. — Capit.

Plantier (Louis-Jos. — 1820. Ponts et Chaussées. — Ing. ord.

Pontbriant (Louis-Améd.-Gust. de). — 1821. Artill. — Lieut.

Rives (Marie-Michel-Hipp). — 1820. Retiré. — Sous-Lieut. d'Artill.

Rollée de Baudreville (Edouard). — 1820. Artill. — Lieut.

Rougier (Camille-Franc.-Pierre). — Déjà reçu en 1817, ne s'était pas

présenté. — 1820. Génie marit. — Sous-Ing.
Rozet (Cl.-Ant.) — 1820. Ing. géogr. — Sous-Lieut.
Saint-Martin (William-Jos.-Ch. de). —1821. Art.—Déc. Elève Sous-Lieut.
Stapfer (Ch.-Louis). — 1820. Ponts et Chaussées. — Ing. ord.
Thomeuf (Pierre).—1820. Génie mar. — Sous-Ing.

Uhrich (Mich.-Franç.) — 1821. Ponts et Chaussées. — Ing. ord.
Vaillant (Frédéric). — Ne s'est pas présenté, n'ayant pu obtenir une bourse. — Chargé d'une éducation particulière.
Veye (Arthur-Eugène de). — 1821. Retiré.
Vionnois (Nic.-Philippe). — 1820. Ponts et Chaussées. — Ing. ord.

PROMOTION DE 1819.

Amoros (Ant.-Franc.-Bazile-Jean-Népom)— 1821. Artill. — Lieut.
Barrande (Joachim). — 1821. Ponts et Chaussées. — Ing. ordin.— Sous-Précepteur de S. A. R. le duc de Bordeaux.
Berthot (Jean-Bapt.-Eug.) — 1821. Ponts et Chaussées. — Ing. ordin.
Billoin (Jean-Bapt.-Marie-Hip.) — 1822. Génie. — Capit.
Blavier (Edouard). — 1821. Mines. — Ing. ordin.
Bochaton (Jean-Marie). — 1821. Mines. — Décédé Elève de ce service.
Bodson de Noirefontaine (Alfred-Jean-Louis). — 1821. Génie. — Capit.
Bodson de Noirefontaine (Alphonse-Louis-Olimpe). — 1822. Génie. — Capit.
Boizart (Félix-Nic.) — 1822. Artill. — Lieut.
Bonnaire (Ch.-Ant.-Donnat.) — Déjà admis en 1818, ne s'était pas présenté. — 1821. Artill. — Elève Sous-Lieut. démiss.
Bouessel (Eugène) — 1822. Génie. — Capit.
Brian (Jean-Marie). — 1822. Artill. — Elève Sous-Lieut. démiss.
Cabanel de Sermet (Pierre-Joseph-Alex.) — 1821. Ponts et Chaussées. — Ing. ordin.
Carbon (Alb.-Christ.-Joubert) — 1822. Retiré.
Chauchard (Auguste-Adolp.-Nap.) — 1821. Génie. — Capit.
Chocquin (Alex.-Gust. —1821. Artill. — Lieut.
Cornavin-Chanvalon (Albert). — 1821. Retiré.
Costaz (Jos.-Marie). — 1822. Artill. — Lieut.
Couteaux (Alex.-Adrien). — 1822. Génie. — Capit.

Dassigny (Benjam.) — 1822. Poudres et Salpêtres. — Elève.
Defermon (Emman.) — 1821. Artill. — Lieut.
Denoue (Valérien-Louis-Charles). — 1821. Artill. — Lieut.
Deschamps (Pierre-Alph.) — 1822. Ponts et Chaussées. — Ing. ordin.
Descressonnières (Louis-Ch.) — 1822. Retiré.
Desmazières (Jean-Jos.-Desiré). — 1821. Artill. — Lieut.
Devaux (Jean-Réséda.) —1822. Artill. — Lieut.
Doré (Pierre-Louis-Christ.) — 1822. Ponts et Chaussées. —Ing. ordin.
Duchesne de Denant (Florent-Ch. Nic.) — 1822. Retiré.
Du Jay de Rosoy (Jules-Louis-Franc. vicomte). — 1822. Marine milit.—Elève démiss. — Inspecteur des Hospices
Dupeyroux (Mich.-Hip.) — 1822. Retiré.
Duval d'Eprémesnil-Maréfosse (L.-Eug.) — 1821. Génie. — Capit.
Etiennez (Emile). — 1821. Génie marit. — Sous-Ing.
Féburier (Ch.-Aristide). — 1821. Ponts et Chaussées. — Ing. ordin.
Floucaud (Eug.-Ant.-Nic.) — 1821. Ponts et Chaussées. — Ing. ordin.
Frichou (Jacq.-Philippe). — 1822. Retiré.
Garnier (Pierre-Louis-Eug.) —1821. Artill. — Lieut.
Gillart (Guill.-Marie-Alph.) — 1822. Génie. — Capit.
Gleises (Hector-Marguer.) — 1821. Retiré. — Juge auditeur à Saint-Gaudens.
Godfrin (Aug.-Vict.) —1821. Retiré.
Guillaume (Jean-Bap.-Félix-Hilaire). —1821. Ponts et Chaussées. — Ing. ordin.

PROMOTION DE 1819.

Guillaumot (August.-Scævola). — 1822. Artill. — Lieut.
Haillecourt (Ch.-Nicolas.) — 1821. Ponts et Chauss. —Décédé Ing. ord.
Henry (Ch.-Jos.) — 1822. Retiré.
Lapie (Alex.-Emile). — 1821. Ing. géogr. — Lieut. — Prof. de Topogr. à l'École militaire de Saint-Cyr.
Laureau de Lavault (Hen.-Armand). — 1821. Artill. — Lieut.
Lebaron (Alb.-Eug.) — 1821. Génie. — Capit.
Legrand de Boislandry (Jos.-Orphée). — 1821. Artill. — Lieut.
Legrand-Devaux (Hen.-Louis-Eug.) — 1822. Artill. — Lieut.
Levallois (Roméo-Joseph). — 1821. Génie. — Capit.
Levasseur (Vict.-Jules). — 1821. Artill. — Lieut.
Mabillat (Et.-Sulpice). — Décédé Élève.
Malleville de Condat (Jacq.-Théod.-Jules). — 1822. Retiré.
Mangeot (Raym.-Marie-Aug.) — 1821. Ponts et Chaussées. — Ing. ordin.
Marsal (Junior-Isid.) — 1821. Artill. — Lieut.
Meunier (Christ.-Louis). — 1821. Génie. — Décédé Élève Sous-Lieut.
Michal (Zoroastre-Alexis). — 1821. Ponts et Chaussées. — Ing. ordin.
Millet (Jules). — 1821. Retiré.
Montet (Anne-Pierre-Ant-Félix). — 1821. Ponts et Chaussées. — Ing. ordin.
Morice-Larue (Ch.-Félix). — 1821. Ponts et Chaussées. — Ing. ordin.
Noël (Charles). — 1821. Ponts et Chaussées. — Ing. ordin.
Noël (Nic.-Ant.-Auguste). — 1821. Artill. — Décédé Élève Sous-Lieut.
Pelletier de Chambure (Alexand.-Marie-Bonav.) — 1821. Artill. — Lieut.
Petit (Cl.-Franc.-Auguste). — 1821. Artill. — Lieut.

Pironneau (Jean-Bapt.-Adolphe). — 1821. Génie marit. — Sous-Ing.
Pous (Guill.-Jos.-Flavien). — 1821. Génie. — Capit.
Reynaud-Ducreux (Pierre-Joseph-Auguste). — 1821. Artill. — Lieut.
Ribot (Pierre-Franc.) — 1822. Génie. — Capit.
Robineau (Théod.) — 1822. Artill. — Lieut.
Rodellec du Porzic (Agathe-Ant.-René-Maurice de). — 1822. Artill. — Lieut.
Rolland de Ravel (Joseph-Marie-Marcellin). — 1821. Ponts et Chaussées. — Ing. ordin.
Romieu (François-Auguste de). — 1821. Retiré pour occuper un emploi dans une Manufacture de cristaux.
Saint-Léger (André-Maurice de). — 1821. Mines. — Ing. ordin.
Sganzin (Jean-Bapt.-Théodore). — 1822. Ponts et Chaussées. — Ing. ordin.
Silvestre (August.-Franc.-Edouard). — 1822. Artill. — Lieut.
Sommyevre (Ant.-Louis-Alb.-Vict. de). — 1822. Artill. — Lieut.
Sonnet (Mich.-Louis-Jos.-Hip.) — Ne s'est pas présenté.
Soult, marquis de Dalmatie (Nap.-Hect.) — 1821. Retiré. — Lieut. au Corps royal d'Etat-Major.
Talabot (Paulin-Franc.) — 1821. Ponts et Chaussées. — Ing. ordin.
Thomas (Bon-Hip.-Gatien dit Adelbert). — 1821. Artill. — Lieut.
Tournier de Vaillac (Adélaïde-Eug.) — 1822. Mines. — Élève démiss. — Conseiller auditeur à la Cour Royale de Toulouse.
Veillet-Dufréche (Jean-Bapt.-Aimé-Marie). — Ne s'est pas présenté.
Vollant (Jacq.-Louis-Albert). — 1822. Artill. — Lieut.

PROMOTION DE 1820.

Bachasson-Montalivet (Marthe-Camille, comte). — 1822. Ponts et Chaussées. — Ing. ordin. — Pair de France.
Belliotte (Eugène). — 1822. Ponts et Chaussées. — Ing. ordin.
Belvèze (Paul-Henri). — 1822. Marine. — Enseigne de Vaisseau. — ✠

Bigeon (Jos.-Honoré-Modeste). — Ne s'est pas présenté.
Bonamy de Villemereuil (Jean-Vict.-Eug.) — 1822. Retiré.
Boucaumont (Marie-Louis-Auguste). — 1822. Ponts et Chauss. — Ing. ord.
Bouchet (Christophe). — 1822. Gén. — Capit.

PROMOTION DE 1820.

Boulnois (Ch.-Edouard *de*). —1822. Ponts et Chaussées. — Ing. ordin.
Cabrières (Marie-Jos.-Eug. *de*). — 1823. Artill. — Décédé Elève Sous-Lieut.
Cavaignac (Louis-Eug.) — 1822. Génie. — Capit.
Chabaud-Latour (Franc.-Henri-Ernest). — 1822. Génie. — Capit.
Chamisso (Louis-Alex.-Hip. *de*). — 1822. Génie. — Capit. démiss.
Champeaux la Boulaye (Edouard *de*). — 1822. Marine militaire. — Enseigne de Vaisseau.
Chantron (Jean-Jos.) — Poudres et Salpêtres. — Elève.
Chavane (Franc.-Xavier-Jos.) — 1822. Retiré.
Court dit *Boncour* (Jean-Louis). — 1822. Retiré. — Propriét. à Cahors.
Debilly (Edouard-Louis-Daniel). — 1822. Mines. — Ing. ordin.
De Blois de la Calande (Et.-Gab.) — 1822. Artill. — Lieut.
Defermon (Joseph). — 1822. Artill. — Lieut.
Delaplanche (Benjamin). — 1823. Mines. — Aspirant.
Des Robert (Louis-Aimé). — 1822. Génie. — Capit.
Didion (Charles). — 1822. Ponts et Chaussées. — Ing. ordin.
D'Ornay (Alph.-Jules-Guislain). — 1822. Ponts et Chaussées. — Ing. ordin.
Dufour (René-Bern.) — 1822. Génie. — Lieut.
Faveaux (Eugène). — 1822. Retiré. — Décédé.
Fournier (Edmond) — 1822. Artill. — Lieut.
Gauzence (Franc.-Henri-Eloi). — 1822. Génie. — Capit.
Geoffroy (Guill.-Marie-Valentin). — 1822. Ponts et Chaussées. — Ing. ordin.
Giroult des Brosses (Albert). — 1822. Artill. — Lieut.
Guépratte (Jean-Jos.-Marie). — Décédé Elève.
Hageau (Pierre-Hip.) —1823. Artill. — Elève Sous-Lieut. démiss.
Jabin (Pierre-Ant.) — 1822. Mines. — Ing. ordin.
Jacquemier (Marie-Adolphe)—1822. Génie. — Décédé Elève Sous-Lieut.
Jallot (Achille). — 1822. Génie. — Capit.
Jardillier (Jean-Vict.) — 1823. Artill. Lieut.

Job (Jean-Gratien). — 1822. Ponts et Chaussées. — Ing. ord.
Kermaingant (Yves-Marie-Noël). — 1823. Ponts et Chaussées. — Ing. ordin.
Lamarle (Adolphe-Domin.-Gab.-Gust.) — 1822. Ponts et Chaussées. — Ing. ord.
Lebasteur (Pierre-Ch. — 1822. Ponts et Chaussées. — Ing. ordin.
Lecourtois (Ch.-Jos.-Henri).—1822. Artill. — Lieut.
Lemulier (Henri). — 1823. Artill. — Lieut.
Léon (Alph.-Franc.-Marie). — 1822. Ponts et Chaussées. — Ing ordin.
Levavasseur (Alex.-Auguste-Léon). — 1822. Retiré.
Leymerie (Alex.-Félix-Gust.-Ach. *de*). — 1822. Retiré.
Livoys (Charles *de*). — 1823. Artill. — Lieut.
Maillebiau (Jean-Pierre-Mag.) — 1822. Ponts et Chaussées. — Ing. ordin.
Marliave (Ch.-Henri. Jos.-Hyac.) — 1822. Marine. — Enseigne de Vaisseau.
Mathieu de la Redorte (Jos.-Ch. Maurice). — 1822. Artill. —Lieut.
Méry (Améd.-Louis). — 1822. Ponts et Chaussées. — Ing. ordin.
Mosselman (Emile-Desiré). — 1821. Retiré. — Manufacturier.
Mouchel (Pierre-Jos.-Vic.) — 1822. Artill. — Lieut.
Payen (Jules-René).— 1823. Mines. — Aspirant Ing.
Pernety (Franc.). — 1823. Artill. — Lieut.
Petit-Sémonville (Auguste). — 1822. Retiré. — Décédé Employé dans l'Administration du Trésor de l'armée d'Espagne.
Picot (Clément). — 1822. Ponts et Chaussées. — Ing. ordin.
Rohault (Charles). — 1821. Retiré. — Architecte à Paris.
Sigot (Jacques). — 1822. Génie. — Capit.
Sochet (Prix-Ch.-Jean-Bapt.) — 1822. Génie marit. — Sous-Ing.
Soulot (Paul-Louis). — Ne s'est pas présenté.
Trenqualye (Annet-Henri). — 1822. Retiré.
Vallette des Hermaux (Marie-Jean-Bapt.-Marcellin). — 1822. Artill. — Lieut.

PROMOTION DE 1820.

Vanéechout (Polydore-Alexis). — 1822. Génie marit. — Sous-Ing.
Vidaillan (Mikeli-Raym.) — 1822. Génie. — Capit.
Vié (Augustin). — 1822. Ponts et Chaussées. — Ing. ordin.
Villatte (Jean-Marc-Eug.-Osc. de) — 1822. Artill. — Lieutenant.
Viollet-Leduc (Emm.-Sigism.) — 1821. Retiré.

PROMOTION DE 1821.

Andral (Jean-Pierre-Gab.) — 1823. Ponts et Chaussées. — Ing. ord.
Bancenel (Jean-Franç.-Hipp. de) — 1823. Génie. — Lieut.
Beaulaincourt (Gustave-Adolp.-Ch.-Ange de). — 1823. Artill. — Lieut.
Bérar (Alexis-Martial). — 1823. Marine. — Enseigne de vaisseau.
Bergeron (Louis). — 1823. Ing. géogr. — Sous-Lieut.
Bocquet d'Anthenay (Alexis-Louis-Ernest). — 1823. Ponts et Chaussées. — Ing. ord.
Borgella (Cécile-Etienne-Bern.) — 1823. Artill. — Lieut.
Briey (Louis-Edouard-Emm. de). — 1824. Génie. — Lieut.
Buhot (Franc.-Marie-Esther). — 1823. Ponts et Chaussées. — Ing. ord.
Chapuis (Franc.-Bern.) — 1822. Retiré.
Charié-Marsaines (Pierre-Gust.) — 1823. Ponts et Chauss. — Ing. ord.
Clarke de Feltre (Arthur). — 1823. Artill. — Passé dans la Cavalerie de la Garde Royale. — Sous-Lieut.
Clarke (Jean-George-Luc). — 1823. Génie marit. — Sous-Ing.
Confex-Neuilly (Prosper). — 1823. Marine. — Enseigne de vaisseau.
Collignon (Charles-Etienne). — 1824. Ponts et Chaussées. — Ing. ord.
Crestin (Jean-Félix). — 1823. Génie. — Lieut.
Darcy (Henri-Philibert-Gaspard). — 1823. Ponts et Chauss. — Ing. ord.
Delpont (Jules-Franç.-Xav.-Gust.) — 1822. Retiré.
Descaffres (Pierre-Jos.-Adolphe). — 1822. Retiré.
Drouot (Pierre-Aug.) — 1824. Mines. — Aspirant Ing.
Duval-Dumanoir (Henri-Eugène). — 1822. Retiré.
D'Uzer (Clém.-Cypr.) — 1823. Artill. — Lieut.
Esménard (Jos.-Marie-Camille). — 1823. Artill. — Lieut.
Fénéon (Jean-Philib.) — 1823. Mines. — Ing. ord.
Foureau (Armand-Adolp.) — 1823. Génie. — Lieut.
Gelin (Franç.-Marie). — 1823. Artill. — Lieut.
Gibault (Eugène). — 1823. Génie. — Lieut.
Guibourg (Honoré-Jean). — 1823. Ponts et Chaussées. — Ing. ord.
Hernoux (Joseph-Victoire-Emile). — 1823. Ponts et Chauss. — Ing. ord.
Houdiard (Benonie). — 1822. Retiré. — Répétiteur de mathémat. à l'Ecole milit. de Saint-Cyr.
Joannis (Daniel-Leon de). — 1823. Marine. — Enseigne de vaisseau.
Jolly des Hayes (Pierre-Germ.-Eug.) — 1822. Retiré.
Jullien Pierre-Alexand.-Adolph.) — 1823. Ponts et Chauss. — Ing. ord.
Keller (Francois-Ant.-Edouard). — 1823. Ing. hydrogr. — Ing.
Laisné (Jos.-Liévin). — 1823. Génie. — Lieut.
Lannes de Montebello (Napoléon). — 1822. Retiré.
Laurent (Jean-Eug.) — 1823. Ponts et Chaussées. — Ing. ord.
Lavaytte (Ant.-Ch.-Léon). — 1823. Génie — Lieut.
Lecaruyer de Beauvais (Adr.-Amédée). — 1824. Artill. — Sous-Lieut.
Lefèvre (Alexand.-Xavier). — 1822. Retiré.
Lejouteux (Jean-Emile). — 1823. Gén. marit. — Sous-Ing.
Lepelletier Etienne-Vict.) — 1823. Génie. — Elève Sous-Lieut. démiss.
Lugan (Jean-Laur.) — 1823. Artill. — Lieut.
Martin (Xav.-Adr.) — 1823. Génie. — Lieut.
Meaudre-Dassit (Simon-Jos.-Adr.) — 1823. Retiré.
Mortier (Edouard-Henri-Cas.-Adolp. Joseph). — 1824. Artill. — Sous-Lieut.
Niel (Adolp.) — 1823. Gén. — Lieut.
Nouel (And.-Edme-Amédée). — 1823. Artill. — Lieut.

PROMOTION DE 1821.

Perdonnet (Jean-Alb.-Vinc.-Aug.)— 1822. Retiré.
Petot (Jean-Constant). — 1823. Ponts et Chaussées. — Ing. ord.
Pillon (Guill.-Mich.-Ernest). — 1823. Retiré.
Plée (Barthél.-Louis). — 1823. Ing. géogr. — Sous-Lieut.
Pottier de Baldiwia (Adolphe). — 1823. Génie. — Lieut.
Préaudeau (Ange-Marie de). — 1823. Artill. — Lieut.
Prudent (Ch.-Henri-Pierre). — 1823. Marine. — Enseigne de Vaisseau.
Puniet de Montfort (Pierre-Aug.) — 1823. Génie. — Lieut.
Quétel (Pierre-Alexand.-Louis). — Ne s'est pas présenté.
Rempnoulx Duvignaud (Philip.-Ambroise). — 1823. Ponts et Chaussées. — Ing. ord.
Revel (Mich.-Stanislas-Edmond). — 1823. Génie. — Lieut.
Reynaud Franç.-Léonc.)—1822. Ret.
Rougane de Chanteloup (Ant.-Félix). — 1824. Génie. — Lieut.
Sagey (Ch.-Paul-Gabriel). — 1823. Mines. — Ing. ord.
Saint-Loup (Marie-Nic.-Ernest). — 1823. Génie. — Lieut.
Salis-Haldenstein (Louis-Numa-Ep.-Just.-Arist.-Déc. de). — 1823. Artillerie. — Lieut.
Siau (Jos.-Baptiste). — 1823. Ponts et Chaussées. — Ing. ord.
Teynard (Louis-Brach.-Achille). — 1823. Génie. — Lieut.
Thayer (Edouard-James). — Ne s'est pas présenté. — *Voy.* ce nom dans la promotion de 1822.
Thirion (Marc-Aug.) — 1823. Ponts et Chaussées. — Ing. ord.
Vallou-Boisroger (Pierre-Wilfrid). —1823. Génie.—Décédé Elève Sous-Lieut.
Vallet-Desrives (Théod.-Paul). — 1823. Artill. — Lieut.
Villard (Paul-Augustin-Théod.) — 1823. Artill. — Lieut.
Virla (Nicolas). — 1823. Ponts et Chaussées. — Ing. ord.
Vivès (Anatole). — 1823. Artill. — Lieut.
Wissocq (Paul-Emile). — 1823. Ing. hydrogr. — Ing.

PROMOTION DE 1822.

Argence (Jean-Franç.)—1824. Artill. — Sous-Lieut.
Arnous (Jules-Timothée). — 1824. Artill. — Sous-Lieut.
Bassière (Vict.-Marie-Louis). — 1824. Marine milit. — Enseig. de vaisseau.
Baude (Alph.-Fréd.-Louis). — 1824. Ponts et Chaussées. — Ing. ord.
Bertrand (Philip.-Et.-Alph.) — 1824. Marine milit.—Enseig. de vaisseau.
Bichier-Desâges (Ant.-Laur.-Ch.) — 1824. Artill. — Sous-Lieut.
Bichot (Cl.-Aug.-Gab.) — 1824. Gén. — Sous-Lieut.
Biot (Edouard-Constant). — Ne s'est pas présenté.
Boisé-Courcenay (Marie-Henri-Ch.-Ernest de). — 1824. Artill. — Sous-Lieut.
Boudousquié (Franç.-Jos.-Mart.) — 1824. Mines. — Aspirant Ing.
Brun (Jean-Nicolas-Louis-Alexaud.) — 1824. Marine milit. — Enseigne de vaisseau.
Caignart de Saulcy (Ernest-Marie-Joseph). — 1824. Marine milit. — Enseigne de vaisseau.
Camme (Jean.-Bern.-Adolphe). — 1824. Ponts et Chauss. — Ing. ord.
Carl (Jacq.-Louis-Constant).—1825. Génie. — Elève Sous-Lieut. démiss.
Chalumeau (Jules). — 1824. Ponts et Chaussées. — Ing. ord.
Chantron (François-Marie.) — 1824. Artill. — Sous-Lieut.
Châtel (Alexand.-Philémon). — 1824. Génie. — Lieut.
Chazallon (Ant.-Mar.-Remi).—1824. Ing. hydrogr. — Elève Ing.
Clerget de Saint-Léger (Jérôme-Hippolyte). — 1824. Artill. — Sous-Lieut.
Comoy (Guill.-Emm.) — 1824. Ponts et Chaussées. — Ing. ord.
Cotard (Joseph). — 1824. Artill. — Sous-Lieut.
Dardy (Jean-Baptiste).—1824. Artill. — Sous-Lieut.
Delcambre (Ch.-Franç.-Joseph). — 1824. Retiré. — Avocat — Docteur ès sciences.
Delpech-Saint-Guilhem (Melch.-Prosper). — 1824. Ponts et Chaussées. — Ing. ord.
Desfontaine-Louiche (Aimé-Joseph).

PROMOTION DE 1822.

— 1824. Ponts et Chaussées. — Ing. ordin.
Desroziers (Eugène-Louis-Gust.) — 1824. Retiré.
D'Ingler (Louis-Jules). — 1824. Gén. marit. — Sous-Ing.
Dortet de Tessan (Louis-Urb.) — 1824. Ing. hydrogr. — Élève Ing.
Duflos de Saint-Amand (Edme-Ant.-August.-Léon). — 1825. Génie. — Sous-Lieut.
Dupuit (Ars.-Jules-Emm.-Juvénal). — 1824. Ponts et Chaussées. — Ing. ordin.
Duriez (Louis-René-August.) — 1824. Génie. — Décédé Élève Sous-Lieut.
Emy (Ch.-Joseph). — 1824. Artill. — Sous-Lieut.
Fain (Aimé-Elisabeth). — 1824. Gén. — Élève Sous-lieut. démiss.
Faraguet (Hen-Ant.) — 1825. Marine. — Élève de 1re classe.
Faveaux (Alfred). — 1824. Génie. — Lieut.
Favreul (Eugène). — 1825. Génie. — Lieut.
Frémin-Dumesnil (Pierre-Ernest). — 1824. Artill. — Sous-Lieut.
Gaignière (Ch.-Constant). — 1824. Ponts et Chaussées. — Ing. ord.
Gallard-Brassac de Béarn (Louis-Hector). — 1823. Retiré.
Garnerin (Hipp.-Cécile). — 1824. Artill. — Sous-Lieut.
Garnier (Gust.-Adolp.) — 1825. Ponts et Chaussées. — Aspirant Ing.
Goméecourt (Ch.-Alexand.) — 1824. Génie. — Décédé Élève Sous-Lieut.
Goullet de Rugy (Philippe-Aug.) — 1824. Génie. — Lieut.
Gréban (Amédée-Marie-Sébast.) — 1824. Génie. — Lieut.
Guimps (Ch.-Fréd.-Louis-Roger *de*). — 1824. Retiré.
Hackett (Ch.-Alph.-Théod.) — 1824. Artill. — Sous-Lieut.
Haldat (Franc.-Théod.-Alexand. *de*). — 1824. Génie. — Lieut.
Hubert Delapatrière (Jos.-Sam.) — 1824. Artill. — Sous-Lieut.
Huerne (Alfred-Etienne-Nicolas). 1825. Artill. — Sous-Lieut.
Jeanmaire (Louis-George-Fréd.-Francois). — 1824. Génie. — Élève Sous-Lieut. démiss.
Jouvencel (Ferdinand-Aldegonde *de*). — 1824. Artill. — Sous-Lieut.
Laederich (Edouard-Ch.) — 1824. Marine. — Enseigne de vaisseau.
Lamaëstre (Jean-Baptiste-Franç.) —

1824. Génie marit. — Élève admis.
Lambert (Ch.-Jos.) — 1824. Mines. — Aspirant Ing.
Langlumé des Angles (Ernest). — 1824. Retiré.
Leclerc (Jos.-Adolph.) — 1825. Ing. géogr. — Élève Sous-Lieut.
Leclerc (Dan.-Julien). — 1824. Ponts et Chaussées. — Ing. ord.
Le Gendre de Luçay (Nap.-Jos.-Ch.) — 1824. Génie. — Élève Sous-Lieut. démiss.
Lelièvre (Ch.-Aug.) — 1824. Génie. — Lieut.
Lespin (Alphonse-Louis-Bern. *de*). — 1824. Génie. — Sous-Lieut.
Lessore (Jules-Edouard). — 1824. Ponts et Chauss. — Ing. ordin.
Le Tendre de Tourville (Armand-Pierre-Ernest). — 1825. Retiré.
Ligondès (Alphonse-François *du*). — 1824. Artill. — Sous-Lieut.
Lorin (Louis-Ant.) — 1824. Marine milit. — Enseigne de vaisseau.
Loverdo (George-Théod.-Thémist.-Alexandre *de*). — 1823. Retiré. — Sous-Lieut. au corps d'Etat-Major.
Mandell (Philippe-Franç.-Honoré-Romuald *de*). — 1824. Artill. — Sous-Lieut.
Mareau (Adolphe). — 1824. Génie. — Lieut.
Martin (Jean-Alphonse). — 1825. Artill. — Sous-Lieut.
Matty (Nap.-Grég.) — 1825. Ponts et Chaussées. — Aspirant Ing.
Mazure (Franc.-Ant.-Nap.) — 1824. Artill. — Sous-Lieut.
Méquet (Adolphe-Ch.-Marie-Jos.) — 1824. Ponts et Chaussées. — Ing. ordin.
Metzinger (Louis-Ch.) — 1823. Retiré.
Olivier (Félix-Auguste). — 1824. Ing. géogr. — Sous-Lieut.
Ollivier (Ch.-Eug.) — 1824. Marine milit. — Enseigne de vaisseau.
Perrin (Paul). — 1824. Génie — Lieut.
Poirel (Léopold-Vict.) — 1824. Ponts et Chaussées. — Aspirant Ing.
Quilhet (Ch.-Pierre). — 1823. Retiré.
Raynal (Mich.-Franc.-Urb.) — 1825. Ponts et Chauss. — Aspirant Ing.
Renaud (Louis-Aug.) — 1824. Ponts et Chaussées. — Ing. ord.
Revenaz (Amédée-Louis). — 1824. Génie. — Élève Sous-Lieut. démiss.
Richer (Jules-Paul). — 1824. Génie. — Sous-Lieut.
Rouvière (Aurèle-Jules-Raymond *de*). 1824. Génie. — Sous-Lieut.

35

PROMOTION DE 1822.

Saglio (Bernardin). — 1823. Retiré.
Selve (Amable-Désiré-Jean-Pierre de). — 1824. Artill. — Sous-Lieut.
Serpin-Dugué (Eugène).—1825. Ponts et Chaussées. — Aspirant Ing.
Sévelinges (Alfred de). — 1824. Artillerie. — Sous-Lieut.
Soleau (Alexand.') — 1825. Ponts et Chaussées. — Aspirant Ing.
Solère (Eug.-Maur.-Louis-Ernest de). — 1824. Marine milit. — Enseigne de vaisseau.
Stamaty (Pic-Joach.-Améd.-Emm.) — 1824. Ing. géogr. — Sous-Lieut.
Taillepied de Bondy (Franç.-Marie). — 1824. Artill. — Sous-Lieut.
Thayer (Edouard-James).—Déjà admis en 1821, ne s'était pas présenté. — 1824. Retiré. — Avocat à Paris.
Thibaudier (Jean-François). — 1825. Artill. — Sous-Lieut.
Tiby (Jules-Pierre-Franc.-Jos.) — 1824. Artill. — Sous-Lieut.
Tostain (Paul-Albert). — 1824. Ponts et Chaussées. — Ing. ord.
Tournois de Bonnevallet (Jules-Cl.-Guill.)—1824. Artill.—Sous-Lieut.
Tristan L'Hermite (Jean-Marie-Melchior). — 1825. Génie. — Elève Sous-Lieut. démiss.
Vandervrecken de Bormans (Eug.-Victor-François). — 1825. Ponts et Chaussées. — Aspirant Ing.
Vène (Etienne-Louis). — 1824. Mines. — Aspirant Ing.
Verdal (Louis-Léon de). — 1824. Génie. — Lieut.
Veulens (Lucien-Bern.)—1824. Artill. — Sous-Lieut.
Villeneuve (Benoît-Hipp. de).—1824. Mines. — Aspirant Ing.

PROMOTION DE 1823.

Airaud (Charles). — 1825. Génie. — Décédé Elève Sous-Lieut.
Aribert-Dufrêne (Pierre-Eug.) — 1824. Retiré.
Bailly (Cl.-Marie-Jules). — 1825. Artill. — Sous-Lieut.
Barbier-Delaserre (Ernest-Gust.) — 1825. Ponts et Chaussées. — Aspirant Ing.
Barbier Félix-Henri).—1825. Génie. — Lieut.
Bayle (Jean-Bapt.-Gab.-Jules Aymeric). — 1825. Génie marit. — Elève Ing.
Berteaux (Ch.-Jean-Nic.) — 1825. Retiré.
Bertrand (J.-Bapt.-Louis-Candide). — Décédé Elève.
Bicquelley (Ch.-Eug.-Marie de). 1825. Artill. — Sous-Lieut.
Bigot de Morogues (André-Paul). — 1825. Génie. — Lieut.
Bisson-Delaroque (Jules-Gab.) — 1824. Retiré.— Licencié en Droit.
Bonhomme de Pommaret (Pierre-Edouard). — 1825. Artill. — Sous-Lieut.
Bonnard (Edme-Félix-Adélaïde). — Décédé Elève.
Bouscaren (Henri-Pierre). — 1825. Génie. — Lieut.
Bouteilloux Martial). —1825. Génie. —Lieut.
Bridiers de Villemor (Jean-Bapt.-Marie-Alb.)—1825. Génie.—Lieut.
Busche (Jacq.-Alph.) — 1825. Ponts et Chaussées. — Aspirant Ing.
Callier (Camille-Ant. —1825. Ing. géog. — Elève Sous-Lieut.
Carré Ellis de la Serrie (Marie-Louis-Alf.) — 1824. Retiré.
Cazeaux (Pierre). — 1825. Ingén. hydrog. — Elève Ing.
Chabannes-Curton (Octave-Pierre-Ant.-Henri de). — 1825. Marine. — Elève de première classe.
Chamerlat de Bourassot (Benoît-August.) — 1825. Artill. — Sous-Lieut.
Chappedelaine (Hyac.-Jean-Bapt.-Mich.-Hipp. de). — 1825. Génie.—Sous-Lieut.
Chartier (Prosper). — 1824. Retiré.
Chauvin (Adolphe-Henri). — 1825. Génie. — Lieut.
Chevalier (Michel). — 1825. Mines. — Aspirant Ing.
Contencin (Adolphe de). — 1825. Génie. — Lieut.
Coste (Pierre-Léon). — 1825. Mines. — Aspirant Ing.
D'Ajot (Franc.-Auguste). — 1825. Ponts et Chaussées. — Aspirant Ing.
Déjardin (Henri-Georg.-Alex.) — 1825. Ponts et Chaussées. — Aspirant Ing.
Dhauteville (Gab.-Louis-Prosp.) — 1825. Artill. — Sous-Lieut.

PROMOTION DE 1823.

Donlévy (James). — 1825. Artill. — Sous-Lieut.
Drouard (René-Louis-Eug.) — 1826. Génie marit. — Élève Ing.
Dubard (Pierre-Bénigne). — 1825. Ponts et Chauss. — Aspirant Ing.
Dulong (Alexis). — 1825. Artill. — Sous-Lieut.
Durant de la Pastellière (Pierre-Mathias-Abel). — Décédé Élève.
Durutte (Franc.-Camille-Ant.) — 1825 (Artill. — Sous-Lieut.
Faget de Baure (Jean-Bapt.-Clém-Gaston). — 1825. Génie. — Décédé Élève Sous-Lieut.
Falconet (Jean-Ch.-Alex.) — 1825. Artill. — Sous-Lieu-
Féray (Ernest). — 1825. Artill. — Élève Sous-Lieut. démiss.
Firon (Pierre-Vict). — 1826. Artill. — Sous-Lieut.
Foucault (Marie-Franc.-de-Paule-Hect-Léop. de). — 1825. Marine milit. — Élève de première classe.
Foulon (Ch.-Jos.) — 1825. Ponts et Chaussées. — Aspirant Ing.
Fuix (Jos.-Silvestre-Franc.) — 1825. Ponts et Chaussées. — Aspir. Ing.
Galbaud-Dufort (Joseph). — 1825. Artill. — Sous-Lieut.
Gardereau Paul-Emile). — 1825. Retiré.
Garidel-Thoron (Bruno-Ch.-Franc. de). — 1826. Génie. — Élève Sous-Lieut.
Gaultron (Louis-Gustave). — 1825. Artill. — Sous-Lieut.
Gentile (Pierre-Louis-Jos.-Franc.-Marie). — 1825. Génie. — Lieut.
Gillotin (Jules-Louis).—1825. Génie. — Lieut.
Gras (André-Philip.-Franc.) — 1825. Génie. — Lieut.
Grave (Hyac.-Marie-Ulric de) — 1825. Marine milit. — Élève de première classe.
Guironnet-Massas (Ant.-Jos.-Adr.) — 1826. Artill. — Élève Sous-Lieut.
Guyton (Francois-Louis). — 1826. Artill. — Élève Sous-Lieut.
Henry (Timoth.-Edouard). — 1825. Ponts et Chaussées. — Aspir. Ing.
Hochereau (Chrét.-Louis-Ch.-Alph.) — 1825. Artill. — Sous-Lieut.
Houdouart (J.-Bapt.-Jos.-Théod.) — 1824. Retiré.
Jaubert d'Oriac (Franc.-Pierre-Hen.) — 1825. Retiré.
Juhel-Desmares (Vict.-Achille). —
1826. Ponts et Chaussées. — Décédé Élève Ing.
Lamothe-Castanède-Latour-Dayma (Marc-Jean-Léon-Guill.) — 1825. Artill. — Sous-Lieut.
Lebleu (Philip.-Ezéchiel). — 1826. Génie. — Élève Sous Lieut.
Leclerc (Franc.-Thérèse-Eug.) — 1825. Génie. — Lieut.
Le Rouyer de la Fosse (Pierre-Fréd. — 1824. Retiré.
Lyonne (Jean-de-Dieu-Henri de). — 1825. Artill. — Sous-Lieut.
Madrid Et.-Auguste-Edouard de). — 1825. Retiré.
Mathis de Grandseille (Marie-Jos.-Emile). — 1825. Artill. — Sous-Lieut.
Méry (Edouard-Henri-François.) — 1825. Ponts et Chaussées. — Aspirant Ing.
Meslier de Rocan (Jean-Philip.) — 1825. Génie. — Lieut.
Moreau (Alphonse). — 1825. Ponts et Chaussées. — Aspirant Ing.
Nadault (Benjamin). — 1825. Ponts et Chaussées. — Aspirant Ing.
Noël (Eug.-Fortunat). — 1825. Ponts et Chaussées. — Aspirant Ing.
Parandier (Auguste.-Nap.) - 1825. Ponts et Chaussées. — Aspir. Ing.
Perrey (Edouard-Henri-Gabr.) — 1825. Artill. — Sous-Lieut.
Réech (Frédéric). — 1825. Génie marit. — Élève Ing.
Regnault (Auguste). — 1825. Génie. — Lieut.
Regny (Alcide-Léon).—1826. Retiré.
Régy (Jean-Philip.) — 1825. Ponts et Chaussées. — Aspirant Ing.
Renaud (Cl.-Hélène-Hip.) — 1825. Artill. — Sous-Lieut.
Reynard (François). — 1825. Ponts et Chaussées. — Aspirant Ing.
Richard (Jos.-Marie-Franc.-Ch.) — 1825. Génie. — Lieut.
Rivaud la Raffinière (Pierre-Franc.-Macoux-Léop. de). — 1824. Retiré. —Voyez ce nom dans la promotion de 1825.
Robert (Ch.-Louis-Nap.) — 1825. Génie marit. — Élève Ing.
Rocquemaurel (Louis-Franc.-Gaston-Marie-Auguste). — 1825. Marine. — Élève de première classe.
Rolland (Jules-André). — 1825. Retiré.
Roquemaurel-Lordat (Fréd.-Jules Christian de). — 1825. Artill. — Sous-Lieut.

Rumeau (Césaire). — 1825. Ponts et Chaussées. — Aspirant Ing.
Serpin-Dugué (Athanase-Marie). — 1825. Génie marit. — Elève Ing.
Subtil de Franqueville (Louis-Ach.) — 1826. Génie. — Elève Sous-Lieut. démiss.
Tarbé de Vauxclairs (Jean-Mich.-Emilie-Hardouin). — 1826. Ponts et Chaussées. — Elève Ing.
Toussaint (Louis-Denis-Cath.-Benig.-Evariste). — 1825. Ponts et Chaussées. — Aspirant Ing.
Transon (Abel-Et.-Louis). — 1825. Mines. — Aspirant Ing.
Tréverret (Franc.-Louis-Aug.-Léon de). — 1825. Artill. — Sous-Lieut.
Tristan (Pierre-Marie-Théobald de). — 1825. Artill. — Sous-Lieut.
Turenne (Gust.-Edmond-Joseph-Romuald de) — 1824. Retiré. — Passé dans la Marine. — Elève de première classe.
Valette (Edouard-Ant. de). — 1824. Retiré. — Entré dans l'état ecclésiastique.
Vallès (Franc.-de-Paule-Franc.-Xav.-Hégésippe). — 1826. Ponts et Chaussées. — Aspirant-Ing.
Varin (Félix-Jean-Bapt.-Fidèle). — 1825. Mines. — Aspirant Ing.
Vial (Pierre-Adolphe). — 1825. Artill. — Sous-Lieut.
Vial (Et.-Paulin-Cl.) — 1825. Marine. — Elève de première classe.
Viansson (Hect.-Ch.-Jos.) — 1825. Artill. — Sous-Lieut.
Villeumeureux (Jos.-Ant.-Camille). — 1825. Artill. — Sous-Lieut. démissionnaire.
Vincens (Vict.-Marg.-Gaston). — 1825. Artill. — Sous-Lieut.
West (And.-Gratien). — 1825. Génie. — Lieut.
Yvelin de Béville (Louis-Gaspard-Gustave-Adolph.) — 1825. Génie. — Lieut.

PROMOTION DE 1824.

Adamoli (Vinc.-Alexis-Isid.) — 1826. Ponts et Chaussées. — Elève Ing.
Aurès (Louis-Aug.) — 1826. Ponts et Chaussées. — Elève Ing.
Auvynet (Ch.-Marie-Aug.-Samuel). — 1826. Marine milit. — Elève de première classe.
Bailleul (Jean-Bapt.-Henri-Aug.) — 1826. Génie. — Elève Sous-Lieut.
Baret Descheises (Louis-Suzanne-Ch.) — 1826. Génie. — Elève Sous-Lieut.
Baudesson de Richebourg (Alex.-Henri-Jos.) — 1826. Génie. — Elève Sous-Lieut.
Bernard Dutreil (Jules). — 1826. Génie. — Elève Sous-Lieut.
Berteaux (Jean-Et.-Félix-Edouard). — 1826. Artill. — Elève Sous-Lieut.
Besser (Auguste). — 1826. Artill. — Elève Sous-Lieut.
Beurmann (Eug.-Cath. de). — 1826. Artill. — Elève Sous-Lieut.
Bineau (Jean-Martial). — 1826. Mines. — Elève Ing.
Bizouard-Macaire (Jean-Louis). — 1827. Génie. — Elève Sous-Lieut.
Blanchemain (Edmond-Léocade). — 1827. Génie. — Elève Sous-Lieut.
Blancsubé (Jean-Louis). — 1826. Marine milit. — Elève de première classe.
Bocquet (Isidore). — 1826. Génie. — Elève Sous-Lieut.
Bonamy de Villemereuil (Frédéric). — 1826. Artill. — Elève Sous-Lieut.
Bonamy (Pierre-Franc.-Matthieu). — 1826. Artill. — Elève Sous-Lieut.
Bonnet (Achille). — 1826. Génie. — Elève Sous-Lieut.
Boucaumont (Marie-Christ.-Adolp.) — 1826. Ponts et Chaussées. — Elève Ing.
Boulangé (Alex.-Constantin-Nic.-J.-Bapt.) — 1827. Ponts et Chaussées. — Elève Ing.
Bourdonnay (Pierre-Marie-Marc). — 1825. Retiré.
Canteloube (Jean-Raym. de). — 1826. Ponts et Chaussées. — Elève Ing.
Carle (Jean-Pierre-Jos.-Améd. de). — 1826. Artill. — Elève Sous-Lieut.
Castagnol (René-Alexand.) — 1827. Ponts et Chaussées. — Elève Ing.
Cerf (Abraham). — 1826. Ponts et Chaussées. — Elève Ing.
Champonnois (Gilles-Vict.) — 1826. Ponts et Chaussées. — Elève Ing.
Chanoine (Jacq.-Henri). — 1826. Ponts et Chaussées. — Elève Ing.
Chautan de Vercly (Ant.-Adolphe). — 1826. Artill. — Elève Sous-Lieut.
Colin dit *Olivier* (Jos.-Tranquille). — 1827. Génie. — Elève Sous-Lieut.

PROMOTION DE 1824.

Collet-Descotils (Alfred). — 1827. Génie. — Elève Sous-Lieut.
Coulibœuf de Blocqueville (Xavier-Louis-Jos.) — 1826. Artill. — Elève Sous-Lieut.
Curtet (Louis). — 1826. Génie. — Elève Sous-Lieut.
Darondeau (Benoît-Henri). — 1826. Ing. hydrogr. — Elève Ing.
Davaine (Nap.-Emm.) — 1826. Ponts et Chaussées. — Elève Ing.
De Brun (Jean-Jos.) — 1816. Marine milit. — Elève de première classe.
Delannoy (Denis-Ant.) — 1825. Retiré.
Delestang (Gust.-Hilarion-Vinc.) — 1827. Retiré. — Entré dans la Marine milit. — Elève de deuxième classe.
De Manne (Vict.-Améd.) — 1825. Retiré.
Denis (Adolp.-Henri-Jules). — 1825. Retiré.
Desjobert (Jean-Bapt.-Ernest). — Décédé Elève.
Desrayaud (Benoît-Emm.-Prosp.) — 1826. Génie. — Elève Sous-Lieut.
Devalz (Jean). — 1826. Artill. — Elève Sous-Lieut.
Devaux (Ferjeux). — 1826. Génie. — Elève Sous-Lieut.
Devillelégier (Jean-Bruno). — 1826. Génie. — Elève Sous-Lieut.
Didon (Pierre-René-Alph.) — 1826. Ponts et Chaussées. — Elève Ing.
Dubourg (Paul). — 1826. Génie. — Elève Sous-Lieut.
Duffaud (Amand-Honoré-Pierre-Clodomir). — 1826. Ponts et Chaussées. — Elève Ing.
Eparvier (Louis - Franç.) — 1826. Artill. — Elève Sous-Lieut.
Ernault des Brulys (Henri-Louis-Nic.) — 1826. Artill. — Elève Sous-Lieut.
Estève (Jean-Florentin-Philip -Marc). — 1826. Génie. — Elève Sous-Lieut.
Estève (Pierre-Sylvestre). — 1827. Génie. — Elève Sous-Lieut.
Féline Romany (Edouard-Jules). — 1826. Ponts et Chaussées. — Elève Ing.
Fortin (Bernard). — 1826. Ponts et Chaussées. — Elève Ing.
Foy (Maximil -Prosp)— 1826. Génie. — Elève Sous-Lieut.
Gaubert (Pierre-Marie - Hyac. - Célestin). — 1826. Génie. — Elève Sous-Lieut.
Gervoy (Annet-Gilb.-Nazaire-Celse). — 1826. Mines. — Elève Ing.
Gigot (Laurent-Améd.)— 1827. Ponts et Chaussées. — Elève Ing.
Godinet (Gasp.-Pierre-Léon).—1826. Génie. — Elève Sous-Lieut.
Goubeau (Balth.-Philip.) — 1826. Ponts et Chaussées. — Elève Ing.
Gras (Jos.-Scip.) — 1826. Mines. — Elève Ing.
Grellet (Marie-Suzanne- Pierre-Ch.- Alph. de). — 1827. Ponts et Chaussées. — Elève Ing.
Guérin (Adolphe-Cl.) — 1826. Génie. — Elève Sous-Lieut.
Guibal (Ch -André). — 1826. Ponts et Chaussées. — Elève Ing.
Guiod (Adolp.-Simon). — 1826. Art. — Elève Sous-Lieut.
Guye (Pierre-Adolp.-Jancy). —1827. Retiré.
Hébert (Alph.-Eug.) — 1826. Génie. — Elève Sous-Lieut.
Holker (Jean-Henri). — 1826. Marine milit. — Elève de première classe.
Homberg (Henri-Eug.)— 1827. Ponts et Chaussées. — Elève Ing.
Huguenet Louis-Ch.) — 1826. Artill. — Elève Sous-Lieut.
Jaquiné (Louis-Jos.-Edouard). — 1826. Ponts et Chaussées. — Elève Ing.
Jégou (Ch - Marie - Aug.) — 1826. Ponts et Chaussées. — Elève Ing.
Jégou (Yves-Marie). — 1826. Ponts et Chaussées. — Elève Ing.
Jobard - Dumesnil (Cl. - Marie). — 1826. Génie marit. — Elève Ing.
Jorry (Paul-Emile-Louis-J.-Bapt.) — 1826. Artill. — Elève Sous-Lieut.
Juchault de la Moricière (Christ.- Louis - Léon). — 1826. Génie. — Elève Sous-Lieut.
Kergerlay (Louis-Gab -Cés. de). — 1826. Artill. — Elève Sous-Lieut.
Kornprobst (Jos.-Arnold). — 1827. Ponts et Chaussées. — Elève Ing.
Laqueuille (Urb.-Thad. de). — 1826. Artill. — Elève Sous-Lieut.
Le Grom (Ch -Mich.-Franç. — 1826. Ponts et Chaussées. — Elève Ing.
Lejoindre (Jean-Bapt.-Franç.-Ch.)— 1826. Ponts et Chaussées. — Elève Ing.
Le Père (Adr.-Marie-Aug.)— 1826. Ponts et Chaussées. — Elève Ing.
Levavasseur (Léon - Ch. - Jules). — 1826. Retiré. — Entré dans la Marine milit. — Elève de deuxième classe.

PROMOTION DE 1824.

Macips (Jos.-Ch.). — 1826. Artill. — Elève Sous-Lieut.
Madaule (Hyac.-Bern.) — 1826. Génie. — Elève Sous-Lieut.
Mahé (Pierre-Adr.) — 1827. Génie. — Elève Sous-Lieut.
Mangay (Ch.-Paul). — 1826. Génie. — Elève Sous-Lieut.
Marceau (Auguste). — 1826. Marine milit. — Elève de première classe.
Martelet (Pierre-Jos.-Emile). — 1826. Artill. — Elève Sous-Lieut. démiss.
Maurice (Louis-Fréd.-Paul-Emile). — 1826. Artill. — Elève Sous-Lieut.
Mocquery (Nap.-Eug.-Georg.-Léonidas-Théod.) — 1826. Artill. de mar. — Elève Sous-Lieut.
Montmayeur (Ch.-Louis-Théod.) — 1826. Artill. — Elève Sous-Lieut.
Mont-Rond (Paul-Emile-Ennemond de). — 1827. Artill. — Elève Sous-Lieut.
Müntz (Georges). — 1826. Ponts et Chaussées. — Elève Ing.
Noly (Jos.-Mathurin-Alf.) — 1826. Artill. — Elève Sous-Lieut.
Odier (Jules). — 1826. Génie. — Elève Sous-Lieut.
Parent-Dumoiron (Ch.-Louis). — 1825. Retiré.
Perrey (Marie-Ant.-Maurice de). — 1826. Génie. — Elève Sous-Lieut.
Pocard-Kerviler (Jos.-Marie-Vinc.) — 1826. Marine milit. — Elève de première classe.
Reynaud (J.-Ernest). — 1826. Mines. — Elève Ing.
Roget (Adolphe-Alcide). — 1826. Artill. — Elève Sous-Lieut.
Rotalier (Ch.-Edouard-Jos. de). — 1826. Artill. — Elève Sous-Lieut.
Secrétain (Etienne). — 1826. Retiré.
Sevin-Talive (Jean-Chrisost.-Léop.) — 1826. Marine milit. — Elève de première classe.
Solère (Maurice-Ernest-Henri de). — 1826. Génie. — Elève Sous-Lieut.
Subra (Raym.-Gust.) — 1825. Retiré. — Entré dans la Marine milit. — Elève de première classe.
Tallard (Jacques). — 1826. Génie. marit. — Elève Sous-Lieut.
Tripier (Emile-Jules-Gust.) — 1826. Génie. — Elève Sous-Lieut.
Vergne (Jean-Vict.-Eug.). — 1826. Artill. — Elève Sous-Lieut.
Vignon (Eug.-Jean-Marie). — 1826. Ponts et Chaussées. — Elève Ing.
Werlé (Jean-Ch.-Franc.) — 1827. Artill. — Elève Sous-Lieut.

PROMOTION DE 1825.

(Nota. *Les Elèves dont les noms ne sont suivis d'aucune indication sont encore à l'Ecole en 1828.*

Aubelin de Villers (Jérôme-Henri).
Azéma de Montgravier Michel-Auguste-Mart.-Agénor).
Bachelier (Etienne-Victor). — 1827. Retiré.
Ballard (Claude). — 1827. Génie. — Elève Sous-Lieut.
Barada (Joseph-Anthelme). — 1827. Artill. — Elève Sous-Lieut.
Beauvalet (Jules-Auguste-Stanislas). — 1827. Génie. — Elève Sous-Lieut.
Beauvarlet de Moismont (Amédée). — 1827. Artill. — Sous-Lieut.
Béguin (Gasp.-Jules). — 1827. Ponts et Chaussées. — Elève Ing.
Blaise (Nic.-Ferd.) — 1827. Artill. Elève Sous-Lieut.
Blanchet (Jos.-Bernard-Achille). — 1828. Profess. au Collége Royal d'Avignon.
Bommart (Améd.-Alexand.-Hipp.) — 1827. Ponts et Chaussées. — Elève Ingén.
Bonamy (Auguste-Joach.-Théodore).
Bonard (Louis-Adolp.) — 1826. Retiré. — Entré dans la Marine. — Elève de 2e classe.
Borgnis-Desbordes (Joseph-Gust.) — 1827. Ponts et Chauss. — Elève Ing.
Borrel (David-Gabriel-Félix). — 1827. Ponts et Chaussées. — Elève Ing.
Boutinaud-Lagorce (Martial-Louis-Eugène). — 1827. Artill. — Elève Sous-Lieut.
Bosq (Gabriel-Pierre-René). — 1827. Génie. — Elève Sous-Lieut.
Boué (Pierre). — 1827. Artill. — Elève Sous-Lieut.
Brauhauban (Antoine-Jean).
Breton (Félix). — 1827. Génie. — Elève Sous-Lieut.

PROMOTION DE 1825.

Brincard (Eug.-Philib.-Ant.) — 1827. Génie. — Elève Sous-Lieut.
Brouzet (Alexand.-Vict.-Améd.-Hip.) — 1826. Retiré. — Entré dans la Marine milit. — Elève de 2e classe.
Bruyère (Jean-Marie-Ch.) — 1827. Artill. — Elève Sous-Lieut.
Callier (Ant.-Théod.) — 1827. Marine milit. — Elève de 1re classe.
Cavalier (Louis-Auguste). — 1827. Ponts et Chaussées. — Elève Ing.
Chapotin (Charles). — 1827. Artill.— Elève Sous-Lieut.
Chopart (Louis-Narcisse). — 1827. Marine milit. — Elève de 1re classe.
Constantin Ambroise). — 1827. Gén. — Elève Sous-Lieut.
Cossonnet (Antoine). — 1826. Retiré.
Costa (Jean-Jos.-Mich. *de*). — 1827. Génie. — Elève Sous-Lieut.
Coumes (Jules-Aug.) — 1827. Ponts et Chaussées. — Elève Ing.
Courmont (Ant.-Barthél.) — 1826. Retiré.
Cros (Joseph). — 1827. Génie marit. — Elève Ing.
Cuenot (Cl.-Barbe-Victor). — 1827. Génie. — Elève Sous-Lieut.
Damar-Durumain (Ch.-Franç.-Augustin).
Danet (Hipp.-Jos.-Marie). — 1827. Génie. — Elève Sous-Lieut.
Daru (Napoléon). — 1827. Artill. — Elève Sous-Lieut.
Dejean (Pierre-Charles). — 1827. Gén. — Elève Sous-Lieut.
Delauzon (Ant.-Cl.) — 1827. Artill. — Elève Sous-Lieut.
Desoye (Alexand.) — 1827. Génie. — Elève Sous-Lieut.
Desroches de Chassay Louis-Alexandre-Toussaint-Celeste).
Duboys-Fresney Etienne). — 1827. Génie. — Elève Sous-Lieut.
Ducos (Edouard-Matth.-Anne Pierre). — 1827. Ponts et Chauss. — Elève Ingén.
Duval (Louis-Vict.) —1827. Artill. — Elève Sous-Lieut.
Esquirol (Edmond-Claire-Joseph). — Décédé Elève.
Fadates de Saint-Georges (August.-Jacq.-Patrice). — 1827. Artill. — Elève Sous-Lieut.
Faucheux Ant.-Ernest-Alexis). — Décédé Elève.
Faure de Gière (Alfred). — 1827. Artill. — Elève Sous-Lieut.
Favre-Rollin (Ant.-Marie). — 1827. Ponts et Chaussées. — Elève Ing.
Fiéreck (Yves-Louis-Hercule). —1827. Artill. — Elève Sous-Lieut.
Fonrcheut de Mont-rond (Marie-Casimir-Clém.-Ernest).
Frossard (Ch.-Auguste). — 1827. Gén. — Elève Sous-Lieut.
Fumel (Jos-George-Louis *de*). — 1827. Retiré.
Gallocher de la Gallisserie (Paul-Martial-Philémon). — 1827. Ponts et Chaussées. — Elève Ing.
Garella (Félix-Nap.) — 1827. Mines. — Elève Ing.
Garella (Jos.-Hyac.) — 1827. Ponts et Chaussées. — Elève Ing.
Gaudelet (Nicolas-Auguste). —1827. Artill. — Elève Sous-Lieut.
Gerdolle (Magl.-Alexandre). — Décédé Elève.
Girard (Pierre-Franç.-Aug.) — 1827. Artill. — Elève Sous-Lieut.
Gratry (Joseph-Aug.-Alph.) — 1827. Retiré.
Grouchy (Ern.-Henri). —1827. Mines. — Elève Ing.
Guenoux (Eug.-Alexand.-Joseph.) — 1826. Retiré.
Hennezel (Ch.-Louis-Ernest *de*).
Hervé (Paul). — 1827. Artill. — Elève Sous-Lieut.
Houssaye (Charles).
Hugot-Derville Mich.-Marie-Prosp.) — 1827. Artill. — Elève Sous-Lieut.
Humann (Ch.-Eug.) — 1827. Ponts et Chaussées. — Elève Ing.
Joly (Alexandre-Louis).
Labastie (Jacq.-Louis-Eug.) — 1827. Artill. — Elève Sous-Lieut.
Lamarle (Anat.-Henri-Ern.) — 1827. Ponts et Chaussées. — Elève Ing.
Lavaytte (Lucien-James).
Lebrun (Jules-Nap.) — 1827. Génie. — Elève Sous-Lieut.
Le Nouvel (Evenor-Edouard-Marie). —1827. Génie. — Elève Sous-Lieut.
Léon (Pierre-Jos.-Nic.) — 1827. Gén. — Elève Sous-Lieut.
Le Play (Pierre-Guill.-Fréd.) —1827. Mines. — Elève Ing.
Le Pord (Frédéric-Pierre-Yves).
Le Prêtre de Vauban (Franc.-Jos.-Sébast.-Edouard). — 1827. Génie. — Elève Sous-Lieut.
Letrain (Auguste-Dominiq.) —1827. Ponts et Chaussées. — Elève Ing.
Levasseur (Alexis-Désiré). — 1827. Marine milit. — Elève de 1re classe.
L'Eveillé (Paul).
Lion (Eug.-Jos.) — 1827. Artill. — Elève Sous-Lieut.

PROMOTION DE 1825.

Liouville (Joseph). — 1827. Ponts et Chaussées. — Élève Ing.
Livet (Stanisl.-Fort.) — 1827. Génie. — Élève Sous-Lieut.
Long (Antoine). — 1827. Génie. — Élève Sous-Lieut.
Maire (François-Joseph-Xavier).
Malaizé (Auguste-Adrien).
Malherbe (Charles). — 1827. Artill. — Élève Sous-Lieut.
Maret (François-Aug.-Philippe). — 1827. Artill. — Élève Sous-Lieut.
Merlin d'Estreux Maingoval (Prosper-Louis). — 1827. Artill. — Élève Sous-Lieut.
Meynard (Jean-Jacques). — 1827. Ponts et Chaussées. — Élève Ing.
Morcel (Ch.-Joseph). — Décédé Élève.
Morillot (Jean-Bapt.-Ange). — 1826. Retiré.
Page (Théogène-Franc.) — 1827. Marine milit. — Élève de 1re classe.
Pavin de Lafarge (Jos.-Gab.-Aug.-Léon).
Perrier (Louis Fréd.) — 1827. Ponts et Chaussées. — Élève Ing.
Petit-Saint-Elme (Pierre-Mich.) — 1827. Retiré.
Pierre (Franç.-Ch.-Alexand.-Albert). — 1827. Artill. — Élève Sous-Lieut.
Pissis (Ch.-Victor). — 1827. Ing. géographe. — Élève Sous-Lieut.
Poli (Jean-Philippe-Octav.) — 1827. Marine milit. — Élève de 1re classe.
Rabier (Joseph-Christ.-Edouard). — 1827. Génie. — Élève Sous-Lieut.
Rembault (Raym.-Adolp.) — 1827. Ing. géogr. — Élève Sous-Lieut.
Reverchon (Charles). — 1827. Mines. — Élève Ing.
Reynaud (Adolp.-Louis). — 1826. Retiré. — Entré dans la Marine milit. — Élève de 2e classe.
Rigault de Genouilly (Charles). — 1827. Marine milit. — Élève de 1re classe.
Rivaud la Raffinière (P.-F.-M.-L. de). — Déjà admis en 1823, et retiré. — 1827. Génie. — Élève Sous-Lieut.
Robert de Granville (Urbain-Franc.) — 1827. Artill. — Élève Sous-Lieut.
Robiou de Lavrignais (Alexandre-Auguste-Gustave). — 1827. Génie marit. — Élève Ing.
Roche (Jean-Bapt.) — 1827. Génie. — Élève Sous-Lieut.
Roussel (Paul-Jean). — 1827. Artill. — Élève Sous-Lieut.
Servier (Franc.-Rabaut-Timoléon). — 1827. Génie. — Élève Sous-Lieut.
Sirodot (Ch.-Oscar-Améd.) — 1827. Ponts et Chaussées. — Élève Ing.
Soleille (Marie-Justin-Lin.) — 1827. Génie. — Élève Sous-Lieut.
Thérouanne (Ch.-Théoph.) — 1827. Artill. — Élève Sous-Lieut.
Thiéry (Jules-Victor). — 1827. Artill. — Élève Sous-Lieut.
Trancart (Jean-Ch.-Joseph). — 1827. Artill. — Élève Sous-Lieut.
Tresvaux-Roselaye (Franc.-Aug.) — 1827. Artill. — Élève Sous-Lieut.
Treton-Dumousseau (Paul-Emile). — 1827. Artill. — Élève Sous-Lieut.
Trit (Louis-Alph.) — 1827. Ponts et Chaussées. — Élève Ing.
Turc dit Leture (Louis-René).
Tyrbas de Chamberet (Ch.-Gabriel-Ernest). — 1827. Ponts et Chauss. — Élève Ing.
Valleton (Alexandre-Félix). — Décédé Élève.
Widmer (Abel). — 1827. Artill. — Élève Sous-Lieut.

PROMOTION DE 1826.

(Formant, en 1828, la division de deuxième année).

Amy (Paul-Césaire-Constant). — 1827. Retiré.
Anne (Pierre-Léon).
Armand (Théod.-Léon).
Aymon de Montépin (Hercule-Louis-Jos.) — 1827. Retiré.
Barral (Eugène).
Baudin (Desiré-Pierre).
Bérigny (Nic.-Vict.)
Berthier (Et.-Nap.) — 1827. Retiré. — Entré dans la Marine militaire. — Élève de seconde classe.
Beuret (Eug.-Géorg-Jacq.)
Bidauld (Jean-Louis). — 1827. Retiré.
Bigault de Boureuille (Louis-Gab.-Nic.)
Bonnemère (Jacq.-Henri).
Bonchaud (Ant.-Eug.) — 1827. Retiré. — Entré dans la Marine militaire. — Élève de seconde classe.
Bramaud-Boucheron (Martial).

PROMOTION DE 1826.

Brocard-Lormont (Elie).
Brunel (Pierre-Eloi).
Brunetière (Ch.-Marie-Ferd.-Emm.) — 1827. Retiré.
Burat (Franc.-Jules).
Caignart de Saulcy (Louis-Félicien-Jos.)
Capella (Et.-Jos.-Ch.)
Cardevac d'Havrincour (Alphonse-Pierre de).
Chabrol de Tournoëlle (François-Cl.-Jos-Gust. de).
Champanhet (Ant.-Marie-Ch.)
Charmeton (Jos.-Paul).
Chédeville (Alex-Louis).
Chevalier de Montrond (Jean-Louis-Marie-Ferd.)
Cholat (Franc.-Jos.-Eug.)
Choppin (René-Matth.-Fulg.)
Cochon de Lapparent (Henri).
Collet-Descotils (Gust.-Ch.)
Colombet (Ch.-Marie).
Considérant (Vict.-Prosp.)
Cormier (Valery-Dominique),
Courtez-Lapeyrat (Guil.-Clém.)
Couturier (J.-Bapt.-Louis).
Crassous (Jules).
D'Avout (Ant.-Franc.-Léon).
Davy (Gasp.-Mathur.)
Delerue (Emile-Julien).
Delespaul (Edouard-Henri).
Delgorgue de Rosny (Louis-Eug.)
Deslions (Vict-Félix-Alexis).
Devoize (Adolp.-Jos.-Franc.-Jacq.)
Don (Jules-Ernest.)
Drœling (Ch.-Auguste-Isid.)
Dubreton (Hip.-Marin).
Dubut (Laurent-Franc.)
Durant-Desaulnois (Achille-Const.-Esprit-Ant.)
Elie (Clém.-Jos.)
Fabry (Jules-Léop.)
Fouques-Duparc (Louis-Ch.)
Gachot (Alph.-Aure).
Gacon (Charles).
Gayffier (Joseph de).
Gentil-Baichis (Auguste-Benj. de).
Geoffroy (Gab.-Eug.-Auguste).
Goux (Jos.-Auguste).
Grand (Eug.-Emile-Fréd.)
Grimes (Adolphe-Jos.-Barth.)
Grulet (Eugène). — 1827. Retiré.
Guérin (Edme).
Guichon (Charles).
Guillemon (Martial-Henri-Jean).
Guyot (Jérôme-Eug.)
Houbre (Julien).
Huart (Ch.-Alex.)
Hubert-Delapatrière (Fréd.-Athan.) — 1827. Retiré.
Huet (Théodore).
Hureau de Senarmont (Henri).
Jaclot (Vict.-Jean-Franc.)
Javain (Paul-August.-Théod.)
Jordan (Jos.-Franc.-Auguste).
Jourjon (Ch.-Louis).
Joyau (Ferd.-Gab.)
Lacombe (Jacq.-Marc-Ant.)
Laffon-Ladebat (And.-Emile-Léon).
Lafont (Louis-Hyac.)
Lambert (Ant.-Léon-Vic.-Jos.)
Lambert (Henri-Pierre).
Lapisse (Ch.-Alex. de).
Lebasteur (Marie Honoré-Lucien).
Lebrun (Franc.-Léon).
Lechevallier de Barneville (Gentien-Hip.)
Lelong (Et.-Adolphe).
Lemercier (Jos.-Thérèse-Christ.)
Leprovost (Ch.-Marie-Servais).
Leseure (Ange-Franç.) — 1827. Retiré.
Level (Thadée).
Le Vessel (Eug.-Hip.-Maire).
Lucas (Franc.-Honoré).
Lustrac (Saturnin-Alex. de).
Maguès (Jean-Bapt.-Louis-Urb.)
Maigné (Henri-Jean).
Malaure (Louis-Jacq.-Omer).
Malinvaud (Jean-Firmin).
Mangeot (Felix-Jean-Marie).
Marey (Louis-Edmond).
Marguerit (Louis-Ch.-Guill.) — 1827. Retiré.
Masson (Eugin-Thomas-Lazare-Alphonse).
Mayor de Montricher (Jean-Franc.)
Mecquenem (J.-Bapt.-Marie-Louis-Remi de).
Melun (Anatole-Louis-Joachim-Jos. de).
Michon (Pierre-Félix).
Monnier (Marcel-Marie-J.-Bapt.)
Mottet (Nic.-Hub.-Julien).
Munster (Adolphe-Louis-Jos.)
Ocher de Beaupré (André-Hip-Eug.) — 1827. Retiré.
Oursin de Montchevrel (Louis-Félix-Adrien).
Paganetto (Jos.-Raimond).
Parmentier (Nic.-Louis).
Perrot (Et.-Ulric).
Petit-Lafitte (Jos.-Hect.) — 1827. Retiré.
Phelippon (Louis-Adolphe).
Pille (Philippe Jean-Bapt.)
Poitevin de Veyrière (Aristide-Paul-Henri).
Poucques d'Herbingen (Jos.-Eug. de).

36

474 PROMOTION DE 1826.

Pracontal (Hip.-Jean-Franç.-Aubin de).
Prax (Jean-Bonav.-Franç.)
Prudhomme (Ch.-Eug.)
Riffault (Louis-Ch.)
Rivery (Paul-Nap.)
Robert d'Hurcourt (Edouard - Amand.)
Rolland Pierre-Louis-Fleury-Hip.)
Rossin (Pierre-Jean-Bapt.-Eug.)
Roujoux (Constant-Caliste *de*).
Salmon (René).
Souhart (Paul-Henri).
Sulzer-Wart (Frédéric *de*).
Tellier (Ant.-Jean-Léon).
Terras (Ch.-Jos.)
Tonnet de Saint-Claire (Jos.-Alex.)
Travot (Auguste-Jean).
Vallette (Marie-Louis).
Vallier Joseph).
Vandervreken de Bormans (Ernest-Gust.-Nap.)
Vergnette de Lamotte (Gérard-Elisab.-Alfred.)
Vialetes-d'Aignan (Et.-Henri).
Vialla (Ernest.-Vict -Jos.)
Walsin-Esterhazy (Louis-Joseph-Ferd.)
Wartelle (Henri-Ferd.)

PROMOTION DE 1827.

(*Formant, en* 1828, *la division de première année*).

Allix (Géorg.-Bapt.-Franç.)
Auvray (Louis-Jean-Bapt.)
Azaïs Jean-Ant.-Jos.-Vic.-Adr.)
Bajat (Ant.-Ch.-Ernest).
Baumgarten (André-Gust.-Adolphe.
Bazaine-Vasseur (Dominique).
Beniqué (Pierre-Jules).
Bergis (Pierre, surnommé Frédéric).
Bernard de Lafréjolière (Miltiade-Henri-Louis-Jean).
Berthelin (Louis-Ch.)
Bessières Jacq.-Félix).
Borel (Franç.-Laurent-Alphonse).
Bouché (Jean-Bapt.-Franç.-Emile).
Boulangé (Ch. - Louis). — Ne s'est pas présenté.
Brunat J.-Bapt.-Jules-Edouard).
Canebier (Tertiis-Honoré-Côme .
Carette (Ant. - Ernest - Hip.) — Ne s'est pas présenté.
Carpentier (Alphonse *de Semont*).
Cayeux (Louis-Amédée).
Caze (Louis-Jos.-August. *de*).
Chanson (Alex-Léouard).
Chaperon (Paul-Romain).
Couasnon Jean-Octave *de*).
Coudroy de Lauréal (Charles).
Counes (Ant.-Natanaël)
Courcel (Joachim).
Danlion (Jean-Bapt.-Vict.)
Decharme Pierre-Théod.
Delavigne (Auguste-Franç.-Edmond).
Delcro Jules-Aim.-Pascal).
Devoluet (Ant.-Alphonse-Franç.).
Doazan (Jules-Jean-Franç.).
Drouet d'Aubigny (Alex.-Anne).
Dubuc (Sainte-Marie-Alex.-Auguste).
Ducasse (Jean-Marie-Paulin).
Estivant (Edouard-Adolphe-Jos.).
Fabry (Adrien *de*).
Faucompré (Louis-Auguste).
Faulquier (Jean-Fulcran-Emile).
Faultrier (Alphonse-Louis *de*).
Foy (Jean-Louis-Marie-Auguste).
Franquet de Franqueville (Alfred-Ch.-Ernest).
Galand de Longuerue (Et.-Jules).
Gay de Planhol (Marc-Anatole *de*).
Georgeat (Jean-Jos.)
Girard - Pinsonnière (Osithe - Edmond).
Guérin Edmond-Eug.)
Guieysse (Pierre-Armand).
Guiguer de Prangins (Adolphe-Ch.-Auguste).
Harcourt Henri-Marie-Nic. *d'*).
Harlé (Samuel-Henri).
Haumont (Jean-Henri-Jules).
Houry (Ange-Gab.)
Humbert (Jean-Théod.-Philogène).
Jacquemart (Frédéric).
Jacquemet (Marcel-Hip.)
Kerris (Henri-Jules).
Kleitz (Charles).
Kolb (Henri-Louis-Benj.)
La Bonnière de Beaumont (Ferdinand *de*).
Lacroix (Auguste-Jean-Bapt.-Jos.-Ant. *de*).
Lamarque Jean-Bapt.-Thérèse-Léo.)
Lavergne de Cerval (Guil.-Emm.)
Lebouché (Jean-Christ.-Eug.)
Lefevre (Marie-Franç.)
Lefort-Latour (Pierre-Alex. -Francisce).
Lemaire de Marne (Alfred-Samuel-Antoine).

PROMOTION DE 1827.

Lemor (Prosp.-Ch.-Louis-Desiré).
Léo (Prosp. Adrien).
Lepage (Adolp.-Louis-Fréd.)
Lévêque (Jean-Bapt.-Jos.-Augustin).
Longeaux (Alb.-Henri-Prud.-Sébastien de).
Lothon (André Ch.)
Louvain-Pescheloche (Pierre-Léon).
Lucet (Louis).
Machart (Ch.-Auguste).
Maisonneufve de Lacoste (François-Xavier).
Malbet (Louis-Gilbert).
Malcor (Guill.-Alex.-Louis-Ernest-Amédée).
Mangin (Ch.-Félix).
Marlet (Marie-Cl.-Amour-Eug.)
Marliave (Ch.-Jos.-Marie).
Marmier (Et.-Jos.-Henri de).
Martin (Félix-Franç.).
Morel (Marie-Jos.-Gust.).
Niqueux (Gérard-Pierre).
Olivier (Adolphe-Edouard).
Paillard (Ch.-Benoit).
Panier (Ferd.-Silvain).
Passerat de Silans (Ch.-Arthur).
Pellier de la Roirie (Henri-André-Louis).
Picqué (Marie-Jean-Bapt.-Franç.)
Pitrat (Ildéphonse).
Plassiard (Jos.-Ant.)
Pochet (Cl.-Jos.)
Ponsonnaille (Ant.-Maurice).
Pouzolz (Ant.-Prosp.)
Princeteau (Ch.-Edouard).
Quillet (Ch.-Jean-Vic.-Alexis).
Quirit de Coulaine (Aug.-Honoré-Edme).
Raimbault (Ant.-Léon).
Regnard de Gironcourt (Emm.-Vict.)
Revirard (Jean-Bapt.-Théodose).
Richelot (Ernest-Hyac.)
Rolland (Gustave).
Rondeau (Thom.-Auguste).
Ronsard (Alcide-Louis).
Roux (Ant.-Jules).
Rozé (Louis-Ant.-Nic.)
Ruolz (Franc.-Albert-Henri-Ferd. de).
Saucerotte (Alexandre).
Saurimont (Louis-Albert-Henri de).
Ségur (Paul-Ch.-Louis-Philip. de).
Senez (Franç.-Jos.-Guil.)
Soubiran de Campaigno (Pierre-Marie-Franç.-Emile).
Thomas (Franç.-Albert-Jos.)
Tollenare (Charles de).
Tyrbas de Chamberet (Ch.-Jos.-Abel).
Vaufleury (Léonce-Ant.-Henri de).
Vidal (Cl.-Marie-Georg.).
Vignon (Alph.-André-Ch.)
Wartelle-d'Herlincourt (Pierre-Vict.)

LISTE GÉNÉRALE,

PAR ORDRE ALPHABÉTIQUE,

DES ÉLÈVES DE L'ÉCOLE POLYTECHNIQUE.

Nota. L'année indiquée après chaque nom est celle de la promotion d'entrée à l'École.

A.

Abbate. 1807.
Abeille. 1802.
Aboville (d'). 1816.
Abrial. 1801.
Abzac (d'). 1799.
Acher. 1794.
Adamoli. 1824.
Adenot. 1813.
Admyrauld. 1803.
Ailhaud. 1802.
Airaud. 1823.
Ajasson de Grandsagne. 1811.
Alauze. 1810.
Albiat. 1797.
Albrespit. 1805.
Alexandre. (C.-R.) 1800.
Alexandre - Garlan (L.-M.-C.) 1805.
Algoud. 1798.
Alibert. 1794.
Alix. 1800.
Allain de Surville. 1808.
Allanic de Bellecherre. 1818.
Allard (J.) 1815.
Allard (N.) 1815.
Allenet. 1814.
Allix. 1827.
Allot. 1805.
Alphand (J.) 1794.
Alphand (F.-C.-M.) 1797.
Amauri. 1804.
Amaury. 1799.
Amboise (d'). *Voy.* Mosseron.
Amelot. 1812.
Amiet. 1817.
Amillet (J.-H.-V.) 1806.
Amillet (P.-H.) 1804.

Amoros. 1819.
Amphoux. 1811.
Amy. 1826.
Ancinelle. 1803.
Andoucand. 1796.
Andral. 1821.
André (L.-A.) 1809.
André (C.-B.-E.) 1812.
Andrieu. 1809.
Andrieux. 1794.
Anfossi. 1811.
Anfray. 1813.
Angellier. 1798.
Angenoust. 1798.
Angion. 1796.
Anglès. 1798.
Anne. 1826.
Anselin (N.-J.-B.) 1794.
Anselin (L.-P.) 1804.
Anselmier. 1806.
Antoine. 1806.
Arago (D.-F.-J.) 1803.
Arago (P.-J.-V.) 1811.
Aragon. 1813.
Arbaumont (d'). *Voyez* Mauibon.
Arcelot. 1795.
Archdéacon. 1798.
Ardant. 1818.
Argence. 1822.
Argent (d'). 1806.
Aribert. (J.-J.-A.) 1798.
Aribert-Dufrêne. (P.-E.) 1823.
Armand (J.-F.) 1808.
Armaud (T.-L.) 1826.
Armellini. 1813.
Armey. 1801.
Arnaud. 1795.
Arnauldet. 1814.
Arnollet. 1796.

Arnous. 1822.
Arnoux. 1811.
Arrachart. 1800.
Arros (d'). 1796.
Artaud. *Voyez* Charles.
Arvet. 1814.
Asselin de Crèvecœur. 1808.
Asselant. 1813.
Astier (d') de la Vigerie. 1797.
Atthalin. 1802.
Aubé. *Voyez* Bracquemont.
Auhelin de Villers. 1825.
Aubert (F.) 1798.
Aubert (J.) 1802.
Aubertin. 1805.
Aubert-Vincelles (A.-L.) 1799.
Aubert-Vincelles (A.-M.) 1804.
Aubigny (d'). *Voyez* Delattre.
Aubigny (d'). *Voyez* Drouet.
Audcoud. 1805.
Audinot. 1794.
Audoury. 1806.
Audoy (G.-H.) 1802.
Audoy (J.-V.) 1804.
Augé. 1794.
Augoyat. 1801.
Aumont. 1798.
Auniet. 1795.
Aurès. 1824.
Auricoste de Lazarque. 1806.
Auriol. 1816.
Aurioust-Beaujour. 1807.
Auvé. 1811.

Auvity. 1816.
Auvray (G-.-P.C.) 1804.
Auvray (L.-J.B.) 1827.
Auvyuet. 1824.

Avéros. 1806.
Avogadro de Colobian. 1813
Avril. 1814.

Aymon de Montépin. 1826.
Azaïs. 1827.
Azéma de Montgravier. 1825.

B.

Babinet. 1812.
Babled. 1817.
Bach. 1814.
Bachasson-Montalivet (S.-P.-J.) 1816.
Bachasson-Montalivet (M.-C.) 1820.
Bachelay. 1808.
Bachelet. 1817.
Bachelier. 1825.
Baduel. 1797.
Bagnac H.-G.-F. de .1801.
Bagnac (M.-V.) 1802.
Bague. 1796
Bahuand. 1813.
Baichis. *Voy.* Gentil-Baichis.
Bailleul. 1824.
Baillieu (C.-A.-A.-J.) 1803.
Baillieu (C.-E.-J.) 1805.
Baillot J.-R.) 1807.
Baillot (T.) 1813.
Bailloud. 1817.
Bailly (J.-C.) 1796.
Bailly (H.) 1798.
Bailly (C.-M.-J.) 1823.
Bajat. 1827.
Bajonnière (de la). *Voyez* Ranfrai.
Balaran. 1810.
Baldiwia. *Voy.* Potier de Baldiwia.
Balladier. 1811.
Ballard. 1825.
Balleroy. 1825.
Ballery. 1815.
Bancenel. 1821.
Banse. 1801.
Barada. 1825.
Barante (de). 1798.
Barband. 1805.
Barbedette. 1809.
Barbier (E.-F.) 1805.
Barbier (J.-M.) 1805.
Barbier (J.-O.) 1810.
Barbier (J.-B.-T.) 1813.
Barbier (A.-J.) 1817.
Barbier (F.-H.) 1823
Barbier-Delaserre. 1823.
Barbolain. 1805.
Bardel. 1805.
Bardin. 1813.

Bardonnaut (J.-N.-M.) 1809.
Bardonnaut (C.-N.-T.) 1817.
Baret-Descheises. 1824.
Bargignac. 1798.
Barneville. *Voy.* Lechevallier.
Baron. 1794.
Barral. 1826.
Barrande. 1819
Barré. 1794 et 1797.
Barré de Saint-Venant. 1813.
Barreau. 1802.
Barreaux. 1804.
Barrier. 1813.
Barrillot. 1801.
Barrin (J.-J.-F.) 1797.
Barrin (J.-J.-H.) 1801.
Barst. *Voy.* Forget.
Barthélemy (J.-B.-L.-H.-N.) 1796.
Barthélemy (A.-L.) 1801.
Barthes. 1809 et 1811.
Barthez-Lafabrié. 1806.
Bary. 1818.
Basselier. 1807.
Basset C.-S.) 1800.
Basset de Châteaubourg (A.-L.-C.) 1800.
Bassière. 1822.
Bastide. 1809.
Baston. *Vy.* Lariboisière.
Batailler. 1817.
Batbédat. 1813.
Batereau. 1802.
Bauchetet. 1812.
Baudart. 1797.
Baude. 1822.
Baudesson (A.-A.-M.) 1808.
Baudesson de Richebourg. 1824.
Baudin (M.-J.-A.) 1801.
Baudin D.-P.) 1826.
Baudre. 1794.
Baudreuil. 1808.
Baudreville. *Voy.* Rollée.
Baulu. 1807.
Baumal. 1809.
Baumgarten. 1827.

Baure. *Voy.* Faget.
Bauyn. 1807.
Bauzac. *Voyez* Latour-Bauzac.
Bayard F.-J.) 1810.
Bayard C.) 1812.
Bayle. 1823.
Bazaine (P.-D.) 1803.
Bazaine (D.-C.) 1816.
Bazaine-Vasseur. 1827.
Bazanac. 1797.
Bazin. 1815.
Béarn. *Voyez* Galard-Brassac.
Beaudemoulin. 1809.
Beaufils. 1799.
Beaujour. *Voy.* Aurioust.
Beaulaincourt. 1821.
Beaulieu (J.) 1794.
Beaulieu. *Voy.* Marion de Beaulieu.
Beaumont (J.-G.-M.) 1803.
Beaumont J.-B.-A.-L.-L.) *Voy.* Elie de Beaumont.
Beaumont (F.) *Voy.* La Bonnière.
Beaupoil. *Voy.* Sainte-Aulaire.
Beaupré. *Voy.* Ocher.
Beaussier 1798.
Beautot. *Voy.* Varin de Beautot.
Beauvais. *Voyez* Lecaruyer.
Beauval. *Voy.* Boucquel.
Beauvalet. 1825.
Beauvarlet de Moismont. 1825.
Beck (C.) 1807.
Beck (M.) 1807.
Becquerel. 1806.
Becquey. 1812.
Bédigie (P.-F.-G.) 1809.
Bédigie (J.-C.-C.-F.) 1811.
Bégat. 1818.
Béguin. 1825.
Behr. 1805.
Bélanger. 1808.
Belet. 1805.
Belin (F.) 1794.
Belin (E.-F.) 1818.
Belland. 1811.

DES ÉLÈVES. 479

Bellecherre. *Voy*. Allanic.
Bellegarde. *Voyez* Dubois de Bellegarde.
Bellencontre. 1803.
Belliette. 1820.
Bellonet. 1805.
Bellot. 1815.
Belly (N.-J.) 1805.
Belly de Bussy (M.-J.-B.) 1815.
Belmas. 1810.
Belnet. 1806.
Belot. 1796.
Belpaire. 1805.
Belvèze. 1820.
Bénard. 1802.
Bengy. 1803.
Béniqué. 1827.
Benoît de la Paillonne. 1802.
Benoît (P.-M.N.) 1809.
Béranger. 1801.
Bérar. 1821.
Berand. 1794.
Berbiguier-Teissier. 1794.
Berdolle. 1810.
Berdoulat. 1803.
Bérenx. 1794.
Berge. 1794.
Bergère (J.-J.) 1798.
Bergère (P.) 1802.
Bergère (J.-B.) 1807.
Bergeron (P.) 1800.
Bergeron (L.) 1821.
Bergerot 1799.
Bergery 1806.
Bergis 1827.
Berigny (C.) 1794.
Berigny (N. V.) 1826.
Berjaud (J. F. V.) 1807.
Berjaud (J.-B.) 1810.
Bernard (D. S.) 1794.
Bernard (S.) 1794.
Bernard (L. M.) 1796.
Bernard (P.) 1797.
Bernard (M. J.) 1799.
Bernard (J.-D.-A.) 1803.
Bernard (P.-A.-J.) 1804.
Bernard (B.) 1808.
Bernard (J.-F.) 1815.
Bernard-Chambinière. 1812.
Bernard de Montebise. 1816.
Bernard de Lafréjolière. 1827.
Bernard-Dutreil. 1824.
Bernault. 1797.
Bernier. 1794.

Berroyer. 1794.
Bersolles. 1794.
Bert. 1812.
Bertet. 1794.
Berthault (C.-J.-B.-A.) 1809.
Berthault (L.-P.-M.-F.) 1811.
Berteaux C.-J.-N. 1823.
Berteaux (J.-E.-F.-E.) 1824.
Berthelin. 1827.
Berthelot de la Durandière. 1809.
Berthereau de la Girandière. 1811.
Berthier (P.) 1798.
Berthier (F.-G.-A.) 1799.
Berthier E. N.) 1826.
Berthois (F.-J.) 1794.
Berthois P.-L. 1803.
Berthois (A.-M.) 1804.
Berthollet. 1796.
Berthot. N. 1794.
Berthot J.-B-E. 1819.
Bertin. 1810.
Bertrand (A.-J.-F.) 1814.
Bertrand. P.-E.-A. 1822.
Bertrand. (J.-B.-L.-C.) 1823.
Bertre. 1794.
Besançon. 1802 et 1805.
Besancèle. 1803.
Besse. 1804.
Besser P.-H.-P.C.) 1805.
Besser (A). 1824.
Bessière. 1827.
Besson L.-E.) 1799.
Besson (A.-D.-J.-A. de) 1809.
Besuchet. 1809.
Betbeder. 1796.
Betourné P.-J.-F.) 1803.
Bétourné J.-P. J.) 1805.
Beudin. 1814.
Beuret. 1826.
Beurmann). 1824.
Beurnier. 1807.
Béville. *Voyez* Yvelin.
Beysselance. 1794.
Bezault. 1806.
Bichier-Desâges. 1822.
Bichot P.-V.-V. 1797.
Bichot C.-A G.) 1822.
Bicquelley. 1823.
Bidard. 1805.
Bidauld. 1826.
Bidault. 1813.
Bidaux. 1801.
Bidot. 1797.

Bienaymé. 1815.
Bierfuhrer. 1794.
Biet. 1802.
Bigault de Bourcuille. 1826.
Bigeon. 1820.
Bignon. 1803.
Bigot. 1818.
Bigot de Morogues. 1823.
Billandel. 1810.
Billoin (D.-M.) 1807.
Billoin J.-P.-A.) 1815.
Billoin (J.-B.-M.-H.) 1819.
Billot. 1799.
Bineau (A.) 1805.
Bineau (J.-M.) 1824.
Binet P.-R.) 1798.
Binet J.-P-M.) 1804.
Binet P.-T. 1809.
Bing. 1811.
Biot (J.-B.) 1794.
Biot C.) 1803.
Biot (E-C.) 1822.
Bisson-Delaroque (C.-F.) 1818.
Bisson-Delaroque (J.-G.) 1823.
Bitsch (J.-A.) 1801.
Bitsch (F.-J.) 1804.
Bizos. 1805.
Bizot-Brice. 1811.
Bizouard de Montille. 1815.
Bizouard-Macaire. 1824.
Blachez. 1803.
Blaise. 1825.
Blanc. 1810.
Blanchard (J.-L.) 1795.
Blanchard (J.) 1809.
Blanchard (C.-O.) 1811.
Blanchemain L.L.) 1799.
Blanchemain E.-L. 1824.
Blanchet (M.-B.-P.) 1794.
Blanchet J.-B-A.) 1825.
Blanchot. 1794.
Blancsubé. 1824.
Blanc-Desiles. 1812.
Blanquet. *Voy*. Du Chayla.
Blavier (A.-P.) 1816.
Blavier (E.) 1819.
Bleschamp. 1816.
Bleuart. 1812.
Blevec. 1810.
Blocqueville. *Voy*. Couribœuf.
Blondat (A.-G.-F.) 1809.
Blondat (J.-B.-G.) 1814.
Blondeau. 1801.
Blondel. 1818.

TABLE ALPHABÉTIQUE

Bobillier (M.-A.) 1813.
Bobillier (E.) 1817.
Boblaye. *Voy*. Puillon.
Bobony. 1799.
Bochaton. 1819.
Boclet. 1818.
Bocquet - d'Anthenay. 1821.
Bocquet (I.) 1824.
Bodin. 1816.
Bodson de Noirefontaine (H.-L.-V.) 1794.
Bodson de Noirefontaine (A.-J.-L.) 1819.
Bodson de Noirefontaine (A.-L.-O.) 1819.
Boileau (J.-G.) 1809.
Boileau de Castelnau. 1815.
Boilleau *Voy*. Gauldrée.
Boisbertrand. 1800.
Boischevalier. *V.* Hullin.
Boischevet (Goursaud-Laumond, *dit*). 1814.
Boisé-Courcenay. 1822.
Boisgiraud. 1812.
Boishamon (du). *Voyez* Freslon.
Boislandry. *Voyez* Legrand de Boislandry.
Boisneuf. 1794.
Boisroger (A.-C.) *Voyez* De Monthiers.
Boisroger (P.-W.) *Voyez* Vallou.
Boisrouvray. *Voyez* Jacquelot.
Boisset. 1804.
Boissière. 1808.
Boisson. 1812.
Boistard (L.-C.-A.) 1805.
Boistard (A.) 1809.
Boisteilleul (Ravenel de). 1803.
Boistel-Duroyer. 1808.
Boisvillette. *Voyez* Guerineau.
Boitard. 1794.
Boizart. 1819.
Bollemont (N. Chonet de). 1803.
Bollemont (A. Chonet de). 1807.
Bommart. 1825.
Bompard. 1810.
Bon. 1794.
Bonamy de Villemereuil (J.-V.E.) 1820.
Bonamy de Villemereuil (F.) 1824.

Bonamy (P.-F.-M.) 1824.
Bonamy (A.-J.-T.) 1825.
Bonard. 1825.
Boncour. *Voyez* Court.
Boudy. *Voy*. Taillepied.
Bonfils. 1815.
Bonhomme de Pommaret. 1823.
Bonié. 1808.
Bonnaire. 1818 et 1819.
Bonnard (A.-H. de). 1797.
Bonnard (E.-F.-A.) 1823.
Bonneau (F.-M.) 1799.
Bonneau (J.-M.) 1805.
Bonnemere (J.-C.) 1794.
Bonnemère (J.-C.) 1798.
Bonnemère (J.-H.) 1826.
Bonnet (E.) 1794.
Bonnet de Lescure. 1798.
Bonnet *dit* Paillerets. 1817.
Bonnet (A.) 1824.
Bonnetat (J.-B.) 1802.
Bonnetat (D.) 1804.
Bonneton. 1813.
Bonnevallet. *Voy*. Tournois.
Bonnier. 1809.
Bonnière. 1809.
Bonnin. 1813.
Bontemps (N.-J.-N.-M.-F.) 1794.
Bontemps (P.-C.-F.) 1795.
Bontems. 1797.
Bontin. 1806.
Boquet. 1808.
Bordenave. 1797.
Borel. 1827.
Borgella. 1821.
Borguis-Desbordes. 1825.
Borgognon. 1806.
Bormans. *Voy*. Vandervrecken.
Born. 1813.
Bornet. 1813.
Borrel-Vivier. 1801.
Borrel. (D.-G.-F.) 1825.
Boscals de Réals. 1818.
Boscary. 1811.
Boscher. 1813.
Bosq. 1825.
Bosquet. 1796.
Bosquillon. 1801.
Bottée de Toulmon. 1817.
Bottex. 1810.
Botto. 1811.
Boucaumont (M.-L.-A.) 1820.
Boucaumont (M.-C.-P.-A.) 1824.
Bouchard (P.-F.-X.) 1796.

Bouchard (A.) 1805.
Boucharlat. 1294.
Bouchaud. 1826.
Bouche. 1794.
Bouché (G.-F.-E.) 1805.
Bouché (A.) 1814.
Bouché (J.-B.-F.-E.) 1827.
Boucher (A.-R.) 1795.
Boucher de Morlaincourt (P.-H.) 1798.
Boucher de Morlaincourt (H.) 1801.
Boucher de Morlaincourt (F.-T.) 1802.
Boucher (J.-B.-M.) 1802.
Boucher (F.-E.) 1805.
Boucher-Desforges. 1815.
Boucheron. *Voyez* Bramaud.
Bouchet (J.) 1794.
Bouchet (C.) 1820.
Bouchon. 1817.
Bouchot-Plainchant. 1813.
Boucquel de Beauval. 1810.
Boudhors (F.) 1794.
Boudhors (P.-A.) 1796.
Boudousquié. 1822.
Boué. 1825.
Bouère (de la) *V.* Gazeau.
Bouesnel. 1797.
Bouessel. 1819.
Bouflers. 1794.
Bougainville. 1799.
Bougarel. 1800.
Bouglé. 1813.
Bouillon. 1813.
Boulangé (P.-S.) 1799.
Boulangé (A.-C.-N.-J.-B.) 1824.
Boulangé (C.-L.) 1827.
Boulanger. 1794.
Bouldouyre. 1813.
Boullanger. 1794.
Boullengez. 1795.
Boulnois 1820.
Boulouvard. 1796.
Bourassot. *Voyez* Chamerlat.
Bourdas. 1816.
Bourdeau. 1816.
Bourdin. 1799.
Bourdon. 1796.
Bourdonié. 1802.
Bourdonnay. 1824.
Boureuille. *Voy*. Bigault.
Bourgeois (D.-A.) 1798.
Bourgeois (H.) 1799.
Bourgeois (J.-J.) 1801.
Bourgeois (A.) 1803.
Bourgeois (J.-B.) 1803.

Bourguignon. *V.* Duleau.
Bourin. 1801.
Bourriot. 1803.
Bourrousse. *Voy.* Lafforc.
Bouscaren. 1823.
Bouscasse. 1804.
Bousquet. 1818.
Boussac. 1809.
Boussaroque de Lafont. 1794.
Boussay. *Voy.* Chardon.
Bousson. 1807.
Boutault. 1811.
Bouteiller (C.-F.-R. de). 1803.
Bouteiller (L.-M.) 1807.
Bouteiller (M.-F.) 1813.
Bouteilloux. 1823.
Boutelaud. 1812.
Bouteville. 1794.
Boutillier. 1813.
Boutinaud-Lagorce. 1825.
Boutiron. 1818.
Bouton. 1818.
Bouvet (P.-N.-M.) 1794.
Bouvet (J.-V.) 1810.
Bouvet (C.-A.) 1815.
Bouvier (J.-A.-R.) 1803.
Bouvier (L.-C.) 1812.
Bouyer. 1805.
Bouzauc-Desmazery. 1812.
Boyé. 1794.
Boyer (J.-P.-D.) 1794.
Boyer (A.) 1798.
Boyer (J.-B.-J.) 1801.
Boyer (J.-B.-C.) 1816.
Boylesve. 1809.
Bracquemont (Aubé de). 1805.
Bramaud-Boucheron. 1826.
Branville. *Voyez* Le Pescheur.
Brauhauban. 1825.
Brault. 1817.
Brechtel. 1802.
Brédif (A.) 1794.
Brédif (C.-M.) 1804.
Brédif (J.-J.-S.) 1805.

Brégeon. 1801.
Breistroff. 1804.
Brémard. 1806.
Brémontier. 1804.
Bréon. 1806.
Brescon. 1805.
Bresson. 1818.
Bret 1800.
Breteuil. *V.* Letonnelier.
Breton. 1825.
Breu. 1797.
Breville. *Voyez* Onfroy.
Brian. 1819.
Brianchon. 1803.
Brice. *Voyez* Bizot-Brice.
Bridenne. 1804.
Bridiers de Villemor. 1823.
Bridon. 1794.
Brière. *Voyez* Mondétour.
Briey (de). 1821.
Brigeat. 1799.
Brillantais (de la.) *Voyez* Marion de la Brillantais.
Brillard. 1811.
Brincard. 1825.
Bringuier. 1794.
Briois. 1806.
Briot. 1797.
Brisson. 1794.
Brissot. 1803
Broca (de). 1805.
Brocard (M.-E.-L.) 1801.
Brocard - Lormont (E.) 1826.
Brochant de Villiers. 1794.
Brochet de Vérigny. 1794 et 1798.
Brochier. 1816.
Brôlemann. 1799.
Brongniart. 1810.
Broquard de Bussières. 1809.
Brotte. *Voyez* Vuilleret de Brotte.
Brouzet. 1825.
Bruchollerie (de la). *Voy.* Yver.
Brue. 1801.

Bruel. 1799.
Bruet. 1794.
Bruine. 1802.
Brulard aîné (Brussel de.) 1803.
Brulard jeune (Brussel de.) 1804.
Brun (J.-A.) 1799.
Brun (J.-N.-L.-A.) 1822.
Brunat. 1827.
Bruneau. 1812.
Brunel. 1826.
Brunet. 1812.
Brunetière. 1826.
Bruno. 1810.
Bruslé (J.-N.) 1794.
Bruslé (A.-P.) 1813.
Brussel. *Voyez* Brulard.
Bruyère. 1825.
Bruys. 1804.
Bruzard 1815.
Bryon. 1810.
Bugnot. 1816.
Buhot. 1821.
Buhour. 1798.
Buisson (J.) 1794.
Buisson (A.) 1807.
Buisson (P.-B.) 1811.
Burat. 1826.
Burcy. 1806.
Burdin. 1807.
Bureaux de Pusy. 1817.
Burel. 1794.
Burgues de Missiessy. 1816.
Burnier. 1812.
Buron. 1816.
Busche. 1823.
Busnel. 1804.
Bussières. *Voyez* Broquard.
Bussillot. 1794.
Bussy (A.-A.-B.) 1813.
Bussy (M.-J.-B.) *Voyez* Belly de Bussy.
Butor. 1800.
Buvée. 1799.

C.

Cabal. 1818.
Cabanel de Sermet. 1819.
Cabannes-Laprade. 1808.
Cabasset. 1801.
Cabrières (de). 1820.
Cabrol (R.-P.-B.) 1809.
Cabrol (F.-G.) 1810.
Cadou. 1794.

Caffort (J.-A.) 1805.
Caffort (J.-J.) 1810.
Caffort (G.-Z.) 1815.
Cagniard (C.) 1794.
Cagniard (J.) 1795.
Cahouet. 1800.
Cabusac (A.-J.-F.-M.) 1794.

Cahusac (M.-G.-B.) 1806.
Caignart de Saulcy (E.-M.-J.) 1822.
Caignart de Saulcy (L.-F.-J.) 1826.
Cailloux. 1806.
Cailly-Duchesné. 1802.

Callande de Clamecy. 1816.
Callande (de la). *Voyez* De Blois.
Callier (J.) 1794.
Callier (C.-A.) 1823.
Callier A.-T. 1825.
Calmelet. 1798.
Camain. 1804.
Cambacérès. 1817.
Camme 1822.
Campaignac. 1811.
Campaigno. *Voyez* Soubiran.
Camus (C.-A.-B.) 1813.
Camus (C.-L.-C.) 1815.
Candé. *Voyez* Carré de Candé.
Candie-Saint-Simon 1804.
Canebier. 1827.
Cantecort. 1797.
Canteloube (de). 1824.
Canton. 1812.
Capdeville. 1794.
Capella (E.-G.) 1813.
Capella (E.-J.-C.) 1826.
Cappelle. 1794.
Caqueray de Fontenelle. 1808.
Carbon. 1819.
Carbonazzi. 1808.
Carbonnet. 1815.
Carbonnier. 1815.
Carcassonne 1814.
Cardevac d'Havrincour. 1826.
Cardon. 1809.
Carette (A.-M.) 1794.
Carette (A.-E.-H.) 1827.
Caristie. 1791.
Carl. 1822.
Carle (de). 1824.
Carles E.-B. 1797.
Carles (E). 1813.
Cariet. 1796 et 1797.
Carmignac - Décombe. 1802.
Carney (de) 1797.
Carnot. 1812.
Caron (P.-F.) 1813.
Caron L.-F.-J. 1815.
Carpentier. 1827.
Carraud. 1798.
Carré E.-A.-G.) 1805.
Carré de Candé. 1813.
Carré-Ellis de la Serrie. 1823.
Carron. 1814.
Cartier. (C.-J.) 1803.
Cartier (H.-M.-A.) 1803.

Cartier, *dit* Félix. 1807.
Cartier (F.) 1810.
Cartron. 1804.
Casabianca. 1801.
Casse (L.-A.-J.-J.) 1801.
Casse (J.-B.-A.) 1808.
Cassieres (Jacquin de). 1806.
Castagné. 1806.
Castagnol. 1824.
Castaignède. 1813.
Castaignet. 1811.
Castaing. 1810.
Castanède. *Voyez* Lamothe-Castanède.
Castel (A.-M.-F. de) 1807.
Castel A.-C.-M., 1809.
Castelbert. 1816.
Castellan. 1797.
Castelnau. *Voy.* Boileau de Castelnau.
Castera 1807.
Castillon. 1813.
Cathala. 1803.
Cathol-Du Deffan. 1813.
Catoire (E.-M.-E.-J.-B.) 1797.
Catoire (J.-B.-H.-M.) 1799.
Cauchy (A.-L.) 1805.
Cauchy (P.-F.) 1812.
Cauliez. 1794.
Caunes. 1795.
Caurant. 1806.
Caussade. 1804.
Caut. 1814.
Cauvet de Longrais. 1809.
Caux. 1804.
Cavaignac. 1820.
Cavalier. 1825.
Cavenne F.-A.) 1794.
Cavenne (J.-L. 1797.
Cavenne F.-A.) 1818.
Cayeu (de). 1808.
Cayeux. 1827.
Cazalat. *Voy.* Galy.
Cazalis 1813.
Cazaux (de). 1802.
Caze (de). 1827.
Cazeaux 1823.
Céas. 1812.
Cerf (A). 1814.
Cerf-Berr. 1808.
Cerf, *dit* Hertz-Zacharias. 1804.
Cerisy. *Voyez* Lefébure.
Cerval. *Voyez* Lavergne.
Chabannes - Curton (de). 1823.
Chaband-Latour. 1820.
Chabert 1804.

Chabord. 1816.
Chabrier. *Voyez* Labaume-Chabrier.
Chabrillau. *Voyez* Moreton.
Chabrol (G.-M.) 1794.
Chabrol de Volvic (J.-J.-G.-A.) 1794.
Chabrol de Tournoëlle (de). 1826.
Chaigneau. 1816.
Chaillet-Donzelot. 1806.
Chaillou (A.-H.) 1810.
Chaillou (R. P.) 1810.
Challaye (A.-F.) 1809.
Challaye (A.) 1811.
Chalumeau. 1822.
Chambaud. 1804.
Chamberet. *V.* Tyrbas.
Chambert. 1815.
Chambette. 1795.
Chambige. 1813.
Chambinière. *Voy.* Bernard-Chambinière.
Chambray. 1801.
Chambure. *Voyez* Pelletier de Chambure.
Chamerlat de Bourassot. 1823.
Chamisso. 1820.
Champanhet. 1826.
Champeaux la Boulaye (de) 1820.
Champonnois. 1824.
Champy J.-N.) 1794.
Champy (J.-S.) 1794.
Chancel - Lagrange (de). 1805.
Chancel (J.-E.) 1809.
Chancel (J.-J.-A.) 1813.
Chandon. 1802.
Chanoine. 1824.
Chanot. 1807.
Chanson. 1827.
Chanteloup. *Voyez* Rougane.
Chantron (J.-J.) 1820.
Chantron (F.-M.) 1822.
Chanvalon. *Voyez* Cornavin.
Chapelain. 1797.
Chapelié. 1812.
Chaper. 1813.
Chaperon. 1827.
Chapotin (A.) 1812.
Chapotin (C.) 1825.
Chappedelaine (de). 1823.
Chappotin. 1817.
Chappuis. 1803.
Chapuis. 1821.

DES ÉLÈVES.   483

Chapus. 1798
Chapuy. 1806 et 1809.
Charbaut (J.-L.-L.) 1796.
Charbaut (P.-A.) 1799.
Charbaut (C.-B.) 1803.
Charbonnières. 1794.
Chardon (H.) 1794.
Chardon, dit Boussay. 1794.
Chardonneau. 1812
Charié-Marsaines. 1821.
Charles, dit Artaud. 1811.
Charmetton. 1826.
Charon. 1811.
Charpentier. 1806.
Charreyron. 1810.
Chartier (J.-P.-L.) 1794.
Chartier (P.) 1823.
Charton. 1802.
Charvet (M.-J.-B.) 1799.
Charvet (H.-L.) 1815.
Chasles. 1812.
Chassay. Voy. Desroches de Chassay.
Chastellard. 1795.
Chatain. 1794.
Chateaubourg. Voy. Basset A.-L.-C.)
Chateaubrun. V. Vivien de Chateaubrun.
Chateaurenaud. 1809.
Châtel. 1822.
Châtillon. 1796.
Chauchard. 1819.
Chauchet. 1613.
Chaumont. 1795.
Chausenque. 1799.
Chausson. 1812.
Chautan de Verely. 1824.
Chauvaux. 1799.
Chauveau. 1798.
Chauvenet. 1810.
Chauvet. 1810.
Chauvin. 1823.
Chavane. 1820.
Chavelet. 1813.
Chavé. 1809.
Chayrou. 1795.
Chazallon. 1822.
Chazelles. 1799.
Chédeville. 1826.
Chenin (M.-J.-T.) 1798
Chenin (J.-B.) 1800.
Chère. 1812.
Chéron. 1806.
Cherrier (C.-T.) 1794.
Cherrier (M.-C.-J.-H.) 1802.
Chevalier (M.) 1794.

Chevalier (H.-A.-P.) 1811 et 1814.
Chevalier (M.) 1823.
Chevalier de Montrond. 1826.
Chevassut. 1818.
Cheveny La Chapelle. 1796.
Chézy. 1794.
Chiappe. 1808.
Chicoyneau - Lavallette. 1813.
Chiodo. 1810.
Chochina. 1802.
Chocquin. 1819.
Choiset. 1815.
Cholat. 1826.
Cholet. 1817.
Chonet. Voy. Bollemont.
Chopart. 1825.
Chopinet-D'Ieindre. 1813.
Choppin (A.) 1795.
Choppin (R.-M.-F.) 1826.
Choron. 1794.
Chouillou. 1800.
Choumara. 1806.
Christin. 1799.
Christofle. 1815.
Cicilie. 1812.
Ciradde. 1802.
Clamageran. 1794.
Clamecy. Voy. Callande.
Clapeyron. 1816.
Claquesin. 1797.
Claris. 1817.
Clarke de Feltre (A.) 1821.
Clarke (J. G.-L.) 1821.
Claston. 1797.
Claude Voyez Nancy.
Claudel 1819.
Clausade (J.-M.) 1808.
Clausade-Mazieux (A.-P.) 1818.
Clavier. 1794.
Clavière. 1800.
Clémencerie (de la.) Voy. Terrier.
Clémenson. 1798.
Clément de Ris. 1795.
Clément-Desnos. 1805.
Clère. 1798.
Clereau. 1799.
Clerget. (C.) 1815.
Clerget de Saint - Léger. (C.-A.-J.) 1801.
Clerget de Saint - Léger. (J.-H.) 1822.
Clerici. 1807.

Clermont-Tonnerre. 1799.
Cloquemin. 1806.
Cochard. 1814.
Cochon. Voyez Lapparent.
Cocquerel. 1803.
Cocud. 1800.
Coessin. 1806.
Coffin. 1794.
Coffinhal. Voy. Dunoyer.
Cohendet. 1810.
Coïc. 1797.
Coignet. 1812.
Coiquaud. 1818.
Colin, dit Olivier. 1824.
Collardeau du Beaume. 1815.
Collas (J.-L.) 1808.
Collas de Courval. 1810.
Collet (C.-D.-L.) 1794.
Collet (M.-C.-J.) 1813.
Collet F.-M. 1817.
Collet-Descotils (A.) 1824.
Collet-Descotils (G.-C.) 1826
Collignon (B.) 1815.
Colignon (C.-E.) 1821.
Collin. 1799.
Collinet. 1797.
Colliot de La Hattais. 1807.
Colobian. Voyez Avogadro.
Colomb. 1810.
Colombet. 1826.
Colonies de Juillan. 1817.
Colson (N.-J.) 1799.
Colson (E.-H.) 1803.
Colson (P.-C.) 1812.
Combes (H.-S.) 1817.
Combes (C.-P.-M.) 1818.
Comin. 1797.
Commier 1804
Comoy. 1822.
Compère. 1805.
Comte A.-L.) 1806.
Comte (I.-A.-M.-F.-X.) 1814.
Comynet 1808.
Condat Voyez Maleville.
Confex-Neuilly. 1821.
Conil. 1815.
Conny (J.B.-M.) 1798.
Conny (J.-L.-E.) 1798.
Conrad. 1800.
Concot. 1815.
Conscience. 1812.
Conseil (J.-L.) 1795.
Conseil (J.-A.) 1796.

TABLE ALPHABÉTIQUE

Considérant. 1826.
Constant-Laguereune. 1803.
Constantin (B.) 1796.
Constantin (Ac.) 1813.
Constantin (Am.) 1825.
Contaud. 1794.
Conté. 1806.
Conteaux. 1817.
Contencin P.) 1811.
Contencin (A.) 1825.
Convents 1803.
Coppin. 1814.
Coqueret. 1794.
Corabœuf. 1794.
Corbe. 1794.
Corbin. 1811.
Cordier. 1797.
Coriolis. 1808.
Cormier (P.-F.-Y.) 1794.
Cornier (V.-D.) 1826.
Cornavin-Chanvalon. 1819.
Corne. 1804.
Corneilhan. 1812.
Cornely. 1812.
Cornil. 1805.
Cornisset. 1811.
Cornuel. 1805.
Corrard. 1810.
Corrèze. 1808.
Cosmao. 1798.
Cospin. 1794.
Cossigny. 1795.
Cossonnet. 1825.
Costa (A.-P.) 1805.
Costa (R.) 1808.
Costa (J.-J.-M.) 1825.
Costaz. 1819.
Coste (L.-A.) 1810.
Coste (L.-M-P.) 1812.
Coste (P.-L.) 1823.
Costé. 1794.
Costel. 1815.
Coster (C.-P.) 1802.

Coster (A.-J.-V.) 1805.
Coston. 1796.
Cotard. 1822.
Cotelle. 1809.
Cotte. 1808.
Cottu. 1794.
Couasnon (C.-J.) 1794.
Couasnon (J.) 1802.
Couasnon J.-O. 1827.
Coudroy de Lauréal. 1827.
Coueflin. 1810.
Couillerot Descharières. 1812.
Coulaine. *Voyez* Quirit.
Coulibœuf de Blocqueville. 1824.
Coullet. 1812.
Coulogne. 1818.
Coumes (J.-A.) 1825.
Coumes (A.-N.) 1827.
Couperie. *Voy.* Meaume.
Couppey. 1794.
Courand. 1807.
Courant P.-L.-F.) 1809.
Courant (A.) 1814.
Courbanrieux. *Voy.* Rigaudie Saint-Marc.
Courbayre. 1799.
Courcelle. 1827.
Courcenay. *Voy.* Boisé.
Courlet de Vrégille. 1818.
Courmont. 1825.
Cournand. 1812.
Cournault. 1798.
Cournon. 1812.
Coursin. 1810.
Court, *dit* Boncour. 1820.
Courtezy-Lapeyrat. 1826.
Courtial. 1813.
Courtois (N-G.) 1798.
Courtois (A.-C.) 1808.
Courval. *Voyez* Collas de Courval.
Cousin (P.) 1794.

Cousin (G.-M.) 1802.
Cousinery. 1808.
Coustant-Dyanville. 1813.
Coutailloux. 1796.
Coutant. 1797.
Couteaux. 1819.
Couthaud. 1816.
Couturat. 1808.
Couturier. 1826.
Couty. 1812.
Craniouzaud. 1811.
Crassous A.-P.-E.) 1796.
Crassous J.) 1826.
Crémoux. 1809.
Cressac. 1794.
Crestin-Doussières. 1809.
Crestin (C.-J.-B.) 1817.
Crestin (J. F.) 1821.
Creuly. 1812.
Creva-Vaglio. 1811.
Crevecœur. *Voyez* Asselin.
Cros. 1825.
Cronzet. 1803.
Crozals. 1813.
Croze-Montbrizet-Gizaguet. 1817.
Crozet (L.-J.-M.) 1800.
Crozet (B.) 1805.
Cruzy-Marcillac. 1802.
Cuel. 1808.
Cucnot. 1825.
Cullion. *Voy.* Lallemand de Cullion.
Culmann. 1806.
Culon, *dit* Troisbrioux. 1796.
Culture. *Voyez* Dumas de Culture.
Cunier. 1809.
Curel. 1803.
Curtet. 1824.
Cuvillier. 1803.
Cuzey. 1799.

D.

Dabzac. *Voy.* Abzac (d').
Dadole. 1808.
Dagoult. 1798.
Daguin. 1801.
D'Aignan. *Voy.* Vialètes.
D'Aigremont 1809.
D'Ajot. 1823.
Dalbiat. 1812.
Dalbourg. 1794.
Dale. 1798.
Dalencou. 1807.
Dalesme (J.) 1801.

Dalesme (J.-B.-C.) 1811.
Dalican. 1812.
Dalmas. 1813.
Dalmatie (marquis de). *Voyez* Soult.
Daman. 1815.
Damar-Durumain. 1825.
Dambruère. 1796.
Damey. *V.* Saint-Bresson.
Damoiseau. 1805.
Dan de la Vauterie. 1794.
Dancède. 1817.

Dandelin. 1813.
Dandré 1797.
Danet. 1825.
Danglade de Maho. 1794.
D'Anglemont. *V.* Pinet.
Daniel (P.-F.) 1801.
Daniel (H.-F.) 1809.
Danlion. 1827.
D'Anthenay. *V.* Bocquet.
Daoust. 1794.
Darcel. 1807.
Darcy. 1821.

DES ÉLÈVES. 485

Dardy. 1822.
Daridan. 1807.
Darondeau. 1824.
Darotte. 1816.
Darricau. 1816.
Dartois. 1808.
Dartonne. 1800.
Daru. 1825
Dassigny. 1819.
Dassit. *Voyez* Meaudre.
Danche. 1812.
Daugerans. *V.* Vandelin.
Daugnac. 1801.
Daullé P.-M.) 1799.
Daullé (J.-M.) 1804.
Dausse. 1818.
Dautheville. 1811.
Dauty. 1802.
Davaine. 1824.
David (A.-A.) 1795.
David. *Voyez* Saint-George.
David J.-B.) 1809.
David (N.-H.) 1812.
Daviel. 1803.
Davin. 1813.
D'Avout. 1826.
Davy. 1826.
Daydé. 1796.
Debacq. 1813.
Debaudre. *Voy.* Baudre.
Debeauvais. 1812.
De Behr. *Voyez* Behr.
Debilly. 1820.
Deblois de la Calande. 1820.
Debooz. 1807.
Debout. 1802.
Debrun. 1824.
Debuissy. 1817.
Debussi. 1800.
Decaïeu. 1809
Decazes. 1802.
Dechamp. 1813.
Decharme. 1827.
Dechastelus. 1809.
Dechaux 1796.
Declozets. 1794.
Décombe. *V.* Carmignac.
Decroix. 1803.
Defermon (E.) 1819.
Defermon (J.) 1820.
Defontaine. 1803.
Degeac. 1805.
Dehaussy. 1808.
Déjardin. 1823.
Dejean. 1825.
Déjort (R.-J.-B.) 1799.
Déjort (T.-L.-A.) 1801.
Delaage (A.-C.-F.) 1796.

Delaage (E.-P.) 1818.
De la Bigne. 1805.
Delaborde. 1810.
Delacroix (L.) 1794.
Delacroix (B.) 1794.
Delacroix (C.) 1802.
Delafont. *Voyez* Boussaroque.
Delafosse. 1808.
Delafoye (E.-C.-F.) 1813.
Delafoye (A.-F.-J.) 1818.
Delafuye. 1808.
Delagoutte. 1794.
Delagrange. 1804.
Delagrye. 1809.
Delahaye. 1794.
Delaire. 1807.
Delalain. 1794.
Delalande (E.) 1795.
Delalande (I. *Voyez* Le-Français.
Delamare. 1812.
Delamorinière. 1809.
Delamothe. 1817.
Delannau. 1811.
Delannoy. 1824.
Delapatrière. *V.* Hubert.
Delaplanche. 1820.
De la Plesse. *Voy.* Thomas de la Plesse.
Delaporte (J.-P.-H.-B.) 1802.
Delaporte (T.) 1812.
Delaroche. 1812.
Delaroque. *V.* Bisson.
Delarsé. *Voyez* Larsé.
Delaruc. 1809
Delas. 1794
Delaserre. *Voy.* Barbier Delaserre.
Delattre d'Aubigny. 1808.
Delaunay. 1799.
Delauzon. 1825
Delavenne. 1808.
Delavigne L) 1798.
Delavigne (J.-A.) *Voyez* Legnay.
Delavigne. (A.-F.-E.) 1827.
Delaville (F.-P.) 1794.
Delaville-Leroux. 1815.
Delbet. 1811.
Delbourg. 1813.
Delcambre. 1822.
Delcro. 1827.
Delcrue. 1825.
Delespaul. 1826.
Delespée. 1811.
Delestang. 1824.
Delesvaux. 1799.

Delgorgue de Rosny. 1826.
Delignières. *Voyez* Lenfumé.
Dellac. 1806.
Delmas. 1812.
Delon (A.-L.-M.) 1807.
Delon (H-E.) 1811.
Delord de la Flotte. 1802.
Delorme J-B.) 1805.
Delorme. J-M.) 1811.
Delorme-Duquesney 1817.
Delort. 1794.
Delpech Saint-Guilhem. 1822.
Delpont. 1821.
Delsaux. 1799.
Delseriès. 1808.
Demaillier. *V.* Maillier.
Demalet de Lavédrine (J.-H.) 1813.
Demalet de Lavédrine (P.-L.-F.) 1815.
Demanne. 1824.
Demarest. 1794.
Demarteau. 1796 et 1799.
Demaubué. 1817.
Demay. 1796.
Démiau. 1814.
Demonet de la Marck. 1808.
Demonferrand. 1812.
De Monthiers de Boisroger. 1811.
Demoor. 1806.
De Moux. *Voyez* Portal.
Demurat. 1799.
Denaix. 1794.
Denant. *Voy.* Duchesne.
Deniéport. 1811.
Denille. 1818.
Denis (F.) 1798.
Denis (J.) 1804
Denis (P.-C.) 1814.
Denis (A.-H.-J.) 1824.
Denoue. 1819.
Depigny. 1809.
De Picurre. 1797 et 1798.
D'Eprémesnil. *V.* Duval d'Eprémesnil.
Deprez de Crassier. 1807.
Derché. 1797.
Deroisin. 1816.
Derouet. 1795.
Deroys Saint-Michel (J.-J.) 1807.
Deroys Saint-Michel (P.-H.-J.) 1811.
Derrien (R-M.) 1796.
Derrien (A-A.F-.-M.) 1798.
Derrion (A.-M.) 1800.

Derrion-Duplan. 1802.
Derville. *Voyez* Hugot.
Desages d'Heure. 1808.
Desages (H) 1814.
Desages (A.-L.-C) *Voy*. Bichier.
Desailly. 1798.
Desaulnois. *V*. Durant-Desaulnois.
Desbarreaux. *V*. Verger.
Des Bordes (G.) *Voyez* Gaullier des Bordes.
Des Bordes (J.-G.) *Voyez* Borgnis.
Desbrochers. 1809.
Des Brosses. *V*. Giroult.
Des Bruslys. *V*. Ernault.
Descaffres. 1821.
Deschamps (J.-B.) *Voy*. Lebeuf.
Deschamps (P.-A.) 1819.
Descharières. *Voy*. Couillerot.
Descheises *Voy*. Baret.
D'Esclaibes-Dhust. *Voy*. Esclaibes.
Desclos-Lepeley. 1794.
Descolins. 1814.
Descotils. *Voyez* Collet-Descotils.
Descressonnières. 1819.
Desfeux. 1810.
Desfontaine - Louiche. 1822.
Desforges (A.) 1813.
Desforges (A.-J.-C) *Voy*. Boucher-Desforges.
Desgranges. 1818.
Deshaulles. 1802.
Des Hayes. *Voyez* Jolly des Hayes.
Deshermaux. *V*. Vallette.
Desiles. *V*. Blanq-Desiles.
Desjardins. (P.-J.-C.) *V*. Géranvillier.
Desjardins A.-L.-A.)1808.
Desjobert J. - B. - G. - E. 1799.
Desjobert (C.) 1800.
Desjobert J.-B.-E.) 1824.
Deslandes. *Voy*. Gouget.
Deslions. 1826.
Desmaisières (D.-F.) 1812.
Desmaisières L. - A. - J. 1812.
Desmares. *Voyez* Juhel-Desmares.
Desmarest (C.-L.) 1799.
Desmarest (M.-J.-F.) 1815.
Desmaretz de Palis. 1809.

Desmazières. 1819.
Desnos. *Voyez* Clément-Desnos.
Desnoyers. (B.-M.) 1798.
Desnoyers L -M.-F. 1806.
Desormes. 1794.
Desoye. 1825.
Despine. 1810.
Desprez. 1798.
Desrayaud. 1824.
Desrives. *Voy*. Vallet.
Des Rivières. *V*. Gazon.
Des Robert. 1820.
Desroches (P -R.-G.) *V*. Jouye.
Desroches (P.-M.) *Voy*. Moisson Desroches.
Desroches de Chassay. 1825.
Desrousseaux. 1796.
Desroziers. 1822.
Desruelles 1814.
Dessaile. 1810.
Dessaux (H.-L.-P.) 1794.
Dessaux (J.-B.-M.-N.) 1798.
Desse. 1812.
Dessin. 1813.
Dessolle. 1797.
Desson. 1799.
Destainville. *Voy*. Janot.
Destape. *Voyez* Rolland-Destape.
Destouches. 1804.
Destour 1794.
Destrem. (M.-A.-J.-A.) 1803.
Destrem (A.-M. 1804.
Destreman. 1813.
Destutt de Tracy. 1797.
Desvaux. *Voyez* Druet-Desvaux.
Devallée. 1807.
Devalz. 1824.
Devaux. *Voy*. Legrand-Devaux.
Devaux (J.-A.-J. 1812.
Devaux (J.-R. 1819.
Devaux F.) 1824.
Devere. 1804 et 1808.
Devienne. 1811.
Devillas. 1798.
Deville. 1794.
Devilletegier. 1824.
Devillers. 1807.
Devilliers. 1796.
Devoize. 1816.
Devolnet. 1797.
Dewailly. 1794.
D'Haranguier de Quincerot. 1804.

D'Hardivilliers. 1805.
D'Hauteville. *Voy*. Hauteville.
D'Hautpoul. *Voy*. Hautpoul.
D'Havrincour. *Voy*. Cardevac.
Dherbelot. 1816.
D'Herbinghen. *Voy*. Poucques.
D'Herlincourt. *Voy*. Wartrelle d'Herlincourt.
D'Hoste. 1794.
D'Houdetot. 1815.
D'Huez. 1813.
D'Hurcourt. *Voy*. Robert d'Hurcourt.
Didion (I.) 1817.
Didion (C.) 1820.
Didon. 1824.
Dieu. 1804.
Dieudé. 1810.
Dieudonné. 1802.
Dillas. 1794.
Dinet (C.-L.) 1794.
Dinet (J.B.) 1807.
D'Ingler. 1822.
Dionis du Séjour. 1817.
Dispan. 1817.
Dissandes - Monlevade. 1809.
Ditch. 1811.
D'Ivory. 1807.
Dixmude. 1803.
D'Ieindre. *V*. Chopinet.
Doazan. 1827.
Doillot. 1794.
Doisy de Villargennes. 1807.
Dolifusz. 1804.
Dollone. 1812.
Dombey. 1806.
Dombre. 1804.
Domergue. 1811.
Don. 1826.
Donat. 1807.
Doncour *Voy*. Marque.
Donlévy. 1823.
Donnat (A.-E.) 1796.
Donnat (F.-X.-E.) 1810.
Donnat J -X -P.-A.)1811.
Donop C.-L.) 1794.
Donop C. F.) 1813.
Donzelot. *Voy*. Chaillet.
Dor. 1800.
Doré. 1819.
Dorée. 1794.
Dorguin. 1795.
D'Oriac. *Voyez* Jaubert d'Oriac.

DES ÉLÈVES.   487

D'Ornay. 1820.
Dornier. 1806.
Dortet de Tessan. 1822.
Dosque. 1811.
Doucet (G.) 1809 et 1810.
Doucet J.-D.-A. 1812.
Douence. *Voyez* Mangin Douence.
Douet. 1810.
Douceron. 1804.
Doulcet (A.-J.-B.-L.) 1799.
Doulcet de Pontecoulant. 1811.
Doussault. 1796.
Doussières. *Voy.* Crestin-Doussières.
Douville. 1806.
Douvry. 1794.
Douyau. 1794.
Douzé. 1805.
Douzon (P.-F.) 1800.
Douzon (J.) 1807 et 1809.
Dovillée. 1803.
Doyat. 1817.
Doyen. 1797.
Drappier (J.-J.) 1795.
Drappier (A.-A.) 1809.
Dreppe (J.-M.-G.) 1804.
Dreppe (C.-F.) 1809.
Drieu. 1803.
Drœling. 1826.
Dronard. 1823.
Drouet-d'Aubigny. 1827.
Drouot. 1821.
Dru. 1801.
Druet (G.-C.) 1795.
Druet-Desvaux. 1807.
Drumel. 1806.
Drut. 1813.
Dubain. 1812.
Dubard (F.-P.) 1815.
Dubard (P.-B.) 1823.
Dubarry de Lesqueron. 1803.
Dubcq. 1802.
Dubois (N.) 1794.
Dubois F.-J. 1796.
Dubois (J.-M.-J.-A.) 1796.
Dubois (L.-J.-F.) 1806.
Dubois (A.-L.) 1809.
Dubois J.-L.) 1812.
Dubois C.-G.) 1813.
Dubois (E. 1813.
Dubois de Bellegarde. 1798.
Duboisravel. 1794.
Dubosc. 1807.
Dubourg. 1824.
Du Bourgblanc *Voyez* Mahé Du Bourgblanc.

Duboy. 1806.
Duboys. (R.-F.) 1799.
Duboys-Fresney. 1825.
Dubranle-Lagrange. 1799.
Dubréau. *Voy.* Morisset.
Dubreton. 1826.
Dubuc. 1827.
Dubus. 1809.
Dubut. 1826.
Ducasse (J.-B.) 1808.
Ducasse (J.-M.-P.) 1827.
Duchambge. 1794.
Duchaud. 1796.
Du Chayla. (C.-M.-D.) 1794.
Du Chayla (A.) 1812.
Duché. 1808.
Duchemin. 1804.
Duchesné. *Voy.* Cailly.
Duchesne de Denant. 1819.
Duchet. 1804.
Duclos. *V.* Guyot-Duclos.
Ducluzeau. 1805.
Ducos (J.-E.) *V.* La Hitte.
Ducos E.-M.-A.-P. 1825.
Ducoudric. 1817.
Ducreux. *Voy.* Reynaud-Ducreux.
Ducros (B.-L.) 1794.
Ducros (J.) 1801.
Ducros-Saint-Germain. 1806.
Ducros J.-S.-V.-J. 1811.
Ducy 1809.
Dudeffan. *Voyez* Cathol.
Duesme. *Voyez* Morel-Duesme.
Dufaud. 1794.
Dufland. 1824.
Duffour. 1795.
Duffoure (P.-L. 1808.
Duffoure P.) 1815.
Dufilhol. 1809.
Duflos (C.-C.-L.-M. *Voy.* Lediche.
Duflos de Saint-Amand. 1822.
Dufort. *Voy.* Galbaud.
Dufour G.-H.) 1807.
Dufour (F.-J.-J.) 1809.
Dufour (R.-B.) 1820.
Dufraisse. 1812.
Dufayer. 1808.
Dufreche. *Voy.* Veillet.
Dufrêne. *Voyez* Aribert-Dufrêne.
Dufrénoy. *Voyez* Petit-Dufrénoy.
Dufresnay. 1799.

Dugardier. *Voy.* Robert-Dugardier.
Dugué. *Voy.* Serpin.
Duhamel (C.-M.-J.) 1803.
Duhamel J.-M.-C.) 1814.
Duhamel (J.-A.) *Voyez* Guillot-Duhamel.
Duheaume. *Voy.* Collardeau.
Duhousset. 1811.
Dujardin. (B.) 1806.
Dujardin (J.) 1818.
Du Jay de Rosoy. 1819.
Dujourdain. 1794.
Dulcat. 1804.
Duleau. 1807.
Duliepvre. 1799.
Dulion. 1795.
Dulong (P.-L.) 1801.
Dulong (A.) 1823.
Dumanoir. *Voy.* Duval-Dumanoir.
Du Marais. *V.* Michon-du Marais.
Dumarchais *Voy.* Gilles Dumarchais.
Dumas de Culture. 1802.
Dumas J.-B.-L.) 1810.
Dumay. 1810.
Dumazet. 1796.
Dumesnil (P.-E.) *Voyez* Frémin.
Dumesnil (A.-P.-M.) *V.* Duval-Dumesnil.
Dumesnil. *Voy.* Jobard.
Damesniladélée. 1811.
Dumoirou. *Voy.* Parent.
Dumon. 1813.
Du Moncel. 1802.
Dumont (L.-M.-A.) 1800.
Dumont A.-J.) 1803.
Dumonteil. 1807.
Damotet 1807.
Dumouchel. 1794.
Dumoulin (J.-B.) 1804.
Dumoulin (J.-H.) 1815.
Dumousseau. *V.* Treton.
Dundas. 1813.
Dunoyer. 1804.
Duparc. *Voy.* Fouques.
Dupau. 1802.
Duperche-Duchasble de Mesnilhâton. 1803.
Duperré. *Voy.* Le Bourguignon.
Duperron. 1798.
Dupeyroux. 1819.
Dupin (J.-B.-M.-M.) 1794.
Dupin J.-B.-F.) 1799.

Dupin (P.-C.-F.) 1801.
Duplan (M.-N.) *Voyez* Derrion.
Duplau (J). 1810.
Duplatre. 1801.
Duplessis. (H.-F.V.) 1794.
Duplessis (T.-A.) *Voyez* Jochaux.
Duplessis (H.-F.-J.) *Voy.* Julliot.
Du Plonget. *Voy.* Serton.
Dupont de Létang. 1809.
Duport de Pontcharra. 1803.
Duport (A.-P.) 1809.
Duport (J.-L.-A.) 1812.
Du Porzic. *V.* Rodellec.
Dupré (A.) 1802.
Dupré (D.-A.-H.) 1808.
Dupré (B.-G.-P.) 1818.
Dupuis (P.-L.) 1794.
Dupuis (V.) 1794.
Dupuit. 1822.
Dupuits. 1813
Dupuy (J.-B.-M.) 1794.
Dupuy (J.-B.) 1794.
Dupuy (P.-M.) 1796 et 1797.
Dupuy de Parnay. 1818.

Du Puyparlier. *V.* Faulte.
Duquesney. *V.* Delorme-Duquesney.
Duquesnoy. 1805.
Durand (C.) 1794.
Durand (J.-B.-N.) 1794.
Durand (A.-A.) 1808.
Durand (C.-H.-A.) 1810.
Durand (A.-B.) 1818.
Durandière (de la). *Voy.* Berthelot.
Durant (J.-S.) 1794.
Durant de La Pastellière. 1823.
Durant-Desaulnois. 1826.
Durbach 1801.
Durepaire. *V.* Grimard.
Durfort-Léobard. 1808.
Duriez. 1822.
Durivau (E.-P.-H.) 1794.
Durivau (H.-J.-J.) 1812.
Durocher. *Voy.* Le Harivel.
Duron. 1809.
Durostu. *Voyez* Lévêque Durostu.
Durouret (A.) 1807.
Durouret (F.-F.) 1815.
Duroyer. *Voyez* Boistel.

Durozoir. 1794.
Durutte. 1823.
Du Séjour. *Voy.* Dionis.
Dusaussoy. 1803.
Dutens. 1794.
Dutertre. 1807.
Dutreil. *Voyez* Bernard Dutreil.
Duval (L.) 1794.
Duval (E.-L.-J.-B.) 1797.
Duval (A.-M.) 1799.
Duval (L.-V.) 1825.
Duval-Dumesnil. 1813.
Duval-d'Eprémesnil-Maréfosse. 1819.
Duval-Dumanoir. 1821.
Duvaux. 1796.
Duvergier. 1794.
Duvernoy. 1813.
Duvignaud. *Voy.* Rempnoulx.
Duviquet. 1812.
Du Vivier (M.-J.-M.) *V.* Lacoste du Vivier.
Duvivier (F.-F.) 1812.
D'Uzer. 1821.
Dyanville. *Voyez* Coustant.
D'Yauville. 1794.

E.

Eblé. 1818.
Eculleville (d'). *Voyez* Feuardant.
Egault. 1796.
Eggerlé. 1801.
Eickmeyer. 1794.
Elie (R.) 1794.
Elie de Beaumont. 1817.
Elie (C.-J.) 1826.
Emmery (H.-N.) 1801.
Emmery (H.-C.) 1805.
Emmery (J.-N.-E.) 1816.
Emon. 1808.
Empaytaz. 1811.
Empereur (P.) 1798.
Empereur (C.) 1803.
Emy (A.-M.) 1797.

Emy (C.-J.) 1822.
Enfantin. 1813.
Enouf. 1794.
Epailly. (A.-F.) 1795.
Epailly (P.-A.) 1795.
Eparvier. 1824.
Ernault-des-Bruslys. 1824.
Errard (d'). 1798.
Escanyé. 1812.
Esclaibes Dhust. 1802.
Esménard. 1821.
Esnard. 1794.
Espagnac (d'). *V.* Sahuguet.
Espagnou. 1794.
Espéronnier. 1807.
Esquirol. 1825.

Esterhazy. *Voy.* Walsin.
Estève (J.-F.-P.-M.) 1824.
Estève (P.-S.) 1824.
Estevou. 1799.
Estienne. 1816.
Estivant. 1827.
Etchégoyen. 1801.
Etèsse. 1815.
Ethéart. 1808.
Etiennez. 1819.
Eudel (H.-H.) 1794.
Eudel (A.-F.-M.) 1803.
Eustache. 1795.
Evain. 1798.
Even (C.) 1800.
Even de Vincé. 1805

F.

Fabian. 1810.
Fabre (Ar.) 1795.
Fabre (J.-A.) 1801.
Fabre (J.-F.-G.) 1810.
Fabre (A.-C.-F.) 1811.

Fabre (Aug.) 1812.
Fabre d'Eglantine. 1799.
Fabry (Aug.) 1815.
Fabry (J.-L.) 1826.
Fabry (Ad.) 1827.

Fabvier. 1802.
Fadates de Saint-Georges. 1825.
Faget de Baure. 1823.
Failly. 1798.

DES ÉLÈVES. 489

Fain. 1822.
Falconet. 1823.
Falguière. 1808.
Falret (P.-F.) 1810.
Falret-Lagasquie (A.-P.) 1812.
Faraguet. 1822.
Fargeon. 1796.
Fassardy. 1795.
Fauché-Prunelle. 1814.
Faucheux. 1825.
Fauchon 1811.
Faucompré (E.-A.-J.) 1816.
Faucompré (L.-A.) 1827.
Faulong. 1794.
Faulquier. 1827.
Faulte du Puyparlier. 1812
Faultrier. 1827.
Fauquez. 1809.
Fauquier. 1811.
Faure (P.-A.-F.-X.) 1795.
Faure (J.-P.) 1800.
Faure (M.-A.-F.-M.) 1802.
Faure (J.-H.-A.) 1817.
Faure de Fournoux. 1811.
Faure de Gière. 1825.
Faurie. 1806.
Fauveau (J.-G.-C.) 1811.
Fauveau (F.-A.-A.) 1816.
Favart. 1797.
Faveaux (A.-J G.) *Voyez* Henry de Faveaux
Faveaux (E.) 1820.
Faveaux (A.) 1822.
Favier (L.-J.) 1796.
Favier (J.) 1806.
Favre-Bulle. 1813.
Favre-Rollin. 1825.
Favreul. 1822.
Fayolles 1794.
Fayon. 1807.
Février. 1819.
Feline (A.-B) 1813.
Féline-Romany (E.-J.) 1824.
Félix. *Voyez* Cartier, *dit* Félix.
Feltre. *Voyez* Clarke de Feltre.
Fénéon. 1821.
Féraud. 1816.
Féraudy. 1814.
Féray. 1823.
Fermon. *Voy.* Defermon.
Ferrand. 1795.
Ferrandin-Gazan. 1811.

Ferréol. 1813.
Ferrières. 1813.
Ferris. 1814.
Fesquet. 1804.
Fessard. 1809.
Feuardant-d'Éculleville. 1811.
Feuillot-Varange. 1804.
Fèvre. 1794.
Feydeau. 1800.
Fiereck. 1825.
Fiévée. 1810.
Filhon. 1808.
Finck. 1815.
Finot (A.-B.) 1797.
Finot (F.-S.-E-B.) 1797.
Firon. 1823.
Fiscal. 1797.
Flesselles. 1794.
Fleury (H.) *Voy.* Rohault de Fleury.
Fleury (L.-R.) 1804.
Fleury (C.-R.) 1812.
Floquet. 1808.
Floucaud. 1819.
Folard. 1795.
Folliart (F.-R.) 1803.
Folliart (G-L) 1813.
Fontaine 1801.
Fontenelle. *Voy.* Caqueray.
Forcade (J.-J.) 1794.
Forceville (L) 1794.
Forceville (N.-F) *Voyez* Hennebert.
Forfait. 1812
Forges *Voy.* Sazerac.
Forget de Barst. 1810.
Fortin. 1824.
Fossieux. *Voyez* Poulain de Fossieux.
Fouache. 1814.
Foucaud. 1801.
Foucauld (V.-A.-J.) 1801.
Foucauld (J.-H.) 1803.
Foucault (C.-L.) 1801.
Foucault (L.-D.) 1804.
Foucault (M.-F.-de-P.-H.-L.) 1823.
Fouju. 1806.
Foulard. 1807.
Foulon. 1823.
Foulquier. 1798.
Fouques-Duparc (L.-B) 1795.
Fouques-Duparc (L.-C.) 1826.
Fourcheut de Montrond. 1825.

Fourcroy. 1804.
Fourcy. *Voyez* Lefébure de Fourcy.
Fouré. 1795.
Foureau. 1821.
Fourier. 1815.
Fourmond (F.) 1794.
Fourmond (J.-F.-E) 1810.
Fournel. 1817.
Fournier (P-F.) 1803.
Fournier (M) 1813.
Fournier (E.) 1820.
Fournoux. *Voy.* Faure de Fournoux.
Foy (M-P) 1824.
Foy (J-L-M-A.) 1827.
Foyer. 1812.
Fraissignes. 1804.
Fraix. 1813.
Framery de Lafosse. 1795.
Franc. 1804.
Français. 1797.
Franchessin (J.-V.) 1806.
Franchessin (E.) 1808.
Franchet. 1803
Francœur. 1794.
François (L.-J.) 1800.
François (C.-G) 1805.
François (P) 1812.
François (J-B.-E.) 1813.
Franquet de Franqueville. 1827.
Franqueville (A.-C.-E.) *Voy.* Franquet.
Franqueville (L.-A.) *V.* Subtil.
Frantin. 1798.
Frégier. 1813.
Fremin-Dumesnil. 1822.
Frémond de la Merveillère. 1806.
Frémont. 1811.
Frerejean. 1817
Freslon du Bois-Hamon. 1803.
Fresnel (L-J) 1803.
Fresnel (A-J) 1804.
Fresnel (L-F.) 1807.
Fresney. *Voyez* Dubois-Fresney.
Fréteau. 1794.
Frézouls. 1815.
Frichou. 1819.
Frimot. 1808.
Frissard 1806.
Froment. 1798.
Fromentin. 1811.
Frossard de Saugy. 1813.
Frossard (C.-A.) 1825.

38

Frotier de la Messelière. 1809.
Frotois. 1815.
Froussard. 1808.

Fuchsamberg. 1811.
Fuix. 1823.
Fulchiron. 1795.
Fumel. 1825.

Furgaud (J.-B.) 1801.
Furgaud (A.-E.-A.) 1803.
Furgole. 1806.

G.

Gabé. 1806.
Gachot. 1826.
Gacon (A.-J.) 1812.
Gacon (C.) 1826.
Gagemon (Prévost de). 1806.
Gagnières. 1800.
Gaide. 1810.
Gaignière. 1822.
Gail. 1815.
Gaillard. 1812.
Gaillardon. 1813.
Gaillon. *Voy.* Vion.
Gailly. 1806.
Galand de Longuerue. 1827.
Galard-Brassac de Béarn. 1822.
Galbaud-Dufort. 1823.
Galis. 1810.
Galleto. 1804.
Gallez. 1807.
Gallice. 1809.
Gallocher de la Gallisserie. 1825.
Gallois (L.-G.) 1794.
Gallois (C.-J.-M.) 1803.
Gallot. 1808.
Galy-Cazalat. 1814.
Gambart. 1794.
Gambier (A.-P.) 1808.
Gambier (A.-H.-J.) 1811.
Gambini. 1812.
Gamond. 1798.
Gamot. 1813.
Gand. 1813.
Gandillot. 1815.
Ganivet. 1804.
Gantier. 1794 et 1798.
Garagnol. *Voy.* Rolland-Garagnol.
Garassino. 1813.
Garcerie. 1813.
Garçon-Rivière. 1813.
Gard. 1794.
Gardel. 1798.
Gardereau. 1823.
Gardeur-Lebrun (J.C.) 1801.
Gardeur-Lebrun (C.) 1803.
Gardeur-Lebrun (A.-S.) 1808.

Gardeur-Lebrun. (N.-A.) 1813.
Gardien. 1806.
Garella (H.) 1796.
Garella F.-N.) 1825.
Garella (J.-H.) 1825.
Garesché. 1794.
Gargan. 1808.
Garidel-Thoron. 1823.
Garin F.-L.-J.) 1796.
Garin (S.-P.-J.) 1802.
Garlan. *Voy.* Alexandre Garlan.
Garnerin. 1822.
Garnier (L.-D.) 1794.
Garnier (A.-J.-F. 1803.
Garnier (P.-A.) 1803.
Garnier (G.-B.) 1811.
Garnier (P.-L.-E. 1819.
Garnier G.-A.) 1822.
Garnot. 1813.
Garreau. 1800.
Gartempe. *Voy.* Voysin de Gartempe.
Gascheau. 1816.
Gaschon. 1796.
Gastellier. 1801.
Gattée. 1805.
Gaubert. 1824.
Gauchet. 1811.
Gaudefroy. 1794.
Gaudelet. 1825.
Gaudin (J.-F.-D.) 1797.
Gaudin. (A.-P.) 1798.
Gaudin. (F.-A.-A.) 1811.
Gauldrée-Boilleau. 1802.
Gaulin. 1816.
Gaullier-Desbordes. 1811.
Gaullier G.) 1816.
Gaultier-Biauzat. 1797.
Gaultier (L.) 1798.
Gaultier (A.-G.-V.) 1802.
Gaultron. 1823.
Gauthier (P.-G.) 1807.
Gauthier (C.-F.) 1810.
Gauvain (C.-H.) 1794.
Gauvain (L.) 1803.
Gauzence. 1820.
Gavard. 1812.
Gay-Lussac. 1797.
Gay de Vernon. 1807.
Gay (L.-M.) 1809.

Gay (F.-A.) 1812.
Gay de Planhol. 1827.
Gayant. 1818.
Gayet (J.-M.-C.) 1795.
Gayet-Laroche. 1804.
Gayffier 1826.
Gazan (A.-Z.-A.-N.) 1810.
Gazan (J.-G.) *Voy.* Ferrandin.
Gazeau de la Bouère. 1810.
Gazel. 1808.
Gazon des Rivières. 1801.
Géant. 1806.
Geoffroy. 1801.
Géhard. 1814.
Gelin. 1821.
Gélis. 1794.
Gellibert 1807.
Gemeaux. *Voy.* Loppin.
Geneix. 1812.
Genest. 1814.
Genet. 1805.
Gengembre 1814.
Genieys. 1808.
Gennet. 1799.
Genot. 1799.
Genouilly. *Voy.* Rigault.
Gensolen. 1808.
Gentil, *dit* Maurin. 1807.
Gentil (A.-P.) 1813.
Gentil-Baichis. 1826.
Gentile. 1823.
Geoffroy. *Voy.* Durouret.
Geoffroy (G.-M.-V.) 1820.
Geoffroy G.-E.-A. 1826.
George. 1794.
Georgeat. 1827.
Georges. 1803.
Gérard (A.-S.) 1798.
Gérard (J.-M.-J.-L.) 1803.
Gérard (A.-F.-C.-M.) 1807.
Gérard (J.-B.-A. 1810.
Gérardy. 1813.
Gérauvillier (Desjardins de). 1807.
Gerdolle. 1825.
Germain. 1812.
Gernaert. 1811.
Gérus. 1806.
Gervoy. 1824.
Gibault. 1821.
Gibon. 1802.

DES ÉLÈVES. 491

Gibou. 1809.
Gière. V. Faure de Gière.
Gigot. 1824.
Gigounous de Verdon. 1800.
Giguet. 1813.
Gilart. Voy. Larchantel.
Gilbert (V.-N.) 1794.
Gilbert (P.-J.) 1797.
Gilbert (J.-C.-N.-F.) 1807.
Gilbert E.-J. 1811.
Gilbert de Gourville. 1809.
Gilberton (A.-A.-M.) 1794.
Gilberton (G.-C.) 1808.
Gillart C.-M. 1818.
Gillart G.-M.-A. 1819.
Gille, dit Dumarchais. 1811.
Gilles (B.-M.) 1806.
Gillet. 1811.
Gillotin. 1823.
Gimmig. 1811.
Gineste. 1813.
Ginet. 1811.
Ginibral (Lombard de). 1807.
Ginot. 1804.
Giorgini. 1812.
Girard (A.-C.) 1801.
Girard (J.-A.) 1803.
Girard (S.-C.) 1810.
Girard (A.-A.) 1811.
Girard (P.-F.-A.) 1825.
Girard-Pinsonnière. 1827.
Girardin. 1801.
Giraud J.-B.-S. 1804.
Giraud (M.-S.-X.) 1811.
Giraud C.-H. 1813.
Giraudier (de la). Voy. Berthereau.
Girault (J.-P.) 1805.
Girault (P.) 1805.
Girault J.-J. 1811.
Giret. 1810.
Girod (C.-A.) 1803.
Girod (F.) 1814.
Gironcourt. V. Regnard de Gironcourt.
Giroult des Brosses. 1820.
Giselard. 1813.
Gislain. Voyez Bontin.
Gitton de la Ribellerie. 1813.
Gizaguet. Voy. Croze.
Gleises. 1819.
Gleizes. 1798.
Gloux. 1811.
Gobert. 1805.
Goblot. 1809.

Godard (P.-A.) 1794.
Godard-d'Isigny. 1811.
Godart de Rivocet. 1810.
Godebert. 1812.
Godfrin. 1819
Godin (P.-G.-C.) 1808.
Godin J.-A. 1810.
Godin (E.-F.) 1812.
Godineau. 1798.
Godinet. 1824.
Goeury. 1806.
Goguillot. 1803.
Gohard. 1810.
Goll (J.) 1794.
Goll (H.-E.) 1815.
Gombault. 1811.
Gomiécourt. 1822.
Gondallier-Tugny. 1815.
Gondinet. 1814.
Gonet. 1809.
Gonyn de Lurien. 1813.
Gorsse (R.) 1794.
Gorsse (J.-A.) 1802.
Gosse de Serlay. 1802.
Gosselin (N.-B.) 1801.
Gosselin (F.-T.) 1810.
Gosset. 1795.
Gossuin. 1805.
Gouazé. 1813
Goubeau. 1824.
Gouflé. 1804.
Gougeon (J.-B.) 1811.
Gougeon (P.-N.) 1815.
Gouget-Deslandes. 1797.
Gouilly-Pingard. 1796.
Goujon (A.-M.) 1794 et 1799.
Goujon (D.-L.) 1798.
Goullet de Rugy. 1822.
Goupil (A.-J.) 1808.
Goupil de Prefeln. 1811.
Goupilleau. 1811.
Goureau. 1808.
Gourgaud. 1799.
Gourier. 1808.
Gourousseau. 1806.
Goursaud-Laumond. V. Boischevet.
Gourville. Voy. Gilbert de Gourville.
Goury (J.-S.) 1796.
Goury (H.-C.) 1816.
Goussard (F.-A.) 1799.
Goussard (C.-E.-F.) 1808.
Gousse. 1813.
Goust. 1811.
Gouvello. 1807.
Goux. 1826.
Goy. 1809.
Goyer. 1814.

Graffan. 1804.
Graud. 1826.
Grandbesançon. 1806.
Grandchamp (Picher de). 1806.
Grandin (J.-P.-M.) 1801.
Grandin (H.-P.-F.) 1805.
Grandin (C.-H.-P.) 1806.
Grandjean. 1806.
Grandsagne. Voy. Ajasson.
Grandseille. V. Mathis.
Grandsire. 1816.
Grandville. Voy. Robert de Grandville.
Grangeneuve. 1812.
Granger. 1813.
Granier. 1814.
Granvelle. Voy. Raillard.
Gras (A.-P.-F.) 1823.
Gras (J.-S.) 1824.
Grassot. 1797.
Gratry. 1825.
Grave (V.-J.-H.-C.) 1810.
Grave H.-M.-V. 1823.
Gravelle. 1808.
Gravier. 1813.
Gréau. 1799.
Gréban. 1822.
Grebert. 1794.
Grégoire. 1810.
Grellet. 1824.
Grenoilleau. 1798.
Greslé. 1795.
Gresset (J.-C.-A.) 1798.
Gresset (A.-J.-M.) 1799.
Grétry. 1800.
Gricourt. 1802.
Grigny. 1801.
Griffet-Labaume (C.-A.) 1808
Griffet-Labaume (G.-C.) 1809.
Grillet (F.-E.-J.) 1806
Grillet-Serry (E.-J.) 1810.
Grillet-Serry (A.-J.) 1813.
Grimard-Durepaire. 1815.
Grimes. 1826.
Grimouville. 1810.
Grivel. 1803.
Grivel. 1811.
Grojean. 1801.
Grosier-Saint-Elme. 1815.
Grouchy. 1825.
Groult. 1811.
Grulet (G.) 1796.
Grulet (E.) 1826.
Guéneau de Mussy (F.) 1795.

Guéneau de Mussy (Ph.) 1795.
Guenoux. 1825.
Guenyveau (A.) 1800.
Guenyveau (D.) 1808.
Guépratte. 1820.
Guérard (N.) 1803.
Guérard J.-C.) 1813.
Guérin (J.-B.) 1803.
Guérin A.-C. 1824.
Guérin (E) 1826.
Guérin (E.-E.) 1827.
Guérineau de Boisvillette. 1817.
Guerrier. 1798.
Guéry J.) 1798.
Guéry A.) 1811.
Guesnet. 1791.
Guettard. 1795.
Gueymard. 1806.
Guèze. 1809.
Guibal (C.-F.) 1800.
Guibal (C.-A.) 1824.
Guibaud. 1806.
Guibert (J.-M.) 1804.

Guibert (M.-P.-A.) 1813.
Guibourg. 1821.
Guichard. 1814.
Guichon (J.-L.) 1804.
Guichon (C.) 1826.
Guieysse. 1827.
Guignard. 1816.
Guignet. 1794.
Guigner de Prangins. 1827.
Guilhon. 1810.
Guilland. 1810.
Guillaume (C.-H.-F.) 1801.
Guillaume J.-B.-F.-H.) 1819.
Guillaumot. 1819.
Guillebon. 1808.
Guillemain. 1805.
Guillemard. 1801.
Guillemion. 1826.
Guillemot. 1810.
Guillery. 1812.
Guillet. 1798.
Guilley. 1794.
Guillot (A.-N.) 1796.
Guillot-Duhamel. 1816.

Guillotou de Kerever. 1797.
Guimet. 1813.
Guimps. 1822.
Guingret. 1805.
Guiod. 1824.
Guiol. 1804.
Guiraud. 1798.
Guiraudet-Saint-Amé. 1811.
Guironnet-Massas. 1823.
Guy. (A.-M.) 1810.
Guy (J.-P.-A.) 1810.
Guy (P.-G.) 1812.
Guyardin. 1805.
Guye. 1824.
Guyon. 1799.
Guyonneau-Pambour. 1813.
Guyot-Vercia. 1810.
Guyot-Duclos. 1813.
Guyot (C.-O.) 1816.
Guyot (J.-E.) 1826.
Guyton (L.-B.) 1806.
Guyton (F.-L.) 1823.

H.

Hackett. 1822.
Hacquin 1811.
Hageau. 1820.
Haillecourt 1819.
Haldat. 1822.
Hallot. 1794.
Hamart (A.) 1802.
Hamart (C.-N.-F.) 1803.
Hamart (P.) 1815.
Hamelin. 1804.
Hamot 1794.
Hanet-Cléry. 1811.
Hanin 1805.
Harcourt. 1827.
Harel. 1807.
Harlé. 1827.
Harmand. 1810.
Harmois. 1815.
Harnois (d'). 1809.
Hatton. 1797.
Haubersin. *Voyez* Lebon.
Haudry. 1791.
Haumout. 1827
Hanteclocque. 1803.
Hanterre. 1794.
Hanteville C.-M. d').1797.
Hanteville (G.-L.-P. d'). 1823.
Hautpoul (d') 1799.
Hébert (P.-J.) 1810.
Hébert (A.-E.) 1824.

Hecquet. 1807.
Hedde. 1813.
Hélie. 1813.
Hénin. 1806.
Hennebert de Forceville. 1810.
Hennezel. 1825.
Hennocque. 1804.
Henrat. 1797.
Henraux 1798.
Henry (A.) 1799.
Henry (A.-G.) 1804.
Henry (C.-H.) 1805.
Henry (P.-V.) 1809.
Henry (C.-J.) 1819.
Henry (T.-E.) 1823.
Henry de Faveaux 1813.
Henryot. 1812.
Hérault (A.-G.) 1796.
Hérault (J.-A) 1809.
Herbin. 1799.
Herconet. 1808.
Hérel. 1794.
Héricart. 1797.
Hermann. 1811.
Hernoux. 1821.
Héron de Villefosse. 1794.
Hérouard. 1803.
Hersart (C.-J.-T.) 1797.
Hersart de la Villemarqué (T.-R.) 1798.

Herson. 1814 et 1815.
Hertz-Zacharias. *Voyez* Cerf (J)
Herval. 1809.
Hervé (A.-C.-M.-F.-C.) 1807.
Hervé (P.) 1825.
Hesse. 1794.
Hetzrodt. 1809.
Heuzé (A) 1794.
Heuzé (J.-A.) 1802.
Hinard. 1801.
Hirigoyty. 1800.
Hirsch. 1817.
Hoart. 1812.
Hochereau. 1823.
Hoguer. 1802.
Holker. 1824.
Homberg. 1824.
Honoré. 1805.
Hooke. 1794.
Hortet. 1802.
Hossard. 1817.
Houbre. 1826.
Houdaille. 1811.
Houdiart. 1821.
Houdouart (J.-M.-F.-E.) 1817.
Houdouart (J.-B.-J.-T.) 1823.
Houeau. 1813.

DES ÉLÈVES. 493

Houry. 1827.
Houssart. 1798.
Houssaye. 1825.
Houssemaine. 1794.
Hovelt. 1797.
Hoyau. 1801.
Hua. 1801.
Huart. 1826.
Hubert (J.-B.) 1797.
Hubert (A.-C.) 1808.
Hubert (C.-C.) 1810.
Hubert-Delapatrière (J.-S.) 1822.
Hubert-Delapatrière (F.-A.) 1826.

Hudry. 1805.
Huerne. 1822.
Huet (M.-F.) 1794.
Huet (J.-G.) 1803.
Huet (T.) 1826.
Hugot-Derville. 1825.
Huguenet. 1824.
Huguenot, *dit* Lalance. 1808.
Huguet (L.) 1794.
Huguet (F.) 1818.
Hullin de Boischevalier. 1794.
Hulot. 1796.

Humann. 1825.
Humbert (N.) 1796.
Humbert (J.-T.-P.) 1827.
Huot. 1799.
Hureau de Senarmont. 1826.
Hurel. 1808.
Hurtrelle. 1800.
Husson (F.-L.) 1794.
Husson (J.-F.-D.) 1794.
Husson (N.-F.) 1803.
Huyn. 1812.
Huz. 1800.
Hyman. 1808.

I.

Imbert (J.-B.) 1795.
Imbert-Saint-Brice (M.-T.-P.) 1810.

Imbert-Saint-Brice (P.-A.-J.) 1812.

Isigny. *Voyez* Godard d'Isigny.
Izac. 1795.

J.

Jabin. 1820.
Jaclot. 1826.
Jacomet. 1806.
Jacquand. 1805.
Jacquelot de Boisrouvray. 1817.
Jacquemart. 1827.
Jacquemet. 1827.
Jacquemier. 1820.
Jacquemont. 1808.
Jacques (J.-N.) 1806.
Jacques (L.) 1818.
Jacquin M.-L.-T. 1808.
Jacquin (J.-J. *Voyez* Cassières.
Jacquiné J.-J.) 1800.
Jacquiné (P.-S.) 1810.
Jadioux. 1795.
Jallot. 1820.
Jamet. 1801.
Jandel. 1803.
Janin (E.-F.) 1798.
Janin, *dit* Lescure. 1806.
Janot-Destainville. 1802.
Jaquiné. 1824.
Jardillier. 1820.
Jarrige-Lamazorie. 1810.
Jaubert (F.-J.-J.) 1801.
Jaubert (A.) 1803.
Jaubert d'Oriac. 1823.
Jaulte. 1798.
Jaunez (P.-D.) 1796.
Jaunez L. 1804.
Javain. 1826.
Javerzat. 1801.

Jean. 1794.
Jeanmaire. 1822.
Jeannest-Lanoue (A.-H.) 1798.
Jeannest-Lanoue (H.-N.-R.) 1805.
Jeannin. 1812.
Jégou (C.-M.-A.) 1824.
Jégou (Y.-M.) 1824.
Jellé. 1798.
Jemois. 1806.
Jeufosse. 1806.
Jeulain. 1797.
Joannis (H.-J.-B.) 1816.
Joannis (D.-L.) 1821.
Job. 1820.
Jobard-Dumesnil (J.-B.-E.) 1794.
Jobard-Dumesnil (C.-M.) 1824.
Jobert 1806.
Jochaux-Duplessis. 1794.
Joffre (P.-J.-J.) 1806.
Joffre (F.-I.) 1818.
Joffrenot de Montlebert. 1796.
Johanys. 1812.
Jolivet de Riencourt. 1808.
Jollois. 1794.
Jolly Deshayes. 1821.
Joly (L.-A.) 1794.
Joly (J.-G.) 1813.
Joly (A.-L. 1825.
Jomard. 1794.
Jordan. 1826.

Jorry. 1824.
Josserand. 1808.
Joubert. 1813.
Joucerand. 1798.
Jouffroy. 1815.
Joulet. 1797.
Jourdain. 1817.
Jourdau. 1818.
Jourjon. 1826.
Journet. 1806.
Jousselin (L.-D.) 1794.
Jousselin (A.-L.) 1805.
Jousserant. 1813.
Jouvencel. 1822.
Jouvin. 1808.
Jouye-Desroches. 1803.
Joyau. 1826.
Jubié. 1808.
Juchault de La Moricière. 1824.
Juge. 1813.
Juhel (J.-N.) 1807.
Juhel-Desmares. 1823.
Juillan. *Voyez* Colomès.
Julhe. 1796 et 1799.
Jullien. 1821.
Juliot Duplessis. 1802.
Julvécourt *Voyez* Martin de Julvécourt.
Juncker. 1809
Juretig. 1813
Juvigny. *Voy.* Léonard-Juvigny.

K.

Karth. 1810.
Kastner. 1797.
Keguelin de Rozières. 1813.
Keller. 1821.
Kerdaniel. *Voyez* Le Métayer-Kerdaniel.
Kerever. *Voy.* Guillotou.
Kergorlay. 1824.
Kermaingant (M.-F.) 1798.
Kermaingant (Y.-M.-N.) 1820.
Kermel. 1807.

Kermorvan. *Voyez* Le Borgne.
Kernier (L.-R. Le Cardinal de). 1803.
Kernier (F.-G.-P. Le Cardinal de). 1803.
Kernier (J.-A.-M.-P. Le Cardinal de. 1804.
Kerris. 1827.
Kersaint-Coëtnempren. 1809.
Kerveno. *Voyez* Tilly.

Kervern (P.-F. Le Denmat de). 1699.
Kervern (F.-M. Le Denmat de). 1807.
Kervern (E.-M.-H. Le Denmat de). 1810.
Kerviler. *Voyez* Pocard.
Ketelbuter. 1809.
Kleitz. 1827.
Kolb. 1827.
Korumann. 1795.
Kornprobst. 1824.

L.

Labarbe (J.-M.) 1810.
Labarbe (P.-F.-E.) 1811.
Labarrière. 1809.
Labarthe. *Voy.* Périès.
Labastie (C.-M.-A.) 1804.
Labastie (A.-G.-M.) 1807.
Labastie (J.-L.-E.) 1825.
Labaume. *Voy.* Griffet.
Labaume-Chabrier. 1815.
La Besse (J.-B.-M.) *Voy.* Pastoureau.
Labesse (G.) *Voyez* Métivier.
Labiche. 1807.
Lablancherie. 1813.
La Bonnière de Beaumont. 1827.
La Boulaye. *Voy.* Champeaux.
Labouralière. *Voy.* Letard.
Labrosse-Luuyt. 1808.
Labrosse (F.) 1813.
Labrousse de Verteillac. 1817.
Lacave (L.-H.-H.) 1810.
Lacave-Laplagne. 1811.
Lachaise. *Voyez* Vivier de Lachaise.
Lachapelle. *Voyez* Cheveny.
Lachèvre. 1818.
Lacheze. 1807.
Lacombe. 1826.
Lacomble. *Voy.* Prieur.
Lacordaire. 1807.
Lacoste (H.-L.) 1812.
Lacoste (P.-L.) *Voyez* Maillet.

Lacoste (F.-X.) *Voyez* Maisonneufve.
Lacoste du Vivier. (M.-J.-M.) 1807.
Lacour. 1794.
Lacroix (A.-P.-H.) 1809.
Lacroix (C.-C.-S.) 1815.
Lacroix (A.-J.-B.-J.-A.) 1827.
Lacy. 1794.
Ladebat. *Voyez* Laffon-Ladebat.
Ladevèze. 1811.
Laederich. 1822.
Lafabrié. *Voy.* Barthez.
Lafarge. *Voy.* Pavin.
Laffaille. 1794.
Lafeuillade. 1812.
Laffitte F.-T. 1800.
Laffitte (P.-L.) 1811.
Laffon. 1794.
Laffon-Ladebat. 1826.
Laffore (J.-R.-C. Bourrousse de). 1806.
Laffore (J.-S. Bourrousse de). 1809.
Laffore (M. A. Bourrousse de) 1809.
Lafitte (J.-L.M.-V.) 1806.
Lafitte (J.-G.) *Voy.* Petit-Lafitte.
Lafizelière. *Voy.* Patin.
Lafont (A.) 1797.
Lafont (A.-L.) 1804.
Lafont (L.-H.) 1826.
Lafont du Cujula. 1808.
Laforcade. 1796.
Laforge. *Voy.* Marie de Laforge.

Lafosse (J.-A.-M.) *Voyez* Lelasseux.
Lafosse (P.-F.) *Voy.* Le Rouyer.
Lafosse (P.-T.) *Voy.* Radoult de Lafosse.
Lafréjolière. *Voyez* Bernard de Lafréjolière.
La Gallisserie. *Voy.* Gallocher.
Lagarde (F.-T.) 1800.
Lagarde (E.-L.) 1806.
Lagarrigue. 1810.
Lagasquie. *Voy.* Falret Lagasquie.
Lagorce. *Voy.* Boutinaud.
Lagrange (F.-A.) 1794.
Lagrange (J.-F.) *Voyez* Dubranle-Lagrange.
Lagrange (A.) *Voy.* Mollet-Lagrange.
Lagrange (A.-G.) *Voyez* Trippier-Lagrange.
Lagrange-Chancel. *Voy.* Chancel-Lagrange.
Laguerenne. *Voy.* Constant.
La Guérinais (Poillevé de). 1806.
Laguette. (E.-J.-H) 1796.
Laguette de Mornay. 1798.
La Hattays. *Voy.* Colliot.
La Hitte (Ducos de). 1807.
Lahure. 1794.
Laimant. 1807.
Lainé (E.-S.) 1794.
Lainé (J.) 1813.
Lair. 1811.
Laisné. 1821.

Laisnel-Marambert. 1794.
Lalance. *Voyez* Huguenot.
Lallemand (D.) 1796.
Lallemand (F.) 1803.
Lallemand de Cullion. 1811.
Lallemant. 1804.
Lallement. 1807.
Laloux. 1805.
Lamabilais. *Voy.* Pichot.
Lamaëstre. 1822.
Laman. 1805.
Lamandé. 1794.
Lamarck (A.) 1802.
La Marck (G.-E.-A.) *V.* Demonet.
Lamare. 1804.
Lamarle (A.-D.-G.) 1820.
Lamarle (A.-H.-E.) 1825.
Lamarque (R.-C.) 1811.
Lamarque (J.-B.-T.-L.) 1827.
Lamazorie. *Voy.* Jarrige.
Lambert (A.-F.) 1794.
Lambert (L.-J.-A.) 1800.
Lambert (C.) 1809.
Lambert (Cés.-J.) 1810.
Lambert (C.-J.-E.) 1810.
Lambert (Ch.-J.) 1822.
Lambert (A.-L.-V.-J.) 1826.
Lambert (H.-P.) 1826.
Lamblardie. 1799.
Lambrecht. 1800.
Lamé. 1814.
Lamezan. 1805.
La Moricière. *Voyez* Juchault.
La Morinière. 1804.
Lamorre. 1803.
Lamothe-Castanède-Latour-Daynia. 1823.
Lamotte. *Voy.* Vergnette.
Lamy (A.-F.) 1798.
Lamy (J.-N.) 1806.
Lancelin. 1809.
Lanceret. 1794.
Landevoisin. *Voy.* Soucanye.
Landraud. 1815.
Langlois (N.-F.) 1794.
Langlois (J.-C.) 1806.
Langlumé des Angles. 1822.
Laniepce. *Voy.* Jeufosse.
Lannes de Montebello. 1821.
Lanoue (G.-T.-M.) 1806.
Lanoue. *Voy.* Jeannest.
Lanoye. *Voy.* Tugnot.

Lantery. 1808.
Lanty (F.-V.) 1806.
Lanty (J.-B.-A.) 1811.
Lanusse. 1796.
Lanvarzin. *V.* Porlodec.
La Pastellière. *Voy.* Durant de La Pastellière.
Lapéne. 1807.
Lapeyrat. *Voy.* Courtez.
Lapeyrouse (H.-J.-S.) *V.* Picot-Lapeyrouse.
Lapie. 1819.
Lapipe. 1806.
Lapique. 1805.
Lapisse. 1826.
Laplace. 1805.
Laplagne. *Voy.* Lacave-Laplagne.
Laplagniolle. *V.* Séverac-Laplagniolle.
Laporte (A.) 1794.
Laporte (A.-A.) 1800.
Lapparent (E.) 1794.
Lapparent (H.) 1826.
Laprade. *Voy.* Cabannes.
Laqueuille. 1824.
Laquiante. 1818.
Larabit. 1810.
Larchantel. 1807.
Larchevêque-Thibaud. 1810.
Largeteau. 1811.
Lariboisière. 1806.
Larigaudie. 1806.
Larivalière. 1794.
Larmandie. 1805.
Larminat. 1799.
Laroche (F.) 1795.
Laroche. *Voyez* Gayet-Laroche.
Laroche. *Voy.* Trotté.
Laroque. 1797.
Laroyenne. 1812.
Laroze. 1808.
Larsé. 1796.
Larue (F.-A.) 1816.
Larue (C.-F.) *Voyez* Morice.
Lasalle. *Voy.* Ripoud.
La Serrie. *Voyez* Carré-Ellis.
Lasnon. 1798.
Lasseret. 1795.
Lassus-Marcilly. 1807.
Lataulade. 1817.
Lateyssonnière. 1794.
Latouche. *Voyez* Nouel-Latouche.
Latour (B.-A.) 1809.

Latour (F.-F.) 1814.
Latour-Bauzac. 1818.
Latour (F.-H.-E.) *Voyez* Chabaud.
Laugaudin. 1810.
Laulhé. 1799.
Laupies. 1794.
Lauréal. *Voy.* Coudroy.
Laureau de Lavault. 1819.
Laurencot. 1808.
Laurencin. 1807.
Laurent (J.-R.) 1794.
Laurent (F.) 1806.
Laurent (P.) 1812.
Laurent (J.-B.-D.) 1816.
Laurent (J.-E.) 1821.
Lauwereyns. 1804.
Lauzeral. 1797.
Laval. 1808 et 1809.
Lavallée. 1808 et 1809.
Lavallette. *Voy.* Chicoyneau.
Lavault. *Voy.* Laureau.
Lavaytte (A.-C.-L.) 1821.
Lavaytte (L.-J.) 1825.
Lavedrine. *V.* Demalet.
Lavergne de Cerval. 1827.
Lavillette (T.-J.) 1794.
Lavillette (C.) 1800.
Lavit. 1795.
Lavrignais. *Voy.* Robiou.
Lazarque. *V.* Auricoste.
Lebarbier de Tinan. 1815.
Le Baron. 1819.
Lebas (M.-T.) 1812.
Lebas (J.-B.-A.) 1816.
Le Bascle. 1800.
Lebasteur (P.-C.) 1820.
Lebasteur (M.-H.-L.) 1826.
Lebel. 1805.
Lebeschu. 1799.
Lebeuf-Deschamps. 1802.
Leblanc (A.-A.) 1794.
Leblanc (A.-C.-C.) *Voy.* Pommard.
Leblanc (P.) 1804.
Leblanc (P.-F.) 1807.
Leblanc (G.) 1813.
Leblanc (J.-J.-M.-A.) 1817.
Lebleu. 1823.
Lebon-d'Haubersin. 1810.
Leborgne de Kermorvan. 1800.
Lebouché. 1827.
Lebouëdec. 1811.
Leboul. 1799.
Leboulanger. 1806.
Leboullenger. 1803.
Lebourg (J.-D.-F.) 1796.

Lebourg (J.-H.) 1807.
Lebourguignon-Duperré. 1818.
Lebouvier. 1799.
Lebozec. 1814.
Lebreton (H.-C.-L.-F.-A.) 1798.
Lebreton (C.-M.) 1806.
Lebreton (G.-A.) 1813.
Lebreton (C.-G.) 1817.
Lebrun (P.-L.-M.-J.) 1794.
Lebrun. *Voy.* Gardeur-Lebrun.
Lebrun (J. N.) 1825.
Le Brun (F.-L.) 1826.
Lebrunet de Privezac. 1814.
Lecamus (C.-L.-F.) 1811.
Lecamus (B.) 1813.
Lecamus H.-D. 1817.
Le Cardinal. *Voyez* Kernier.
Lecaron. 1801.
Lecarpentier. 1810.
Lecarruyer (A.-E.) 1794.
Lecarruyer de Beauvais. 1821.
Lecesne. 1794.
Lechesne. 1803.
Lechevalier V.-A.) 1813.
Lechevallier de Barneville. 1826.
Leclerc (M.-J.) 1801.
Leclerc (P.) 1813.
Leclerc (D.-J.) 1822.
Leclerc J.-A.) 1822.
Leclerc F.-T.-E) 1823.
Lecompte. 1813.
Lecomte (J.-C.) 1794.
Lecomte (J.-M) 1801.
Lecomte (J.) 1813.
Lecoq. 1811.
Lecorbeiller (M.-A.-M.) 1807 et 1808.
Lecorbeiller (F.) 1812.
Lecourroyer. 1808.
Lecoursonnois. 1799.
Lecourt. 1803.
Lecourtois. 1820.
Lecoulteulx. 1794.
Lecoutour. 1815.
Le Déan (A.-J.-N.-L.-R.) 1794.
Le Déan (J.-F.-A.) 1796.
Le Denmat. *V.* Kervern.
Le Dicte Duflos. 1814.
Le Dilais. 1802.
Ledoux. 1798.
Leduc (A.-M.) 1796.
Leduc. *V.* Viollet-Leduc.

Ledure. 1794.
Lefaivre (J.-B.-M.) 1801.
Lefaivre (A.-F.) 1811.
Lefaivre (J.-A.) 1816.
Lefebure de Fourcy. 1803.
Lefebure de Cerisy. 1807.
Lefebvre (C.-C.) 1801.
Lefebvre (J.-M.-A.) 1801.
Lefebvre (L.) 1808.
Lefebvre (L.-B.) 1809.
Lefebvre A.-J.-M.) 1810.
Lefebvre (C.-E.) 1810.
Lefebvre de Nailly. 1818.
Lefebvre de Sallay. 1810.
Lefèvre (A.-F.) 1803.
Lefèvre (A.-X.) 1821.
Lefevre (M.-F.) 1827.
Leforestier de Villeneuve. 1802.
Lefort-Latour. 1827.
Lefranc (P.-C.) 1794.
Lefranc C.-F.) 1807.
Lefrançais - Delalande. 1808.
Lefrançois (F.-L.) 1799.
Lefrançois (A.-L.-M.) 1806.
Lefrançois H.) 1813.
Lefuel. 1797.
Legagneur. 1804.
Legendre (C.-M.-F.) 1802.
Legendre. (A-C.) 1806.
Le Gendre de Lucay. 1822.
Legentil. 1795.
Léger (L.-D.-P.) 1803.
Léger (E.) 1813.
Legoarant. 1798.
Legrand A.-L.) 1794.
Legrand (Th.) 1794.
Legrand L.-M.-E.) 1800.
Legrand (P.-H.-L.) 1807.
Legrand B.-A.-V.) 1809.
Legrand de Boislandry. 1819.
Legrand de Vaux (H.-F.) 1795.
Legrand de Vaux (H.-L.-E.) 1819.
Legraverend. 1808.
Legrip. 1813.
Legrix. 1809.
Le Grom. 1824.
Legroux. 1805.
Leguay (J.-M.-V.) 1806.
Leguay de la Vigne. 1807.
Leharivel - Durocher. 1798
Lehir. 1797.
Lehot. 1796.
Lejeuné (M.-N.) 1803.

Lejeune (M.-R.-C.) 1810.
Lejoindre. 1824.
Lejouteux. 1821.
Lejoyand, 1801.
Lelaidier. 1794.
Lelasseux-Lafosse. 1811.
Lelièvre (J.-L.-A.) 1799.
Lelièvre (-B.-H.) 1809.
Lelièvre M.-B.; 1811.
Lelièvre (A.-L.-A.) 1816.
Lelièvre (C.-A.) 1822.
Lelivec. 1797.
Lelong 1826.
Lemaigre 1796.
Lemaire (F.-N.) 1794.
Lemaire (A.-J.) 1795.
Lemaire (C.-F.-J.) 1796.
Lemaire de Marne. 1827.
Lemaistre (L.-R.) 1813.
Lemaistre (C -A.) 1815.
Lemaitre (A.) 1794.
Lemarchand. 1813.
Lemarcis. 1810.
Lemasson L.-C.-T. 1807.
Lemasson M.-T.) 1808.
Lemauff. 1811.
Lemaye. 1794.
Lemercier (F.-A.) 1806.
Lemercier (J.-T.-C.) 1813.
Lemetayer - Kerdaniel. 1802.
Lemière. 1804.
Lemit. 1810.
Lemoine (C.-J.) 1803.
Lemoine F.) 1809.
Lemor. 1827.
Lemoyne (A.-P.) 1794.
Lemoyne de Serigny. 1801.
Lemoyne J.-J.) 1809.
Lemoyne (N.-R.-D.) 1814.
L'Empereur. 1799.
Lemulier. 1820.
Lemut J.-B.-D.-F.;
Lemut (J.-B.-J.) 1818.
Lendy. 1809.
Lenfant (J.) 1808.
Lenfant (A.-H.) 1813.
Lenfumé - Delignières. 1810.
Lenglet. 1812.
Lenglier. 1794.
Lenoir. 1802.
Lenoury. 1803.
Le Nouvel. 1825.
Lenternier. 1801.
Léo. 1827.
Léobard. *Voy.* Durfort.
Léon (A.-F.-M.) 1820.
Léon (P.-J.-N.) 1825.

DES ÉLÈVES. 497

Léonard-Juvigny. 1801.
Léonard (A.-F.-B.) 1812.
Lepage. 1827.
Lepaige-Dorsenne. 1813.
Lepasquier. 1806.
Lepayen. 1794.
Lepeley. *Voyez* Desclos.
Lepelletier. 1821.
Le Père. 1824.
Le Pescheur de Branville. 1806.
Lepicard. 1798.
Le Play. 1825.
Le Poitevin. 1794.
Le Pord (F.-R.-J.) 1801.
Le Pord (F.-P.-Y.) 1825.
Le Prestre de Vauban. 1825.
Lepreux. 1815.
Leprince. 1809.
Le Provost. 1826.
Lequesne. 1798.
Lerat. 1817.
Lerebours. 1810.
Le Rey. 1806.
Lermier. 1810.
Lerouge (F.) 1807.
Lerouge (P.-J.) 1808.
Leroux (V.-A.) 1802.
Leroux (P.-M.) 1806.
Leroux. *Voy*. Douville.
Le Rouyer de Lafosse. 1823.
Leroy (J.-F.) 1794.
Leroy (J.-L.-E.) 1805.
Leroy (F.-A.) 1806.
Leroy (J.) 1806.
Leroy (J.-D.) 1810.
Lesage. 1817.
Lesbaupin. 1797.
Lesbros. 1808.
Lescellière. 1816.
Lescure (J.) 1796.
Lescure. *Voy*. Jauin, *dit* Lescure.
Lescure. *Voy*. Bonnet de Lescure.
Lesecq. 1809.
Le Seure. 1826.
Lespagnol (C.) 1796.
Lespagnol (P.) 1799.
Lespin. 1822.
Lesqueron. *V*. Dubarry.
Lessore. 1822.
Lestelle. 1815.
Lesterpt. 1807.
L'estoile 1818.
Lesueur. 1805.
Letard de la Bouralière. 1809.
Letellier (F.-C.) 1794.

Letellier (J.-J.) 1794.
Le Tendre de Tourville. 1822.
Letenneur. 1794.
Letexier. 1804.
Lethierry. 1809.
Letocart. 1806.
Letonnelier de Breteuil. 1800.
Létourneau. 1814.
Letourneur. 1798.
Letrain. 1825.
Leture. *Voy*. Turc.
Leudet. 1807.
Levallois (J.-J.-B.-J.) 1816.
Levallois (R.-J.) 1819.
Levasseur (P.-G.) 1818.
Levasseur (V.-J.) 1819.
Levasseur (A.-D.) 1825.
Levavasseur (R.-L.-O.) 1800.
Levavasseur (P). 1807.
Levavasseur (A.-P.-L.) 1814.
Levavasseur (A.-A.-L.) 1820.
Levavasseur (L.-C.-J.) 1824.
L'Eveillé. 1825.
Level. 1826.
Lévèque-Durostu. 1794.
Lévèque P.-J.-B. 1799.
Lévèque (J.-B.-J.-A.) 1827.
Lévesque. 1816.
Le Vessel. 1826.
Lévie. 1807.
Levillain. 1809.
Leviston. 1803.
Levret. 1818.
Leymerie. 1820.
Leyva. *Voy*. Roussot.
Leziart. 1794.
Lherbette. 1810.
L'héritier. 1817.
L'hermite. *Voy*. Tristan.
L'hoste de Moras. 1797.
Liadières. 1810.
Liautard. 1794.
Liby. 1802.
Lichaut. 1809.
Lieffroy (C.-J.-G.) 1802.
Lieffroy C.-J.-A.) 1817.
Liégeard. 1794.
Liénard. 1809.
Ligondès. 1822.
Limousin. 1809.
Limozin de Saint-Michel. 1802.
Lindenmeyer. 1810 et 1811.

Lion. 1825.
Lionnet. 1813.
Liouville. 1825.
Livache. 1796.
Livet. (J.-J.) 1801.
Livet. (S-F.) 1825.
Livoys. 1820.
Lobligeois. 1795.
Lobstein. 1802.
Locher. 1806.
Lockhart. 1799.
Lofficial. 1794.
Loisel. 1794.
Loison. 1798.
Loisillon. 1813.
Lombard. *Voy*. Ginibral.
Londe. 1795.
Long. 1825.
Longeaux. 1827.
Longeville. *Voyez* Perruchot Longeville.
Longpérier. *Voy*. Prévost de Longpérier.
Longrais. *Voy*. Cauvet.
Longuerue. *Voy*. Galand.
Lonnel. 1808.
Loppé. 1811.
Loppin de Gemeaux. 1816.
Lordat. *Voy*. Roquemaurel-Lordat.
Lordon. 1794.
Loreilhe. 1807.
Loret. 1810.
Lorieux (B.-J.-M.) 1811.
Lorieux (T.-M.-C.) 1818.
Lorimier. 1804.
Lorin. 1822.
Lormont. *Voy*. Brocart-Lormont.
Lornier. 1818.
Lothon. 1827.
Louette. 1803.
Louiche. *V*. Desfontaine.
Louis (C.-J.-L.) 1808.
Louis J. 1809.
Louvain-Peschcloche. 1827.
Loverdo. 1822.
Loyer. 1805.
Loysel. (J.-B.-M.-R.) 1794.
Loysel (J.-A.-A.-B.) 1805.
Lucas. 1826.
Lucay. *Voy*. Le Gendre de Lucay.
Lucet. 1827.
Lucotte (A.-L.) 1794.
Lucotte (J.-C.) 1794.
Lugaigne. 1808.
Lugan. 1821.
Luguet. 1810.

39

Lunel. 1794.
Lurieu. *Voy*. Gonyn.
Lustrac. 1826.

Lutz. 1799.
Luuyt. *Voy*. Labrosse-Luuyt.

Lyautey. 1805.
Lyonne. 1823.

M.

Maas. 1813.
Mabillat. 1819.
Mabru (C.) 1798.
Mabru (J.-A.-P.-E.) 1813.
Macaire. *Voy*. Bizouard-Macaire.
Machart. 1827.
Macips. 1824.
Madaule. 1824.
Madelaine. 1810.
Madrid. 1823.
Maffre. 1797.
Magdelaine. 1799.
Magnan. 1794.
Magniez. 1811.
Magnyer. 1799.
Magnès (J.-P.) 1794.
Magnès (J.-B.-L.-V.) 1826.
Maguin. 1807.
Mahé du Bourgblanc. 1804.
Mahé (P.-A.) 1824.
Maheux. 1796.
Mahieu. 1810.
Maho. *Voyez* Danglade.
Mahot. 1813.
Mahou. 1794.
Maignal. 1805.
Maigné. 1826.
Maignen. 1809.
Maillard (C.-J.-F.) 1794.
Maillard (E.-L.-H.) 1798.
Maillard-Trézy. 1794.
Maille. 1802.
Maillebiau. 1820.
Maillefert. 1813.
Maillet-Lacoste. 1794.
Maillier. 1805.
Main. 1794.
Maingaud. 1818.
Maingoval. *Voy*. Merlin.
Mainot. 1813.
Mainville. 1805.
Maire. 1825.
Mairet (E.) 1794.
Mairet (P.) 1804.
Maisonneufve de Lacoste. 1827.
Maitrot (P.-J.) 1804.
Maitrot (S.) 1813.
Malaizé. 1825.
Malaret. 1812.
Malartic. 1802.
Malaure. 1826.

Malbet. 1827.
Malcor. 1827.
Malcotte. 1815.
Maléchard. 1810.
Maleteste. 1800.
Maleville de Condat. 1819.
Malherbe. 1825.
Malhère. 1797.
Malinvaud. 1826.
Mallat. 1811.
Mallet (J.) 1806.
Mallet (C.-M.) 1816.
Malmontet. 1794.
Malpassuti. 1813.
Maltzen. 1803.
Malus (E.-L.) 1794.
Malus-Mesnil. 1816.
Mancel (A.-A.) 1798.
Maucel (A.) 1802.
Mandell. 1822.
Manès. 1815.
Mangay. 1824.
Mangeot (R.-M.-A.) 1819.
Mangeot (F.-J.-M.) 1826.
Mangin-Douence. 1806.
Mangin (C.-F.) 1827.
Manguin. 1798.
Manhès. 1794.
Mannevieux. *Voy*. Sain de Mannevieux.
Mante. 1798.
Maraldi. 1798.
Marambert *V*. Laisnel.
Marceau (Ad.) 1822.
Marceau (Aug.) 1824.
Marcellin. 1806.
Marcescheau. 1813.
Marchais. 1811.
Marchal. 1799.
Marchand. 1813.
Marchegay. 1794.
Marcilhac. 1810.
Marcillac. *Voy*. Cruzy.
Marcilly (D.-L.-R.) 1806.
Marcilly (B.-P.-L.-E.) 1804.
Marcilly (F.-A.-N.) *Voy*. Lassus.
Marcot. 1802.
Marcotte. 1794.
Maréchal. *Voy*. Mutrecy.
Mareschal. 1812.
Marestier. 1799.

Maret. 1825.
Mareuse. 1808.
Marey (G.-S.) 1814.
Marey (L.-E.) 1826.
Margerin. 1817.
Marguerit. 1826.
Marguet. 1803.
Marie de Laforge. 1796.
Marie (A.-C.-T.) 1804.
Mariez. 1806.
Marignan. 1798.
Marinet. 1817.
Marion. (J.-G.) 1813.
Marion de Beaulieu. 1798.
Marion de la Brillantais (L.-M.) 1799.
Marion de la Brillantais (A.) 1817.
Maritz. 1813.
Marlet. 1827.
Marliave (C.-H.-J.-H.) 1820.
Marliave (C.-J.-M.) 1827.
Marmier. 1827.
Marminia. 1812.
Marmion. 1805.
Marne. *Voy*. Lemaire de Marne.
Marozeau. 1815.
Marque-Doncour. 1812.
Marquis. 1809.
Marraud. 1815.
Marrot. 1817.
Marry. 1805.
Marsal. 1819.
Martelet. 1824.
Marthe. 1815.
Martin, *dit* Saint-Léon. 1795.
Martin (J.-B.) 1800.
Martin (R.) 1801.
Martin (J.-B.-Am.) 1804.
Martin (B.) 1826.
Martin (J.-M.) 1809.
Martin (F.-M.-E.) 1812.
Martin (J.-B.-Ar.) 1812.
Martin (C.-E.) 1814.
Martin (X.-A.) 1821.
Martin (J.-A.) 1822.
Martin (F.-F.) 1827.
Martin de Julvécourt. 1810.
Martineau (J.-M.-C.) 1795.
Martineau (E.) 1797.

DES ÉLÈVES. 499

Martinière (L.-N.) *Voy.* Rondeau-Martinière.
Martinière (C.-F.) *Voyez* Tirel.
Martner. 1812.
Martret-Préville. 1799.
Marty. 1810.
Mary-Vallée. 1798.
Mary (L.-C.) 1808.
Masclet. 1816.
Mascrey. 1815.
Masquelez (F.-A.-J.) 1798.
Masquelez L.-J.) 1801
Masquelez (P.-J.-A.-F.) 1803.
Masquelier. 1815.
Massas. *Voy.* Guironnet.
Massé. 1794.
Massias. 1803.
Massillon. 1807.
Masson (J.-A.-M.) 1798.
Masson (A.-E.) 1801.
Masson (J.-P.-J.-B.) 1801.
Masson (E.-T.-L.-A.) 1826.
Massot. 1805.
Massu. 1807.
Mathieu (J.-F.-J.) 1800.
Mathieu (C.-M.-F.) 1802.
Mathieu (C.-L.) 1803.
Mathieu (A.-F.-D.) 1804.
Mathieu de la Redorte. 1820.
Mathiot. 1813.
Mathis de Grandseille. 1823.
Matty. 1822.
Maublanc. 1799.
Maucler. 1804.
Maucomble. 1796.
Maugars. 1815.
Maugé. 1805.
Maugras. 1803.
Maulbon d'Arbaumont. 1805.
Mauprel. 1803.
Maurice (L.-M.-A.) 1802.
Maurice (L.-F.-P.-E. 1824
Maurin. *Voy.* Gentil, *dit* Maurin.
Maurouard. 1795.
Mauroy de Merville. 1805.
Maury. 1802.
Maussion. 1818.
Mauviel. 1806.
Mayer (M.) 1805.
Mayer-Marx. 1806.
Mayniel. 1814.
Mayor de Montricher. 1826.
Mazaudier. 1807.

Mazé. 1811.
Mazerat (F.-M.) 1795.
Mazerat (J.-B.) 1795.
Mazerat (P.-A.) 1802.
Mazeret. 1802.
Mazieux. *Voy.* Clausade-Mazieux.
Mazoïer. 1818.
Mazure. 1822.
Meaudre-Dassit. 1821.
Meaume, *dit* Couperie. 1795.
Mecquenem. 1826.
Médous. 1814.
Mégret de Serilly. 1805.
Meilheurat. 1811.
Meissas. *Voy.* Nicolas de Meissas.
Méjasson. 1812.
Mellet. 1814.
Mellier. 1794.
Melon de Pradou. 1810.
Melun. 1826.
Melville. 1804.
Ménard (L.-A.) 1794.
Ménard (A.-L.-B.) 1806.
Ménard (C.-M-F-S.) 1812.
Mengin (M.-M.-P.) 1794.
Mengin (F.-J.-M.-G.) 1812.
Menissier. 1794.
Menjaud. 1813.
Menot. 1809.
Méquet. 1822.
Méquin 1804.
Mercanton. 1813.
Merceron. 1794.
Mercier. 1810.
Mercklein. 1818.
Merel (R.-P.-H.-F.) 1802.
Mérel (C.-E.) 1803.
Merens. 1813.
Merland. 1808.
Merle de Mosserman. 1796.
Merle (F.-C.-P.) 1809.
Merlin (P.-C.-E.) 1806.
Merlin d'Estreux-Maingoval. 1825.
Merlis. 1800.
Mermier. 1807.
Mertian. 1794.
Merveillère (de la). *Voy.* Frémond.
Merville. *Voy.* Mauroy.
Méry (A.-L.) 1820.
Méry (E.-H.-F.) 1823.
Mescur. 1794.
Meslier de Rocau. 1823.
Mesliers. *Voyez* Patas.
Mesnager. 1794.
Mesnil. *V.* Malus-Mesnil.

Mesnilbaton. *Voyez* Duperche.
Messelière (de la). *Voyez* Frotier.
Messey. 1809.
Métais. 1812.
Metaver. 1810.
Métivier de Labesse. 1815.
Metz. 1802.
Metzinger. 1822.
Meunier. 1819.
Mévil (E.) 1807.
Mévil (G.) 1807.
Meyer. 1804.
Meynard. 1825.
Meysonnier. 1814.
Mialhe. 1801.
Michal. 1819.
Michaud (J.) 1795.
Michaud (M.-H.-A.) 1803.
Michaud J.-B. F.-J.) 1812.
Michaud (J.-C.-P.) 1815.
Michaux (L.-A.) 1799.
Michaux (A.-D.) 1807.
Michaux (G.-P.) 1818.
Michel (F.) 1803.
Michel jeune (F.) 1803.
Michel (J.) 1807.
Michel Jul.) 1807.
Michel-d'Anserville. 1810.
Michelin. 1812.
Michelot. 1810.
Michon P.-F.) 1826.
Michon du Marais. 1802.
Mic. 1813.
Miége. 1800.
Miel. 1794.
Miet. 1814.
Mieussens. 1810.
Migneron (E.-P.) 1796.
Migneron (P.-H.) 1798.
Migniot. 1794.
Migout. 1811.
Millard. 1795.
Millet (B.-F.) 1804.
Millet (J.) 1819.
Million. 1806.
Millon. 1809.
Miliot. 1812.
Mimerel. 1809.
Minangoy. 1813.
Minard (C.-J.) 1796.
Minard (P.-A-S.) 1813.
Miollis. 1812.
Miquel. 1801.
Missiessy. *Voy.* Burgues.
Missonnais (de la). *Voy.* Rubin.
Mitifliot. 1798.
Mocquard (B.) 1796.

Mocquard (A.) 1810.
Mocquery. 1824.
Mocquot. 1803.
Moismont. *Voyez* Beauvarlet.
Moissard. 1818.
Moisson (L.-C.-B.) 1798.
Moisson-Desroches. 1804.
Molard (F.-E.) 1796.
Molard (J.-J.) 1818.
Moléon. *Voyez* Tuleu.
Molin. 1804.
Molina. 1809.
Moline. 1794.
Molinos. 1812.
Mollet-Lagrange. 1799.
Moly. 1812.
Monard 1816.
Mondesir. *Voy.* Piœrron.
Mondétour (A.-F. Brière de). 1801.
Mondétour (E.-J.-S. Brière de). 1807.
Mondot. 1809.
Monenze. 1818.
Monfort. *Voyez* Puniet.
Moulevade. *V.* Dissandes.
Monmartin (A.-G.-B.) 1807.
Monmartin (A.-P.-F.-B.) 1810.
Monnaye. 1794.
Monneret. 1809.
Monnet (J.-J.) 1811.
Monnet (F.) 1814.
Mounier (P.) 1813.
Monnier (M.-M.-J.-B.) 1826.
Montalant. 1807.
Montalivet. *Voyez* Bachasson.
Montauban. 1804.
Montbrison. 1818.
Montbrizet. *Voy.* Croze.
Montebello. *V.* Lannes.
Montebise. *Voy.* Bernard de Montebise.

Montépin *Voy.* Aymon.
Montet. 1819.
Moutgravier. *V.* Azéma.
Montille. *Voyez* Bizouard de Montille.
Montlebert. *V.* Joffrenot.
Mont-Louis. *Voy.* Petitot de Mont-Louis.
Montluisant. 1799.
Montmasson. 1807.
Montmayeur. 1824.
Montricher. *Voy.* Mayor.
Mont-Rond (P.-E.-E.) 1824.
Mont-rond. *Voyez* Fourcheut.
Montrond. *Voyez* Chevalier de Montrond.
Monval (C.-A.-A.) 1798.
Monval (A.-C.-A.) 1798.
Morcel. 1825.
Mordret (E.) 1804.
Mordret (V.) 1814.
Moréal. 1807.
Moreau, *dit* Moron. 1794.
Moreau (P.-J.) 1797.
Moreau (C.-L.) 1806.
Moreau (M.-E.-B.-A.) 1810.
Moreau (E.) 1813.
Moreau (J.) 1813.
Moreau (A.) 1823.
Morel (J.-A.) 1797.
Morel (A.-E.) 1809.
Morel (M.-J.-G.) 1827.
Morel-Duesme. 1809.
Moret (A.) 1796.
Moret (J.-M.-F.) 1801.
Moret (J.-L.) 1807.
Moreton de Chabrillan. 1803.
Morice Larue. 1819.
Morillot (L.-C.-A.-J.) 1794.
Morillot (J.-B.-E.) 1825.
Morin (P.-E.) 1808.

Morin (N.) 1810.
Morin (A.-J.) 1813.
Morisset-Dubréau. 1806.
Morlaincourt. *Voy.* Boucher de Morlaincourt.
Morlet (M.-P.-H.) 1804.
Morlet (C.-G.) 1813.
Morlot. 1808.
Mornay. *Voy.* Laguette de Mornay.
Morogues. *Voy.* Bigot de Morogues.
Mortier. 1821.
Morvan 1804.
Mosca. 1809.
Mossé. 1798.
Mosselman. 1820.
Mossère. 1794.
Mosserman. *Voy.* Merle de Mosserman.
Mosseron-d'Amboise. 1806.
Motte. 1812.
Mottet. 1826.
Mouchel. 1820.
Moulin. 1806.
Moullin. 1805.
Moultson. 1813.
Mounier (M.-T.-C.) 1806.
Mounier. (F.-L.) 1816.
Moutrille. 1816.
Moyne. 1807.
Moynier. 1810.
Munier (D.-N.) 1808.
Munier (C.-C.) 1811.
Munster. 1826.
Müntz. 1824.
Murat. 1810.
Murat-Sistrières. 1817.
Mussy. *Voy.* Gueneau.
Mustel. 1794.
Mutel. 1813.
Muthuon. 1810.
Mutrecy, *dit* Maréchal. 1811.

N.

Nacquart. 1802.
Nadault. 1823.
Nailly. *Voyez* Lefebvre de Nailly.
Nancy (Claude, *dit*). 1806.
Nantil. 1807.
Narjot. 1811.
Nault. 1805.
Navier (G.-L.-M.-H.) 1802.

Navier (J.-B.) 1805.
Négrier. 1806.
Néhou. 1810.
Nether. 1810.
Neuilly. *Voy.* Confex.
Nicolas (M.-J.) 1807.
Nicolas de Meissas. 1813.
Niel. 1821.
Nielly. 1798.

Niqueux. 1827.
Nisot. 1811.
Nivard. 1814.
Noblet. 1804.
Noël (A.-F.-M) 1799.
Noël (J.-F.) 1808.
Noël (A.-F.-P.) 1812.
Noël (F.-A.) 1812.
Noël (N.-J.) 1812.

DES ÉLÈVES.

Noël (C.) 1819.
Noël (N.-A.-A.) 1819.
Noël (E.-F.) 1823.
Noirefontaine. *Voyez* Bodson.
Noizet (F.-J.) 1808.

Noizet de Saint-Paul. 1813.
Noly. 1824.
Normand. 1800.
Noscreau. 1809.
Nottret. 1797.

Nouel-Latouche. 1814.
Nouel (A.-E.-A.) 1821.
Nourtier. 1813.
Novack. 1813.
Novion. 1800.
Noyer. 1794.

O.

Oberlin. 1797.
Oblet. 1811.
Obrien. 1799.
Ocher de Beaupré (E.) 1801.
Ocher de Beaupré (A.-H.-E.) 1826.
Odart. 1796.
Odernheimer. 1812.
Odier. 1824.
Odiot. 1809.
O-Farell. 1808.
Offroy. 1797.

Ogée. 1810.
Olivier (C.-F.-M.) 1794.
Olivier (T.) 1811.
Olivier (F.-A.) 1822.
Olivier (J.-T.) *V.* Colin.
Olivier (A.-E.) 1827.
Olivier de Pezet. 1810.
Ollivier (J.-B.-V.) 1809.
Ollivier (M.) 1812.
Ollivier (C.-E.) 1822.
Olry (J.-G.) 1803.
Olry (P.-A.) 1808.
Onfroy de Bréville. 1818.

Ordinaire. 1805.
Oriac (d'). *V.* Jaubert.
Osmond. 1812.
Oudan 1815.
Oudet. 1801.
Oudin. 1799.
Oudot. 1797.
Oursel. 1794.
Oursin de Monchevrel. 1826.
Oury. 1808.
Oustalot. 1799.
Ozanou. 1812.

P.

Pache. 1798.
Pacotte. 1812.
Paganel. 1797.
Paganetto. 1826.
Page. 1825.
Paillard. 1827.
Paillart. 1799.
Paillerets. *Voyez* Bonnet, *dit* Paillerets.
Paillhou. 1802.
Paillonne (de la). *Voyez* Benoît de la Paillonne.
Paixhans. 1801.
Paleville. *Voyez* Terson de Paleville.
Palis. *Voy.* Desmaretz.
Palustre. 1794.
Pambour. *Voyez* Guyonneau.
Panichot. 1807.
Panier. 1827.
Pannelier. 1794.
Papinaud. 1797.
Paporet. 1796.
Paqueron. 1808.
Paques. 1797.
Pâquet. 1808.
Parandier. 1823.
Parchappe. 1812.
Parent-Dumoiron. 1824.
Parentin. 1809.
Parès. 1808.
Paret. 1808.
Pargade. 1813.

Pargoire. 1808.
Paringault. 1798.
Paris (F.) 1800.
Paris (A). 1813.
Pariset. 1815.
Parisot. 1804.
Parmentier. 1826.
Parnajon. 1800.
Parnay. *Voy.* Dupuy de Parnay.
Parravey. 1803.
Parrizot. 1801.
Parrot. 1809.
Partiot. 1799.
Pascal. 1794.
Pasquier. 1807.
Passerat de Silans. 1827.
Pastey. 1809.
Pastoureau la Besse. 1799.
Patas de Mesliers. 1809.
Patau. 1810 et 1811.
Patin de Lafizelière. 1802.
Patris. 1798.
Pattu. 1794.
Patural. 1794.
Paty. 1794.
Paulet. 1806.
Paulin (J.-A. 1798.
Paulin (J.-C.-G.) 1803.
Paulin (C.-A.) 1811.
Paulinier. 1797.
Paulmier (A.-P.) 1794.
Paulmier (G.) 1794.
Pauzié-Banne. 1810.

Pavin de Lafarge. 1825.
Payan (J.-M.) 1801.
Payan (F.-J.-M.) 1813.
Payen (E-A.) 1815.
Payeu (J.-R.) 1820.
Payn. 1813.
Pécheur. 1796.
Pe-de-Arros. 1818.
Pédroni. 1813.
Pellegrin. 1806.
Pellegrini 1806.
Pellerin. 1817.
Pelletan. 1795.
Pelletier (A.-J.) 1813.
Pelletier de Chamburc. 1819.
Pellier de la Roirie. 1827.
Peloux. 1810.
Pelte. 1796.
Peltier. 1809.
Penet. 1802.
Pequeult de la Varande. 1808.
Péraire. 1794.
Percheron. 1794.
Percy. 1813.
Perdonnet. 1821.
Pérès. 1806.
Perier (A.-C.) 1794.
Périer (C.-J.) 1798.
Périer (C.) 1798.
Périès-Labarthe. 1817.
Pérignon. 1810.
Périsse. 1806.

Pernet. 1813.
Pernety. 1820.
Perreau. 1810.
Perret. 1794.
Perreuse. *Voy.* Baüyn.
Perrey (E.-H.-G.) 1823.
Perrey (M.-A.-M.) 1824.
Perreyve. 1808.
Perrier. 1825.
Perrin (A.-E.-L.) 1798.
Perrin (H.-J.-V.) 1803.
Perrin (Pi.) 1807.
Perrin (Pa.) 1822.
Perrodon. 1811.
Perrot (A.-J.-J.) 1808.
Perrot (E.-V.) 1826.
Perroy. 1801.
Perruchot - Longeville. 1809.
Perruchot (L.) 1810.
Persy. 1818.
Pertusier. 1796.
Peschart. 1798.
Pescheloche. *Voyez* Louvain.
Pessonneaux-Puget. 1816.
Petin. 1809.
Petit (J.-B.) 1794.
Petit (P.-M.) 1794.
Petit (L.-J.-B.-D.) 1805.
Petit (J.-B.-J.) 1806.
Petit (A.-T.) 1807.
Petit (J.-J.) 1812.
Petit (J.) 1812.
Petit (N.) 1812.
Petit (A.-F.) 1814.
Petit (M.) 1818.
Petit (C.-F.-A.) 1819.
Petit de Chastenay. 1794.
Petit-Dufrenoy. 1811.
Petit-Sémonville. 1820.
Petit-Saint-Elme. 1825.
Petit-Lafitte. 1826.
Petitot (C.-L.-.N.) 1802.
Petitot de Montlouis. 1808.
Petot. 1821.
Peupion. 1805.
Pey. 1809.
Peyré. 1813.
Peyret. 1808.
Peyssard. 1802.
Peytier. 1811.
Pezet. *Voyez* Olivier de Pezet.
Pfeiffer. 1794.
Phelippon. 1826.
Phétu. 1803.
Philibert. 1803.
Philippé. 1809.
Philippi. 1806.

Picapère. 1798.
Pichard. 1807.
Picher. *V.* Grandchamp.
Pichois. 1803.
Pichon. 1816.
Pichot-Lamabilais. 1809.
Picot (L.-P.-C.) 1794.
Picot (C.) 1796.
Picot (J.-A.-E.) 1805.
Picot (A.) 1813.
Picot (C.) 1820.
Picot-Lapeyrouse. 1799.
Picqué. 1827.
Picquet. 1795.
Pierard. 1802.
Pierre (A.-J.-B.) 1794.
Pierre (J.-N.) 1800.
Pierre (F.-C.-A.-A.) 1825.
Pierret. 1796.
Pierrugues. 1813.
Piet. 1813.
Piéverd. 1806.
Pihet. 1799.
Pilatte. 1796.
Pille. 1826.
Pillon. 1821.
Pin. 1812.
Pinac. 1811.
Pinault. 1813.
Pinel (L.-P.) 1811.
Pinel (P.-A.) 1812.
Pinet-d'Anglemont. 1815.
Pinot. 1812.
Pinsonnière. *Voy.* Girard-Pinsonnière.
Pintedevin. *Voy.* Dujardin.
Piobert. 1813.
Pioerron de Mondésir. 1809.
Pion (C.-N.) 1797.
Pion (E.-C.) 1801.
Piquet. 1797.
Pirain. 1813.
Pirard. 1806.
Piron. 1807.
Pironneau (L.-A.) 1815.
Pironneau (J.-B.-A.) 1819.
Pissin (A.-A.-F.) 1806.
Pissin (B.-F.-C.) 1806.
Pissis. 1825.
Pitot. 1797.
Pitoy. 1794.
Pitrat. 1827.
Plagniol. 1794.
Plainchaut. *Voyez* Bouchot.
Plana. 1800.
Planche. 1815.

Planhol. *Voyez* Gay de Planhol.
Planquette. 1810.
Plantier (F.) 1816.
Plantier (L.-J.) 1818.
Plassiard. 1827.
Plazanet. 1799.
Plée. 1821.
Plessis. 1801.
Pleurre (de). *Voyez* De Pleurre.
Plivard. 1807.
Pocard-Kerviler. 1824.
Pochet (L.-F.-J.) 1797.
Pochet (C.-J.) 1827.
Poedevin. 1811.
Poignant. 1795.
Poilleux. 1808.
Poillevé. *V.* La Guérinais.
Poinsot. 1794.
Poirée. 1806.
Poirel. 1822.
Poirier-Saint-Brice. 1806.
Poiseuille. 1815.
Poisson. 1798.
Poitevin de Veyrière. 1826.
Poitevin. 1814.
Poli. 1825.
Policarpe. 1809.
Polonceau. 1796.
Pommard (Leblan) 1800.
Pommaret. *Voyez* Bonhomme.
Pommé. 1813.
Poucelet. 1807.
Poncharra. *Voy.* Duport de Poncharra.
Pons. 1813.
Ponsonnaille. 1827.
Pontagnier. 1815.
Pontbriaut (A.-L.-A.) 1816.
Pontbriant (L.-A.-G.) 1818.
Pontecoulant. *Voy.* Doulcet de Pontecoulant.
Pontus. 1796.
Porlodec-Lauvarzin. 1807.
Porquet. 1794.
Portal de Moux. 1817.
Potel J.-M.-J.) 1796.
Potel (J.-S.) 1797.
Potel (A.-J.-P.) 1801.
Potier (C.-M.) 1805.
Potier de Baldiwia. 1821.
Pottier (P.-N.) 1794.
Pottier (R.-V.) 1795.
Pottier (C.) 1811.
Pouchot. 1805.

DES ÉLÈVES.

Poucques d'Herbinghen. 1826.
Poudra. 1812.
Pouettre. 1808.
Poulain de Fossieux. 1805.
Poulain (F.-M.) 1807.
Poullain (J.) 1809.
Poullain-Saint-Foix. 1812.
Poulle. 1807.
Poullet de Lisle. 1796.
Poumet. 1804.
Poumeyrol. 1809.
Poupart (J.-B.-F.) 1805.
Poupart (C.-H.) 1808.
Pourrat 1799.
Pous. 1819.
Poussielgues. 1815.
Pouzin. 1812.
Pouzol. 1802.
Pouzolz (J.-A.) 1814.
Pouzolz (A.-P.) 1827.
Pracontal. 1826.
Pradal (J.-A.-J.-B.-L.) 1799.
Pradal (P.) 1812.
Prangins. *Voy.* Guiguer.
Praslin. 1795.
Prat (J.-A.-F.) 1811.
Prat (M.-L.-V.) 1812.

Pravaz. 1813.
Prax. 1826.
Préaudeau. 1821.
Pressou. 1811.
Pretet (C.-E.-J.) 1802.
Pretet (M.-J.) 1806.
Prétot. 1816.
Prévost (D.-N.) 1795.
Prévost (J.-M.-M.) 1801.
Prévost (J.-B.-B.) 1802.
Prévost (G.-A.) 1806.
Prévost de Longpérier. 1809.
Prévost de Vernois. 1796.
Pévost *Voyez* Gagemon.
Préveraud. 1804.
Préville. *Voyez* Martret.
Prié. 1809.
Prieur de Lacombe. 1813.
Princeteau. 1827.
Privezac. *Voy.* Lebrunet.
Pron. 1804.
Prost. 1816.
Protche. 1811.
Prou. 1807.
Proust (P.-F.) 1809.
Proust (T.) 1813.

Provigny. 1811.
Provisier. 1805.
Provost. 1800.
Prudent. 1821.
Prudhomme (J.) 1794.
Prudhomme (J.-J.C.) 1804.
Prudhomme (C.-E.) 1826.
Prudhon. 1813.
Prumier. 1813.
Prunelle. *Voy.* Fauché.
Prus. 1809.
Puech. 1812.
Puget (F.-X.-A.) 1805.
Puget (A.-J.-D.-F.) *Voy.* Pessonneaux.
Pugnière. 1814.
Puibusque. 1812.
Puillon-Boblaye (E.) 1811.
Puillon-Boblaye (T.) 1813.
Puissant. 1811.
Puniet de Monfort (A.-J.) 1816.
Puniet de Monfort (P.-A.) 1821.
Pusy. *Voyez* Bureaux.
Puthaux. 1802.
Puvis (M.-A.) 1797.
Puvis (M.-J.-C.) 1803.
Puymirol. 1806.

Q.

Quemizet. 1800.
Quesney. 1803.
Quétel. 1821.

Quilhet (A.-V.) 1794.
Quilhet (C.-P.) 1822.
Quillet. 1827.

Quilliard. 1801.
Quirit de Coulaine. 1827.

R.

Rabajoie. 1799.
Rabalove. 1810.
Rabier. 1825.
Rabourdin. 1816.
Rabusson. 1813.
Racafiol, *dit* Roquefeuil. 1816.
Rachia. 1811.
Radepont. 1809.
Radet. 1803.
Radoult (J.-F.-C.) 1802.
Radoult de la Fosse. 1803.
Raffard (B.-P.-L.-E.) *V.* Marcilly.
Raffard (J.-A.) 1806.
Raffard (A.-J.) 1812.
Raffard (F.) 1813.
Raffeneau. 1794.
Raffinière (de la). *Voy.* Rivaud.

Ragot. 1797.
Raige. 1807.
Raigniac. 1808.
Raillard-Granvelle. 1801.
Raimbault. 1827.
Rainguel. 1809.
Rallier. 1815.
Ramadou. 1807.
Rambaud. 1806.
Ramond. 1794.
Rance. 1794.
Ranfrai de la Bajonnière. 1812.
Rangouse. 1811.
Ransonnet. 1799.
Raoul. 1806.
Rapatel. 1802.
Raspieller. 1813.
Rataud. 1797.
Ratoin. 1806.

Raucourt. 1809.
Raulin. 1803.
Ravel. *Voy.* Rolland de Ravel.
Ravenel. *Voyez* Boisteilleul.
Raymond (J.-E.) 1803.
Raymond (A.-L.-J.-F.) 1804 et 1806.
Raymond (C.-V.-E.) 1813.
Raynal. 1822.
Rayon. 1799.
Réals. *Voy.* Boscals.
Reboul (C.-M.) 1800.
Reboul (H.-R.-A.) 1812.
Reboulh. 1801.
Récicourt. 1813.
Recoing. 1794.
Recourdon. 1817.
Redon (A.-N.) 1794.

TABLE ALPHABÉTIQUE

Redon (J.-E.) 1815.
Redorte (de la). *Voyez* Mathieu de la Redorte.
Redoutey. 1810
Réech. 1823.
Regley. 1795.
Regnard-Roux. 1814.
Regnard de Gironcourt. 1827.
Regnart. 1800.
Regnault (J.-A.-S.) 1794.
Regnault (A.) 1823.
Regneault. 1806.
Regny. 1823.
Réguis (F.-E.) 1800.
Réguis (L.-X.) 1808.
Réguis (J.-C.) 1811.
Régy. 1823.
Reibell. 1812.
Rely. 1809.
Rembault. 1825.
Rempnoulx-Duvignaud. 1821.
Renaud (J.-B.-L.) 1796.
Renaud (L.-J.) 1802.
Renaud (L.-A.) 1822.
Renaud (C.-H.-H.) 1823.
Renault. 1812.
Renaut. 1815.
Rendu (L.-A.) 1794.
Rendu. (A.-M.-M.) 1794.
Renouard de Saint-Loup. 1811.
Réocreux. 1815.
Répécaud. 1799.
Rérolles. 1813.
Restout. 1794.
Revel. 1821.
Revenaz. 1822.
Reverchon. 1825.
Reverdit. 1812.
Révérony. 1812.
Revirard. 1827.
Revol. 1805.
Rey (L.) 1794.
Rey (E.-E.-G.) 1804.
Reydellet (H.-A.-A.) 1806.
Reydellet (J.-E.) 1812.
Reynard. 1823.
Reynaud (J.-J) 1794.
Reynaud (A.-A.-L.) 1796.
Reynaud-Villeverd 1811.
Reynaud Ducreux. 1819.
Reynaud (F.-L.) 1821.
Reynaud (J.-E.) 1824.
Reynaud (A.-L.) 1825.
Riambourg (C.) 1795.
Riambourg. (J.-B.-C.) 1796
Ribault. 1803.

Ribellerie (de la). *Voyez* Gitton.
Ribot. 1819.
Ribourt. 1794.
Ricard (J.-B.-M.) 1794.
Ricard (A.-X.) 1802.
Richard (P.-C.) 1794.
Richard (C.) 1798.
Richard (J.-L.-A.) 1804.
Richard (J.-M. F.) 1823.
Richaud. 1794.
Richebourg. *Voyez* Baudessou de Richebourg.
Richelot. 1827.
Richer (P.) 1794.
Richer (J.-P.) 1822.
Rieffel. 1810.
Riencourt (R.-P.-M.-A.) 1798.
Riencourt (M.-E.-M.) *V.* Jolivet.
Rieu. 1806.
Rieussec. 1797.
Riffault (A.) 1815.
Riffault (L.-C.) 1826.
Rigal (H.) 1806.
Rigal (P.) 1806.
Rigaud. 1799.
Rigandie Saint-Marc de Courbaurieux. 1813.
Rigault de Genouilly (J.-C.) 1795.
Rigault de Genouilly (C.) 1825.
Rigaux. 1798.
Rigollot 1817.
Rigues. 1801.
Riollay. 1799.
Riollé. 1794.
Riondel. 1794.
Riondet. 1816.
Ripa. 1813.
Ripert. 1813.
Ripond de Lasalle. 1798.
Risse. 1797.
Rival. 1803.
Rivarol. 1804.
Rivaud la Raffinière. 1823 et 1815.
Rivery. 1826.
Rives. 1812.
Rivière. 1805.
Rivierre. *Voy.* Garcon.
Rivocet. *Voy.* Godart de Rivocet.
Roard. 1794.
Robelin. 1812.
Robert (F.) 1795.
Robert (E.-M.) 1802.
Robert (A.-A.) 1804.

Robert (C.) 1805.
Robert (C.-L.-N.) 1823.
Robert de Grandville. 1825.
Robert de Saint-Vincent. 1810.
Robert-d'Hurcourt (N.-G.-E.) 1797.
Robert-d'Hurcourt (E.-A.) 1826.
Robert-Dugardier. 1811.
Robethon. 1804.
Robillard (A.-H.) 1801.
Robillard (T.-L.) 1805.
Robin (P.-F.-E.) 1794.
Robin (R.-A.) 1796.
Robin (P.-E.) 1816.
Robineau. 1819.
Robinet. 1794.
Robinot. 1806.
Robiou de Lavrignais. 1825.
Robiquet. 1796.
Rocan. *Voyez* Meslier de Rocan.
Rochat. 1798.
Roche (J.-P.-L.-A.) 1805.
Roche (J.-B.) 1825.
Rocher. 1814.
Rochet. 1812.
Rocquancourt. 1810.
Rocquemaurel. 1823.
Rodellec de Porzic. 1819.
Roel. 1803.
Rogelin. 1813.
Roget (N.) 1809.
Roget (A.-A.) 1824.
Rogier (M.-A.-H.) 1799.
Rogier (P.-H.) 1813.
Rogniat. 1794.
Roguet. 1816.
Rohault (H.) 1794.
Rohault (C.) 1820.
Rohault de Fleury. 1794.
Roirie (de la). *V.* Pellier.
Rolland (P.-G.-C.) 1806.
Rolland (J.-A.) 1823.
Rolland (P.-L.-F.-H.) 1826.
Rolland (G.) 1827.
Rolland-Garagnol. 1808.
Rolland-Destape. 1816.
Rolland de Ravel. 1819.
Rollandy. 1809.
Rollée de Baudreville. 1818.
Romagnie. 1806.
Romany. *Voyez* Féline-Romany.
Romestin. 1801.
Romieu. 1819.

DES ÉLÈVES.

Romme. 1794.
Rondeau (T.-A.) 1827.
Rondeau-Martinière. 1808.
Rondeaux. 1794.
Ronin. 1812.
Ronmy. 1810.
Ronsard. 1827.
Roquefeuil. *Voyez* Racafiol.
Roquemaurel - Lordat. 1823.
Roselaye. *Voy*. Tresvaux.
Rosny. *Voy*. Delgorgue.
Rosoy. *Voyez* Du Jay.
Rosselin. 1807.
Rossi. 1811.
Rossignon. 1796.
Rossin. 1826.
Rost. 1813.
Rotalier. 1824.
Roth. 1794.
Roubaud. 1813.
Roucy. 1799.

Rougane de Chanteloup. 1821.
Rougeot. 1794.
Rouget. 1815.
Rougier. 1817 et 1818.
Roujoux (P.-J.) 1795.
Roujoux. (P.-G.) 1796.
Roujoux (C.-C.) 1826.
Roullin-Sansterre. 1794.
Roullion. 1810.
Rous. 1797.
Rousseau. 1803.
Roussel-Galle. 1806.
Roussel (F.-G.) 1806.
Roussel L.-M.-J.) 1813.
Roussel (P.-J.) 1825.
Rousselet. 1817.
Rousselin. 1794.
Rousselle. 1794.
Rousset. 1810.
Roussigné. 1813.
Roussot de Leyva. 1807.
Rouvière. 1822.
Rouvrois. 1810.

Roux (J.-J.) 1798.
Roux (J.-C.) 1812.
Roux (A.-J.) 1827.
Roy (H.-A.) 1802.
Roy (E.) 1808.
Royer (L.) 1797.
Royer (L.-H.) 1801.
Royer (C.-H.) 1806.
Royou (F.-F.-M.) 1800.
Royou (L.-G.-A.) 1806.
Roze (H.) 1794.
Roze (L.-A.-N.) 1827.
Rozet 1818.
Rozières. *Voy*. Keguelin.
Rubat. 1794.
Rubin de la Missonnais. 1812.
Rudler. 1808.
Ruel. 1812.
Rugy. *Voy*. Goullet.
Ruinet. 1811.
Rumeau. 1823.
Ruolz. 1827.
Ruty. 1799.

S.

Sabde. 1813.
Saget. 1794.
Sagey. 1821.
Saglio. 1822.
Sahuguet-d'Amarzit-d'Espagnac. 1808.
Sain de Mannevieux. 1812.
Sain Rousset de Vauxonne. 1816.
Saint-Amand. *Voy*. Duflos de Saint-Amand.
Saint-Amé. *Voyez* Guiraudet.
Saint-Aubin. 1801.
Saint-Blaise. 1802.
Saint-Bresson (Damey de). 1806.
Saint-Brice (F.-J.) *Voy*. Poirier.
Saint-Brice (Imbert). *V*. Imbert Saint-Brice.
Saint-Claire. *V*. Tonnet de Saint-Claire.
Saint-Cyr. 1795.
Sainte-Aldegonde. 1806.
Sainte-Aulaire (Beaupoil de,. 1794.
Saint-Elme (A.) *Voyez* Grosier.
Saint-Elme (P.-M.) *Voy*. Petit Saint-Elme.
Sainte-Marie. 1804.

Saint-Foix. *Voy*. Poullain Saint-Foix.
Saint-Genest. 1798.
Saint-Geneys. 1797.
Saint-Genis. 1794.
Saint-George (A.-A.-J.-B. David). 1807.
Saint-George (A.-J.-P.) *Voy*. Fadates.
Saint-Germain. *Voyez* Ducros Saint-Germain.
Saint-Guilhem. *Voyez* Delpech.
Saint-Hillier. 1800.
Saint-Jacques. 1802.
Saint-Léger (A.-M.) 1819.
Saint-Léger. *V*. Clerget.
Saint-Loup (C.-P.) *Voy*. Renouard.
Saint-Loup (M.-N.-E.) 1821.
Saint-Martin. 1818.
Saint-Michel (L.-E.) *V*. Limozin.
Saint-Michel. *V*. Deroys.
Saint-Paul. *Voy*. Noizet de Saint-Paul.
Saint-Père. 1794.
Saint-Simon. *V*. Candie.
Saint-Victor. 1807.
Saint-Vincent. *Voy*. Robert de Saint-Vincent.
Saladin. 1808.

Salenave. 1811.
Saleneuve. 1812.
Salis-Haldenstein. 1821.
Sallay. *Voy*. Lefebvre de Sallay.
Salleton. 1800.
Salmon. 1826.
Salomon (C.) 1807.
Salomon (J.-N.-L.) 1813.
Sanlot. 1799.
Sanson. 1794.
Sansonnetti. 1799.
Sansterre. *Voy*. Roullin.
Santeul. 1812.
Sapey. 1794.
Sarrieu. 1811.
Sasmayous. 1805.
Saucerotte. 1827.
Saucourt. 1809.
Saudrais. 1798.
Saugy. *Voy*. Frossard de Saugy.
Sauley. *Voy*. Caignart.
Saulnier. 1798.
Saurimont. 1827.
Saussine. 1807.
Saussure. 1817.
Sautayra. 1794.
Sauvageot. 1809.
Savart. 1808.
Savary (A.-D.) 1807.
Savary (F.) 1815.

40

Savoye. 1806.
Savy. 1814.
Sazerac de Forges. 1812.
Schérer. 1808.
Schneider (L.-F.) 1794.
Schneider (T.) 1809.
Schneider (A.-S.) 1811.
Schœlcher. 1816.
Schouller. 1794.
Schwerd. 1812.
Schwilgué. 1816.
Sea, *dit* Soye. 1803.
Sebe. 1815.
Sechehaye. 1802.
Secrétain. 1824.
Sedillot. 1794.
Segond. 1801.
Segretain. 1815.
Seguin. 1796.
Ségur (O.-G.-H.) 1798.
Ségur. (P.-C.-L.-P.) 1827.
Sehols-Lupin. 1810.
Seigneurie. 1804.
Selve. 1822.
Semonville. *Voy*. Petit-Semonville.
Senarmont. *Voy*. Hureau.
Sénéchal. 1807.
Senez. 1827.
Séré. 1812.
Sergent. 1813.
Sérigny. *Voyez* Lemoyne de Sérigny.
Serilly. *Voy*. Megret.
Serlay. *Voy*. Gosse.
Sermet. *Voy*. Cabanel.
Serpin-Dugué (E.) 1822.
Serpin-Dugué (A.-M.) 1823.
Serres. 1808.
Serry. *Voy*. Grillet-Serry.
Sers (J.-J.) 1808.
Sers (A.-V.) 1811.

Serton du Plonget. 1811.
Sertour. 1808.
Servier (A.-C.) 1814.
Servier (F.-R.-T.) 1825.
Sevelinges. 1822.
Séverac. 1811.
Séverac-Laplaguiolle. 1816.
Sevestre. 1799.
Sevin-Talive (A.) 1816.
Sevin-Talive (J.-C.-L.) 1824.
Sganzin. 1819.
Siau. 1821.
Sibilet. 1810.
Sigogne. 1805.
Sigot. 1820.
Silans. *Voy*. Passerat.
Silguy. 1804.
Silvestre (L.-C.) 1812.
Silvestre (A.-F.-E.) 1819.
Simon (J.-B.-D.) 1802.
Simon (A.-J.-B.-A.) 1808.
Simon (J.) 1810.
Simonot-Vertenay. 1807.
Sinard. 1798.
Sionnest. 1794.
Sirodot. 1825.
Sirurguet. 1812.
Sirveaux. 1809.
Sistrières. *Voy*. Murat.
Soalhat. 1799.
Sobrero. 1811.
Sochet. 1820.
Soleau. 1822.
Soleille. 1825.
Soleirol (J.-F.) 1800.
Soleirol (H.-A.) 1810.
Solère (E.-M.L.-E.) 1822.
Solère (M.-E.-H.) 1824.
Solier. 1809.
Solomiac. 1803.
Sommyevre. 1819.

Sonnet. 1819.
Sorel (P.-F.-G.) 1798.
Sorel (P.-L.-H.) 1810.
Soubeiran. 1811.
Soubiran de Compaigno. 1827.
Soucanye-Landevoisin. 1802.
Soufflot. 1808.
Souhait (M.-L.-J.) 1806.
Souhait (C.-P.) 1807.
Souhart 1826.
Souilhagon. 1796.
Soulié. 1807.
Soulier. 1808.
Soulot. 1820.
Soult, marquis de Dalmatie. 1819.
Souyn. 1794.
Soye. *Voyez* Sea.
Soyer. 1794.
Spinasse. 1804.
Staël. 1806.
Stahl. 1804.
Stamaty. 1822.
Stapfer. 1818.
Stein. 1812.
Steinem. 1795.
Sterlingue. 1816.
Stocard. 1811.
Stucker. 1807.
Sturtz. 1805.
Subra. 1824.
Subtil de Franqueville. 1823.
Sudour. 1806.
Suhard. 1804.
Sulzer-Wart. 1826.
Surdey. 1812.
Surineau (A.-J.-G.) 1808.
Surineau (L.-C.-T.) 1810.
Surville. *Voyez* Allain.

T.

Tabareau. 1808.
Tacon (C.-J.-H.) 1802.
Tacon (J.-L.-M.) 1804.
Taillefert. 1802.
Taillepied de Bondy. 1822.
Talabot (J.-L.) 1813.
Talabot (P.-F.) 1819.
Talive. *Voyez* Sevin.
Tallard. 1824.
Tannay. 1794.
Tarbé de Vauxclairs. 1823.
Tardieu. 1804.
Tardif. 1804.

Tardivy. 1794.
Tardu. 1808.
Tardy. 1811.
Tascher (J.-S.-F.) 1799.
Tascher (E.-J.-M.) 1809.
Tassain. 1810.
Tattet. 1811.
Teichmann. 1806.
Teissier. 1797.
Tellier J.-L.-A.) 1812.
Tellier (A.-J.-L.) 1826.
Terquem. 1801.
Terras. 1826.
Terrasson. 1812.

Terrier de la Clémencerie. 1799.
Terson de Paleville. 1810.
Terson (A.-E.) 1811.
Tessan. *Voy*. Dortet.
Tessier (H.-S.) *Voyez* Berbiguier.
Tessier (A.) 1806.
Testard. 1797.
Testu. 1816.
Teullié. 1798.
Teynard. 1821.
Teyras. *Voyez* Vimal-Teyras.

Teysseyrre. 1801.
Thayer. 1822.
Thenard. 1803.
Thérouanne. 1825.
Thévenod. 1794.
Thibaud. (G.) 1811.
Thibaud (J.-B.) *Voyez* Larchevêque.
Thibaudier. 1822.
Thiébault. 1801.
Thierry. 1794.
Thiéry (S.) 1810.
Thiéry (A.) 1812.
Thiéry (J.-V.) 1825.
Thilorier. 1815.
Thirion (A.-J.-A.) 1813.
Thirion (M.-A.) 1821.
Thirria. 1815.
Thiry (C.-A.) 1808.
Thiry (F.-A.) 1810.
Tholozé. 1797.
Thomas (C.) 1798.
Thomas (N.-A.) 1798.
Thomas (B.-H.-G.) 1819.
Thomas (F.-A.-J.) 1827.
Thomas de la Plesse. 1817.
Thomassin (C.-L.-A.) 1795.
Thomassin (F.-D.) 1799.
Thomassin (P.-C.-O.) 1799.
Thomeuf. 1818.
Thoumas. 1806.
Thouvenel. 1803.
Thuillier. 1798.
Thuret. 1794.
Thurman. 1794.
Thurninger. 1813.
Tiby (C.-J.-F.) 1812.

Tiby (J.-P.-F.-J.) 1822.
Tilly-Kerveno. 1811.
Tinseau (A.-M.-N.) 1800.
Tinseau (C.) 1813.
Tirant de Bury. 1798.
Tirel-Martinière. 1812.
Tiremois (L.) 1796.
Tiremois (J.) 1814.
Tiron. 1808.
Tisserand. 1804.
Tollenare. 1827.
Tonnac-Villeneuve. 1816.
Tonnet-Hersant. 1804.
Tonnet de Saint-Claire. 1826.
Tortel. 1803.
Tostain. 1822.
Toulmon. *Voy*. Bottée.
Tournaire. 1808.
Tourneux. 1798.
Tournier de Vaillac. 1819.
Tournois de Bonnevallet. 1822.
Tournyer. 1815.
Tourret. 1814.
Tourtier. 1794.
Tourville. *V*. Le Tendre.
Toussaint (A.-M.) 1806.
Toussaint (J.-B.) 1814.
Toussaint (L.-D.-C.) 1823.
Toustain. 1796.
Toytot (N.-H.-P.) 1997.
Toytot (A.-C.) 1806.
Tracy. *Voy*. Destutt.
Trailain. 1800.
Traucart. 1825.
Trauson. 1823.
Travers. 1806.
Travot. 1826.
Treilles. 1794.

Treins. 1812.
Trémeau. 1799.
Trémiolles. 1799.
Trenqualye. 1820.
Tresvaux-Roselaye. 1825.
Treton-Dumousseau. 1825.
Trenil. 1802.
Treussart. 1797.
Tréverret. 1823.
Trézy. *Voyez* Maillard-Trézy.
Tribalet. 1813.
Tribert. 1813.
Tripier. 1824.
Trippier-Lagrange. 1813.
Tristan (P.-M.-T.) 1823.
Tristan-L'Hermite. 1822.
Trit. 1825.
Trœtschler. 1817.
Troisbrioux *Voy*. Culon.
Trona. 1809.
Tronc. 1815.
Trotté de Laroche. 1809.
Trotyanne. 1797.
Trouillet. 1813.
Trudou. 1796.
Tugnot de Lanoye. 1800.
Tugny. *Voy*. Gondallier.
Tuleu-Moléon. 1801.
Tulpain. 1802.
Tupinier. 1794.
Turc, *dit* Leturc. 1825.
Turenne. 1823.
Tyrbas de Chamberet (M.-L.-J.) 1802.
Tyrbas de Chamberet (C.-G.-E.) 1825.
Tyrbas de Chamberet (C.-J.-A.) 1827.

U.

Uhrich (L.-B.-A.) 1817.
Uhrich (M.-F.) 1818.
Umpfenbach. 1808.
Urban. 1809.
Urtin. 1810.

V.

Vaillac. *Voyez* Tournier de Vaillac.
Vaillant (J.-B.-P.) 1807.
Vaillant (F.) 1818.
Vainsot. 1794.
Vaissière (L.-M.) 1802.
Vaissière (J.-J.-F.) 1804.
Valat. 1815.
Valazé. 1798.
Valessie. 1805.
Valette. 1823.
Vallantin (L.-J.-B.) 1798.
Vallantin (J.-H.-B.) 1804.
Vallée (P.-F.-A.) 1796.
Vallée (L.-L.) 1800.
Vallée (A.-C.) *Voy*. Mary-Vallée.
Vallenet. 1808.
Vallès. 1823.
Vallet (M.-F.) 1794.
Vallet-Desrives. 1821.
Valleteau. 1794.
Valleton. 1825.
Vallette (M.-L.) 1826.
Vallette-Deshermaux. 1820.
Vallier (A.-D.) 1795.

Vallier (C.-J.-J.) 1802.
Vallier (J.) 1826.
Vallot (S.) 1795.
Vallot (J.-C.) 1809.
Vallou-Boisroger. 1821.
Vandelin-Daugerans. 1811.
Vandenzande. 1799.
Vandervrecken de Bormans (E.-V.-F.) 1822.
Vandervrecken de Bormans (E.-G.-N.) 1826.
Vandevelde. 1797.
Vanéechout (B.-A.-E.) 1809.
Vanéechout (P.-A.) 1820.
Vanloo. 1805.
Vannié. 1794.
Vaquier. 1803.
Varande (de la). *Voyez* Pequeult.
Varange. *Voy.* Feuillot.
Varenne. 1798.
Varin (J.-B.) 1804.
Varin (J.-C.) 1813.
Varin (F.-J.-B.-F.) 1823.
Varin de Beautot. 1807.
Varinot. 1794.
Vassal. 1805.
Vassas. 1813.
Vasse de Saint-Ouen. 1798.
Vasseur. *Voy.* Bazaine-Vasseur.
Vathaire. 1806.
Vatier. 1794.
Vatrin. 1808.
Vauban. *Voy.* Le Prestre.
Vaudrey. 1802.
Vaufleury. 1827.
Vauquelin. 1810.
Vauthier. 1801.
Vauvilliers (C.-C.-C.) 1798.
Vauvilliers (L.-H.-C.) 1801.
Vauxclairs. *Voy.* Tarbé.
Vauxonne. *Voy.* Sain-Rousset.
Vecten. 1804.
Veillet-Dufrêche. 1819.
Vene (A.) 1808.
Vêne (E.-L.) 1822.
Vercia. *V.* Guyot-Vercia.
Vercly. *Voy.* Chautan.
Verdal. 1822.
Verdier. 1805.
Verdou. *V.* Gigounous.
Vergé. 1803.
Verger-Desbarreaux. 1812.

Vergès. 1811.
Vergnaud. 1810.
Vergne. 1824.
Vergnette de Lamotte. 1826.
Verhulst. 1804.
Vérité. 1811.
Vernety. 1810.
Vernois. *Voy.* Prévost de Vernois.
Vernon. *Voy.* Gay.
Verteillac. *V.* Labrousse.
Vertenay. *Voy.* Simonot.
Vésian (A.-F.) 1799.
Vésiau (L.-G.) 1804.
Vestier. 1813.
Veulens. 1822.
Veye. 1818.
Veyrassat. 1812.
Veyrière. *Voyez* Poitevin de Veyrière.
Vezian. 1798.
Viader. 1814.
Vial (C.-M.) 1814.
Vial (E.-P.-C.) 1823.
Vial (P.-A.) 1823.
Vialay. 1806.
Vialetes d'Aignan. 1826.
Vialla. 1826.
Viallet. 1794.
Viansson. 1823.
Viard (C.-S.-D.) 1797.
Viard (P.-S.) 1798.
Viard (E.-A.-B.) 1805.
Viard (A.-F.) 1806.
Vicat. 1804.
Vidaillan (A.-P.-A.-M.) 1816.
Vidaillan (M.-R.) 1820.
Vidal. 1827.
Vidalin. 1800.
Vidé. 1812.
Vié. 1820.
Viefville (P.-A.) 1795.
Viefville (F.-G.-F.-A.) 1808.
Vieillard. 1809.
Viénot. 1814.
Vieux. 1810.
Vifquain. 1812.
Vigier (G.-H.-C.-M.) 1806.
Vigier (M.-A.) 1813.
Vignole. 1804.
Vignon (E.-J.-M.) 1824.
Vignon (A.-A.-C.) 1827.
Vigoureux. 1801.
Villain. 1794.
Villard. 1821.
Villargennes. *Voy.* Doisy.

Villatte. 1820.
Villefosse. *Voy.* Héron.
Villegontier (de la) 1794.
Villemain. 1812.
Villemarqué (de la). *Voy.* Hersart (T.-R.)
Villemereuil *Voyez* Bonamy de Villemereuil.
Villemor. *Voy.* Bridiers.
Villeneuve (A.-M.-J.) *V.* Leforestier.
Villeneuve (D.) 1813.
Villeneuve (H.-J.) *Voyez* Tonnac.
Villeneuve (B.-H.) 1822.
Villers. *Voy.* Aubelin.
Villeumeureux. 1823.
Villeverd. *Voy.* Reynaud-Villeverd.
Villiers. *Voyez* Brochant.
Vimal (J.-C.-A.) 1794.
Vimal-Teyras (A.-C.) 1807.
Vimal-Teyras (J.-F.) 1811.
Vimont. 1805.
Vinard. 1807.
Vincé. *Voyez* Even de Vincé.
Vincenot. 1806.
Vincens (J.-M.) 1809.
Vincens (V.-M.-G.) 1823.
Vincent (J.-P.-S.) 1796.
Vincent (G.-A.-B.-F.) 1798.
Vincent (J.-B.) 1803.
Vincent (L.-A.) 1808.
Vincent (J.-A.-A.) 1811.
Viollet (J.-H.) 1806.
Viollet-Leduc. 1820.
Viollette. 1812.
Vion de Gaillon. 1803.
Vionnois. 1818.
Viquesnel. 1810.
Virla. 1821.
Virvaux. 1797.
Vivès. 1821.
Vivien (A.-J.-M.) 1817.
Vivien de Châteaubrun. 1796.
Vivier. *Voy.* Borrel-Vivier.
Vivier de Lachaise. 1808.
Voisin. 1805.
Vollant. 1819.
Voltz. 1803.
Vongoeff. 1807.
Vouzeau. 1811.
Voysin de Gartempe (P.-A.) 1810.

Voysin de Gartempe (P.-G.) 1814.
Vrégille. *Voyez* Courlet.
Vuilleret (J.) 1806.
Vuilleret de Brotte. 1812.
Vuillet (F.-E.-I.) 1803.
Vuillet (J.-A.) 1808.
Vuitry. 1803.

W.

Walckenaer. 1794.
Walsin-Esterhazy. 1826.
Walther. 1796.
Walton. 1795.
Warenghien. 1794.
Wartelle (H.-F.) 1826
Wartelle-d'Herlincourt. 1827.

Watbled. 1812.
Watrin. 1817.
Weingand. 1794.
Werlé. 1824.
West. 1823.
Wetzell. 1812.
Weyler. 1799.

Wiart. 1802.
Widmer. 1825.
Willmar. 1809.
Wiotte. 1794.
Wissocq. 1821.
Woisard. 1814.
Woorm. 1794.

Y.

Yencesse. 1795.
Ythier. 1810.

Yvelin de Béville. 1823.
Yver (C.-J.) 1810.

Yver de La Bruchollerie. 1809.

Z.

Zaiguelius. 1805.
Zédé. 1809.
Zeis. 1805.

Zeni (E.-H.) 1807.
Zeni (A.-L.) 1811.

Zhendre. 1813 et 1814.
Zimmer. 1796.

ADDITIONS ET RECTIFICATIONS.

TEXTE.

Page 363. — Après le troisième paragraphe, on aurait dû placer celui-ci :

Le Chef de Bataillon du Génie, *Dubuat*, admis à la retraite au mois d'octobre 1827, a été remplacé dans l'emploi de Sous-Inspecteur par le capitaine *Du Chayla*, du même corps.

LISTE DES ÉLÈVES.

PROMOTION DE 1794.

Douyau (Marc-Hilaire-Célestin). — 1798. Retiré. — Avocat à la Cour Royale de Paris. — *Ajoutez* : Juge de Paix à Maubourguet.

Dutens (Michel). — 1796. Ponts et Chaussées. — Inspecteur divisionnaire. — ✠. — *Après les mots* Ponts et Chaussées, *substituez* : Ingénieur en chef.

Gelis (Jean-Bapt. *de*). — 1797. Retiré. — Membre du Conseil général du Département du Tarn. — *Ajoutez* : Juge de Paix à Lisle (Tarn).

Laupies (Anne-Victor). — 1797. Retiré. — *Ajoutez* : Employé sur le Canal du Midi à Narbonne.

Lemaye (Franç.-Philippe). — 1795. Retiré. — *Ajoutez* : Entré dans l'Artillerie. — Capit. retr.

Roth (Ch.-Jos.) — 1796. Retiré. — *Ajoutez* : Premier Secrétaire de l'Ambassade française en Angleterre.

Saget (Ch.-Marie-Philib. *de*) — 1797. Retiré. — Propriétaire à Castel-Sarrazin. — *Ajoutez* : Membre du Conseil général du département de Tarn et Garonne.

PROMOTION DE 1797.

Carney (Alphonse *de*). — 1801. Instruct. publiq. — Prof. à l'Ecole rég. d'Artill. de Toulouse. — *Ajoutez* le signe de Chevalier de la Légion d'Honneur.

Dessolle (Jean-Gabr.) — 1800. Artill. — Elève Sous-Lieut. démiss. — *Ajoutez* : Préfet du Département des Basses-Pyrénées. — O. ✠.

PROMOTION DE 1798.

Buhour (Jean-Bapt.-Fréd.) — 1800. Marine milit. — Aspirant démiss. — *Ajoutez* : Répétiteur de Mathématiq. à l'Ecole d'Artillerie d'Auxonne.

ADDITIONS ET RECTIFICATIONS.

PROMOTION DE 1808.

Clausade (Joseph-Martial). — 1811. Retiré. — *Ajoutez :* Employé sur le Canal du Midi à Toulouse.

Ethéart (Barth.-Aug.) — 1810. Artill. — Elève Sous-Lieut. retiré. — *Ajoutez :* Prof. dans une Institution à la Pointe à Pitre (Guadeloupe).

PROMOTION DE 1810.

Moynier (Franç.-Jos.-Jean). — 1812. Artill. — Capit. retr. en 1815. — *Ajoutez :* Substitut du Procureur général près la Cour Royale de Toulouse.

FIN.

TABLE DES MATIÈRES.

LIVRE I. — 1794.

Etat de l'Instruction publique et des Ecoles spéciales à la fin de l'année 1793. — Création d'une Commission et d'une Ecole centrale des Travaux publics. Rapport de Fourcroy à la Convention sur le plan et la destination de cette Ecole. Loi du 28 septembre 1794 (7 vendémiaire an III), fixant les conditions d'admission, le traitement des Elèves, etc. — Dispositions concernant l'examen des candidats. Instruction pour les hôtes des Elèves. Mesures du Comité de Salut public pour accélérer l'ouverture de l'Ecole. Résultat des Examens. — Première partie de l'arrêté d'Organisation du 26 novembre 1794 (6 frimaire an III) : objets et moyens de l'enseignement. Cours révolutionnaires. Ecole préparatoire pour les chefs de brigade. — Dernière partie de l'arrêté d'Organisation : direction, police et administration de l'Ecole. Le Conseil forme une espèce d'Académie. — Impression des programmes. Arrêté pour la publication d'un bulletin de l'Ecole. Introduction d'un cours de salubrité et d'anatomie comparée. — Nomination des chefs de brigade par les Elèves de l'Ecole préparatoire. Formation des trois divisions. Noms des Instituteurs et autres principaux fonctionnaires. Page 1 à 73.

LIVRE II. — 1795-1797.

Ouverture des cours ordinaires. Leçons de Lagrange. — Troubles populaires. Disette. Un grand nombre d'Elèves se retirent. — Mémoire de Prieur contenant l'apologie de l'Ecole. Premier cahier du Bulletin ou Journal Polytechnique. — Lois du 1er septembre 1795 (15 fructidor an III), concernant les examens des candidats et des Elèves, et du 22 octobre 1795 (30 vendémiaire an IV), concernant les Ecoles des services pubics. Coup d'œil sur la première année de l'Ecole. — Ouverture de la seconde année. Officiers et Elèves de divers services admis à suivre les cours. — Organisation du 20 mars 1796 (30 ventose an IV). Mutation dans le personnel. — Plaintes sur l'incivisme des Elèves. Insuffisance des moyens de discipline. Pénurie. — Suite du Journal; nouveau plan pour sa composition. — Mode des examens intérieurs. Première admission d'Elèves dans les services publics. — Réduction de la dotation. Suppression d'emplois. — Le Comité des Fortifications demande de grands changemens dans l'organisation de l'Ecole. Propositions du Directoire au Corps Législatif sur ce sujet. Suppression des cours de Fortification, de Travaux civils et d'Architecture. — Mutations dans le personnel. — Nouvelles plaintes sur l'incivisme des Elèves. Plantation d'un arbre de la liberté. Don patriotique. Page 74 à 131.

LIVRE III. — 1798-1799.

Projet d'une nouvelle organisation de l'Ecole présenté au Conseil des Cinq-Cents. Discussion de ce projet dans les deux Conseils Législatifs. Il est rejeté. Rétablissement des cours supprimés. — Epuration générale des Elèves. Progrès de l'Ecole dans l'opinion. Professeurs et Elèves employés dans l'expédition d'Egypte. — Suite du Journal; réduction du nombre des cahiers. — Nouvelles dispositions pour les examens d'entrée et de sortie. — Admission à l'Ecole de l'Artillerie de jeunes gens qui ne sortent point de l'Ecole Polytechnique. — Révision et modification des programmes de l'enseignement. Création de deux répétiteurs d'analyse et de deux aides préparateurs de chimie. Réglement de police intérieure. — Séance solennelle pour l'ouverture des cours de la cinquième année. — Institution de la Conscription militaire. Un grand nombre d'Elèves sont incorporés dans divers régimens. Démarches et mesures du Conseil en leur faveur. — Embarras pécuniaires. Tableau des Elèves classés suivant la profession et la fortune des parens. — Révision et modification des programmes. Dispositions pour le succès de l'enseignement. — Mémoire du Conseil pour la défense du privilége de l'Ecole. — Nouveau projet d'organisation adopté par le Conseil des Cinq-Cents. — Retour de Monge et de Berthollet. Retraite de Lagrange. — Loi du 16 décembre 1799 (25 frimaire an VIII), sur l'organisation de l'Ecole.
Page 132 à 200.

LIVRE IV. — 1800-1805.

Mutations dans le personnel. — Circulaire du Ministre de l'Intérieur aux professeurs de Mathématiques des Ecoles centrales.

Observations de l'un de ces professeurs sur les concours d'admission. — Nouveaux embarras pécuniaires. — Première réunion du Conseil de Perfectionnement. Ses opérations sur les programmes de l'Ecole Polytechnique et des Ecoles d'application. — Le Gouvernement fait proposer aux élèves des emplois dans la Marine militaire et dans l'Infanterie. — Visites faites à l'Ecole par d'illustres étrangers. Vingt jeunes Suisses sont autorisés à s'y présenter comme élèves. — Chaloupe canonnière construite à l'Ecole. Trente élèves sont employés à la construction des flottilles. — Casernement. Tentative pour remplacer les Chefs de brigade par de jeunes officiers des services publics. Décret du 16 juillet 1804 (27 messidor an XII), sur l'organisation militaire des élèves. Pension. Bourses. — Mesures pour obvier à l'admission de candidats d'une instruction trop foible. Excès de travail. Note sur la proportion des décès parmi les élèves. — Moyens employés pour le succès des études. — Etablissement d'un cours de Grammaire et de Belles-lettres. — Programme d'admission : Littérature et Dessin. — Retraite de Berthollet et suppression de son cours. — Cours d'Art militaire, de Constructions et de Machines, substitués aux cours de Fortification, de Travaux civils et de Travaux des Mines. — Mutations dans le personnel, de 1801 à 1805. — Translation de l'Ecole du Palais Bourbon au Collége de Navarre.   Page 201 à 276.

LIVRE V. — 1806-1827.

Progrès de l'enseignement. Cours imprimés. Travail graphique. Interrogations. — Les Elèves sont autorisés à concourir pour tous les services ; ils sont classés, par ordre de mérite, dans une liste générale dressée d'après les examens de sortie. — Programme d'admission : proposition d'y ajouter les élémens de la Chimie et de la Physique. — Mutations dans le personnel, de 1806 à 1810. — Suite du Journal. *Correspondance sur l'Ecole*, par Hachette. — Plaintes de l'Ecole de Metz, et Observations du Comité des Fortifications sur le plan d'enseignement de l'Ecole Polytechnique. Envoi de deux Commissaires du Ministre de la Guerre à l'Ecole de Metz. Révision générale des programmes. Suppression du cours de Constructions. — Décret du 30 août 1811, qui met tous les Elèves à la disposition du Corps du Génie. — Mutations dans le personnel, de 1811 à 1813. — Programme d'admission, augmenté de questions de Géométrie descriptive. Examen des Elèves en-

traus. Ouvrages placés dans les salles d'études. — Les Elèves sont formés en compagnies d'Artillerie et combattent, le 30 mars 1814, pour la défense de la Capitale. — Mutations dans le personnel, à la fin de 1815. — Licenciement des Elèves. — Ordonnance royale du 4 septembre 1816, pour la réorganisation de l'Ecole. Mutations dans le personnel. Ouverture des cours. Le duc d'Angoulême, protecteur de l'Ecole Polytechnique. — Rapport du Conseil de Perfectionnement au Roi sur la situation de l'Ecole au commencement de l'année 1819. — Nouvelles dispositions relatives 1° à la faculté de passer trois ans à l'Ecole, 2° aux bourses, 3° au choix d'un service. Réclamation des services militaires sur ce dernier point. — Discussion sur le casernement. — Troubles dans l'Ecole. Ordonnances des 17 septembre et 20 octobre 1822. Rétablissement du régime militaire ; autres modifications de l'Ordonnance de réorganisation. — Admission annuelle de six Elèves dans la Marine royale. — Mutations dans le personnel, depuis la réorganisation de 1816. — Suite du Journal. — Situation des diverses parties de l'enseignement, en 1827. — Coup d'œil général sur le plan d'instruction et sur le régime des Elèves, depuis la fondation de l'Ecole. Aperçu des principaux résultats de l'Institution.
Page 277 à 373.

APPENDICE.

Programme des connaissances exigées pour l'admission à l'Ecole Polytechnique (1828). — Tableau indicatif du nombre de leçons et de la quantité proportionnelle de temps affectés à chaque branche d'enseignement : première et seconde année d'études. — Tableau indicatif des Officiers supérieurs des services publics qui ont siégé au Conseil de Perfectionnement. — Observations sur les listes. — Liste des Etrangers admis à suivre les cours de l'Ecole Polytechnique. — Liste des quarante-trois Officiers du Génie, et des trente-huit Elèves Ingénieurs des Mines qui ont participé, en 1795 et 1796, à l'enseignement de l'Ecole. — Liste générale, par promotion d'entrée, des Elèves de l'Ecole Polytechnique. — Liste générale des mêmes, par ordre alphabétique. — Additions et Rectifications.
Page 375 à 512.

FIN DE LA TABLE.

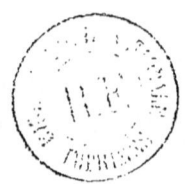

www.ingramcontent.com/pod-product-compliance
Lightning Source LLC
Chambersburg PA
CBHW070838230426
43667CB00011B/1836